मीडिया लेखन
एवं
सम्पादन कला

मीडिया लेखन एवं सम्पादन कला

विजय कुमार आनन्द
राकेश नैम

रजत प्रकाशन
नई दिल्ली-110002

रजत प्रकाशन
4740/23, अंसारी रोड, दरियागंज
नई दिल्ली 110 002 (भारत)
फोन नं.: 9811484973
ई. मेल: rajat_publication@yahoo.com

मीडिया लेखन एवं सम्पादन कला

संस्करण : 2025

ISBN 978-81-906768-4-7

भारत में मुद्रित

रजत पब्लिकेशन, नई दिल्ली के लिए पुल्कित वासन द्वारा प्रकाशित तथा एच.एस. ऑफसेट, दिल्ली द्वारा मुद्रित।

प्रस्तावना

आप के हाथों में समाचार पत्र व पत्रिका आता है और आप उसे पढ़ने में मग्न हो जाते हैं। इसके आकर्षक रूप और उसमें लिखे जाने वाले लेखों, कहानियों, काव्य रचनाओं, कार्टून आदि के विषय में आपके मन में प्रश्न भी उठते हैं कि आखिर ये किस तरह लिखे जाते हैं। किस तरह इसको ऐसा आकर्षक रूप प्रदान किया जाता है? इन सबको लिखने वाले व्यक्ति में कौन-कौन से गुण होते होंगे? वह किस तरह अपने को संयमित कर इन सब कार्यों को पूर्ण करता है? प्रस्तुत पुस्तक में इन सभी पहलुओं की जानकारी प्रदान की गई है।

पुस्तक में इस तथ्य को उजागर करने का प्रयास किया है कि मीडिया लेखन एक कला है जिसे आकर्षक रूप प्रदान करने के लिए लिखने वाले को अथक प्रयत्न करना होता है। मीडिया लेखन के कई रूप हैं, जैसेसमाचार लेखन, सम्पादकीय लेखन, रेडियो लेखन, दूरदर्शन लेखन, नाट्य लेखन, डाक्यूमेन्ट्री लेखन, फीचर लेखन, विज्ञापन लेखन आदि। इन सभी की अपनी अलग-अलग प्रकृति है। इस तरह हम कह सकते हैं कि मीडिया लेखन के लिए विशिष्ट प्रतिभा और सूझ की आवश्यकता होती है। पुस्तक में मीडिया लेखन एवं उससे जुड़े विविध पत्रों का सारगर्भित और व्यावहारिक विवेचन किया गया है।

सम्पादन का कार्य बहुत ही महत्वपूर्ण होता है। एक सम्पादक को अपने सभी इन्द्रियों को एक साथ कार्यमान रखना होता है। वह एक ओर समय पर अपनी नजर रखता है तो दूसरी ओर अपने साथियों के कार्यों पर नजर रखता है। इन सब को करते हुए वह आवश्यक व उपयोगी समाचार, लेख, कहानी, कविता आदि का चयन भी असंख्य समाचारों के बीच से करता है। इतना ही नहीं वह प्रकाशित होने वाले पत्र व पत्रिका के अंक का लेआउट भी तैयार करता है।

अतएव एक सम्पादक को सम्पादन कला का पूर्ण ज्ञान होना चाहिए। प्रस्तुत पुस्तक की रचना इस इद्देश्य को पूरा करने के लिए किया गया है।

पत्र-पत्रिकाओं में खबरों को तार्किक ढंग से प्रस्तुत करने के लिए अनुवाद की आवश्यकता पड़ती है। इन खबरों के लिए अनेक बार भाषाओं की प्रकृति, संरचना और सामाजिक सन्दर्भों में भिन्नता होने के कारण जिस भाषा में अनुवाद किया जा रहा है उसमें समानार्थी अभिव्यक्ति की तलाश में कठिनाइयां आती हैं। प्रस्तुत पुस्तक में इस तथ्य को भी उजागर करने का प्रयास किया गया है।

पुस्तक की रचना में यह ध्यान रखा गया है कि इससे मीडिया लेखन व सम्पादन के परिप्रेक्ष्यों को अभिनव आयाम मिले, साथ ही समाज में योग्य व आदर्श लेखकों, पत्रकारों, रिर्पोटरों व सम्पादकों का उद्भव हो। आशा है पुस्तक पाठकों के लिए उपयोगी होगी।

लेखक

अनुक्रम

1

समाचार लेखन और उनकी तकनीक

किसी भी समाचार-पत्र की गरिमा, का निर्धारण उसकी रिपोर्टिंग के आधार पर होता है। इसीलिए रिपोर्टिंग को समाचार-पत्र की आत्मा कहा जाता है। समाचार-पत्र की विश्वसनीयता और प्रचार-प्रसार रिपोर्टिंग पर ही निर्भर करते हैं। अतः पत्रकारिता के क्षेत्र में प्रयासरत लोगों के लिए रिपोर्टिंग को समझना जरूरी है।

रिपोर्ट का अर्थ

रिपोर्ट की अवधारणा पर भारतीय जन संचार संघ द्वारा प्रकाशित एक पुस्तिका में विचार किया गया है। ऑक्सफोर्ड शब्दकोष में रिपोर्ट का अर्थ स्पष्ट करते हुए लिखा है

"Collection of information, description or epitome or reproduction of scence or speech or law case especially for news paper publication."

एक अन्य परिभाषा के अनुसार

"A Journalist would describe it as recounting of a newsworthy event, intended to inform as fully as possible those who were not witnesses to it."

वस्तुतः पत्रकारिता की दृष्टि से रिपोर्ट घटना या दृश्य का विवरण है। पत्रकार का कार्य सिर्फ समाचार संग्रह करना नहीं है। बल्कि आवश्यक पूछताछ कर सूचनाएँ संकलित करता है, घटना से सम्बद्ध व्यक्तियों से प्रश्न आदि पूछकर उन पाठकों के लिए पठनीय समाचार तैयार करता है, जो उस घटना से वंचित रह गए।

रिपोर्टर के तीन आवश्यक तत्व हैंप्रारम्भ, मध्य तथा अन्त (Beginning, a middle and an end)। एक समय था जब पत्रकार किसी झगड़े का वर्णन शुरू करते समय उसका विस्तृत ब्योरा देते तथा नाटकीय चरम सीमा पर किसी के मर जाने पर उसे समाप्त कर देते थे। इस शताब्दी के प्रारम्भ तक ब्रिटिश संसद की कार्यवाही का विवरण सिलसिलेवार शैली में रिपोर्ट किया जाता था ताकि उसका पूर्ण तथा सही विवरण पाठक को मिल सके। संचार तकनीक के विकास के साथ समाचार पत्रों को अत्यधिक सूचनाएँ मिलने लगी। अब उनके लिए यह आवश्यक हो गया कि वह पाठक की जानकारी की प्यास शान्त करने के लिए न्यूनतम समय और स्थान में अधिकतम सामग्री उपलब्ध कराए। इस कारण समाचार लेखन की शैली में क्रांतिकारी परिवर्तन हुआ।

समाचार रिपोर्ट को इस प्रकार लिखा जाने लगा जिसमें अत्यधिक महत्वपूर्ण समाचार अंश सर्वप्रथम लिखा जाने लगा। उसके बाद समाचार के कम महत्वपूर्ण अंश लिखे जाने लगे। यहाँ समाचार संकलन के कुछ प्रमुख प्रकारों की चर्चा की जा रही है।

सम्मेलनों के समाचार

राष्ट्रीय और अन्तर्राष्ट्रीय स्तर पर, अक्सर सम्मेलन गोष्ठियां तथा सभाएं आयोजित होती रहती है। संसद और विधान सभा में होने वाली विविध विषयों की परिचर्चा तथा विशिष्ट व्यक्तियों के भाषणों को एकत्रित करके पत्रकारों द्वारा रिपोर्टिंग का कार्य किया जाता है।

समाचार-पत्र का अवलोकन करने से स्पष्ट होता है कि अधिकांश समाचार विभिन्न लोगों के भाषणों और वक्तव्यों से संबंधित है। इस प्रकार भाषण समाचारों के प्रमुख स्रोत हैं। यदि भाषण प्रमुख व्यक्ति का है, तो उसे समाचार पत्र में प्रमुखता के साथ प्रकाशित किया जाता है। भाषणों के समाचारों में प्रायः दो प्रकार की स्थितियाँ होती हैं। महत्वपूर्ण अवसरों पर प्रमुख व्यक्तियों के भाषण पहले से ही तैयार कर लिए जाते हैं तथा उनका मुद्रण कराके उन्हें संवाददाताओं को वितरित कर दिया जाता

हैजैसे 26 जनवरी पर राष्ट्रपति का सन्देश, महत्वपूर्ण सेमिनारों में प्रधानमन्त्री या अन्य मुख्य अतिथि या अध्यक्ष का भाषण, संसद के बजट सत्र से पूर्व संसद में राष्ट्रपति का अभिभाषण इत्यादि। ये भाषण संवाददाताओं को पहले ही मिल जाते हैं।

इसके अतिरिक्त दूसरी स्थिति यह होती है कि जब यह भाषण तैयार किया हुआ नहीं मिलता। सार्वजनिक सभाओं, राजनीतिक दलों के अधिवेशन आदि के दौरान दिए जाने वाले भाषणों को संवाददाता वहीं बैठकर 'कवर' करते हैं।

भाषणों के समाचार देते समय संवाददाता को पूरी सतर्कता बरतनी चाहिए। यदि उसे भाषण की प्रति पहले ही उपलब्ध करा दी जाती है, तो उसे इस बात से आश्वस्त हो जाना चाहिए कि उक्त भाषण उस समारोह में पढ़ा गया या नहीं। यदि वक्ता ने लिखित भाषण से हटकर कोई महत्वपूर्ण बात कही है, तो उसका भी ध्यान रखना चाहिए। पूर्व-प्राप्त प्रति पर इम्बागों में यह लिखा रहता है कि इसका उपयोग निश्चित तिथि तथा समय से पूर्व न किया जाए। समाचार समितियाँ भी कई बार इम्बागों समाचार को पहले ही क्रीड़ कर देती है। अतः ऐसे समाचारों का उपयोग निश्चिता अवधि से पूर्व नहीं करना चाहिए।

भाषण के दौरान संवाददाता को नोट्स लेते रहना चाहिए। भाषण की समाप्ति पर उसमें से समाचार की दृष्टि से महत्वपूर्ण बातों के आधार पर समाचार बनाया जाना चाहिए। सभा-संगोष्ठियों में प्रायः अनेक व्यक्तियों के भाषण होते हैं। ऐसी स्थिति में प्रमुख व्यक्ति अथवा किसी व्यक्ति द्वारा कही गई महत्वपूर्ण बात के आधार पर इन्ट्रो बनाकर समाचार लिखना चाहिए। समाचार में विभिन्न वक्ताओं ने क्या कहा इनका भी यथा सम्भव उल्लेख कर देना चाहिए। गोष्ठी में वक्ताओं ने किस मूल तथ्य की ओर संकेत किया यह भी समाचार का इन्ट्रो बनाया जा सकता है। विचारों की पुनरावृत्ति से समाचार को बचाए। मत वैमिन्य की बातों का उल्लेख अवश्य करें।

समाचारों में किस वाक्ता के भाषण को प्रमुखता दी जाये यह भाषण की विषयवस्तु वक्ता के पद और गरिमा के आधार पर निर्भर होता है उदाहरण के रूप में प्रधानमन्त्री या राष्ट्रपति का भाषण अन्य मंत्रियों या व्यक्तियों की तुलना में स्वाभाविक रूप से अधिक महत्व तथा स्थान पाता है। ऐसी स्थिति में प्रायः संवाददाता की निर्णयात्मक क्षमता तथा समाचार समझ (Sense of News) का महत्व अधिक हो जाता है। सम्पूर्ण भाषण के मर्म को कम से कम शब्दों में व्यक्त कर देने की क्षमता संवाददाता में होनी चाहिए। भाषण की रोचकता को बनाए रखना समाचार का महत्वपूर्ण तत्व है।

यहाँ पूर्व प्रधानमंत्री श्री राजीव गाँधी के भाषण के समाचारों का एक उदाहरण दिया जा रहा है।

संवैधानिक विद्रोह की कोशिश से सतर्क रहें

नई दिल्ली, 16 मई (यून्यू)। स्वर्गीय भूतपूर्व प्रधानमन्त्री राजीव गाँधी ने शनिवार को यहाँ राष्ट्र को सचेत करते हुए कहा कि कुछ लोग विदेशों से प्रेरित होकर संभवतः संवैधानिक विद्रोह का प्रयत्न कर सकते हैं ताकि संसद के अधिकारों को एक व्यक्ति के हाथ में सौंप दिया जाए।

यहाँ काँग्रेस (इ) की विशाल रैली में अपने पचास मिनट के भाषण में उन्होंने कहा कि संविधान के बारे में नए सिरे से और अनावश्यक बहस छेड़ी गई। परीक्षा की घड़ी में संविधान खरा उतरा है और उससे देश मजबूत ही हुआ है। गाँधी ने कहा कि उनकी सरकार किसी व्यक्ति विशेष के प्रति नहीं बल्कि जनता और संसद के प्रति जवाबदार है। इसकी पवित्रता हर कीमत पर बनाए रखी जाएगी।

उन्होंने स्मरण कराया कि पाकिस्तान में भी इसी तरह की बहस चली थी और उसका परिणाम यह हुआ कि वहाँ सेना ने सत्ता संभाल ली। उस देश में लोकतन्त्र की बहाली अभी होनी है। उन्होंने इस बात पर खेद व्यक्त किया कि आज तक के चुनावों में सर्वाधिक मत प्राप्त करने वाली उनकी सरकार को हटाने का प्रयास किया जा रहा है।

कुछ बाहरी शक्तियों के समर्थन से पंजाब में आतंकवादी तथा धर्मान्ध शक्तियों की गतिविधियाँ फिर तेज होने लगी थी। इसलिए सरकार को राष्ट्रपति शासन लागू करने जैसा यह कड़ा कदम उठाना पड़ा। उन्होंने तालियों की गड़गड़ाहट के बीच कहा 'भारत की धरती पर कभी खालिस्तान नहीं बनने दिया जाएगा।'

गाँधी ने कहा कि इतिहास इस बात का साक्षी है कि 'मीरजाफर' तथा 'जयचन्द्र' जैसे लोगों ने कैसे देश के साथ विश्वासघात किया। उन्होंने कहा कि हमें 'इन्हें' पहचानना है जो आज फिर अपने निहित स्वार्थो के लिए देश की स्वतन्त्रता का सौदा करने की फिराक में है।

उन्होंने कहा कि यदि देश की जनता जागरूक होगी तो हमें अपने रास्ते से कोई नहीं डिगा सकता। उन्होंने कहा कि यह देश की जनता तथा नेतृत्व की परीक्षा का समय है। हमें इसमें खरा उतरना है।

उन्होंने इस बात पर खेद व्यक्त किया कि पंजाब समस्या के प्रति सरकार के रवैये की उसकी कमजोरी के रूप में व्याख्या की गई लेकिन वास्तविकता यह नहीं

है। उन्होंने कहा कि मखमल में छुपे लोहे के हाथ को हमें जरूरत पड़ने पर नंगा करना ही होगा। पंजाब में राष्ट्रपति शासन लगाए जाने का उल्लेख करते हुए राजीव गाँधी ने कहा कि पिछले कुछ सप्ताहों में वहाँ आतंकवाद तथा कट्टरतावाद इतना अधिक बढ़ गया है कि इससे अधिक पहले वह कभी इस रूप में नहीं देखा। हालात उस समय और भी बिगड़ गए जब अकाली मन्त्रिमण्डल के सदस्य ही पुलिस कार्यों की आलोचना करने लगे। प्रधानमन्त्री ने कहा कि ऐसे कठिन समय में पुलिस को कमजोर होते नहीं देखा जा सकता।

पचास मिनट के अपने भाषण में राजीव गाँधी ने विदेशी ताकतों और उनके स्थानीय सहयोगियों की ओर से देश में राजनीतिक अस्थिरता फैलाने के प्रयासों की ओर लोगों का ध्यान आकृष्ट किया तथा कहा कि सरकार ऐसी ताकतों को उचित जवाब देगी।

पड़ोस में एकत्र हथियारों, देश की सीमा पर उत्पन्न तनावों तथा हिन्द महासागर के सैन्यकरण का हवाला देते हुए राजीव गाँधी ने कहा कि ये सभी प्रयत्न वस्तुतः भारत का घेराव करने के हैं। उन्होंने कहा कि अस्थिरता फैलाने वाली ताकतें आतंकवाद और कट्टरतावाद के रूप में उभर रही हैं और उनका प्रयास निर्वाचित सरकार में लोगों के विश्वास को समाप्त करने का है। राजीव गाँधी का मानन है कि ये सभी प्रयास राष्ट्रीय नेतृत्व को कमजोर करने के लिए है। उनहोंने कहा कि क्या कभी ऐसा हो सकता है कि हम किसी ऐसे विदेशी को सहन करें, जो भारत के सम्मान के प्रति आशंकाएँ पैदा करता हो? उन्होंने कहा कि नैतिकता के लिए किसी विदेशी के प्रमाण पत्र की आवश्यकता नहीं है जिन लोगों को इसकी आवश्यकता है, उन्हें चाहिए कि वे यह देश छोड़ दें।

गाँधी ने कहा कि हाल ही में संविधान को लेकर एक अनावश्यक बहस चल पड़ी है। उन्होंने कहा कि उनकी सरकार ने कभी भी संविधान के खिलाफ काम नहीं किया है। इसी तरह की बहस पाकिस्तान में भी चली जिसकी परिणति फौजी शासन के रूप में हुई। उन्होंने कहा कि उसके बाद के पाकिस्तान में लोकतन्त्र नहीं नजर आया।

प्रधानमन्त्री ने कहा कि एक सुनिश्चित षड्यन्त्र के तहत देश में अफवाहें फैलाई जा रही हैं, आरोप लगाए जा रहे हैं। कोई तथ्य नहीं पेश किए जा रहे हैं जिस पर कार्रवाई हो सके।

उन्होंने हाल ही में सामने आए विवादों (बोफोर्स, फैयरफैक्स तथा कुछ रक्षा सौदों) का जिक्र किया। उन्होंने कहा कि फैयरफैक्स की जाँच एक उच्चस्तरीय न्यायिक आयोग कर रहा है।

गाँधी ने अमेरिका का नाम लिए बिना कहा कि यदि वह देश पाकिस्तान को 4.25 लाख डालर की मदद नहीं दे तो वह बम बना ही नहीं सकता।

उन्होंने कहा कि पाकिस्तान का अवाक्स प्राप्त करना तथा परमाणु बम बनाना भी हम पर दबाव डालने का एक जरिया ही है। इसके बावजूद हम अपने रास्ते से विचलित नहीं होंगे तथा जेसा जवाब देंगे कि उनके माई-बाप को नानी याद आ जाए।

प्रधानमंत्री का कहना कि गुटनिरपेक्षता के द्वारा विकासशील देशों को शक्तिशाली बनाया जा सकता हैं। उन्होंने कहा भारत ने इस आन्दोलन को ताकत बनाने के जो नेतृत्व दिया है वही भविष्य में भी देता रहेगा। यह आन्दोलन की सफलता का ही परिचायक है कि आज इसके 100 से अधि सदस्य है।

समाचार लेखन के प्रमुख सिद्धान्त

पत्रकारिता का क्षेत्र अत्यन्त व्यापक है। समाचार पत्र, रेडियो, टेलीविजन अथवा किसी भी समाचार माध्यम में कार्य करते समय संवाददाता को आर्थिक, राजनैतिक, सस्कृतिक, सामाजिक आदि विविध क्षेत्रों में जाकर समाचार संकलन का कार्य करना है। विशाल एवं साधन-सम्पन्न समाचार पत्रों में जहां अनेक संवाददाता होते हैं विविध क्षेत्रों के विशेषज्ञ होते हैं तथा उन्हीं क्षेत्रों के समाचार संकलित करते हैं किन्तु पत्रों के संवाददाता का कार्य विविधता लिए होता है क्योंकि एक ही संवाददाता को क्षेत्रों में कार्य करना पड़ता है। विविध प्रकार के समाचारों को संकलित कैसे करें पर विचार करने से पूर्व हम यह देखते हैं कि समाचार लिखा कैसे जाता है।

समाचार लेखन कला

किसी भी समाचार को लिखने के पूर्व उसकी आधार-भूमि समझ लेना चाहिए। समाचारत्व पहचान इस दृष्टि से महत्वपूर्ण है। समाचार प्राप्त करने के बाद प्रश्न आता है कि कैसे लिखा जाए। समाचार से जुड़े अनेक पक्ष तथा तथ्य होते हैं। उन्हें उचित ढंग रेपोर्टर अपने समाचार का वस्तुतः एक त्रिकोण होता है जैसेइस प्रकार व्यक्त किया जा सकता है

समाचार लेखन एक विशिष्ट कला है। श्रेष्ठ समाचार वही हो सकता है, जो रचनात्मकता हो तथा उसमें तथ्यों को इस प्रकार संकलित किया गया हो कि पाठक घटित घटना का विवरण सही परिप्रेक्ष्य में समझ सके। इस समाचार लेखन में संवाददाता विशेष पत्रकारीय तकनीक का प्रयोग कर उसे रोचक तथा प्रभावी बना देता

है। समाचार लिखने के लिए संवेदनशीलता, कल्पनाशीलता, भावप्रवणता, रचनात्मकता अच्छी रुचियों तथा वाग्वैदग्ध्य अथवा प्रत्युत्पन्नमति जैसे गुणों का होना आवश्यक साहित्य की घटनाएं तथ्यों पर आधारित नहीं होती जबकि पत्रकारिता तथ्यों पर होती है। समाचार के प्रथम अनुच्छेद में ही संबंधित तथ्य का संकेत कर देना चाहिए। किन्तु वे पुराने समय के होते हैं। पत्रकारिता के तथ्य सामयिक घटनाक्रम से जुड़े होते हैं। इसीलिए पत्रकारिता को 'समसामयिक घटना चक्र का शीघ्रता में लिखा गया इतिहास कहा गया है। अतः समाचार लेखन एक विशेष दक्षता की अपेक्षा करता है।

श्री राजेन्द्र जी ने समाचारों को रोचक और प्रभावी बनाने हेतु निम्न चार बातों को दृष्टिगत रखने का सुझाव दिया हैं

"सत्यता समाचारों में सच्चाई हो किसी पूर्वाग्रह या पक्षपात से समाचार न लिखा जाए। **स्पष्टता** समाचार को समझने में सामान्य पाठकों को मुश्किल नहीं होनी चाहिए और हमेशा **संक्षेपण** से काम लिया जाए। किसी बात को संक्षेप से कहना या लिखना बुद्धिमत्ता की निशानी है। **सुरुचि** समाचार को सुरुचिपूर्ण ढंग से लिखा जाए।...

समाचार लेखन में भाषा योग्यता महत्वपूर्ण पक्ष है। भाषा में सामासिकता का गुण होना चाहिए अर्थात् कम से कम शब्दों में अधिक से अधिक बात अभिव्यक्त की जा सके। शब्दों का निरर्थक प्रयोग समाचार की महत्ता को कम कर देता है। श्री राजेन्द्र "अच्छे लिखे समाचार मे पाणिनि के सूत्रों के समान विशेष गुण... देखते हैं। अतः अच्छा समाचार लिखने के लिए आवश्यक है कि संवाददाता शब्दों का पारखी हो, शब्द-शिल्पी हो तथा उसका शब्द सामर्थ्य भी अत्यधिक हो।

डॉ. नन्दकिशोर त्रिखा श्रेष्ठ समाचार लिखने के विषय में बताते है "समाचार लेखन न तो निबन्ध लेखन हैं, न पुस्तक लेखन की कला के समान है और नही सामान्य डाक-पत्रों की तरह। इसकी अपनी कला है।... डॉ. त्रिखा ने समाचार लेखन के आवश्यक तत्व इस प्रकार बताए हैं

1. सरलता 2. सुस्पष्टता 3. तारतम्य 4. क्या, कहां, कब, कैसे, क्यों और कौन के उत्तर 5. आवश्यक पृष्ठभूमि।

सामान्यतः समाचार को छोटे-छोटे अनुच्छेदों में लिखना चाहिए। अलग-अलग अनुच्छेदों में तारतम्यता बनाये रखना चाहिए। आदर्श स्थिति यही है कि एक अनुच्छेद में एक ही विचार या तथ्य दिया जाए। यदि विचार या तथ्य काफी बड़ा है, तो उसे दो अनुच्छेदों में विभक्त कर देना चाहिए। इसी भांति एक समाचार में शब्दों की पुनरावृत्ति से बचना चाहिए। उदाहरणार्थ यदि हमें प्रधानमन्त्री के भाषण

पर विस्तृत समाचार लिखना है, तो बार-बार 'श्री आई. के. गुजराल' ने कहा; 'आहदान किया' 'अनुरोध किया' आदि प्रकार से लिखकर पुनरावृत्ति तथा नीरसता के दोष से बचा जा सकता है।

समाचार लेखन को मुख्यतः दो भागों में वर्गीकृत किया गया हैं

1. विलोम स्तूपी

इस नियम के अनुसार संवाददाता उपयोगिता और महत्ता के आधार पर समाचारों को घटते क्रम में लिखता है अर्थात सबसे पहले सबसे महत्वपूर्ण समाचार लिखा जाता है उदाहरण के रूप हत्या की किसी जासूसी कथा में जिस प्रकार भेद अन्त में खोला जाता है, ठीक इसके विपरीत विलोम स्तूपी समाचार लेखन में लेखन में पहले रहस्य को प्रकट करते हुए शेष समाचार की रचना की जाती है।

समाचार के प्रथम अनुच्छेद में ही संबंधित तथ्य का संकेत कर देना चाहिए। अन्तिम अनुच्छेद में सबसे कम महत्व का तथ्य लिखा जाता है। पाठक समाचार के प्रारम्भिक अनुच्छेदों को पढ़कर ही समाचार के बारें में पूरी बात समझ लेता है। इससे न सिर्फ उप-सम्पादक को शीर्षक लगाने में ही सुविधा होती है वरन् यदि समाचार अधिक विस्तृत हो जाने के कारण उपलब्ध स्थान पर समायोजित नहीं हो पा रहा है, तो उसके सम्पादन में भी सुविधा रहती है। ऐसी स्थिति में अन्तिम अनुच्छेंदों को हटा देने पर भी समाचार का मूल तत्व प्रभावित नहीं होता है।

वर्तमान समय में समाचार लेखन में अक्सर यही तरीका प्रयुक्त किया जाता है। किन्तु ज्यों-ज्यों व्याख्यात्मक समाचार तथा फीचर समाचारों का प्रचलन बढ़ने लगा है त्यों-त्यों इस प्रवृत्ति में कमी आती जा रही है। विलोम स्तूमी समाचार समितियों के लिए काफी उपयोगी है, जो अपने विविध प्रकार के ग्राहाकों के लिए लगातार समाचार उपलब्ध कराती हैं।

इलेक्ट्रॉनिक पत्रकारिता के तेजी से होते विकास ने भी "विलोम स्तूपी" समाचार संरचना को प्रभावित किया है। इस संरचना को पुरानी परम्परा बताते हुए कहा जाता है कि इस संरचना में पुनरावृत्ति का दोष है। समाचार में सर्वप्रथम शीर्षक दिया जाता है, फिर संक्षिप्त लीड तथा समाचार के अन्य तथ्य। इस मत के समर्थकों का तर्क है कि प्रसारण माध्यमों द्वारा जो समाचार कैप्सूल के रूप में पहले दिया जा चुका है, उसके पुनः संक्षिप्त विवरण की क्या आवश्यकता है।

विलोम स्तूपी समाचार लिखते समय विशेष सावधानी बरतने की आवश्यकता है क्योंकि इसमें घटना का निश्चित क्रम (Sequential Order) में प्रस्तुत नहीं

किया जाता-जिस रूप में वह घटित हुई है। अतः संवाददाता को सूक्ष्म निगाह से घटना का विवरण तथा घटना के मध्य का सम्बन्ध स्पष्ट होना चाहिए। एम.बी. कामथ ने विलोम स्तूपी समाचार की महत्ता को इस प्रकार व्यक्त किया है।

" Intro Containing the most important
or most Interesting information.
More Fact
Supporting information
Or background
Quotes or more fact
of lesser
Importance
Minor detail
Least signifi
cant information"

2. स्तूपी

स्तपी समाचार लिखने की पद्धति विलोम स्तूपी के बिल्कुल विपरीत है, इसमें सर्वप्रथम कम महत्ता वाले समाचार तथा अन्त में सबसे अधिक महत्वपूर्ण समाचारों का वर्णन किया जाता है।

समाचार का स्वरूप

समाचार के स्वरूप को निम्नलिखित उदाहरण के माध्यम से समझा जा सकता है

समान काम के लिए समान वेतन

नई दिल्ली, 27 मार्च (वार्ता) उच्चतम न्यायालय ने कहा है कि एक अथवा समान काम करने वाले पुरुषों तथा महिलाओं को समान पारिश्रमिक दिया जाना चाहिए।

न्यानमूर्ति इ. एस वैंकटरमैया तथा न्यायमूर्ति एस. एम. दत्त की खण्डपीठ ने मैसर्स मैकिनन मैकेन्जी एण्ड कम्पनी लिमिटेड के फैसले के खिलाफ दायर अपील को रद्द करते हुए कहा कि भेदभाव तभी उत्पन्न होता है जब दोनों को समान वेतन नहीं दिया जाता।

गत 24 नवम्बर को मुम्बई उच्च न्यायालय ने अपने फैसले में कहा था कि उक्त कम्पनी में महिला स्टेनोग्राफरों का काम पुरुष स्टेनोग्राफरों के काम के बराबर

है और महिला स्टेनोग्राफरों को पुरुषों की तुलना में कम वेतन दिया जा रहा है जबकि उनका सेवा काल पुरुष जितना ही है।

उक्त समाचार में सबसे ऊपर 'समान काम के लिए समान वेतन' जो काले टाइप से लिखा गया है, को शीर्षक (Head Line) कहते हैं। प्रत्येक समाचार का यह आवश्यक तत्व है। यह शीर्षक पाठक को समाचार के मूल तत्व का संकेत दे देता है।

'नई दिल्ली, 27 मार्च' यह तिथि रेखा (Date Line) है, जो प्रत्येक समाचार के साथ आवश्यक रूप से दी जाती है। इससे पाठक को न सिर्फ यह पता चल जाता है कि घटना कहां (किस स्थान पर) हुई वरन् किस दिन हुई, यह भी ज्ञात हो जाता है।

'वार्ता' क्रेडिट लाइन (Credit Line) हैं। यह वस्तुतः समाचार का स्त्रोत है। समाचार पत्रों को यह समाचार किस स्त्रोत या सूत्र से उपलब्ध हुआ, इसकी जानकारी हमें 'क्रेडिट लाइन' से मिल जाती है। कई बार शीर्षक के ठीक नीचे संवाददाता का नाम भी लिखा जाता है जिसे बाईं लाइन (By line) कहते हैं।

समाचार का प्रथम अनुच्छेद आमुख (Intro or lead) कहलाता है।

शेष अंश समाचार की 'बॉडी' (Body) है।

समाचार के प्रमुख तत्व

किसी भी समाचार के छः आधारभूत तत्व हैं, जिन्हें हिन्दी में छःककार के नाम से भी जाना जाता है तथा अंग्रेजी में पाँच डब्ल्यू तथा एक एच। किसी भी समाचार में इन छः तत्त्वों का होना प्रायः आवश्यक है। ये तत्व हैं

(1) क्या (What) अर्थात् क्या घटित हुआ?

(2) कब (When) अर्थात् घटना किस समय घटी?

(3) कहाँ (Where) अर्थात् घटना किस से सम्बन्धित है?

(4) कौन (Who) अर्थात् घटना का कारण क्या है?

(5) क्यों (Why) अर्थात् घटना का कारण क्या है?

(6) कैसे (How) अर्थात् घटना कैसे घटित हुई?

माना जाता है कि समाचार का आमुख ऐसा होना चाहिए कि उपर्युक्त सभी प्रश्नों का उत्तर मिल जाए। किन्तु यह आवश्यक नहीं है कि सभी प्रश्नों का उत्तर दिया जाए। इन सन्दर्भ में कोई निश्चित नियम नहीं बनाया जा सकता। गुट-निरपेक्ष

राष्ट्रों की समाचार समितियों पर प्रकाशित पुस्तक 'News Agencies Pool of Non-Aligned Countries' में लिखा गया है कि मूलतः किसी समाचार में तीन प्रश्नों के उत्तर आवश्यक हैक्या, कहाँ तथा कब। इनके उत्तर नियमानुसार प्रथम अनुच्छेद में दिया जाना आवश्यक है। अन्य प्रश्नों के उत्तरकौन, क्यों तथा कैसे का उत्तर यदि आवश्यक हो, तो अन्य अनुच्छेदों में दिया जा सकता है। अतः कहा जा सकता है कि समाचार की प्रकृति के आधार पर ही उक्त मूल प्रश्नों के उत्तर 'इन्ट्रो' में समाहित करने चाहिए।

इन्ट्रो के प्रकार

किसी भी समाचार का प्रथम अनुच्छेद इन्ट्रो, आमुख या लीड कहलाता है। यह सुंगठित और स्पष्ट होना चाहिए। किसी भी समाचार के मुख्यतः तीन पहलू होते हैंशीर्षक, इन्ट्रो तथा शेष भाग। शीर्षक देना भी विशेष कला है। शीर्षक वस्तुतः समाचार का सार ही होता है। यह पाठक को आकृष्ट करने वाला होना चाहिए। शीर्षक, के उपरान्त 'इन्ट्रो' भी अत्यधिक प्रतिभा और मेहनत की अपेक्षा करता है। इसे इन्ट्रो इसलिए कहा जाता हैं क्योंकि पाठक को समाचार का परिचय इसी से मिलता है। इसलिए इसे 'समाचार परिचय' भी कहा गया है।

इन्ट्रो समाचार के अनुरूप होना आवश्यक है। इन्ट्रो पाठक को पूरा समाचार पढ़ने को बाध्य करता है। इन्ट्रो यदि कमजोर होगा तो अच्छा समाचार भी पाठक की निगाह से छूट सकता है। इन्ट्रो सारपूर्ण होना चाहिए। इसकी संक्षिप्तता ही इसकी विशेषता है। इन्ट्रो लिखने के लिए वैसे तो काफी स्वतन्त्रता है किन्तु कुछ विशेष बिन्दुओं का ध्यान रखा जाना चाहिए

1. किन्तु, परन्तु, लेकिन आदि शब्दों से इन्ट्रों का प्रारम्भ नहीं किया जाना चाहिए।
2. इन्ट्रो सरल तथा व्यवस्थित होना चाहिए। शुरुआत में प्रायः एक ही विचार या घटना के आधार पर इन्ट ्रो बनाना उपयुक्त होता है ताकि पाठक को समझने में आसानी हो।
3. इन्ट्रो समाचार का पूर्वाभास देने वाला अथवा उसके सार रूप को प्रकट करने वाला हो। इन्ट्रो यथार्थ हो। इन्ट्रो पढ़ते ही यदि उस सम्पादक को अच्छा शीर्षक मिल जाए तो इसे अच्छा इन्ट्रो कह सकते हैं क्योंकि यह समाचार की मूल चेतना को व्यक्त करने में समर्थ होता है।

4. अमूर्त अवधारणाओं तथा वस्तुओं की अपेक्षा व्यक्तियों पर विशेष बल दिया जाना चाहिए।
5. इन्ट्रो संक्षिप्त तथा ठोस होना चाहिए। प्रायः तीस शब्दों से अधिक का इन्ट्रो नहीं
6. मुख्य तथ्य के आधार पर सीधे कथन से इन्ट्रो को प्रभावी ढंग से लिखा जाना चाहिए।
7. घटना का वर्णन मात्र करने वाले 'इन्ट्रो' के बचना चाहिए। इन्ट्रो में क्या घटिया हुआ अथवा क्या कहा गया यह महत्वपूर्ण होता है उदाहरणार्थ
   "प्रधानमन्त्री ने कल विज्ञान भवन में वैज्ञानिकों के एक सम्मेलन को पर्यावरण समस्या पर सम्बोधित किया।"
   इस इण्ट्रों को अच्छा नहीं कहा जा सकता, क्योंकि यह अस्पष्ट है और प्रधानमंत्री ने क्या कहा यह मालूम नहीं चलता।
8. सूचना स्त्रोत का उल्लेख भी समाचार को विश्वसनीय बनाता है। यदि स्त्रोत महत्वपूर्ण नहीं है, तो उसका संकेत करना आवश्यक नहीं किन्तु महत्वपूर्ण स्त्रोतों का उल्लेख करना चाहिए। कुछ सम्पादक स्त्रोत का उल्लेख वाक्य के पहले कर देते हैं, तो कुछ बाद में। निम्न उदाहरण में स्त्रोत के नाम का उल्लेख पहले किया गया है
   राष्ट्रपति डॉ, शंकरदयाल शर्मा ने देशवासियों से सामाजिक विषमताओं, असमानतापूर्ण सामाजिक ढांचे, कट्टरपंथी विचारों और कुप्रथाओं के खिलाफ एकजुट होकर समाज सुधार का प्रभावशाली जन आंदोलन शुरू करने का आह्वान किया है।
   उक्त इन्ट्रो में व्यक्ति के नाम की महत्ता के कारण उसके नाम का उल्लेख विशेष रूप में किया गया है।
9. इन्ट्रो में पाठक को आकर्षिक करने की क्षमता हो।

समाचार विविधता से भरे होते हैं। जितना ये विविध होते हैं उतना ही व्यापक भी। अतः इसी विविधता के कारण इन्ट्रो के भी कई प्रकार हो सकते हैं।

श्री प्रेमनाथ चतुर्वेदी द्वारा इन्ट्रों अथवा आमुक को दो मुख्य भागों में विभाजित किया गया है।

1. भावनात्मक इन्ट्रो
2. तथ्यात्मक इन्ट्रो

भावनात्मक इन्ट्रो में घटना और वैचारिक समाचारों का विश्लेषण कर, उसकी संवेदनाओं को स्पर्श किया जाता है जबकि तथ्यात्मक इन्ट्रो में घटना का वर्णन यथा तथ्य अर्थात जैसा है वैसा ही वर्णित कर दिया जाता है।

भावनात्मक इन्ट्रो समाचार का उदाहरण

नई दिल्ली, 3 नवम्बर। मर्माहित देश ने भरे हुए दिल और छलकती आँखों से अपनी प्रिय नेता को अलविदा कहा। करोड़ों लोगों की लाड़ली श्रीमती गाँधी के पार्थिव शरीर को जब राजीव जी ने अग्नि को समर्पित किया तो एक क्षण को जैसे सब कुछ थम गया और चारों ओर स्तब्धता छा गई। लेकिन अगले ही क्षण लाखों आँखें छलक उठीं और जब तक सूरज चाँद रहेगा, इन्दिरा तेरा नाम रहेगाजैसे नारों से आकाश गूँज उठा।

इन छलकती आँखों में मासूम आँखे भी थीं तो जवान आँखें भी थीं और लगभग पूरी शताब्दी का उतार-चढ़ाव देख चुकी वृद्ध आँखें भी......।

नवभारत टाइम्स, नई दिल्ली 4 नवम्बर, 84

तथ्यात्मक इन्ट्रो समाचार

नई दिल्ली, 31 अक्टूबर 1984 को प्रधानमन्त्री श्रीमती इन्दिरा गाँधी की बुधवार को प्रातः काल 9 बजकर 5 मिनट पर उनके ही सुरक्षा प्रहरियों ने गोली चलाकर हत्या कर दी।

राष्ट्रदूत, जयपुर, 1 नव, 1984

नई दिल्ली, 31 अक्टूबर 1984 प्रधानमन्त्री श्रीमती इन्दिरा गाँधी की आज सुबह 9.40 पर उनके निवास स्थान पर ही गोलियाँ मारकर हत्या कर दी गई। उन पर गोलियाँ उनकी रक्षा के लिये तैनात सुरक्षा गार्डो ने ही चलाई। अखिल भारतीय आयुविज्ञान संस्थान में उनके 16 गोलियों से छलनी शरीर ने प्राण त्याग दिए।

हिन्दुस्तान, नई दिल्ली, 1 नवम्बर, 1984

नई दिल्ली, 31 अक्टूबर (यून्यू, वार्ता)। बहुत ही नाजुक मौकों पर पूर्ण साहस के साथ राष्ट्र को दिशा निर्देश देने वाली भारत की प्रधानमन्त्री श्रीमती इन्दिरा गाँधी की बुधवार की सुबह उनके दो सुरक्षा प्रहरियों ने उनके निवास स्थान पर ही हत्या कर दी। श्रीमती इन्दिरा गाँधी मंगलवार की रात उड़ीसा के दौरे से लौटी थीं।

राजस्थान पत्रिका, जयपुर, 1 नवम्बर, 1984

सन्त हरचन्दसिंह लोगोंवाल पर कल शाम साढ़े पाँच बजे संगरूर से 30 किलोमीटर टूर, शेरपुर गांव के गुरूद्वारे में हो रही एक सभा में चार आतंकवादियों ने उठकर पिस्तौलों से गोलियाँ दागीं और उनकी हत्या कर दी।

नवभारत टाइम्स, नई दिल्ली, 21 अगस्त, 1985

इन्ट्रो से कुछ अन्य प्रमुख प्रकार इस प्रकार हैं

1. उद्धरण आमुखमंत्रियों के भाषण, साक्षात्कार अथवा सेमिनार आदि में दिए गये भाषणों के समाचारों में इस प्रकार के इन्ट्रो बनाये जाते हैं।

उदाहरण

नई दिल्ली, 20 अक्टूबर। पत्रकारिता और लोक तन्त्र का चोली-दामन का साथ है। किसी भी देश की स्वीधनता व स्वादलम्बन की भावना का विकास करना, उनकी रक्षा करना स्वाधीनचेता पत्रकार का दायित्व है। प्रसिद्ध पत्रकार श्री अक्षय कुमार जैन ने आज यह सलाह राजस्थान विश्वविद्यालय के पत्रकारिता के छात्रों को दी।

दैनिक हिन्दुस्तान, 21 अक्टू, 83

2. प्रश्न आमुखनई दिल्ली, 9 मार्च (भाषा) क्या दूरदर्शन केवल दून स्कूल और सेंट स्टीफेंस स्कूल की तहजीब दिखाने का ही माध्यम रह गया है? लोकसभा में आज कांग्रेस के आरिफ मुहम्मद खान ने टी. वी. सीरियल 'सुबह' के संदर्भ में यह सवाल पूछ कर सरकार को आड़े हाथों लिया। पक्ष-विपक्ष के अनेक सदस्यों ने भी उनका साथ दिया। नवभारत टाइम्स, जयपुर 10 मार्च, 87

जयपुर, 28 मार्च। दिल आखिल दिल ही है। दिल को कैसे संभाल कर रखें? दिल का आपको कोई रोग न हो, दिल के दौरे से कैसे बचें? और दिल की गिरफ्त में आ ही जाएं तब आप क्या करें? नवभारत टाइम्स, जयपुर, 29 मार्च, 87

3. संक्षिप्त आमुखइस प्रकार के इन्ट्रो मे सम्पूर्ण समाचार का संक्षिप्त रूप (Key Points) प्रस्तुत किया जाता है। उदाहरणार्थ

"नई दिल्ली, 28 फरवरी। विपक्ष के प्रमुख राजनीतिक दलों के नेताओं की राय में, आज पेश हुआ बजट गरीबों में केवल निराशा की उपजाएगा। इनकी मान्यता है कि बजट के वित्तीय प्रस्तावों में मुद्रा स्फीति की मौजूदा समस्या और गम्भीर हो जाएगी। दूसरी ओर सत्तारूढ़ दल के नेताओं ने इसे गरीबों और काम-काजी लोगों के कल्याण के लिए सरकार की प्रतिबद्धता का प्रतीक बताया।"

इस इन्ट्रो के बाद विभिन्न दलों के नेताओं की बजट प्रतिक्रिया दी जा सकती है।

4. कारतूस इन्ट्रो कारतूस इन्ट्रो अत्यन्त छोटा वाक्य होता है। यह समाचार को सरलता से सीधे व्यक्त कर देता है। महात्मा गाँधी की मृत्यु पर नेहरू ने कहा था The Light has gone यही बात नेहरू को मृत्यु पर श्री सुब्रह्मणयम् ने संसद में कही। श्रीमती गाँधी की मृत्यु पर भी एक पत्र ने लिखा"मशाल बुझ गयी" इस प्रकार इन्ट्रो का यह प्रकार अपने आप में समाचार को स्पष्ट अभिव्यक्त कर देता है।

उदाहरणार्थ

नई दिल्ली, 31 अक्तूबर 1 प्रधान मन्त्री श्रीमती इन्दिरा गाँधी नहीं रही।

वास्तव में आमुख विविध स्वरूप हो सकते है यह संवाददाता के विवेक पर आधारित है कि वह किस तरह से समाचार को प्रभावशाली बनाकर लिखता है। प्रवीण दीक्षित ने इंट्रो के इन विविध प्रकारों को समझाते हुए निम्नलिखित प्रमुख भेद किए हैं

1. सारांश आमुख
2. विस्तृत आमुख
3. दुर्घटना आमुख
4. पंच आमुख
5. धर्मयुद्ध आमुख
6. आश्चर्य कारक आमुख
7. कारतूस आमुख
8. 'आप और मैं' आमुख
9. निलम्बित अभिरुचि आमुख
10. व्याख्यात्मक आमुख
11. सामान्य रूप आमुख
12. प्रश्न आमुख
13. उद्धरण आमुख
14. आश्रित व्याक्यांश आमुख
15. संज्ञा वाक्यांश आमुख
16. तब और अब आमुख
17. अत्र तत्र आमुख
18. उपाख्यान आमुख
19. आलंकारिक आमुख
20. सुक्ति आमुख
21. आज आमुख

श्री एस. वी. कामथ ने इंट्रो के प्रमुख भेद निम्नलिखित बताये हैं

समाचार की भाषा कैसी हो

किसी भी समाचार के संकलन मात्र से बात नहीं बनती। नहीं उलझी हुई रिपोर्टिंग करने से इसलिए इसकी तथ्यात्मक और वैचारिक स्पष्टता के साथ-साथ

सरल भाषा पर भी ध्यान देना चाहिए। तभी यह आम पाठकों के लिए उपयोगी हो सकती है।

समाचार की भाषा तकनीकी विषयों की भाँति निश्चित नहीं होती। समाचार पत्र को समाचार विभिन्न स्त्रोतों से, संवाददाताओं के माध्यम के उपलब्ध होते हैं। इन संवाददाताओं का शैक्षणिक तथा मानसिक स्तर भी भिन्न-भिन्न होता है। साथ ही जिस वातावरण और अंचल में वे रहते हैं उसका प्रभाव भी उनकी अभिव्यक्ति पर पड़ता है। अतः इन समाचारों की भाषा में पर्याप्त वैविध्य भी देखने को मिलता है। इसी भांति समाचार पत्र के पाठकों के स्तर में भी काफी विभिन्नता होती है। अतः समाचार की भाषा ऐसी होनी चाहिए कि समाचार पत्र का औसत पाठक उसे समझ सकें।

समाचार लिखते समय छोटे-छोटे वाक्यों तथा प्रचलित शब्द समूहों का ही प्रायः प्रयोग करना चाहिए। समाचारों में विचारों को व्यक्त करते समय छोटे और संक्षिप्त वाक्यों का प्रयोग करना चाहिए। अधिक लम्बे और उलझे वाक्यों का प्रयोग करने की प्रवृति से यथासंभव बचने का प्रयास करना चाहिए।

हिन्दी पत्रकारिता अनुवाद के श्रम से बच नहीं सकती। समाचार प्राप्ति के अधिकांश स्त्रोत अंग्रेजी में है। अतः अंग्रेजी में प्राप्त समाचारों का अनुवाद करते समय 'मक्षिका स्थाने मक्षिका' की प्रवृत्ति से बचना चाहिए तथा भाषा की प्रकृति के अनुरूप अनुवाद इस प्रकार का हो कि जिससे वह दुरूह प्रतीत न हो।

समाचार लेखन में अनुच्छेंदों का विशेष महत्व है। छोटे-छोटे वाक्यों में छोटे-छोटे अनुच्छेद न सिर्फ समाचार को विशेष सौन्दर्य प्रदान करते हैं वरन् संपादन की दृष्टि से भी यह सुविधाजनक होता है।

भाषा की सहजता, सरलता समाचार की प्राथमिक आवश्यकता है। 'क्रिश्चियन साइंस मोनिटर' (Christian Science Monitor) ने समाचार पत्रों के लिए समाचार प्रकाशन के 25 मार्गदर्शक रास्ते बताये हैं।

समाचार लेखन का तरीका

आज जब 20वीं सदी अपनी जिन्दगी की अँगड़ाई में नदी के छोर पर खड़ी है, यह प्रश्न सुनने वाले शासन कुछ कुछ दुविधा महसूस करें। निगोड़ी कलम को सदी के अँधियारे पर ही खबरनाबीसों से फारिम खती मिलने लगी थी। कलम घिस्सू कॉलम नबीसी का वह अंतिम दौर था। बड़े सिंहाफियों की अँगुलियाँ कलम पकड़ना

भूलने लगी थीं और टापराइटर की कुंजियों पर दौड़ने लगी थीं। वह जमाना अब नहीं रहा जब हाईस्कूल परीक्षा में डिक्टेशन होता था, जिसमें कॉमा, फुलस्टॉप हिज्जे जाँचे जाते थे। खुशखत के नम्बर मिलते थे, अंग्रेजी हिन्दी, उर्दू प्रकार के कॉलमों से लिखे जाते थे। तब नौकरी पाने के लिए अपनी हाथ की लिखी अर्जी देना जरूरी होता था। वह युग बीत गया और कलम से सचमुच का या तो प्रूफ रीडर का या फिर उर्दू अखबारी में कातिब का रह गया था। वे ही प्रायः नामी गिरामी तहरीर के लिए भी पकड़े जाते थे। उन्ही का उत्तरदायित्व कि जुबान दुरुस्त रहे, हिज्जे ठीक रहें और मुहावरे माकूल चस्पा हो। ऊँचा पत्रकार वह होता था जो कि ताजिन्दगी कलम न छुए और आलपीन रेजर, स्केल और रंगीन पेन्सिल से ही काम करे। चेक पर दस्तखत करना पड़ता था और यह भी उस बिरादरी को रास नहीं आता था। शाम को कॉफी हाउस में मिलना जैसी इबारत भी टाइप की हुई मिलती थी। उस पर दस्तखत नदारत होता था।

एक दिन एक कमरे में मोहन लाल संतोष पांडेय, राकेश राजा एक साथ बैठे थे। टाइपराइटर था नहीं। आवश्यकता आ पड़ी तो संतोष पांडेय ने एक पेन्सिल उठाई और कागज पर कुछ लिखने चले। और कुछ नहीं कैन्टीन के लिए चाय की पर्ची तो तुरन्त उनका हाथ पकड़ कर लाल बोले अरे रुको राबिन हुड को हाथ से लिखना भी आता है। जल्दी फोटोग्राफर को बुलाओ। ऐसा मौका फिर दुबारा नहीं आयेगा। संतोष पांडेय अंग्रेजी के प्रसिद्ध संपादक और व्यंग्य लेखक थे। इस घटना में उस स्थिति का दर्पण है। मूल प्रश्न का उत्तर ऐसे को देना है जिसके हाथों में काली कलम ने खबर नबीसी के उतार चढ़ाव करीब तिरसठ साल तक झेले हैं। छूटी इसलिए नहीं क्योंकि रापी, वसूली, खुरदी घिसते बना नहीं और ऊँची पत्रकारिता किस्मत में नहीं थी। फिर पढ़ने पढ़ाने, लिखने लिखाने की कुछ सनक भी सवार थी। गणित ऊपर से गले पड़ गयी, जिसमें लाइनें खींचने और कुछ गोदने की मजबूरी होती है। अब उसी कलम से यह अपेक्षा करनी है कि समाचार कैसे लिखा जाय? फर्ज अदायगी अलग बात है। सच बात यह है कि अब समाचार लिखा जाता ही नहीं है।

किसी भी समाचार को लिखने का श्रेष्ठ तरीका क्या है अथवा समाचार को कैसे लिखा जाये, यह सवाल तभी उत्पन्न होता है जब यह ज्ञात कर लिया जाता है कि समाचार किस प्रकार है तथा कैसे प्रचारित करना है। जाँच संकलन परख स्रोत पड़ताल महत्व निर्णय आदि सीढ़ियाँ पार करने के बाद ही समाचार उसे मंजिल पर पहुँचाता है, जब उसे लिखा जाय और तब जरूर कैसे का सवाल उठता है। उसी स्तर पर अब इस प्रश्न से निपटना है।

साहित्य की तरह समाचार लेखन को मनचाही छूट नहीं मिल सकती क्योंकि, अखबारों में स्थान की कमी होती है। साहित्य जब चाहो जितनी देर में चाहो लिखो कोई बंधन नहीं। कितने पन्ने रंगों जितना मन करें समाचार को यह सब स्वतंत्रता नसीब नहीं। पत्रकार बेचारा, धूप में दस घंटे दौड़ा है। दर्जनों लोगों से उसने वार्तालाप किए हैं। घटना का पूरा विवरण और फोटो उसके बैग में है। सोच कर आया है कि पहले पेज के लिए बढ़िया न्यूज बनायेग, जिसे पढ़कर लोग शबाशी देंगे। न जाने कितने अफसर नेता, पत्रकार और आम लोग सुबह के अखबार में उसकी खबर खोज कर पढ़ेंगे। उसकी अपनी नोट बुक के बीस पेज उसी सामग्री से भरे हैं। अभी आकर कुर्सी पर बैठा भी नहीं है कि न्यूज एडीटर की आदेश भरी आवाज सुनायी पड़ी हाँ, अपनी कॉपी लेकर आओ। पहले पेज पर जायेगी, लेकिन सिर्फ आठ इंच सिंलिग कॉलम, स्पेस, उतने में ही शीर्षक भी लगेगी। यह मुसीबत कौन साहित्यकार झेल सकता है जो पत्रकार को दिन भर में दर बार झेलनी पड़ती है। नहीं करना संभव है। तो एकाउन्टेंट से जाकर अपना हिसाब ले ओर अगले दिन से स्थायी छुट्टी साहित्यकार को अगर उसकी अपनी ही रचना, इस तरह संक्षेप करने को कह दिया तो उसे कई हफ्ते लग जायेंगे। और यहाँ, फिर सुन लीजिए ''हैंडिग सहित सिंगल कॉलम स्पेस और माइन्ड यू! दस मिनट।''

कैसे किया जाय? तरीका बहुत साधारण है। पत्रकार बैठेगा। बैग से नोट्स निकालेगा। एक चाय के लिए आर्डर होगा। एक सिगरेट सुलगायेगा। कागज कलम सुकतियायेगा और इसी बीच कैसे का जवाब आ जायेगा। नौकर चाय लेकर आया है और कह रहा है सर! आप तो उधर गये थे। सुना उधर कुछ संगीन मामला हो गया है। क्या हुआ है।

अब पत्रकार क्या करेगा? क्या उसे बीस पेज की इबारत सुनायेगा? जी नहीं। वह एक में निपटा देगा। वही वाक्य उसकी न्यूज कॉपी का भी प्रथम वाक्य हो गया। उसी पर शीर्षक भी लग जायेगी। सम्भव है उसके बाद एक दो वाक्य और बोलने पड़े। इस प्रकार जब जिस क्रम से खबर जता दी। यही दो शर्तें समाचार का सम्पूर्ण समाचार बना देती हैं। अब चाहे उसे सुरसा के मुँह की तरह बढ़ाते चलो चाहे एक दो वाक्य में काम चला लो।

समाचार इस प्रकार से लिखा जायेगा तो कई और परेशानियां दूर हो जायेंगी। आखिर तो समाचार को पेज में लगेंना है। जहाँ बिल्कुल निश्चित हुआ स्पेस उसको मिलेगा। समाचार स्पेस से कुछ कम पड गया तो फिलर का इंतजाम रहता है। लेकिन समाचार कुछ बढ़ गया तो, तब क्या पेज रबड़ का नहीं होता है, जो खींच कर बढ़ा

लिया जाय। समाचार में से ही कुछ काटना होगा। उस मौके पर समाचार पूरा पढ़ने का समय नहीं होता। ऊपर के तरीके से लिखे गये समाचार को घटाने का तरीका सरल है। मेकअप इंचार्ज ने कहा कि खबर बढ़ रही है तो वहीं से बैठे-बैठे जवाब दे दिया कि नीचे से काटना शुरू कर दो। किसी विराम तक काट दो। पूरे समाचार में से नीचे से पूरे-पूरे निकालते चलो। समाचार पूरा का पूरा रह जायेगा। पूर्णात पूर्णमादाय पूर्णमवावशिष्यते की यह व्यावहारिक मीमांसा किसी वेदांती को नहीं समझ में आई होगी जो रोज हर अखबार नबीस को सहनी पड़ती है। शीर्षक ज्यों की त्यों इन्ट्री वहीं का वही बना रह गया। समाचार लिखने के इस ढंग को विद्वानों ने कई नाम दिये हैं। डमी को इनवर्ट पिरमिड स्टाइल कहा जाता है। उर्दू फारसी में गाव दुम और संस्कृत में इसी को गो पुच्छवत कहते हैं सुनने में थोड़ा कठिन लगता है। करते सभी दिनभर यही हैं। देहाती इसे मामूली समझदारी कहते हैं।

यह तो हुआ समाचार बताने जताने या संक्षिप्त करने का ढंग। लिखने का ढंग क्या होगा विद्वान प्रत्यक्ष रूप नहीं कहेंगे। बोलने लिखने की भाषा एक जैसी होनी चाहिए। चाहिए तो बहुत कुछ लेकिन वह सब कहाँ संभव होता है। वर्षों की साधना के बाद भी बिरले ही ऐसा कर पाते हैं। अंतर्राष्ट्रीय स्तर के प्राचीन इतिहास विशेषज्ञ स्वर्गीय डॉ. राधाकुमुद मुखर्जी को यह सफलता प्राप्त थी।

किसी समस्या के पीछे वजह होती है। चाय वाले लड़के का ही दृष्टान्त काफी होगा। सुनने वाले के कान और बोलने वाले के होंठ तो काम करते ही हैं। लेकिन दोनों की आँखे भी बहुत कुछ करती हैं। दोनों एक दूसरे का चेहरा भँहें, इशारे, माथे की सिकुड़नें भी देखते एवं समझते चलते हैं। बोलने वाले का लहजा भी बहुत कुछ बता जाता है। सुनने वाला हुंकारी भरता है। इसे संचार माध्यम की भाषा में दोतरफा संदेश प्रेषण कहते हैं। भाषण कर्ता नेता को गायक को तबलची को कठपुतली वाले को नाटक नौटंकी के पात्र को यह दो तरफा सुविधा प्राप्त है। श्रोता, वक्ता दोनों में उपयुक्त मानसिक अनुकूलन होता चलता है। लेकिन बीच में आते ही कलम, कागज और छापाखाना यह सुविधा गायब हो जाती है। चिट्ठी या अखबार पढ़ने वाला लिखने वाले को देख नहीं पाता। उसे दैहिक भाषा का लाभ प्राप्त होता।

पत्रकार का लिखा पढ़ने वाला केवल आँख से पढ़ेगा। उसे कान की क्षमता का लाभ भी नहीं मिलेगा। पाठक के हावभाव कैसे होंगे यह तो समझदार लिखने वाला कभी भी जान नहीं सकता। काले अक्षरों इशारे और लहजे नहीं उतरते। इन सबकी केवल कल्पना की जा सकती है। अपनी कल्पना के अनुसार यह भाव भी लिखित भाषा में किये जाते हैं। इसी कारण बोलने और लिखने की भाषा अलग हो जाती है

कोई साधक ही ऐसी पृथक्कता को मिटा पाता है। समाचार पत्र में छपा समाचार पढ़कर कोई दूसरे को बताने लगता है, तब फिर शारीरिक भाषा का लाभ मिलने लगता है। इसीलिए इसे अक्सर लिखित भाषा पर छोड़ दी जाती है।

ऊपर में कल्पना शब्द का प्रयोग हुआ है। समाचार लिखते समय अपनी और पाठक की दैहिक भाषा के प्रभावों की कल्पना करके उन प्रभावों को लिखित भाषा में उतारने का प्रयत्न आवश्यक होता है। कल्पना और वास्तविकता में अंतर होता है। हम काम कल्पना के अनुसार करते हैं। लेकिन परिणाम वास्तविकता के अनुसार मिलता है। कल्पना और वास्तविकता के बीच की दूरी जिस सीमा तक घटाई जा सके, उतनी ही सफलता समाचार लिखने में मिलेगी।

तभी तो अखबार रेडियो और दूरदर्शन के समाचार लेखन का तरीका सर्वथा अलग होता है। इस एक समता के अलावा अन्य संदर्भ बहुत भिन्न हैं।

यहाँ जिसे पाठक या श्रोता कहा जा रहा है वहीं भरतमुनि के नाट्य शास्त्र में सामाजिक है। दर्शक, श्रोता, पाठक सब उसमें शामिल हैं। रस रचना में नहीं, ''सामाजिक'' मे होता है। किसी भी सूचना की सफलता इस बात पर निर्भर करती है कि वह किस स्तर पर पाठकों की पढ़ने के जिज्ञासा को बनाये रखती है। सिद्धांत रूप में यही रेडियो, दूरदर्शन, फिल्म आदि का भी सत्य है। इतनी समानताओं के बावजूद इन संचार माध्यमों के अंतर सामने आ जाते हैं।

अखबार का पाठक मुख्यतः शिक्षित ही होता है। साक्षर में विश्वविद्यालय के डॉक्टर उपाधिकारी तो होते ही हैं, वह पाठक भी शामिल होता है, जो एक एक अक्षर जोड़ते हुए मुश्किल से पूरा शब्द अर्धाक्षर और बड़े वाक्यों का संभाल नहीं पाता। हाव-भाव और विशेषज्ञ तो वह बखूवी समझता है। पेड़ पौधों पशुओं और पक्षियों के उदाहरण में वह बहुत कुछ समझ लेता है। परिवेश और अनुभव के संदर्भ में वह अच्छे वैज्ञानिकों से आगे हैं। लेकिन अग्रेंजी में अनूदित पारिभाषिक शब्दावली से वह दूर भागता है। वह आजादी नहीं है, पर्व प्रबुद्ध है। उसकी इन विशिष्टताओं को ध्यान में रखकर समाचार लिखने वाला खबर को ज्यादा रुचिकर बना सकता है। सही उच्चारण चालू अर्थ, आम भाषा, नाद का उतार चढ़ाव बोलने की यानि गति और विराम चिह्नों की ठीक जानकारी हो तो यह काम काफी सरल हो जाता है। लिखित भाषा से मस्तिष्क की आँखों के आगे गतिशील चित्र बनता चले, जिसके आधार पर पाठक किसी को बता और जता सके, यह समाचार लेखन का प्रभाव होना चाहिए। जनजीवन में स्थान बनाने से ही यह क्षमता प्राप्त होती है। अकबर इलाहाबादी के अनुसार जुबाँ ऐसी है कि सब समझें, बयान ऐसा कि सब मानें ही इस कला की

सिद्धि है। आँख और कान में सिर्फ चार अंगुल का फर्क बताया जाता है। रीतिकाल ने कानन चारी नैन मृग कहकर यह अन्तर प्राप्त भी कर दिया है। लेकिन व्यवहार में यह भेद काफी बड़ा है। तीन आयामी जगत आँख के दो आयामी पट पर प्रक्षिप्त ही हो सकता है। आकृति और दूरी में भेद आ जाता है। इसीलिए आँख, प्रकाश, रंग और विचलन तो सही बताती है लेकिन दूरी को सही नहीं बता पाती है। वह गलती कई जगह से अलग-अलग कोणों पर देखकर दुरुस्त की जाती है। दूसरी और दो कान, नाद, दूरी और प्रतिध्वनि एक दम ठीक बताते हैं, पर विचलन ठीक नहीं बता पाते। ये आँख और दो कान ही होते हैं, जो मिलकर मस्तिष्क को जगत का सही ज्ञान पहुँचाते हैं। दूरदर्शन प्रसारण को आँख कान दोनों मिलकर ग्रहण करते हैं आकाशवाणी को केवल कान सुनते हैं। केवल आँख अखबारी मुद्रण को ग्रहण करती है। आँख और कान दोनों की क्षमता में अधिकतम और निम्नतम की सीमा भी होती है। इसके अतिरिक्त हर व्यक्ति के लिए समय समय पर इन सीमाओं में काफी अन्तर आ जाता है। यह सब अंतर प्रभाव की एकरूपता मिटा देते हैं।

आँखें दृश्य देखती हैं और मस्तिष्क में प्रत्यक्ष ज्ञान प्रदान करती हैं। लेकिन काल अक्षरों में कोड होता है दृश्य नहीं जिसे मस्तिष्क डिकोड करता है। संस्कृत में एकाक्षरी कोष भी होता है। एक-एक शब्द के अनेक अर्थ होते हैं। हर वर्ण का अपना अर्थ समूह है। इसीलिए तुलसी ने वर्णानाम अर्थसंघानाम् कहा है। बहुत कम हिन्दी पाठक एककारी की जानकारी रखते होंगे। वर्ण मात्रा विराम चिह्न मिलकर वाक्य बनाते हैं। जिन्हें डिकोड करके अभीष्ट अर्थ तक पहुँचने का दुष्कर कार्य मस्तिष्क को तत्काल करना पड़ता है। इसीलिए प्रत्यक्ष देखने और पढ़कर मानसिक चित्र बनाने की अपेक्षा में बोला हुआ सुनकर समझने की मानसिक क्रिया एकदम पृथक होती है। नाद, लहजा और उच्चारण के उतार चढ़ाव का अपना प्रभाव होता है। कान से नाद सुनकर अक्सर बिना अर्थ जाने भी पाँव थिरक उठते हैं। अंग फड़कते लगते हैं। नाद मात्र में संज्ञान हो जाता है। कंकण किंकिनि नुपूर धुनि सुनि या हाहाकार हुआ क्रन्दनमय कठिन कुलिश होते थे चूर हुए दिगन्त बधिर भीषण रव बार-बार होता था। क्रूर अथवा जैसे असंख्या प्रयोग साहित्य में है। इसे साहित्य शास्त्र में वृति की अनुरूपता कहा जाता है, जिसका लाभ आँख नहीं दे पाती और लिखित भाषा को यह क्षमता विशेष कारीगारी द्वारा प्राप्त करनी पड़ती है। इस कारीगरी की जरूरत दूरदर्शन को सबसे कम आकाशवाणी को उससे ज्यादा और मुद्रित इबारत को सबसे ज्यादा होती है। आकाशवाणी और दूरदर्शन को उच्चारण काकु (लहजा) और अन्य नाद प्रभावों का जो लाभ प्राप्त है, वह काले अक्षरों को गतिहीन फोटो और स्केच का

भरपूर लाभ उठाने के बाद भी नहीं प्राप्त हो सकता। वर्ण नाद अर्थ संयोजन की यह कमी लिखित भाषा को पूरी करनी पड़ती है। इस दृष्टि से समर्थ भाषा को कसी भाषा कहते हैं। कसी भाषा लिखने की आदत अभ्यास से आती है। वही लेखन की साधना है।

किसी भाषा के कुछ तरीके बताये जा सकते हैं। कहने का अर्थ यह है, मतलब यह है ध्यान रह ज्ञातव्य है और इसी तरह के अन्य प्रयोग असमर्थ भाषा के लक्षण हैं जो अर्थ ग्रहण में अवरोध उत्पन्न करते हैं। बताना पड़े, ध्यान दिलाना पड़े यानी काव्य में रस बताना पड़े तो उसे रसाभास यानी दोष समझा जाता है। इन त्रुटियों से बचना जरूरी है। निष्प्रयोजन विभक्तियाँ भी अर्थ ग्रहण में बाधक बनती हैं। अंग्रेजी वाक्य रचना की एक भद्दी नकल हिन्दी में होने लगी है, संज्ञा या सर्वनाम से विभक्ति को हटा कर बीच में उपवाक्य डालने की परम्परा भी अब शुरू हो गयी है। दो भाषाओं के संस्कार पृथक-पृथक होते हैं। हिन्दी पाठक के मस्तिष्क के लिए यह व्यायाम असाध्य और अरुचिकर हो जाता है। लम्बे कठिन वाक्य, बड़े पैराग्राफ भी ऊबाते हैं। नवीनता से रमणीयता आती है। पुनरुक्ति से बचना जरूरी है। शब्द वाक्य और पैराग्राफ बदलते रहें तो अरुचि नहीं होगी। अत्यन्त अनिवार्य विशेषण न हों तो उनसे बचना चाहिए। विश्वविख्यात कुख्यात, और सर्वविदित आदि ऐसे ही अनावश्यक विशेषण हैं। हिन्दी में दोहरी तिहरी क्रियाएँ बोलने की परंपरा है। बेच डाला बंद कर दिया लेट गया। इनके स्थान पर इकहरी क्रिया के प्रयोग से में कसाव आ जाता है।

संस्कृति साहित्य में महाकवि भारवि का अर्थ गौरव काफी प्रसिद्ध है। एक स्थान पर उन्होंने बताया है कि चर (अर्थात् संदेश वाहक) को संदेश प्रेषण के लिए कैसी भाषा का उपयोग व्यवहार में चाहिए? अखबार, रेडियो और दूरदर्शन तीनों के समाचार कैसी भाषा में हों? इस संबंध में भारवि का विचार कुछ लाभदायक हो सकता है।

भारवि के अनुसार चर के लिए अच्छी भाषा में यह विशेषताएं होने चाहिए। एक एक वर्ण अलग-अलग स्पष्ट नाव और उच्चारण की दृष्टि से हो और इसमें किसी प्रकार का भ्रम संभद का अभाव हो। वर्णों और शब्दों का तारतम्य होता है जिससे गद्य में भी एक प्रकार की लय, गति और संगीतमयता प्रकट होती है। इसका भी ध्यान रखना चाहिए। वाणी ऐसी हो जिसको सुनकर शत्रु को भी सुख मिले। वह भी वाणी के रस पर मुग्ध हो जाय। इस वाणी में यथा स्थान ओज, प्रसाद और माधुर्य के गुण भी हों और गुण अपने स्थान से कभी विस्थापित न हों। शब्दों में गंभीरता

हो, छिछोरापन या सतहीपन का बिल्कुल अभाव हो। ऐसी वाणी ही चर को सफल बनाती है। उदाहरण के तौर पर हिन्दी में दो प्रयोग भ्रामक है संख्या और देने का भाव अलग-अलग है। ऐसे भ्रामक प्रयोगों को नहीं करना चाहिए। कुछ शब्दों के अर्थ जैसे सैन्धव संदर्भ से मिटाये जा सकते हैं।

काफी प्रयास के बावजूद संप्रेषित सूचना को जैसा का तैसा ग्रहण नहीं किया जा सकता है। माध्यम के पूरे अंतर के हर बिन्दु पर बाह्य प्रदूषण होता चलता है। प्रदूषणों को समाप्त करके तत्व ग्रहण सामाजिक मस्तिष्क के लिए दुष्कर होता है। वर्णन, वाक्य संक्षिप्त पैराग्राफ छोटे रखकर प्रदूषण की संभावना कम की जा सकती है। अखबार आकाशवाणी, दूरदर्शन तीनों के लिए माध्यमों के अंतर बड़े होते जा रहे हैं। यह प्रविधि विकास की ऋणात्मक उपलब्धि है जिसका मार्जन किसी भाषा द्वारा ही सम्भव है।

कुछ नियम भी हैं। कागज के एक ही तरफ लिखो। दो सतरों के बीच दो शब्दों के बीच अंतर रहे ताकि संशोधन की जगह बचे और मात्राएँ मिलकर अनर्थ न करें। ऊपर नीचे, दायें बायें अच्छा हाशिया छोड़ें ये नियम सभी के लिए हैं।

एक परेशानी शुरू में अवश्य आयेगी। अपना लिखा छपने में कितनी जगह लेगा? पढ़ने में कितना समय लगेगा? इसका पता कैसे चले? बहुत आसान तरीका है। जिस पत्र या पत्रिका में लिखना है, उसकी एक प्रति ले ली जाय। एक ही साइज के कागज काट कर गड्डी बना ली जाय और सदैव उसी साइज पर लिखा जाय। ऊपर नीचे दायें बायें खाली जगह छोड़कर लाइनें खींच ली जायँ। यह सब प्रारंभिक अभ्यास के लिए आवश्यक है। मश्क हो जाने के बाद इनकी आवश्यकता नहीं रहेगी। अब भी पत्र पत्रिका की कोई छपी सामग्री अपने सादे कागज पर सामान्य लिखावट के अक्षरों में सामान्य गति से नकल कर लो। तुरन्त अनुमान लग जायगा कि अपनी लिखी कितनी सतरें छपने पर कितनी जगह लेंगी। कॉलम की चौड़ाई या छपे अक्षर का (प्लाइंट साइज बदलने पर) दुबारा नकल करके हिसाब लगाया जा सकता है। घड़ी के अनुसार अपनी लिखी इबारत पढ़ने से समय का भी सही अंदाज लग जायेगा बशर्ते कि पढ़ते समय उच्चारण और लहजा सही रहे। कुछ दिनों अभ्यास करने के उपरांत ये बंधन हटा करके भी सही अंदाज लगाने में मुश्किल नहीं होगी।

पत्रकार को अच्छे पुराने कम्पोजीटरों या कातिब, किसी की भी लिखी कापी को एक नजर देखकर ही बता देते हैं। कि छपने पर कितना मैटर आयेगा, पढ़ने में कितना समय लगेगा। यह क्षमता भी अभ्यास से उत्पन्न है। बाद में तो कॉलम की

चौड़ाई या अक्षर के साइज की घट बढ़ का आनुपातिक हिसाब भी अनुभवी आँख सही बता देती हैं।

अखबारी समाचार लेखन के साथ ही रेडियो दूरदर्शन के समाचार लेखन का भी कुछ वर्णन अपने आप ही आ जाता है। मोटे तौर पर आजकल समाचार पत्र पत्रिकाओं को प्रिन्ट मीडिया और रेडियो, दूरदर्शन को, उनके बीच समाचार लेखन विधि की कई विविधताओं के बावजूद, इलेक्ट्रानिक मीडिया ही कह दिया जाता है।

इलेक्ट्रानिक मीडिया को कुछ ऐसी सुविधाएँ उपलब्ध हैं जो प्रिन्ट मीडिया को कभी नहीं प्राप्त हो सकतीं। लेकिन दूसरी तरफ कुछ विवशता भी हैं। रेडियों, टी. वी. घटनाओं के साथ साथ चलकर तुरन्त आँखों देखा हाल सुना दिखा सकते हैं। वह किसी प्रकरण को बीच में रोककर कोई जरूरी सूचना तुरंत दे सकते हैं। यह प्रिंट मीडिया में संभव नहीं। यदि देश का राष्ट्रपति या प्रधान मंत्री को तो रेडियो टी. वी. के माइक और कैमरा वहाँ वहाँ पहले से पहुँचे हुए हैं, तुरंत प्रसारण रोककर सूचना दी गई। यह भी बता दिया गया कि फलां भिन्न मीटर या चैनल पर आँखों देखा हाल आ रहा है। पाठक को समाचार पत्र पढ़ते पढ़ते बीच में रोककर, सम्पादक, उसे किसी प्रकार की सूचना नहीं दे सकता, आँखों देखा हाल तो दे ही नही सकती। समाचार पाने के बाद छपकर, पाठक तक अखबार पहुँचने में कुछ न कुछ समय तो लगेगा ही।

लेकिन कुछ समय बाद सम्पादक पाठकों के हाथ में एक विशेषांक पहुँचा देगा जिसमें पूरे के पूरे दो पेज जन्म से मृत्यु तक ही की कहानी कैमरे की भाषा में होगी। उसके वचन संस्मरण, प्रेरक प्रसंग कुछ विशेष लेख कविताएँ निबंध प्रिय संदर्भ दूर दराज तक प्रभाव शोकाकुल दृश्य और संपादकीय टिप्पणी आदि देकर विशेषांक ऐसा संग्रहणीय बनाया जा सकता है। जिसे बार-बार पढ़ा जाए जिसे लोग माँग कर पढ़े और बाद में संदर्भ सामग्री के रूप में वह सदा काम का बना रहे। इलेक्ट्रानिक मीडिया के आँखों देखे हाल के बारे में तो ऐसा कभी सोचा नहीं जा सकता। आकस्मिकता का मुकाबला स्थिरता से पढ़ा जाता है।

एक सूक्ष्म अंतर और भी है। समाचार पत्र खरीदा जाता है। समाचार के लिए उसमें और बहुत कुछ हो लेकिन वह सब कुछ मिश्री में बाँस की तरह उसी के साथ बिक जाता है। कुछ प्रायः एक समाचार आ जाने या छूट जाने से अखबार की बिक्री में भारी हेर फेर हो जाता है। समाचार समाचार पत्र को लोकप्रिय तो बनाते हैं लेकिन करीब दो सौ समाचारों में से किन्हीं एक दो के लिए सबसे अधिक या सबसे कम लोकप्रियता की नाप तौल नहीं होती। पूरा अखबार एक इकाई होकर बिकता है और

ग्रहक संख्या पूरे अखबार की होती हैं, दूसरी ओर रेडियो टी.वी. के प्रसारणों की लोकप्रियता के मामले में अपनी अपनी अवकाद होती है। किसी के लिए सड़क सूनी हो जाती है तो किसी के आने पर मीटर या चैनल बन्द कर दिया जाता है। गाना, नाटक, नाच, फिल्में, रामायण, मैच, महाभारत, लोकप्रियता में बहुत आगे और समाचार बहुत पीछे रहते हैं।

समाचार पत्रों की सफलता का एक पक्ष उसकी वित्तीय स्थिति से जुड़ा है। इसके लिए विज्ञापन बहुत ही महत्वपूर्ण स्रोत है। क्योंकि अखबारों में विज्ञापन के प्रकाशन से ब्रिक्री में बढ़ोतरी होती है। प्रिन्ट मीडिया में विज्ञापन किस समाचार को नहीं पूरे अखबार को मिलने हैं। लेकिन इलेक्ट्रानिक मीडिया में विज्ञापन ज्यादा लोकप्रिय प्रसारणों के पीछे दौड़ते हैं। समाचारों के बीच विज्ञापन दाता विज्ञापन श्रोता और दर्शक का मजा खराब है। सूर्यग्रहण की याद अभी सबको होगी। यही वजह है कि अखबार में पत्रकार और संपादक को जो वरीयता और प्रतिष्ठा मिलती है वह इलेक्ट्रानिक मीडिया में समाचार डेस्क को कभी नहीं प्राप्त होती है। इलेक्ट्रानिक्स मीडिया से केवल कुछ महत्वपूर्ण सूचनाएँ प्राप्त होती हैं। विस्तृत विवरण के लिए बाद में अखबार का इंतजार होता है। समाचार पत्रों के समाचार कहीं ज्यादा संख्या में कहीं ज्यादा देर तक पाठक के साथ रहते हैं। अन्य सामग्री को बीच में घुसने का अधिकार प्रिन्ट मीडिया ने अब तक विज्ञापनों को नहीं दिया है।

समाचार पत्र में प्रकाशित घटना के सम्बन्ध जनसामान्य को यही आशा रहती है। किसी की भी प्रकार अवगुण को छिपाया नहीं जायेगा तथा यह पूर्णतया सत्य होगी। जनभावनाओं की आभा होगी, सबके दुख दर्द की कहानी होगी तथा जनहित की पहरेदारी होगी। इलेक्ट्रानिक मीडिया के प्रसारण से यह अपेक्षा कोई नहीं करता। प्रसारण को उलट कर पीछे देखना, सुनना या ठहरकर उस पर मनन करना असंभव है। अखबार के एक पेज में जितनी खबरें होती हैं उतनी दिन भर के दस बुलेटिनों में में मिलकर भी नहीं होतीं।

यही सब बातें उस पृथक्कता को जन्म देती हैं जो मुद्रण और इलेक्ट्रानिक संचार माध्यम के समाचार लेखकों के बीच अति आवश्यक हैं।

रेडियो टी.वी. पर पहले शीर्षकों का झुरमुट और उसके बाद तीन चार, वाक्यों के 8-10 समाचार सुनकर यह समझ लें कि पहले पेज की हेडिंग और खबरों के इन्ट्री का प्रथम पैरा लेकर रेडियो टी.वी. पर काम चला लिया जाता है। संक्षिप्त सारग्रहण के मामले में यह समझ सही हो सकती है लेकिन इलेक्ट्रानिक मीडिया की खबरों का अनुशासन एकदम अलग है।

सर्वप्रथम रेडियो का उदाहरण लेते हैं उसके समाचार लेखन में कुछ बातों का दृष्टिगत आवश्यक है जबकि अखबार नवीस को इन बातों की चिन्ता नहीं होगी। ऊपर बताया गया या नीचे दिया गया रेडियो और टी.वी. में नहीं होता। बोलने में ऊपर नीचे नहीं होता है, लिखे हाथ में ऐसा संभव है। कहीं से अधिक अनकही, लक्षणा व्यंजना कवित्वपूर्ण भाव, शिलष्ट प्रयोग अलंकृत भाषा रहस्य पूर्ण वचन कूट या ढूंस अर्थात् कुछ भी ऐसा रेडियो के समाचार में नहीं चलेगा जिस पर ग्रहण मस्तिष्क को रुककर सोच विचार करना पड़े। केवल उसी समाचार का शेषांश नहीं, पूरी बुलेटिन के शेष सभी समाचार हवा हो जाएँगे। इस दृष्टि से कर्मवाच्य, वाक्यों की कारीगरी, कम प्रयोग वाले शब्दार्थ, त्रुटिपूर्ण उच्चारण की संभावना उपमा आदि की सहायता से अर्थाव्यक्ति दैहिक भाषा के योगदान क्षेत्रीय या वर्गीय प्रयोग आदि से बचना ही रहेगा। दैहिक भाषा का अधिक अंशों में लिखित भाषाएँ अपने प्रयोग आदि से बचना ही रहेगा। दैहिक भाष का अधिक अंशों में लिखित भाषाएँ अपने प्रयोग के अन्तर्गत निहित कर चुकी हैं। फिर भी गति भ्रमण विशाल और लघुतर अन्तर भी स्पष्ट शब्दों द्वारा बतलाना जरूरी होगा। अन्यथा अर्थ बताने में मददगर हो सकता है। उसका लाभ उठाया जाना चाहिए।

वर्तमान समय में जहां दूरदर्शन की सुविधाओं में बढ़ोतरी हुई है वही उसका कार्य भी थोड़ा जटिल हो गया है। वाणी को सहारा देने के लिए साथ में चित्र उपस्थित हैं। ये चित्र गतिशील हैं और अर्थाभिव्यक्ति में सिर्फ होते हैं लेकिन एक आवश्यक शर्त है। कान और आँख की क्रियाओं में पूर्ण संगति रहनी चाहिए। नहीं तो प्रसारण पीड़ा प्रदायक हो जाएगा। दोनों के बीच विसंगति आते ही समझ में अवरोध होगा और समझने का प्रयास करते ही प्रसारण का काफी अंश गायब हो चुका होगा। मोड़ रंग गति फासला भ्रमण आकृति विराटता या लघुता भीड़ या गोष्ठी, परिवेश आदि का विस्तार बताना आवश्यक नहीं है।

आँख उनकी सूचना दे देगी। जहाँ तक परिवेश में होने वाली चर्चाओं और आवाजों का प्रश्न है माइक प्रत्यक्षतः उन्हें पकड़ सकता है। इसलिए उन्हें भाषा द्वारा जताना न केवल निरर्थक है बल्कि अर्थ ग्रहण में बाधक भी है।

एक बार कम्युनिस्ट नेता पूरनचन्द जोशी ने कहा था किसी काम को करने का एक ही तरीका है उसे करो। समाचार कैसे लिखें? प्रश्न का उत्तर केवल इतना है लिखो बार बार लिखो अभ्यास करो, लिखकर अनेक बार दोहराओं, दिखाओं सुधरवाओं और ऐसा ही करते रहो। लिखने की गुणवत्ता लिखते लिखते आती है,

बढ़ती जाती है। जो कुछ गलती होगी उसे अधिक अनुभवी लाल प्रेन्सिल ठीक करती चलेगी। संशोधन संशोधन से चिढ़ो नहीं, गलती बताने पर बुरा न मानो। हिज्जे (वर्तनी) और व्याकरण बार बार सीखो। कोई कापी फाड़ कर फेंक दे तो सौभाग्य मानो। तिरस्कृत रंचना पत्रकार के लिए सबसे बड़ी उपदेशक होती है। अनेक आचार्य उसे संग्रहणीय मानते हैं। धैर्य और शालीनता एक श्रेष्ठ समाचार लेखक के गुणों को विकसित करने में सहायक होते हैं।

दीर्घ उत्तरीय प्रश्न

1. समाचार लेखन से आप क्या समझते है विभिन्न परिभाषाओं के आधार पर स्पष्ट कीजिए।
2. समाचार संकलन के प्रमुख स्वरूपों की विवेचना कीजिए।
3. समाचार के आधारभूत सिद्धान्तों की विवेचना कीजिए।
4. समाचार की भाषाशैली किस प्रकार की होनी चाहिए।

अथवा

5. समाचार लेखन के स्वरूपों को स्पष्ट कीजिए।

लघु उत्तरीय प्रश्न

1. समाचार लेखन के संकुचित अर्थ को स्पष्ट कीजिए।
2. पत्रकारिता में समाचार लेखन एक कला है। इस कथन को स्पष्ट कीजिए।
3. पत्रकारिता में समाचार लेखन कितने भागों में विभक्त किया गया उनका संक्षेप में कीजिए।
4. पत्रकारिता में समाचार लेखन कितने भागों में विभक्त किया गया उनका संक्षेप में स्पष्ट कीजिए।
5. समाचार में आमुख अथवा इण्ट्रो किस प्रकार का होना चाहिए संक्षेप में स्पष्ट कीजिए।
6. निम्न पर संक्षिप्त टिप्पणी लिखिए

   (क) विलोम स्तूपी

   (ख) समाचार इण्ट्रो

   (ग) समाचार की भाषा

वस्तुनिष्ठ प्रश्न

1. निम्न में से कौन सा तथ्य डॉ. जिया ने समाचार लेखन के आवश्यक तत्व बताएं है

   (क) सरलता (ख) तारतम्य

   (ग) सुस्पष्टता (घ) इनमें से कोई नहीं

2. श्री प्रेमनाथ द्वारा आमुक को निम्न में से कितने भागों में वर्गीकृत किया गया है

   (क) एक (ख) दो

   (ग) तीन (घ) चार

2

सम्पादकीय लेखन

अधिकांश यह सुनने में आता है कि समाचारों के समय विचार देना उचित नहीं है। इसका मतलब यही होता है कि समाचारों के अन्तर्गत समस्त पक्षों को सन्तुलित रूप में पेश कर पाठकों को अपने विचार बनाने हेतु आजाद छोड़ दिया जाय। सम्पादक को समाचार के प्रकाशन में वस्तुनिष्ठता तथा निष्पक्षता का ध्यान रखना चाहिए। व्याख्यात्मक समाचार लेखन की प्रथा के प्रारम्भ होने के कारण अब समाचारों का पूरा विश्लेषण कर पाठक को घटना की गहराई तक का बोध कराने का प्रयास किया जाता है। ऐसे समाचार लेखन समाचार से जुड़े सभी पक्षों का गम्भीर विश्लेषण कर अपना विचार बनाते हैं तथा तर्क के आधार पर उसका विश्लेषण करते हैं। 'टाइम्स ऑफ इण्डिया में 'News Analysis' तथा 'राजस्थान पत्रिका' का 'मंथन' ऐसे ही व्याख्यात्मक समाचारों के स्तम्भ हैं।

'सम्पादकीय' समाचार पत्रों का सबसे महत्वपूर्ण स्तम्भ है, जो सम्भवतः सबसे कम पढ़ा जाता है। यह एक ऐसा स्तम्भ है जिसके अन्तर्गत सम्पादक अपने विचारों को प्रकट करने के लिए पूरी तरह से आजाद होता है। समाचार पत्र प्रकाशन के साथ गहरे सामाजिक-राजनीतिक दायित्व जुड़े हुए हैं। सम्पादक अपने इन दायित्वों की पूर्ति सम्पादकीय स्तम्भ के माध्यम से ही करता है। सम-सामयिक विषयों से जुड़े रहने का कारण सम्पादकीय पाठक को देश-विदेश की हलचल तथा घटनाक्रम की न सिर्फ जानकारी ही देता है वरन् उसमें निहित सच्चाई को भी प्रकट करने का प्रयास

करता है। देश की आजादी की लड़ाई में तत्कालीन पत्रों के सम्पादकीय सतम्भों ने जनचेतना के निर्माण में महत्वपूर्ण योगदान दिया था। इसमें कोई सन्देह नहीं है कि जनमत निर्धारण में सम्पादकीय स्तम्भों का विशेष महत्व है। सम्पादक इस स्तम्भ का प्रयोग किसी जन आन्दोलन का प्रणेता बनने के लिए नहीं करता वरन् किसी भी घटना या समस्या पर पाठक को दिशाबोध देता है।

सम्पादक के विचारों की अभिव्यक्ति के कारण यह स्तम्भ समाचार पत्र की नीति की प्रतीक माना जाता है। सम्पादकीय का मतलब सिर्फ घटना से अवगत कराना न होकर उसकी पृष्ठभूमि में उसका विश्लेषण करना भी है। उसे सम्पादक की विचार दृष्टि को प्रकट करना होता है। इसे पढ़कर ही पाठक अपना मत बनाता है अतः इसमें व्यक्त विचार तार्किकता की कसौटी पर कसा होना चाहिए। भाषा की शिथिलता विचार अभिव्यक्ति को बेजान तथा विकलांग बना देती है। अतः सम्पादक की भाषा में कसावट, विचारों में परिपक्वता तथा व्यक्तित्व में दृढ़ता होनी चाहिए।

सम्पादकीय कैसे लिखें?

सम्पादकीय लिखना कोई आसान काम नहीं है। छोटे समाचार पत्रों में सम्पादक को स्वयं सम्पादकीय लिखना होता है जबकि बड़े समाचार पत्रों में विभिन्न विषयों के विशेषज्ञ होते हैं, जो अपने विषय के आधार पर सम्पादकीय लिखने का कार्य करते हैं। सम्पादकी स्तम्भ में सम्पादक का नाम देने की प्रायः परम्परा नहीं है। नाम के प्रकाशन न होने के बावजूद भी उसे सम्पादक का विचार ही माना जाता है।

सम्पादकीय लेखन सर्वथा स्वतन्त्र विधा है। इसे किसी सिद्धान्त अथवा नियम के आधार पर नहीं ढाला जा सकता लेकिन श्रेष्ठ सम्पादकीय के लिए कुछ आदर्श निर्धारित किए जा सकते हैं। प्रत्येक सम्पादक का अपना विशिष्ट व्यक्तित्व और शैली होती है। उसका वही व्यक्तित्व और शैली सम्पादकीय में झलकता है। यहाँ सम्पादकीय लेखन की कुछ आधारभूत आवश्यकताओं की चर्चा की जा रही है

सम्पादकीय लेखन की प्राथमिक आवश्यकता हैवस्तुनिष्ठता, निष्पक्षता, निर्भीकता और निर्लिप्राप्ता। इसके साथ ही यह भी ध्यान रखा जाए कि सम्पादकीय संक्षिप्त ही लिखे जाएँ। अधिक विस्तार से लिखने की प्रवृत्ति से यथासम्भव बचा जाए। सामान्यतः एक सम्पादकीय में शब्दों की सीमा 750 से 1000 शब्दों तक की होती है। विषय के महत्व के अनुसार यह संख्या कम या ज्यादा की जा सकती है।

सम्पादकीय लेखन में शीध्र ही विषय पर आ जाना चाहिए। प्रमुख बात को लिखने से पहले बेकार की बातों व विचारों की पुनरावृत्ति से दूर रहें पाठक के पास समय की सीमा होती है। यदि सम्पादकीय अनावश्यक विस्तारयुक्त होगा तो पाठक उसे नहीं पड़ेगा।

यह आवश्यक है कि सम्पादकीय में कोई विचार अथवा निष्कर्ष प्रतिपादित किया जाए। जिस विषय पर सम्पादकीय लिखा जाए उसका स्पष्ट स्वरूप सम्पादक के सामने हो। सम्पादक जो भी विचार प्रतिपादित करे वह तर्क की कसौटी पर आधारित हो। 'पाठक स्वयं समझदार है। इसका निर्णय स्वयं कर सकते हैं।' जैसी शब्दावली हास्यास्पद है। अतः भाषा में जीवन्तता होनी चाहिए। नीरस, घिसी-पिटी भाषा कभी प्रभावशाली नहीं हो सकती।

सम्पादकीय के अन्तर्गत विचार सन्तुलित होना चाहिए। एक वाक्य दूसरे वाक्य से जुड़ा हुआ महसूस हो। भाषागत तथा विचारगत एकरूपता का निर्वाह होना आवश्यक है। एम. लायल स्पेंसर ने श्रेष्ठ सम्पादकीय, को इस प्रकार परिभाषित किया है

"सम्पादकीय संक्षेप में तथ्यों और विचारों का ऐसा तर्क-संगत और सुरुचिपूर्ण प्रस्तावन है जिसका उद्देश्य मनोरंजन, विचारों को प्रभावित करना या किसी महत्वपूर्ण समाचार का ऐसा भाष्य प्रस्तुत करना है जिससे सामान्य पाठक उसका महत्व समझ सकें।"

पत्रकार रामपालसिंह के मतानुसार सम्पादकीय लेखक को प्रत्येक घटना का मूल्यांकन इन नौ दृष्टियों से करना चाहिए

1. मार्ग दर्शन करना,
2. समझाना और राजी करना।
3. एक मंच प्रस्तुत करना,
4. प्रेरित करना,
5. मनोरंजन।
6. जानकारी देना,
7. सतर्क करना,
8. भाष्य करना,
9. शिक्षित करना,

डॉ. रामचन्द्र तिवारी की दृष्टि में"सम्पादकीय लेख में (क) कभी-कभी मात्र तथ्यात्मक जानकारी ही रहती है। ऐसा प्रायः तभी होता है, जब घटना विशेष के प्रति

पत्र की नीति स्पष्ट न हो, या विषय ही अस्पष्ट हो अथवा विषय व्याख्या-संक्षिप्त न होकर तथ्य-लेखन के ही अनुकूल हो या खुद सम्पादक को ही उस विषय पर गम्भीर चिन्तन का समय न मिला हो। (ख) जब सम्पादक विषय की व्याख्या करता है तो वह स्वयं अपने विशेष ज्ञान के सहारे या विशेषज्ञों की सलाह लेकर घटना-विशेष या स्थिति-विशेष का महत्व और उसकी अन्तर्भूत महत्व को प्रकट करता है। कभी-कभी वह विविध बिखरी महत्वहीन लगने वाली घटनाओं के सूत्र जोड़कर उनका सामूहिक महत्व एवं उनकी वास्तविक लगने वाली घटनाओं के सूत्र जोड़कर उनका सामूहिक महत्व एवं उनकी वास्तविक सफलता समझाता है। (ग) कभी-कभी सम्पादक कार्य कारण न्याय द्वारा बताता है कि भविष्य में किस प्रकार के घटनाक्रम की उम्मीद की जा सकती है। उस अवस्था में वह सतर्क भविष्यवक्ता होकर समाज को आगत के लिए तैयार करता है। ऐसे सम्पादकीय विशेष रूप से भाष एवं तर्क शैली की दृष्टि से सशक्त हुआ करते हैं। (घ) कभी-कभी सम्पादकीय लेख द्वारा पत्र की नीति या अन्य किसी प्रकार की नीति की घोषणा की जाती है। (ड) कभी-कभी सम्पादकीय लेख में पटना या स्थिति-विशेष का मूल्यांकन किया जाता है और (च) कभी-कभी सम्पादकीय शिष्ट हास्य के द्वारा पाठकों का मनोरंजन करता है। कुछ पत्र प्रतिदिन तीसरा सम्पादकीय हास्य-व्यंग्य-प्रधान रखते हैं।"1

अधिकतर सम्पादकीय को तीन खण्डों में लिखा जाता है। प्रथम खण्ड संक्षेप में घटना या विषय की पृष्ठभूमि स्पष्ट करता है। द्वितीय खण्ड विषय का विश्लेषण तार्किक आधार पर करता है तथा तृतीय खण्ड में सम्पादक मत या विचार प्रतिपादित करता है।

विंस्टन सलेम जर्नल सेण्टीनल के होक नोरिस को उदृधृत करते हुए पत्रकार रामपाल सिंह ने व्यंग्य रूप में 'किसी भी मौके के लिए उपयुक्त सम्पादकी' का मजाकिया नमूना इस प्रकार किया है

"...हम सबके लिए एक जबर्दस्त चुनौती है (जिला, प्रदेश, राष्ट्र, विश्व का प्रत्येक विवेकशील व्यक्ति इस पर चिन्ता, गर्व, परेशानी, खीझ, प्रसन्नता, हैरानी, खेद प्रकट किए बिना नहीं रहेगा। यह घटना ऐसे समय हुई जब (जिला, प्रदेश, राष्ट्र, विश्व इतिहास के संकटापन्न की स्थिति से गुजर रहा है।

देश-भक्त और सदाशयी व्यक्तियों से यही उम्मीद की जा सकती है कि वे इसकी पुरावृत्ति रोके इस क्रम को आगे बढ़ाने के लिए एकजुट होकर काम करें। संगठित होकर इसका विरोध करें इसका स्वागत करे। यही एक तरीका है कि ऐसे समय जब जिला, प्रदेश, राष्ट्र, विश्व अभूतपूर्व संकट से चल रहा है, हम प्रगति और

समृद्धि न्याय और स्वतन्त्रता सुख और शान्ति के प्रति आश्वस्त रह सकते हैं।

समय है कि हम सब इस गई परिस्थिति का विरोध करें इसे स्थाई बनाने के लिए एक हों जिससे...जारी रहे, इसके प्रतिकूल...जैसा कि...कहा है...हमारे जिला, प्रदेश, राष्ट्र, विश्व की अग्नि परीक्षा का समय है और सफल न होने पर हम सबक हार निश्चित है।"

सम्पादकीय लेखन में 'अफगास्तिानिज्म' की प्रवृत्ति से बचना चाहिए। इसका तात्पर्य है 'दूर की कौड़ी' लाने की कोशिश करना अर्थात् जिस विषय की जानकारी व तथ्यों की कमी हो उस पर अनावश्यक लिखने का प्रयास न करना। जिस विषय को सम्पादक आत्मसात् न कर सका हो उस पर कलम चलाना उचित नहीं, यह पाठक के प्रति अन्याय होगा।

सम्पादकीय के माध्यम से सम्पादक जनता की आकाक्षाओं को शब्द देता है इसलिए उसे जनता के साथ पूरी ईमानदारी का परिचय देना चाहिए। सम्पादक निर्णय देता है। तथा घटना का मूल्यांकन करता है। अतः उसे सदा सत्य बोलना चाहिए। उसे न्यायाधीश की भांति सभी पक्षों को ध्यान से समझना और सुनना चाहिए, सम्पादकीय सत्मभ समाचार पत्र की नीति का भी प्रतीक होता है। इसलिए सम्पादक को 'मैं' की जगह 'हम' का प्रयोग करना चाहिए।

अमेरिका के सम्पादकीय लेखकों के राष्ट्रीय सम्मेलन (National Conference of Editorial Writers) ने सम्पादकीय लेखन के आदर्श इस प्रकार सुझाए है।

1. सम्पादकीय लेखक को ईमानदारी के साथ और सम्पूर्ण रूप में तथ्य पेश करने चाहिए। अर्ध सत्य के आधार पर सम्पादकीय लिखना बेईमानी और अनुचित है। उसे कभी जानबूझ कर पाठक को गुमराह नहीं करना चाहिए, स्थिति को बिगाड़ कर पेश नहीं करना चाहिए और किसी व्यक्ति को गलत रूप में नहीं रखना चाहिए।

2. सम्पादकीय लेखक को कथित तथ्यों से प्रमाण और अधिकतम कल्याण की भावना पर आधारित सही निष्कर्ष निकालने चाहिए।

3. सम्पादकीय लेखक को कभी निजी स्वार्थ से प्रेरित नहीं होना चाहिए और न अपने लिए या दूसरों के लिए विशेष लाभ पाने की दृष्टि से अपने प्रभाव का उपयोग करना चाहिए। उसे हर प्रकार के भ्रष्टाचार से यथा सम्भव दूर रहना चाहिए।

4. सम्पादकीय लेखक को यह समझना चाहिए कि उससे भी गलती हो सकती है इसलिए मतभेद रखने वालों की आवाज को यथा शक्ति सम्पादक के नाम पत्रों में अथवा किसी अन्य उपयुक्त स्थान से स्वर देना चाहिए।

5. सम्पादकीय लेखक को सभी उपलब्ध सूचना के प्रकाश में बराबर स्वयं के निजी निष्कर्षों की समीक्षा करते रहना चाहिए। यदि उसके लेखन में पूर्व गलत धारणाओं के कारण कोई गलती नजर आए, तो उसमें सुधार करने से हिचकिचाहट नहीं होनी चाहिए।

6. सम्पादकीय लेखक में विश्वास की दृढ़ता और लोकतन्त्री जीवनदर्शी के प्रति निष्ठा का साहस होना चाहिए। उसे कोई ऐसी बात नहीं लिखनी चाहिए और न छापनी चाहिए जो उसकी अन्तरात्मा के विरुद्ध हो। सम्पादकीय पत्र कई दिमागों की उपज होता है और कोई स्वस्थ एवं सही निर्णय तभी सम्भव है जब व्यक्तियों में स्वस्थ और सही निर्णय की सामर्थ्य हो। इसलिए व्यक्ति की सुविचारित राय का आदर होना चाहिए।

7. व्यावसायिक ईमानदारी के श्रेष्ठतम मानदण्डों के अनुरूप पूरा उतरने के अपने सहयोगियों के प्रयासों को सम्पादकीय लेखक को समर्थन देना चाहिए। उसकी निष्ठा उसके सहयोगियों की प्रतिष्ठा है और सहयोगियों की प्रतिष्ठा उसकी प्रतिष्ठा है।

'दैनिक हिन्दुस्तान' के पूर्व सहायक सम्पादक शरदेन्दु ने विलियम एम. पिंकरटन को उद्धृत करते हुए सम्पादकीय लेखन के कार्य इस प्रकार गिनाए हैं

1. समाचारों का भाष्य सम्पादकीय लेखक अपने पाठकों को उस दिन की घटनाओं के महत्व को समझाने के लिए आजाद है। वह शिक्षक की तरह बता सकता है कि किस प्रकार उक्त घटना घटी, किन कारणों से सरकारी नीति में परिवर्तन आया, किस प्रकार नई नीति का जनता के सामाजिक तथा आर्थिक जीवन पर प्रभाव पड़ेगा।

2. पृष्ठभूमि प्रदान करना घटना का महत्व बताने के लिए सम्पादकीय लेखक उसकी ऐतिहासिक पृष्ठभूमि प्रदान कर सकता है। यह पृथक् घटनाओं-राजनीतिक, आर्थिक, सामाजिक के बीच सम्बन्ध कायम कर सकता है। कभी-कभी वृहद् दृष्टि अपनाकर ऐतिहासिक समानान्तर पाठक के सामने प्रस्तुत कर उसका ज्ञानवर्धन कर सकता है।

3. भविष्यवाणी वर्तमान घटनाओं का विश्लेषण कर वह भविष्य के कार्य व कल की घटनाओं के विषय में बता सकता है।

4. नैतिक निर्णय देना एक दीर्घ परम्परा से सम्पादकीय लेखक जनचेतना का अराजकीय प्रहरी रहा है। उससे आशा की जाती है कि अन्य संघर्षशील बुद्धिजीवियों की भांति वह पक्ष लेना और अपनी स्थिति के बारे में तर्क प्रस्तुत करेगा।

जगदीश चन्द्र माथुर ने 'समाचार प्रदर्शन' में सम्पादकीय विवेक' के विवेचन में समाचार, सम्पादकीय और विचारों के प्रस्तुतीकरण के क्रम को एक उदाहरण सहित भली-भांति समझाने का प्रयास किया है

"गतिविधि की जानकारी रखने के लिए पाँच प्रकार की सामग्रियों को समाचार पत्रों में प्रस्तुत करना होता है(1) समसामयिक घटनाओं की सूचना, (2) जो समाचार प्रकाशित होते हैं उनकी व्याख्या करना और उनकी पृष्ठभूमि की सामग्री भी प्रस्तुत करना, (3) घटनाओं तथा गतिविधियों पर मत प्रकाशन, (4) घटनाओं और राजनीतिक तथा सामाजिक परिस्थितियों पर तर्क-वितर्क प्रस्तुत करना ताकि पाठक विभिन्न दृष्टिकोणों से परिचित हो सकें और (5) किसी विषय-विशेष के समर्थन अथवा विरोध में वकालत करना, जो कि सम्पादकीय में विशेषतः लक्षित होता है। इन सभी प्रकार की सामाग्रियों को इस उदाहरण द्वारा स्पष्ट किया जा सकता है जैसे किसी समाचार पत्र ने यह सूचना दी कि हमारे देश में एक साल में 40 करोड़ जलेबियाँ खाई जाती है। अब इसकी व्याख्या में कहा जाए कि जलेबी इतनी लोकप्रिय है कि एक तरह की राष्ट्रीय संस्था हो गई है। फिर, जलेबी के स्वादिष्ट होने के बारे में नाना प्रकार के मत प्रस्तुत किए जाए। चौथे, तक-वितर्क के तौर पर यह कहा जाए कि जलेबी, चीनी, स्टॉर्च इत्यादि से बनती है और पौष्टिक होती है, अतः हर व्यक्ति को दिन में एक बार जलेबी जरूर खानी चाहिए। पाँचवे, यानी किसी विषय-विशेष के समर्थन करने का उदाहरण यह है कि कोई कहे कि घण्टे वाले हलवाई की जलेबी अवश्य खाइए, उसमें शुद्ध घी होता है और वह गरमा-गरम होती है। अब समाचारों के सम्पादक को इन पाँच प्रकार की सामग्रियों के अन्तर को समझना होता है और अपने उत्तरदायित्व को दृष्टिगत रखते हुए उन्हें प्रस्तुत और सम्पादित करना होता है। समाचार के कॉलमों में तो प्रथम और द्वितीय प्रकार की सामग्री इत्यादि आती है, सम्पादकीय तथा अन्य लेखों में तीसरी और चौथी प्रकार की सामग्री। विचार करने योग्य बात यह है कि समाचार पत्र के कॉलम, सम्पादकीय कॉलम तथा विज्ञापनइन तीनों प्रकारों में सामग्री व दृष्टिकोण अलग-अलग होते हैं। अच्छा समाचार पत्र इस पार्थक्य को हमेशा ध्यान में रखता है। भारतवर्ष के प्रतिष्ठित सम्पादक श्री एम. चलपति राव की उक्ति है कि वर्तमान काल में कभी-कभी और कहीं-कहीं यह अवांछनीय प्रवृत्ति देखी गई है कि समाचार और मत-प्रकाशन को एक-दूसरे से मिला दिया जाता है और व्याख्या को यथातथ्य के प्रदर्शन से अलग नहीं रखा जाता।"

श्री माथुर के उक्त विवेचन से यह समाचार पत्रों को जानकारी देने तथा घटनाओं की व्याख्या और विश्लेषण सहित जनमत तैयार करने की भूमिका पर अच्छा प्रकाश पड़ता है। समाचारों के प्रकाशन तथा उनकी व्याख्या विवेचन से जहाँ पाठकों को समसामयिक घटनाक्रम, परिवेश और परिस्थिति की जानकारी मिलती है वहीं सम्पादक घटनाओं को समझने में उसे सहयोग देता है।

मुख पृष्ठ सम्पादकीय सम्पादकीय को अधिकांश समाचार पत्रों में एक निश्चित स्थान पर प्रकाशित किया जाता है। इस निश्चित स्थान पर प्रकाशित होने वाले सम्पादकीय के साथ सम्पादक का नाम देने की परम्परा नहीं है। कभी-कभी अत्यन्त महत्वपूर्ण घटना पर सम्पादक मुख पृष्ठ पर सम्पादकीय लिखते हैं जिसके साथ सम्पादक स्वयं अपना नाम भी देता है। ऐसे सम्पादकीय प्रतिदिन नहीं लिखे जाते। सामाजिक, राजनीतिक आदि परिस्थितियों को प्रभावित करने वाली महत्वपूर्ण घटनाओं पर ही ऐसे सम्पादकीय लिखे जाते है। जैसेदेश के विभिन्न देश के अनेक पत्रों में संसदीय चुनावों में काँग्रेस की ऐतिहासिक पराजय, जनता सरकार के पतन, आपरेशन ब्ल्यू स्टार जिसके तहत् पंजाब के स्वर्ण मन्दिर में सैनिक कार्यवाही की गई, श्रीमती इन्दिरा गाँधी की हत्या, राजीव गाँधी की हत्या आदि अवसरों पर मुख पृष्ठ सम्पादकीयों का प्रकाशन किया गया। यहां एक उदाहरण प्रस्तुत है।

यही हौसला और गर्व हमें मिले

प्रभाव जोशी

वे महात्मा गाँधी की तरह नहीं आई थीं, न उनके सिद्धान्तों पर उनकी तरह चल रही थीं लेकिन गई तो महात्मा गाँधी का खून भी हमारे हाथों पर लगा है। ऐसा क्या है हममें कि हम महान् नेता पैदा करते हैं, उनके जादू में खिंचे उनके पीछे जाते हैं और फिर नफरत का जनून हम पर चढ़ता है तो अपने ही हाथों उन्हें शहीद कर देते हैं। हमारा यह सिरफिरापन एक व्यक्ति या कुछ व्यक्तियों में से नफरत की गोलियों की तरह दागता है। बेकार की हिंसा से कोई नेता मरा नहीं बल्कि अमर हो जाता है। इन्दिरा गाँधी अगर हत्यारों की गोलियों से नहीं जाती तो आज उनके कट्टर विरोधी के मन से भी श्रद्धांजलि के फूल नहीं झरते। परसों ही इन्दिरा गाँधी ने भुनेश्वरन की आम सभा में कहा था कि देश की सेवा करते हुए मेरी जान भी चली जाए तो मुझे गर्व होगा। शक्ति से चिरनिद्रा में जाओ इन्दिरा गाँधी, आप अपने पर गर्व कर सकती है। आपको हमारा नमस्कार।

स्वर्ण मन्दिर में शैन्य कार्यवाही के पश्चात उन्हें मालूम था कि सिख समाज का गुस्सा उन पर उबल रहा है। उन्हें यह भी मालूम था कि ऐसे कुछ लोग हैं, जो उनकी हत्या कर देना चाहते हैं। निश्चित ही उन्हें इन लोगों की गतिविधियों की लगातार सूचनाएँ मिलती थी। राजनीतिक तौर पर वे अपने को कितना ही असुरक्षित महसूस करती हो, एक व्यक्ति के नाते वे बेहद बहादुर थीं। अगर वह चाहतीं तो अपने सुरक्षाकर्मियों में से सिखों को निकाल देती परन्तु सिख समाज व उनके भलमनसाहत पर उन्हें पूर्ण विश्वास था उनके भरोसे का इससे बड़ा और सबूत क्या हो सकता है कि जिन दो सिखों की गोलियों से उनका शरीर उनके घर के सामने छलनी हुआ वे उनकी सुरक्षा के लिए तैनात थे। जब आतंकवादी सिखों की नफरत का लक्ष्य होने के बावजूद इन्दिरा गाँधी इतना भरोसा रख सकती थी। तो देश के लिए तो सिख समाज पर अविश्वास का कोई कारण होना ही नहीं चाहिए।

इन्दिरा गाँधी की हत्या ऐसे समय हुई जब चुनाव ज्यादा से ज्यादा दो महीने दूर थे। उनकी पूरी पार्टी उनके व्यक्तित्व के अकेले खंभे पर टिकी हुई थी। उनकी सरकार भी उन्हें धुरीव्मान कर चलती थी। फिर भी अचानक चले जाने से देश अगर वैसे ही अंधेरे और असहायता में नहीं डूब गया है जैसा कि महात्मा गाँधी और जवाहरलाल नेहरू एक महान् और महात्मा गाँधी महानतम नेता थे। इसका कारण यह भी है कि पार्टी और अपनी सरकार के लोगों के साथ उन्होंने चाहे जो किया हो इन्दिरा गाँधी को देश जैसा मिला था उससे ज्यादा मजबूत और आत्मविश्वासी देश वे अपने पीछे छोड़कर गई हैं।

इन्दिरा गाँधी की राजनीति और उनके तौर-तरीकों से एतराज हो सकता था। उनकी नीतियों के आलोचक हम भी रहे हैं लेकिन इसमें कोई शक नहीं कि जवाहरलाल नेहरू के बाद आजाद भारत की वे सबसे बड़ी नेता थीं। जवाहर लाल नेहरू की पुण्याई ज्यादातर आजादी की लड़ाई के दौरान कमाई हुई थी। जब वे प्रधानमंत्री हुए तो वह पद उनके कद से छोटा था। इन्दिरा गाँधी भी अपने पिता की तरह ही आजादी की लड़ाई के मैदान में जन्मीं और पली-पनपी थी। लेकिन जब वे काँग्रेस की अध्यक्ष बनीं तो काफी लोग मानते थे कि यह पद उन्हें अपने पिता के कारण मिला है। ऐसे भी लोग थे जो आरोप लगाते थे। कि जवाहरलाल नेहरू अपनी बेटी को प्रधानमंत्री पद के लिए तैयार कर रहे हैं। लाल बहादुर शास्त्री की अगर अचानक मृत्यु नहीं होती तो इन्दिरा गाँधी को कई साल इंतजार करना पड़ता। हो सकता है इस बीच प्रधानमंत्री के पद पर उनका दावा भी कमजोर पड़ता। लेकिन शास्त्रीजी की मृत्यु के बाद जब उन्हें प्रधानमन्त्री बनाया गया तो इसलिए नहीं कि

वे जवाहरलाल नेहरू की योग्य बेटी थी बल्कि इसलिए कि गूंगी और निरीह गुड़िया मानी जाती थी और उन्हें लेकर उस समय के बड़े नेताओं में कोई विवाद नहीं था। लेकिन जब वे प्रधानमन्त्री बनाई गई तो यह तथ्य उनकी तरफ बार-बार उछाला गया कि प्रधानमंत्री का पद उन्हें अपने बाप की बेटी होने के कारण मिला है न कि नेतृत्व की अपनी योग्यता के कारण। 1969 तक वे जैसे-तैसे अपना पद और प्रतिष्ठाा सम्भाले रहीं।

जब उन्हें महसूस हुआ कि उनके राज और राजनीति में बड़े नेता रूकावट बन रहें है, तो उन्होंने पार्टी को तोड़ दिया काँग्रेस के उस महान् विभाजन ने उन्हें कोई बड़ी दैदीप्यमान ज्योति नहीं दी। वे विवाद, निंदा; मखौल और कुछ अन्ध-भक्ति में मंडराती रहीं। फिर लोकप्रिय कहे जाने वाले कुछ कदम उन्होंने उठाए और 'गरीबी हटाओ' का नारा दिया। 1971 के मध्याविधि चुनाव में लोगों का प्रचण्ड बहुमत उन्हें मिला और एक झगडालू और विध्वंसक महिला के आरोपों को बेकार करती हुई वे सर्वमान्य और सवोच्च नेता हो गई। बांगलादेश के संकट न बताया कि वे किस धातु की नेता थीं। उन्होंने योगी जैसी स्थितप्रज्ञता, इस्पाती निश्चय और अचूक निर्णय शक्ति दिखाई। जैसे बांगलादेश का संकट एक आग थी जिसमें वे मिट्टी की तरह गई और कुन्दन की तरह होकर निकली। बांगलादेश का जन्म, पाकिस्तानी सेना का समर्पण और शिमला समझौता इन्दिरा गाँधी के ऐसे तीन गुणों की अभिव्यक्ति थी जिन्हें दुर्गा सप्तशती में उच्चारा जाता है। बांगलादेश के संकट के बाद इन्दिरा गाँधी के जरिए देश में एक नई शक्ति और एक नया आत्म-विश्वास पाया जिसने इतिहास में पराजय की कई परतों को उड़ा दिया था।

परन्तु सन् 1975 के पश्चात् उनके यही गुण ऐसे अवगुण हो गए जिन्हें देश चित्त पर नहीं धर सका। उनमें अपने को सही समझने और अपनी बात पर टिके रहने की जो गजब की ताकत थी उसी ने उलट कर उनके देश के मुँह पर लोहे का ताला जुड़वा दिया। देश के अन्दर का गुबार जब इस ताले को तोड़कर फूटा तो वे धूल में लौटा दी गई। लेकिन यह उनके इस्पाती व्यक्तित्व और कभी हार न मानने वाला हौसला ही था कि सत्ता से कोई तीन साल दूर रहने के बाद अपनी पार्टी को फिर तोड़क और एक सरकार और देश के सारे आरोप सहती हुई वे 1980 में वापस आई। उनकी वापसी ने उनके चरित्र, उनके व्यक्तित्व, उनके साहस और उनकी अजेय इच्छा शक्ति को फिर रेखांकित किया। इस बार सत्ता में आने के पश्चात उनकी गिनती विश्व के दो, चार नेताओं में की जाने लगी देश

में भले ही उनसे और उनकी नीतियों से लोगों को निराशा होने लगी हो पर दुनिया में उनका सितारा उठता ही गया। पंजाब की समस्या को सुलझाने में उनकी भूमिका को लेकर काफी विवाद रहा। लेकिन आतंकवाद धर्म की आड़ में जो खुंखार रूप ले चुका था उससे निपटने के लिए सैनिक कार्रवाई के अलावा उनके पास कोई चारा नहीं था। आतंकवाद से पीड़ित इस देश और दूसरे देशों ने भी उनकी इस कार्रवाई को अनुचित नहीं माना और अब जबकि वे पंजाब में आतंकवाद और उससे, निपटने की कार्रवाई से आए तनाव को दूर करके सिखों की कटुता मिटाते हुए चुनाव की तैयारी कर रही थीं तो दो हत्यारों की गोलियों ने उनके शरीर को छलनी कर दिया। उनके अचानक जाने से अनिश्चितता को घेर कर एक शून्य उभर आया है। लेकिन इस सदमे और धक्के के बावजूद देश अगर उसी हिम्मत और दृढ़ निश्चय से काम लें जो कि उन्होंने 1971 के बांगलादेश संकट में दिखाया था तो इन्दिरा गाँधी की आत्मा सन्तुष्ट होगी और यही उन्हें सबसे बड़ी श्रृद्धांजलि होगी।

किसी एक ही विषय पर देश के कुछ प्रमुख पत्रों ने किस प्रकार सम्पादकीय लिखे इसे एक उदाहरण द्वारा समझा जा सकता है। पार्टी के वरिष्ठ नेताओं अरूण नेहरू, आरिफ मुहम्मद खान और विद्याचरण शुक्ल सन् 1987 में कांग्रेस (इ) ने पार्टी से निकाल दिया। इस घटना पर विविध पत्रों की सम्पादकीय प्रतिक्रिया देखिए इसमें

तीन जो निकाले गए

काँग्रेस में पार्टी-विरोधी गतिविधि का अर्थ क्योंकि राजीव-विरोधी गतिविधि है, इसलिए इन तीनों नेताओं को पार्टी से निकाल दिया गया है। इन नेताओं को काफी दिनों से पता रहा होगा कि उनके खिलाफ राष्ट्रपति चुनाव के बाद कुछ होगा। वे तैयारी भी कर रहे होंगे कि निकाले जाने के बाद क्या करेंगे। राजीव गाँधी का गणित यह है कि निष्कासन के बाद जैसे प्रणव मुखर्जी, श्रीपति मिश्र और प्रकाशचन्द सेठी निष्प्रभ हो गए, उसी तरह इन नए विद्रोहियों का सितारा भी मन्द पड़ जाएगा और विश्वनाथ प्रताप सिंह के सामने उन्होंने एक नैतिक द्वन्द्व इन ताजा निष्कासनों के बाद खड़ा कर दिया है। यदि वे काँग्रेस में बने रहते हैं जो उनके करीब आने वाले हर काँग्रेसी को बिरादरी के बाहर कर दिया जाएगा। यदि वे स्वेच्छा से काँग्रेस छोड़ देते हैं, तो उन्हें ऐसे कई लोगों को साथ लेकर राजनीति करनी पड़ेगी, जिनकी खुद की छवि बहुत साफ-सुथरी नहीं है और यदि वे एक नई किस्म की राजनीति का

सूत्रपात देश में करना चाहते हैं, तो उन्हें एक क्रान्तिदर्शी का धैर्य रखना होगा और एक लम्बी यात्रा के संगठन का परिचय देना होगा।

अब शायद राजीव गांधी को प्रधानमंत्री पद बना रहना मजबूरी हो गई थी क्योंकि यह पद उनके लिए ऐसा ढक्कन था जिसे खोलने का खतरा वे मोल नहीं ले सकते। पार्टी के लिए नहीं, देश के लिए नहीं, अराजकता को थामे रखने के लिए नहीं, बल्कि शुद्ध आत्मरक्षा के लिए अब वे भारत के प्रधानमन्त्री हैं। काँग्रेस के संसद सदस्य उनके साथ हैं, क्योंकि उनकी पहली चिन्ता यह है कि लोकसभा भंग न हो और सत्ता के सुखों से वे असमय वंचित न हो जाए। विश्वनाथ प्रतापसिंह की बातें लोगों का छू रही हैं और जनमानस में एक वैकल्पिक प्रधानमन्त्री के रूप में वे उभर रहे हैं, लेकिन उनका साथ देकर सदाचार के तपोवन में धुन रमाना कौन पसन्द करेगा? यह सही है कि जो नेता ढाई साल बाद होने वाले चुनाव में वोट नहीं बटोर सकता, उसे काँग्रेसी हथेली पर रखे अंगारे की तरह त्याग देंगे। लेकिन अभी जल्दी क्या है? 1989 के आरम्भ में शायद यह तौलने का मौका आएगा कि क्या किया जाए।

राजीव गाँधी सत्ता में थे परन्तु जनता के दिल से उतर चुके थे अब कोई चमत्कार ही उन्हें खोया हुआ प्रदान कर सकता था। कोई मित्र या हितैषी उन्हें बता नहीं पा रहा है कि वे क्या करें, जिससे मार्च और जून के बीच हुई उनकी मानहानी धुल जाए। किसी ने शायद उन्हें बता दिया है कि इन्दिरा गाँधी जैसा सत्ता का आतंक यदि वे पैदा कर दें, तो भारत की जनता बोफोर्स को भूल जाएगी, क्योंकि उसे सत्ता की नैतिकता या अनैतिकता से कोई खास मतलब नहीं है। लेकिन इन्दिरा गाँधी का रास्ता अपनाकर कुर्सी और भी अधिक नाजायज और डांवाडोल बन सकती है।

हरियाणा के चुनाव के बाद स्पष्ट हो जाना चाहिए कि जो रास्ता राजीव ने अपनाया है, वह काँग्रेस की परिसमाप्ति का रास्ता है। लोकसभा के सदस्य नेता बदल कर काँग्रेस को पतन से बचा सकते हैं, लेकिन वे फिलहाल ऐसा करेंगे नहीं। अतः अगले कई महीनों तक दिल्ली में एक लंगड़ी सरकार होगी, जिसका शब्द अपनी विश्वसनीयता खो चुका होगा। आतंकवाद और क्षेत्रीयता और विदेशी साजिश और पचास अन्य खतरों से ऐसी सरकार कैसे लड़ेगी, यह भगवान ही जानता है।

असंतुष्टों के खिलाफ कार्रवाई

काँग्रेस (इ) हाई कमान असन्तुष्ट सांसदों के खिलाफ कुछ सख्त कार्यवाही करने वाला है। कई दिनों से ऐसी चर्चा चल रही थी काँग्रेस (इ) के अध्यक्ष श्री राजीव

गाँधी ने बुधवार की रात श्री अरुण नेहरू, श्री विद्याचरण शुक्ल तथा श्री आरिफ मोहम्मद खां को पार्टी से निष्कासित कर दिया। श्री नेहरू कभी प्रधानमंत्री श्री राजीव गाँधी के निकटतम सहयोगी माने जाते थे और केन्द्र में आंतरिक सुरक्षा मंत्री थे। श्री विद्याचरण शुक्ल स्वर्गीया प्रधानमंत्री श्रीमती इन्दिरा गाँधी की मन्त्रिपरिषद के प्रभावशाली मंत्रियों में से थे। श्री आरिफ मोहम्मद खां ने मुस्लिम महिला विधेयक पर विरोध प्रकट करते हुए ऊर्जा राज्यमंत्री के पद से इस्तीफा दे दिया था। पिछले कुछ महीनों से, विशेष रूप से केन्द्रिय मंत्रिमंडल से श्री विश्वनाथ प्रताप सिंह के त्यागपत्र के बाद काँग्रेस (इ) के अन्दर असन्तुष्ट गुट की गतिविधियाँ बहुत बढ़ गई थीं। पार्टी के असन्तुष्ट सांसदों ने जब अपना 'जन सम्पर्क' अभियान शुरू किया और भूतपूर्व रक्षा मंत्री श्री विश्वनाथ प्रताप सिंह व सभा को संबोधित किया तो हाई कमान ने असंतोष को दबाने के लिए सख्त कदम उठाने का फैसला किया। मुफ्ती मोहम्मद सईद का केन्द्रिय मंत्रिमंडल से इस्तीफा तथा काँग्रेस (इ) के सांसदों का भ्रष्टाचार के मामलों को लेकर 'जन सम्पर्क' अभियान चलाना ऐसी घटनाएँ हैं, जिन्हें नजर अन्दाज नहीं किया जा सकता था। परन्तु आश्चर्यजनक बात यह है कि काँग्रेस (इ) हाई कमान ने इस अभियान के अगुआ श्री विश्वनाथ प्रताप सिंह को तो कुछ नहीं किया है, पर श्री अरुण नेहरू, श्री विद्याचरण शुक्ल तथा श्री आरिफ मोहम्मद खां को पार्टी से निष्कासित कर दिया है। शायद अभी आम जनता में श्री विश्वनाथ प्रताप सिंह की जो छवि है तथा उ.प्र. के काँग्रेस जनों पर उनका जो प्रभाव है, उसे ध्यान में तीनों सांसदों को पार्टी से निष्कासित किए जाने के बाद श्री विश्वनाथ प्रताप सिंह भी सार्वजनिक रूप से असंतोष प्रकट करना बन्द कर देंगे। वैसे भूतपूर्व रक्षामंत्री ने कहा है कि आर्थिक अपराधियों के विरुद्ध संघर्ष में, मैं कोई समझौता नहीं करूँगा।

अब भविष्य में क्या होगा कुछ नहीं कहा जा सकता श्री विद्याचरण शुक्ल, श्री अरुण नेहरू और श्री आरिफ मोहम्मद खाँ 'पाटी विरोधी गतिविधियों' के लिए काँग्रेस (इ) से निकाले गए हैं। श्री वी.पी.सिंह की नीतिगों के बारे में हाईकमान को फैसला करना है। वैसे भारत आज जिस संकट के दौर से गुजर रहा है उसमें काँग्रेस पार्टी के अंदर कलह, गुटबाजी और संघर्ष किसी के हित में नहीं है। आतंकवाद और साम्प्रदायिकता की आग में देश पहले से झुलस रहा है। भ्रष्टाचार के आरोपों ने अविश्वास का वातावरण पैदा कर दिया है। दूसरी और भारत की पश्चिमी सीमा पर पाकिस्तान और उत्तरी सीमा पर चीन अपनी सेनाओं का जमाव कर रहा है। क्या देश

को झकझोरने के लिए ये घटनाएँ काफी नहीं हैं? हमारा यह सुविचारित मत है कि आज भी भारत में काँग्रेस (इ) का कोई विकल्प नहीं हैं। इसलिए ऐसा कोई भी कदम नहीं उठाना चाहिए जिससे यह पार्टी कमजोर हो। यह ठीक है कि अनेक राज्यों में क्षेत्रीय राजनीतिक पार्टियों ने शासन संभाल लिया है और वे बखूबी अपनी जिम्मेदारियों का निर्वाह कर रही है। लेकिन केन्द्र में इन राजनीतिक दलों की विशेष भूमिका नहीं हो सकती है। केन्द्र में राजनीतिक स्थिरता के लिए सभी काँग्रेस (इ) की मजबूती जरूरी है। सौ साल से भी ज्यादा पुरानी इस राष्ट्रीय राजनीतिक स्थिरता के लिए अभी काँग्रेस (इ) की मजबूती जरूरी है। सौ साल से भी ज्यादा पुरानी इस राष्ट्रीय राजनीतिक पार्टी में असंतोष और असंतुष्ट गुट का होना कोई नई बात नहीं है। संतोष और असंतोष के बीच क्षीण सीमा-रेखा होती है। आपसी बातचीत द्वारा असंतोष को मिटाया भी जा सकता है।

निष्कासन की कार्यवाहीं

कांग्रेस (इ) के पार्टी अध्यक्ष व प्रधानमंत्री की दोहरी जिम्मेदारी को सम्भालते हुए राजीव गांधी ने राष्ट्रपति पद हेतु चुनाव के तत्काल बाद अरूण नेहरू, विद्याचरण शुक्ल और आरिफ मोहम्मद खान को पार्टी विरोधी गतिविधियों का आरोप लगाकर पार्टी से निष्कासित कर दिया है। राजीव गाँधी का यह कदम असाधारण लगता है क्योंकि न तो उन्होंने इन तीनों नेताओं से स्पष्टीकरण ही मांगा है और न ही यह बताया है कि उन्हें कितने समय के लिए निष्कासित किया गया है। राजीव गाँधी ने इस बात की भी आवश्यकता नहीं समझी कि इन नेताओं की किन कार्यवाहियों को उन्होंने पार्टी विरोधी समझा है।

राजीव गांधी के इस कार्यवाही से महसूस होता सामान्य न्याय जैसा उनके साथ नहीं किया गया है। आरिफ मोहम्मद खान का कसूर केवल इतना ही था कि उन्होंने मुस्लिम महिला विधेयक का विरोध किया और राजनीति व शासन में शुद्धता लाने के लिए विश्वनाथ प्रताप सिंह की मुहिम में साथ दिया। जहाँ तक अरुण नेहरू और विद्याचरण शुक्ल का सम्बन्ध है। उन्होंने भी खुले रूप में पार्टी में कोई विद्रोह नहीं किया। केवल इतनी ही बात सामने आई है कि ये निष्कासित नेता विश्वनाथ प्रताप सिंह के करीब आने लगे थे। पिछले दिनों प्रणव मुखर्जी व कुछ अन्य नेताओं को भी इसी तरह पार्टी से निकाला था। काँग्रेस (इ) संगठन को यह अधिकार तो है कि वह जिसको चाहे पार्टी में रखे और जिसको चाहे पार्टी से निकाल दे, लेकिन सामान्य

लोकतांत्रिक मर्यादाओं और परम्पराओं का तो निर्वाह होना ही चाहिए। जो पार्टी लोकतांत्रिक व्यवस्था में विश्वास नहीं करती उससे लोकतंत्र की रक्षा की आशा कैसे की जा सकती है।

निष्कासित नेताओं का आरोप था कि पार्टी स्वीकार की गई राष्ट्रीय नीतियों से विचलित हो रही है और जो लोग इसके खिलाफ मुहँ खोलते हैं उनकी जबान बंद कर दी जाती है। इनका यह भी आरोप है कि उनके खिलाफ कार्यवाही इसलिए की गई कि उन्होंने भ्रष्टाचार और साम्प्रदायिकता जैसी बुराइयों के खिलाफ आवाज उठाई थी। यह बात तो सही है कि राजीव गाँधी के सत्ता में आने पर अरुण नेहरू उनके सबसे अधिक नजदीक लोगों में से थे और विद्याचरण शुक्ल श्रीमती इन्दिरा गाँधी की हर उचित और अनुस्थित बात का समर्थन करते थे और आपात्काल के दौरान अखबारों का गला घोंटने में उनकी प्रमुख भूमिका रही थी। इसका अर्थ यह नहीं है कि नेतृत्व में उनका विरोध होने की वजह से उनहें अपनी सफाई पेश करने का मौका भी न दिया जाए।

नीतिगत मतभेद के कारण एक साल के अन्दर चार मंत्रियों का केन्द्र सरकार से त्यागपत्र देना कोई मामूली घटना नहीं है। यदि पार्टी नेतृत्व इन सब बातों को ओझल कर सकता है, तो वह जोर-जबरदस्ती से पार्टी में अनुशासन बनाए रख सकेगा, यह कोई भोला व्यक्ति ही मान सकता है। पिछले दिनों कमलापति त्रिपाठी के साथ पार्टी के अन्दर जो सलूक किया गया था उसे भी लोकतांत्रिक नहीं कहा जा सकता है। यह दूसरी बात है कि त्रिपाठी के साथ पार्टी के अन्दर जो सलूक किया गया था उसे भी लोकतांत्रिक नहीं कहा जा सकता है। यह दूसरी बात है कि त्रिपाठी ने पार्टी के प्रति मोह से इस अनादर को सहन किया। जहाँ तक काँग्रेस (इ) में अनुशासनहीनता का सवाल है उसका नजारा आए दिन राज्यों में दिखाई देता है। कोई भी राज्य ऐसा नहीं है जहाँ नेतृत्व के खिलाफ खुद काँग्रेस (इ) जन आवाज न उठाते हों। इन तीन नेताओं को ही इस कड़ी कार्यवाही के लिए क्यों चुना गया? काँग्रेस (इ) में जो अनुशासन दिखाई देता है वह केवल सत्ता के आकर्षण की वजह से है, अन्यथा नेतृत्व के प्रति निष्ठा पूरी तरह नष्ट हो चुकी है।

दीर्घ उत्तरीय प्रश्न

1. सम्पादकीय लेखन की आधारभूत आवश्यकताओं की विवेचना कीजिए।

अथवा

2. सम्पादकीय लेखन की प्राथमिक की सिद्धांतों की विवेचना कीजिए।
3. सम्पादकीय लेखन में विभिन्न विचारकों के मतों को स्पष्ट कीजिए।

लघु उत्तरीय प्रश्न

1. पत्रकार रामपालसिंह के अनुसार सम्पादकीय लेखन के प्रत्येक घटना का मूल्यांकन संक्षेप में कीजिए।
2. दैनिक हिन्दुस्तान के पूर्व सहायक सम्पादक शरदेन्दु विलियम एम.पिंकरटन को उदधृत करते हुए सम्पादकीय लेखन के कार्य को किस प्रकार गिनाएं है संक्षेप में स्पष्ट कीजिए।
3. पत्रकार प्रभाव जोशी के सम्पादकीय लेखन कथनों को संक्षेप में स्पष्ट कीजिए।
4. सम्पादक को 'मैं' के स्थान पर 'हम' का उपयोग करना चाहिए, इस कथन की पुष्टि कीजिए।

3

रेडियो हेतु लेखन

समाचार के पश्चात समाचार वाचन का रेडियो पत्रकारिता के क्षेत्र में महत्वपूर्ण स्थान है, जिसकी विशेषता यह होनी चाहिए कि जब समाचार पढ़ना प्रारम्भ किया जाय तो श्रोता को पूरा समाचार सुनना मजबूरी हो जाय। यूं तो समाचार कई तरह के होते हैं। उनमें कहीं मानवीय भावनाएं हाती है तो। किसी की खेल में रुचि है, तो किसी की साहित्य में। कोई फिल्मों को चाहता है, तो कोई राजनीतियों को, किसी को अपराध की जानकारी का चस्का होता है, तो कोई सामाजिक गतिविधियों से जुड़ना चाहता है। ऐसे मे समाचारों के लेखन के प्रति हर एक माध्यम की जिम्मेदारी गहरी हो जाती है। मूलतः समाचार के मूलतः समाचार के आकर्षण को बढ़ाने वाले तत्व हैंः सामयिकता, मानवीय रुचि, आत्मीयता, समीपता। इसी के साथ लेखन की गुणवत्ता को बढ़ाने वाले तत्व हैंः सत्यता, स्पष्टता, सुरुचि और संक्षिप्तता।

लगातार सामाजिक विकास और मानवीय अभिरुचि के विषयों के परिवर्तन के कारण वर्तमान में समाचार लेखन की तकनीक रेडियो के विकास में महत्वपूर्ण योगदान रखती है।

(1) आत्मीयताः आज समाज के सभी वर्गो आत्मीयता के द्वारा सुख की अनुभूति होती हैं। समाचार से जुड़ी घटनाओं के श्रोता जितनी आत्मीयता पाएगा वह उससे उतना ही अधिक प्रभावित होगा। ग्रामीण विकास योजनाओं में बेरोजगारों को रोजगार दिलाने वाली योजनाओं के समाचार में ग्रामीण युवाओं की आत्मीयता होगी जबकि शहरी युवाओं व सामान्य का उसमें योग नहीं होगा।

(2) सत्यताः 'सत्यमेव जयते' की उक्ति के अनुरूप आखिरी जीत अन्त में सत्य की ही होती है। अतः खबरों की सत्यता उन्हें प्रभावी बनाती है। समाचार किसी पूर्वाग्रह को लेकर न हो साथ ही उनमें पक्षपात भी न हो तो खबर सर्वग्राह्य हो जाती है। किसी भी कीमत पर सत्यता को बनाए रखना ही समाचार-लेखन का प्रभावी सिद्धान्त है।

(3) स्पष्टताः समाचार-लेखन में यह सिद्धान्त मायने रखता है कि आप खबर को कैसे प्रस्तुत कर रहे हैं? समाचार को समझने में पाठक सहज महसूस करे और उसके मर्म तक पहुंच पाए तो खबर की सार्थकता है।

(4) सुरुचिः प्रायः प्रत्येक व्यक्ति की रुचियां एवं प्रकार भिन्न-भिन्न होती हैं। किन्तु अवसर विशेष पर लगभग सभी व्यक्तियों की रुचि एक ही होती है। ऐसे में साहित्य, संस्कृति, कला, व्यक्तित्व, राजनीति आदि के लिए समाचार लिखने में 'सुरुचिपूर्ण' तरीके का समावेश किया जाना चाहिए ताकि उस समाचार का महत्व व सारता बढ़ सके।

(5) संक्षिप्तताः रेडियो के अन्तर्गत लम्बाई प्रभावशाली नहीं होती। अतः समाचार-लेखन में यह कोशिश हो कि थोड़े शब्दों में ज्यादा से ज्यादा बात कही जा सके।

(6) सामयिकताः समाचार पुराना होने के साथ इसका उपयोग समाप्त हो जाता है और यह जनता की वृद्धि से भी दूर हो जाता है। समाचार जितना नवीन होगा, श्रोता की रुचि भी उसमें उतनी ही अधिक होगी। प्रत्येक श्रोता नवीन घटनाक्रम के बारे में अधिक से अधिक जानना चाहता है। यही कारण है कि तात्कालिकता व सामयिकता समाचार का महत्वपूर्ण गुण है। वैसे भी सामान्य प्रवृत्ति है कि व्यक्ति कब, क्यों, कहां, कैसे? आदि प्रश्नों के जबाव एक साथ चाहता है। राजनीति, घटना, स्थितियां, परिदृश्य आदि के क्षेत्रों मे पल-पल बदलते हालात की जानकारी श्रोता की मांग है, अतः समाचार लेखन की तकनीक में सामयिकता का महत्वपूर्ण स्थान है।

(7) घटना-स्थलः उन समाचारों का महत्व और भी बढ़ जाता है जो श्रोताओं के आस-पास की होती है। इनसे श्रोता अधिक प्रभावित होते है। सूखे के दिनों में राजस्थान के आकाश पर बादलों की स्थिति एवं मानसून का रुख वहां के श्रोताओं के लिए या निवासियों के लिए अति महत्वपूर्ण है जबकि दक्षिण या उत्तर प्रदेश के लोगों के लिए इस खबर का कोई खासा सरोकार नहीं है।

(8) मानवीय सुरुचिः प्रत्येक व्यक्ति के मन में कहीं न कहीं सकारात्मक संवेदनाएं स्थान रखती हैं वह सामाजिक एवं मानवीय सरोकारों से जुड़ना चाहता है। ऐसा करने से आत्मिक संतुष्टि मिलती है। मानवीय संवेदनाओं और जीवन के अनछुए पहलुओं को प्रकाश में लाने वाले समाचार मानवीय-रुचि के विषयों में आते

हैं। इन समाचारों को लिखने के तरीके और संवेदनाओं को जोड़कर रोचक प्रस्तुति दी जा सकती है।

रेडियो हेतु समाचार-लेखन की विशेषताएं

आधुनिक जन-संचार माध्यमों में आकाशवाणी का महत्वपूर्ण स्थान है। आकाशवाणी के साथ सबसे महत्वपूर्ण यह है कि यह देश के सुदूर कोने-कोने तक उपलब्ध है। इसमें समाचार-पत्रों की तरह हॉकर द्वारा पहुंचाने और दाम चुकाने का झंझट भी नहीं है। छोटे से कम कीमत के ट्रांजिस्टर के साथ इसके निःशुल्क कभी भी कहीं भी प्राप्त किया जा सकता है। यही कारण है कि आकाशवाणी सर्वत्र जन-सुलभ माध्यम है। इतना जन-सुलभ होने के कारण इसका उत्तरदायित्व व उपयोगिता में वृद्धि होती है आपात स्थितियों यथा दंगे, बाढ़, युद्ध, भूकम्प आदि के समय आकाशवाणी ही संवाद का एकमात्र विकल्प है। ऐसी स्थिति में इसके समाचार-लेखन और उनकी तकनीक भी खासी महत्वपूर्ण हो जाती है। रेडियो का माध्यम समाचार-पत्र से आधारभूत अन्तर लिए हुए है। इसमें केवल शब्दों के उच्चारण और प्रसारण से पूरी प्रक्रिया सम्पन्न की जाती है। समाचार-पत्र के लिए व्यक्ति को पढ़ना आना चाहिए जबकि रेडियो हर एक ही पहुंच में है। इसमें पढ़ने-लिखने की योग्यता आवश्यक नहीं है।

समाचार-लेखन हेतु पूर्व में उल्लेख किए गए 'समाचार-पत्र हेतु आवश्यक सिद्धान्तों' के अतिरिक्त रेडियो के लिए विभिन्न तत्वों का होना अनिवार्य है।

(1) रेडियो समाचार में शब्दों के बोलने व लिखने के मूल अन्तर को ध्यान में रखा जाना चाहिए। उलझे हुए मसले को सरल प्रस्तुति में बदलने की योग्यता के साथ यह दृष्टिगत होना चाहिए कि रेडियो समाचार कानों के लिए लिखना है।

(2) रेडियो समाचार में अतिरिक्त संवदेनशीलता, कल्पनाशीलता, रचनात्मकता, सुरुचि का होना आवश्यक है।

(3) विकास-समाचारों को रेडियो बुलेटिन में प्राथमिकता दी जानी चाहिए।

(4) रेडियो समाचारों को संतुलित व विश्वसनीय बनाया जाना चाहिए।

(5) रेडियो पर समाचार श्रवण हेतु होने चाहिए। समाचार-पत्र के शब्दों को बार-बार पढ़ा जा सकता है, पर रेडियो में यह सम्भव नहीं है। अतः समाचार की सामग्री इस प्रकार होनी चाहिए कि श्रोता की कल्पना अपने सम्मुख करके उसे अनुभव कर सके।

(6) रेडियो के समाचार हर वर्ग के व्यक्ति के लिए आसानी से सुलभ हैं। अतः सभी प्रकार के सुनने वालों की समझ और रुचि को ध्यान में रखा जाना चाहिए। यदि कोई समाचार, पुराने समाचार के क्रम में हो तो पूर्व समाचार की पृष्ठभूमि को ध्यान रखा जाना चाहिए।

रेडियो हेतु समाचार-लेखन के विभिन्न प्रकार

रेडियो हेतु समाचार-लेखन के प्रमुख प्रकारों का वर्णन निम्नलिखित तथ्यों के द्वारा कर सकते हैं।

(1) खोजी पत्रकारिता

सामान्य पत्रकारिता से अलग हटकर है, खोजी पत्रकारिता का स्वरूप। खोजी पत्रकारिता किसी भी माध्यम का वह अंग है जिसमें सत्यनिष्ठ, साहसी व जागरूक संवाददाताओं द्वारा बुरी प्रवृत्तियों के रूप में उन घटनाओं का पर्दाफश किया जाता है। जो जनता से आमतौर पर छिपी रहती है और संवाददाता उन्हें उजागर करते हुए एक जासूस की भांति होते हैं। ये घटनाएं व तथ्य किसी भी क्षेत्र से सम्बन्धित हो सकते हैं। समाज व व्यक्ति की निष्ठा में इस योग्य होना चाहिए कि वह लोगों का विश्वास प्राप्त कर सकें। तथ्यों को उपलब्ध कराने वाले व्यक्ति की गोपनीयता और विश्वास को हासिल करना भी आवश्यक है। उसे स्वयं को भी चाहिए कि वह बड़ी हस्तियों की कठपुतली न बने। साथ ही वह नैतिक साहस व सहज सौहार्दपूर्ण से युक्त होना चाहिए।

आकाशवाणी के लिए खोजी पत्रकारिता का एक महत्वपूर्ण स्थान है और इस मुद्दे से जुड़े व्यक्ति के लिए यह आवश्यक है कि वह अपने समाचार-स्त्रोतों के संकलन में कानूनी पेचीदगियों में न फंसे, अतः उसे निम्नलिखित सिद्धान्तों व कानूनों से भली-भांति परिचित होना चाहिए:

(1) अपमानजनक लेख व मानहानि (2) न्यायालय की अवमानना (3) संसदीय विशेषाधिकार (4) कॉपीराइट एक्ट (5) वैयक्तिक एकांत व निजी वातावरण (6) प्रेस कानून (7) सरकारी गोपनीयता (8) शिष्टाचार व मर्यादा के नीतिगत कथ्य।

(2) साक्षात्कार तकनीक

'साक्षात्कार' आकाशवाणी की एक प्रचलित विधा है। जो विश्वसनीय और आसान है। समाज व जनजीवन से जुड़े किसी भी पक्ष को इस तकनीक से समृद्ध किया जा सकता है। आकाशवाणी के कार्यक्रमों में साक्षात्कार के स्वरूप में 'भेंटवार्ता' व 'परिचर्चा' जैसे क्रम भी देखने को मिलते हैं। वर्तमान में समाचारों के किसी प्रमुख पत्र व समकालीन स्थितियों को इन तकनीकों से समृद्ध किया जाता है।

साक्षात्कार तकनीक के अन्तर्गत महत्वपूर्ण यह है कि आप प्रभावी व्यक्तित्व व सहज प्रस्तुति से अपनी बात को कहें ताकि जिस व्यक्ति से आप कुछ पूछ रहे हैं वह आप से जुड़कर आपकी बातचीत की प्रक्रिया में सम्मिलित हो सकें। इन

उद्देश्यों के लिए यह आवश्यक है कि साक्षात्कारकर्ता का व्यक्तित्व कुछ विशिष्ट हो। उसके ज्ञान-व्यवहार व कार्य की कुछ प्रमुखताएं निम्नलिखित हैं:

(1) सौम्य व्यक्ति, (2) प्रखर वक्ता, (3) अनुशासन एवं आत्मसंयम, (4) धैर्यशील व खुले विचारों का व्यक्तित्व, (5) विश्वासी व सहयोगी, (6) एकाग्रचित व निष्ठावान एवं (7) उत्तम चरित्र, साहसी व नैतिक।

जो व्यक्ति साक्षात्कार ले रहा हैं। उसको खुद उस विषय की सही जानकारी होनी चाहिए। साथ ही साक्षात्कार के रूप में जिस व्यक्ति का चयन करना है, वह भी सुलझा और विषय विशेषज्ञ होना चाहिए। संगीतज्ञ से यदि विज्ञान-वार्ता की जाएगी तो निश्चय ही स्थिति विपरीत हो जाएगी। प्रश्नकर्ता सवालों की बनावट इस प्रकार करे कि सामने वाला विषय की गहराई को समझ कर प्रत्युत्तर दे सके। केवल हां या ना में दिए गए प्रश्न-उत्तरों से बचना चाहिए। बात से बात निकलेगी और दूर तक जाएगी के अनुरूप साक्षात्कार लेने वाले को प्रश्न पूछते समय ऐसा तारतम्य बैठाना चाहिए कि एक प्रश्न के उत्तर में अगला प्रश्न निकल सके। यांत्रिक और औपचारिक प्रश्नों से साक्षात्कार का उद्देश्य समाप्त हो जाता है प्रश्नकर्ता को लम्बे प्रश्नों से व अपनी राय देने से बचना चाहिए। जिस व्यक्ति का साक्षात्कार हो रहा हो अगर वह सम्मानीय है तो उसके गरिमा के विरुद्ध टिप्पणी या सवाल नहीं करना चाहिए। अत्याकि विवादास्पद, वर्ग वैमनस्य वाले, जाति-धर्म के आधार पर ठेस पहुंचाने वाले व असंगत प्रश्नों से बचना चाहिए। प्रश्नों का विन्साय ऐसा हो कि व्यक्ति अपनी बात कहने में बढ़-चढ़ कर हिस्सा ले और सहज महसूस करे। बातचीत में विवाद और बहस के पक्षों से बचना चाहिये। प्रश्न पूछने पर यह भी महूसस ने हो कि उस पर विश्वास नहीं किया जा रहा है और प्रश्न किसी साजिश का हिस्सा है। ऐसे में वार्ता सही व सफल आकार नहीं ले पाती है। हल्का हास्य व हल्के-फल्के प्रसंग वर्ता सही व सफल आकार नहीं ले पाती है। हल्का हास्य व हल्के-फुल्के प्रसंग वार्ता को रोचकप व मनोरंचक बनाते हैं। साथ ही यह ध्यान रखना चाहिए कि लम्बी व कर्कश हँसी विपरीत प्रभाव भी डाल सकती है।

साक्षात्कार से पहले अनौपचारिक बातचीत एवं चर्चा द्वारा साक्षात्कार को आसान व प्रभावशाली प्रभावी बनाया जा सकता है। साक्षात्कार के प्रमुख बिन्दु निम्नलिखित स्वरूप में हो सकते हैं:

(1) सहज वातावरण, (2) जिज्ञासा एवं पहल, (3) परस्पर विश्वास व मित्रता, (4) विनम्रता व शालीनता, (5) धैर्य एवं विवेक, (6) सहज सटीक प्रश्न, (7) खुले व स्वतंत्र विचार, (8) बहुआयामी व्यक्तित्व व ज्ञान एवं (9) प्रभावी व्यक्तित्व व वक्तृत्व।

साक्षात्कार, आकाशवाणी पर एक श्रव्य माध्यम होने के नाते अत्यंत प्रभावी विधा है। शब्दों की पैठ अत्यंत व्यापंक होती है। अतः आकाशवाणी जैसे माध्यम इसका बेहतर इस्तेमाल कर पाते हैं।

सीधे साक्षात्कार के बजाए दूसरे स्वरूप में इसका एक और प्रभावी तरीका है 'परिचर्चा'।

3. रेडियो समाचार

रेडियो समाचारों का अपना विशेष महत्व है। विश्व के सभी देशों के रेडियो अपने-अपने समाचार बुलेटिन प्रसारित करते हैं। भारत में समाचार के क्षेत्र में रेडियो का महत्व बढ़ जाता है। यहां की 80% आबादी गांवों में रहती है और जनसंख्या का लगभग आधा हिस्सा अशिक्षित या कम शिक्षित है। ऐसे में त्वरित संचरण और पहुंच के कारण रेडियो समाचारों की कोई परेशानी नहीं है।

वर्तमान समय में परिवर्तन हो रहे वैज्ञानिक युग में हर क्षण नई-नई गतिविधियां हो रही हैं, ऐसे में रेडियो की एकमात्र ऐसा माध्यम है, जो बदलते परिवेश की चुनौतियों का सहज ढंग से सामना कर सकता है और साथ ही सूचनाओं को बहुत कम कीमत में लोगों तक पहुंचा सकता है। रेडियो के द्वारा किसी घटना को घटित होने के तुरन्त बाद हमें उसकी जानकारी हो जाती है। दूसरे दिन तक समाचार छपने का इंतजार इसमें नहीं करना पड़ता है।

आपदा के समय भी रेडियो सर्वाग्राही और त्वरित माध्यम सिद्ध होता है। वर्तमान में उपग्रह के माध्यम से ही प्रसारणों की गुणवत्ता और पहुंच में बढ़ोत्तरी हुई है। साथ ही सफर में काम करते हुए खेत-खलिहान में, कोई भी कार्य करते हुए आप रेडियो सुन सकते हैं। इस माध्यम की यही सबसे बड़ी खूबी है कि आप काम करते हुए भी इसे इस्तेमाल कर सकते हैं। रेडियो पर समाचार की सीमाएं भी हैं। समाचार पत्रों में विभिन्न प्रकार के समाचारों के लिए स्थान होता है जबकि रेडियो समाचारों में प्राथमिकताएं तय कर तथार्थ व उद्देश्य का मिश्रण लेकर गतिपूर्वक कार्य करना होता है।

रेडियो समाचार संकलन में यह बात स्मरण योग हैं कि देश की मुख्य घटनाओं की झलक उसे मिल सके। रेडियो संवाददाता भ्रामक, अश्लील व गुमराह करने वाले तथ्यों को नकारता है। राष्ट्रोत्थान और सद्भाव की प्रवृत्तियों के विकास के लिए वह सांस्कृतिक, सामाजिक व साहित्यिक क्षेत्र में शोध करता है। उसे ध्यान रखना होता है कि उसके द्वारा प्रस्तुत की जा रही विषयुवस्तु संक्षिप्त, सरल व मनमोहक हो।

समाचारों में तुच्छ, अनुपयुक्त, गुमनाम व खतरनाक विवरणों से बचना चाहिए। घटिया सामग्री, प्रचारात्मक व ओछे समाचारों से बचना चाहिए।

रेडियो एथिक्स का पालन करते हुए मित्र देश की नकारात्मक आलोचना, धर्म-जाति पर प्रहार, उग्रता, भड़काऊ, मानहानिपूर्ण, कटुता पैदा करने वाले, कानून

की व्यवस्था भंग करने वाले, न्यायालय की मानहानि, प्रतिष्ठापूर्ण पदों की गरिमा कम करने वाले आदि नहीं होने चाहिए। संविधान का अनादर उचित नहीं है। अगर किसी परिस्थिति में इन पहलुओं से जुड़े पक्षों पर समाचार देना आवश्यक ही हो, तो सावधानी व संयम के पहलू का सहारा लिया जाना चाहिए। समाचार संकलन के भी कई स्त्रोत हैं। केन्द्र सरकार का पत्र सूचना कार्यालय, राज्य सरकारों के सूचना व जन-सम्पर्क विभाग, अन्य सरकारी विभाग, प्रमुख संगठनों की विज्ञाप्तियों, व्यक्ति व घटनाएं आदि समाचारों के प्रमुख स्त्रोत हो सकते हैं। पत्रकार सम्मेलनों व प्रेस-ब्रीफिंग में भी गतिविधियों की जानकारी दी जाती है। पुलिस नियंत्रण कक्ष, थानों, न्यायालयों आदि से भी कुछ निश्चित प्रकार के समाचार प्राप्त किए जा सकते हैं। विधान सभा व संसद के अधिवेशन, श्रमिक संगठन, औद्योगिक प्रतिष्ठान समाजसेवी संस्थाएं, साहित्यिक-सांस्कृतिक संस्थाएं आदि भी समाचारों के स्रोत हैं। समाचार संकलन में महत्वपूर्ण यह है कि कब कोई घटना या जुड़ाव का ऐसा बिन्दु आए जिसमें संवाददाता समाचार की सही समय पर उचित पहचान कर सके ऐसी योग्यता संवाददाता में होनी आवश्यक है।

सबसे आवश्यक बात यह है कि समाचारों के प्रसारण से पूण उसकी विश्वसनीयता की जांच कर लेनी चाहिए। प्राकृतिक आपदाओं जैसे बाढ़-सूखा, भूकम्प आदि के समय लोगों को पता चल सके यह प्रबन्ध भी करना चाहिए।

आकाशवाणी के प्रारम्भिक श्रोताओं को कितने सुख की अनुभूति हुई, जब अंग्रेजी हुकूमत से देश की आजादी का विवरण व नेहरू जी का भाषण रेडियो समाचार के लिए यह आवश्यक है कि समाचार की विश्वसनीयता की जांच के बाद ही समाचार देना चाहिए। साथ ही यह तथ्य भी ध्यान में रखा जाना चाहिए कि रेडियो प्रसारण के समाचार सुनने के लिए बनाए जाते हैं। रेडियो व आम समाचार पत्रों के समाचार में यही अन्तर है कि अखबार के समाचार को केवल एक बार ही सुना जा सकता है ऐसे में यह जरूरी हो जाता है कि एक बार सुनी विषय-वस्तु को त्वरित रूप में समझने योग्य बनाया जा सके। रेडियो समाचार कानों के लिए होता है यह तथ्य ध्यान में रखते हुए पेचीदा समाचारों को भी इस प्रकार प्रस्तुत किया जाए कि वे सुनने में सरल लगें। आम व्यक्ति की समझ को ध्यान में रखते हुए उसे प्रस्तुति दी जाए। यूं तो समाचार लेखन की तकनीक मूल रूप में वही है जो समाचार पत्र लेखन के लिए प्रयुक्त की जाती है पर कुछ विशेष प्रावधान भी है जिसका विवरण इस प्रकार किया गया है।

(1) समाचारों में सच्चाई, निष्पक्षता, तारतम्य व पांच ककारों (कब, क्या, कहां, कैसे, कौन) का समावेश उन्हें उत्कृष्ट कोटि का बनाता है।

(2) समाचार की उपादेयता-वृद्धि हेतु उसे तीन कोटियों आमुख (Intro), मध्य व अन्त में विभाजित करें। इंट्रो समाचार का विशेष अंग है। अतः यह इस प्रकार लिखा जाए कि पाठक इससे प्रभावित होकर पूरा समाचार सुनना चाहें।

(3) उद्धरणों, भाषण के प्रमुख अंशों, वक्ता के पद व महत्व, स्थितियों आदि के अनुसार समाचार की बनावट की जाए।

(4) सरकारी रीति-नीति, मर्यादाओं, प्रोटोकॉल, कानून, समाज, गरिमा आदि तत्वों को ध्यान में रखा जाए।

(5) रेडियो-समाचार बुलेटिन को संतुलित व विश्वसनीय बनाया जाए।

(6) विकास व संस्कृति वर्धन के समाचारों को प्रमुखता दी जानी चाहिए।

(7) समाचार की पृष्ठभूमि को जानिए व उसमें समाचार तत्व पहचानिए। श्रेष्ठा व सुगठित समाचार वही है जिसमें सूचना व तथ्यों का सम्यक संकलन हो साथ ही पाठक घटना के विवरण को सही दिशा में जान सकें।

(8) अच्छे समाचार हेतु अतिरिक्त संवेदनशीलता, कल्पनात्मकता व रचनात्मकता का होना आवश्यक है। साथ ही समाचार लेखक की अच्छी रुचियों का जुड़ाव भी समाचार की न्यूज वैल्यू (New Value) को बढ़ाता है।

(9) समाचार लेखक की बदलती सामाजिक परम्पराओं, वैज्ञानिक विकास, तकनीकी व कानूनी पहलू आदि का बहुउद्देश्यीय ज्ञान होना चाहिए।

आंखों देखा हाल

आकाशवाणी वैज्ञानिक युग की देन है। जिसमें महत्वपूर्ण आयोजनों व कार्यक्रमों, खेलों आदि के लिए एक अभिनव पद्धति आंखों देखा हाल शुरू की। इसमें प्रत्यक्षदर्शी रहा हो। शब्दों से रचे संसार को सुनकर श्रोता ऐसा महसूस करता है कि शब्द उसकी आंख बन गए हों।

आकाशवाणी के प्रारम्भिक श्रोताओं को कितने सुख की अनुभूति हुई जब अंग्रेजी हुकूमत से देश की आजादी का विवरण व नेहरू जी का भाषण आंखों देखा हाल के रूप में सुनाई दिया होगा। एक और अविस्मरणीय घटना जिसका आंखों देखा हाल सुनकर जनसामान्य की आंखें डबडबा आई होंगी। वह अवसर था भारत के चहेते नेता महात्मा गांधी की शव-यात्रा का आंखों देखा हाल।

आंखों देखा हाल किसी घटना या कार्यक्रम का सटीक व वास्तविक चित्रण श्रोताओं तक पहुंचाने के उद्देश्य से प्रसारित किया जाता है। जनरुचि के महत्वपूर्ण कार्यक्रमों जैसे खेल प्रतियोगिताओं, स्वतंत्रता व गणतंत्र दिवस जैसे राष्ट्रीय आयोजनों,

किसी महान नेता के देहांत या अन्तिम संस्कार व देश के किसी प्रतिष्ठित धार्मिक, सामाजिक, सांस्कृतिक व खेल आयोजन आदि का आंखों देखा हाल है।

वस्तुतः केवल नाम के अनुरूप यह घटना का विवरण देना मात्र नहीं है। यह एक अत्यन्त चुनौतीभरा कार्य है। ज्ञान-कल्पना व प्रस्तुति की त्रिवेणी के माध्यम से आंखों देखा हाल सटीक बन पड़ता है। इसके लिए उद्घोषक के अन्दर इतना ज्ञान होना चाहिए कि वह शब्दों के द्वारा संक्षिप्त घटना को पेश कर सके। खेल के आयोजनों में खेल की गतिविधि, तकनीक व प्रक्रिया का पूरा इस्तेमाल बिना जानकारी के संभव नहीं है। देश में क्रिकेट व हॉकी का आंखों देखा हाल अत्यंत लोकप्रिय है। भले ही टेलीविजन जैसे दृश्य-श्रव्य माध्यम में दोनों ही तत्वों की पूर्ति होती हो पर सड़क पर चलते , कोई काम करते या यात्रा करते समय क्रिकेट का आंखों देखा हाल सुनने वालों का आनन्द को मनमाने तरीके से भोग सकता है। आंखों देखा हाल के लिए ज्ञान व कल्पना का संग्राम आवश्यक है किन्तु वह संभव नहीं है कि उत्तम अभिव्यक्ति, मधुर स्वर व कल्पनाशील मस्तिष्क वाला व्यक्ति जो कि प्रभावशाली उद्घोषक भी है वह समाज विषयों में निष्णात छहरे ऐसे में उद्घोषणा का दायित्व संभालने से पूर्व उसे विषय से सम्बन्धित ज्ञान प्राप्त कर लेना चाहिए। सिर्फ अभिव्यक्ति क्षमता व कल्पना के द्वारा ही उद्घोषणा को सतही रूप में लाया जा सकता है उसमें आत्मा तत्व विकास पूर्ण रूप से नहीं होता है। साथ ही कार्यक्रम भी नीरस और बोझिल हो जाता है।

तथ्यों की प्रस्तुति के साथ समसामयिक उदाहरण, महापुरुषों की उक्तियां, लोकोक्तियां, कविता के अंश, श्लोक, शेर आदि प्रस्तुत करने से समाँ बंध जाता है और श्रोताओं का जुड़ाव भी। स्वतंत्रता-दिवस समारोह के आंखों देखा हाल सुनाते समय जब शहीदों को सलामी दी जाती है, तब उद्घोषक द्वारा कही गई कविता की चन्द पंक्तियां श्रोताओं की रंगों में देशभक्ति का जज्बा दौड़ा देती हैं:

"शहीदों की चिताओं पर
लगेंगे हर बरस मेले
वतन पे मरने वालों का
यही आखिरी निशां होगा।"

आंखों देखा हाल जब कागज में देखें बगैर बोला जाय तभी उसके अन्दर स्वाभाविकता व सहजता आती है। किन्तु तकनीकी ब्योरों, आंकड़ों व तथ्यों को सुविधा हेतु रखा जा सकता है। क्रिकेट की कमेन्ट्री में उद्घोधक बल्लेबाज की गेंदों, विकेटों व रनों का विवरण, उपलब्धियां, चौके-छक्के व शतकों का ब्योरा आदि

समकालीन सन्दर्भों के अनुरूप रखते हैं और परिस्थिति के अनुसार उसे प्रयुक्त करते हैं। तभी आंखों देखा हाल, आंखों देखा लगता है।

आंखों देखा हाल के विवरण को रोचक व विश्वसनीय बनाने हेतु ध्वनि-संयोजन भी सहायक रहता है। घटना व कार्यक्रम का विवरण देते समय वहां के वातावरण को उंकेरने वाली ध्वनि प्रस्तुत की जाए तो वह ध्वनि-संयोजन वर्णन को स्वाभविक व विश्वसनीय बनाता है। साथ ही उससे श्रोताओं पर भी अपेक्षित प्रभाव पड़ता है। कार रेस में गति का विवरण देते वक्त यदि उद्घोषक चुप रहे और कार की गति को दिखाती इंजन की बढ़ती आवाज माइक्रोफोन से श्रोताओं तक पहुंचे तो श्रोता गति का सहज ही अनुमान लगा लेंगे।

स्वतः में उतार-चढ़ाव भी विवरण को द्विगुणित कर रोमांच पनपाता है। क्रिकेट के खेल में बल्ले से बाऊंड्री तक जाती गेंद के साथ उद्घोषक का स्वर भी बढ़ता जाता है तो श्रोता चौके या छक्के की स्थिति का आकलन कर आंखों देखा हाल में खो जाते हैं। ऐसे में प्रस्तुति देते समय प्रचलित अंग्रेजी शब्दों व तकनीकी ब्योरों का प्रयोग करने से भाव समझाने व समझने में आसानी रहती है। शब्दों की सहायता से घटना के हकीकत रूप को श्रोताओं की कल्पना के अनुसार पेश करना ही उद्घोषक का लक्ष्य होता है। जिस प्रकार दर्पण में हम अपना चेहरा देख पातें हैं और छायाचित्र खींचकर विवरण को कागज पर उतार पाते हैं, उसी तरह आंखों देखा हाल दृश्य को शब्दों के माध्यम से मन पर अंकित कर देता है।

दीर्घ उत्तरीय प्रश्न

1. वर्तमान में समाचार लेखन की तकनीक रेडियो के विकास की भूमिका को स्पष्ट कीजिए।
2. रेडियो के लिए समाचार लेखन के विभिन्न स्वरूपों की विवेचना कीजिए।

लघु उत्तरीय प्रश्न

1. रेडियो के लिए समाचार लेखन की विशेषताओं को संक्षेप में स्पष्ट कीजिए।
2. साक्षात्कार आकाशवाणी के प्रमुख उद्देश्यों की विवेचना कीजिए।
3. आधुनिक जन संचार माध्यमों में आकाशवाणी का विशिष्ट स्थान है? इस कथन की पुष्टि कीजिए।
4. रेडियो हेतु समाचार लेखन में खोजी पत्रकारिता के कार्यों को स्पष्ट कीजिए।
5. समाचार लेखन में रेडियो समाचारों की विशेषताओं पर प्रकाश डालें।

4

दूरदर्शन हेतु लेखन

दूरदर्शन कार्यक्रमों हेतु स्क्रिप्ट-लेखन के आधार

दूरदर्शन के कार्यक्रमों को पेश करना खुद में एक पारिश्रमिक कार्य है। जो देखने में सतही लगती है परन्तु इसकी प्रक्रिया कठिन है। दूरदर्शन कार्यक्रमों हेतु कार्यक्रम की मूल अवधारणा पहला सोपान होता है। इसके बाद अवधि के अनुरूप कार्यक्रम के निर्माण की सारी योजना तैयार की जाती है। जिसके आवश्यक तत्व निम्नलिखित है।

(1) कार्यक्रम का केन्द्रिय विषय।

(2) कार्यक्रम का स्वरूप।

(3) कार्यक्रम के पात्र।

(4) कार्यक्रम के पात्रों की भाषा एवं संवाद।

(5) कार्यक्रम प्रस्तुतीकरण हेतु स्थान, पात्र, भूमिकाएँ एव तदनुरूप प्रस्तुति।

(6) कार्यक्रम संयोजन हेतु मूल स्क्रिप्ट।

(7) कार्यक्रम की सिलसिलेवार जानकारी देती वृहद स्क्रिप्ट।

कार्यक्रम रूप लड़ाई को जीतने के लिए स्क्रिप्ट का हथियार आवश्यक है। स्क्रिप्ट में पात्र-संवाद-स्थिति-संयोजन आदि के पहलू सम्मिलित होते हैं।

टेलीविजन चूँकि मूलतः दृश्य माध्यम है। अतः इसके लेखन हेतु यह आवश्यक हैं कि वह दूरदर्शन की भाषा की प्रकृति को समझ सके। सुलझे स्वरूप

में दूरदर्शन की लेखन-शैली वह है, जो अपने बिंबों से वह तथ्य प्रस्तुत कर दे जिसकी लेखक अपने मस्तिष्क में संरचना बनता है। इस प्रयोजन हेतु यह ध्यान रखा जाना आवश्यक है कि दृश्य-संयोजन में कहीं शिथिलाता न हो, अचेतन व गतिहीन स्थितियाँ न पनपने पाएँ, पात्र जो बोली-बोले वह दूरदर्शन में भाषाई स्वरूप में रूपांतरिक हो सके। साथ ही दृश्यों की स्वाभाविक तारतम्यता भी जुड़ी रहे।

वह आलेख (Script) ही है जिसके आधार पर कार्यक्रम निर्माता एवं निर्देशक तरह-तरह से दृश्यांकन हेतु योजनाएँ बनाते हैं एवं उन संभावनाओं व स्थितियों को संयोजित करते हुए कार्यक्रम की रूपरेखा को आयाम देते हैं।

वृत्तचित्र

फीचर लेखन की भांति ही वृत्तचित्र हेतु भी लेखन के पहलू होते हैं। वृत्तचित्र हेतु गहन अनुसंधान व विमर्श के बाद वृत्तचित्र की सामग्री का चयन किया जाता है। इस स्रोत साम्रगी से तकनीकी व दृश्यात्मक पहलुओं के अनुसार प्रारम्भिक स्क्रिप्ट लिखी जाती है जिसमें सम्पूर्ण विचरण, दृश्य व तकनीकी पहलू होते हैं।

शूटिंग के पश्चात् उपलब्ध दृश्यों का प्राथमिक आकलन लेखक के द्वारा किया जाता है। दृश्यों व विचरणों की प्राकृति के अनुसार वह उनके बीच की योजना कड़ी को संयोजित करके दूसरी विस्तृत स्क्रिप्ट लिखता है। उस स्क्रिप्ट को ध्वनि व संगीत के प्रभावों के साथ वृत्तचित्र के दृश्यों में गूंथा जाता है।

ऐसे स्थान जहां इनके अलावा भी ज्ञान व समक्ष की जरूरत है वहाँ निपेक्ष्य से विवरणकर्ता की आवाज वृत्तचित्र के विवरण लेख को पढ़ती है। श्रोता-दर्शक दृश्य व ध्वनि के योग से पूरी स्थिति से अवगत होते हैं।

भाषा की सहजता, शब्द-चयन, वाक्य-विन्यास, उद्धरण, विवरण, सटीकता आदि वृत्तचित्र लेखन के वह पहलू हैं, जो इसे रोचकता व नयापन प्रदान करते हैं।

वृतचित्र के प्रकार

वृत्तचित्र मूलरूप से यूँ तो प्रस्तुति एवं विषयों को लेकर विविध कोटियों के हो सकते हैं, पर सामान्य रूप से उन्हें निम्नलिखित श्रेणियों में बाँटा जा सकता है

(i) शैक्षिक,

(ii) विकासपरक,

(iii) ग्राम्य विषयक,

(iv) अन्वेषणात्मक,

(v) अपराधपरक,
(vi) राजनीतिक,
(vii) आर्थिक,
(viii) साहित्यिक,
(ix) सांस्कृतिक,
(x) धार्मिक,
(xi) वैज्ञानिक,
(xii) फिल्मपरक,
(xiii) विधिक,
(xvi) संसदीय,
(xv) स्वास्थ्य विषयक,
(xvi) खेल विषयक,
(xvii) बाल संदर्भ,
(xviii) महिला विषयक,
(xix) सन्दर्भ विषयक,

टेलीविजन-स्क्रिप्ट

यह ऐसा आलेख होता है जिसके आधार पर कार्यक्रमों का निर्माण होता है। स्क्रिप्ट को कार्यक्रम के पीछे वाचक की प्रस्तुति के साथ दृश्यों से सम्बन्धित किया जाता है और बीच-बीच में ध्वनि व संगीत के विशिष्ट प्रभाव दिए जाते हैं। इससे कार्यक्रम शाब्दिक व चित्रात्मक प्रस्तुति से अपनी पूर्णता को पा लेता है।

दूरदर्शन हेतु इस आलेख का एक प्रारूप इस प्रकार है :

'बूंदी-महोत्सव' : एक अंतरंग यात्रा।

(टेलीविजन स्क्रिप्ट का प्रारूप)।

"राजस्थान की रणबौकुरी धरा का अनमोल रत्न है 'बूंदी'। बूंदी का नाम आते ही कला संस्कृति, प्रकृति की त्रिवेणी आँखों के आगे साकार हो उठती है। अपने भव्य किलों, बावड़ियों मंदिरों, धने जंगलों, पहाड़ों में तमाम संभावनाओं को समेटे बूंदी प्रत्येक रसिक पर्यटक का एव सुनहरा सपना है। ऐसा सपना जो ज्यों-ज्यों गहराता है, व्यक्ति उसके सम्मोहन में आबद्ध हो जाता है।"

बूंदी की इन्हीं अच्छाइओं से अवगत कराने व उसके सुहाने सफर की यात्रा की गवाही देता है 'बूंदी-महोत्सव'। वर्ष 2004 में 30 नवम्बर की प्रातःकाल की

सूरज-रश्मियाँ अपने अंतस् में हजारों रंग समेटे थीं। ज्यों ही बूंदी महोत्सव का झंडा-रोहण गढ़ पैलेस में हुआ, सूरज की धूप मानों उसमें सहभागी हो उठी। रंग-बिरंगे परिधानों से सजी-सँवरी युवतियों ने सिर पर मंगल-कलश उठाए पारंपरिक गणेश पूजा में ज्यों ही अगवानी की सूर्य-रश्मियाँ भी उनके साथ हो चली। भगवान गणपति का अभिषेक पारंपरिक रूप से सर्व-कार्य-सिद्धि हेतु प्रारंभ किया गया। वातवरण में मंत्रोच्चार के सुरीले शब्द और यज्ञ-वेदी का सुगंधित धुआँ छा गया। उपस्थित जन-समुदाय एवं व्यक्तियों में श्रद्धा मिश्रित उमंग का रंग छा गया। समस्त मनोरथों की पूर्ति की कामना और उस उद्देश्य के लिए सभी की सामूहिक भावना का तत्व यहाँ सभी चेहरों पर देखा जा सकता है। बूंदी राजपरिवार के पुरोहितों का मंत्रोच्चार तो देखते ही बनता है और आखिर ऐसा क्यों न हो? उनके वंशजों ने यहाँ की एक-एक ईट को नींव के पत्थर से कंगूरे में बदलते देखा है।

अब राजस्थान की भूमि पर आये पर्यटकों के स्वागत की बारी आती है। वैसे भी राजस्थान ने सदैव अपने सम्माननीय आगंतुकों के लिए पलक-पाँवड़े बिछाए हैं और आज भी 'पधारों म्हारे देस' के रूप में राजस्थान पर्यटन विभाग अपनी उसी भावना को अभिव्यक्ति देता प्रतीत होता है।

राजस्थानी चुनरी के साफों में पर्यटकों के गरिमामय व्यक्तित्व की झलक मिलती है। वहीं माथे पर रोली के तिलक और गले में फूलो के हार की छटां भी अनुपम प्रतीत होती है। पर्यटकों पर पुष्प वर्षा करती युवतियाँ जहाँ उनका अभिवादन करती हैं वहीं वे उनकी समृद्धि एवं स्वस्थता की मंगलकामना भी करती हैं। 'चित्रशाला' में पर्यटकों को समर्पित यह आयोजन निस्संदेह चित्रशाला का-सा ही आभास देता है। पर्यटकों के उल्लासित चेहरे और आँखों की चमक बताती है कि वे इन लम्हों को कितनी मुखरता के साथ जी रहे हैं।

पर्यटक कोई भी हो देशी या विदेशी राजस्थानी भोजन की खुशबू से सभी खिंचे चले आते हैं। चौकियों पर राजसी भोजन की परम्परा में भांति-भांति के व्यजनों को छक कर खाते और तृप्ति पाते भावों को सहज रूप से पढ़ा-समझा जा सकता है। सोने में सुहागा यह कि प्रशासन का प्रत्येक अधिकारी उनकी सेवा में जुटा हो तो 'बूंदी-महोत्सव' निःसंन्देह एक यादगार बन जाता है।

गढ़ पैलेस के चौमुखा बुजुर्ग से आवाज होता है उत्सव के उद्घाटन एवं भव्य शोभायात्रा का। ढोल-नगाड़े-ताशों के स्वर जब पारंपरिक लोक-वाद्यों से सुर मिलाते हैं तो पूरा वातावरण उनका साथ देने लगता है। भाँति-भाँति के कलाकार, पटेबाज, नर्तक आदि अपनी उपस्थिति से शोभायात्रा में चार चांद लगा देते हैं। लंबी तुरही

से जब लोकवादक तान छेड़ता है तो उत्साह अपने चरम पर पहुँच जाता है। भांति-भांति के दृश्यों और सतरंगी छटां की यह संगति महोत्सव को नवीन आयाम देती प्रतीत होती है।

इंद्रा मार्केट से ज्यों ही घुड़दौड़ प्रारंभ होती है, गति व लय का संतुलन देख त्यों ही दर्शक दाँतों तले अंगुली दबाने पर मजबूर हो जाते हैं। इंद्रा मार्केट से पुलिस परेड ग्राउण्ड तक का यह सफर एक रोमांचक यात्रा में बदल जाता है। एक के बाद एक धोड़े, ऊँटों बैलगाड़ी की दौड़ का नजारा नयनाभिराम दृश्य तो प्रस्तुत करता ही है साथ ही प्रतिस्पर्धा के सकारात्मक पहलुओं को भी सामने लाता है।

अब बारी आती है नयनाभिराम दृश्यों की। इस आयोजन के गवाह बने हैं, सुखमहल, जैतसागर और रानीजी की बावड़ी।

सुखमहल यह अपने नाम के अनुसार ही विलक्षण है। एक-एक जाली-झरोखा, मेहराब, इमारतें, खंभे अद्भुत शैली और नक्काशी की प्रस्तुति देते हैं। हर दीवार एक कहानी कहती प्रतीत होती है। सुखमहल की पूरी परछाई जब जैतसागर में प्रतिबिंबित होती है जो एक दुर्लभ दृश्यावली प्रस्तुत करती है। झील का सुरम्य किनारा पेड़-पौधे और हिलोरें लेता जल प्रकृति की छटा के अनुपम दृश्य प्रस्तुत करते हैं। रानीजी की बावड़ी की सीढ़ियाँ ज्यों-ज्यों नीचे की ओर गहरे उतरती हैं, त्यों-त्यों व्यक्ति भी कौतूहल व रोमाँच के संगम में उतरता जाता है। सीढ़ियों की शुरूआत के खंभों पर कलात्मक सुराही और हाथियों का प्रस्तर शिल्प अपनी अभिनवता को दर्शाते हैं।

दोपहर के समय शहनाई वादन के अन्तर्गत रानी जी बावड़ी पर जब शहनाई की गूंज उठती है, तो राजसी वैभव पुनः साकार हो उठता है। शहनाई के अच्छे सुरों के साथ शुरू होता है पारंपरिक भोज का सिलसिला। दाल-बाटी-चूरमा से लेकर कैर-साँगरी तक प्रत्येक परोसा गया व्यंजन अपने निराले स्वाद की अभिव्यक्ति है। पर्यटक व्यंजनों के स्वाद में खोए अंगुलियाँ चाटते रह जाते हैं।

शाम ढलने को है और पतंगबाजी का दौर शुरू हो चुका है। माँझे व सद्दे की चरखी ग्राउण्ड में जमी इस प्रतियोगिता में विदेशी पर्यटकों को राजस्थानी परिधानों में देखना एक आल्हावकारी अनुभव है। एक झलक में इन गबरू जवानों को देख कोई जान भी नहीं पाता कि ये विदेशी व्यक्तित्व हैं जो ठेठ देशी रंग में रंगे हैं।

जैसे ही शाम होती है राजस्थान लोक संगीत की महफिल सज जाती है। जब मंच के ऊपर राजस्थानी लोक-वाद्यों की धुन गूँजती हैं तो हर कदम थिरक उठता है। हरियाणवी, बृज, पंजाबी नृत्यों की राजस्थानी नृत्यों के साथ समरसता सुहाती है। बृज होरी के नृत्य में झरते पुष्पों के साथ राधा-कृष्ण के सानिध्य में अमृत-माधुरी

सचमुच ही चहुँ ओर बरस उठती है। सुदर्शन चक्र की तरह घूमती थाली का अद्भुत समन्वय साँसें रोक देता है। सूरज के अस्ताचल तक जाने और रात गहराने तक नृत्यों का अद्भुत सिलसिला जारी रहता है।

अगला दिन शिल्प ग्राम में लोक नृत्य व गीतों का होता है। नृत्य की हर थिरकन में कदम मिलाते और बालों के साथ झूमते पर्यटकों का उत्साह चरम पर होता है। गीत-संगीत-नृत्य की त्रिवेणी में सभी पूरी तरह सरोबार हो उठते हैं। बात चाहे राजस्थानी लोकसंगीत की हो या पंजाब की, चाहे हरियाणा हो या गुजरात प्रत्येक गीत-नृत्य पर्यटकों को आकंठ विभोर कर देता है।

पुलिस परेड ग्राउण्ड पर भारतीयों की साफा बाँधने की प्रतियोगिता जहाँ उल्लासकारी अदाओं की प्रस्तुति देती है वहीं विदेशी मेहमानों की पगड़ी (साफा) बाँधने की प्रतियोगियता में उल्लास व हँसी के नजारों की मिश्रित प्रस्तुति होती है। कुछ मेहमानों को जहाँ साफा मशक्कत लगता है। वहीं कुछ ऐसे ढंग से पगड़ी बाँधते हैं कि राजसी शान स्वयं वहाँ उपस्थित हो जाती है।

पुलिस परेड ग्राउन्ड में आयोजित होने वाली 'बूंदी श्री' प्रतियोगिता में युवकों के शक्तिशाली काया व सजीले व्यक्तित्व की झलक दिखती है। रोबीले व सजीले व्यक्तियों का यह समाँ अद्भत होता है।

विदेशी पर्यटकों की साड़ी बाँधने की अभिनव कला की प्रस्तुति बूंदी महोत्सव की रोचक कहानी है। विदेशी रंग-देशी को देख सभी खालिस मनोरंजक रंग में रंग जाते हैं। इसी के साथ विदेशी हाथों में रचती मेंहदी भी अलग सभी प्रस्तुत करती है। गोरे हाथों पर रचने वाली यह मेंहदी क्या रंग लाएगी? यह देखना हो तो चले आइए बूंदी-महोत्सव के इस रंग में।

गरदड़ा क्षेत्र के पाषाणकालीन शैलचित्र से हम पूर्वजों द्वारा संयोजित सम्पदा से परिचित होते है। पक्षी पर सवार मानव वाला चित्र उस युग के स्वप्नों से हम परिचित कराता है वहीं चित्रित मंदिरों के विषय भी महत्वपूर्ण लगते हैं। ऊँट पर सवार मानव भी गति व अन्वेषण को सुयोजित करता है। आदि मानव द्वारा निर्मित गेरूआ व कत्थई रंगों के ये चित्र भले ही एकरंगी न हो पर इनकी बहुरंगी प्रस्तुति से प्रत्येक आह्लादित होता है।

शाम ढलने पर बारी आती है केशोरायपाटन के उत्सव ग्राम की जहाँ वह दुल्हनी पोशाक की प्रस्तुतियों के साथ पर्यटकों की अगवानी करता है। राजपूती सुर्ख लाल वैवाहिक पोशाक, नाक में नथ, माथे पर बोरला, नाजों-नखरों वाली, दुल्हनियाँ के कई भव्य रूप यहाँ देखने को मिलते हैं।

एक और मस्त व रोमांचकारी नजारा होता है पनिहारी मटका दौड़ में, भागते, गिरते मटकों के बीच सहज धावक आखिर बाजी मार ही ले जाता है।

फिर बारी होती हैं देशी-विदेशी महिला पर्यटकों के बीच रस्साकशी की। "जोर लगा के हइया" ताली की गड़गड़ाहट और सूटिंग के बीच जो मजा रस्साकशी देती है वह अवर्णनीय है।

शाम ढलते ही नौका दौड़ के लिए सजी हुई नौकाएं चंबल के किनारे तैयार हो जाती हैं। इधर प्रतियोगिता शुरू होने का इशारा होता है और उधर चप्पू पानी के बीच हाथें की ताकत को नापने लगते हैं। डूबते सूरज के साथ वेगवान नौकाओं की साम्यता और आगे रहने की सहज चाह यहाँ बलवली हो उठती है।

चंबल घाट पर शाम ढले मनमोहक आरती के स्वर गूँज उठते हैं। मंत्रोच्चार व मंगल आरती के मध्य जब सूरज के डूब जाने पर अंधेरा छाने लगता है तो सैकड़ों दीपों का दीपदान चंबल के घाटों पर अंधेरे से लड़ने की अपनी शाश्वत प्रतिबद्धता को दर्शाता है। लहरों पर उतरते-डोलते ये दीप आस्था के सबल पक्ष को दर्शाते ही हैं साथ ही 'तमसों मा ज्योतिर्गमय' की अवधारणा को भी पुष्ट करते हैं।

शाम ढले ही चंबल-घाट के रंगमंच पर शास्त्रीय नृत्य एवं संगीत की शाम एक यादगार शाम बन जाती है।

घुंघरू, पखावज, वीणा, सारंगी, बांसुरी, खड़ताल जैसे वाद्यों और कथक से लेकर लोकनृत्यों तक का सिलसिला हर रंग-उमंग की प्रस्तुति देता है।

रात्रि के समय में अतिशबाजी व धमाकों के मध्य सतरंगों का बिखराव अत्यधिक उल्लास पैदा करता है। शोरगरों की लाल, हरे, पीले, नीले रंगों की समझ और शानदार समन्वित प्रस्तुति हर मन को मोह लेती है। काली अंधियारी रात की चुनरी में आतिशबाजी के सितारों की छटा अनुपम होती है। सभी सैलानी इसे उल्लास से अपलक देखते रह जाते हैं।

राजस्थानी कला का सबसे बड़ा आइना है शिल्पग्राम में हस्तकला मेला। लाख की चूडियाँ, बर्तन, कपड़े, मूर्तिशिल्प, पेंटिंग के एक से एक अप्रतिम नमूनों के बीच किसे लें, किसे छोड़ें के द्वंद्व में ही पर्यटक उलझकर रह जाता है।

अब बारी है सफारी की। गराड़िया, जवाहर सागर बांध, बरधा बांध व आस-पास की यह सैर एक यादगार लम्हा है। पानी की विस्तृत राशि के बीच मन के विस्तार का आभास होता है और प्राकृतिक सुषमा इसमें चार चाँद लगाती है।

शाम ढले फिर सिलसिला चलता है जैसे सागर झील पर दीपदान का। पत्तों पर दिए की जलती लौ जैसे-जैसे दूर तक जाती है अंधेरे से लड़ने की प्रतिबद्धता वैसे-वैसे फैलती जाती है।

अंधेरा होते ही 84 खंभों की छतरी में देशभर से जुटे कलाकारों का जमावड़ा लगने लगा है और नृत्य-संगीत की एक से एक प्रस्तुतियाँ सामने आने को हैं। पर्यटक अपने-अपने स्थानों पर जम गए हैं और ये शुरू होता है...सम्मोहन का नया आयाम। कभी रंगों में ढलता है...कभी गीतों में उतरता है...कभी धमक के साथ उतरता है...कभी बाद्य स्वर लहरियों में खोता-उतरता है। सोचता हूँ कितनी तपस्याओं का पुण्य है यह सुहानी शाम जो मैं बूंदी-महोत्सव की इस यादगार घड़ी का एक हिस्सा हूँ।

...जीवन है...आना-जाना लगा रहेगा। कुछ अंधेरे होंगे...कुछ उजाले...कुछ सफेद होगा...कुछ रंगीन...कभी कुछ खट्टा...कुछ मीठा पर...जब बात 'बूंदी'...की होगी तो मैं सभी कुछ समेट लूँगा। अपनी बाँहों में...अपनी आँखों में...अपने मन में. ..हमेशा-हमेशा के लिए।"

समाचार लेखन

समाचार लेखन एक कला है जब समाचार दूरदर्शन के लिये लिखा जा रहा हो तो इसके आयाम का और भी विस्तार होता है। दूरदर्शन पत्रकारिता के क्रम में समाचार-लेखन के पहलू विविधि अवसरों पर मुखरित होते हैं। लेखन में यदि विशिष्टता व सम्बन्धित पहलू नहीं होंगे तो लेखन अधूरा प्रतीत होगा। लेखन के क्रम में प्रमुख विशेषता यही है कि व्यक्ति एक बार जब उसे दूरदर्शन समाचार के रूप में सुने तो यह मजबूरी हो जानी चाहिए कि वह उसे अंत तक ही सुने। यूँ तो भांति-भांति के समाचारों में उनके पक्षों के अनुरूप भाव-पक्ष होता है पर उनमें कहीं मानवीय भावनाएँ होती हैं तो कहीं विश्लेषण, कहीं सूचना और कहीं काव्य की स्थिति पनपती है। श्रोता-वर्ग भी विविध रुचियों वाला होता है, किसी की रुचि खेल में है तो किसी की संगीत में, कोई साहित्य प्रेमी है तो कोई राजनीति में दखल-रखता है। इस प्रकार दूरदर्शन समाचार लेखन में प्रत्येक पक्ष की जिम्मेदारी गहरी हो जाती है। समाचार के आकर्षण की वृद्धि हेतु निम्नलिखित तत्व इस प्रकार हैं :

(i) समीपता,

(ii) सत्यता,

(iii) स्पष्टता,

(iv) सुरुचि,

(v) संक्षिप्तता

(vi) सामयिकता,

(vii) मानवीय रुचि के पक्ष,

(viii) आत्मीयता।

टेलीविजन हेतु समाचार लेखन

टेलीविजन समाचार का ऐसा माध्यम है जिसके द्वारा हम समाचार को देख, सुन व पढ़ सकते है। यह 'आँख', 'कान', 'मन' तीनों पर एक साथ प्रभाव डालता है। यही कारण है कि इसकी प्रभावित सहज ही होती है। समाचार पत्र में संवाददाता खबरें संकलित करते हैं और सम्पादक द्वारा उन्हें सम्पादित किया जाकर छापा जाता है। आकाशवाणी में खबरों को संकलित कर सुनाया जाता है किन्तु दूरदर्शन में कैमरा आपको उस स्थान पर ले जाता है जहाँ खबर घटित हुई है जहाँ से समाचार पनपा है। इस प्रकार दर्शक स्वयं उन तथ्यों से रूबरू हो जाता है।

किन्तु तकनीकी दृष्टिकोण से यह कार्य इतना आसान नहीं है। विभिन्न तकनीकी विशेषज्ञों व सहयोगियों की मेहनत से दूरदर्शन समाचार अस्तित्व में आता है। इस माध्यम में जहाँ दर्शकों को लुभाने की सर्वोत्कृष्ट कला है वहीं दृश्यों व कथ्य का समन्वय भी खासा महत्वपूर्ण है। कई बार ऐसा होता है कि समाचार प्रस्तुति तक स्थितियाँ विपरीत हो चुकी होती है। ऐसी स्थिति के लिए समाचार को सतर्क रहना होता है। जब समाचार सुनते समय दर्शक समाचार को देखते हुए समाचार वाचकों के हँसते मुस्कराते चेहरे देखते हैं, तो कोई सोच नहीं पाता होगा कि इन सबके पीछे कितना तनाव भरा माहौल चल रहा होता है। इस माध्यम की व्यापकता एवं त्वरितता के कारण छोटी से छोटी भूल भी अनर्थ कर सकती है।

दूरदर्शन के लिए समाचार लिखने सभी तत्व रेडियो लेखन की तरह ही होते हैं। पर जो अन्य विशिष्टताएँ हैं वे इस प्रकार हैं :

(1) राष्ट्रीय, सामाजिक एवं सांस्कृतिक मूल्यों की रक्षा।

(2) सरलता, स्पष्टता व संक्षिप्त प्रस्तुति (शाब्दिक)।

(3) नवीनता, रोचकता एव सामायिकता।

टी. वी. कार्यक्रमों हेतु लेखन

दूरदर्शन के व्यापक फैलाव के अन्तर्गत कार्यक्रमों की शृंखला में उनके प्रयोजन के आधार पर वर्गीकरण इस प्रकार किया जा सकता है:

(1) शैक्षणिक कार्यक्रम,
(2) सूचना कार्यक्रम,
(3) समाचार व समसामयिक कार्यक्रम,
(4) प्रेरक कार्यक्रम,
(5) प्रचारार्थ,
(6) खेल,
(7) मनोरंजन,

इन सभी कार्यक्रमों के स्थित एवं प्रस्तुत के अनुसार लेखन कार्य में अनेक प्रकार के उतार-चढ़ाव आते हैं किन्तु मूल रूप से सभी के स्रोत बिन्दु एक ही हैं। वैसे भी दृश्य-श्रव्य कार्यक्रमों में प्राथमिक प्रभाव दृश्य का ही पड़ता है, ध्वनि उस प्रभाव को व्यापक कर देती है। इसी दृष्टिकोण को लेकर सामान्य रूप में टी.वी. कार्यक्रमों हेतु लेखन के बिन्दु इस प्रकार हैं :

(1) सरलता, संक्षिप्तता व स्पष्टता का ध्यान रखा जाए, क्योंकि आधी बात तो चित्र स्वयं कह देता है।
(2) नवीनता, रोचकता व सामयिकता के तत्त्वों को पुट दिया जाए, जिससे दर्शकों को जुड़ाव की भावना महसूस हो।
(3) राष्ट्रीय/सांकृतिक मूल्यों की रक्षा हो व देश की सम्प्रभुता पर कोई आंच न आए।
(4) विभिन्न नियमनकारी कानूनों, वर्जनाओं व गोपनीयता का खंडन न हो।
(5) दर्शकों की रुचि व आवश्यकता के बीच सेतु स्थापित किया जाए।
(6) कार्यक्रम की प्रस्तुति के अनुरूप भाषा का पुट हो। जिस वर्ग की आवश्यकता के लिए कार्यक्रम का निर्माण हो रहा है उस वर्ग कि मूल अभिवृत्ति का ध्यान रखा जाए।
(7) दृश्य व भाषा के समुचित तालमेल को बैठाएँ ताकि कार्यक्रम सरल हो सके।
(8) लेखन में दृश्य के कथ्य का स्पष्टीकरण हो।
(9) भाषा बहुत प्रांजल व परिष्कृत न हो क्योंकि टेलीविजन आम से खास वर्ग तक अपनी पहुँच रखता है।
(10) जन-मानस के रचे-बसे शब्दों व संदर्भों के इस्तेमाल को प्राथमिकता दी जाए। जैसेवर्तमान में जम्मू-कश्मीर चुनावों के समाचार के क्रम में प्रमुख समाचार की लीड थी 'बुलेट पर बैलेट हावी'।

फीचर्स के लिए लेखन

इस लेखन हेतु विषय बन्धन नहीं होता है। आवश्यकता व परिस्थिति के अनुरूप समसामयिकता को ध्यान में रखते हुए फीचर्स का निर्माण किया जाता है। किसी भी अच्छे फीचर हेतु यह आवश्यक है कि कार्यक्रम सम्पादक व आलेख लेखक मिल-बैठकर फीचर्स के विभिन्न बिन्दुओं पर विचार-विमर्श कर लें। इससे यह तय हो जाता है कि ::

(1) दृश्य पक्ष क्या हो?

(2) कार्यक्रम प्रस्तुति किस प्रकार हो?

(3) आलेख-प्रस्तुति व विवरण कैसे हो?

(4) प्रस्तुतीकरण कैसे किया जाए?

(5) तकनीकी पक्ष क्या हो?

इन तथ्यों को निश्चित करने के बाद फीचर का उद्देश्य, समय-सीमा, दृश्य-सामग्री आदि के आधार पर मूल स्क्रिप्ट के विवरणानुसार दृश्यों की शूटिंग की जाती है। स्क्रिप्ट की मांग के अनुरूप दृश्य व दृश्य-ध्वनि होने के साथ की स्थितियों का चयन किया जाता है। तत्पश्चात् दृश्यों के तारतम्य व प्रस्तुति के तकनीकी पक्ष को ध्यान में रखते हुए फीचर हेतु लेखन किया जाता है। फीचर लेखन के प्रमुख बिन्दु निम्नलिखित हैं :

(1) तकनीकी पहलुओं में शब्दावली आम बोलचाल व सहज प्रयोग की जाने वाली परिस्थितियों के अनुरूप हो।

(2) लेखन में सहजता, प्रभाव, सरलता व वाक्यों के समावेश का समुचित ध्यान रखा जाए ताकि विवरण को लिपिबद्ध करते समय रूकावट, अटकाव व असहजता न हो।

(3) वाक्य छोटे व प्रभावी हों।

(4) संवादों में कृत्रिमता न हो।

(5) बार्ता व विवरण आदि में मूल आलेख को ही प्रयोग किया जाए।

(6) टिप्पणी, मतों, चर्चा में सरकारी रीति-नीति, निषेधों आदि का उल्लंघन न हो।

(7) शब्दों व लेखन की प्रकृति फीचर की प्रकृति से मेल खाए।

(8) शब्द व प्रस्तुति रोचक, सहज, प्रभावी व सरल हो।

(9) विवरण इतने ही हों कि दर्शक, दृश्य के प्रभाव को आत्मसात कर लें।

(10) सामाजिक पदों, मुहावरों, लोक-रीति, सहज उद्धरणों आदि का प्रयोगों विवेकानुसार किया जाए।

वार्ता के लिए लेखन

वैसे तो वार्ता के लिए लेखन का कोई खास महत्व नहीं होता पर आधारभूत रूप में कुछ बिन्दु इस्तेमाल किए जाएँ तो वार्ता अधिक प्रभावशाली हो जाती है :

(1) वार्ता में पूछे जा सकने वाले प्रश्नों का मसौदा लिखित रूप से रख लें ताकि आवश्यकता के अनुसार उनका प्रयोग हो सकें।

(2) सन्दर्भों, आंकड़ों, सूचनाओं के स्रोतों को लिख लें ताकि प्रश्नोत्तर के साथ वे प्रयोग हो सकें।

(3) तारतम्यता व प्रवाह बनाए रखने के लिए एक खाका व बिन्दु तय कर लें ताकि वार्ता का क्रम व गति सुचारु रूप से हो सके।

(4) शुरुआत व अन्त के लिए विषय से सम्बन्धित प्रमुख उक्तियाँ, उद्धरण आदि रोचकता हेतु लिख लें। आधार उपलब्ध होने से इन्हें यथास्थान प्रयुक्त किया जा सकता है।

(5) मुख्य एवं पूरक प्रश्नों को क्रमानुसार अलग-अलग लिख लें। समय शेष रह जाने पर पूरक प्रश्नों का प्रयोग किया जा सकता है।

भेंटवार्ता

दूरदर्शन भेंटवार्ता में सिर्फ प्रश्नोत्तर करना पर्याप्त नहीं है बल्कि यह प्रस्तुति एवं कला का अभिनव पक्ष है। इंटरव्यू अपनी प्रस्तुति में अधिक स्वाभाविक एवं गतिशील होता है। दर्शकों के जिज्ञासा को वह अपने सवालों के माध्यम से पूर्णक है। प्रश्न पूछने का तरीका, शब्द, चयन, उसकी अभिव्यंजनाएँ, हाव-भाव भी इसमें बहुत महत्व रखते हैं।

भेंटवार्ताएँ निम्नलिखित प्रकारों की होती हैं :

(1) विषय आधारित,

(2) कल्पना युक्त,

(3) खोजबीन प्रधान,

(4) व्यक्तित्व,

(5) संवेगात्मक।

इन प्रकारों के अन्तर्गत भेंटवार्ता को हम देख व सुन सकते है। इसलिए इनका अस्तित्व बढ़ जाता है। यदि वह किसी कारणवश अपसेट भी है, तो उस माध्यम की प्रस्तुति के कारण मुस्कुराते रहते है। वह लगातार कैमरे की निगाह से दर्शकों से रूबरू

होता रहता है अतः उसकी प्रस्तुति, हाव-भाव, बातचीत इत्यादि सभी का एक खास पहलू ही दर्शकों को मिल पाता है। भेंटवार्ता के गुणों व कार्यकारी प्रारूपों पर कोई ढाँचा तैयार करना कठिन है। उसकी अधिकांश सफलता प्रश्नों के चयन पर निर्भर करती है। प्रश्न पूछे जाने का तौर-तरीका वार्ता का क्रमिक विकास व सटीक प्रस्तुति आदि यूं तो पूर्व-निर्धारित प्रारूप में ही होता है पर समय व परिस्थिति के अनुसार समायोजन आवश्यक है। यदि परिकल्पना व प्रारूप को पूर्व-निर्धारित नहीं किया जाए, तो कार्यक्रम में बिखराव आ जाने की संभावना रहती है।

सफल सुचारू व मनोरंजक भेंटवार्ता के प्रमुख पक्ष निम्नलिखित हैं :

(1) भेंटवार्ता की शुरूआत परिचय व नर्म सवालों से की जानी चाहिए।

(2) औपचारिक स्थितियों व व्यवहार से वार्ता का माहौल खुशगवार बनाया जाना चाहिए।

(3) ठोस, तार्किक व कठिन मुद्दों के प्रश्नों में शिष्टता व प्राफेशनलिज्म का ध्यान रखा जाना चाहिए।

(4) भेंटकर्ता अतिथि से किसी प्रकार की प्रतिद्वन्द्विता न रखे बल्कि वह यह प्रयास करे कि सामान्य व सहज वातावरण के अन्तर्गत भेंटवार्ता का दौर चले।

(5) अगर तीखे, विवादास्पद व आवश्यक प्रश्न भी 'शिष्टता' के नाम पर न पूछे जाएँ तो यह बात भी गलत है अतः कार्यक्रम की भूमिका के अनुरूप व दर्शकों के प्रति न्याय करते हुए उचित प्रश्न पूछे जाने चाहिए।

(6) अतिथि की रीति-नीति, शिक्षा-परिवार, अभिरूचियों आदि का पूर्व आकलन करना भेंटवार्ता को समृद्ध करता है व वार्ता में नवीनता व रोचकता आती है।

(7) समय सीमा से आधीन प्रश्नों की तैयारी करनी चाहिए। अन्तिम समय के प्रश्न विकल्प के तौर पर रखे जाए। समय बचने पर उनका इस्तेमाल उचित होगा।

(8) भेंटकर्ता का प्रयास यह होना चाहिए कि वह कम से कम बोले। अतिथि के मत व विचारों के लिए अधिक समय रखा जाए।

(9) वार्ता का प्रारंभ व अंत दोनों ही सटीक व सुखद होने चाहिए तभी वार्ता प्रभावशाली है।

उपर्युक्त तथ्यों के अतिरिक्त वार्ता के विभिन्न प्रकारों के अनुरूप भी कार्य एवं परिस्थितियाँ बदलती है।

व्यक्तिगत भेंटवार्ता

इस प्रकार के साक्षात्कार या भेंटवार्ता में दो या अधिक व्यक्तियों को शामिल करने की जरूरत पड़ती है। किसी विशेष मुद्दे या घटना के प्रति भी विभिन्न स्थलों पर पहुँच कर अनेक उपयुक्त व्यक्तियों से इंटरव्यू लेना उचित विकल्प है।

इस उद्देश्य के लिए कई व्यक्तियों से वार्ता कर बातचीत व चित्रों को अनेक दृष्टिकोणों से कवर कर लिया जाता है। बाद में कार्यक्रम की आवश्यकता के अनुसार उन्हें सम्पादित कर संयोजिक कर दिया जाता है। बातचीत व शब्दों के साथ कार्यक्रम की मांग पर उपयुक्त 'विजुअल्स' (Visuals) डाले जा सकते हैं।

उपर्युक्त विजुअल्स को यथास्थान प्रयुक्त करना एक गंभीर प्रश्न है। इसके लिए कल्पना, समय, दक्षता, सटीक व क्रिएटिव होना आवश्यक हैं। भेंटवार्ताएँ प्रायः बिना स्क्रिप्ट व रिहर्सल की जाती हैं। अतः प्रसंग, विजुअल्स व वार्ता का तालमेल आवश्यक है। एक भी क्रम के इधर-उधर होने से पूरी भेंटवार्ता बेकार हो जाती है। अतः इस प्रयोजनार्थ अतिरिक्त सतर्कता की आवश्यकता होती है। इस प्रकार की भेंटवार्ताओं में निर्देशक द्वारा यह ध्यान रखा जाना चाहिए कि किसी भी व्यक्ति के विचारों की भावना, उसका उद्देश्य, तास्तम्य व तथ्य-कथ्य में अन्तर न आने पाए। विचारों को तोड़-मरोड़कर या इस प्रकार सम्पादित करना कि वह अनर्थ प्रस्तुत करें, उचित नहीं हो। साथ ही यह व्यावसायिक व नैतिक पाप भी है।

पैनल चर्चाएँ

पैनल चर्चा का आयोजन क्षेत्र विशेष, घटना समसामयिक पहलू आदि के लिए की जाती है। इसमें भेंटकर्ता एक पक्ष को लेकर अलग-अलग व्यक्तियों से चर्चा करता है। अन्तर केवल इतना सा है कि भेंटवार्ता में वार्तालाप सवाल-जवाब की शैली में होता है और पैनल चर्चा में सभी से केवल विषय केन्द्रित सवाल ही रखे जाते हैं। सभी भाग लेने वालों को एक ही दर्जा और महत्ता दी जाती है।

ऐसी वार्ता के अन्तर्गत अपने-अपने क्षेत्रों के प्रचंड विद्वान शामिल होते हैं। इन भाग लेने वालों का एक ही बराबर 'पद' और 'स्टेटस' का होना अति आवश्यक माना जाता है। भाग लेने वालों का चयन कार्यक्रम निर्माता केवल खुले विभाग, सूझबूझ, ध्यान व कल्पना शक्ति से ही कर सकता है।

प्रायः पैनल चर्चा के लिए ऐसे विषय को लिया जाता है, जो विवादास्पद और बहुचर्चित हो। साथ ही जिस पर वाद-विवाद, टिप्पणियों आदि की गुंजाइश हो। ऐसे

विषय राजनीतिक, सामाजिक, आर्थिक, भौगोलिक कुछ भी हो सकते हैं। इन पर चर्चा के समय विरोध व विपक्ष भी हावी होता है, पर यही इस चर्चा की विशेषता है। 'भेंटवार्ता' से इसका रूप थोड़ा भिन्न होने पर भी कमोबेश उसी प्रारूप पर कार्य करता है। साथ ही अगर इसमें शामिल किए गए मुद्दे प्रखरता से उठाए जाय तो लोगों के द्वारा इसे अधिक पसन्द किया जाता है।

दीर्घ उत्तरीय प्रश्न

1. दूरदर्शन कार्यक्रमों हेतु कार्यक्रम की मूल अवधारणाओं को स्पष्ट कीजिए।
2. दूरदर्शन कार्यक्रमों हेतु आलेख लेखन के सिद्धान्तों की विवेचना कीजिए।
3. टी.वी. कार्यक्रमों हेतु लेखन की शृंखला में उनके प्रयोजनों के आधार पर विभिन्न वर्गीकरणों की विवेचना कीजिए।

लघु उत्तरीय प्रश्न

1. दूरदर्शन कार्यक्रम हेतु आलेख लेखन के प्रमुख तत्वों की संक्षेप में विवेचना कीजिए।
2. दूरदर्शन लेखन में वृत्तचित्र के वर्गीकरण को संक्षेप में स्पष्ट कीजिए।
3. टेलीविजन आलेख का कोई एक प्रारूप प्रस्तुत कीजिए।
4. दूरदर्शन वार्ता हेतु लेखन के महत्व पर प्रकाश डालिए।

5

रेडियो वार्ता लेखन

आमतौर पर वार्ता का अभिप्राय बातचीत से है, यह अंग्रेजी के स्पोकन वर्ड का हिन्दी रूपान्तरण है रेडियो वार्ता का अर्थ कुछ विशिष्ट रूप में लिया जाता है वक्ता और श्रोता इसके दो प्रमुख पहलू होते हैरेडियो वार्ता में संवाद की संभावना का प्रतिनिधित्व जरूरी है। इसके लिये वार्ता में वार्ताकार को दो चार वाक्यों के बाद एक ऐसा वाक्य या भाव लाना चाहिये, जिससे यह स्पष्ट होता हो कि वह और श्रोता आमने सामने हैं। रेडियो वार्ता में श्रोता पक्ष की संवादी प्रवृति की जिम्मेदारी वार्ताकार की ही होती है। दूसरी भाषा में अपनी वार्ता में वार्ताकार यह समझ लें। कि श्रोता उसकी वार्ता के साथ अपनी मानसिकता को जकड़े हुये है और उसकी अभिव्यक्तियों के साथ श्रोताओं का भाव बोध जुड़ा होता है।

वार्ता रेडियो लेखन के तीन खण्डों में आती हैं। रेडियो के अधिकांश प्रसारणों में आलेख की आवश्यकता होती है, इसलिये वार्ता के लिये भी आलेख जरूरी हो सकता है। लेकिन इस क्षेत्र में कुछ विवाद भी है। लेखन पद्धति के विपक्ष में मत रखने वालों के विचार है कि प्राकृतिक रूप में सजग वार्ताकार वार्ता नहीं लिख सकता, क्योंकि वार्ता अपने सच्चे रूप में तभी संभव है, जब वक्ता बिना किसी लक्ष्य के बोले। लोग सामान्य रूप से तभी स्वाभाविक रह सकते हैं, जब बिना आलेख के बातचीत की जाये। ऐसे वार्ताकारों में एक पश्चिमी विद्वान श्रीमती रूजबेल्ट का नाम काफी प्रसिद्ध हैं। श्रीमती रूजबेल्ट बिना आलेख के रेडियो पर अपनी वार्ता प्रसारण

करती थीं। उनकी वार्ता लिखित न होते हुए भी एक अच्छी वार्ता की समस्त विशेषताएँ निहित रहती थीं। इस तरह के वार्ताकारों में भारत के श्री कपित देव सिंह का नाम भी अत्यन्त प्रसिद्ध है।

जहाँ आज इस तरह के वार्ताकारों की अभाव हो गई है। वहीं एक महत्वपूर्ण बात यह भी हैं कि अगर इस तरह की वार्ता शांतचित्र से आलेख तैयार कर लें, तो वह प्रसारण और भी उच्च स्तर हो सकता है। आलेख होने से आवश्यकतानुसार डबिंग भी की जा सकती है। इसके न होने से उद्घोषक कभी-कभी कुछ का कुछ उद्घोषित आलेख के समर्थन में एक प्रमुख वार्ताकार और अंग्रेजी के लेखक जेनेथ डनबर सेट पर काफी लम्बे समय से प्रसारण सुनने के बाद मैं इस निष्कर्ष पर आया हूँ कि वार्ताकार के लिये आलेख एक आवश्यकता है। वैसे आलेख प्रसारण का सिर्फ आधार मात्र ही हो सकता है, न कि वार्ता के रूप में उसका प्रसारण। आलेख पाठ से अलग वार्ता प्रसारण का अपना स्वरूप होता है। इस स्वरूप की महता की रक्षा उद्घोषक और वार्ताकारों द्वारा की जाती है।

कैसी वार्ता रेडियो के लिये लिखी जाये, जो उत्तम और स्वाभाविक हो? क्या स्वाभाविक और रोचक बनाने के लिये यह अनिवार्य है कि हम जैसे बोलते हैं, वैसे ही लिखें? बातचीतनुमा वार्ता के बारे में अंग्रेजी लेखक श्री डनवर ने कहा वार्ता के लिये आलेख तैयार करने में बातचीत की अन्तर्धारा पर पैनी नजर होनी चाहिये। अगर आप लोगों को ध्यान से बातें करते हुए देखेंगे तो, पायेंगे कि बातचीत का अपना एक विशेष तरीका होता है, लेकिन पुस्तकों की तरह लम्बे वाक्य और विशेषण भरे वाक्य खण्ड को प्रयोग में नहीं लाते। वे मुहावरों में और अच्छे वाक्यों मे बातें करते हैं।

यह वार्ता विषय के आधार पर किया गया प्रयास नहीं हैं कि उसे सिर्फ वही वर्ग सुन रहा है, जो कि विषय से संबंधित है। बल्कि विषय से इतर भी वार्ता के श्रोता हो सकते हैं। अतः वार्ता के द्वारा उन्हें भी बाँधने की कोशिश करनी चाहिये। इसके लिए जरूरी होगा कि विषय का बड़े ही रोचक और ऐसी चुम्बकीय शक्ति से प्रस्तुत करें ताकि ऐसे श्रोता जो हमारे विषय क्षेत्र से पृथक के हैं, वे भी हमारे अपने हो जायें।

कभी भी भाषा और शब्द के पण्डिताऊ रूप को वार्ता में शामिल नहीं करना चाहिये। रेडियो के लिये अनुसंधान करना वार्ता लिखना या लेख/निबन्ध लिखना नहीं है। शोध और लेख पाठकों के लिये होते हैं। रेडियो वार्ता शब्दों का भागता हुआ तूफान है, जो एक ही दिशा में सदैव आगे बढ़ता रहता है। इसलिये प्रवाहमान शब्दों

से जितना कुछ आप श्रोताओं से बातचीत कर सकें। वही आपकी और वार्ता की महत्ता है। इसमें एक भी शब्द और भाव व्यर्थ नहीं जाना चाहिये।

रेडियो वार्ता लिखना भी पर्वतारोहण के समान बड़ा ही कठिन दुसाध्य कार्य है।

यह वार्ता लेखक के लिये अनिवार्य है कि वह जो भी लिखे वह योजनावद्ध रूप में लिखे अर्थात् विषय और उसके विस्तार को अच्छी तरह समझना अत्यंत आवश्यक है। वार्ता विश्लेषणात्मक ढंग से लिखी जानी चाहिये। ऐसा न करने पर वार्ता के सभी उपादानों में व्याख्या नहीं हो पाती। यथा साहित्य की प्रासंगिकता नामक वार्ता में यदि साहित्य की ही व्याख्या आधे से अधिक समय की जाये तो वार्ता की सामाप्ति तक उसके सभी अवयवों की संतुलित व्याख्या नहीं हो पायेगी। इसलिये वार्ता में संतुलन बनाये रखना अनिवार्य है।

रेडियो वार्ता लेखन में समय का विशेष ध्यान रखना होता है। क्योंकि एक निश्चित समय सीमा के अन्दर ही अपनी बात को सम्रग और प्रभावी तरीके से व्यक्त करना होता है।

वार्ताकार कभी-कभी कुछ ऐसे शब्दों को बार-बार प्रभावकारी दुहराता है, जो अनिवार्य नहीं है। वार्ता में शब्द पुनरावृति नहीं होनी चाहिये यथा हम तमाम लोग जब खुश होते हैं, तो हँसते हैं, दुःखी होते हैं, तो रोते हैं। खुश होते हैं, तो चीखते चिल्लाते हैं और उदास होते हैं, तो चुप रह जाते हैं। यहां पर होते हैं शब्द का अनेक बार प्रयोग किया गया है, जो उपयुक्त होते हुए भी उचित नहीं। वार्ता में अनावश्यक शब्द प्रयोग भी वर्जित है।

वार्ता में ध्वनि साम्य शब्दों को साथ-साथ नहीं लिखना चाहिये क्योंकि ऐसे शब्दों के उच्चारण में छोटी सी भी गलती हो जाने पर पूर्णतया अर्थ परिवर्तन हो जाता है। यथा हम सब सभ्य समय को निहारते हैं। यहाँ समय और समय अथवा समय-समय उच्चारित हो सकते हैं। इसलिये ऐसे शब्दों के प्रयोग को टालना चाहिये।

तारतम्य अच्छी वार्ता की एक खास विशेषता है। तारतम्य और विषय का सम्बन्ध कभी विच्छेद होने वाला नहीं होता है। विषय से जब कोई श्रोता जुड़ जाता है, तो वह विषय के साथ चलना चाहता है। तारतम्य समाप्त होते ही श्रोता स्वप्न भंग की स्थिति में पहुँच कर श्रवण से अपने को अलग कर लेता है।

उच्च कोटि की वार्ता के लिये वार्ता विशेष में उतार चढ़ाव और क्लाइमेक्स का समावेश आवश्यक है। ऐसी वार्ता में श्रोता किसी प्रकार तनाव नहीं महसूस करते

इसमें श्रोता वार्ता के साथ चलता हुआ आनन्द महसूस करता है, क्यों कि ऐसी वार्ता से उसे कुछ प्राप्त है। वार्ता में बिम्ब, हास्य-व्यंग्य और हाजिरजवाबी का समावेश आवश्यक है।

सूत्रात्मक वाक्यों का प्रयोग वार्ता के अन्तर्गत वर्जित है क्यों कि वे ही वार्ताएँ सफल मानी जाती हैं जिसकी भाषा बोलचाल के निकट होने के साथ ही भावाभिव्यक्ति में सहजता लिये हुए हों।

एक वार्ताकार को वार्ता के आरम्भिक स्वरूप को कभी सुव्यवस्थित, मनोरंजक एवं प्रभावोत्पादक रूप में व्यक्त करना चाहिये। अंग्रेजी में एक कहावत है, अच्छा प्रारम्भ आधी सफलता।

वार्ता के कुछ कार्यक्रम विशेष के आधार पर किये जाते हैं। जैसे बच्चों के लिये औरतों के लिये युवा वर्ग के लिये और विद्यार्थियों के लिये आदि। इसके अलावा और भी तरह-तरह की वार्ताएँ होती हैं समाचार, समाचार समीक्षा, परिचर्चा, व्यंग्य विनोद, खेत गृहस्थी और उद्घोषणाएँ आदि। कुछ वार्ताएँ ऐसी होती हैं जिनमें वार्ता संबंधी समस्त विशेषताएँ लागू होकर भी अपनी एक अलग पहचान बनाती हैं। जैसे तथ्यपरक वार्ता, संस्मरणात्मक वार्ता, आत्मकथात्मक वार्ता, वैयक्तिक वार्ता और विवादास्पद वार्ता आदि।

तथ्यों से तथ्यपरक वार्ता को बोझिल नहीं होना चाहिये। तथ्यों का आवश्यकतानुसार हो। इसमें तथ्य सम्बन्धी सूचना कभी भी गलत न हो। जैसे भूल से भी अगर कोई वार्ताकार यह कह गया लाल किला मुंबई में समुद्र के किनारे मुगल बादशाहत का अनोखा नमूना है। ऐसी भूल के लिये वार्ताकार के साथ साथ प्रोड्यूसर एवं रेडियो अधिकारियों की भी कार्य कुशलता पर प्रश्न चिह्न लग जायेगा। अपने तर्कों एवं तथ्यों को वार्ताकार थोड़ा अन्तराल देकर बदले श्रेष्ठ वार्ता में ज्यादा समय तक एक ही बात को बार-बार नहीं दुहराना चाहिये, नहीं तो श्रोता तनावपूर्ण दशा में पहुँच जाता है। इसके अन्तर्गत शोध पूर्ण, वैज्ञानिक, डॉक्टरी और कृषि उद्योग सम्बन्धी वार्ताएँ हैं।

उच्च कोटि के वार्ता लेखन का एक दूसरा तरीका यह हो सकता है कि पहले उदाहरण दें अर्थात् अपनी बात की पुष्टि हेतु एक कल्पित अथवा तथ्यपरक उदाहरण प्रस्तुत करें। यदि वार्ता लेखक का विषय परिवार नियोजन या अल्प बचत पर है, तो हवा में व्याख्यान देने से अच्छा है कि किसी परिवार के माध्यम से उन सच्चाईयों की प्रतिष्ठा करके ठोस आधार निर्धारित करें। ऐसी वार्ता से श्रोता प्रभावित होगा, क्योंकि उसे यह महसूस होगा कि यह बात प्रयोग के आधार पर सत्यापित की जा चुकी है।

अच्छी वार्ता के लिये क्या जोड़ा जाये और क्या घटाया जाये? इसका एक नमूना उल्लेख नीचे है। वार्ता का विषय है सागर और मनुष्य। "कहते हैं जीवन जल से हुआ, इसलिये जीवधारियों का आकर्षक इसके प्रति रहा है। यह आकर्षण सहज सौन्दर्य बोध के कारण नहीं, इसके पीछे मनुष्य का स्वार्थ भी रहा है। (सभ्यता की शुरूआत से ही सागर, व्यापार वाणिज्य का माध्यम रहा। सागर के प्रति मनुष्य के लगाव का एक और भी कारण है। सागर ने मनुष्य को हमेशा से अनुप्राणित किया हैं) सागर में तैरती मछलियों और काइयों का पहले तो उसने काफी उत्साहित होकर देखा पर बाद में भोजन हेतु उपयोग में लाने लगा। मछुआ गीतों में सागर को माता कहा जाता है"

उपर्युक्त लिखित वार्ता में जो पंक्तियाँ बड़े कोष्ठक में दी गई हैं वे प्रोड्यूसर द्वारा जोड़ी गई हैं और जो छोटे कोष्ठक से धिरी हैं उन्हें आलेख से पृथक कर प्रसारण का प्रस्ताव बनाया गया है। वार्ता को सुग्राही और प्रभावकारी करने के लिये ऐसी काट छाँट अनिवार्य है।

रेडियो के लिये संस्मरण प्रधान वार्ताएँ रुचिपूर्ण उपयोगी हैं। इस तरह की वार्ता में कहीं न कहीं कथा तत्व का समावेश जरूर रहता है, जो श्रोता को वार्ता से अलग नहीं होने देता। वर्ण्य विषय के आधार पर ही वार्ताकार संस्मरणात्मक वार्ता में उस व्यक्ति घटना, स्थान आदि से संबंध बातें करेगा। ऐसी वार्ता में मैं का वाचन पूरी तरह निषेध है।

आत्मकथात्मक वार्ता का सिद्धान्त संस्मरणात्मक वार्ता के विपरीत होता है चूँकि इसमें वार्ताकार के लिए अपने बारे में कहने की काफी छूट रहती है। ऐसी वार्ताओं का विषय किसी ख्याति प्रसिद्धलब्ध और प्रमुख व्यक्तित्व से सम्बन्धित होता है या एक साधारण आदमी से, जो कुछ ऐसी बातों को बतला रहा हो जिससे श्रोता चमत्कृत हो जाये।

"मैं" की वैयिक्तक वार्ता में काफी संभावना होती है। इनमें वार्ता किसी व्यक्ति से संबंध होती है, पर उसका आधार व्यक्ति न होकर कोई दूसरा विषय होता है जैसे पान पर वार्ता दी गई। इसमें वार्ताकार अपनी धारणायें, अपनी कल्पना और अपने दृष्टिकोण को व्यक्त करता है। ऐसी वार्ता गैर वैज्ञानिक द्वारा ही सम्भव है। अगर यह वार्ता किसी वनस्पति शास्त्री को दी गई तो यह वार्ता वैयाक्तिक न होकर तथ्यपरक हो जायेगी। यहाँ वार्ता के विषय का अर्थ है पान खाना।

अक्सर ऐसा देखा गया है कि वार्ता उत्तम तरीके से लिखी रहती है किन्तु वार्ताकार उसे सही तथा शुद्ध रूप में पढ़ नहीं पाता है। कुछ वार्ताकार तो ऐसे भी

होते हैं, जो माइक्रोफोन के नजदीक जाकर परिणामस्वरूप हो जाते हैं। परिणामस्वरूप अच्छी वार्ता चौपट हो जाती है। ऐसी स्थिति में वाचन का पूर्वाभ्यास अति आवश्यक हो जाता है। कभी कभी तो वार्ताकार दो चार वाक्य के बाद विषय और व्याकरण दोनों को भुला बैठते हैं। ऐसी स्थिति में वार्ताकार को अपनी वार्ता बार-बार पढ़कर वाचन और व्याकरण संबंधी त्रुटि को सुधार लेना चाहिये। इससे वार्ताकार में आत्मनिर्भरता आयेगी।

रेडियो वार्ता शब्दों का महान स्थापत्य है, जिसे निरन्तर अभ्यास और उपस्थिति बुद्धि से ही सजाया सँवारा जा सकता है।

दीर्घ उत्तरीय प्रश्न

1. रेडियो वार्ता के अर्थ को स्पष्ट करते हुए इसकी विशेषताओं का वर्णन कीजिए।
2. रेडियो वार्ताकार लेखन के प्रारंभिक स्वरूों की विवेचना कीजिए।

लघु उत्तरीय प्रश्न

1. वार्ता रेडियो लेखन के प्रमुख खण्डों की विवेचना संक्षेप में कीजिए।

6

नाट्य लेखन

साहित्य की महत्वपूर्ण विद्या, गद्य, पद्य कहानी, संस्मरण आदि में नाटक एक ऐसी दृश्य विधि जिसमें मनोरंजक के साथ सत्य के दर्शन संवदेना, आनन्द की उत्पत्ति चेतना की प्राप्ति करना नाटक का मुख्य उद्देश्य है। प्राचीन ऋषि मुनियों ने भी नाटक का उद्देश्य धर्म, अर्थ, काम, मोक्ष चारों पुरुषार्थो की प्राप्ति माना है।

यदि पुराने विचारों का उल्लेख छोड़कर आज के परिप्रेक्ष्य में नाट्य रचना के उद्देश्य का उल्लेख करें, तो स्पष्ट होता है कि समाज के अन्दर फैले हुए वर्तमान दोषों विकारों, दुर्भावनाओं, दुर्विचारों को दूर करके उनके स्थान पर सद्गुणों, सद्भावनाओं, सत्प्रवृतियों आदि की स्थापना करने का प्रयास नाटक का उद्देश्य होना चाहिये। जिस रचना से समाज का भला हो, वह प्रयास बेकार होता है तथा वह रचना भी शिष्ट जनों के योग्य नहीं होती। लेकिन आज नाटक लेखन का लक्ष्य लोक कल्याण, समाज सेवा सद्वृत्तियों का उद्दीपन आदि न होकर व्यावसायिक हो गया है। इस लक्ष्य की पूर्ति के लिये लेखक को किसी भी स्तर का लिखना पड़े तो उसे हिचकना नहीं चाहिए। यही कारण है कि सम्पत्ति ज्यादातर नाट्य प्रस्तुतियाँ स्तरीय नहीं होती। आज आवश्यकता इस बात की है कि समाज सापेक्ष नाटकों का सर्जन हो।

अपने विषय की जानकारी की नाटक की रचना में अत्यंत आवश्यकता होती है। साथ की रंगमंच से सम्बन्धित विभिन्न पहलुओं का ज्ञान भी आवश्यक हैं। प्रत्येक कथा वस्तु नाटकीय प्रसंग नहीं हो सकती। इसलिये लेखक में इतनी कला

निपुणता होनी चाहिए कि वह जान सके कि कौन सा प्रसंग नाटकीय है कौन नहीं। मानव जीवन के विभिन्न रहस्यों का प्रदर्शन समाज के रीति रिवाजों वेशभूषा सभ्यता संस्कृति बोलचाल की भाषा आदि का ज्ञान जितना होगा लेखक उतना ही अपनी रचना में सफल होगा।

लेखक को नाटक लिखते समय इस बात को दृष्टिगत रखना चाहिए कि इसका पाठकों के ऊपर कैसा असर होगा। नाटक में अनेक प्रकार के गुण, स्वभाव वाले पात्र आते हैं। लेखक तभी ठीक ढंग से उन पात्रों का चित्रण कर सकता हैं, जब उसमें उन्हीं की जैसी वृतियाँ उत्पन्न करने की योग्यता हो। इसके लिये विस्तृत मनोविज्ञान की जानकारी, प्रत्येक पात्र के साथ सहानुभूति और तादात्म्य स्थापित करने की क्षमता उच्च स्तर की भावना प्रधान सहृदयता आदि गुण नाट्य लेखक में होने चाहिए। यही सहृदयता उसे पात्र के समान विचार, व्यवहार करने पर विवश करेगी जिसका वह चित्रण करेगा।

नाट्य लेखक के लिए इस बात का ध्यान रखना आवश्यक है कि नाटक इतना बड़ा न हो जाय कि दर्शक अरुचि प्रकट करने लगे इसीलिये नाटक का लेखन उपन्यास लेखन से ज्यादा कठिन है। नाटक की यशस्विता बहुत कुछ अभिनेताओं पर निर्भर करती है इसीलिए रंगमंच अभिनेताओं का माध्यम कहलाता है। सब कुछ ठीक लिखा जाने पर भी यदि अभिनेता सुपात्र और सशक्त नहीं हुए तो रचना असफल हो सकती है। लेखक को नाटक में अपनी ओर से कुछ कहने का कोई स्थान ही नहीं होता। सम्पूर्ण कथ्य पात्रों के सम्भाषणों और रंगमंच पर प्रदर्शित की जाने वाली घटनाओं से ही प्रदर्शित करना पड़ता है।

कथानक नाटक का आवश्यक तत्व होते हुए उसका महत्वपूर्ण आधार है। एक श्रेष्ठ कथानक इस प्रकार का हो कि वह सामाजिक मूल्यों की रक्षा करते हुए नागरिकों के मन में श्रेष्ठ गुणों का विकास करें। कभी-कभी नाटकों में ऐसे कथानक भी लिये जाते हैं जिनमें केवल किसी खलनायक का चरित्र चित्रण करना ही स्थितियों का लक्ष्य होता है। ऐसी स्थिति में उपर्युक्त कथन का तात्पर्य यह नहीं होता कि खलनायक के सभी कार्य सुधार कर दिखाये जाएँ वरन् तात्पर्य यह होना चाहिए कि खलनायक की सभी धूर्तताओं, कुकर्मों का ठीक ठीक वर्णन हो। दर्शकों के ऊपर अन्त में ऐसा प्रभाव पड़े जिससे वे उन दोषों से मुक्त होने की इच्छा करें। लेखक को इस बात का खास ध्यान रखना चाहिए कि ये बातें स्वाभविक ढंग से हों। यदि कथा का विकास स्वाभाविक रूप से न होगा तो वह सामाजिकों पर आवश्यक और वांछनीय प्रभाव डालने में समर्थ न होगी। कथावस्तु में जिस भाव की संतुष्टि करनी हो उसे

ध्यान में रखने की जरूरत है। परन्तु मात्र एक वही भाव नाटक के वर्णन में एक मात्र विषय बना लिया जाय, सही नहीं प्रतीत होता है। कथावस्तु ऐसी होनी चाहिए कि सूत्र रूप से किस एक भाव की प्रधानता होते हुए भी उसमें अलग-अलग रसों का समावेश भी बीच-बीच में हो। एक ही प्रकार के रस का लगातार प्रयोग अरुचिकर हो जाता है। इसके विपरीत बीच-बीच में विभिन्न रसों का आस्वादन कराते हुए सूत्र रूप से एक विशेष रस का परिपाक कराना अधिक उपयुक्त और मनोरंजक होगा।

कथानक जितना सरल और सहज होगा वह दर्शकों पर उतना ही ज्यादा प्रभाव डालने में समर्थ होगा। इसलिये कथानक का निर्माण करते समय यह विशेष ध्यान रखना चाहिए कि उसमें जटिलता एवं उलझन न आने पाए। बल्कि एवं सादगी के साथ उसमें चिंताकर्षण एवं मनोरंजन का समावेश हो। इन सबके साथ यदि उसमें रहस्यमयता और रोंमांच हो तो और भी उत्तम है। कथानक में रहस्य का स्थान अत्यंत महत्वपूर्ण होता है। रहस्यमय कथानक दर्शकों पर आश्चर्यजनक प्रभाव डालता है।

नाटक रंगमंच पर प्रदर्शन करने के लिए लिखा जाता है। इसलिए उसमें कुछ इस प्रकार की घटनाओं का चयन होना चाहिए जो मंच पर अच्छी तरह से प्रदर्शित की जा सकें। सामाजिकों को आकर्षित कर सकें। उनके मन में कौतूहल और जानने की वृत्तियों को जागृत रख सकें। जिनमें भाव विभोर करने की एवं जीवन का जहाँ तक संभव हो एक समग्र दर्शन, एक विशिष्ट जीवन दृष्टि उत्पन्न करने की सामर्थ्य हो। भारत ने इसी दृष्टि से कथावस्तु के सरस और विरस दो विभाग किए हैं। सरस अंश अनेक अंकों में मंच पर उपस्थित किए जाते है और विरस तथा अदर्शनीय अंशों को विशेष प्रकार के दृश्य विधान से केवल सूचित किया जाता है। अतः नाटक के लेखक को हमेशा इसके प्रति जागृत रहना चाहिये कि जो प्रसंग दर्शनीय है कथानक में उन्हीं का संयोजन करें। जो प्रसंग विरस एवं अदर्शनीय हैं उनका प्रदर्शन न कर मात्र सूचना द्वारा आभास कराये।

ज्यादातर नाट्य लेखक समाज में प्रचलित परम्परा तथा प्रतिदिन व्यवहार में आने वाले शिष्टाचार आदि के प्रसंग की संयोजना करते ही हैं परन्तु जहाँ इन प्रचलित प्रथाओं का विरोध आवश्यक हो वहाँ बहुत सावधानी बरतने की जरूरत होती है। समय की माँग के अनुसार, प्राचीन रूढ़ियों पर प्रहार करने की जरूरत होती है। ऐसे अवसरों पर लेखकों की बुद्धि, तर्कशक्ति तथा उसकी कला कुशलता की परीक्षा होती है। कहाँ पत्नी की आज्ञा का पालन करना सही है, कहाँ उसका विरोध होगा। धर्म और राष्ट्रीयता में किसको अवसर पर अधिक श्रेय देना होगा, आदि बातों का निर्णय बड़ा विवेक साध्य है। यों तो ऐसे अवसरों का निर्णय काफी हद तक लेखक के स्वभाव

द्वारा परिचालित होता है फिर यदि सावधानी और निर्विकार चित्त से विचार करने का अभ्यास हो तो निर्णय स्वभाव के विकास से मुक्त हो सकता है परन्तु यहाँ लेखकों का खास तौर पर सतर्क रहना चाहिए कि जो निर्णय किया जाय वह स्पष्ट रूप से कथा में सामने लाया जाय। कभी-कभी लेखक द्वारा ऐसा किया जाता है कि प्रचालित प्रथा का विरोध करना तो अवश्य चाहते हैं परन्तु ऐसी लीपा पोती कर देते हैं जिससे बेकार का विवाद और तनाव जन्म ले लेता है। समाज में अशांति का माहौल बन जाता है। यह व्यवहार अयोग्यता का द्योतक है। निर्णय खूब सोच विचार कर किए जाएँ यह ठीक है परन्तु जो भी निर्णय किया जाय वह साहस के साथ समय से किया जाय। कथानक का विकास कार्य किया जाय वह साहस के साथ समय से किया जाय। कथानक का विकास, कार्य किया कारण से मुक्त क्रमबद्ध होते हुए दिखाया जाना चाहिए। इस कार्य में तर्क विवेक साहस आदि गुणों से काम लेना चाहिए।

लेखक नाटक के कथासूत्र का ग्रहण करते समय यह भी मन में विचार कर लेना चाहिये कि वह किस प्रकार के रंगमंच के लिये ज्यादा उपयोगी होगा। किसी भी नाटक का रंगमंचीय विधान वस्तुत उसकी रचना के स्वरूप में निहित होता है। आजकल कथा संगठन की एक विशेष पश्चिमी प्रणाली का भी अंधिकांश कृतियों में प्रयोग किया जा रहा है जिसे फ्लैश बैक अर्थात् पूर्वावलोकन कहा जाता है। आधुनिक नाटककारों द्वारा यह अनुभव किया गया कि अतीत की कुछ घटनाएँ ऐसी भी हैं, जिनका प्रत्यक्ष प्रदर्शन अनिवार्य है। इसी दृष्टिगत में रखते हुये उन्होंने प्रकाश व्यवस्था का सहारा लेकर, मंच के आगे के प्रदर्शन की प्रणाली की शुरूआत की। रचनाकार यदि इन प्रणालियों की जानकारी रखें तो कठिन दृश्यों की सृष्टि सरलतापूर्वक की जा सकती है।

नाटक के आवश्यक तत्व अभिनेता होते हैं। नाटक में पात्रों का चयन कथा वस्तु के आधार पर होना चाहिए नायक नायिका के अतिरिक्त अन्य पात्रों का समावेश कथा वस्तु को स्वाभाविक रूप से आगे बढ़ाने भावाभिव्यक्ति के लिए होता है। आवश्यक रस का परिपक्व करने में मदद मिले इन सबके साथ नाटक का श्रृंगार बने, उनके दृश्य परिवर्तन आदि के लिये अनिवार्य अवकाश मिले। इन पात्रों के व्यवहारों और वार्ताओं को नायक नायिका के चरित्र विकास में मददगार होना चाहिए। इनकी गलतियाँ भी ऐसी होनी चाहिए जिनसे नायक नायिका के चरित्र चित्रण में मदद देने के लिए खासतौर से होने चाहिए। यों कुछ पात्र कथावस्तु से सम्पृक्त हों और नाटक के नायिका के चरित्र विकास में सहायक हों तो और भी अच्छा।

रचनाकार को पात्रों की रचना करते समय एक अन्य विचार सूत्र पर भी ध्यान केंद्रित करना चाहिए। नाटक दो ढाई घंटे के सीमित समय में कुछ विशिष्ट चरित्रों में अनेक परिचय करा देता है। इतनी अल्प अवधि में व्यावहारिक जीवन में अनेक व्यक्तियों की बात क्या कही जाए। किसी एक व्यक्ति से भी हम पूरी तरह कहाँ परिचित हो पाते हैं। इसीलिए नाटककार को पात्रों के चित्रण में खास पद्धतियों का प्रयोग करना होता है। नाटकीय चरित्रों को बड़ा मुखर होना चाहिए और बड़ी त्वरा के साथ क्रियाकलापों को विशेष गतिशीलता से उपस्थित करना चाहिए। उसके लिए यह भी अनिवार्य होता है कि वह अपने चरित्रों की अलग-अलग एवं क्रिया कलापों को एक विशेष गतिशीलता से उपस्थित करें। नाटकों में चरित्रों का स्पष्ट संशालिष्ट एवं गतिमय चित्रण प्रभावित करता है।

किसी पात्र के रंगमंच प्रवेश और उसके बोलने के साथ ही मूल नाटक का आरम्भ होता है। नाटक के संवाद ही भिन्न भिन्न चरित्रों की अपनी भिन्न-भिन्न विशेषताओं का उद्घाटन करते हैं। कथावस्तु को संवादों के द्वारा ही गति मिलती है, देशकाल की जानकारी होती है। रचना शैली का आभास होता है और जीवन दर्शन की अभिव्यक्ति होती है। नाटक की अभिनेयता भी उसकी संवाद योजना से ही निश्चित होती है। इसीलिये पात्रों के संवादों की भाषा पात्रों की स्थिति के अनुसार विविध होनी चाहिये। शिष्ट और अशिष्ट अथवा स्वदेशी और विदेशी पात्र एक ही प्रकार की भाषा का प्रयोग करें, यह वांछनीय नहीं होता। उसमें अंतर अवश्य होना चाहिए। परन्तु यह अंतर ऐसा भी नहीं होना चाहिये जिससे वह मूल भाव परिवर्तित हो जाए, जिसमें नाटक लिखा जा रहा है। कहने का तात्पर्य यह नहीं है कि हिन्दी में लिखे जाने वाले नाटकों के अंग्रेजी पात्र के मुख से अंग्रेजी में संभाषण कराए जायँ, प्रस्तुत तात्पर्य केवल यह है कि जिन हिन्दी शब्दों का प्रयोग अंग्रेजी के लिए संभव है उन्हीं शब्दों का प्रयोग उनसे कराया जाए। इसी प्रकार मूल भाषा पर प्रहार किए बिना जो भाषा भेद संभव है वही आवश्यक है। इसी प्रकार नागरिक पात्र और ग्रमीण पात्र की भाषा में भी अंतर होना चाहिए, परन्तु संवाद लिखते समय शिष्टता और शालीनता का ध्यान रखना चाहिए।

संवाद के साथ रंगमंचीय नाटक के प्रदर्शन में अभिनय भी करना आवश्यक होता है। नाटकीय संवादों में आंगिक, वाचिक, आहार्य और सात्विक अभिनयों के लिये समुचिति व्यवस्था होती है। नाटक के लेखक को संवादों की रचना करते वक्त ऐसी शब्दावली का प्रयोग करना चाहिये, जो अपने ध्वनि विन्यास के सहारे अर्थाभिव्यक्ति के पहले ही अभीष्ट भाव पैदा कर दें। विशेष प्रभाव उत्पन्न करने के

लिये लयात्मकता का प्रयोग अनिवार्य है। यही नाटक साहित्य है। इसलिये उसकी संवाद योजना में अनेक काव्य गुणों की भी प्रतिष्ठा होनी चाहिए। इन काव्य गुणों के समुचित विधान लिए अनिवार्य है कि काव्य दोषों से संप्रत्यय बचने का प्रयास हो। संवाद नाटक रचना का विशेष अंग है। चूँकि नाटक में संवादों द्वारा ही संपूर्ण कथावस्तु का बोध कराया जाता है। इसलिए इसमें अधिक सावधानी की आवश्यकता संवाद प्रत्येक पात्र के अनुरूप शिष्ट ग्रामीण कोमल और तीव्र होने चाहिए। इस नियम में परिवर्तन नहीं होना चाहिए। परन्तु हास्य के लिए जब संवाद कराए जाएँ तब इस सम्बन्ध में साधारण छूट प्रदान करनी चाहिए। फिर इतना तो हर परिस्थिति में ध्यान रखना चाहिए कि अशिष्टता असभ्यता और अश्लीलता का प्रवेश न हो पाये।

संवाद नाटक की रीढ़ होता है। अतः संवाद लेखन के समय यह विशेष ध्यान रखना चाहिए कि जिस पात्र का संभाषण जितनी देर होना चाहिए उससे अधिक देर वह न बोले। संभाषण ज्यादा लंबा नहीं चाहिए। नाटक के रचयिता की कला की परीक्षा संवाद में ही सबसे अधिक होती है। कम से कम शब्दों में अधिक से अधिक प्रभावशाली तरीके से सशक्त भावभिव्यक्ति हो, इसका अवश्य ध्यान रखना चाहिए। इसके अलावा नाटक रचयिता को पात्रों के रंगमंच पर आने जाने में कितना समय लगेगा, दृश्य परिवर्तन में कितना समय लगेगा, पात्रों की रूप सज्जा में कितना समय लगेगा आदि बातों का ध्यान भी रखना पड़ता है। यदि इनमें से किसी एक बात का ध्यान छूट जाय तो नाटक में विकार आने की प्रबल संभावना होती है। एक बात का विशेष ध्यान रखना पड़ता है कि प्रेक्षागार में प्रेक्षकों के सामने कोई न कोई दृश्य बराबर बना रहे और दूसरी ओर उक्त सभी बातों का अवकाश भी बराबर मिल सकें। इस प्रकार के मुश्किल कार्य का निर्वाह एक कुशल नाट्य लेखक ही कर सकता है।

नाटक में पात्रों के रंगमंच पर आने जाने के लिये यही वजह होना चाहिए। आते समय तो कारण का ध्यान रहता ही है। परन्तु पात्र के मंच से जाने के समय उसका ध्यान शायद ही रखा जाता हैं। संवाद या एक वृत समाप्त हुआ तो उसके बाद बिना किसी उचित कारण के पात्र को रंगमंच पर नहीं रहना चाहिए। किसी बात का आवश्यकता से अधिक होना या बिना वजह किसी व्यक्ति का उपस्थित होना अशिष्टता को प्रदर्शित कराता है।

सामान्यतः नाटक में देश और काल की व्यवस्था पृष्ठभूमि के रूप में दिखाई पड़ती ही है। उसके चरित्र किसी खास स्थान और किसी खास काल में घटित होती है। उसके चरित्र किसी स्थान, और किसी विशेष समय में मिलते हैं। उनकी आपसी

बातचीत भी किसी विशेष स्थल पर किन्ही विशेष समयों में होती है। नाटक में स्थान और काल की इन्हीं खास भूमिकाओं को समझते हुए नाट्य विशेषज्ञों ने घटना प्रवाह चरित्र चित्रण एवं संवाद योजना पर विचार करने के अनन्तर देश काल की व्यवस्था से रंग निर्देशों का भी विधान किया। अल्पकाल नाटकों में देशकाल की व्यवस्था का प्रयोग पृष्ठभूमि के अलावा कुछ अन्य दृष्टियों से भी किया जाने लगा है। देश काल की व्यवस्था इस प्रकार अनेक अभिप्रायों से जुड़कर और अधिक महत्वपूर्ण हो गई है। रंगमंच पर देशकाल की व्यवस्था दृश्यबंध की संयोजना में प्रतीत होती है। यह व्यवस्था नाटक के असली उद्देश्य की सिद्धि में भी मदद करती है।

प्रसाद जी के अनेकांकी नाटकों में ध्रुवस्वामिनी एक ऐसी रचना है जिसमें प्रत्येक अंक के शुरू में विस्तुत रंगनिर्देशों की व्यवस्था हमने देखी है। इसके प्रत्येक दृश्य के आरंभ में रंग योजना विशेष निर्देश है। प्रथम पश्चिमी बुद्धिमानी नाटककार इबसन का सम्बन्ध जब अपने देश के व्यावसायिक रंगमंच से स्थापित हुआ और स्वयं अपने लिखे नाटकों को रंगमंच पर प्रस्तुत करने का दायित्व उन्हें प्रदान किया गया तो, यह अनिवार्य दृष्टिगत हुआ कि वे प्रत्येक दृश्य के आंरभ की रंगमंचीय व्यवस्था के सम्बन्ध में पहले से कुछ लिख लें। इसीलिए उन्होंने प्रत्येक अंक या दृश्य के शुरू में रंग निर्देश लिखे हैं। रंग संकेतों का प्रयोग रंगमंचीय व्यवस्था की सूचना देने के साथ अपने अलग-अलग चरित्रों की रूपरेखा, वेशभूषा, चरित्र वैशिष्ट्य आदि के लिये भी किया जाता है। कई नाटककार तो नाटक होने के पहले के घटनाक्रम की सूचना भी दे देते हैं। कई नाटक लेखक तो उसमें नाटक की मूल संवेदना भी निर्देश कर देते हैं। नाटक के लेखक द्वारा दिये गये इन रंग निर्देशों द्वारा नाटक के निर्देशक को नाटक की तैयारी तथा इसके मंचन में बड़ी सहायता मिलती है।

पात्रों की रचना करते वक्त मानवेतर प्राणियों अनेक सिर व भुजाओं वाले देवी देवताओं जैसे महत्वपूर्ण पात्रों की सृष्टि रंगमंच के दृष्टिकोण से सुगम और सहज हो इसके लिये नाट्य लेखक नाटक में उपयुक्त रंगनिर्देशों की व्यवस्था तभी कर सकता है, जब उसे शोधित रूपसज्जा, मुखौटों, वेशभूषा एवं इतिहास की सामान्य जानकारी हो। इसके साथ ही यदि अलग-अलग प्रकार के यंत्रों की भी थोड़ी बहुत जानकारी हो तो दृश्यों व स्थलों की संयोजना में बड़ी सहायता मिल सकती है। कम्प्यूटर के क्षमताओं को ध्यान में रखते हुए दृश्यों की संयोजना बड़े सिद्ध आधार पर की जा सकती है। रंगमंचीय संदर्भ में कार्य, काल और स्थान से संबंधित सत्यों का संयोजन नाटक के लेखन में अत्यन्त आसान हो सकता है। लेखक को रंगमंच और रंगशिल्प की आधुनिक तकनीक की सामान्य जानकारी भी करनी चाहिए। नाट्य मंच की अलग-अलग शैलियों एवं रंगमंचों से परिचित हों।

एक अच्छी रचना वही होती है जिसमें नाटक का निर्देशक अनावश्यक छेड़-छाड़ करने पर मजबूर न हो। काल और स्थान जैसी समस्यायें ज्यादातर निर्देशकों के सामने आती रहती हैं। इसीलिये कठिन दृश्यों की परिकल्पना करते समय रंगमंच की सीमाओं को भी खास तौर से ध्यान में रखना चाहिये। नाट्यलेखन में कार्य काल और स्थान की संयोजना करते समय बड़े ध्यान की आवश्यकता होती है। इस दृष्टिकोण से प्रसाद जी की रचना ध्रुवस्वामिनी बड़ी सुनियोजित रचना मानी जाती है।

नाटक से गीतों का प्रयोग अलग नहीं किया जा सकता। संवाद की भाषा की तरह ही नाटक के गीतों को भी ध्यान रखना अनिवार्य है। कहीं कहीं संवाद में पद्यों का व्यवहार भी होता है। यह प्रथा पहले तो काफी अधिक थी। परन्तु अब कम हो गई है। गायन अभिनय और दृश्य परिवर्तन ही तो नाटक की अपनी विशेषताएँ हैं। नाटक रचना में इनमें से किसी वस्तु का अभाव नाटक को इनका प्रयोग बड़ी कुशलता के साथ करनी चाहिए। इसमें शिथिलता नहीं बरतनी चाहिए। दृश्य और अभिनय तो नाटक के अनिवार्य अंग हैं। इनकी उपेक्षा करके तो कोई नाटक कभी रचा ही नहीं जा सकता।

नृत्य और गायन नाटक का श्रृंगार होते हैं। इनके बिना खेला गया नाटक सूना और अरुचिकार हो जाता है। लेकिन नृत्य और गायन किस प्रसंग पर रखे जाएँ इसका निर्णय अत्यंत कठिन होता है। यदि इनका प्रयोग उचित स्थान पर नहीं होता तो ये श्रृंगार होते हुए भी भद्दे मालूम होते हैं। इसके अतिरिक्त यह भी ध्यान रखा जाता है कि गीत और नृत्य किस प्रकार के हों। प्रसंग के अनुसार गान और नृत्य न हो तो वह भी आनंन्द नहीं प्रदान करता है। गीतों के संबंध में यह भी ध्यान रखना चाहिए कि उनमें भाषा की तुलना में राग पर ज्यादा ध्यान रहे। गीत स्वर प्रधान वस्तु है, इसलिए उसका स्वर, परिस्थिति के अनुसार अवश्य होना चाहिए। इसके साथ ही यदि भाषा और भाव योजना के अनुसार मिल जाए, तो सोने पे सुहागा है।

यह नाटककार के लिए जानना अनिवार्य होता है। कि किस राग से किस रस का संचार होता है, उसी के अनुसार परिस्थिति के अनुसार राग का प्रयोग करना चाहिए। रागों में भी शुद्ध शास्त्रीय राग तथा मिश्रित और नव निर्मित राग होते हैं। यह सब लेखक की निजी इच्छा पर रहता है कि वह किस प्रकार का राग अपने नाटक के लिए चुने। हर परिस्थिति में इतना तो आवश्यक होता ही है कि राग दशा के अनुसार हो। रागों में भी भाव व्यंजना की शक्ति होती है। बिना एक शब्द का अर्थ समझे हुए केवल राग से मनुष्य के हृदय से भावोद्रेक होता है। इस भावोत्पादिका शक्ति की जानकारी लेखक को होना अत्यंत आवश्यक है तभी वह सफलता पूर्वक नाटक में गानों का उपयोग कर सकता है।

सभी उपर्युक्त तथ्यों, तत्वों को ध्यान में रखने पर आवश्यक ही एक सफल रचना प्रस्तुत की जा सकती है।

रेडियो नाटक लेखन

रंगमंच पर अभिनीत नाटक को देखा और सुना दोनों कार्य किये जाते हैं। किन्तु रेडियो नाटक को केवल सुनकर ही अनुभव कर सकते है। रेडियो नाटय को समझने में मन और मस्तिष्क की कल्पना और अदृश्य शक्ति योगदान होता है। यह कल्पना, सुनकर मन की आँखें पाँखें खेलती हैं। विचार या कल्पना का विस्तार किसी छोटी बड़ी पर्दो पर नहीं होता बल्कि मंच सजता है, मन में। आँखें बंद कीजिये उससे सजता है और उसके अनुभव की कोई सीमा नहीं है कोई गतिरोध नहीं है। जहाँ जब जिस समय जिस जगह जाना चाहे, श्रोता जा सकता है धरती पर पानी में आकाश पर, पाताल में जहाँ तक वह चाहे उड़ानें भरे। कहीं किसी दृष्टिगत दृश्य के लिये कैमरे की जरूरत नहीं है। जो कैमरे की आँखें नहीं देख सकती, वह मन की आंख देख लेती है। जितना विस्तार श्रोता के मन का होता है, उतना ही विस्तार इस माध्यम का है। मन का विस्तार अपने-अपने तौर पर होता है। एक शब्द लें, रात जो दृश्य टेलीविजन पर आपको कैमरा दिखायेगा आप वही देखेंगे। मंच रात लाइट के माध्यम से दिखाया जायेगा तो आप रात देखेंगे किन्तु रेडियो पर आप रात शब्द सुनते ही जैसी जैसी रात देखी है या जो आपकी यादों में जुड़ी है, आप वैसी ही रात अपनी कल्पना में बना लेंगे। यह जरूरी नहीं है कि वह रात लेखक द्वारा सोची हुई रात हो। अतः श्रोताओं के मन का जैसा विस्तार होगा वैसा ही वह विस्तार ग्रहण करेगा इस माध्यम की यही सफलता या विवशता है।

यहाँ अब प्रश्न यह उठता है कि यदि रेडियो नाटक मात्र सुना जा सकता है, देखा नहीं जा सकता तो, उसकी आत्मा कहाँ है? मंच पर टेलीविजन पर या चलचित्र में? आपके समाने पात्र प्रस्तुत होता है क्रिया कलाप करता है और वापस चला जाता है। अगर वह एक भी शब्द न बोले तो भी आप उसके कथ्य को समझेंगें लेकिन रेडियो में ऐसा नहीं संभव है। वहाँ दृश्य प्रस्तुत होता है, संवाद से। संवाद ही रेडियो नाटक हैं। ब्राडकास्टर विलियम ऐश की पुस्तक हाऊ टू राइट रेडियो ड्रामा के अनुसार भी संवाद ही रेडियो नाटक हैं। संवाद मंच पर भी महत्वपूर्ण हैं। संवाद के अलावा रेडियो नाटक में थोड़ा बहुत ध्वनि प्रभाव, संगीत मदद कर देते हैं, किन्तु बगैर संवाद के रेडियो प्राणाहीन हो जाता है। प्रश्न उठता है, संवाद कैसे हों? संवाद लिखा हुआ शब्द न हो लिखा हुआ शब्द अधिक शास्त्रीय होता है। कसाव, तेजी, चुस्ती तीखापन, पात्रानुकूलता, घटनानुकूलता संवादों की महत्वपूर्णता हैं।

संवाद से ही रेडियो नाटक की कहानी की पर्तें खुलती हैं। पात्रों का परिचय संवाद से ही मिलता है। संवाद सही द्धंद्ध उत्पन्न होता है। फिर तीव्रता लाते हैं। तीव्र होने पर द्वन्द्व संवाद के माध्यम से ही शीर्ष पर पहुँचता है और फिर नाटक की समंत्ति की सूचना भी संवाद दे देते हैं। रेडियो नाटक और किसी माध्यम की आशा नहीं करता। यहाँ शब्द ही सब कुछ है। शब्द की इतनी विशाल महत्ता किसी भी नाटक विधा में नहीं है। शब्द के बिना न तो किसी प्रकार की कल्पना की जा सकती है और न ही किसी प्रकार के रेडियो नाटक की कथा का अनुभव। चूँकि रेडियो नाटक में मात्र शब्दों तथा आवाज के उतार चढ़ाव से उसको समेटने और छोड़ने से बात श्रोता तक पहुँचती है। अतः शब्द का प्रयोग उद्देश्य के साथ होना चाहिये।

रेडियो नाटक में उपयोग किये गये शब्द के समझने के लिए यदि श्रोता को शब्दकोश देखना पड़े तो। यह लेखक की सफलता नहीं है, क्योंकि सुनने वालों के पास शब्दों को लिखने समझने का समय नहीं होता। सबसे बड़ी उपयोगिता है कि शब्दों का प्रयोग किफायत से किया जाये। लम्बे विस्तृत वाक्य रेडियो के लिए उपयुक्त नहीं हैं। जैसेवह आयेगा इस वाक्य में केवल आयेगा शब्द से ही काम चल सकता है।

अब यह प्रश्न उठता है कि संवादों की कैसी भाषा हो? रेडियो नाटक की भाषा स्वच्छ स्वस्थ होनी चाहिये। यह बात वर्तमान में सही प्रतीत नहीं होती है, लेकिन रेडियो नाटक में यह सतर्कता अनिवार्य है, क्योंकि रेडियो पर प्रसारित कार्यक्रम के श्रोता, माता पिता, दादी-दादा, भाई-बहन, बच्चे बहू-बेटी सबके साथ बैठकर सुनते हैं, यह उनके कानों तक आवाज पहुँच सकती है। यह रेडियो नाटक का संस्कार है। अवश्य यह ध्यान रहे कि रेडियो नाटक में भाषा, द्वन्द्व के जन्म से उसका आँचल पकड़ कर, उसे तीव्रता की ओर ले जाकर समाप्ति तक छोड़ती है। अतः आवश्यकता इस बात की है कि शब्द कहानी के अनुसार ही चलें, पात्रों के सुख दुख कहें और घटित घटनाओं का परिचय दें। यह संवाद की भाषा की सार्थकता है। भाषा ऐसी हो जो बता सके कि स्थान कहाँ है? कैसा है? पहाड़ है या सागर है? अथवा झील या गाँव है? संवाद के माध्यम से ही यह परिचय मिलना चाहिए। रेडियो नाटक के लिए किसी अलग सूत्रधार की स्थापना करना अच्छा नहीं माना जाता। संवाद से ही परिचय प्राप्त हो जाना चाहिए कि पात्र कैसा है? चेहरे की क्या पहचान है? आदि-आदि

इसी प्रकार कमरे की चर्चा हो तो कमरे की सजावट उसके अन्दर रखे सामान दीवारों के रंग आदि की भी चर्चा संवादों में करनी चाहिये। खिड़की कहाँ है? हवा कहाँ से आ रही है? रात काली है या चाँदनी छिटकी है। यह सब शब्दों से ही ज्ञात होना चाहिये।

संवादों के द्वारा से ही गतिविधियों की सूचना भी मिलनी चाहिए। कौन आया है? क्यों आया है? आया है, तो क्या कर रहा है? जायेगा या रुकेगा? आदि-आदि।

रेडियो नाटक में निर्देशक शब्दों के माध्यम से श्रोता की कल्पना को जाग्रत करना है। जैसेचिट्ठी आई है, फोन आया है। ये सूचनायें अलग-अलग साउण्ड इफैण्ट से दर्शायी जा सकती हैं, लेकिन लेखक की कुशलता इस बात पर निर्भर करती है कि शब्द से ही सूचनाएँ प्राप्त हों। जैस

''नहीं।...... वह नहीं आया था।

....

लेकिन..........

नहीं! वह थोड़ी देर के लिए भी नहीं रुका...

...................?

हाँ! हाँ।

...................?

नहीं! ज्यादा खुश दिखाई दे रहा था।''

ऊपर दर्शाए गए वार्तालाप में कोई घंटी नहीं बजी। लेकिन संवाद से आभास हो जाता है कि कोई टेलीफोन पर बात कर रहा है क्योंकि टेलीफोन के संवाद विशेष प्रकार के होते हैं। जिस प्रकार परीक्षाओं में खाली स्थान पूर्ति का प्रश्न होता है, ठीक उसी प्रकार की विधि टेलीफोन संवाद लेखन में उपयोग में साथी मानी है। हम सुने गये उत्तरों से यह आभास कर लेते हैं, कि क्या प्रश्न किया गया होगा?

उपरोक्त सभी खासियत के साथ रेडियो नाटक के महत्वपूर्ण खासियत यह होती है कि उसमें दैनिक बोल चाल की भाषा के शब्द प्रयुक्त किये जाते है विशिष्ट परिस्थितियों और आवश्यकता के कारण ही नाटक की भाषा परिवतर्तित होती है। जैसे कि यदि कोई घटनाक्रम, कोई कथा, परिवेश साहित्यिक हो तो, उसके लिए साहित्यिक भाषा का होना जरूरी है। उसी प्रकार साइंस फिक्शन में तकनीकी शब्दों का प्रयोग भी आवश्यक है।

इसके अलावा रेडियो नाटक में समाज सापेक्षता का ध्यान रखना चाहिये। ध्यान रहे कि नाटककार कोशिश करे कि विकलांगता आदि पर आक्षेप, हँसी ठहाका तथा व्यंग्यात्मक शब्दों का प्रयोग न किया जाये ताकि किसी को इससे आधात न पहुँचे।

सबसे बड़ा बंधन रेडियो नाटक है, समय का। मंच पर जो काम नाटक के दर्शक ढाई घंटे में देखते हैं, वहीं काम रेडियो पर घंटे भर में पूरा किया जाता है। मंच

पर जो दिखाया जाता है, दर्शक वही देख सकते हैं, किन्तु लेखक को अवधि के दायरे में कैद रहना पड़ता है।

मोनोलोग रेडियो नाटक की एक पद्धति है। इस पद्धति में एक ही पात्र होता है। वह अपने संवादों में लगातार उतार चढ़ाव बनाये रखते हुए कथा को श्रोता तक पहुँचाता है। मंच पर वह कैरिकेचर बन जाता है। रेडियो में एक ही पात्र को अलग-अलग पात्रों के किरदार निभा लेने का अवसर प्राप्त कराया जाता है, यदि वे इस कला में पारंगत हों। 1955 में लाहौर से प्रसारित लाइट हाउस तथा भारतीय आकाशवाणी से प्रसारित विष्णु प्रभाकर का रेडियो मोनोलाग नये पुराने इसका उदाहरण हैं। रेडियो नाटक की अन्य विधाओं में झलकी भी महत्वपूर्ण है, जो करीब-करीब दस से पन्द्रह मिनट की होती है। उसमें भी रेडियो नाटक की भाँति भाषा प्रयुक्त होती है।

निष्कर्ष के रूप में यह कहा जा सकता है कि संवाद रेडियो नाटक के प्राण हैं, और शब्द उसकी आत्मा। इसकी भाषा साहित्यिक एतिहासिक वैज्ञानिक तथा परिवेशासार होनी चाहिए, किन्तु सामान्य बोलचाल की शब्दावली भी आवश्यक है। अतः रेडियो नाटक लेखक के लिये है कि वह जैसा महसूस करते हैं, या किया है, उसको वैसा ही सामाजिक रूप से लिखे।

टी. वी. नाटक लेखन

विभिन्न समूहों, आयुवर्ग, मानसिक और बौद्धिक स्तर के मनोरंजन और ज्ञानवर्द्धन तथा समाज में फैले, विकारों दुर्भावनाओं को दूर करने के उद्देश्य से नाटक की रचना की जाती है।

नाटक, एक ही होता है। चाहे फिल्म का हो या वह मंच का नाटक हो, टी. वी. का अथवा रेडियो का हो। परिभाषा के स्तर पर नाटक का ही रूप है। भिन्न-भिन्न माध्यमों की तकनीकी जरूरतों के आधार पर उनके प्रस्तुतीकरण की विविधताओं को ध्यान में रखते हुए हम उनमें अंतर स्थापित कर सकते हैं।

नाटकों के जिन चार प्रकारों से हम परिचित हैं। जैसेरेडियो रंगमंच टी.वी. और फिल्म। उनमें रेडियो नाटक को छोड़कर जो केवल ध्वनियों और संवादों का माध्यम है शेष तीन रूप श्रव्य तथा दृश्य के मिश्रित माध्यम हैं। इन तीनों रूपों में भी रंगमंच नाटक का स्वरूप बिल्कुल भिन्न है, जहाँ अभिनेता और दर्शक के बीच साक्षात सीधा और जीवंत संपर्क एवं सामंजस्य स्थापित हो जाता है और फिर अभिनेता अपने बलबूते पर नाटक को उठाता है या गिराता है।

मोटे तौर फिल्म और टी.वी. पर एक ही जैसे लगते हुए भी दोनों के बीच काफी भेद अथवा अंतर है और प्रारंभ में इस अंतर को समझना आवश्यक होता है।

टी.वी. तथा फिल्म दोनों माध्यमों में यद्यपि कैमरे का प्रयोग होता है और आज अधिकांश टी.वी. नाटक और धारावाहिक जो बाहरी प्रोड्यूसरों द्वारा बनाए जाते हैं, फिल्म की तकनीक से ही बनते हैं। ऐसा करने से उनकी अपनी सुविधा का अधिक और माध्यम की आवश्यकता का कम विचार होता है।

दूरदर्शन नाटक कैमरे के प्रयोग के बावजूद फिल्म नहीं माना जा सकता है। दूरदर्शन रंगमंच भी नहीं है, जबकि रंगमंच के ही जैसा इसमें सदैव निरंतरता बनी रहती है। इसे हम यह भी कह सकते हैं कि सिनेमा तथा रंगमंच के कुछ महत्वपूर्ण तत्वों के समावेश से नाटक के इस स्वरूप का जन्म हुआ है।

मुख्य रूप से टी.वी. नाटक स्टूडियो में वहाँ के साधनों से तैयार किया जाता है, जबकि फिल्म तथा फिल्मी तकनीक से बनाए गए धारावाहिकों आदि में इस बंधन की कोई आवश्यकता नहीं होती। फिल्म निर्माण में आमतौर से और मुख्य रूप से एक ही कैमरे का उपयोग होता है, जबकि टी.वी. में कम से कम दो या तीन और जरूरत एवं सुविधा होने पर पाँच से सात कैमरे तक एक साथ उपयोग किये जाते हैं। फिल्म की शूटिंग और प्रोसेसिंग के बाद उसे काटकर अलग-अलग शॉट्स को अल्प बनाकर फिल्म की गति निरंतरता और अर्थ प्रदान करता है जबकि टी.वी. नाटक का संपादन प्रोड्यूसर के निर्देश पर, प्रोडक्शन पैनल से निरंतर किया जाता रहा है, जिसे विजन मिक्सिग कहते हैं। टी.वी. नाटक के सटीक प्रसारण या रिकार्डिंग के समय निर्देशक कलाकारों क्या कैमरामैनों के साथ सेट पर नहीं रहता जैसा कि फिल्म की शूटिंग में होता है। वह प्रोडक्शन पैनल से सभी कैमरों का संचालन संपादन, ध्वनि प्रभाव या संगीत के प्रयोग के लिए निरन्तर निर्देश करते रहता है क्योंकि टी.वी. नाटक में यह समस्त कार्य एक साथ किए जाते हैं। फिल्म की स्क्रीन बड़ा होने के कारण लांग शॉट्स के द्वारा अपना अर्थ और सुन्दरता दर्शकों तक पहुँचाने में योग्य है, जबकि टी.वी. स्क्रीन का छोटा आकार लांग शाट्स की सुन्दरता और सार्थकता को भी छाँट देते हैं। इसीलिए टी.वी. को क्लोजअप का माध्यम माना गया है और यह धारणा आज भी बिल्कुल सही साबित होती है।

स्मरणीय है कि रंगमंच नाटक जहाँ एक ओर दर्शक के लिए जीवत अनुभव है वहीं दूसरी ओर दर्शक एक खास स्थान पर बैठा हुआ, एक विशालकाय फ्रेम में घट रही गतिविधियों को एक निश्चित पृष्ठभूमि में निरंतर एक ही दृष्टिकोण से देखने के लिए निरन्तर भी है। जबकि टी.वी. कैमरा लगातार चलता रहता है और दर्शक

की आँख बनकर किसी भी कोण से दर्शक को निर्देशक की इच्छा के अनुसार पूरा दृश्य अथवा उसका कोई भी अंश दिखा सकता है। दूसरे शब्दों में मंच नाटक के मुहावरे को कैमरा पुनःपरिभाषित करता है। रंगमंच का नाटक लेखक से निर्देशक के हाथों में और वहाँ से अभिनेता के हाथों में चला जाता है। इसीलिए अभियंता को नाटक को सफल या असफल बनाने में सबसे बड़ा कारण माना जाता है जबकि टी. वी. का नाटक शुरू से अन्त तक निर्देशक के अधीन में रहता है और सारे स्याह सफेद का जिम्मेदार वही होता है। यही कारण है कि रंगमंच को अभिनेता का माध्यम माना जाता है जबकि फिल्म और टी.वी. निर्देशक के माध्यम माने जाते हैं। टी.वी. को निर्देशक का माध्यम बताकर लेखक को गौण करना। मेरा निवेदन मात्र इतना है कि लेखक द्वारा रचित मानसिक बिम्बों और चरित्रों को निर्देशक स्थूल रूप देता है, मूलभाव की दृश्यात्मक व्याख्या करता है, विजुअल लैंग्वेज में नाटक की पुनर्रचना करता है। दूसरे शब्दों में आत्मा को शरीर प्रदान करता है। फिल्म और टी.वी. में लेखक और निर्देशक हाथ में हाथ डालकर काम करने वाले होते हैं। दोनों एक दूसरे के पूरक हैं, यह मेरी अटूट धारणा है।

इन सभी बातों को आसपास करने के पश्चात् हम नाटक की रचना पर आ सकते हैं। यह सर्वविदित है कि चाहे टी.वी. रंगमंच, फिल्म अथवा रेडियो चारों में से माध्यम कोई भी हो सभी नाटकों में कहानी ही मूल आधार होती है। केवल माध्यम के अनुरूप कहानी कहने का तरीका अलग-अलग होता है। और कहानी कहने का अंदाज ही उसे रोचक या उबाऊ बना सकता है।

कहानी क्या होती है? यह प्रश्न उठाकर कोई साहित्यिक बहस करना हमारा उद्देश्य नहीं है। नाटक लिखने के लिए या नाटक द्वारा कोई विचार या विषय संप्रेषित करने के लिए हम केवल एक विषय या थीम का चुनाव करने की बात कर रहे हैं। यह विषय या थीम कहाँ से आते हैं।

जीवन निरंतर चलायमान है। यह कभी थमता नहीं है। और उसमें से लगातार कुछ निकलता रहता है जिसमें से थोड़ा हमारे उपयोग में आता रहता है और बहुत कुछ अवधि के वातचक्र में उड़ जाता है। यही प्रक्रिया कहानी के बीज तैयार करती है। हमारे अनुभव से हमारी नजर से हमारे कानों से गुजरी हुई प्रत्येक घटना हर चरित्र प्रत्येक विषय वह बीज है, जो लेखक रूपी किसान का संरक्षण चातुर्य और श्रम पाकर कविता, कहानी चित्र, मूर्ति या नाटक की फसल लहलहा देता है। इसके बाद ही एक और कठोर सत्य भी स्वीकार करना पड़ेगा कि प्रत्येक बीच में उगने की क्षमता नहीं होती या उगने के बाद भी उसका सबके लिए कोई अर्थ नहीं होता। इसीलिए

नाटककार के लिए विषयावस्तु या चुनाव इसी आधार पर करना आवश्यक है कि वह सर्वग्राह्य हो। स्वान्तः सुखाय या आत्मतुष्टि के लिए नाटक लिखने को मैं महत्व नहीं देता। नाटक वह जो खेला जाय और जब खेला जाय तो देखा भी जाय, यानी नाटककार अपने स्तर पर ही नाटक को दर्शक से जोड़ने की बात लेकर चले। टी. वी. नाटक की बात करते हुए यह जिक्र करना प्रासांगिक होगा कि टी.वी. नाटक के दर्शकों की संख्या काफी अधिक है। स्थानीय प्रसारण में दिखाए जाने वाले नाटक की दर्शक संख्या अब प्रदेशव्यापी है।

इस विशाल दर्शक समुदाय में सभी आयु के सामाजिक, मानसिक और बौद्धिक वर्ग के लोग शामिल हैं। इतनी विभिन्नता वाले विशाल दर्शक समुदाय को सन्तुष्टि प्रदान करना सरल कार्य नहीं है लेकिन फिर भी नाटक लेखक और निर्देशक को यह सोचना होगा कि नाटक सभी दर्शक को अच्छा लगे तथा उन्हें एक साथ बांध सकें। लेकिन फिर भी इतना तो ध्यान हमें रखना ही होगा कि सभी दर्शकों को नाटक बढ़िया लगे। चूँकि नाटक की नींव लेखक को ही रखनी है। इसलिए उसे ही इस बात को भी ध्यान में रखना आवश्यक है और यह काम पहले चरण में विषयवस्तु या टीम के चुनाव के साथ ही हो जाता है।

दूसरे चरण में विषयावस्तु के साथ पात्रों का समावेश है। हाँलांकि किसी भी कथावस्तु या घटना के साथ प्रत्यक्ष अथवा परोक्ष रूप में किसी न किसी मनुष्य का हाथ रहता ही है। इस प्रकार प्रारंभिक पात्र हमें साथ ही मिल जाते हैं और इस प्रकार एक कहानी तो बन ही जाती है, जो सुनाई जा सके। लेकिन वह आम तौर पर एक सपाट सड़क के समान होती है, जिस पर आसानी से चला जा सकता है। लेकिन सहज चलना नाटक नहीं है इस बात का अवश्य ध्यान रखें दर्शक कि शारीरिक और मानसिक तमाशबीनी के लिये वहाँ कुछ भी नहीं है। इसीलिये इस सपाट समतल सड़क पर कुछ गड्ढे खोदने की आवश्यकता है ताकि चलने वाले गिरें तो देखने वालों को आनन्द आए। ऐसा करने के लिए कथानक को पात्रों समेत किसी समस्या से जोड़ दीजिए। समस्या से आमने-सामने होने से ही भावों का खेल शुरू हो जाता है।

नाट्य शास्त्र और पिंगलशास्त्र ने नव रसों की अवधारणा की है आदमी किसी भी देशकाल, समाज या वर्ग से संबंध रखता हो उसका जीवन और अभिव्यक्ति इन्हीं नौ मूल भावों द्वारा नियंत्रित होती है और इन भावों के परस्पर टकराव से कहानी का जन्म होता है।

टकराव यह शब्द अत्यंत स्मरणीय है। टकराव यानी कॉनफ्लिक्ट संघर्ष। सड़क के किनारे खिंचे बिजली के तारों की ओर हमारा ध्यान आसानी से नहीं जाता

लेकिन यदि उनमें से चिनगारी निकलने लगे तो लोंग रुककर देखने तो लगते ही हैं। इसे ही टकराव कहते हैं। दूसरा उदाहरण, रास्ते मे आते जाते सैकड़ों लोग बिना एक दूसरे पर ध्यान दिये गुजरते रहते हैं, लेकिन यदि कहीं कहीं झगड़ा हो जाता है, तो फौरन कुछ लोग उसमें शामिल हो जाएँगे, कुछ बीच बचाव करेंगे, कुछ दूर खड़े-खड़े रह कर तमाशाहीन बने रहेंगे और कुछ लोग दो चार मिनट देखकर अपना रास्ता लेंगे। दूसरे शब्दों में, वह एक्शन वहाँ मौजूद हर आदमी को कमोबेश अपने साथ जोड़ लेता है। नाटककार को दर्शक को बाँधने वाले इसी तत्व टकराव की पहचान होनी अत्यंत आवश्यक है। यह टकराव दो प्रकार का होता है, मानसिक यानी अंतर्द्वन्द्व और बाह्‍य अर्थात् शारीरिक। किसी भी रूप में यह दर्शक के लिए आश्चर्य का विषय है। नाटक लेखक ऐसी दशाओं को अधिक उभारने का उन्हें विजुअल रूप देने का काम करता है। यहाँ हम यह कह सकते हैं कि ये अतिरंजना होगी या जीवन में ऐसे मौके कम ही आते हैं, तो मैं निवेदन करना चाहूँगा कि हालांकि नाटक की उत्पत्ति मानव जीवन से संबंधित घटनाओं के आधार पर ही होती है जिन्हें लेखक अपने दृष्टिकोण से देखता है और उन घटनाओं और पात्रों को विस्तृत रूप प्रदान करके नाटक के रूप में अभिव्यक्त करता है। यदि यह कहा जाए कि नाटक में व्यक्तियों को और स्थितियों को आपस में लड़ाते रह कर ही नाटककार दर्शक को बाँधे रखने का अपना स्वार्थ सिद्ध करता है। तो बुरा मत समझो इसी उद्देश्य के लिए नाटक में खेल तत्व का समावेश होता है। यही खेलतत्व कहीं खलनायक बन जाता है और कहीं स्थिति रूप में ही नायक के लिए परेशानी पैदा करता रहता है।

इसी प्रकार का ट्रीटमेन्ट छोटे नाटकों या प्रहसनों के लिए अत्यंत उचित रहता है। यहाँ मैं अपनी एक हास्य नाटिका गले की घंटी का उदाहरण प्रस्तुत करना चाहूँगा। हमारे नायक मामू शमशेर बहादूर बुजुर्ग और मक्कार किस्म के व्यक्ति हैं। छोटी-छोटी बातें भी उन्हें दुःखी करती है। आजकल वे इस बात से परेशान हैं कि जो भी आता है, दरवाजा एक दिन टूट ही जायेगा। वह बिजली की घंटी की व्यवस्था वाले हैं। अब घंटी बजा करती है। यहाँ तक कि भिखारी भी आता है, तो वह भी घंटी बजा देता है। एक दिन मुहल्ले के शरारती बच्चे पुशबटन में एक लकड़ी का छोटा टुकड़ा फँसा देते हैं। और घंटी लगातार बजती चली जाती है, जब कि दरवाजे पर कोई नहीं दिखाई देता। परेशान होकर मामू घंटी उतारने का फैसला कर लेते हैं। और दरवाजे पर एक बोर्ड टाँग देते हैं कि कृपया घंटी न बजाएँ, कुण्डी भी न खड़काएँ। सिर्फ आवाज लगाएँ हम वादा करते हैं कि आवाज सुनी जाएगी। बड़े नाटकों या गंभीर नाटकों के लिए बड़ी स्थितियों या बड़े पात्रों की जरूरत होती है, जो घटना क्रम को जन्म दे सकें, उन्हें गतिशील बना सकें।

''हानूश'' श्री भीष्म साहनी का बहुप्रसिद्ध नाटक आज से लगभग 500 वर्ष पूर्व चेकोस्लोवाकिया के एक गरीब ताला बनाने वाले लुहार की कहानी है जिसे अपने देश की पहली घड़ी बनाने का श्रेय प्राप्त हुआ था। सत्रह वर्षों के लगातार परिश्रम के बाद उसने घड़ी तैयार की। उसे उस देश से सम्मान प्राप्त हुआ। राज दरबार में स्थान मिला लेकिन इसके साथ ही कीर्ति राजा ने उसकी दोनों आँखें निकलवा दीं ताकि वह दूसरी घड़ी बना कर राज्य की इकलौती घड़ी का महत्व कम न कर सके।

यहाँ पर विवेचित बिन्दुओं के परिप्रेक्ष्य में ''हानूश'' पर नजर डालने की आवश्यकता है। यह कथानक बराबर रुचि का है। कहानी सुनकर इस नाटक को देखने की अत्यंत रुचि भी होती है। कथानक के साथ मुख्य पात्र हानूश भी लेखक को मिल गया। इस प्रकार उसके चारों तरफ के पात्र भी हमें दिखाई देने लगते हैं। तीसरे नम्बर पर नाटक के शुरू में ही एक परेशानी उत्पन्न कर दी है कि हानूश अपना ताले बनाने का काम छोड़कर घड़ी बनाने में लग गया है। इसलिए घर के खर्च की समस्या पैदा होगी ही उसकी पत्नी परेशान है जो थोड़ी बहुत वित्तीय सहायता गिरजाघर की ओर से मिल रही थी वह सत्रह साल बीत जाने पर कार्य अधूरा रह जाने की वजह से बंद कर दी गई है। समस्या दर समस्या, हानूश के संघर्ष को सदैव बढ़ाती है। और टकराव की ये स्थितियाँ नाटक को शुरू में रुचिकर बनाने के साथ चरित्र को प्रकट करती चलती है और नाटक दर्शक को बाँधे रखने में सफल होता है।

टी.वी. नाटककार की कथानक के विकास के साथ ही दूसरी बड़ी जिम्मेदारी जुड़ी है विजुअलाइजेशन। मत भूलो तुम स्क्रीन के लिए लिख रहे हो और कान और आँखों से चार अंगुल पीछे हैं। यदि केवल संवादों के द्वारा ही नाटक को समझा जा सकता तो देखने की जरूरत ही महसूस न होती। यह महज रेडियो नाटक तक ही सीमित होकर रह जाता। संवाद बहुल स्थितियों से बचें। जैसा मैंने पहले कहा कि इस माध्यम में कैमरा दर्शक की आँख बनकर बोलने चालने अभिनेताओं के अतिरिक्त किसी भी वस्तु पात्र या पृष्ठभूमि पर पहुँच सकता है और दृश्य को अर्थ दे सकता है या उसे प्रभाव में शुरू कर सकता है। ऐसे बिम्बों और प्रतीकों का समावेश लेखक को भी अपनी कथा में करना चाहिये। यह बोले जाने वाले संवादों की पूरक भाषा होती है और दर्शक को देखने में संतोष भी प्रदान करता है। मीडिया विशेषज्ञों के अनुसार हमारे सबसे शक्तिशाली भाव तीन हैं, जो हममे जाग्रत होते हैं भय, दुख या पीड़ा और हास्य। इन भावों के निरूपण में नाटकीयता बड़ी आसानी से घुल मिल जाती है। इसलिए नाटक में इनके समावेश से नाटक की सफलता काफी

हद तक आसान बनायी जा सकती है। आपके पात्र भावों के संवाहक होते हैं। जो आपके द्वारा निर्मित कथासरोवर में उतार दिये जाते हैं। अब उनको तैरने देने या डूबने देने का फैसला और ढंग भी आप को तय करना होता है। इसी ढंग को निर्धारित करने में ही आपकी जय या पराजय है। जैसा कि पूर्व में ही कहा जा चुका है कि नाटक जीवन नहीं है बल्कि उसके कुछ अंशों का ब्लोअप है। इसीलिए हमारे पात्र भी हमारे इर्द गिर्द के वास्तविक चरित्रों जैसे होते हुए भी उनसे एकाध शेड गहरे ही होते हैं। उन्हें थोड़ा अतिरंजित बनाना आवश्यक है।

एक उचित तरीके से सोच समझ कर लिखा गया नाटक न केवल अभिनेताओं को चरित्र जीन और अभिनय क्षमता दिखाने का अवसर प्रदान करता है, बल्कि निर्देशक, कैमरामैन तथा प्रस्तुति शिल्प से संबंद्ध सभी लोगों को अपनी क्षमता के पूर्ण उपयोग की प्रेरणा तथा नाटक को सफल बनाने की शक्ति भी प्रदान करता है। यदि नाट्यालेख खराब है, चरित्र चित्रण कमजोर है, तो यह सारे विशेष मिलकर भी नाटक को असफल होने से रोक नहीं सकते।

वर्तमान समय में असंख्य निजी चैनल दूरदर्शन के क्षेत्र में काम कर रहे है। उपग्रह संचार के माध्यम से भी अनेक चैनल लेखक तथा नाटक निर्माताओं का कार्य करने के अवसर उपलब्ध कर रहे हैं, हर चैनल के अपने नियम हैं। दूरदर्शन के भी अपने नियम और नीतियां हैं, जो राजकीय संरक्षण के अधीन हैं। दूरदर्शन के लेखक के लिये कुछ बंधनों का अनुपालन अनिवार्य है, जो निम्न प्रकार से उल्लेखनीय हैं

अवधि : यों तो नाटक 10 मिनट से 40-45 मिनट तक की अवधि के होते हैं, लेकिन सामान्य रूप से 30 मिनट की अवधि स्तर की मानी गई है। लम्बे नाटकों और धारावाहिकों को भी 30 मिनट के खण्डों में बाँटा जाता है।

अवधि की सीमा की वजह से मुख्य कथानक से अधिक के निवाह की गुंजाइश नहीं होती। धारावाहिकों की तरह इनमें उपकथा अथवा अन्तर्कथाओं के विकास की असंभावना होती है। चरित्र के विकास, कलाकार के अभिनय का उपयोग और संवादों के अलावा एक्शन तथा अन्य विजुअलों के प्रयोग कुल मिलाकर टी.वी. नाटक में पात्रों की संख्या सीमित रखने के लिए दबाव डालते हैं। आधे घण्टे के नाटक में पाँच से सात पात्र तक पर्याप्त हो जाते हैं।

यह नहीं भूलना चाहिए कि आप दृश्य माध्यम का भी प्रयोग कर रहे हैं। नाटक को सिर्फ संवादों से बोझिल मत बनाइये। विजुअल तत्व द्वारा भी अपनी बात को कहना चाहिए। संवाद लेखन में भी भाषा पात्रानुकूल होने के साथ ही सर्वग्राह्य हो।

घटना कहाँ घट रही है यह तो आप ही करेंगे, लेकिन बहुत अधिक लोकेशन्स के प्रयोग से बचें। एक या अधिक से अधिक दो तीन सेट तक ही सीमित रहें। ऐसे स्थल भी न रखें जिन्हें स्टूडियो में नहीं बनाया जा सकता जैसे हवाई अड्डा, बन्दरगाह आदि। फिल्म स्क्रिप्ट में आप इनका प्रयोग कर सकते हैं। गैर जरूरी तौर पर दृश्यों की संख्या बढ़ाइये। छोटे-छोटे अनेक दृश्य नाटक की लय को बिगाड़ सकते हैं। आधे घण्टे के नाटक में 3-4 दृश्यों में कथानक का निरूपण आसानी से और प्रभावपूर्ण तरीके से किया जा सकता है।

टी.वी. नाटकों का बजट फिल्मों या धारावाहिकों का दशांश भी नहीं होता। इसका अवश्य ध्यान रखना चाहिए। बहुत महँगे सेट, वेशभूषा, सजावट, और आडंबरयुक्त विषय को अपने नाटक के लिए न चुनें।

किसी धर्म, किसी जाति, किसी देश या व्यक्ति विशेष अथवा राजनीतिक दल या सरकारी नीति के बिना किसी जरूरत उल्लेख या टिप्पणी अथवा आक्षेप दूरदर्शन के नियमों के अनुरूप नहीं है। किसी प्रकार की विकलांगता या विभिन्न भाषी लोगों के बोलने के ढंग को हास्य या विद्रूप का माध्यम बनाना अशोभनीय है और ऐसा निषेधपूर्ण होना चाहिए। गाली गालौज के प्रयोग की आदत नहीं है। इन बातों के अलावा आवश्यकता पड़ने पर आप दूरदर्शन के अपने प्रोड्यूसर से परामर्श करते रहें।

एक सूत्र भेंट है नाटक शुरू होते ही दर्शक को बाँध ले और जब समाप्त हो दर्शक उससे प्रभावित होकर उठें।

नाट्य रूपान्तर

सम्प्रति, समाज के आदर्श परम्परायें, सभ्यता और संस्कृति में निरन्तर परिवर्तन हो रहा है। इस बदलते परिवेश ने नाटकों के रूप को भी परिवतर्तित किया। प्राचीन परम्परा से ग्रहीत और आधुनिकता से प्रेरित पोषित नाट्य साहित्य बदलकर जनसाधारण तक पहुँचाने का कार्य नाट्य साहित्य द्वारा ही किया है, जिसकी प्रतिक्रियास्वरूप साहित्य विशाल जनसमूह से जुड़ा है। विषयवस्तु की जीवन्तता व्यक्ति को अधिक आकर्षित करती है। किसी रचना को पढ़कर अथवा सुनकर ही मानकर कल्पना के ताने बाने बुनने लगता है। उसके मानसं पटल पर दृश्य घटनाएँ तथा पात्र जी उठते हैं। वह उनसे तारतम्य कर लेता है। उनसे नैकट्य की कल्पना कर कुछ समय के लिए उन्हीं के सुख दुख में रम जाता है। यदि उसी रचना को किसी भी माध्यम द्वारा जीवन्त रूप से देख लें तो जिस मादक सुख की अनुभूति होगी

वह अव्यक्त अवर्णनीय होगी। यही कार्य नाट्य रूपान्तरण द्वारा हुआ। श्रव्य जगत से ग्रहण किन तत्वों को दृश्य में बदला गया। विषय वस्तु की जीवन्तता ने मानव मन का मोह लिया और इस अनोखी साहित्य सर्जना से जन मानस आन्दोलित हो उठा।

रूपान्तरण का सूत्रपात साहित्य में नाट्य कई दशक पहले हो गया था। बंगला, मराठी, संस्कृत, गुजराती, कन्नड़ मलयालम तेलगू, विदेशी भाषाओं की प्रसिद्ध कृतियों के रूपान्तर द्रुतगति से हुए और उनका रंगमंच पर प्रस्तुतीकरण किया गया। इसके प्रभाव के तहत आकर हिन्दी साहित्य के रंगकर्मी भी इस कला की तरफ आकर्षित हुए और उन्होंने साहित्य की अनेक विधाओं को रंगमंच के अनुसार रूपान्तरित किया। आधुनिक युग में इस कला का इतना अधिक विकास हुआ है कि इसकी प्रतिष्ठा एक स्वतंत्र विधा के रूप में हो गई। रूपान्तरण मौलिक साहित्य सर्जना से कठिन है क्योंकि मौलिक रचनाकार उन्मुर्क्त रूप से कल्पना के प्रांगण में विचरण कर सकता है किन्तु रूपान्तरकार को रचनाकार के साथ अपनी उत्तरदायित्व का निर्वाह भी करना पड़ता है। उसे इस बात का ध्यान रखना पड़ता है कि मूल रचना की आत्मा, रचनाकार का लक्ष्य व उद्देश्य की सुरक्षा हो सके। नाटक के दृश्य बंध में बँध कर भी रचना का घटनाक्रम वहीं रहे। शुरूआत, चरम सीमा और अंत भी मूल रचना की भाँति हो। मूल कथावस्तु और बदले कथावस्तु में इतना अंतर न हो कि दर्शक मूल कथावस्तु को ढूंढते रहे।

किसी भी रचना का रूपान्तरण करने से पूर्व मंच तथा मीडिया का चुनाव जरूरत के अनुसार करना चाहिये और फिर उसी के अनुरूप नाटकीय शैली का प्रयोग करना चाहिए, क्योंकि प्रत्येक मीडिया का शिल्प विधान, रंगकर्म, साज-सज्जा, दृश्याबन्ध एवं प्रस्तुतीकरण प्रणाली, तकनीक अपनी-अपनी होती है। प्रकाश व्यवस्था, रंगमंच में मंचसज्जा, ध्वनि, परिवेश, अभिनय, वेशभूषा आदि तत्व अनिवार्य हैं, तो आकाशवाणी में संवाद, ध्वनि प्रभाव तथा संगीत द्वारा कथा की प्रस्तुति होती है। दूरदर्शन में दृश्य संयोजन, घटनाओं की गतिमयता, ध्वनि, संगीत, अभिनय और संवादों द्वारा कथा का प्रस्तुतीकरण संभव है। इलेक्ट्रॉनिक मीडिया में समयावधि के अनुसार ही नाटकीय आलेख लिखनी होती है। विभिन्न नाट्य शैलियों में कथा को पिरोया जा सकता है। कौन सी कथावस्तु किस शैली के लिए उपयुक्त होगी? इसका निर्णय रूपन्तरकार को ही करना होता है। एकांकी, नाटक, गीतिनाट्य, छाया, नृत्यनाटकों, मोनोलॉग, नाट्य, नौटंकी आदि किसी भी नाटकीय शैली को अपनाया जा सकता है।

दूरदर्शन के लिए कुछ अन्य शैलियाँ हैं जैसे डाक्यूड्रामा, ग्राफिक्स शैली तथा टेलीफिल्म आदि।

पृथक-पृथक माध्यमों द्वारा साहित्यिक विधाओं के प्रस्तुतीकरण की विधि है। आकाशवाणी के लिए नाट्य रूपान्तरण करने से पहले रेडियो की तकनीक को जानना आवश्यक होगा। रेडियो अनिवार्य रूप से शब्द और ध्वनि का साधन है। कलाकार सशक्त संवाद और सार्थक अभिव्यक्ति द्वारा श्रोताओं को बाँध सकते हैं। कथावस्तु का विकास संवादों के माध्यम होता है। अतः रेडियो नाटक की संरचना के लिए जिन तत्वों पर विशेष रूप से ध्यान देना पड़ता है, वे हैं- कसी हुई कथावस्तु संवाद, ध्वनि प्रभाव और संगीत। विषय वस्तु का चुनाव करते समय इस बात का विशेष ध्यान रहे कि उसमें नाटकीय प्रसंग हो, उसका कैनवास इतना बड़ा न हो कि उसे एक समय सीमा में समेटा न जा सके। कथावस्तु में मर्मस्पर्शी प्रसंग हों और कथा प्रभावोत्पादक हो, वह लोगों की पंसद हो और उसमें बिना किसी जरूरत का प्रसार न हो। प्रसारण अवधि के अनुरूप ही सामग्री का चुनाव होता है। कथावस्तु को संवादों में पिरोना पड़ता है। कथावस्तु सूत्र है, तो संवाद बहुरंगी भँवरे, जो ध्यान आकर्षित करते हैं। संवादों द्वारा ही प्रारम्भ, विकास चरम सीमा और अंत होता है। अतः रूपान्तरकार को संवाद लिखने में निपुण होना चाहिए। संवाद द्वारा ही नाटक का प्रसारण होता है। अतः संवाद ऐसे लिखना चाहिए कि वे भावाभिव्यंजना उचित तरीके से करा सकें। संवादों में अभिनय का भाग भी होना चाहिए वह पात्रों के अन्तर्द्वन्द्व की अभिव्यक्ति कर सकें। श्रोताओं में संवेदना उत्पन्न कर सकें, परिस्थितियों से परिचय करा सकें। शब्दों के उतार चढ़ाव द्वारा पात्रों के चरित्र को उभार सकें। सशक्त, पैने, कसे हुए संवादों द्वारा ही कथावस्तु धीरे-धीरे होते हुए चरम सीमा तक पहुँचती है। भावानुकूल गुँथे हुए संवाद रेडियो नाटक हेतु अत्यंत आवश्यक हैं। ये संवाद कथावस्तु से ज्यों के त्यों रूप में लिए जाते हैं। रूपान्तरकार को रचना के संवाद अपनी रचना में उसी रूप में लेने चाहिए और जरूरत के अनुसार अन्य संवाद लिखने चाहिए। जो संवाद कथानक में रूकावट उत्पन्न करें, उन्हें हटा देना चाहिए। संवादों की हमेशा साधारण, सर्वग्राहय और संप्रेषणीय होनी चाहिए। भाषा साहित्यिक और संस्कृत गर्भित हो तो उसे साधारण और बोलचाल के अनुसार कर लेना चाहिए क्योंकि रेडियो का श्रोता बुद्धिजीवी से लेकर सामान्य से सामान्य व्यक्ति होता है। अतः जनसाधारण की भाषा ही रेडियो नाटक के लिए उचित होती है। उसी से श्रोताओं को बाँधा जा सकता है।

रेडियो हेतु नाटक के रूपान्तरण के वक्त ध्वनि की प्रभाविता तथा दूरदर्शन एवं रंगमंच पर नाटक को प्रभावशाली बनाने के लिये साज-सज्जा और दृश्यों में बदलाव लाकर नाटक को रोचकता और प्रभावकिता प्रदान की जाती है। किन्तु यहाँ समय परिस्थिति के बदलाव में सबसे ज्यादा आवश्यकता होती है ध्वनि प्रभाव की। पार्टी, वर्षा, युद्ध, विवाह, वाहन ऋतु, सरिता, सागर, तट आदि सभी की अनुभूर्ति ध्वनि प्रभावों द्वारा दिया जाता है। लेखक को इन सबका उल्लेख कर देना चाहिए जिससे निर्देशक को प्रस्तुतीकरण में किसी प्रकार की कठिनाई न हो। पात्रों की मन स्थिति वातावरण की सृष्टि तथा दृश्य परिवर्तन में संगीत अत्यन्त जरूरी होता है। इससे कथा के विस्तार और भावों के प्रस्तुतीकरण एवं घटना के विकास में मदद मिलती है। नाट्य रूपान्तरण करते समय रचनाकार को रेडियो के तकनीकी शब्दों का स्पष्ट उल्लेख करना चाहिए। दृश्याक्रम, स्वर विलयन (फेड आउट) स्वरोदय (फेड इन) पूर्व दीप्ति (फ्लैशबैक) संयुक्त दृश्यक्रम (मोन्टाज सीक्सवेस) डिजॉक्व, पॉज आदि। इन संकेतों द्वारा प्रस्तुतीकरण आसान हो जाता है। अंक विभाजन न होकर रेडियो स्क्रिप्ट में दृश्यक्रम होता है। नाटक की कथावस्तु अत्यन्त संक्षिप्त रूप में देनी चाहिए।

जहाँ रेडियो एक ओर ध्वनि का माध्यम है वहीं यह श्रव्य और दृश्य भी है। अतः उसके रूपान्तरण में आवश्यक है कि उसके आलेख में श्रव्य एवं दृश्य का संतुलन हो। दूरदर्शन में ज्यादा बल दृश्य संयोजन पर दिया जाता है। एक ओर जहाँ रेडियो नाटक में कथा का विस्तार संवादों के माध्यम किया जाता है वहीं दूसरी ओर दूरदर्शन में दृश्य का ही महत्व है। संवादों की कुशल अभिव्यक्ति रेडियो नाटक की विशेषता होती है। दूरदर्शन की स्क्रिप्ट लिखते समय दृश्य तथा अंदरूनी दृश्यों का विस्तृत रूप में स्पष्ट उल्लेख करना पड़ता है। रंगमंच की भाँति कथानुसार सेट की व्यवस्था दूरदर्शन में भी करनी पड़ती है। सेट पारम्परिक हों अथवा सांकेतिक इसका उल्लेख पांडुलिपि में करना आवश्यक होता है। तथा पात्रों का प्रवेश रंगमंच पर किस ओर से होगा इसकी जानकारी भी निर्देशक को पांडुलिपी में देनी होती है। प्रकाश तथा वेशभूषा का वर्णन भी अपेक्षित है। रेडियो की तुलना दूरदर्शन में नैरेशन और संवाद का बाहुल्य नहीं होता। पात्रों के क्रियाकलापों व चेहरे पर आये हुए भावों द्वारा ही कथा को आगे बढ़ाना है। पात्रों का जीवन्त अभिनय और भाव कहानी का विकास करते हैं। लिखते समय दृश्य, प्रकाश, भावभिव्यक्ति, वेशभूषा, परिवेश सभी का विस्तृत वर्णन निर्देशक को उचित दिशा देता है। दूरदर्शन की तकनीक मद्देनजर यदि किसी कहानी अथवा उपन्यास का नाट्य रूपान्तरण किया जाए तो जीवन्त सीरियल बनाये जा सकते हैं। दृश्य संयोजन के साथ संगीत का होना भी अत्यन्त आवश्यक

है क्योंकि उसके द्वारा कथा को विकसित किया जा सकता है, उसमें भराव दिया जा सकता है। साहित्य की किस विधा के लिए, कौन सी शैली उपयुक्त रहेगी वृतचित्र, डाक्यूमेन्ट्री ग्राफिक्स आदि इसका भी रूपान्तरकार ही करता है। क्योंकि पांडुलिपि में ट्रीटमेंट का वयम करना पड़ता है। स्क्रिप्ट लिखते समय ध्यान रखना पड़ता है कि शब्द की अपेक्षा में पात्र के भावों पर अधिक बल दिया जाये क्योंकि दूरदर्शन में भाव ही भावभिव्यक्ति का विशेष साधन है।

लेखक को यह ध्यान रखना चाहिए कि संवादों में कसाव हो, जीवन्तता हो तथा अभिनय हो। भाषा अतिसाधारण बोधगम्य और संप्रेषणीय हो। आकाशवाणी के समान शिल्पगत दृश्यवंध, उपकरणों स्वरविलयन, स्वरोदय, डिजाल्व, फ्लैश बैंक, ध्वनि, मिक्सिंग, प्रभाव संगीत आदि का वर्णन भी स्क्रिप्ट में किया जाता है। स्क्रिप्ट इतनी स्पष्ट हो कि निर्देशक और छायाकार को छायांकन करते समय परेशानी न हो।

दूरदर्शन की तरह रंगमंच हेतु नाट्य रूपान्तरण करते समय रंगमंच की तकनीक तथा नाटकीय तत्वों की संपूर्ण जानकारी लेखक को होनी चाहिए। वर्तमान समय में उपन्यास, कहानी, लोककथा, कविता, लोकगाथा आदि सभी को रंगमंच मिला है जिसके द्वारा साहित्य काफी लोकप्रिय हुआ है। विषयवस्तु का अध्ययन, चयन, चिंतन और मनन रूपान्तरण के लिए अत्यन्त आवश्यक है। मुख्य नाटकीय अंशों का चुनाव आवश्यकता के अनुसार प्रसंगों की कल्पना एवं अनावश्यक प्रसंगों का निष्कासन, साथ ही कथावस्तु में रोचकता लाने हेतु लेखक की कल्पना सशक्त होनी चाहिए। मूल कथा की सुरक्षा का उत्तरदायित्व भी लेखक पर है। अतः इस बात के लिए उसका चेतन होना आवश्यक है कि पाठक नाटक देखते समय मूल कथावस्तु तलाशने का प्रयास न करें। रंग-निर्देश, मंचसज्जा, प्रकाश व्यवस्था संगीत, ध्वनि प्रभाव परिवेश सभी का उल्लेख पांडुलिपि में अनिवार्य है। रूपान्तरकार को नाट्यशिल्प से पूरी तरह परिचित होना चाहिए तभी वह किसी भी माध्यम, किसी भी रंगमंच, किसी भी मीडिया के लिए विषयावस्तु के रूपान्तरण में सफल हो सकता है। डॉ. गिरीश रस्तोगी ने आचार्य हजारीप्रसाद द्विवेदी के उपन्यास बाणभट्ट की आत्मकथा को भरत मुनि की शास्त्रीय पद्धति में रंगपीठ रंगशीर्ष के विभाजन पूर्व रंग की कल्पना अभिनय पद्धति संगीत मुद्राओं आदि से युक्त रूपान्तरिक करने की कोशिश की और उसका प्रस्तुतीकरण किया। लोकनाट्य शैली में भी प्रसिद्ध रचनाओं के रूपान्तरण तीव्र गति से हो रहे हैं। गीतनाट्य शैली काव्य के लिए अधिक सुंदर रहती है। मधुर गीतों की धुनों में बँधे काव्य के अंश दर्शकों को मंत्रमुग्ध कर लेते हैं।

वर्तमान परिपेक्ष्य में नाट्य रूपान्तरण प्रणाली ने इतनी अधिक प्रगति की है कि जन सामान्य की अभिरुचि साहित्य की ओर हुई है मिथक, परीकथाएँ, ऐतिहासिक इतिवृत, लोक कथाएँ, सामाजिक विषय वस्तु, उपन्यास, कविता, आदि के नाट्य रूपान्तरण दर्शकों के अन्तर्मन में साहित्य के प्रति रुचि जगाने में सफल हए हैं। इस विधा ने नाट्य साहित्य का ऊर्जा गतिमयता, और प्रसिद्ध प्रदान की है तथा प्रयोगधर्मिता के नये द्वार खोले हैं। इस प्रणाली ने रूपान्तरकार के स्वतंत्र, रचनात्मक कल्पनाप्रवण एवं प्रबुद्ध व्यक्तित्व को प्रसिद्ध किया है।

दीर्घ उत्तरीय प्रश्न

1. वर्तमान परिपेक्ष्य में नाट्य रचना प्रमुख उद्देय की विवेचना कीजिए।
2. नाट्य लेखक के लिए विभिन्न तथ्यों की विवेचना कीजिए।
3. नाट्य लेखन में किन-किन उद्देश्यों को एवं तत्वों को ध्यान में रखना चाहिए उनकी विवेचना कीजिए।
4. रेडियो लेखन में एवं टी.वी. नाटक लेखन के अन्तरों को स्पष्ट कीजिए।
5. वर्तमान समय में नाट्य रूपान्तरण प्रणाली के विकास की भूमिका को स्पष्ट कीजिए।

लघु उत्तरीय प्रश्न

1. रेडियो नाटक लेखन में प्रमुख विशेषताओं को संक्षेप में स्पष्ट कीजिए।
2. नाट्य लेखन में या नाटक में टकराव के गुणों को स्पशट कीजिए।
3. वर्तमान समय में नाट्य लेखन की क्या भूमिका है संक्षेप में स्पष्ट कीजिए।

वस्तुनिष्ठ प्रश्न

1. निम्न में से नाटक की अवधि क्या होती है
   (क) 10 मिनट से 40-45 मि. (ख) 40 मिनट से 50 मि.
   (ग) 50 मि. से 55 मि. (घ) 15 से 20 मि.
2. निम्न में से मोनोलॉग रेडियो नाटक की क्या है
   (क) पद्धति (ख) कला
   (ग) नाटक (घ) चैनल

7

डाक्यूमेन्ट्री लेखन

दूरदर्शन पर प्रसारित की जाने वाली अनेक महत्वपूर्ण विधाओं में डाक्यूमेन्ट्री भी एक विधा है। डाक्यूमेन्ट्री अंग्रेजी के डॉक्यूमेंट शब्द से बना है जिसका अर्थ होता है लेख का प्रमाण पत्र डाक्यूमेन्ट्री को परिभाषित करना जटिल कार्य है। डाक्यूमेन्ट्री के हिन्दी रूपान्तरण वत्तचित्र, के सम्बन्ध में कोश में उल्लिखित है शिलालेख, विशिष्ट घटना या कार्य की जानकारी के लिए दिखाया जाने वाला सिनेमा-चित्र (न्यूजरील)। डाक्यूमेन्ट्री के उपर्युक्त शब्दकोशीय अर्थ देखने से "डाक्यूमेन्ट्री" एवं वृत्तचित्र शब्द में प्रथम दृष्टया कोई समानता नहीं दिखायी पड़ता, किन्तु जब गम्भीरता से विश्लेषण किया जाता है तो इन दोनों अर्थों में एक तत्व में समानता की स्थिति होती है, वह है प्रमाण और सत्यता। "डीड" सरकारी स्वीकृति प्राप्त प्रामाणिक प्रपत्र है और "न्यूज" भी सत्यता और प्रमाण की माँग करती है। शिलालेख प्रचार के प्रामाणिक, ऐतिहासिक माध्यम होते हैं और घटना का घटित होना सत्यता पर बल देता है। लेख सत्य तथ्य और प्रमाण की माँग करती है। अर्थात् उपर्युक्त वर्णन के आधार पर कहा जाये तो डाक्यूमेन्ट्री वह विधा है जो कि किसी तथ्य सूचना, सत्य घटना व्यक्तित्व और परिस्थिति पर निर्भर होती है तथा जिसका सत्य मनोरंजन की अपेक्षा में शिक्षा और सूचना देना ज्यादा होता है। जब यह कार्य दृश्यों द्वारा लिया जाता है तो इस प्रक्रिया को फिल्म अथवा टेलीविजन डाक्यूमेन्ट्री कहते हैं, और जब ध्वनि माध्यम द्वारा प्रस्तुत किया जाये तो ध्वनि या रेडियो डाक्यूमेन्ट्री कहलाती है।

ध्वनि या रेडियो डाक्यूमेन्ट्री रेडियो की विधा है, इसे रूपक में समावेशित कर सकते हैं।

दूरदर्शन पर प्रसारित होने वाली ''डाक्यूमेन्ट्री'' अधिकांशतः चित्रों ध्वनि, संगीत सम्मिश्रित होती है। लेकिन यह जरूरी नहीं है कि डाक्यूमेन्ट्री सदैव संवादात्मक हो या कमेन्ट्री द्वारा प्रस्तुत की जाये बल्कि जरूरी अथवा उद्देश्यानुसार इसे मूक रूप में भी प्रस्तुत किया जा सकता है। डाक्यूमेन्ट्री के साथ साधारण रूप से तीन ट्रीटमेन्ट होते हैं। प्रथम डाक्यूड्रामा शैली द्वितीय जीवंत दृश्यों का संकलन तृतीय स्थिर चित्रों मे एकजुटता। डाक्यूड्रामा शैली में पात्र स्वयं कहानी कहते हैं, लेकिन अन्य दोनों विधाओं में कथा स्पष्ट होते हुए भी उद्घोषक या कमेन्टेटर की सहायता से कथ्य को सम्प्रेषणीय बनाया जाता है। इसके अलावा एक बात और ध्यान में रखनी चाहिए कि डाक्यूमेन्ट्री में संकलन और तारतम्यता का तत्व विशेष रूप से समाहित है। उदाहरण के रूप में सिनेमाघरों में फिल्म आरम्भ होने से पूर्व दिखायी जाने वाली न्यूजरील की चर्चा की जा सकती है जो कि डाक्यूमेन्ट्री की विधा है। इसमें साप्ताहिक अथवा मासिक अथवा वार्षिक घटनाओं को एकत्रित करके क्रमबद्ध प्रस्तुत किया जाता है अर्थात् डाक्यूमेन्ट्री में अन्य दृश्य विधाओं की तरह शॉट, सीन व सीकवेन्स का अधिक महत्व है।

आइये! अब डाक्यूमेन्ट्री लेखन की विधि पर ध्यान दें। दूरदर्शन हेतु वृत्तचित्र लेखन का सबसे महत्वपूर्ण पहलू है विषय चयन। समयावधि निर्धारित करने के पश्चात् उद्देश्य का निर्धारण किया जाता है समयावधि निर्धारण लेखक को ही करना पड़ता है किन्तु यह सभी निर्णय लेने के लिए लेखक स्वतंत्र नहीं होता बल्कि निर्माता की आर्थिक स्थिति तथा प्रस्तुतकर्ता विषय विशेषज्ञ आदि से मिलकर किया गया विचार-विमर्श अंतिम होता है। इसी विचार-विमर्श में विषय की प्रस्तुति या कहें कथ्य के साथ किये जाने वाले ट्रीटमेंट का निर्धारण करना होता है अर्थात् यह निश्चित किया जाता है कि प्रस्तुति डाक्यूमेन्ट्री शैली में होगी या कमेन्ट्री द्वारा अथवा एनीमेशन द्वारा। कभी-कभी ऐसे भी समय आते हैं कि किसी विशेष स्थान को उद्देश्य बनाकर कैमरा टीम भेज दी जाती है और जब दृश्य बंधीकरण करके स्टूडियो आ जाता है तो उसे देख कर लेखक लिखता है और फिर उन संकलित दृश्यों को क्रमबद्ध करके, प्रस्तुति योग्य बनाया जाता है।

अवधि विषय तथ्यों का संकलन के लिए गहन शोध बेहद जरूरी है क्योंकि डाक्यूमेन्ट्री में सत्यता का तत्व अति आवश्यक है। तथ्य एकत्रित करने के बाद उन्हें एक आलेख के रूप में प्रस्तुत किया जाता है। मान लीजिए आप फुटबाल पर एक

वृत्तचित्र बनाना चाहते हैं। इस वृत्तचित्र को बनाने के लिए अवधि को ध्यान में रख अलग-अलग पहलुओं पर विचार करना पड़ेगा। सर्वप्रथम फुटबाल का महत्व लोक प्रचलन का वर्णन करने के लिए सामग्री एकत्रित करनी पड़ेगी, फुटबाल खेलने वाले राष्ट्रों खिलाड़ियों का वर्णन करना पड़ेगा प्रमुख समारोह गिनाने पड़ेंगे। इतना ही नहीं विषय एवं समय के अनुसार फुटबाल बनाने की प्रक्रिया, बनाने की सामग्री, उसका बाजार, कारीगरों की स्थिति आदि का भी वर्णन करना उचित होगा। इसके बाद पटकथा लेखक, कैमरामैन, ध्वनि व्यवस्थापक, अभिनेता, रंगदीपक मंच व्यवस्थापक आदि की आवश्यतानुसार संकेतों का वर्णन करते हुए, आलेख को पटकथा में बदलना पड़ेगा।

पटकथा लेखक को दूरदर्शन प्रणाली का विशेषज्ञ और कल्पनाशील होना अत्यन्त अनिवार्य है क्योंकि उसे अपने मस्तिष्क में दृश्यों की काल्पनिक संरचना करते हुए संबद्ध व्यक्तियों के संकेत देने पड़ते हैं। जैसेउसकी उम्र, वेशभूषा, हाव-भाव, जाति वर्ण, वातावरण संस्कृति कैसा होगा? इसका संकेत भी देना पड़ता है। उसे कैमरामैन को संकेत देना होगा कि उसे कब क्लोजअप लेना है, कब बिग क्लोजअप लेना है, कब मिड शॉट और कब क्लासरूम शॉट आदि? यहाँ तक कि अभिनेता से उम्मीद किए गए कार्य व्यापार, व्यवहार आदि का संकेत भी पटकथा लेखक से आशा की जाती है। इसके साथ ध्वनि व्यवस्थापक को कैसी ध्वनि देनी है, किस समय शूटिंग करनी है, कौन-कौन से दृश्य होंगे आदि संकेत भी देने पड़ते हैं। इतना ही नहीं क्योंकि पटकथा लेखक के मस्तिष्क में अपने प्रोजेक्ट का खाका तैयार होता है अतः उससे यह भी आशा की जाती है कि यदि प्रस्तुति में वर्जित स्थान पर जाने के लिए किसी खास जानकारी की आवश्यकता हो तो उससे भी सदस्यों का परिचय करा दें, तो उचित है। जैसे कि सूर्योदय कब होगा या सूर्यास्त कब होगा? मौसम कैसा होगा? जाने के लिए कौन-कौन से सामान आवश्यक हैं आदि। कहने का मतलब यह कि पटकथा लेखक पर काफी जिम्मेदारी होती है।

वैसे तो मीडिया के भाषा का साधारण नियम यह है कि भाषा रोजमर्रा की बोल चाल हो, छोटे सहज-सरल और बोधगम्य है। लेकिन दूरदर्शन पर प्रसतुत डाक्यूमेन्ट्री में लेखक को शब्द प्रयोग में कंजूसी करनी चाहिए, चूँकि दूरदर्शन कानों का नहीं आँखों का माध्यम है। वैसे भी सुनी हुई बात की तुलना में देखी गई बात अधिक देर तक जिंदा रहती है। दूरदर्शन पर दृश्य सब कुछ स्वयं कहते हैं। अतः लेखक से यह आशा की जाती है कि वह अनावश्यक शब्दों के उपयोग से बचे लेकिन यह भी आवश्यक है कि दृश्य अधिक संवेदनशीलता हो जो दर्शक को प्रभावित करें, अतः

दृश्य और शब्द के बीच समन्वय होना काफी अनिवार्य है, क्योंकि अगर बोले हुए शब्द और दिखाए हुए दृश्य में थोड़ी सी भी असमानता दिखायी पड़ेगी तो सम्प्रेषणीयता प्रभावित होगी।

डाक्यूमेन्ट्री के प्रचलन एवं तकनीक के आधार पर अनेक रूप दिखाई पड़ते हैं। कुछ प्रमुख डाक्यूमेन्ट्री के प्रकारों को हम इस प्रकार से विभाजित कर सकते हैं

सामाजिक डाक्यूमेन्ट्री : इसमे समाज में होने वाले बदलाव उतार चढ़ाव एवं लोगों की मानसिकता को दर्शाया जाता है। गहन विचार और सच्चाई पर खासतौर ध्यान दिया जाता है। इस विधा के द्वारा लोगों की सामूहिक रूप में एवं राष्ट्रीय रूप में सहभागिता दिखायी जाती है। इतना ही नहीं, सामाज की विचाराधारा एवं दुःख-सुख को तथ्यों के साथ-साथ या कृत्रिम दृश्यों के माध्यम से प्रस्तुत किया जाता है। जिससे दर्शकों के अंदर मानवीय भावनाएँ, शिक्षा, देशप्रेम, जन जागरूकता जन आन्दोलन पैदा हो सके। इस प्रकार के वृत्तचित्रों को दिखाये जाने का उद्देश्य सामाजिक परिवर्तन लाने के लिए प्रोत्साहित करना होता है।

शोधपरक डाक्यूमेन्ट्री : इस प्रकार के डाक्यूमेन्ट्री का उद्देश्य किसी विषयवस्तु को लेकर उसकी तलाश करना तथा अन्त में सच्चाई को उभारकर दर्शकों को सही गलत का अहसास कराना है। जैसे अमेरिका के राष्ट्रपति जान कैनेडी की हत्या का पर्दाफाश इसी श्रेणी के अन्तर्गत आता है। नकली शराब पीने से होने वाली मौतों को सबके सामने रखना भी ऐसा ही है। कभी-कभी चरित्रों द्वारा अभिनय करवा कर असली स्थिति को काल्पनिक ढंग से दर्शाया जाता है। ताकि वही वातावरण प्रस्तुत किया जा सके।

ऐतिहासिक डाक्यूमेन्ट्री : इसमें तथ्य को पूरी तरह ऐतिहासिक तथ्यों मे दर्शाया जाता है। इसके तहत किसी भी बात को कृत्रिम पात्रों और कल्पनिक विश्लेषणों से नहीं किया जाता है। ऐतिहासिक तथ्यों में व्यक्तित्व एवं सामाजिक चेतना और संस्कृति एवं सामाजिक आर्थिक घटनाओं को भी उसी सन्दर्भ में दिखाया जाता है।

सूचनात्मक डाक्यूमेन्ट्री : आजकल इस प्रकार के वृत्तचित्रों का काफी प्रचलन है। इन्हें तथ्यों के आधार पर प्रस्तुत किया जाता है। किसी विषय पर आधरित तथ्यों का चयन कर और अग्रणी मानकर उसी तथ्य को प्रमाणों के मदद से आगे बढ़ाया जाता है। जैसे-जैसे तथ्य रखे जाते हैं वैसे-वैसे डाक्यूमेन्ट्री का प्रभाव लोगों पर पड़ता जाता है। इस प्रकार की डाक्यूमेन्ट्री का लक्ष्य लोगों को ज्ञान एवं कुछ सीखने का मौका प्रदान करना होता है। इस प्रकार के वृत्तचित्र लोगों को मानसिक व्यायाम कराने

के साथ-साथ उनके आत्मविश्वास को बढ़ाने में मदद करते हैं। अतः यह कह सकते हैं कि तथ्यों द्वारा सूचना देते हुए दर्शकों को कुछ सीखने का अवसर देने वाले वृत्तचित्र सूचनात्मक वृत्तचित्र कहलाते हैं।

कहानी डाक्यूमेन्ट्री : इस का प्रचलन काफी कम है तथ्य को प्रस्तुत करने की सबसे सक्षम विधा है। परन्तु इसका प्रचलन बहुत ही कम हो गया है। क्योकि इसका स्वरूप फीचर फिल्मों से काफी सामानता रखता है। इस विधा में एक चरित्र के द्वारा से कहानी को दर्शाया जाता है। उस चरित्र को सहायक चरित्रों तथा तथ्यों द्वारा उभारा एवं विकसित किया जाता है। दर्शक इन चरित्रों को अपने से पृथक नहीं मानते हैं क्योकि ये चरित्र काल्पनिक होते हुये भी सत्यता से परिपूर्ण होते हैं। इस प्रकार की डाक्यूमेन्ट्रीज कल्पना से उद्‌भूत विषय पर बनायी जाती है।

न्यूज डाक्यूमेन्ट्री : इसके द्वारा नामो विशेष विषयों को गंभीरता तथा गहराई से दर्शाया जाता है। इसमें विशेषज्ञ संबंधित कारणों होने वाले प्रभाव और घटनाओं को यथावत प्रस्तुत करता है जैसे घटित होते हैं या हुए हैं।

यात्रा वृत्तान्त डाक्यूमेन्ट्री : इस प्रकार की डाक्यूमेन्ट्री का स्वरूप पूर्व वृतचित्रों से अलग होता है। इसमें तथ्य पहले से संकलित नहीं किये जाते बल्कि स्थान या उद्देश्य निर्धारित होने के पश्चात् विशेषज्ञ, कैमरामैन आदि को लेकर निकल पड़ता है निश्चित विषय के अनुसार उसे जो भी सामग्री, दृश्य घटनाएँ साक्षात्कार आदि उपयोगी लगते हैं, वह उन्हें एकत्रित करके स्टूडियो ले जाता है। जहाँ पटकथा लेखक उस (संकलित दृश्यों) को देखकर एक वृतचित्र के लिए कमेन्ट्री लिख देते हैं। उदाहरण के तौर पर एक गोताखोर समुद्र के अन्दर जाकर गहराई में जो जीवन तथ्य जानकारी मिलेगी उसे वह अपनी आँखों से देखेगा तथा कैमरे के द्वारा दृश्यांकन कर लेगा। इसी प्रकार यात्रायें आने वाली समस्याओं मौसम, दृश्य, स्थान लोगों का चरित्र वहाँ का खान पान निवासियों के कथन वृत्तान्त आदि को संगीत चित्रों एवं ध्वनि के साधनों से दिखायी जाने वाली चित्र कथा, इस विधा के तहत आते हैं।

अतः यह स्पष्ट है कि टेलिविजन डाक्यूमेन्ट्री का क्षेत्र काफी व्यापक है। यह डाक्यूमेन्ट्री किसी भी विषय पर शिक्षा, सूचना, ज्ञान अथवा मस्तिष्क व्यायाम के लिए किसी भी बिन्दु को आधार मानकर लिखी जा सकती है। इसके लिए लेखक में सर्जनात्मकता तथा कल्पना के साथ-साथ कर्मठता, समयबद्धता, आदि के गुण विकसित होने चाहिए। उपर्युक्त उल्लेखनीय गुणों एवं टेलीविजन प्रसारण प्रक्रिया को प्राप्त करके कोई लेखक टेलीविजन के लिए अच्छा व्यावसायिक लेखक बन सकता है।

दीर्घ उत्तरीय प्रश्न

1. प्रमुख वृत्तचित्र कितने प्रकार के होते हैं, उनकी व्याख्या करो।
2. डाक्यूमेन्ट्री लेखन पर प्रकाश डालिये।

लघु उत्तरीय प्रश्न

1. यात्रा वृत्तान्त डाक्यूमेन्ट्री का क्या स्वरूप है।
2. सूचनात्मक वृत्तचित्र से आप क्या समझते हो।

वस्तुनिष्ठ प्रश्न

1. सामान्य रूप में डाक्यूमेन्ट्री के कितने ट्रीटमेंट होते हैं।
   (क) दो (ख) तीन
   (ग) पाँच (घ) सात
2. दूरदर्शन पर वृत्तचित्र लेखन हेतु महत्वपूर्ण पहलू क्या है।
   (क) व्यवस्था (ख) विषय चयन
   (ग) प्रमाण (घ) उपरोक्त सभी

8

फीचर लेखन

वर्तमान समय में दैनिक समाचार-पत्रों के रविवारीय अंक, साप्ताहिक व मासिक समाचार पत्रों के अन्तर्गत न्यूज फीयर व बड़े तथ्य युक्त संवाद आलेख को बड़े पैमाने पर प्रकाशित किया जा रहा है जिसे पाठकों के द्वारा भी पसन्द किया जाता है। समाचार पत्र यदि चाहें तो अपने समूचे खाली स्थान को संवादों से भर सकते हैं। पर वे ऐसा नहीं करते। आज तो दैनिक समाचार-पत्र की लगभग एक चौथाई या एक तिहाई जगह संवाद आलेखों से भरी जाती हैं।

आज से लगभग 25-30 वर्ष पूर्व कुछ समाचार-पत्रों के संपादकों का मानना था कि पाठक अपहरण हत्या और बलात्कार की संवाद कथाएँ ही पढ़ने को ज्यादा इच्छुक रहता है। इसलिए इन्हीं संवादों को खूँटी मानकर इन पर वे अपने संवाद आलेखों की झोली टाँगते है। उनका यह भी कहना था कि पाठकों की दिलचस्पी लड़कियों में भी कम नहीं। इसलिए वे फिल्मीय तारिकाओं के प्रेम प्रसंगों को उछालते थे जिनसे अनेक तारिकाएँ निर्वसन होकर आकाश में कंदील की तरह टँग जाती थीं। जो दैनिक पत्र या पत्रिका कन्दील टाँगने के लिए बाँस गाड़ते थे। पर तब फीचर अपने माथे पर नामपट्ट लगाकर समाचार-पत्र उसे छापते थे और पाठक पढ़ते थे चाहे वह घटिया ही क्यों न हो? कई बार "ऊँची दुकान फीके पकवान" की बात सही साबित थी।

पहले की अपेक्षा शिक्षित लोगों का स्तर बढ़ने व उनके अन्दर पढ़ने की इच्छा की उत्पत्ति के साथ समाचार-पत्रों की संख्या भी बढ़ गई है। पत्र-पत्रिकाओं का लक्ष्य

जन-रुचि का पोषण करना था, इसलिए कई पत्र-पत्रिकाओं में संवाद कथा का लेखन कुछ इस तरह से किया गया कि यह बताना मुश्किल हो गया कि कहाँ संवाद खत्म होता है और कहाँ से कथा शुरू होती है। संवाददाता यदि अच्छा हुआ तो वह अपना संवाद भी कथा की तरह शुरू करता है- यथा- "एक है रसनवा गाँव। स्टेशन से कोई 10-15 किलोमीटर दूर। यहाँ पिछड़ी जातियों के 30-40 झोपड़े मुँह लटकाये खड़े हैं।" तात्पर्य यह है कि जहाँ प्रारभ के एक दो वाक्यों में संवाद लिखा जाना चाहिए, वहाँ प्रारंभ इस तरह से की जाती है, मानो संवाददाता पाठक का हाथ पकड़कर घटनास्थल की ओर लिये जा रहा हो और कह रहा हो चलो तुम्हें दिखायें रसनवा गाँव या किसी अन्य गाँव में क्या हुआ।

दादा-दादी या नाना-नानी के कहानी कहने का तरीका या एक थी रानी, आज भी हमें आकर्षित करता है। संवाद कथा या न्यूज फीचर लिखने वालों द्वारा यही शैली अपनायी गयी है। उनकी तकनीक यह है कि संवाद को ऐसी गाथा की तरह पेश किया जाये कि आप उसे पढ़ें ही नहीं, उसके साथ एकाकार हो जायें हँसें या रोयें। इसके लिए लेखक या संवाददाता अपनी दृष्टि घटना से संबंधित नायकों और उसके दूसरे पात्रों पर टिकाता है। इस कार्य के साथ कथोपकथन को भी दर्ज करता है, घटनास्थल को उसकी संपूर्ण रंगीनी के साथ पेश करने के साथ सूत्रधार की तरह बताता है कि जो घटना घटी वह वहीं क्यों घटी और कुछ विशेष व्यक्ति ही उसके नायक या खलनायक क्यों बने? वह उस पेड़ गाय-बैल, चूल्हा-चौके, गली या घाट को भी नहीं भूलता जो संवाद कथा को एक अर्थ और स्वरूप प्रदान करते हैं।

इस तरह के आलेखों के बारे में यह कहना मुश्किल है कि एक महत्वपूर्ण घटना अपने नायक और खलनायक के साथ पाठक के सामने घूमने लगेगी, या कोई दस्यु आपके सामने भुवनमोहनी बन कर खड़ा हो जायगा पर इतना अवश्यक है कि यह लेखन शैली घटना, व्यक्ति या स्थान के प्रति सार्वजनिक रुचि में वृद्धि है, साथ ही यह खतरा भी सदैव बना रहता है कि लेखक भाव प्रधान होकर घटना को तोड़-फोड़ डाले या पात्रों को तोड़ मरोड़ कर पेश कर दे जिससे कि न संवाद रहे और न कथा। पृथ्वी या आकाश राकेट के परीक्षण को दशहरा की आतिशबाजी की तरह पेश करना मानो गुड़ गोबर करना ही होगा। सबसे बड़ा आरोप आज पत्रकार और पत्रकारिता के विरुद्ध यह लगाया जाता है कि वह गंभीर से गंभीर प्रसंग को साधारण बना देता है। राई का पहाड़ बनाना यदि गलत है तो यह भी सही नहीं कि आप पहाड़ को फूंक मार कर उड़ायें या किसी साधारण गाँठ को इतना उलझा दें कि रस्सी ही टूट जाये। साधारण बात तो साधारण तरीके से कहें, पर उलझन भरे प्रसंगों को इस तरह लिखना और बताना ही उपयुक्त है, जिससे उनकी गंभीरता का पता चले, पेंच सामने आयें और उनके फलितार्थ भी समझ में आ जाये।

जैसा कि पहले कहा जा चुका है कि वायर सर्विस का प्रयोग करने वाला कोई भी समाचार-पत्र को आसानी से चिकनी-चुपड़ी खबरों से पृष्ठ भर देता है। पर पत्र को बाजार में बेचना है, पत्र के प्रति पाठक में रुचि जागृत करनी है और पत्र को पाठक से इस तरह जोड़ना है कि शीर्षकों पर दौड़ लगाकर और उलट-पलट कर देख लेने के बाद दो चार मिनट में ही उसे रद्दी न साबित कर दे। अस्तु पाठक को पूरा भोजन परोसना होगा, जिसमें अचार, चटनी, मुरब्बा सब कुछ शामिल हैं। कोरी खबरों से पाठक को संतुष्टि नहीं मिलती वे कुछ स्थायी स्तम्भ चाहते हैं। खबरों के पीछे झाँक कर देखना चाहते हैं। व्यंग्य चित्र, चित्रकथा, पहेलियों आदि सब कुछ और सारे परिवार के लिए चाहते हैं। ज्यादा समाचार पत्र यह मसाला फीचर एजेंसियों से लेते हैं।

सामान्य अवधारणा है कि अमेरिका में गृह युद्ध के समय विश्व की प्रथम फीचर एजेन्सी का निर्माण हुआ पर यह प्रयोग कुछ समय के लिए रहा। 1880 के दशक में सैमुअल एस, मैकक्लूर ने उस समय के कई प्रसिद्ध लेखकों स्टीवेंसन, रुडयार्ड, आर्थर कॉनन डायल, किपंलिग जैक लण्डन आदि के साथ समझौता कर एक फीचर सिण्डीकेट शुरू किया। मैकक्लूर ने इन बड़े लेखकों के स्तम्भ बेचने का सौदा समाचार-पत्रों से किया। फीचर सिण्डीकेट से बँधने के जो कारण समाचार-पत्रों और लेखकों के सामने पिछली सदी के अंत में थे वही आज हैं। समाचार-पत्रों को बहुत कम खर्चे पर अच्छे और विविधतापूर्ण लेख उपलब्ध हो जाते हैं। और लेखकों को दूर-दूर तक फैले पाठकों के अलावा निश्चित पारिश्रमिक। पिछले दिनों में कुछ समाचार-पत्रों में जो सूची छपी, उससे यह मालूम होता है। एजेंसियाँ अतित्व में हैं।

समाचार-पत्रों और लेखकों को एक साथ करते हुए फीचर एजेंसियां कुछ समाचार-पत्रों की भांति सिर्फ दुकानदारी न करते हुए प्रशंसनीय कार्य कर रही हैं, जो हिन्दी भाषा और हिन्दी पत्र-पत्रिकाओं के सुधार और परिष्कार की दृष्टि से अत्यंत उपयोगी और दूरगामी महत्व का है। वायर सर्विस से आने वाली खबर जिस भाषा में लिखी होती है वह प्रवाह शून्य, दोषपूर्ण और कोरी अनुवाद भाषा होती है। अनुवाद भी प्रायः भ्रष्ट। कुछ समय पहले ही इण्डोचाइना का अनुवाद करके एक वायर सार्विस द्वारा ''भारत चीन प्रायद्धीप'' प्रसारित किया गया और यह संवाद जस का तस प्रकाशित हुआ। फीचर एजेंसी इस दृष्टि से एक प्रशंसनीय कार्य यह कर रही हैं कि सीमित दायरे में हिन्दी भाषा को स्वस्थ और सुंदर बना रहे है। हिन्दी समाचार-पत्रों का भी स्तर बढ़ाने के साथ फीचर एजेंसी प्रत्येक समाचार-पत्र के पाठक के ज्ञानवर्धन में मददगार साबित हो रही है। वह पाठकों के मनोरंजन के साथ उनकी पसंद को परिष्कृत करने का भी एक अच्छा माध्यम है। वायर सर्विस हिन्दी पत्रों को विविधता

शून्य नीरस एकरूपता प्रदान कर रही है। इसके ठीक विपरीत फीचर एजेंसियों समाचार-पत्रों को बहुरंगी बनाने का प्रशंसनीय कार्य कर रही हैं।

संवाद फीचर या फीचर लेखन को जनता की इच्छा की संतुष्टि हेतु प्रारम्भ किया गया था परन्तु अब यह स्वयं में एक विधा बन गयी है जिसका अपना स्वरूप, स्वभाव और नियम है। ऐसा माना जाता है, और यह ठीक भी है, कि समाचार-पत्र हाथ आने पर पहले आप संवाद देखते हैं। और खाली समय में फीचर पढ़ने बैठते हैं। इस एक बात से फीचर का स्वरूप निर्धारित होता है।

फीचर में जानकारी सलाह और कुछ निर्देश भी होते हैं, पर क्योंकि फीचर फुर्सत के समय में पढ़े जाते हैं, इसलिए आवश्यक है कि वे रुचिवर्धक हों। फीचर का आकार निश्चित करना बहुत मुश्किल है। वह किसी पत्रिका में प्रकाशित तीन-चार हजार शब्द को या इससे भी बड़े लेख जैसा भी हो सकता है और मानवीय संवेदना से महत्वपूर्ण पाँच-सात सौ शब्दों की संवाद कथा भी फीचर हो सकती है। फीचर तथ्यों पर आधारित संवाद कथा होने चाहिए पर यह आवश्यक नहीं कि यह संवाद कथा की भांति वर्तमान या भविष्य के किसी घटना पर आधारित हों। यदि फीचर ताजा घटना पर आधरित है तो पाठक की रुचि उसमें ज्यादा होगी पर किसी पुरानी घटना को आधार बना कर भी फीचर लिखा जा सकता है। फीचर किसी भी शैली या ढंग में लिखा जाता है। ध्यान देने की बात सिर्फ यह होती है कि शैली, कथावस्तु और उसके उद्देश्य के अनुरूप हो। फीचर लिखते समय लेखक या संवाददाता अपनी मौलिकता ज्ञान और जानकारी का भरपूर उपयोग कर सकता है। उस पर निरन्तर ध्यान रखना चाहिए कि उसका आलेख मौलिक और नया प्रतीत हो। फीचर सुगठित होना चाहिए। फीचर में संवाद की तरह इण्ट्रों नहीं होता। पर प्रारंभ में कुछ नयापन होना चाहिए। सोचिये कि आप कोई कहानी सुनाने जा रहे हैं। इस कहानी का पहला वाक्य क्या हो? इस सवाल का जवाब ही आपके फीचर की शुरुआत की कुंजी है। सामान्यतः फीचर लेखक आरंभ में ही कथा सार दे देते हैं, जिससे पाठक कहानी के साथ संलग्न हो जाता है। एक उदाहरण **1917 में जन्मी क्रांति मर गयी, क्राति अमर हो! या 1917 की क्रांति में जलकर खत्म हुए रूस की राख से एक नया रूस अंकुरित हो रहा है।**

पृष्ठ संरचना के दौरान संवाद कथाएँ काट दी जाती हैं। पर फीचर के साथ ऐसा नहीं किया जाता। इसलिए लेखक अपना फीचर, कथा शैली कथोपकथन शैली, जासूसी कथा शैली वर्णनात्मक आदि किसी भी शैली में लिख सकता है। संवाद कथा उल्टे पिरामिड शैली में लिखी जाती है। यह शैली फीचर लेखन के अनुसार नहीं होती। फीचर कहानी या गल्प नहीं इसलिए लेखक से आशा की जाती है कि वह तथ्यों की ठोस धरातल पर खड़ा हो, पर फीचर ऐसी रपट नहीं जो आँकड़ों के बोझ से दबी हो।

फीचर को हम आराम या खाली समय में पढ़ते हैं इसलिए इसे दोस्ताना फराकदिली से या कान्तासम्मत उपदेश के जैसा लिखे जाने चाहिए और ऐसे क्षण में पाठक आराम की मन स्थिति में होता है ऐसे समय कोई पाठक को कुछ निर्देश, उपदेश या जानकारी देना चाहते हैं तो वह कान्तासम्मत शैली में ही होनी चाहिए। आलेख सुगठित हो, आदि से अन्त तक एकसुरता बनी रहे और जिस बात को लेखक उजागर करना चाहता है, वह उजागर हो कर सामने आये। इसके लिए निबन्ध लेखन की सभी प्रभावी शैलियों का उपयोग किया जाना चाहिए। संज्ञा क्रिया और विशेषणों का सीधा प्रयोग किया जाना चाहिए ताकि पाठक के सामने एक स्पष्ट चित्र उभरे वह घटनास्थल की आवाजें सुन सके और भावनाओं को छू सके। फीचर लेखन में कर्मवाच्य का प्रयोग करने से बचा जाये। कर्तुवाच्य का प्रयोग करना प्रभावी होता है। अनेक बार जब कर्मवाच्य का प्रयोग आवश्यक हो जाता है, तब ऐसे प्रयोग किए जा सकते हैं। सशक्त क्रियापदों का प्रयोग करने से फीचर में शक्ति का संचार होता है। हार के स्थान पर कुचलने रौंदने या भागने की बजाय हवा हो जाने, छूमंतर हो जाने जैसे वाक्यांशों मुहावरों से एक प्रभाव का निर्माण होता है। फीचर में स्पष्ट संज्ञा का प्रयोग करना चाहिए। इससे व्यक्ति या जीव की साफ तस्वीर निकलकर सामने आती है। अर्थपूर्ण और महत्वपूर्ण ब्यौरा देना न भूलें। लोकोक्तियों, मुहावरों, उपमाओं आदि का खुलकर प्रयोग करना चाहिए।

परंपरागत ढंग से लेखन से पाठक को कोई प्रभाव नहीं पड़ता। बेकार के शब्द भरने से पाठक मनोयोगपूर्ण फीचर पढ़ने के बजाय बेमन से वह पाठ पूरा करता है। फीचर में अपनी बात सीधे तौर पर कहनी चाहिए। टेढ़ा-मेढ़ा आलेख से पाठक ऊब जाता है। वाक्य छोटे और साफ हों। लेख में नाटकीयता जरूर होनी चाहिए। जिसमें पाठक में इच्छा तस्वीर उभरे। अमूर्त आलेख किसी को प्रभावित नहीं करता। आलेख में गति और ताल होनी चाहिए। ताल और गति में भी विभिन्नता होना जरूरी है।

हमसे पाठक और संवाद आलेख के भाव या संदेश के मध्य निकटता आना फीचर की खास विशेषता है। लेखक, जहाँ आवश्यक होता है, व्यक्तियों के कथोपकथन से घटना की रुचि में बढ़ोतरी करना है। व्यक्तियों के अनुभवों सुझावों और उनके जीवन की घटनाओं से वह आलेख को जीवन्त बनाता है। आलेख के शुरू में कुछ कोटेशन देकर आलेख की प्रमाणिकता का सिक्का जमाता है। फीचर में जहाँ तक सम्भव हो मध्यम पुरुष तुम का प्रयोग किया जाये और पाठक को अपने आलेख के वर्ण विषय के साथ कर्ता, भोक्ता या दर्शक की तरह जोड़ा जाये। स्थिति व्यक्ति आँकड़ों और चित्रों से आलेख को मूर्तरूप प्रदान करने का प्रयत्न होना चाहिए, ताकि पाठक आलेख पढ़ते समय महसूस करे कि सब कुछ उसकी आँखों के सामने हो रहा है, वह दुःख-सुख में समान रूप से भागीदार है, उसे भोग रहा है। गद्यांश छोटे होने

चाहिए आवश्यकता पड़ने पर वाक्य लम्बे हो सकते हैं, पर ऐसा स्थिति के तकाजे को पूरा करने के लिए होना चाहिए। अपने मन से बड़े या छोटे वाक्य न लिखे जायें। सारा फीचर एक ऐसे पहिया जैसा होना चाहिए, जिसकी प्रत्येक पटिया दूसरी पटिया से जुड़ी होती है और पहिया घूमता रहता है। फीचर लेखन की इस जरूरत को पूर्ण करने हेतु इति को अर्थ से जोड़ा जाना चाहिए। मतलब यह है कि आपका निष्कर्ष आलेख की प्रारंभ से सम्बद्ध हो।

फीचर कैसे लिखा जाये और कैसा हो? इसके साथ यह जानना अतिआवश्यक है कि सभी व्यक्ति फीचर लेखक नहीं बन सकते हैं। फीचर लेखक से पहली आशा यह की जाती है कि वह जिस घटना पर फीचर तैयार कर रहा है उसकी घरातल तक पहुँचे। यदि उसमें पानी के ऊपर विस्तृत काई को फाड़ कर सतह तक पहुंचने की शक्ति नहीं है तो बेहतर है कि वह फीचर लेखन से दूर रहे। फीचर लिखने के लिए सामग्री की कमी नहीं। सड़क के किनारे फटे मैले से काले, चीकट बने और चिलुओं से भरे कपड़े में लिपटा भिखारी भी फीचर का अच्छा विषय हो सकता है। किसान नेता, भारत-भ्रमण से लौटे छात्र और अध्यापक, आदिवासी, नाचने-गाने वाले सभी फीचर के अच्छे विषय हैं, आवश्यकता सिर्फ इस बात की है कि फीचर लेखक के पास अन्तर्भेदी आँखें हों और उसमें जिन्दगी के विशाल सागर में गोता लगाने की क्षमता हो।

फीचर लिखने वाले व्यक्ति की सूक्ष्म दृष्टि हो, बौद्धिक जिज्ञासा हो, व्यक्ति या स्थिति को प्रत्येक कोने से देखने सुनने और कुरेदने की क्षमता हो, वह किसी घटना के पर्दे के पीछे पहुंचने में सक्षम होना आवश्यक है। उसमें यह विश्वास होना आवश्यक है कि प्रत्येक संवाद पर एक अच्छा फीचर लिखा जा सकता है। यह सब तभी हो सकता है, जब फीचर लेखक प्रत्येक विषय के प्रति रुचि राखता हो, बुद्धिमान हो, आँख-कान खुले रखता हो और उसमें रुचि पूर्वक लिखने की क्षमता हो। शब्दों और मुहावरों से उसका भण्डार छूटा न हो।

फीचर आलेख विभिन्न प्रकार के होते हैं, जैसे संवाद फीचर, सूचना प्रधान फीचर, व्यक्ति पर आधारित फीचर, अनुभव या उपलब्धियों पर आधारित फीचर, जनरुचि के फीचर आदि।

संवाद फीचरइस फीचर को किसी ताजा संवाद को आधार बना कर लिखा जाता है। किसी भी ताजा घटना के बारे में जिसकी अक्सर थोड़ी बहुत जानकारी सबको है, इस तरह के फीचर लिख कर पाठक की जानकारी में वृद्धि करने के साथ उसका मनोरंजन भी किया जा सकता है। संवाद फीचर सामयिक होते हैं और इसीलिए ज्यादा पढ़े जाते हैं। संवाद फीचर की कथा समाचार-पत्रों में संवाद के रूप में प्रकाशित होती है जब कि जनरुचि के फीचर की कहानी शायद संवाद कथा के

रूप में कभी न छपे। जनरुचि के फीचर तभी पढ़े जायेंगे, जब तथ्यों को बड़े ही रुचिपूर्वक सजा कर पेश किया जाये।

संवाद फीचर तैयार करने के लिए पाठक के अन्दर रुचि उत्पन्न करने वाली शैली का प्रयोग कर सकते हैं। कोलकाता की वह स्त्री जो टैक्सी चलाती है, या पहली महिला ट्रेन चालक पर बढ़िया संवाद फीचर लिखा गया है।

सूचना प्रधान फीचर : इस तरह के फीचर में कल्पना की उड़ान भरने की संभावना नहीं के बराबर रहती है, क्योंकि ऐसे फीचरों को उद्देश्य मनोरंजन कम जानकारी देना अधिक होता है। इस एकत्रित के फीचर लिखने के लिए आवश्यक तथ्य, भेंटवार्ता लाइब्रेरी और अपने अनुभव पर्यवेक्षण द्वारा एकत्रित किये जाते हैं। इस तरह के फीचरों की रोचक सफलता और उपयोगिता की कसौटी यह है कि तथ्य प्रामाणिक ही हों। उपलब्ध तथ्य को इसमें समेटा जाना चाहिए।

व्यक्ति प्रधान फीचरः यह फीचर रुचिपूर्ण ढंग से पढ़ा जाता है। औरों की आँख की फूली देखने में सबको मजा आता है। पर ऐसे फीचर लिखना आसान काम नहीं है किसी व्यक्ति का ऐसा शब्द चित्र प्रस्तुत करना आसान नहीं है। जिसमें उसका समस्त व्यक्तित्व उभरे और दूषण भी भूषण प्रतीत हों। याद रखिए, निन्दा करना ही फीचर लिखना नहीं हैं व्यक्ति के बारे में सब तथ्य उस व्यक्ति, उसके अध्यापकों, सेवकों, सगे सम्बन्धियों, मित्र, उसके स्कूल कालेज के साथियों तथा सहयोगियों आदि से प्राप्त किये जाने चाहिए। व्यक्ति के जन्म से लेकर आज तक की घटनाओं की डायरी पेश करना फीचर नहीं। कोशिश तो यह होनी चाहिए कि चुन-चुन कर उन तथ्यों को कुछ इस प्रकार सजाएँ जिससे अपने समस्त ऋण धन के साथ एक व्यक्ति की जीवन धारा प्रवाहित होती नजर आये। आप के द्वारा लिखे जा रहे फीचर उद्देश्य यही होना चाहिए कि फीचर का नायक एक प्रतीक पुरुष या अद्‌भूत व्यक्ति के रूप में उभरे और पाठक को आपके फीचर के द्वारा उस व्यक्ति का संपूर्ण परिचय प्राप्त हो। यह मत भूलिये कि प्रत्येक व्यक्ति छोटा हो या बड़ा अपने आप में लासानी होता है। आप क्या खाते हैं, क्या पहनते हैं, कौन सा रंग पंसदीदा है, इस तरह के सवालों के साथ यह भी पूछना आवश्यक है कि सबसे ज्यादा कष्ट के या आनन्द के क्षण कौन से थे? व्यक्ति का परिचय घटनाओं के माध्यम से दें, उसके जन्म मुण्डन, कनदेदन, विवाह बच्चा होना आदि के दिन और तिथि से नहीं । अपने पात्र को पाठक के समक्ष काम करते, लड़ते झगड़ते भागते दौड़ते खाते-पीते, हँसते-रोते, पहनते ओढ़ते दिखायें। व्यक्ति को काम करते दिखाना ही उसका सबसे अच्छा परिचय माना जाता है। भाषणों, कार्यों, चाल, ढाल, दूसरे क्या कहते हैं या सोचते हैं? आदि छोटी-छोटी बातों से व्यक्ति के चरित्र प्रतीत हैं। व्यक्ति का चित्रण इस प्रकार हो, जो पाठक को आरोपित नहीं बल्कि स्वाभाविक

मालूम पड़े हों। व्यक्ति के व्यक्तित्व व चरित्र को उजागर करने वाली प्रवृत्तियों और घटनाओं का चयन करना चाहिए। यह ध्यान रखें कि गुसलखाने में हम सब नंगे होते हैं। यदि आप अपने फीचर के नायक को देवता नहीं, इंसान बताना चाहते हैं, तो जरूर लिखें कि वह अपने कुत्ते को खिलाता और घुमाता है, छुट्टी वाले दिन पत्नी और बच्चों के साथ समय बिताता है।

फीचर किसी भी शैली में लिखा जा सकता है पर वह व्यक्ति और विषय के अनुरूप होना चाहिए। नेता और नर्तकों का वर्णन एक ही शैली में सही नहीं। व्यक्ति पर फीचर क्यों लिख रहें हैं? यह बात फीचर के शुरू में ही स्पष्ट कर देनी चाहिए।

अनुभव या उपलब्धि पर फीचरः ऐसे फीचर अधिकांश तौर पर भेंटवार्ता शैली में होते हैं। इस प्रकार के फीचर किसी व्यक्ति के अद्‌भुत अनुभवों या असाधारण सफलता पर ही आधारित होने चाहिए। यह मत भूलें कि फीचर के नायक को अतिमानव सिद्ध करने का प्रयत्न न करें, बल्कि तथ्यों को इस तरह से प्रस्तुत करें कि स्वयं व्यक्ति का परिचय हो।

जनरुचि के फीचरइस प्रकार के फीचरों की उत्पत्ति किसी सामान्य घटना या स्थित के आधार पर होती है। इनकी खास बात यह होती है कि ये पाठक की भावनाओं को झकझोरते रहते हैं। इस तरह के फीचर में खबर बस इतनी होती है कि वह किसी ताजा घटना का सहारा लेकर खड़ा होता है। इसके अलावा ऐसे फीचर में और कोई नयी सूचना नहीं होती। इस प्रकार के फीचर इसलिए पढ़े जाते हैं कि इनकी शैली बड़ी ओजपूर्ण होती है और ये हमें हँसाते या रुलाते हैं। अपने इस गुण के कारण ये हमारी जानकारी तो नहीं बढ़ाते, पर हमारा मनोरंजन जरूर करते हैं। इस प्रकार के फीचर अत्यंत छोटे दो चार सौ शब्द तक भी सीमित होते हैं। ऐसे फीचर जन्तु व्यक्ति जीवन, स्थान वस्तु किसी के भी बारे में लिखे जा सकते हैं। इस प्रकार की फीचरों के अन्तर्गत खास बात यह होती है कि किसी संवाद कथा में लेखक की नीति अनुभूति और संवेदनाएँ होती हैं। इस प्रकार के फीचर संवाद पृष्ठों का बनाव पटाव की दृष्टि से आकर्षक और पठनीय बनाने के लिए भी उपयोग में किये जाते हैं। ये फीचर उलटे पिरामिड शैली में नहीं लिखे जाते हैं। ये फीचर सामान्यतः मानवीय भूल-चूक, सौ सुनार की तो एक लुहार की, आप भला संसार भला आदि लोकक्तियों पर आधरित होते हैं।

इस प्रकार के फीचर के लिए सामग्री एकत्रित करना तभी सम्भव है, जब लेखक की नजर पैनी हो और उसमें प्रत्येक व्यक्ति, वस्तु या स्थिति की गहराई में प्रवेश की रुचि और सामर्थ्य हो। लेखक यदि सतत मननशील है और छोटी-छोटी घटनाओं को किस तरह रोचक कथा के रूप में पेश किया जा सकता है? आदि की

जानकारी है तो वह फीचर हेतु ठोस सामग्री एकत्रित करने में अवश्य सफल होगा। ऐसा हर घटना पर जो किसी को हँसाती या रुलाती हो, जनरुचि का फीचर लिखा जा सकता है। जिस घटना को देख कर सहानुभूति का भाव उत्पन्न हो या जो घटना आपको असाधारण प्रतीत हो वह जनरुचि का फीचर बन सकता है। किसी शो रूम का उद्घाटन किसी व्यक्ति के बाग में लगा पहली बार फलों का आना, गाँव में पक्की सड़क का पहली बार बनना, गाँव में शुरू किया गया पहला कुटीर उद्योग, पेयजल संकट वाले गाँव में लगा पहला इंडिया-2 मार्क चंपाकल, किसी रंगई या रहमान की झोपड़ी में जलता बिजली का बल्ब जो गाँव में बिजली आने का सूचक था, ये सारे 200-400 शब्द में जनरुचि के फीचर के मसाले हैं।

जनरुचि का सामान पर्यप्त होने के बाद इस पर फीचर कैसे लिखा जाय यह एक महत्वपूर्ण सवाल है। पहली दशा तो यही है कि उन बातों व्यक्तियों और घटनाओं के साथ, जो जनरुचि उत्पन्न हैं, लेखक कितना एकाकार हो सकता है। किसी की पीड़ा को आप किस गहराई तक महसूस करते हैं? सब कुछ इस पर निर्भर है कि स्वयं आप क्या चाहते हैं और आपमें कितनी सामर्थ्य है? जो भाव और भाषा दोनों दृष्टिकोण से दरिद्र हैं, वे इस नदी में छलाँग लगाने से दूर रहें, तभी सबकी भलाई है।

किसी शब्द को लिखने से पूर्व सोचें विचार करें कि इसकी शुरु आत कहां से की जाय जनरुचि की ज्यादा कथाएँ पिरामिड की तरह उठती हैं। आधार लम्बा चौड़ा होता है। पर कथा जैसे-जैसे आगे बढ़ती जाती है वह सिमटती जाती है और अन्त में उसकी चोटी रह जाती है। यह चोटी किस आप्त वाक्य, किसी आह या हँसी अथवा स्थिति का खुलासा करने वाले आखिरी गद्यांशों रूप में होती है। ऐसे फीचर घटना के अनुसार चलते हैं। कुछ फीचर वर्णनात्मक होते हैं। क्योंकि जनरुचि के फीचर छोटे होते हैं। इसलिए लिखने से पहले आप तय कर लें कि किस एक भाव को उभारना चाहते हैं। उन्हीं घटनाओं का चुनाव में जो इस भाव के परिपाक में मददगार हों। कहानी को इस तरह प्रस्तुत करें कि पाठक की अभिरुचि बनी रहे। आपकी प्रस्तावना कौशलपूर्ण और मौलिक हो। फीचर सर्वसामान्य पाठक के लिए लिखें, किसी एक व्यक्ति के लिए नहीं। यदि आपका शैली पर अधिकार है, तो आलेख के द्वारा आप अपने पाठक से वार्तालाप शुरू कर सकते हैं। आलेख को किसी व्यक्ति या वस्तु के ऐसे पासपोर्ट आकार के छायाचित्र के रूप में न प्रस्तुत करें कि पाठक स्वयं को घटना के साथ बहता महसूस करें। पिता पुत्र पर बिगड़ रहा था, यह कहने के बजाय उस स्थिति को उभारें, जिसके कारण पिता पुत्र पर बिगड़ा। जनरुचि के फीचर को किसी एक दृश्य तक सीमित रखे। पात्रों और दृश्यों का मेला न लगाते हुए इसकी शुरुआत किसी व्यक्ति के वर्णन से करें कथोपकथन प्रश्न किसी प्रभाव

बयान या ऐतिहासिक या ऐसी ही किसी समान घटना के संकेत से करें। किसी कविता की पंक्ति किसी विसंगति तुलना या विवरण से भी आरंभ कर सकते हैं। पर यह मत भूलें कि कथा का मम्र पहले ही न खोल दें। आरंभ के तथ्यो पर आयें, उपमा और उदाहरण दें। घटना से संबंधित पात्रों के कुछ कथोपकथन उद्धत करें। इससे आपका फीचर प्रत्येक पाठक का अपना कथोपकथन या वार्तालाप बन जायगा। वह व्यक्तियों को बोलते हुए सुनेगा और स्वंय को वार्तालाप में हिस्सेदार समझेगा। यदि चाहें तो एक संदेह की स्थिति उत्पन्न करें पर इसे लम्बा न खीचें। बेकार की बातें न जोड़ें। एक बात को उस बिन्दु तक ले जायें की आगे कि बात स्वयं समझ में आ जाये। उपदेशक बनने का प्रयास व अधिक भावुकता का भी प्रदर्शन न करें। आलेख रोचक हो, भरसक नीरसता से बचें। यही संक्षेप में फीचर लेखन की प्रविधि हैं।

दीर्घ उत्तरीय प्रश्न

1. फीचर का लेखन किस प्रकर करना चाहिये।
2. जनरुचि के फीचर का विस्तारपूर्वक वर्णन करो।

लघु उत्तरीय प्रश्न

1. पाठकों की संतुष्टि हेतु किस प्रकार की खबर देनी चाहिये।
2. संवाद फीचर को किस प्रकार लिखना चाहिये।
3. व्यक्ति प्रधान फीचर का संक्षेप में वर्णन करो।

वस्तुनिष्ठ प्रश्न

1. निम्न में फीचर आलेख का प्रकार कौन है।
   (क) संवाद फीचर (ख) जनरुचि फीचर
   (ग) सूचना प्रधान फीचर (घ) उपरोक्त फीचर
2. फीचर लेखन का आलेख निम्न में से कैसा होना चाहिए।
   (क) नीरस (ख) रोचक
   (ग) उपरोक्त दोनों (घ) उपरोक्त में कोई नहीं

9

फीचर फिल्म लेखन

पूरी दुनिया में फिल्म मनोरंजन के साथ-साथ व्यवसाय का साधन हो गया है यह स्पष्ट है कि किसी फिल्म का निर्माण लोकप्रियता या व्यवसाय की अपेक्षा से किया जाता है। फिल्म लेखन इसी ऐन्द्रजालिक निर्माण प्रक्रिया का एक आवश्यक अंग है। फिल्म लेखन में उत्सुक व्यक्ति को आरम्भिक चरण में ही यह समझ लेना चाहिए कि इस क्षेत्र में सैद्धांतिक ज्ञान के साथ व्यावहारिक दक्षता का गुण अत्यंत आवश्यक है। वजह यह है कि पाँच दस पेज की कहानी या कल्पना को लंबी पटकथा में परिवर्तन हेतु उसमें अनेकों बातें जोड़नी घटानी पड़ती हैं। ऐसा करते समय परदा माध्यम के कई तत्वों को ध्यान में रखना पड़ता है। अभिनय, बजट, स्थान, छायांकन, वातावरण, दर्शकों की मानसिकता आदि को ध्यान में रखना होता है। ये सब करते हुए कथा कल्पना में आवश्यक परिवर्तन तो होने ही हैं। (पहलः 52 में प्रकाशित राजेन्द्र पांडे का लेख पटकथा लेखन साहित्यिक विधा की ओर/ 183) फिल्म लेखन में इस आवश्यक परिवर्तन की समझ व व्याख्या ही लेखकीय व्यक्तित्व का निर्धारण करती है। फिल्म लेखन को सैरिलेतिक स्तर पर विभिन्न बिन्दुओं के तहत विश्लेषित किया जा सकता है।

1. कथा-विचार
2. संक्षिप्त कथा
3. विकसित कथा
4. पटकथा

5. संवाद

1. कथा-विचार कथा-विचार की वह स्थित है जो स्थित वृक्ष और बीज की होती है। अपनी-अपनी सुविधा और समझ के आधार पर लोग इसे थीम, आइडिया थॉट यावन प्वाइंट का नाम देते हैं। पंडित मुखराम शर्मा (प्रसिद्ध कथा पटकथा संवाद लेखक) के अनुसार "फिल्म लेखन का जो तरीका मैं समझता हूँ वह फिल्म की थीम आरंभ होता है।" (साहित्य वार्षिकी इंडिया टुडे/ वर्ष 1994/ पृ0 236) थीम की गहरी और सूक्ष्म जानकारी लेखक की प्रतिभा का प्रमाण होती है। कोई भी लेखक अपनी रुचि और योग्यता के अनुसार ही फिल्मों का चुनाव करता है जो धार्मिक, ऐतिहासिक सामाजिक अथवा कामेडी रहस्य रोमांच आदि में से एक होती है। और उसके अनुसार कथा-विचार निर्धारित करता है। स्टोरी आइडिया कुछ वाक्यों में होता है। किन्तु फिल्मी क्षेत्र में इसका मूल्य ज्यादा है। हर समय फ्रेश आइडियाज की जरूरत यहाँ रहती है। इसीलिए लेखक के पास अनेक भाषाओं की पुस्तकों व फिल्मों को पढ़ने देखने का विस्तृत अनुभव होना आवश्यक है। वजह यह है कि तकनीक के स्तर पर अद्‌भुत विकास के पश्चात् भी कंटेन्ट के दृष्टिकोण से फिल्में आज भी एक सुपरिचित कथा में डूबी हुई हैं। उदाहरण के तौर पर कुछ अति प्रचलित /सर्वत्रस्वीकृत/पिष्टपेषित आइडियाज इस प्रकार हैं

1. नारी का संघर्ष
2. बचपन में बिछड़ना फिर मिलना
3. कानून और अपराधी की आँख मिचौली
4. गलतफहमियों के कुहासे में रिश्ते,
5. अमीरी और गरीबी के बीच संबंधों का द्वन्द्व
6. किसी भी प्रकार बाधा से जूझते प्रेमी
7. भाई-बहन, देवर-भाभी, के बीच बनते बिगड़ते रिश्ते
8. आधुनिकता की चकाचौंध में फँसे एक भोले-भाले व्यक्ति की परिणति।

कई बार इस आइडियों में परिवर्तन कर दर्शकों के समक्ष पेश किया जाता है। हर समय फिल्मी दुनिया में कुछ कथा-विचार फैशन में रहते हैं। ऐसा भी होता है कि बाक्स आफिस पर क्लिक होने के उपरांत कोई विशेष फिल्मों को ट्रेन्ड सेन्टर कहा जाता है। किस्मत (पुरानी), मुगले आजम, गंगा, जमना, मदर इंडिया, शोले, मैंने प्यार किया, बॉजीगर, दिलवाले दुल्हनिया ले जाएंगे जैसी फिल्मों ने थीम, आइडिया या कंटेन्ट के संदर्भ में ऐतिहासिक भूमिका प्राप्त की है।

लेखक के पास फिल्म लेखन के लिए नए आकर्षक, मनोरंजक और व्यावसायिक दृष्टि से प्रेरक कथा विचारों का भरपूर मात्रा में होना आवश्यक है। लेखक में आवश्यकतानुसार इन विचारों को नैरेट करने की योग्यता भी होनी चाहिए।

2. संक्षिप्त कथा थीम या आइडिया या कांसेप्ट (जो लगभग एक ही आशय के लिए व्यवहार में लाए जाते हैं) बाद लेखक संक्षिप्त कथा या वन लाइन तैयार करता है। सामान्यतः 5 या 6 पेज में लेखक फिल्म के समस्त घटनाक्रम का सारांश प्रस्तुत करते हुए मुख्य पात्रों के चरित्र विकास एवं उनके अन्तः सम्बन्ध की प्रभावी रूपरेखा उपस्थित करता है। राइटिंग की मार्केटिंग की सारी जिम्मेदारी इसी वनलाइन पर होती है। लेखक अपनी कथा कहने की प्रतिभा और अपनी दक्षता को सत्यापित करते हुए निर्माता निर्देशक स्टार को विश्वास दिलाता है कि प्रस्तावित विषय पर बनी फिल्म धन और यश की धारधार वर्षा कर देगी।

किसी कहानी के महत्वपूर्ण तथ्यों को समास शैली में पेश कर उसकी कथा को सही रूप दिया जा सकता है। अत्यंत व्यस्त जीवन पद्धति में निर्माता-निर्देशक का तकिया कलाम बन गया है कि आपकी स्टोरी की वन लाइन क्या है? ठीक उसी तरह जैसे मुक्तिबोध पूछते थे कि पार्टनर आपका पालिटिक्स क्या हैं?

3. विकसित कथा इसे पटकथा का वह रूप माना जा सकता है जिसमें विधिवत् क्रमानुसार दृश्यों का विभाजन नहीं किया जाता और, निर्देश तथा संवाद नहीं होते। लेखक इस स्तर पर कहानी का आद्योपान्त विवरण करता है, मुख्य पात्रों की पृष्ठभूमि विशेषता संगति विसंगति परिणति विश्लेषित करता है, फिल्म का आदि मध्य अंत निश्चित करता है। यदि अभी तक नहीं हुआ तो एक हेडिंग निर्धारण करता है। इसी चरण में लेखक कथा में जिन तत्वों के स्थान एवं अनुपात के साथ उनकी प्रकृति को तय करता है वो इस प्रकार है।

1. नृत्य
2. मारधाड़
3. उपकथा
4. गीत

वन लाइन और स्टोरी आइडिया के पश्चात् लेखक के द्वारा विकसित कथा का निर्माण किया जाता है। फिल्म से संबंधित महत्वपूर्ण व्यक्तियों के सुझावों व संशोधनों को स्वीकार अथवा अस्वीकार करने का उपयुक्त अवसर इसी चरण में होता है। लेखक में यह सामर्थ्य होना चाहिए कि वह किसी अप्रासंगिक अथवा अग्रहणीय सुझाव को नजरअंदाज न कर सके। साथ ही अपने पक्ष को तर्क के साथ प्रस्तुत कर सके। निर्माता-निर्देशक और उनके प्रिय व्यक्तियों के अनपेक्षित सुझावों को इस संदर्भ में परखना चाहिए कि कथा विचार कहीं क्षतिग्रस्त तो नहीं हो रहा। वैसे संवेदनशील निर्देशक इस तथ्य का स्वयं ध्यान रखते हैं। इस सन्दर्भ में लेखक निर्देशक महेश

भट्ट का वक्तव्य धर्मयुग में इस तरह आया थासर को बनाते समय मेरी नीयत और मेरे ख्याल सुस्पष्ट थे, इसलिए फिल्म को मनोरंजक बनाने की कोशिश में मैंने अपनी सोच की हत्या नहीं की है। विकसित कथा का उपयोग पटकथा में संदर्भ ग्रंथ की तरह होता है।

4. पटकथा विश्व सिनेमा के अन्तर्गत विभिन्न प्रकार की पटकथाओं के मौजूद होने के पश्चात् भी यह एक महत्वपूर्ण प्रश्न है कि हाउ टु राइट ए गुड, बैलेन्स्ड, इंप्रेसिव एण्ड पापुलर स्क्रीन प्ले? पटकथा लेखक 60-80 दृश्यों के बीच पूरी फिल्म लिखता है। पटकथा का अर्थ है दृश्य का क्रम निर्धारण। एक अच्छा पटकथा लेखक बनने के लिए दृश्य (सीन) के रेशे-रेशे से परिचित होना अत्यावश्यक है। यूँ तो पटकथा लिखने के अनेक प्रकार हैं किन्तु एक महत्वपूर्ण ढंग इस प्रकार है। लेखक निर्माता और निर्देशक के साथ विचार-विमर्श के द्वारा यह सुनिश्चित करता है कि प्रस्तावित फिल्म की लंबाईं क्या होगी? प्रायः ढाई घंटे के भीतर फिल्म समेटने का चलन है। निर्देशक यह भी चाहता है कि 60-70 दृश्य ही लिखे जाएँ। एक अपनाई फिल्म के रूप में "मेरा नाम जोकर" को छोड़ दिया जाय तो किसी एक पटकथा के अन्तर्गत इससे अधिक दृश्य होना उचित नहीं है। इसके उपरांत लेख कहानी दिखाने की शैली का चुनाव करता है। प्रसिद्ध लेखक गुलजार का मानना है कि सिनेमा का फॉर्म नौटंकी या कथावाचन के नजदीक माना जा सकता है। चूंकि उसे बहुत सारे दर्शकों का एक साथ मनोरंजन करना है इसलिए वह कथावाचक की तरह मुख्य कथा में कॉमेडियन या विलेन की उपकथाएँ और नौटंकी की तरह नाच-गाना साथ लिए चलता है। लेखक इस अवधारणा में अपनी शैली का समावेश करते हुए पटकथा का निर्माण करता है। कुछ पटकथाकार समस्त कहानी को फ्लैश बैंक में दिखाते हैं। कुछ के द्वारा कहानी के महत्वपूर्ण हिस्सों को फ्लैश बैंक में दिखाया जाता है। उदाहरण के लिए मधुमती, सोल्जर आदि। कुछ में कहानी अ से शुरू करके ज्ञ तक पहुँचते हैं। हमारी अधिकांश पटकथाएँ इस अंतिम शैली में ही लिखी जाती हैं। यदि पटकथा सस्पेन्स या क्राइम थ्रिलर है तो लेखक रहस्य रोमांच बनाते हुए कहानी दिखाता है। बी.आर. चोपड़ा की कुछ फिल्में जैसेइत्तफाक, धुंध, बीस साल बाद, गुप्त आदि इस कोटि के सर्वोत्तम उदाहरण हैं।

(1) फिल्म का आरंभ फिल्मों की शुरुआत का इतना महत्व होता है कि कई बार इसी के आधार पर फिल्म की माउथ पब्लिसिटी होने लगती है। शुरू के दृश्य से ही फिल्म का मूड और टेम्परामेन्ट निर्धारित होने लगता है, इसलिए विषय के आधार पर लेखक ओपनिंग निश्चित करता है। इस में कुछ उल्लेखनीय फिल्में हैं,

मुगले आजम, गंगा जमुना, आवारा, शोले, रंगीला, प्यार तो होना ही था, प्यासा साहब बीबी और गुलाम इत्यादि।

प्रायः निर्देशक ही यह तय करता है कि नामावली के बाद पहला दृश्य आएगा या नामावली का ही बेहतर उपयोग होगा (जैसे फिल्म रोटी)। लेखक फिल्म का आरंभ लिखतें हुए फिल्म की गति, प्रकृति और मुख्य पात्र का ध्यान रखता है, इसी वजह से फिल्म में रोचकता का स्मरण रखने की आवश्यकता है।

(2) नायक, नायिका और खलनायक की एन्ट्री नयापन फिल्म का एक ग्लैमरस माध्यम है जिसमें प्रत्येक बात लार्जर दैन लाइफ होती है। नायक, नायिका और खलनायक जैसे महत्वपूर्ण चरित्र करोड़ों रुपयों में तय किए जाते हैं। भारत में फिल्में सदैव स्टार्स की परछाई बन कर रही हैं। वैसे इस बात का संकेत एक चिन्ताजनक पक्ष की तरफ है।

अपने प्रमुख पात्रों की प्रथम उपस्थिति को लेखक शानदार बनाए, यही निर्माता व निर्देशक की माँग होती है। अनुभव भी है कि जब पहली बार पर्दे पर हीरो का आगमन होता है तो हॉल तालियों से गूँज उठता है हीरोइन आती है तो वातावरण आनन्द, श्रृंगार उत्तेजना और उद्दाम अनुभूति से भर जाता है तथा विलेम के देखते ही दर्शक कुर्सियों पर सँभल कर बैठ जाते हैं। जैसे फूल और पत्थर में धर्मेन्द्र, गुलाम में रानी मुखर्जी और शोले में अमजद खान के प्रथम दृश्य।

ऐसे दृश्यों को पटकथा लिखते समय बार-बार सोचकर प्रारूपित करने में पात्रों का शारीरिक मानसिक आर्थिक, और भावनात्मक परिचय भी सामहित है। लेखक चाहे तो मुगलेआजम में सलीम (दिलीप कुमार) के प्रथम दृश्य का स्मरण कर सकता है।

(3) मूलकथा का बीजारोपण योग्य पटकथा लेखक से यह उम्मीद रखते हैं कि प्रारम्भ के पांच दृश्यों के अन्तर्गत वह फिल्म की मुख्यधारा निर्धारित कर दें। इसके उपरांत उपकथाओं के साथ कथा विकसित होकर बीच और चरमोत्कर्ष की ओर अग्रसर होती है। लेखक के थोड़े से प्रमाद का नतीजा ऊब ही हो सकता है। पटकथा में गति स्पीड का काफी महत्व है। साहित्य और सिनेमा पर बात करते हुए गुलजार कहते हैं। कि जनमानस में रचने बसने और अपनी खुशबू बिखेरने में साहित्य को बहुत समय लगता है तब उसकी पंखुड़ियों का सौन्दर्य खुलता है। इसके विपरीत सिनेमा में गति है जो भी कुछ कहना है तीन घंटे के अंदर कह देना है और वह एक साथ सारे देश में लाखों करोड़ों दर्शकों तक पहुँच, पसंद नापसंद का फैसला करा डालता है। इसलिए पटकथा में कहानी के शरीर के निर्माण के उपरांत आत्मा रोप कर उसे अन्य गतिविधियों के लिए शीघ्रातिशीघ्र नियोजित कर देना चाहिए।

(4) चरित्र-संख्या पर नियंत्रण इस विषय के अन्तर्गत सौदागर फिल्म के बारे में सुभाष घई का कथन, फिल्म फेयर के 657 वे अंक में कुछ इस तरह आया थाफिल्म में महत्वपूर्ण पात्रों की संख्या कम से कम होनी चाहिए, क्योंकि प्रत्येक पात्र का परिचय भी कराना आवश्यक होता है। और उसके होने का एक औचित्य तथा अंत भी दिखाना होता है। इस सन्दर्भ को और अधिक स्पष्ट करने के लिए दिलीप कुमार से जावेद अख्तर की बात-चीत जो साहित्य वार्षिकी इंडिया टुडे 1993/179 में प्रकाशित हुई थी को भी यहाँ उद्धरित किया जा सकता हैऐसा न होने पर चरित्रों की अविकसित भीड़ में कहानी भटकती रह जाती है। उनके आंतरिक सम्बन्ध को कुछ श्वास ढंग से प्रकाशित करने के लिए चरित्र कम होना चाहिए। जिस पर अभिनेता दिलीप कुमार अपनी तरह से विचार करते हैं, बाजी दफा ये होता है कि हम अपनी बोल रहे हैं वो अपनी बोल रहा है। वो भी ठीक डायलाग बोलता जा रहा है मेरे भी डायलाग ठीक हैं तीसरा कोई है वो भी बोल रहा है डायरेक्टर ने शॉट ओके कर दिया है। लेकिन उनके अंदर जो इंटरप्ले है वो नहीं हुआ। यह मैनेजमेन्ट आफ इंटरप्ले तभी संभव होता है जब चरित्र न्यूनतम हों और उन्हें पूरे तन-मन से चित्रित किया जाए।

(5) फिल्म का मध्यांतर अनेक दृश्यों के द्वारा विभिन्न रसों के समुद्र में दर्शकों को डुबकी लगवाते हुए लेखक पटकथा में मध्यांतर सुनिश्चित करता है। कहानी की सारी समस्याएँ मध्यांतर तक विकसित हो जानी चाहिए उलझनों की सारी गाँठें लग जानी चाहिए और तनाव शीर्ष पर पहुँच जाना चाहिए। किसी संवाद या रोमांचकारी मोड़ फिल्म का मध्यान्तर ऐसा हो कि उसके उत्तरार्द्ध में दर्शक की उत्सुकता घघक उठे यहाँ तक आते-आते देखना होगा कि पटकथा की बनावट और कसावट में कोई प्रमाद तो नहीं है।

(6) फिल्म का सेमी क्लाइमेक्स सेमी क्लाइमेक्स अर्थात् क्लाइमेक्स का प्रस्थान बिन्दु अर्थात् निर्णायक युद्ध की पूर्व संध्या फिल्म की सारी उपकथाएँ इस चरण में एक अंत प्राप्त कर लेती हैं। लेखक को इस बात की आवश्यकता है कि इस चरण में ही मुख्य गुत्थी को हल की भूमिका भी तैयार कर ले। एक तरीका यह भी है कि दृश्यों की लम्बाई कम करके और उनकी संख्या बढ़ा कर उप चस्मोत्कर्ष को और ज्यादा जीवत किया जाता है। हालांकि इस स्तर पर लेखक नायक के जीवन मरण के प्रश्नों को छोड़कर शेष सभी प्रश्नों का उत्तर दर्शकों को दे देता है।

(7) क्लाइमेक्स फिल्म को समाप्त होने से पूर्व उत्सुकता बनाये रखने हेतु पटकथाकार के लिए चरमोत्कर्ष अधिक महत्वपूर्ण होता है। अनेक सारी फिल्में

क्लाइमेक्स में आकर बिखर जाती हैं या ढीली पड़ जाती हैं यहीं पर लेखक फिल्म के शीर्षक का उद्देश्य सिद्ध करते हुए उकसी थीम को एक अंत देता है। अंत सुखद हो या दुखद या मिश्रित यह विषय और लेखक निर्देशक की रुचि पर निर्भर करता है। कई बार जनरुचि का ध्यान रखते हुए निर्देशक प्रयोगशील या कल्पनाप्रवण अंत से घबराते है। ध्यान देने योग्य है कि कुछ फिल्में प्रदर्शन के बाद प्रथम सप्ताह में ठंडी रहीं, उन्हें अंत बंद कर पुनः प्रदर्शित किया गया तो नतीजा उत्साहवर्धक रहा। बॉबी फिल्म इसका प्रसिद्ध उदाहरण है। लेखक को कहानी की माँग व्यक्तिगत अभिरुचि और जनरुचि में बिठाते हुए फिल्म की सम्पन्न परिणति अंकित करनी चाहिए। अंत को निरूपित करते हुए इतना स्पेस तो अवश्य रखना चाहिए कि दर्शक की कल्पना उसमें विचरण कर सके। हृषिकेश मुखर्जी के अनुसार, श्याम बेनेगल की फिल्म अंकुर के अंत में एक बाल चरित्र का पत्थर उठा लेना थरथरा दिया था दर्शकों को। आज पिस्तौल, मशीनगन, एक.के.56 आरडीएक्स क्या नहीं है? लेखक इसी स्तर पर फिल्म के उद्देश्य का डंका भी बजाता है।

पटकथा में दृश्य

संवाद लेखक और पटकथाकार दोनों की मौजूदगी में पटकथाकार किसी दृश्य को कैसे लिख कर देगा, उसका एक उदाहरण निम्नलिखित प्रकार से प्रस्तुत है

दृश्य : 1

स्थान : राजेश गौतम का मकान (अन्तः भाग)

समय : रात के साढ़े आठ बजे।

पात्र : राजेश गौतम, रसा, विजय कुमार दीनानाथ चौहान और मेघा।

राजेश गौतम गहरी चिन्ता के अन्तर्गत अपने घर के हॉल में चहलकदमी कर रहा है। रसा आकर उससे चिन्ता का कारण पूछती है। वह यह भी जानना चाहती है कि उसका देवर विजय कुमार दीनानाथ चौहान सुबह-सुबह कहाँ चला गया है। राजेश गौतम कहता है कि हमारे घर का चिराग दिन के उजाले में कहीं भटक रहा होगा। विजय कुमार दीनानाथ चौहान अचानक मेघा के साथ आ जाता है। विजय कुमार दीनानाथ चौहान कुछ कहे इससे पहले राजेश गौतम भड़क उठता है। तुम्हारी हिम्मत कैसे हुई रास्ते के धूल को मेरे ड्राइंगरूम तक ले आने की? रसा जो इस प्रकरण के विषय में सब कुछ जानना चाहती है। विजय कुमार दीनानाथ चौहान राजेश गौतम की कुछ बातों का जवाब देते हुए उत्तेजित हो जाता है तो रसा विजय कुमार दीनानाथ

चौहान को थप्पड़ जड़ देती है। विजय कुमार दीनानाथ चौहान मेघा का हाथ पकड़ कर तेजी से बाहर जाता है। **(कट-टू)**

दृश्यों का आंतरिक सम्बन्ध और अन्तर्विलयन पटकथा के अन्तर्गत महत्वपूर्ण है। दृश्य में कुछ डमी या सुझवात्मक संवाद भी रहते हैं, जिसका संवाद लेखक चाहे तो उपयोग कर सकता है। हाँ, दृश्य में सारी सूचनाएँ और कहानी का सारा उतार चढ़ाव बिल्कुल स्पष्ट होना चाहिए। पटकथाकार को ही दृश्य के हाई प्वाइंट का निर्धारण करना चाहिए। उल्लेखनीय है कि दृश्य का पूर्व संबंध भी व्यवस्थित होना अपेक्षित है। स्वतंत्र रूप से बहुत अच्छा दृश्य भी पटकथा के दृष्टिकोण से दो कौड़ी का सिद्ध हो सकता है। फिल्म में वही दृश्य महत्वपूर्ण होता है जो गति, प्रगति और प्रवृति को ध्यान में रखकर लिखा जाए।

(5) संवाद कभी-कभी किसी फिल्म को एक के अलावा कई व्यक्ति मिलकर भी लिखते हैं। ऐसा भी है कि एक व्यक्ति कथा लिखे, दो व्यक्ति पटकथा लिखें और तीन व्यक्ति संवाद लिखें। वैसे जोड़ी का प्रचलन तो फिल्मी दुनिया की अपनी विशिष्टता रही है। मुगले आजम में चार संवाद लेखक थे। सलीम जावेद की जोड़ी ने कई हिट फिल्में लिखी है। रॉबिन भट्ट आकाश खुराना और जावेद सिद्दीकी की तिकड़ी भी विख्यात है। इसलिए किसी भी फिल्म लेखनाभिलाषी को संवाद लिखने में दक्ष होना चाहिए अपनी लिखी पटकथा में भी और दूसरों की लिखी पटकथा में भी। वैसे सलीम खान का मत थोड़ा अलग है। उनका मानना है कि विदेश में जो स्क्रिप्ट लिखता है वही डायलॉग भी लिखता है क्योंकि स्क्रिप्ट और डायलॉग दो पृथक चीजें हो ही नहीं सकतीं। जो आदमी सीन सोचेगा वहीं सबसे अच्छी तरह जानता है कि उसके कैरेक्टर्स क्या कहेंगे और किस अंदाज में कहेंगे, किन्तु फिल्म जगत में छोटी सी छोटी बातों में विशेषज्ञों का सहारा लिया जाता है। अनुभवी संवाद लेखक को पटकथा लेखन के लिए कोई पूछता ही नहीं। इसके लेखक को हर परिस्थिति के लिए तैयार रहना चाहिए। संवाद लिखने के दौरान पूरी फिल्म सारे चरित्र ध्यान में रहने से संवाद संक्षिप्त, प्रासंगिक, प्रभावी और सार्थक होते हैं, संवाद लेखक (अगर वह हिन्दी फिल्म बना रहा है) के लिए मुख्य भाषा हिन्दी का विशेष ज्ञान ही आवश्यक नहीं है, उसे आंचलिक भाषाओं के साथ अंग्रेजी का अच्छा अभ्यास होना चाहिए।

वही संवाद लेखक सफल होता है जो भाषा का अर्जन जिन्दगी से करता है। किताबी और ठेठ भाषा लिखने वाले ज्यादातर असफल ही रहते हैं। प्रसिद्ध संवाद लेखक कमलेश पांडे के अनुसार, दर्शक के प्रति मेरी एक जिम्मेदारी है। मुझे अपनी बात को भारी और बोर होने से बचाना भी है। इसलिए मेरा कर्तव्य है कि थोड़ा झुकूँ

और थोड़ा उन्हें ऊपर उठाऊँ ताकि मनोरंजन तो हो भोंड़ापन न हो। फिल्म लेखक के तौर पर मेरी प्रतिबद्धता दर्शक के प्रति है, उसको दिखाए जा रहे विषय के प्रति है कमलेश पांडे नाम के व्यक्ति के प्रति नहीं।

यदि संवाद लेखक सजग रहे और पात्रों को परदे पर जीवंत करने वाले कलाकारों की क्षमताओं दुर्बलताओं व छवियों से परिचित रहे तो संवादों में जान आ जाती है। क्रांतिवीर के संवादों से प्रसिद्ध के.के. सिंह का मानना है कि राइटिंग को अधिक प्रभावशाली बनाने के लिए ऐक्टर के रेंज की जानकारी आवश्यक है। कभी-कभी संवाद लेखक कोई ऐसा तकिया-कलाम या जुमला गढ़ देता है जो विख्यात हो जाता है। मिंस्टर इडिया में अमरीश पुरी का संवाद 'मोगाम्बो खुश हुआ, तथा सौतन में प्रेम चौपड़ा का संवाद मैं वो बला हूँ जो शीशे से पत्थर को तोड़ता हूँ, इस संदर्भ में उल्लेखनीय है। कुछ अभिनेता तो केवल डायलॉग डिलीवरी के बल पर ही मैदान मारते रहे हैं। जैसे पृथ्वीराज कपूर सोहराब मोदी, राजकुमार, शत्रुहन सिन्हा आदि। फिल्म पाकीजा में राजकुमार का एक संवाद फिल्म को बूस्ट अप करने के लिए पर्याप्त था 'आपके पाँव देखे बहुत हसीन हैं इन्हें जमीन पर मत रखिएगा मैले हो जाएँगें।'

यदि संवाद लेखक के पास जीवन का पूरा अनुभव है तो वह पटकथा में समाहित दृश्य को अपने संवादों से सजीव कर देता है। एक उदाहरण प्रस्तुत है। फिल्म तीसरा पत्थर में संवाद लेखक रामकुमार भ्रमर की लेखकीय क्षमता प्रदर्शित करने वाला एक दृश्य।

दृश्य : 5

स्थान : जंगल

समय : संध्या

पात्र : फौजदार, दिनानाथ चौहान और गिरोह के सदस्य।

फौजदार : अखिर तुम मेघा से विवाह क्यों नहीं कर सकते?

दिनानाथ चौहान : इसलिए कि तुम मेघा के भाई हो, मैं मेघा का पति बनने को तो तैयार हूँ, पर तुम्हारा रिश्तेदार बनने को तैयार नहीं हूँ।

फौजदार : कितने कायर हो तुम! एक बागी के रिश्तेदार नहीं बनना चाहते?

दिनानाथ चौहान : (व्यंग्य से) अपने आपको बागी कह रहे हो ठाकुर! खुद से माजक कर रहे हो तुम। जो आदमी कानून से भागा हआ

अपराधी हो वह बागी अथवा विद्रोही कैसे हो सकता है? पुलिस से भागे फिर रहे हो और कायर कह रहे हो मुझे!

फौजदार : मुझे आदर्श मत पढ़ाओ मास्टर! मैं जो चाहूँ तुमसे करवा सकता हूँ।

दिनानाथ चौहान : (हँसता है) मुझे भी धमकी मत दो ठाकुर! रूपा को विधवा बनाना तुम्हारी राइफल के वश में है, पर उसे सधवा बनाना तुम्हारी राइफल के वश में नहीं है।

फौजदार : मेघा का क्या यही अपराध है मास्टर! कि वह मेरी बहन है?

दिनानाथ चौहान : राधा तुम्हारी पत्नी है, पर उसका क्या अपराध है? श्यामा तुम्हारी बहन है, उसका क्या अपराध है कि वह तुम्हारी बहन है? तुम जवाब नहीं दे सकोगे ठाकुर! ठीक है, मैं मेघा से विवाह कर लूँगा पर दहेज में क्या दोगे मुझे?

फौजदार : जो तुम कहोगे।

दिनानाथ चौहान : तब यह राइफल थाने में जमा कर दो, यह है मेरा दहेज।

फौजदार : मास्टर, सच बताओ, तुम मास्टर हो या पुलिस के आदमी? खैर, जो भी हो पर बात तुम पते की करते हो, मुझे सोचने का समय दो।

दिनानाथ चौहान : समय नहीं है ठाकुर! मेघा कितनी भावुक है तुमने सोचा ही नहीं। तुम्हारे स्वाभाविक निर्णय की देर रूपा के किसी भी अस्वाभाविक निर्णय की जल्दी बन सकती है। खैर, मैं चलता हूँ। (एक आदमी भागा हुआ आता है।)

पटकथा की सार्थकता के लिए ऐसे ही संवाद उचित होते हैं।

यह सामान्यतया एक फिल्म लेखन की अत्यंत प्रविक्ष प्रविधि है। यह वर्णनीय है कि जैसे तैराक बनने के लिये पढ़ाई करना न कि पानी में जाना आवश्यक है, उसी प्रकार फिल्म लेखन एक प्रायोगिक कला है। चुनी हुई फिल्मों को सतर्कतापूर्वक देखते हुए भी काफी हद तक जानकारी एवं ज्ञान प्राप्त किया जा सकता है। कई संस्थाओं द्वारा फिल्म लेखन को प्रशिक्षण प्रदान किया जाता है। इस विषय पर अनेक भाषाओं में पुस्तकें हैं। मालूम हो जिस प्रकार प्रत्येक कवि कथाकार नहीं बन सकता या प्रत्येक कथाकार नाटककार नहीं बन सकता उसी प्रकार लेखक भी अच्छा पटकथा लेखक नहीं बन सकता। लेकिन अगर वह बनना चाहे तो उसे समझना होगा कि

पटकथा लेखन एक प्रकार का तकनीक है और उसे इस तकनीक को आत्मसात करना होगा। तकनीक को आत्मसात करने का सबसे उत्तम ढंग हैविश्व के प्रसिद्ध निर्देशकों ब्रेसां, वेल्स, रेनवा, हिचकाक, चैपलिन, कार्ने, त्रुफा मिजोगुची, शांताराम विस्कोंती-फेलिनी, गुरूदत्त, राजकपूर, यशचोपड़ा, सत्यजीत राय, श्याम बेनेगाल, मणि रत्नम आदि की फिल्मों को बार-बार देखना इन्हें देखने से वे रास्ते दिखाई देंगे जो सफल फीचर लेखन के सबसे उत्तम लक्ष्य तक पहुँचाती हैं।

दीर्घ उत्तरीय प्रश्न

1. फिल्मों में पटकथा से क्या तात्पर्य है, उदाहरण के साथ स्पष्ट करो।
2. फिल्मों में संवाद कैसे होने चाहिए, उदाहरण के साथ विवेचना करो।

लघु उत्तरीय प्रश्न

1. फिल्मों में विकसित कथा का संक्षिप्त वर्णन करो।
2. फिल्म लेखन की शुरुआत किस प्रकार करनी चाहिए संक्षेप में स्पष्ट करो।
3. निम्न में से किसी एक की संक्षिप्त व्याख्या करो।
   (क) कथा-विस्तार (ख) संक्षिप्त कथा

वस्तुनिष्ठ प्रश्न

1. निम्न में विश्व प्रसिद्ध निर्देशक कौन है।
   (क) राजकपूर (ख) यश चोपड़ा
   (ग) चैपलिन (घ) उपरोक्त सभी
2. निम्न में विश्व प्रसिद्ध निर्देशक कौन है।
   (क) राजकुमार (ख) सोहराब मोदी
   (ग) पृथ्वीराज कपूर (घ) उपरोक्त सभी
3. "मैं वो बला हूं जो शीशे से पत्थर को तोड़ता हूं" यह निम्न में से किस फिल्म का संवाद है।
   (क) सौतन की बेटी (ख) रोटी
   (ग) सौतन (घ) उपरोक्त में कोई नहीं।

10

विज्ञापन लेखन

विज्ञापन को जनसंचार के क्षेत्र में महत्वपूर्ण भूमिका है विज्ञापन व्यवसायिक व वाणिज्यिक क्षेत्र के संवर्धन हेतु जनता का समर्थन एकत्र करता है। इसीलिए आज के प्रचार माध्यम की तरह यह भी एक ठोस माध्यम है। जो व्यावसायिक और औद्योगिक क्षेत्रों में उनकी लगातार उत्पादन संबंधी माँग, वृद्धि और नए उत्पादनों की जानकारी को उपभोक्ता तक पहुँचाने तथा विक्रय करने का कार्य करता है। इसके अलावा यह प्रतिष्ठान के प्रति उपभोक्ताओं तथा जनता रुचि और विश्वास उत्पन्न करने में सहायता प्रदान करता है।

अर्थ और परिभाषा

विज्ञापन हिन्दी के (वि + विज्ञान) से उत्पन्न हुआ है जिसका अर्थ है ज्ञापन कराना या सूचना प्रदान करना। यह अंग्रेजी शब्द एडवरटाइजिंग का हिन्दी पर्याय है, जिसकी उत्पत्ति लैटिन भाषा के शब्द एड्वर्टर से हुई। अंग्रेजी में इसका अर्थ टू टर्न टू अर्थात् किसी ओर मुड़ना है। जब किसी वस्तु या सेवा के लिए इसका प्रयोग किया जाता है तो इसका उद्देश्य ऐसे लोगों को उस ओर आकर्षित करना होता है। इस प्रकार से उसे सार्वजनिक सूचना की घोषणा भी कह सकते हैं। ब्रिटेन विश्वकोश के अनुसार विज्ञापन वांछित भुगतान प्रदत्त वह घोषणा है जो किसी वस्तु या सेवा की बिक्री के प्रोत्साहन हेतु किसी विचार के विकास अथवा किसी अन्य प्रभाव

उत्पन्न करने के मकसद से की गई हो। वेबस्टर्स न्यूवल डिक्शनरी में इसे इस रूप में परिभाषित किया गया है कि विज्ञापन का अर्थ किसी वस्तु या तथ्य के संबंध में मुद्रित माध्यम समाचार-पत्र आकाशवाणी अथवा ऐसे ही किसी साधन के द्वारा जानकारी देना, विक्रय बढ़ाना तथा जनता का ध्यान आकृष्ट करना है। इस प्रकार विज्ञापन का अर्थ किसी विषय वस्तु की जानकारी या सूचना प्रदान करना है।

अब यहाँ यह प्रश्न उठता है कि जनसंचार के माध्यमों द्वारा प्रसारित किए जाने वाले विषय भी अकसर जानकारी या सूचना प्रदान करते हैं। अतः ऐसी स्थिति में विज्ञापन में क्या खासियत है जो उसे अलग रूप प्रदान करती है। वास्तव में इन विषयों से विज्ञापन बिल्कुल अलग है, क्योंकि विज्ञापन के उद्देश्यों की पूर्ति पर इसकी विशेषता निर्भर है। विज्ञापन उन सारी गतिविधियों का नाम है, जिनका मकसद अपने खर्च पर निर्वैयक्तिक रूप से किसी विचार वस्तु या सेवा के विषय में जानकारी प्रदान करना और इससे ग्राहक को अपनी इच्छा के अनुरूप बनाना है। विज्ञापन का संबंध व्यक्ति से नहीं वस्तु से होता है। और वस्तु का किसी औद्योगिक संस्था से संबंध होता है। वास्तव में व्यवसाय के क्षेत्र में उत्पादन का उपभोक्ता संस्था से संबध होता है। वास्तव में व्यवसाय क्षेत्र में उत्पादन को उपभोक्ता तक पहुँचाने की पद्धति को वितरण प्रणाली कहते हैं। इस वितरण प्रणली ने आधुनिक युग में जनसंचार के माध्यमों को अपनाया है। औद्योगिक विकास तथा मुद्रण के प्रचार से विज्ञापन की प्रगति भी बहुत तेज हो गई है। आज पत्र-पत्रिकाएँ तथा श्रव्य दृश्य उपकरणों जैसेपोस्टर, होर्डिंग, दूरदर्शन, सिनेमा आकाशवाणी आदि के माध्यम से विज्ञापन ने विश्व स्तर पर लोकप्रियता प्राप्त कर ली है। व्यवसाय के दुनिया में विज्ञापन एक महत्वपूर्ण अंग बन चुका है, क्योंकि इस संसार में उत्पादन वितरण से संबंधित जो प्रतियोगिता, प्रतिस्पर्धा और प्रतिबिंगिता है उस पर प्रचार द्वारा ही विजय प्राप्त की जा सकती है।

विज्ञापन के प्रकार

वर्तमान समय में उत्पादों, संस्थाओं, प्रतिष्ठानों तथा विज्ञापनदाताओं के प्रति गुणात्मक सद्भाव जनमत तथा विश्वास उत्पन्न करने में विज्ञापन का खास महत्व हो गया है। क्योंकि जनता के पास समय कम होता है जिससे लंबे समय तक किसी वस्तु के संबंध में समय नहीं दे सकता और न ही किसी वस्तु के गुणावगुण का विश्लेषण करने के उपरांत उसका उपभोग कर सके। इसलिए विज्ञापन द्वारा जनता

को या उत्पाद के प्रति विश्वास प्राप्त करने की कोशिश की जाती है। दूसरी ओर उपभोक्ता भी अगली बार वस्तु या उत्पाद को क्रय करने पर विचार करने का मौका पा लेता है। इसी प्रकार सामाजिक क्षेत्र में सम्मान संबंधी सूचनाएँ चिकित्सा संबंधी घोषणाएँ राष्ट्र व राज्य संबंधी जनकल्याण प्रगति के ऑकड़े व तालिकाएँ तथा परिवार नियोजन, नियुक्ति आदि की जानकारी विज्ञापनों के द्वारा ही की जाती है। इससे जनता को समाज में विशेष लाभ प्राप्त होता है और समाज का विकास भी होता है।

विज्ञापन के प्रकारों का विभाजन विज्ञापन के गुण, विज्ञापन के माध्यम तथा उत्पादक या विज्ञापनदाता के आधार पर किया जा सकता है।

1. गुण के आधार पर : गुण के आधार पर विज्ञापन चार प्रकार के होते हैं

(i) सम्मानक विज्ञापन

(ii) संस्थागत विज्ञापन

(iii) तुलनात्मक विज्ञापन

(iv) अन्य विज्ञापन

सम्मानक विज्ञापन : इस विज्ञापन में शोभा यात्राओं, फिल्मोत्सवों षष्ठिपूर्ति उत्सवों या प्रमुख विदेशी व्यक्तियों के आने पर दिए जाने वाले विज्ञापनों तथा विदेश यात्रा करके आने वाले व्यक्तियों को दी जाने वाली बधाइयां आदि आते हैं।

संस्थान विज्ञापन : इस विज्ञापन में वाणिज्यिक संस्थाओं के साथ-साथ राष्ट्रीय हित संबंधी तथा चेतावनीपरक विज्ञापन हैं जो अर्ध सरकारी, सरकारी दिये जाते हैं। वे प्रायः तुलनात्मक विज्ञापन के अन्तर्गत आते हैं। इन्हें व्यावसायिक या वाणिज्यिक विज्ञापन भी कहते हैं। इसलिये इस प्रकार के विज्ञापन विशुद्ध रूप से व्यावसायिक या वाणिज्यिक हैं।

अन्य विज्ञापनों के अन्तर्गत पत्र-पत्रिकाओं में प्रकाशित किये जाने वाले सभी प्रकार के विज्ञापन आते हैं अर्थात् सजावटी वर्गीकृत, प्रमाणीकृत पैनल सोलो आदि विज्ञापन समाचार-पत्र के नामपट्ट के दोनों तरफ दिए जाते हैं और सोलो विज्ञापन समाचार-पत्र के प्रथम पृष्ठ पर दाईं तरफ बिल्कुल नीचे दिए जाते हैं।

2. माध्यम के आधार पर : विज्ञापन का संदेश संभावित ग्राहक तक भेजने के काम में जिस माध्यम का प्रयोग होता है वह विज्ञापन के क्षेत्र में माध्यम कहलाता है। यह कार्य मुद्रण चलचित्र, आकाशवाणी तथा दूरदर्शन द्वारा सम्पन्न किया जाता है। जनसंचार के इन माध्यमों के आधार पर विज्ञापन मुख्यतः तीन प्रकार के होते हैं।

1. श्रव्यगत विज्ञापन

2. दृश्यगत विज्ञापन

3. श्रव्य-दृश्यगत विज्ञापन

श्रव्यगत विज्ञापन : बाजारों में माइक्रोफोन से होने वाली घोषणाओं से लेकर आकाशवाणी द्वारा प्रसारित किए जाने वाले सभी विज्ञापन श्रव्यगत विज्ञापन के अंतर्गत आते हैं। इसमें आकाशवाणी की महत्वपूर्ण भूमिका होती है।

दृश्यगत विज्ञापन : पैम्फलेट से लेकर पत्र-पत्रिकाओं में प्रकाशित विज्ञापन, होर्डिंग्स, टेलीफोन व बिजली के खंभों पर लटकाने वाले पैनल्स, स्लाइड्स नियोन साइन परिवहन साधनों पर पेंटिंग्स विज्ञापन आदि आते हैं। इनका संबंध मुख्यतः मुद्रण कला से है।

श्रव्य-दृश्यगत विज्ञापन : दृश्यगत विज्ञापन के अंतर्गत उपयुक्त दोनों विधाओं के मिश्रित रूप के विज्ञापन इस विज्ञापन में आते हैं। प्रमुखतः दूरदर्शन पर प्रसारित किये जाने वाले सभी विज्ञापन और थियेटरों में दिखाए जाने वाले लधु वृत्तेचित्र और अल्पावकाश की फिल्में इसी विज्ञापन के अंतर्गत होते हैं।

3. विज्ञापनदाता के आधार पर सरकारी संस्था व्यावसायिक प्रतिष्ठान या स्वैच्छिक संस्था या फिर व्यक्ति इन सभी दृष्टिगत विज्ञापन के चार प्रकार बताए जाते हैं, जो इस प्रकार हैं

(i) सरकारी विज्ञापन

(ii) गैर-सरकारी विज्ञापन

(iii) व्यावसायिक विज्ञापन

(iv) व्यक्तिगत विज्ञापन

सरकारी विज्ञापन : आवश्यकता पूर्ति हेतु प्रशासनिक क्षेत्र में प्रसारित किये जाने वाले विज्ञापन जिनका प्रकाशन अक्सर पत्र-पत्रिकाओं में होता है ये सभी सरकारी विज्ञापन के अंतर्गत आते हैं। इनमें खास अवसर पर सरकार तथा सरकारी संस्थाओं द्वारा दिए जाने वाले प्रगति संबंधी विज्ञापन, परिवार नियोजन, वैधानिक चेतावनी समाज कल्याण संबंधी विज्ञापन नियुक्तियाँ निविदाएँ आदि आते हैं। इन विज्ञापनों को प्रायः सज्जित विज्ञापन भी कहा जाता है। जो पत्र-पत्रिकाओं में प्रकाशित होते हैं। शिक्षा संबंधी सूचनाएँ औद्योगिक क्षेत्रों में नियुक्तियाँ वार्षिकोत्सव पर प्रकाशित की जाने वाली घोषणाएँ चुनाव के संदर्भ में अभियान के लिए राजनैतिक दलों द्वारा दिए जाने वाले संदेश आदि इसके अंतर्गत आते हैं।

व्यवसायिक विज्ञापन : इस विज्ञापन के द्वारा दुकानों, व्यवसासिक प्रतिष्ठानों तथा औद्योगिक घरानों के उत्पादित वस्तु की बिक्री हेतु जनता को जानकारी दी जाती

है। इन विज्ञापनों का मुख्य लक्ष्य क्रय तथा विक्रय करना होता है। ये विज्ञापन अत्यन्त आकर्षक सजावटी और खर्चीले होते हैं। अपने ग्राहक तथा उपभोक्ता को ध्यान में रखकर जन संचार के सभी माध्यमों द्वारा ये विज्ञापन प्रसारित किए जाते हैं। कभी-कभी एक ही उत्पादन के लिए सभी माध्यमों के विज्ञापन का प्रयोग किया जाता है।

व्यक्तिगत विज्ञापन : इस विज्ञापन के द्वारा सामाजिक आवश्यकता और प्रतिष्ठा के लिए वैयक्तिक रूप से पत्र-पत्रिकाओं, आकाशवाणी, दूरदर्शन तथा अन्य साधनों द्वारा दिए जाते हैं। इस विज्ञापन के अंतर्गत पत्र-पत्रिकाओं में छपने वाले वर्गीकृत विज्ञापन, आकाशवाणी तथा दूरदर्शन पर प्रसारित की जाने वाली विशेष सूचनाएँ वर्गीकृत विज्ञापनों के अंतर्गत विवाह, शिशुजन्म, स्मृतिशेष, लापता, स्थानांतरण, मकान चाहिए, किराए के लिए, नगरों के थियेटरों में प्रदर्शित होने वाली फिल्मों की सूचनाएँ आदि उल्लेखनीय हैं। ये कम खर्चीले होते हैं, इसीलिए मध्यवर्गीय परिवार भी इनका प्रयोग कर लेते है।

विज्ञापन के प्रयोजन

उत्पादों को बेचना ही विज्ञापन का प्रमुख प्रयोजन होता है। इसके माध्यम से अधिकांश लोगों तक वस्तु या सेवा का नाम और उसकी उपयोगिता के बारे में बताया जाता है। वास्तव में विज्ञापन सेल्समैन का स्थान तो नहीं ले सकता किन्तु प्रचार कार्य में विज्ञापनदाता की सहायता अवश्य कर सकता है। किसी सामान की उपयोगिता व फायदे के विषय में ग्राहक विज्ञापन के माध्यम से पहले ही जानकारी प्राप्त कर लेता है। और यह भी मालूम हो जाता है कि कौन सी वस्तु बाजार में उपलब्ध है। इसको उसे आसानी से उसके गुणावगुणों का भी परिचय मिल जाता है। इससे उसे वस्तु को खरीदने के लिए निर्णय करने में कोई दिक्कत नहीं होती।

जब वस्तु की उपयेगिता और सुलभता का ज्ञान ग्राहक को हो जाता है, तो वह अपनी आर्थिक स्थिति के अनुसार उसे खरीदने की योजना बनाता है। यहाँ ग्राहक का किसी वस्तु-विशेष के प्रति झुकाव हो जाना, आर्थिक रूप से उस वस्तु की मांग पैदा करना है। इस प्रक्रिया में विज्ञापन ग्राहक को उस वस्तु के संबंध में एक प्रकार से ज्ञान भी प्रदान करता है।

विज्ञापन के तत्व :

1. ध्यानाकर्षण
2. रुचि-संपोषण

3. इच्छा-सृजन
4. संतुष्टि-सृजन
5. प्रेरक-प्रतिक्रिया

1. ध्यानाकर्षण : व्यवसाय और विज्ञान का सुन्दर मेल है विज्ञापन कला, इसके द्वारा उपभोक्ता का ध्यान खींच कर बिक्री में बढ़ोत्तरी की जाती है। अतः ध्यान आकर्षित करना ही विज्ञापन कला का प्रथम आवश्यक तत्व माना जाता है। ध्यानाकर्षित करने के लिए विज्ञापन की सर्जनात्मकता और आकर्षक सजावट अधिक सहायक सिद्ध होते हैं। सर्जनात्मकता के तहत नई संज्ञाओं का निर्माण किया जाता है। शब्दों व पदों की वर्तनी में परिवर्तन आदि सुनिश्चित किया जाता है। उदाहरणार्थ सामान्य तौर पर क्लिनिक संज्ञा का प्रयोग चिकित्सालय के लिए होता है, जबकि ग्राहकों का ध्यान आकर्षित करने के लिए किसी मरम्मत करने वाली दुकान का नाम कार क्लिनिक मिलता है। यद्यपि इन कारखानों में कारों, जीपों और ऑटो की मरम्मत की जाती है। इसी प्रकार उत्पादक अपने उत्पादकों का नामकरण करते समय वर्तनी में परिवर्तन लाता है। जैसे क्वालिटी आइसक्रीम की वर्तनी अंग्रेजी में KWALITY रखी गई हैं। जबकि वास्तविक वर्तनी QUALITY होती है।

ध्यानाकर्षण हेतु अनेक प्रकार के रंगीन चित्र विभिन्न आकार के अक्षर और महिला छाया चित्रों का प्रयोग होता है। इससे अपने आप उपभोक्ता और ग्राहक का ध्यान आकर्षित करने में सफलता मिलती है।

2. रुचि-संपोषण : इसके अंतर्गत मुख्य रूप से उपभोक्ताओं का सर्वेक्षण करना उत्पादक संबंधी साहित्य वितरित करना, पुरस्कार देना, छूट देना आदि जैसे कार्य किए जाते हैं। अनेक उत्पादक अपनी सर्वेक्षण व्यवस्था के अंतर्गत अपने उत्पाद का द्वार-द्वार तक प्रचार करते हैं। और उसके साथ ही उत्पाद संबंधी साहित्य भी बाँटते हैं। जो विज्ञापन का रूप भी होता है तथा उत्पादक प्रचारक का भी। यही नहीं समाचार-पत्रों के माध्यम से खासकर सजावटी विज्ञापन द्वारा रुचि-पोषण की दिशा में कार्य किया जाता है। नियमित और लगातार प्रकाशित करने तथा रेडियो, टी.वी. पर प्रसारित करने से रुचि का पोषण होता है।

एक ही वस्तु को कई औद्योगिक प्रतिष्ठानों द्वारा उत्पादित किये जाने से रुचि संपोषण की आवश्यकता बढ़ती जा रही है। इसलिए एक ही उत्पाद के विज्ञापनों में समयानुसार परिवर्तन करना भी आवश्यक हो गया है। यह बात उत्पादों के विज्ञापनों के परिप्रेक्ष्य में देखी जा सकती है जहाँ उसके पुराने तथा नए रूप मिलते हैं।

3. इच्छा सृजन : इसके अंतर्गत मनोवैज्ञानिक स्तर पर अपने उपभोक्ता के इच्छाओं की सर्जना इस प्रकार की जाए कि सजावटी विज्ञापन देखकर उसके गुणों की चर्चा भी होती रहे। इच्छा सृजन के लिए एक बढ़िया उदाहरण होगा व्हील नौकरी कौन देगा? कपड़े तक साफ नहीं। इसे सुनकर देखकर उपभोक्ताओं का मन जाग्रत हो उठता है और उस साबुन को इस्तेमाल करने की इच्छा जागृत हो जाती है। अन्य उदाहरण ग्राइप वाटर का है। नवजात शिशु के रोने की आवाज सुनकर पति पत्नी से पूछता है क्या है? पत्नी कहती हैं बच्चा रो रहा है। सुझाव मिलेगा ग्राइप वाटर पिलाओ। संवाद को तीन बार दुहरा कर पिछली तीन पीढ़ियों से इसका उपयोग हो रहा है, इसका अब आप भी उपयोग करें। इसी प्रकार के विज्ञापन दूरदर्शन और आकाशवाणी के द्वारा प्रसारित किए जाते हैं जिन्हें देखकर या सुनकर उपभोक्ता प्रभावित होते हैं और उनके मन में इन वस्तुओं का उपयोग करने की इच्छा उत्पन्न होती है।

4. संतुष्टि सृजन : उत्पाद की पर्याप्त मात्रा में उपलब्धि और सही रख-रखाव से ही उपभोक्ता को संतुष्टि मिलती है। यही विज्ञापन का परिणाम है। इसलिए विज्ञापन को अपने उत्पाद के प्रचार और प्रसार के लिए वितरण में उत्पाद की इस प्रक्रिया का संकेत करना अनिवार्य है, जिससे उत्पाद के प्राकृतिक गुणों को संरक्षण प्राप्त होता है।

इसके बाद इस तेल की विशेषताएँ बताई गई हैं जो उपभोक्ता की संतुष्टि के लिए सहायक हैं। जैसे"वैज्ञानिक खोजबीन से यह पता चला है कि असेचुरेटिड फैटी ऐसिड्ज दोनों मोना और पॉली कॉल्स्ट्राल पर रोकथाम करने में मदद करते हैं। ये पकाने के बहुत से तेलों में होते हैं। पर सभी तेलों में से सिर्फ सोया ऑइल में ही सही तालमेल है। ब्रिटैनिया व्हाटल रिफांइड सोयल ऑइल में सेचुरेटिक फैट्स कम और असेचुरेटिड फैट्स ज्यादा हैं।"

5. प्रेरक प्रतिक्रिया : मनोवैज्ञानिक दृष्टि से जब विज्ञापनदाता सामग्री का चयन करता है तो वह उपभोक्ता को भी ध्यान में रखता है। वह अपने संदेश से उपभोक्ता में स्वस्थ प्रतिक्रिया जागृत करना चाहता है। इस संदेश में वह अपनी वस्तु या उत्पाद के विषय स्तर की बात तो करता ही है साथ ही उपभोक्ता में उसे खरीदने की इच्छा भी पैदा करना चाहता है। उत्पाद कभी त्रुटिपूर्ण या खराब निकलने पर पूरे पैसे वापस करने की गारंटी या पाँच छह साल की गारंटी कार्ड तक उपभोक्ता को प्रदान किया जाता है। इससे उपभोक्ता में एक विश्वास उत्पन्न होता है। विज्ञापन की यह प्रेरक शक्ति है जो उपभोक्ता में अच्छी प्रतिक्रिया पैदा करती है।

इस प्रकार विज्ञापन में उक्त तत्वों का समावेश होता है। क्योंकि आज के प्रतियोगी युग में विज्ञापनदाताओं को अनेक प्रकार की कठिनाइयों का सामना करना पड़ता है। शब्दों किनारों, मनमोहक रंगीन चित्रों, पहेलियों उपहार देने की घोषणा या छूट देने की बात आदि कहकर उपभोक्ता का ध्यान आकृष्ट किया जाता है। विज्ञापित वस्तुओं की विशेषताओं का उल्लेख किया जाता है।

विज्ञापन लेखन में वैज्ञानिक दृष्टिकोण

वर्तमान समाज में विज्ञापन विज्ञान व स्वतन्त्र विद्या के रूप में विज्ञापन का विकास हो रहा है। यह मानव विकास के माध्यम के रूप में विकसित और महान उद्योग के रूप में हो रहा है। इसे लोकप्रिय बनाने के लिए नए-नए प्रयोग किए जा रहे हैं। समाजविज्ञान कला विज्ञान अर्थविज्ञान, मनोविज्ञान आदि की तरह विज्ञापन भी एक विज्ञान के रूप में जाना-जाने लगा है। समाज में इसके महत्व में वृद्धि हो जाने से और माँग बढ़ जाने से विज्ञापन का अध्ययन विषय के रूप में होने लगा है। आज विज्ञापन विज्ञान के अनेक अंग और उसकी शाखाएँ विकसित हो चुकी है।

विज्ञापन एक ऐसा विज्ञान है, जो व्यक्ति को स्वयं के विकास हेतु आवश्यक वस्तु की जानकारी देगा। अतः विज्ञापन का प्रारूप तैयार करते समय यह जानना अनिवार्य है कि जिस वस्तु का विज्ञापन दिया जा रहा है वह क्या और कैसी है उसके उपयोग क्या हैं? और किस वर्ग के लोग उसका उपयोग करते हैं या कर सकते हैं। इसके अलावा यह भी देखा जाता है कि वह वर्ग किस क्षेत्र विशेष तक सीमित हैं अथवा क्या वह देश भर में विस्तृत है। आवश्यकता के विज्ञापन सामग्री, ब्लॉक, स्लाइड, लघुफिल्म, फोल्डर पुस्तिका, होर्डिंग आदि के रूप में तैयार की जाती है। विज्ञापन की नीति निर्धारण के अनुरूप डिजाइन बनाने, सामग्री लिखाने, सज्जा कराने, और अंततः विज्ञापन की तैयारी होती है। इसलिए उसकी संरचना को तार्किक और वैज्ञानिक बनाने की जरूरत होती है। विज्ञापन लेखन करते हुए स्पष्टता संक्षिप्तता, सूत्रपरकता तथा क्रमबद्धता का ध्यान रखा जाता है।

विज्ञापन का शीर्षक

विज्ञापन के अन्तर्गत शीर्षक का अधिक महत्व का होता है। अतः विज्ञापन सामग्री अथवा प्रारूप तैयार करते समय आलेखक (कॉपी राइटर) को उपभोक्ता या

ग्राहक की रुचि के अनुकल ऐसा शीर्षक पेश करना चाहिए, जिससे उपभोक्ता का ध्यान आकृष्ट हो सके। विज्ञापन की तीन-चौथाई सफलता सामग्री को उपयुक्त शीर्षक देने में मिल जाती है। शीर्षक विज्ञापन का केन्द्र बिन्दु है। इसमें लक्षण और व्यंजना से अर्थ दिया जाता है। शीर्षक का चुनाव करते समय यह भी ध्यान रखा जाता है कि विज्ञापन की सामग्री विषयवस्तु या मूल कथ्य (बॉडी टेक्स्ट) की व्यंजना शीर्षक में भले ही न हो, पर विज्ञापन का वस्तु संकेत इस प्रकार हो कि दर्शक, पाठक, ग्राहक या उपभोक्ता को दृष्टिगत कर सके और उसमें इच्छा उत्पन्न कर सके।

विज्ञापन का उपशीर्षक : इसके अन्तर्गत विज्ञापन के लक्ष्य की विस्तृत जानकारी दी जाती है। और ग्राहक की आवश्यकता के अनुसार उत्पादन की क्षमता दिखाई जाती है।

विज्ञापन का विस्तार वर्णन इसके अन्तर्गत सामग्री या वस्तु को उत्पादित करने के बारे में विस्तार की जानकारी प्रदान की जाती है। किन्तु आलेखक अपने विस्तृत संदेश को भी संक्षेप रूप देने का भरसक कोशिश करता है। अर्थात् उसे गागर में सागर भरना होता है। इसके अलावा विज्ञापन के प्रस्तुतीकरण में दृश्य कल्पना और कलात्मक प्रस्तुति पर बल दिया जाता है। दृश्य कल्पना का संबंध उपभोक्ता की दिलचस्पी उसकी आशा और उम्मीद से होता है। कलात्मक प्रस्तुति में चित्र, मॉडल, और टाइपोग्राफी का खास योगदान रहता है। इस प्रकार विज्ञापन सामग्री में कला चित्रांकन तथा रूप सज्जा का अपना स्थान है।

विज्ञापन के लक्ष्य

विज्ञापन का व्यवसाय के क्षेत्र में उद्देश्य मात्र निकालना या सामाजिक क्षेत्र में संस्था का परिचय देना ही नहीं वस्तुतः औद्योगिक विकास के कारण विज्ञापन के कई उद्देश्यों का विकास हुआ है। जिनमें मुख्य रूप से चार उद्देश्य माने गए हैं

1. माँग उत्पन्न करना
2. माँग बनाए, रखना
3. माँग में वृद्धि करना
4. लोक सेवा

1. माँग उत्पन्न करना कोई संस्था हो, प्रतिष्ठान हो या उत्पादन हो, जनता या बाजार में जो नया-नया आता है उसके प्रति जनता की इच्छा न होकर उसका उपभोग करने में ज्यादा दिलचस्पी होती है। जनता को यहाँ तक भी पता नहीं चलता

कि कौन सी वस्तु कहाँ है, कब खुली है और वह किस उद्देश्य से काम कर रही है। यदि बात उत्पादन के संबंध में होती है तो उत्पाद का उत्पादक कौन है, उत्पाद की क्या विशिष्टता है और उसे कहाँ से प्राप्त कर सकते हैं आदि प्रश्नों के उत्तर विज्ञापन में बताना चाहिए। विज्ञापनों के तत्वों का अध्ययन करते हुए इसके पहले तत्व ध्यानाकर्षण को ध्यान में रखना होता है। वास्तव में ध्यानाकर्षण के माध्यम से ही किसी प्रतिष्ठान की छवि बननी शुरू होती है। जिससे जनता उसके प्रति आकर्षित होती है। इसी के परिणामस्वरूप बिक्री भी होती है। इसे ही माँग उत्पन्न करना कह सकते हैं। माँग के द्वार व्यावसायिक संस्था को लाभ प्राप्त होता है। प्रतिष्ठानों की प्रतिष्ठा बढ़ती है। वास्तव में कोई भी संस्था या प्रतिष्ठान इन बातों से पृथक रह कर निष्क्रिय रहना नहीं चाहता है।

2. माँग बनाए रखना माँग बनाए रखने के लिए व्यावसायिक प्रतिष्ठान या अन्य किसी भी संस्था को समय-समय पर लगातार विज्ञापन देना पड़ता है। इससे बाजार में वस्तु की जो माँग पहले ही उत्पन्न हुई है और समाज में संस्था का जो प्रभाव पहले ही बना हुआ है उसे कायम रखा जा सके। अनिवार्यता नहीं समझी जाती है। विज्ञापन तब और महत्वपूर्ण हो जाता है जब बाजार में किसी वस्तु की मांग कम हो जाय परन्तु विवेकशील विज्ञापनदाता अपनी वस्तु की माँग को बनाए रखने के लिए विज्ञापन की मदद लगातार लेता रहता है।

3. माँग की वृद्धि करना बाजार या समाज पर व्यावसायिक संस्था या प्रतिष्ठान को अधिकार प्राप्त करने के लिए माँग की वृद्धि करनी पड़ती है। जिस प्रकार विज्ञापन के द्वारा माँग को उत्पन्न करते हैं और माँग बनाए रखते हैं, उसी प्रकार विज्ञापन द्वारा माँग बढ़ा भी सकते हैं। टाटा जैसी उत्पादक कंपनियाँ विज्ञापन के लिए जनसंचार के बीच एक प्रकार से सीधा संपर्क बनाए रखती हैं। जहाँ सेल्समैन के द्वारा यह कार्य संभव नहीं वहाँ विज्ञापन के द्वारा यह संभव हो जाता है।

4. लोक सेवा जन समुदाय के हित के लिए सरकारी व गैर सरकारी संस्थायें कुछ ऐसा विज्ञापन देते हैं जिनका उद्देश्य अच्छी सरकार, सामुदायिक विकास, शिक्षा सुधार, वैज्ञानिक सफलतायें, स्वास्थ्य, वन्य प्राणी रक्षा, अंतर्राष्ट्रीय सद्भाव, यातायात, सुरक्षा से लेकर धार्मिक एकता को बनाए रखना होता है। इसके अलावा इनसे बाजारों में उपभोक्ता को उत्पाद वस्तुओं के चयन में मदद मिलती है। कृषि में किसानों को असली कीटाणु औषाधियों और उनके प्रयोग करने की जानकारी तथा परिवार नियोजन और बच्चों को टीका लगाने की जानकारी, आकाशवाणी तथा दूरदर्शन पर प्रसारित किए जाने वाले विज्ञापनों से प्राप्त हो सकती है। समाज कल्याण संबंधी

प्रतिष्ठानों के विज्ञापनों का मुख्य उद्देश्य जनता में विवेकशीलता करना उनके जीवन स्तर को ऊँचा उठाना सांस्कृतिक, बौद्धिक तथा आध्यात्मिक विकास करना आदि रहा है।

अंत में यह कहा जा सकता है कि आज विज्ञापन जीवन का आवश्यक अंग बन गया है। उपभोक्ता को शिक्षित उत्पादक का लाभ पहुँचाना, उत्पादक तथा उपभोक्ता के बीच मधुर संबंध स्थापित करना, विक्रेता की सहायता करना तथा लोक सेवा करना आदि विज्ञापन के प्रमुख कार्य हैं। इसके साथ ही आज व्यवसाय क्षितिज को अधिक विस्तार करने के साथ-साथ जीवन को ऊँचा करना भी विज्ञापन का कार्य है। इस प्रकार हमारा सम्पूर्ण जीवन विज्ञापनमय हो सकता है।

विज्ञापन भाषा

विज्ञापन औद्योगिक क्षेत्र का महत्वपूर्ण अंग बन गया है जिस कारण इस क्षेत्र में शब्दावली का उपयोग हो रहा है। दैनिक समाचार-पत्रों में बिकाऊ है, आवश्यकता है अपार भीड़ का भव्य समारोह आदि वाक्य विज्ञापन हिन्दी में प्रयोग किए जा रहे हैं।

विज्ञापन में जितना महत्व विज्ञापन सामग्री का होता है। उतना ही महत्व भाषा का भी होता है। हिन्दी भाषा के प्रयोग को विज्ञापन में देखा जा रहा है, जिसके लिए पत्र पत्रिकाओं आकाशवाणी तथा दूरदर्शन में प्रयोग किये जाने वाले हिन्दी को आधार बनाया गया है। एक अंग्रेजी विद्वान जेफ्रे लीच ने अंग्रेजी भाषा के विज्ञापन का अध्ययन एक खास शैली के रूप में स्वीकार करते हुए उसके लिए कुछ आवश्यक गुणों की चर्चा की है।

1. आकर्षण तत्व
2. श्रव्य तथा सुपाठ्यता
3. स्मरणीयता
4. विक्रय शक्ति

ये सभी गुण अंग्रेजी विज्ञापन के परिप्रेक्ष्य में स्थिर किए गए। परंतु इन्हें निःसंदेह हिन्दी विज्ञापनों पर भी लागू किया जा सकता है।

1. आकर्षक तत्व : किसी भी विज्ञापन का आकर्षक होना अति आवश्यक है। यह आकर्षण ही विज्ञापन को सही व्यक्ति तक पहुँचाता है आकर्षण के लिए आवश्यक है कि विज्ञापन की विषयवस्तु संक्षिप्त पूर्ण और सहज भाषा में हो। इन

आवश्यक गुणों को शीर्ष पंक्तियों में अंदर दी गई विस्तृत जानकारी आदि देते समय ध्यान में रखना अनिवार्य है।

हिन्दी विज्ञापनों में आकर्षण का तत्व उत्पन्न करने वाक्य संरचनाओं का प्रयोग होता है, जिनसे विज्ञापन की प्रभावशीलता में बढ़ोत्तरी होती है। इसके लिए प्रायः विज्ञापनों में और क्योंकि सिर्फ जरा-सा "अब आप समझें", "आजमाए" जैसे शब्दों का और ध्यान दें" जैसे निदेशात्मक वाक्यों का प्रयोग किया जाता है। इस प्रकार की विज्ञापनी शब्दावली का प्रयोग करने से उत्पाद वस्तु की विभिन्नता को व्यक्त किया जाता है।

2. श्रव्यता तथा सुपाठ्यता : हिन्दी विज्ञापनों में श्रव्यता के लिए कविता के रूप में भाषा का प्रयोग होता है। और संगीत का भी इसमें समावेश होता है। इससे ये विज्ञापन काफी श्रव्य और रोचक होते हैं। मुद्रण माध्यम द्वारा किए जाने वाले विज्ञापनों में सुपाठ्यता लाने के लिए सुन्दर, सुडौल और विविध आकृतियों के टाइप का उपयोग किया जाता है। मुद्रण माध्यम द्वारा दिये जाने वाले विज्ञापन की भाषा सरल और सुबोध होती है।

3. स्मरणीयता : बच्चों से वृद्धों तक के सभी वर्गों के लोगों का उत्पाद वस्तु के ब्रांड को या उत्पादक वस्तु को सदा याद रखवाने के उद्देश्य से विज्ञापनों में नारे के रूप में भाषा का उपयोग किया जाता है। ये नारे छोटे-छोटे सरल वाक्यों में रोचक तथा वस्तु के नाम को याद रखने वाले होते हैं।

4. विक्रयशील : विज्ञापन के क्षेत्र में संप्रेषणीयता का आकर्षण और होना आवश्यक है। इसके लिए विज्ञापन लेखक एक सृजनशील कलाकार की भाँति विज्ञापन के विषय को सर्जनात्मक ढंग से प्रस्तुत करता है। यह एक ऐसा कलात्मक कौशल है जिसके अंदर वस्तु या उत्पादन की विक्रय शक्ति पैदा करने की क्षमता होती है। विक्रय शक्ति की यह क्षमता विज्ञापन की संप्रेषणीयता में निहित रहती है।

विज्ञापन की शैलियाँ

विज्ञापन की भाषिक संरचना के अंतर्गत ध्वनियों या वर्तनी का विवरण आकर्षक ढंग से होता है। जैसेश-ट्-स-ट्रा-उ-ज-(ब्ल्यू चिप) के विज्ञापन के लेखन में अक्षरों को अलग-अलग देकर पैदा किया गया है। इसके साथ ही विज्ञापन के विभिन्न विषयों की अनिवार्यता के अनुसार तत्सम देशज, विदेशी शब्दावली का प्रयोग होता है। कहीं-कहीं मिश्रित शब्दावली मिलती है। भाषा को हिन्दी विज्ञापनों में और

रोचक बनाया जाता है। इसका निश्चयात्मक निषेधात्मक आदेशात्मक और विवेचनात्मक वाक्य दिए जाते हैं जो अर्थ बोध और संप्रेषण करने में पूर्ण रूप से सहायक होते हैं।

इस प्रकार विज्ञापन जनसंचार का एक अंग होते हुए भी औपचारिक व्यावसायिक और सामाजिक सेवा में अपना खास महत्व बनाए हुए है। विज्ञान की भाषा लिखित और मौखिक दोनों रूपों में होती है। इसमें निहित संप्रेषणीय प्रभावोत्पादकता रोचकता और प्रेरक शक्ति व्यवसाय को धनी और उन्नत बनाती है।

विज्ञापन की विकासात्मक भूमिका

वर्तमान युग को विज्ञापन युग कहना गलता नहीं होगा दिन-प्रतिदिन बढ़ते औद्योगीकरण तथा व्यावसायिक प्रतियोगिता के इस दौर में विज्ञापन का विशेष स्थान हो गया है। विज्ञापनों के बढ़ते प्रभाव के कारण आज विज्ञापन अध्ययन एवं प्रशिक्षण की विशेष शाखा के रूप में विकसित होने लगा है। किसी भी पत्र-पत्रिका के पन्ने पलट कर देखिएएक से बढ़कर एक सुन्दर चेहरे अपनी लुभावनी एवं मनभावनी अदा से तथा शब्दों के आकर्षक संयोजन से वस्तु-विशेष के प्रति आपको आकृष्ट करते दिखाई देंगे। गाँवों, नगरों या महानगरों की सीधी, सपाट, सरल जिन्दगी से लेकर व्यस्ततम, तीव्र गति एवं यांत्रिक जीवन में प्रवेश करके देखिएआप स्थान-स्थान पर विज्ञापनों की विविध आयामी दुनिया से प्रत्यक्ष साक्षात्कार करेंगे। घर में अवकाश अथवा काम-काज के क्षणों मे रेडियों का बटन दबाइए अथवा दूरदर्शन के पर्दे पर ध्यान दीजिएशब्द, संगीत और चित्र से समन्वित कर्णप्रिय स्वर तथा नयनयाभिराम स्वर और चित्र कभी आपको विभिन्न ट्रेडमार्क की चाय, कॉफी, शीतल पेय पदार्थ आदि पीने के लिए प्रेरित करेंगे या फिर किसी नाम विशेष के टूथपेस्टों अथवा मंजन आदि से दाँतों की सफाई का निवेदन करेंगे। कभी कोई फिल्म अभिनेत्री अपने पसन्द के साबुन से नहाने को कहेगी तो कहीं मॉडल बने युवक-युवतियाँ आपकों विभिन्न मिलों के कपड़ों की शान का बखान करते दिखाई देंगे तो फिल्मी पर्दे पर आप सिगरेट पीने वाले युवकों के विशिष्ट करतब देख ललचाते नजर आएगे। इरा गनोबृत्ति पर गोहन राकेश ने अत्यन्त रोचक बात लिखी है

विज्ञापन! विज्ञापन!! सर्वत्र विज्ञापन!!! लगता है एक दिन ऐसा भी आएगाजब एक दुल्हा बड़े अरमान से दुलहिन ब्याहकर घर लाएगा और घूंघट हटाकर रूप की प्रशंसा में पहला वाक्य कहेगा, तो दुलहिन मधुर भाव से आँख उठाकर हृदय का सारा दुलार शब्दों में उड़ेलती हुई कहेगी “बताऊँ, मैं इतनी सुन्दर क्यों दिखाई देती हूँ? यह

इसलिए कि मैं प्रतिदिन प्रातः उठकर नौ सौ इक्यावन नम्बर के साबुन से नहाती हूँ...इसके मुलायम झाग से त्वचा बहुत कमोल रहती है। इसकी बड़ी टिकिया खरीदने से पैसे की भी बचत होती है।"

दीर्घ उत्तरीय प्रश्न

1. विज्ञापन की विकासात्मक भूमिका के साथ उसके अर्थ और परिभाषा पर भी प्रकाश डालिये।
2. विज्ञापन कितने प्रकार के है, उनकी व्याख्या करो।
3. विज्ञापन का क्या उद्देश्य है, उसके कितने तत्व है, उनका वर्णन करो।

लघु उत्तरीय प्रश्न

1. विज्ञापन के अन्तर्गत शीर्षक का क्या महत्व है संक्षेप में स्पष्ट करें।
2. विज्ञापन लेखन में वैज्ञानिकों का क्या दृष्टिकोण है संक्षेप में स्पष्ट करें।
3. विज्ञापन की भाषा कैसी होनी चाहिए, संक्षेप में स्पष्ट करें।

वस्तुनिष्ठ प्रश्न

1. व्यवसाय और विज्ञान का सुन्दर मेल है।

   (क) विज्ञापन कला (ख) सर्वेक्षण

   (ग) स्थानान्तरण (घ) उपरोक्त में कोई नहीं

2. विज्ञापन के अन्तर्गत निम्न में किस चीज का अधिक महत्व है।

   (क) क्रमबद्धता (ख) शीर्षक

   (ग) सूचना (घ) उपरोक्त सभी

11

सम्पादक

सम्पादक सभी समाचार-पत्र का रीढ़ होता है। किसी समाचार-पत्र का कुशल सम्पादन सम्पादक की कुशलता पर निर्भर करता है। सम्पादक के विचार, आदर्श लक्ष्य समाज के लिए प्रेरणा स्रोत बनता है। सम्पादक का चिन्तन पाठाकों की सोच को प्रभावित करता है। संस्था के अवयव रिपोर्टर, संवादादाताता, समालोचक, भेंटकर्ता, उपसम्पादक, प्रसार व्यवस्थापक एवं विज्ञापन प्रबन्धक के बीच समन्वयवादी शक्ति सम्पादक ही हैं जो पत्ररूपी शरीर के अंग-प्रत्यंग में गतिशीलता का संवाहक होता है। पत्र की नीति के निर्धारण व परिपालन द्वारा सम्पादक जन-चेतना, जन -आकांक्षा और जनहित का संरक्षक होता है।

1867 ई. के **प्रेस एण्ड रजिस्ट्रेशन ऑफ बॉक्स एक्ट** के आधार पर समाचार-पत्र में जो कफद छपता है उसका निश्चय करने वाला व्यक्ति सम्पादक कहलाता है। सम्पादन शब्द 'पद' धातु से उद्भूत है जिसका अर्थ 'किसी विषय में सम्यक् गति होना' है। किसी अनुष्ठान को योग्यतापूर्वक पूरा करने वाली क्रिया को सम्पादन कहा जाता है। प्रस्तुत अंश का क्रम बैठाकर शुद्धि के साथ प्रकाशनयोग्य बनाने वाला व्यक्ति सम्पादक कहलाता है। इसका तात्पर्य यह है कि पत्र का सम्पादन सन्चालन करने वाला विशिष्ट गुणों से युक्त बुद्धिजीवी ही सम्पादक है जो पत्र की आत्मा होता है। होशियार सम्पादक सामाजिक चेतना की ज्योति-लहर फैलाने वाला होता है। वह वैचारिक तरंगों के मध्य समाजरूपी नौका को खेने वाला कुशल तथा विवेकी नाविक होता है।

कानून की नजर में सम्पादक वही है जिसके नाम पत्र छपता है लेकिन हकीकत में अच्छा सम्पादक आस-पास की परिस्थितियों का बोध कराता है तथा जन-सामान्य की अनुभूतियों एवं विचारों को वाणी देता है जैसा कि **एच. वाइ. शारदा प्रसाद** ने लिखा है। सारांश यही है कि सम्पादक पाठकों का साथी, उपदेशक व पथ-प्रदर्शक होता है।

सन्नी थामस के अनुसार, 'सम्पादक सभ्यता का प्रकाश स्तम्भ होता है। ज्ञान का यह प्रकाशदीप महत्वपूर्ण व्यक्तियों तथा जीवन के प्रति उच्च लक्ष्यों वाले व्यक्तियों के लिए प्रेरणा का स्रोत होता है। प्लेटो एरिस्टोटिल तथा अन्य ग्रीक विचारकों के लिए जो महत्ता सुकरात की थी, वही महत्ता समाज में सम्पादक की है। सम्पादक का चिन्तन उन समसामयिक व्यक्तियों के सोच को प्रभावित करता है जिनके क्रिया-कलापों से इतिहास की रचना होती है।"

प्रसिद्ध विद्वान श्री कार्लाइल ने सम्पादक को सच्चा और धर्मोपदेशक माना है। श्री माखनलाल चतुर्वेदी ने सम्पादकीय कार्य को 'अयाचित अथवा स्वयं स्वीकृत सेवा' माना है। वस्तुतः सम्पादक सत्य के प्रति समर्पित रहता है। उसकी कलम में देश की धड़कन और जन-जन की संवेदनाएँ छिपी रहती हैं। अतः सम्पादक के साथ गहरा सामाजिक, राजनीतिक और राष्ट्रीय दायित्व बोध जुड़ा हुआ है। सी.ई. मोंटेग्यू ने सम्पादक को 'स्नायु मण्डल का मेधा केन्द्र' कहा है।

नवभारत टाइम्स के पूर्व सम्पादक श्री अक्षय कुमार जैन ने एक स्थान पर लिखा है"हिन्दी का पाठक वर्ग तो सम्पादक को अपना मित्र, नेता और परामर्शदाता सब कुछ मानता है। अतः जन-सम्पर्क और जन-नेतृत्व का अच्छा ज्ञान उसे होना चाहिए। एडोल्फ मायर का कहना है कि लाखों पाठकों के लिए सम्पादक ही समाचार-पत्र होता है। चाहे नौकरी की आवश्यकता हो, चाहे रचना भेजने की अथवा कोई शिकायत करनी हो या कोई सूचना देनी हो, पाठक सम्पादक को ही यह सब लिखता है यदि उसने कोई नई पुस्तक लिखी है या कोई नया सत्य खोजा है तो उसे अन्य पाठक तक पहुँचाने में काफी समझदारी है। सम्पादक के महत्व, कार्य और व्यापक प्रभाव को मानते हुए और यदि यह समझते हुए कि सम्पादक को सब कुछ पता है और वह चाहे तो सब कुछ करा सकता है, वह उसी का पल्ला पकड़ता है। यह विश्वास तब भी होता है जब पाठक ने सम्पादक को कभी देखा तक नहीं होता। कभी-कभी तो वह उसका नाम तक नहीं जानते। इस परिस्थिति में उसे उच्च आदर्श वाला तो होना ही चाहिए।"

प्रेस एवं पुस्तक पंजीकरण अधिनियम, 1867 (The Press and Books Registration Act, 1867) के अनुसार सम्पादक का अर्थ व्यक्ति से लगाया जाता है जो समाचार-पत्र की निधि निर्धारण व परिपालन द्वारा सामग्री को नियन्त्रित करता है। समाचार-पत्र में प्रकाशित होने वाली समाग्री के चयन को नियन्त्रित करता है।

सत्यनिष्ठा, यथार्थता, प्रेस की स्वतंत्रता, सम्यक् व्यवहार, नेतृत्व व उत्तरदायित्व इन छः नीति-निर्देशक का सिद्धान्तों के पालन द्वारा आदर्श सम्पादक कार्लाइल के शब्दों के अनुसार में 'सच्चे सम्राट और धर्मोपदेशक' की भूमिका निभा सकता है। इसी सन्दर्भ में महर्षि व्यास को प्रथम सत्पादक माना गया है। पण्डित माखनलाल चतुर्वेदी ने समादक के कार्य को 'अचाचित' अथवा स्वयं स्वीकृत सेवा' की संज्ञा दी है क्योंकि वह अपने नीर-क्षीर विवेक, सचरित्रता, सहानुभूति, न्यायप्रियता तथा दायित्व-बोध के सम्बल पर कर्तव्य की बलि चढ़ जाता है। प्रलोभन, भय, दबाव से स्वंतत्र सम्पादक सशस्वी होता है।

मुख्य उपसम्पादक

प्रेमनाथ चतुर्वेदी ने मुख्य उपसम्पादक के कार्यों का विभाजन निम्नलिखित प्रकार से किया है

1. व्यवस्था सम्बन्धी कार्य
- (क) निश्चित स्थान की पूर्ति के लिए समाचार की काया का निर्णय।
- (ख) कम्पोजिटर व मुद्रक की कार्यक्षमता पर ध्यान।

2. निरीक्षण सम्बन्धी कार्य
- (क) तथ्य एवं भाषा सम्बन्धी भ्रान्ति न रह जाय।
- (ख) कानूनी उलझन न विद्यमान हो।
- (ग) समाचार की स्पष्टता व सार्थकता पर सतत् दृष्टि।

3. रचनात्मक कार्य
- (क) समाचार-शोधन तथा उसके प्रस्तुतीकरण के स्वरूप का निर्णय।
- (ख) समाचारों का संगठन।
- (ग) शीर्षकों की रचना।

मुख्य उपसम्पादकों को कार्य करते वक्त सदैव निम्न बातों को दृष्टिगत रखना पड़ता है।

1. प्रतिद्वंद्विता
2. विचारों का दबाव
3. पुनरावृत्ति
4. आवश्यक बातों की छूट
5. ताल मेल हीनता
6. छद्म विज्ञापन
7. धोखाधड़ी
8. बासी समाचार

यह उचित ही कहा गया है कि "समाचार-पत्र रथ है तो समाचार उसे उड़ा ले जाने वाले अंधे घोड़े व पत्रकार विवेक का धनी चतुर सारथी। यह सारथी समाचार-रूपी घोड़ों को अनुशासन में रखकर पत्र-रथ को गंतव्य की ओर ले जाता है।" वस्तुतः मुख्य उपसम्पादक भगवान् श्री कृष्ण सदृश कुशल सारथी होता है।

सम्पादक के मुख्य गुण

सम्पादक अपने व्यक्तित्व से समाचार-पत्र को वैशिष्ट्य प्रदान करता है। उसके व्यक्तित्व के कुछ प्रमुख गुण हैं

1. अतिरिक्त भाषाओं का ज्ञान सम्पादक के लिए आवश्यक है। हिन्दी समाचार-पत्र के सम्पादक का अंग्रेजी भाषा पर भी अच्छा अधिकार होना चाहिए।

2. समय की पाबन्दीसम्पादक का आचरण उसके कर्मचारियों को भी प्रभावित करता है। अतः उसे समय पर ऑफिस में आकर अनुशासन आदि का आदर्श अपने सहकर्मियों के सम्मुख प्रकट करना चाहिए।

3. निर्णयात्मक शक्ति अथवा प्रतिभा सम्पादक की आधारभूत योग्यता है।

4. विविध विषयों का ज्ञान और आत्मसात् करने की क्षमता।

5. अध्ययनशीलता।

6. टीम भावना से कार्य कर सकने की क्षमता।

7. सम्पादक में अपने सहयोगी उप-सम्पादकों तथा सम्वाददाताओं के सभी गुण तो होने ही चाहिए किन्तु उसके अध्ययन में व्यापकता तथा चिन्तन में गहनता विशेष रूप से अपेक्षित है। विष्णुदत्त शुक्ल के शब्दों में "सम्पादक में रिपोर्टर, संवाददाता, भेंट करने वाले, समालोचक, उप-सम्पादक, लेखक आदि सम्पादकीय विभाग से सम्बन्ध रखने वाले तमाम कर्मचारियों की साधारण योग्यताएँ तो होनी ही

चाहिए, इनके अलावा उसमें समुन्नत विवेचना शक्ति, निष्पक्ष भाव, शान्त, सावधानी, उत्तरदायित्व की भावना, कार्यशीलता, उत्साह, सहानुभूति, सचरित्रता, लगन, स्वाभिमान, इष्ट-प्राप्ति के लिए बेचैनी आदि-आदि अनेक गुण भी होने चाहिए।"

8. सम्पादक को मानवीय मनोविज्ञान तथा पाठक की रुचियों का पारखी होना चाहिए। सम्पादक अपने पत्र के माध्यम से पाठक को परिवेश का बोध कराता है। अपने पत्र की नीति का कुशल संचालन करते हुए उसे तीन प्रकार की निष्ठाओं का ध्यान रखना चाहिए

(क) संचालक के प्रति निष्ठा

(ख) सम्पादकीय विभाग के प्रति निष्ठा

(ग) पाठक के प्रति निष्ठा।

9. सम्पादक की मर्यादा और दायित्व को विष्णुदत्त शुक्ल ने इस प्रकार व्यक्त किया है

"सम्पादक का कार्य एक प्रधान सेनापति के जैसा है। जिस प्रकार प्रधान सेनापति अपनी सेना का संचालन करता रहता है, उसी प्रकार सम्पादक को अपने पत्र का संचालन करना पड़ता है। जिस प्रकार एक योग्य सेना के चलने-फिरने, खाने-पीने, लड़ने-भिड़ने आदि पर सेनापति अपनी निगाह रखता है, उसी प्रकार सम्पादक सेनापति भी अपनी रिपोर्टर, सम्वाददाता, उप-सम्पादक आदि सिपाहियों पर अपनी निगाह रखता है। दोनों की जिम्मेदारियाँ भी करीब-करीब एक-सी होती हैं। बड़ी सावधानी व जागरूकता की आवश्यकता होती है। जरा भी भूले कि गए। अपने मातहतों को खूब समझा-बुझाकर हिदायतें देनी चाहिए।...

10. सम्पादकीय लेखन में उसकी दृष्टि पूर्वाग्रह से रहित, उदार, तार्किक तथा समग्र विवेचनायुक्त होनी चाहिए।

11. डॉ. रामचन्द्र तिवारी ने सम्पादकों के लिए एक अलिखित आचार संहिता प्रस्तावित करते हुए उसके निम्नलिखित तत्व बताए हैं

(1) ईमानदारी पाठकों के प्रति पूर्ण ईमानदारी बरतता है।

(2) सत्यता जो लिखता है, उसकी सत्यता की जाँच-परख करके ही लिखता है।

(3) निष्पक्षता समाचार प्रकाशन में कोई विशिष्ट झुकाव नहीं रखता।

(4) नैतिकता वह ऐसी सामग्री प्रकाशित नहीं करता, जिससे किसी व्यक्ति के चरित्र पर आक्षेप लगता हो और उस सम्बन्धित व्यक्ति को उन आक्षेपों का उत्तर देने का अवसर न मिलता हो।

(5) शिष्टता वह लोक-रुचि के उत्थान-पतन को ध्यान में रखकर ही सामग्री प्रकाशित करता है। प्रवीण दीक्षित ने सम्पादक से निम्नलिखित नीति-निर्देशक सिद्धान्तों की अनुपालना की आवश्यकता बताई

1. सत्यनिष्ठा
2. प्रेस की स्वतन्त्रता
3. यथार्थता
4. समव्यवहार
5. उत्तरदायित्व
6. नेतृत्व

(6) उत्तरदायित्व पत्रकार स्वार्थ-साधन न करके, लोकहित की भावना से प्रेरित होकर कार्य करता है।

(7) स्वतन्त्रता जिन विषयों के विवेचन पर कोई कानूनन रोक न हो, उन सभी का बेहिचक विवेचन करता है।

(8) निर्भीकता पक्षपात रहित होकर वह लोक-कल्याण को ही ध्यान में रखकर लिखता है और किसी प्रकार के बन्धनों से वह मुक्त होता है।

कुछ व्यक्तियों में सम्पादक के गुण नैसर्गिक रूप से विद्यमान होते हैं तो कुछ अभ्यास और मेहनत के बलबूते पर सम्पादक बनते हैं। सम्पादक के लिए कोई निश्चित नियम शास्त्र नहीं होता। सम्पादक बनना अत्यन्त सहज और सरल है। वह सम्पादक कितना सफल है अथवा सम्पादक के पद को कितना गौरवान्वित कर पाठक को दिशा निर्देशित कर पाया, यह अलग बात है सम्पादक बनने के लिए हमारे देश में महज एक घोषणा-पत्र भरना ही पर्याप्त है।

'टाइम्स ऑफ इंडिया' के संस्थापक राबर्ट नाइट (Robert Knight) पत्रकारिता में सार्वजनिक जीवन के तथा सार्वजनिक संस्थान को चलाने के अनुभव को लेकर प्रवष्टि हुए। 'पायनियर' के प्रारम्भकर्ता जॉर्ज एलीन (George Allen) कानपुर के व्यापारी थे। 'अमृत बाजार पत्रिका' को तीन भाइयों ने प्रारम्भ किया था जिनमें से दो भाई हेमन्त तथा सिसिर कुमार घोष आयकर विभाग के कर्मचारी थे। सन् 1905 में 'हिन्दू' को शुरू करने वाले एस. कस्तूरी रंगा व्यवसाय से वकालत करते थे।

सम्पादक की सामान्यतः तीन प्रकार की निष्ठाएँ मानी गई हैंसंचालक के प्रति, सम्पादकीय विभाग के प्रति तथा पाठक के प्रति। किन्तु एम.वी. कामथ ने चार प्रकार की निष्ठाएँ मानी हैं

1. राज्य के प्रति (To the State)
2. मालिकों के प्रति (To their Proprietors)
3. पाठक के प्रति (To their Readers)
4. स्वयं के अंतःकरण के प्रति (To their own Conscience)

सम्पादक को अपने अंतःकरण अथवा विवेक के प्रति विशेष निष्ठा रखनी चाहिए। सम्पादक अपने लेखों के माध्यम से समाज का मार्ग-निर्देशन करता है उसका विचार चिन्तन के समाज पर व्यापक रूप से प्रभाव पड़ता है। पाठकीय विश्वास को अर्जित करना उसकी प्राथमिक आवश्यकता है। समाचार-पत्र में जो कुछ छपता है उसकी नैतिक जिम्मेदारी भी उसी की होती है अतः उसे अपने विवेक और अंतःकरण के प्रति भी निष्ठावान होना चाहिए।

डॉ. रामगोपाल मिश्र ने सम्पादक के महत्व का प्रतिपादन इन शब्दों में किया है

सम्पादक का अधिकार उत्तुंग शिखर के समान है, जहाँ से वह समाज की गतिविधियों को देखकर अपनी भावनाओं एवं तदनुकूल सामग्री का प्रकाशन करता है। सम्पादक नित नूतन विचारों और रचनाओं का अग्रदूत होता है। वह समाज का नेतृत्व अपनी प्रखर प्रतिभा से करने में समर्थ है। सम्पादक जिन विचारों का प्रतिपादन करता है, वे काल विशेष और देश विशेष तक सीमित नहीं रहते हैं, वरन् उसका व्यापक प्रचार होता है। अतः उसके विचारों में स्थायित्व होना चाहिए... पत्र-पत्रिका के सम्पादन में सम्पादक पत्रकीय-रंगमंच का सूत्रधार होता है। समस्त वस्तु सम्पादक पर ही अवलम्बित रहती है। उसी पर समस्त वस्तु का विनियोग है। पत्र-पत्रिका के सम्पादक सच्चे धर्मोपदेशक भी होते हैं।

आचार्य महावीर प्रसार द्विवेदी ने 'संस्कृत चन्द्रिका' में प्रकाशित सम्पादकस्तवः में सम्पादक की महिमा से अभिभूत होकर उसे नमन किया है यथा

देशोपकारवृतधारकाय
नानाकलाकौशलकोविदाय।
निःशेषशास्त्रेषु च दीक्षिताय
सम्पादकाय प्रगतिर्ममास्तु॥

अर्थात् देश का उपकार करने वाले श्रेष्ठ सम्पादक अनेक शास्त्र, कला-कौशल के ज्ञाता होते हैं। विविध विषयों का ज्ञान होना सम्पादक की श्रेष्ठता की कुन्जी है अतः सम्पादक अपने विचारों से समाज को प्रभावित करने में सक्षम हैं, यदि वह गुण-मण्डित है, नाममात्र का नहीं है।

सम्पादकीय विभाग के कार्य

सम्पादकीय विभाग समाचार-पत्र का सबसे महत्वपूर्ण विभाग होता है। समाचार-पत्र की विश्वसनीयता और असित्व को बनाये रखने के लिए कुशल सम्पादन का योगदान सबसे अधिक होता है। यह विभाग मुख्यतः समाचार, लेख, फीचर, कार्टून, स्तम्भ तथा सम्पादकीय एवं सम्पादकीय टिप्पणियों से सम्बद्ध होता है। यह विभाग सम्पादक या प्रधान सम्पादक के नेतृत्व में कार्य करता है। इनकी सहायता के लिए कार्य करने वाले अनेक व्यक्ति होते हैं जैसे सहायक सम्पादक, संयुक्त सम्पादक, समाचार सम्पादक, विशेष संवाददाता, उपसम्पादक इत्यादि जो समाचार संकलन से लेकर सम्पादन की विविध प्रक्रियाओं से विभिन्न स्तरों पर सम्बद्ध होते हैं।

समाचार-पत्रों के स्वरूप और सामर्थ्य के अनुसार उसके सम्पादकीय कक्ष की व्यवस्था की जाती है। बड़े पत्रों में जहाँ राष्ट्रीय और अन्तर्राष्ट्रीय मामलों आदि से सम्बन्धित पृथक्-पृथक् डेस्कें (Desks) होती हैं वहीं छोटे तथा कम सामर्थ्य वाले पत्रों में यह विभाजन इतना व्यापक नहीं होता है। इन विविध डेस्कों को समाचार समितियों तथा पत्र के संवाददाताओं द्वारा विविध प्रकार के समाचारों द्वारा 'फीड' किया जाता है। विषयगत् आधार पर इन डेस्कों के कई रूप हो सकते हैं, जैसे खेल, वाणिज्य, विज्ञान कृषि इत्यादि। इनके प्रभारी सम्पादक के मार्ग-दर्शन में वह डेस्क-सम्बद्ध समाचारों के सम्पादन का कार्य करती है।

प्रवीण दीक्षित ने 'डेस्क' के कार्य अधिकार का विभाजन तथा निर्धारण इस प्रकार किया है

(1) राष्ट्रीय समाचार एजेंसियों से प्राप्त समाचार वायर टेलीग्राम सम्पादक (Wire Telegrm Editor) पास करेंगे।

(2) फोन द्वारा या अन्य किसी सूत्र से सीधे प्राप्त समाचार सामग्री को री-राइट मेन प्रकाशन के योग्य बनाकर पास करेंगे।

(3) फोटोग्राफर स्थानीय समाचार सम्पादक के निर्देशानुसार किसी नगर संवाददाता के साथ या एसाइनमेंट के अनुसार कार्य करेंगे।

(4) विभागीय सम्पादक सम्पदाकीय पृष्ठ को देखेंगेजैसे रविवारीय, विशेष लेख, फीचर, कला, साहित्य, पुस्तक समीक्षा आदि।

(5) संवाददाताओं (स्थानीय संवाददाताओं को छोड़कर) के समाचार प्रान्तीय सम्पादक पास करेंगे।

(6) महिला सम्पादक, खेल सम्पादक तथा इसी प्रकार के अन्य स्थानीय विभागीय समाचारों को स्थानीय सम्पादक पास करेंगे।

(7) स्टाफ संवाददाताओं द्वारा लिखी गई कापियों को सावधानीपूर्वक ठीक करके कापी सम्पादन के लिए वरिष्ठ संवाददाता पहले स्वयं देखकर फिर स्थानीय संवाददाता को देंगे।

(8) सभी सम्पादकीय विभागों की कापियाँ लेकर मेकअप-सम्पादक मशीन रूम में जाएगा और स्टोन (Stone) पर पृष्ठ की साज-सजा (Makeup) कराएगा।

(9) रात्रि-पाली प्रभारी सम्पादक या समाचार सम्पादक भी मेकअप करा सकता है।

अगस्त, 1980 में श्रमजीवी पत्रकारों तथा समाचार-पत्रों के गैर-पत्रकार कर्मचारियों के लिए वेतन मण्डल ने विशेष संस्तुतियाँ की थी। इस वेतन मण्डल की अनुसूची 1 (Schedule I) में सम्पादक एवं अन्य पत्रकार कर्मचारियों का विभाजन इस प्रकार किया गया है

समूह 1 (Group 1)

सम्पादकवह व्यक्ति जो समाचार-पत्र के सम्पादकीय कार्य का निर्देशन और निरीक्षण करता है।

समूह 1 A(Group 1 A)

स्थानीय सम्पादक वह व्यक्ति जो समाचार-पत्र के मूल प्रकाशन-स्थल से दूसरे प्रकाशित स्थान पर सम्पादक के कार्यों का निर्वहन करता है।

संयुक्त सम्पादक वह व्यक्ति जो सम्पादक को सम्पादकीय कार्यो की पूर्ति में मदद देता है।1

समूह 1 B (Group 1B)

अग्रलेख लेखक वह व्यक्ति जो नियमित रूप से अग्रलेख लिखता है। यह समीक्षा, टिप्पणी अथवा आलोचना से सम्बद्ध समाचार भी लिखता है।

समाचार सम्पादक वह व्यक्ति जो समाचार विभाग के कार्य का समन्वय तथा निरीक्षण करता है। समाचार-पत्र के समस्त संस्करणों में प्रकाशित समाचार के लिए वह उत्तरदायी है।4

सहायक सम्पादक वह व्यक्ति जो सम्पादक को नियमित रूप से टिप्पणी, विचार, अग्रलेख, समीक्षा, आलोचना आदि लिखने में सहयोग करता है।

समाचार ब्यूरो प्रमुख (Chief of News Bureau) वह व्यक्ति होता है जो समाचार ब्यूरो के कार्य का निरीक्षण करता है तथा ब्यूरो के सदस्यों के कार्यों का निर्धारण करता है।

विशेष संवाददाता भी इसी समूह में आता है।

समूह 2 (Group 2)

सहायक समाचार सम्पादक वह व्यक्ति होता है जो समाचार सम्पादक के कार्यों में मदद करता है तथा/अथवा नगर संस्करण का प्रभारी होता है।

प्रमुख संवाददाता वह व्यक्ति होता है जो पत्र के प्रकाशन केन्द्र के सभी संवाददाताओं का प्रमुख होता है, उनके कार्य का निरीक्षण करता है तथा नियमित रूप से विधायी, राजनीतिक तथा सामान्य महत्व के समाचारों को रिर्पोट करता हैं तथा उनका विश्लेषण करता है।

मुख्य उप सम्पादक वह व्यक्ति होता है जो एक पाली का प्रभारी होता है। यह नियमित रूप से उप सम्पादकों को कार्य देता है, उनके काम का निरीक्षण करता है तथा समाचार के आकार-प्रकार और स्वरूप के लिए सामान्यतः उत्तरदायी होती है।

वाणिज्य सम्पादक वह व्यक्ति होता है जो वाणिज्य, वित्त, व्यापार तथा उद्योग से सम्बन्धित समाचारों और विचारों को निश्चित करता है तथा उन पर टिप्पणियाँ करता है और एक या एक से अधिक संवाददाताओं के कार्यों का विभाजन तथा निरीक्षण करता है।

खेल सम्पादक वह व्यक्ति होता है जो समाचार-पत्र के खेल विभाग का प्रभारी होता है। यह व्यक्ति खेल तथा उससे सम्बद्ध गतिविधियों के समाचारों और विचारों से सम्बन्ध रखता है, एक या एक से अधिक संदाददाताओं अथवा उपसम्पादकों के कार्यों का विभाजन तथा निरीक्षण करता है तथा खेल समाचारों के प्रस्तुतीकरण के लिए उत्तरदायी होता है।

पत्रिका सम्पादक वह व्यक्ति होता है जो साहित्यिक अथवा मनोरंजन सम्बन्धी समाचारों से सम्बन्ध रखता है तथा साहित्यिक अथवा ऐसी ही विधाओं के लिए निर्धारित कॉलम अथवा पृष्ठ का प्रभारी होता है। वह दो या दो से अधिक श्रमजीवी पत्रकारों के कार्यों का निरीक्षण करता है।

फिल्म सम्पादक फिल्म संपादक का कार्य फिल्म तथा रंगमंच से जुड़े कॉलम और पृष्ठ के लिए निश्चित कॉलम के लिए लिखता है। वह एक से अधिक श्रमजीवी पत्रकारों के कार्यों का निरीक्षण करता है।

व्यंग्य अथवा शोध प्रभाग प्रमुख वह व्यक्ति जो साँख्यिकी अथवा शोध प्रभाग का प्रभारी होता है। आर्थिक समाचार-पत्र में वाणिज्य, वित्त, व्यापार तथा उद्योग

से सम्बन्धित मामलों से सम्बन्ध रखता है तथा एक या एक से अधिक श्रमजीवी पत्रकारों के कार्य का निरीक्षण करता है।

मुख्य पुस्तकालयाध्यक्ष वह व्यक्ति होता है जो एक या एक से अधिक पुस्तकालयाध्यक्षों के कार्य का निरीक्षण करता है।

समूह 2 A(Group 2 A)

मुख्य समाचार छायाकार वह व्यक्ति होता है जो एक या एक से अधिक समाचार छायाकारों के कार्य का विभाजन और निरीक्षण करता है।

उप मुख्य रिपोर्टर वह व्यक्ति होता है जो मुख्य संवाददाता का सहयोगी होता है तथा उसकी अनुपस्थिति में उसका कार्य करता है। इसे वरिष्ठ रिपोर्टर भी कहते हैं।

उप मुख्य उप सम्पादक वह व्यक्ति होता है जो मुख्य उप सम्पादक को उसके कार्यों में सहायता देता है तथा उसकी अनुपस्थिति में उसका कार्य करता है। इसे वरिष्ठ उप सम्पादक भी कहते हैं।

वरिष्ठ संवाददाता वह व्यक्ति होता है जो विशिष्ट संवाददाता के अतिरिक्त समाचार-पत्र के प्रकाशन केन्द्र के अलावा अन्य किसी महत्वपूर्ण केन्द्र पर विशेष घटनाओं की रिपोर्टिंग करता है। इसका न्यूनतम सेवाकाल पाँच वर्ष का होना चाहिए।

उप सम्पादक वह व्यक्ति होता है जो सभी प्रकार के समाचारों को प्राप्त कर आवश्यकतानुसार चयन, सम्पादन, अनुवाद और शीर्षक देकर प्रकाशन योग्य बनाता है।

रिपोर्टररिपोर्टर वह व्यक्ति होता है जो घटनाओं से संबंधित समाचारों को एकत्रित करके सम्पादकीय विभाग को प्रेषित करता है।

संवाददाता वह व्यक्ति होता है जो समाचार-पत्र के प्रकाशन केन्द्र के अलावा किसी भी केन्द्र से समाचार संकलित कर उसे तार, डाक या अन्य किसी भी तरीके से प्रेषित करता है।

कलाकार वह व्यक्ति है जो समाचार-पत्र में प्रकाशन के लिए ड्राइंग, ले आउट, नक्शे, ग्राफ अथवा इसी प्रकार के चित्र तैयार करता है।

समाचार छायाकार किसी भी जनहित की घटना को चित्रों द्वारा कवर करता है।

मुख्य प्रति संशोधक वह व्यक्ति है जो एक या एक से अधिक प्रति संशोधकों के कार्य का वर्गीकरण और निरीक्षण करता है।

प्रति संशोधक वह व्यक्ति जो कम्पोज हुए मैटर के प्रूफ को सम्पादक की कॉपी से मिलान करते हुए कम्पोजिंग की गलतियों के साथ-साथ कापी की तथ्यात्मक गलतियों, वर्तनी, व्याकरण आदि की भूलों को स्वयं सुधारता है अथवा उनको सुधरवा देता है।

समाचार समितियों के लिए इस वेतन मण्डल ने विभाजन इस प्रकार किया है

(1) मुख्य सम्पादकयह सम्पूर्ण समाचार समिति का मुखिया होता है।
(2) उप मुख्य सम्पादक
(3) क्षेत्रीय ब्यूरो का मुखिया
(4) सम्पादक
(5) विशेष संवादाता
(6) विदेश संवाददाता
(7) समाचार सम्पादक
(8) राज्यीय ब्यूरो का प्रमुख
(9) मुख्य रिपोर्टर
(10) वरिष्ठ संवाददाता
(11) मुख्य उप-सम्पादक
(12) वरिष्ठ उप-सम्पादक
(13) वरिष्ठ रिपोर्टर
(14) उप-सम्पादक
(15) रिपोर्टर
(16) संवाददाता dent)

यह जरूरी नहीं है कि उपरोक्त पद वर्गीकरण प्रत्येक समाचार-पत्र के अनुकूल हो। समाचार-पत्र अपनी क्षमता और आवश्यकता के अनुसार उक्त कर्मचारियों की नियुक्ति करता है। यह विभाजन वेतन मण्डल ने वेतन शृंखला के निर्धारण को ध्यान में रखते हुए किया है। यह विभाजन हमें पत्रकार कर्मचारियों के विस्तृत पद और कार्यों का व्यापक बोध कराता है। यदि समाचार-पत्र छोटा है तो एक ही व्यक्ति को अनेक प्रकार की भूमिकाएँ निभानी पड़ती है। यदि समाचार-पत्र साधन-सम्पन्न है तो वह कार्यों के विविधता के अनुसार अपने यहाँ इन पदों पर नियुक्तियाँ करेगा।

उक्त वर्गीकरण ही अन्तिम नहीं कहा जा सकता। इनके अलावा भी अनेक प्रकार के पद देखे जा सकते हैं। जैसे-रीराइट मैन (Rewrite Man), प्रान्तीय सम्पादक (Provincial Editor), डाक समाचार सम्पादक (Mail News Editor), कार्यकारी सम्पादक (Executive Editor) इत्यादि।

समाचार सम्पादक

वरीयता क्रम में सम्पादक के पश्चात् समाचार-पत्र सम्पादक का पद अत्यन्त महत्वपूर्ण होता है। समाचार सम्पादक अपनी योग्यता और प्रतिभा से समाचार-पत्र को पठनीय और लोकप्रिय बना देता है। श्री एम.वी. कामथ के शब्दों में अच्छा समाचार सम्पादक समाचार-पत्र को महान् बना देता है।[1]

समाचार सम्पादक समाचार कक्ष का मुखिया होता है। समाचार-पत्र प्रकाशन की प्रक्रिया उसी की देख-रेख में सम्पन्न होती है। सभी प्राप्त समाचारों का सम्पादन उसी के निर्देशन में होता है। उस पर अत्यधिक दायित्व होता है। समाचार-पत्र की प्रतिष्ठा एक प्रकार से उसी के श्रम, निष्ठा और प्रतिभा पर निर्भर करती है। पत्र के समस्त संवाददाताओं के फैले हुए जाल और समाचार स्रोतों को वह उचित प्रकार से नियन्त्रित करता है। संक्षेप में समाचार सम्पादक के कार्यों एवं दायित्व का वर्णन निम्नवत है

1. समाचार कैसे लिखा गया, शीर्षक कैसे दिया गया तथा निश्चित समय पर पृष्ठ प्रेस में दे दिया गया आदि का वह ध्यान रखता है।
2. समाचार सम्पादक इस बात का ध्यान रखता है कि उपसम्पादक कार्यालय का अनुशासन बनाए रखे, आचार संहिता का पालन करें, पत्र की स्टाइल बुक का पालन करें तथा उन्हें जो कार्य दिया गया है उसके प्रति न्याय करें।
3. मानहानिकारक प्रकाशनों के प्रति उसे विशेष सावधान रहना चाहिए।
4. समाचार-पत्र की प्रतिष्ठा तथा प्रमाणिकता बनी रहे इसका उसे ध्यान रखना चाहिए। उपसम्पादक अथवा संवाददाता की जरा-सी गलती पत्र की प्रतिष्ठा को हानि पहुँचा सकती है।
5. मुफ्फसिल संवाददाताओं से उसका नियमित सम्पर्क बना रहना चाहिए तथा उनके अच्छे कार्य पर उन्हें प्रोत्साहित भी करना चाहिए।
6. संवाददाताओं को कार्य देते समय यदि पत्र संस्थान में मुख्य संवाददाता है, तो उसकी सलाह का सम्मान करना चाहिए।

7. विज्ञापन मैनेजर से उसके अच्छे सम्बन्ध होने चाहिए क्योंकि वह समाचार-पत्रों के स्थान का तानाशाह है। कोई भी समाचार-पत्र विज्ञापन से प्राप्त राजस्व को नहीं छोड़ना चाहता।
8. वह सदा समाचारों की खोज में रहता है। समाचारों का फालो-अप आदि करने हेतु वह संवाददाताओं को आवश्यक निर्देश भी देता है।
9. संवाददाताओं तथा अन्य समाचार स्रोतों से प्राप्त समाचारों में से श्रेष्ठ का चयन वह करता है।
10. विशेष व्यक्तियों के साक्षात्कार तथा उनसे समाचार प्राप्त करने के लिए अपने संवाददाताओं को वह आवश्यक निर्देश देता है।
11. स्वयं के कार्यों का मूल्यांकन करने की दृष्टि से वह अन्य प्रतिस्पर्धी समाचार-पत्रों पर भी निगाह रखता है।
12. समाचार सम्पादक समाचार कक्ष तथा सम्पादक के मध्य सम्पर्क बनाए रखता है। इस प्रकार वह सम्पादक का कान व नेत्र है। सम्पादक के विचार तथा इच्छाओं को पत्र के कॉलमों के माध्यम से व्यक्त करने का दायित्व समाचार सम्पादक पर होता है।
13. समाचार-पत्र में संवाददाताओं, विदेशी, घरेलू, राज्य, स्थानीय, खेल तथा वाणिज्य आदि डेस्क तथा चित्र और फीचर विभाग में चयन की प्रक्रिया सम्बन्धी गतिविधियों को वह संचालित करता है।

समाचार सम्पादक का समाचार-पत्र संस्थान में महत्वपूर्ण स्थान उक्त दायित्वों से स्पष्ट है। सक्रिय समाचार सम्पादक के लिए कहा गया है कि समाचार-पत्र के लिए यह पर्याप्त नहीं है कि वह सरकार तथा जनता के कार्यों को रिपोर्ट करे। उसके लिए यह आवश्यक है कि वह जनता की भावनाओं, चिन्तन और आशाओं को भी रिपोर्ट करे।

अग्रलेख या सम्पादकीय

समाचार-पत्र निर्धारण पृष्ठ पर सम्पादक द्वारा किसी घटना हालात, प्रशासन अथवा समस्या पर प्रस्तुत किये गये विचार और चिन्तन को सम्पादकीय कहते हैं। समाचार-पत्र में यह लेख नियत पृष्ठ पर प्रकाशित किये जाने की प्रथा है। यह पृष्ठ दूसरा हो सकता है, या फिर तीसरा, चौथा, पाँचवा या मध्य पृष्ठ। समाचार-पत्र की विषय सामग्री का नियोजन और उसके लिये नियत किये गये पृष्ठ विभाजन का

स्वरूप समाचार-पत्र की पृष्ठ संख्या के आधार पर उसके सम्पादन विभाग द्वारा निश्चित कर दिया जाता है, ताकि वह अपनी रुचि के अनुकूल सामग्री का अवलोकन करने के लिये निर्धारित पृष्ठ को समाचार-पत्र प्राप्त होते ही देख सकें। स्वभाववश हर पाठक सबसे पहले समाचार-पत्र में अपनी रुचि की सामग्री पढ़ने को उत्सुक होता है।

प्रायः सम्पादकीय सामाजिक घटनाओं, देशी व विदेशी हालातों, प्रशासनिक नीतियों-व्यवस्थाओं, राजनीतिक या सामाजिक समस्याओं आदि पर चिन्तन-मनन और विमर्श करने वाला लेख होता है। सम्पादक महोदय किस सीमा में अपने वैचारिक सन्देश का प्रसारण करे, यह बात नीति रूप में समाचार-पत्र के क्षेत्रीय प्रसार के दायरे को स्पर्श करती हुई होती है। समाचार-पत्र का प्रसारण स्थानीय स्तर का है तो सम्पादक की जिम्मेदारी बन जाती है कि वह आसपास के परिवेश से जुड़ी घटनाओं शासन और परेशानियों के ऊपर चिन्तन करे और लिखे। क्योंकि समाचार-पत्रों की अपनी प्रसार-शक्ति के अनुसार लक्ष्य-वेध करने का उद्देश्य इस नीति से सिद्ध होता है। वस्तुतः अपने प्रसार-क्षेत्र की उस दशा का निरूपण करना तो क्षेत्रीय जनता हेतु समस्या के रूप में किसी कारण उत्पन्न होती है, प्रकाश में लाना समाचार-पत्रों का कर्तव्य तथा उन लोगों को चैतन्य करना, जिनकी अक्षमता, मूर्खता, अकुशलता, अनाचारिता या व्यवहार से ऐसी कठिनाइयां उत्पन्न होती हैं, धर्म होता है। सम्पादक महोदय अपने अग्रलेख के रूप में प्राप्त अस्त्र से उस उद्देश्य को भेदने की चेष्टा करते हैं, जिसकी ओर से असंस्कृत, असुविधाजनक, अप्रिय या अवांछनीय समस्याओं को पैदा करने वाले स्वेच्छाचारी या अक्षम लोग आहत हो सकें और सीधे मार्ग पर आ जायें। निश्चित रूप से अधिकांश प्रशासनिक अधिकारी या समाज को उद्वेलित करने वाले अन्य लोग आर्थिक शक्ति, राज शक्ति या लोक शक्ति पाकर स्वेच्छाचारी हो जाते हैं और अपने आचार या कर्तव्य को भूलकर बिना किसी की परवाह किये कुछ भी करते रहकर सामाजिक या प्रशासनिक विरूपता पैदा करते हैं। प्राचीन काल में जब समाचार-पत्र नहीं थे, ऐसी अनाचारी स्थिति की चर्चा घर-घर से उठकर गलियों-मोहल्लों में फैल जाया करती थी और जनता के विक्षोभ को प्रकट करती थी, परन्तु जब समाचार-पत्रों का प्रकाशन होने लगा तो जन-विक्षोभ या असुविधाओं के लिये उत्तरदायी लोगों पर सम्पादकीय अस्त्र से प्रहार करना उनका कर्तव्य हो गया। प्रायः यह कार्य सम्पादक लोग अपने सम्पादकीय या अग्रलेखों द्वारा ही करते हैं। वस्तुतः यही पत्रकारिता का उद्देश्य भी है।

पत्रकारिता का दूसरा उद्देश्य यह भी है कि वह अधिकार शक्ति या लोक शक्ति से मण्डित सब कुछ ज्ञात की रही है, चाहे वह किसी के या स्वयं के लिये महत्वपूर्ण हो या नहीं, उपयोगी हो या नहीं। यह बात केवल कौतूहल या उत्सुकता की परिचायक मानवीय प्रकृति है। जब कभी किसी अज्ञात काल में समाचार-प्रकाशन के साधन नहीं थे, तब भी मनुष्य ने समाचार-संज्ञान के लिये तात्कालिक जरूरत के अनुसार केवल महत्वपूर्ण और उपयोगी समाचारों को दूरस्थ स्थानों तक पहुँचाने की क्रियाएँ अपना रखी थीं। तब ध्वनि संकेतों के प्रसार तथा समाचार संवाहकों को भेजकर यह कार्य किया जाता था। समाचार संवाहकों के माध्यम से लोगों ने पत्राचार भी शुरू किया था, जिसके द्वारा दूरस्थ व्यक्तियों का पारस्परिक समाचारों का आदान-प्रदान होता था। यह मानवीय व्यवहार की प्रगति की सभ्यता और संस्कृति विकास की ओर बढ़ाया गया बहुत ही महत्वपूर्ण पद था। बोली, भाषा और लेखन से प्राप्त नये-नये क्षेत्रों में बढ़ते हुए मनुष्य ने समाचारों के आदान-प्रदान से अपने व्यवहारों और क्रियाओं में प्रगति की। उसी उन्नति के मार्ग पर मनुष्य ने अपने वैचारिक क्षेत्र का विस्तार भी शिक्षा के माध्यम से किया, ज्ञान-विज्ञान के नये-नये रूप विकसित हुए और मनुष्य आधुनिक युग में पहुँचा। भाषा के साथ लेखन की आवश्यकता ने लेखन को जन्म दिया और लेखन के लिये विभिन्न आधारों का सहारा लिया गया, जिसका अन्तिम और सबसे उपयुक्त आधार 'कागज' के रूप में सामने आया। कागज के बाद मुद्रण-कला का विकास हुआ और वह समाचारों के व्यापक संचार का साधन बना, फलस्वरूप समाचार-पत्रों के प्रकाशन का शुरुआत हुआ। पुस्तकों के रूप में वैचारिकता का उद्‌बोधन उससे पहले हो चुका था, जिसमें शाश्वत ज्ञान, शास्त्रीय तत्व चिन्तन, इतिहास-पुराण, आख्यायिका, काव्य-नाटक आदि का प्रत्यक्षीकरण हुआ था, परन्तु जब समाचार-पत्रों का प्रकाशन शुरू हुआ तो वैचारिक प्रभा के बिन्दु और विस्तृत हो उठे, जिसमें सामाजिक व्यवहारों, क्रियाओं, मान्यताओं तथा सम्भावनाओं आदि के अध्याय भी जुड़ गये। इतना ही नहीं इस विधा के वर्तमान रूप ने सामान्यजन को अपनी विचार अभिव्यक्ति का मार्ग भी उपलब्ध करा दिया। यह सामयिक मानवीय चिन्तनधारा का विशाल प्रवाही रूप था, जिसके सम्बन्ध किसी शाश्वत चिन्तन या शास्त्रीय बोध की तरह दूरगामी परिणामों को देने वाले न होकर सामाजिक उथल-पुथल और जीवन-प्रवाह को उद्वेलित करने वाले थे। अतः इस उद्वेलन ने अवसरवादी वैचारिक शक्ति को प्रकट किया जिसने मानव को अपनी ही तरह से प्रभावित किया।

स्वभावतः समाचार-पत्र केवल समाचारों को यथातथ्य रूप में प्रस्तुत करने के साधन नहीं रहे, वैचारिक कला ने उन्हें रंगीन कर दिया। समाचार-पत्रों में यह कला उसके अग्रलेखों तथा सम्पादकीय विचार स्तम्भों में व्यक्त होने लगी। यह अग्र तथा सम्पादकीय लेख मनुष्य की तत्कालिक सांस्कृतिक शैली के प्रतिबिम्ब बनकर सामने आये। अतः कालक्रम से इनका इतिहासकारों के लिये ऐतिहासिक गवेषणा के आधार रूप में महत्वपूर्ण हो जाना भी स्वाभाविक था। समाचार-पत्र लोगों को अपनी मर्यादा के अनुकूल कार्य करने की सलाह दें, और जनहित की दृष्टि से उनका क्या जिम्मेदारी है, इसका मार्गदर्शन करें। ऐसे भी सक्षम लोग होते हैं जो मानसिक रूप से उदार तो होते हैं परन्तु सक्रियतारहित होते हैं। वह अपनी अक्षमता, आलस या प्रमोदेवश समाज के प्रति अपने मानवीय दायित्वों का निर्वाह करने में उदासीन होते हैं, उन्हें ऐसे दायित्वों का निर्वाह करने की प्रेरणा समाचार-पत्र ही दे सकते हैं। अतः सम्पादक महोदयों का यह एक कर्तव्य होता है कि वह अपने अग्रलेखों द्वारा ऐसे लोगों को उचित प्रेरणा देने का कार्य करें। प्रायः देखा जाता है कि सम्पादक महोदय अपने इस कर्तव्य पालन के प्रति उदासीन रहते हैं।

कोई भी समाचार-पत्र किसी भी नीति का अनुगमन करें, लेकिन उत्तम कर्तव्य तो उसके होते ही हैं, जिनका अनुपालन सम्पादक महोदय को करना ही चाहिए क्योंकि उनके हाथ में सम्पादकीय या अग्रलेख एक ऐसा अस्त्र होता है, जो जनशक्ति से अभिमन्त्रित होता है। उसका उचित प्रयोग किया जाता है या नहीं; यह बात समाचार-पत्र की नीति में परिलक्षित होती है क्योंकि अग्रलेख उसी नीति के अनुसार लिखे जाते हैं। सम्पादकीय लेख किसी भी समाचार-पत्र का महत्वपूर्ण हिस्सा होता है समाचार-पत्र का सम्पूर्ण वैधानिक चिन्तन सम्पादकीय पर ही निर्भर करता है। यह तो निश्चित है कि जितने लोग इस संसार में रहते हैं उनमें वैचारिक साम्य भी नहीं होता और न दृष्टिकोण की एकरूपता होती है। कोई किसी चित्र को किसी कारण पसन्द करता है तो कोई उसे उसी कारण नापसन्द भी करता है। समाचार-पत्र के सम्पादकों या उनके स्वामियों का (जो अपनी अर्थशक्ति से समाचार-पत्रों को नियन्त्रित करते हैं) अपना दृष्टिकोण होता है और अपनी वैचारिक रुचियाँ और मान्यताएँ भी। कभी-कभी विभिन्न समाचार-पत्रों के स्वामियों तथा सम्पादकों की सोच भी अलग-अलग होती है। प्रायः या तो उनकी प्रेरक निहित निष्ठाएँ होती हैं या निहित स्वार्थ। ऐसे समाचार-पत्र भी होते हैं जिनके सम्पादकों और स्वामियों के बीच वैचारिक साम्य स्वतन्त्र और निरपेक्ष चिन्तन के कारण नहीं होता। ऐसी स्थितियों

में सम्पादकों या समाचार-पत्र स्वामियों के साथ अधिक निर्वाह नहीं हो पाता। ऐसा अक्सर तभी होता है। जब या तो दोनों की निष्ठाएँ मेल नहीं खातीं या फिर निर्वाह स्वार्थ अलग-अलग होते हैं, या दोनों की वैचारिक निरपेक्षता की मान्यताएँ दृष्टिकोण अन्तर से प्रभावित होती हैं। आज के औद्योगिक युग में इस प्रकार की स्थितियों का होना कोई विचित्र बात नहीं है। समाचार-पत्रों की नीतियाँ भी इस दशा में प्रभावित होती हैं और अग्रलेखों का ताना-बाना दिशाहीन सा दिखाई देने लगता है।

जैसा कि पहले कहा गया है कि अग्रलेख समाचार-पत्र की नीति को प्रभावित करता है, जो कुछ भी हो सकती है, कभी भी हो सकती है। वैचारिक-स्वातन्त्र्य के नाम पर सम्पादकीय या अग्रलेख उत्तेजनात्मक या आवेशक भाषा का सहारा भी ले सकते हैं और मृदुल या व्यंग्यात्मक सरस भाषा का भी। सम्पादक उसे किस रूप में प्रस्तुत करते हैं, यह सम्पादक की भाषा और लेखन शैली पर आधारित होता है। अक्सर इस बात का लक्ष्य या तो जन-अभिरुचि को उद्वेलित करने का होता है या विक्षुपित करने का, या फिर किसी विशेष विचारधारा के जन-समुदाय को प्रतिनिधित्व देने का। वर्तमान लोकतान्त्रिक युग में इस बात का महत्व सर्वोपरि है, क्योंकि राजनीतिक शक्ति को प्राप्त करना जनशक्ति पर आश्रित है या उसमें निहित है। अतः आप लोगों की ऐसी सामूहिक भावनाओं को जो चाहे अन्ध-विश्वासों में केन्द्रित हों या साम्प्रदायिक निष्ठा से संचालित हों या राजनीतिक आदर्शों या चरित्र से अभिप्रत हों। समाचार-पत्र इनमें से किसी भी ऐसी नीति का पोषण करने को भी स्वतन्त्र होते हैं जो प्रायः निजी स्वार्थों के अधीन होती है। इस प्रकार की नीति-निर्धारण का लक्ष्य व्यावसायिक तो होता ही है, साथ ही किसी विचारवाद का नेतृत्व भी करना होता है। अग्रलेखों में यह बात पूरी तरह परिलक्षित होती है और समाचार-पत्रों को ही खास तौर से पढ़ते हैं तथा उनके ग्राहक भी बनते हैं। अतः वर्तमान राजनीतिक या सामाजिक संस्कृति के बहुआयामों में से किसी भी आयाम का समाचार-पत्र पोषण कर सकते हैं जो निश्चित रूप से किसी विशेष उद्देश्य या लक्ष्यप्रेरित होते हैं। सामान्य जनसमस्याओं और सामान्य जनहित का दृष्टिकोण या जनहित लक्षित वैचारिकता पीछे छूट जाती है। इस सापेक्षता द्वारा भ्रष्ट प्रशासन तन्त्र या निहित स्वार्थी जननेतृत्व को भी समाचार-पत्रों का सहयोग प्राप्त होने लगता है।

वस्तुतः वर्तमान युग में समाचार-पत्र जनतन्त्र के चौथे स्तम्भ ही नहीं रहे हैं, वह जनता के सापेक्ष वैचारिक उद्वेलन और सामाजिक चेतना को भी रूपित-विरूपित करने वाले निराधार शक्तिपुंज भी हो गये हैं। वह समाज और सरकारों को विचार

स्वतन्त्रता का सहारा लेकर वैचारिक रूप से सापेक्ष स्वरूप प्रदान करने लगे हैं। अतः उनकी नीतियाँ जिन उद्देश्यों को निश्चित कर लेती हैं और उनको बिना इस बात का ध्यान दिये कि इसके दूरगामी परिणाम क्या होंगे, वह बोधित करने की चेष्टा में लगे रहने लगते हैं। इस नीति से वह सरकारों का निर्माण करने वाले दलों को भी अपना अनुगामी बनाकर एक प्रकार से 'किंग मेकर्स' की भूमिका प्राप्त कर लेते हैं। इसीलिये शक्ति पुञ्ज बने समाचार-पत्रों के सम्पादकों के अग्रलेख उन्हें एक ऐसा नेतृत्व प्रदान करते हैं जो राजनीतिक दलों पर भी भारी पड़ता है। इसका पूरा-पूरा लाभ, समाचार-पत्रों के समर्थ स्वामी और सम्पादकों को आज लभ्य है। इस वास्तविकता से जुड़ा एक तथ्य बहुत स्पष्ट है कि भारी संख्या वाले समाचार-पत्रों के अग्रलेख लोगों के वैचारिक विपर्यय में सर्वाधिक प्रभावी भूमिका का निर्वाह करते हैं, क्योंकि वह अयोग्य और स्वार्थी जन-नेताओं को मनमानी दिशा देते हैं।

हम देखते हैं कि समाचार-पत्रों की प्रकृति तात्कालिक संस्कृति की धारा को ही प्रभावित करती है, चाहे वह सामाजिक संस्कृति हो, राजनीतिक हो या धार्मिक। समय-समय पर यह बात समाचार-पत्रों के जन्मकाल से वर्तमान युग तक प्रमाणित भी होती है। परन्तु यदि सम्पादक चाहे तो सांस्कृतिक दिशाहीनता से अपने सम्पादकीय द्वारा समाज के दिशा प्रवाह को मोड़ भी सकते हैं। भारत में या इंग्लैण्ड में समाचार-पत्रों का उदय जनजागरण और अभीष्ट दिशा हमें पत्रकारिता के मानदण्डों पर विचार करें तो यह देखेंगे कि इसका उदय ही जनहित के लिये हुआ था। भारत में प्रकाशित होने वाले प्रारम्भिक समाचार-पत्रों के सम्पादकों ने अपना यह कर्तव्य किस प्रकार निभाया था, यह बात उनके अग्रलेखों से प्रमाणित होती है।

यों तो बंगाल में अँग्रेजों के पैर जमते ही समाचार-पत्र निकलने लगे थे और राजा राममोहन राय के राजनीतिक विचारों ने भारत के भावी स्वाधीनता आन्दोलन के लिये प्रायः कभी मुद्दे दे दिये थे, परन्तु सन् 1857 के बाद जब और पत्र प्रकाशित हुए तो वह स्वदेश प्रेम के आकण्ठ में डूबे हुए थे। तत्कालीन भारत में जो दशा थी, उस पर जैसे सम्पादकीय लिखे जाते थे, उनका उदाहरण इस प्रकारसन् 1879 में 'सार सुधा नीधि' नामक पत्र निकलना आरम्भ हुआ था, उसके 16वें अंक का सम्पादकीय वक्तव्य देखिये, जिसका विषय था "हिन्दुस्तानियों का राजनीतिक संस्कार"। देश के पिछड़े राजनीतिक संस्कार की चर्चा करते हुए सम्पादक ने लिखा

"अभी तो बहुतों का संस्कार है कि राजनीति तो उसी को कहते हैं जिसमें बन्दर, सियार, बैल आदि की कथा है, जो कि मथुरा की बोली में छपी है। जिस देश

में अभी राजनीति की उदारता और संकीर्णता समझना तो क्या स्थूल स्वरूप ही लोगों के ध्यान में नहीं आया है, उस देश के लोग जो उदार राजनीति की समालोचना से चमत्कृत होंगे, इसमें विचित्रता क्या है?.......... अभी तक हमारे हिन्दुस्तानी भाइयों में से बहुतों का संस्कार ऐसा जटिल हो रहा है कि केवल अँग्रेजी कपड़े पहने हुए मनुष्य को अपना हाकिम समझ लेते हैं।" इन्हीं हिन्दुस्तानियों के राजनीतिक संस्कार तथा बौद्धिक धरातल में उन्नयन या सतत् प्रयत्न ही 'सार सुधा नीति' का संकल्प था क्योंकि इसका विश्वास था कि "राजनीति और समाज-नीति संशोधन' जैसा समाचार-पत्रों में होता है वैसा दूसरे उपाय से नहीं हो सकता।"

3 मार्च सन् 1879 ई. सार सुधा निधि के अंक में उन्नीसवीं शताब्दी और ये सभ्यता नामक सम्पादकीय लेख में राजनीति और सामाजिकता के ऊपर प्रकाश डाला है। इस लेख की शुरुआती पक्तियां इस प्रकार हैं

"क्या इसी को सभ्यता, राजनीति, धर्म नीति और दयावृत्ति कहते हैं?.. .... जुलू लोगों का भी अपराध यही है कि वो स्वाधीन हैं। सेण्ट लुइसा उपसागर उनके हाथ हैं वो अस्त्र-शस्त्र और युद्ध की चीजों की आमदनी का एक उत्तम रास्ता है। अँग्रेजों की यह इच्छा है कि ये उप सागर को जुलू लोग छोड़ दें, हथियार रख दें और हम लोगों की अनुग्रह छाया के आसरे जीते रहें। जुलू इस युद्ध में प्रथम अपराधी नहीं है, उन लोगों ने इनके राज्य में आकर कुछ उपद्रव नहीं किया था और न इनको छेड़ा था। ये युद्ध और काबुल का युद्ध इन्हीं लोगों की छेड़छाड़ से हुए। ये दोनों युद्ध का कारण देखने से कुछ हम लोग विस्मित नहीं होते, क्योंकि इतिहास के आरम्भ से ही दिखाई देता है कि सबल राजा चढ़ाई करते आये हैं। परन्तु विशेष आश्चर्य तो यह है कि अब के राजा सभ्यता पर गर्व करते हैं।"

प्रथम वर्ष के दसवें अंक में 'लार्ड लिटन और ब्रिटिश इण्डियन एसोसिएशन' शीर्षक सम्पादकीय वक्तव्य प्रकाशित हुआ था। बंगाल के जमींदारों ने लार्ड लिटन के सामने इस बात की दर्खास्त दी थी कि "आजकल मैनचेस्टर से जो माल आता है उस पर भी ड्यूटी अर्थात् परमिट का महसूल उठा देने का जो प्रस्ताव हो रहा है, जिससे हमारे गवर्नमेण्ट कहीं मासूल उठा देने की सम्मति न दे दे।" इसके जवाब में लार्ड लिटन साहब ने बड़े क्रोध के साथ कहा था, "प्रार्थना सभा में कपड़े के महसूल सम्बन्ध में जो निश्चय हो गया है, हम ठीक वैसा ही करेंगे।" इस पर सम्पादकीय टिप्पणी इस प्रकार है, "........गर्वनर जनरल साहब बहादुर के साथ इन लोगों ने अति सामन्य आदमियों जैसा बर्ताव किया। हम लोग सविनय प्रार्थना करते हैं कि यदि

लार्ड लिटन बहादुर गुस्से के बदले मीठी तरह से समझा देते तो क्या अच्छा नहीं होता?"

अन्य पत्रों या 'सार सुधा निधि' के सम्पादकीय निश्चित रूप से तत्कालीन अँग्रेजी राज्य के कारणों पर सीधी चोट नहीं कर सकते थे, परन्तु वह ऐसी दशा में जानते थे कि चोट कैसे करनी चाहिये। सार सुधा निधि ने 'इंग्लैण्ड के देवता' को भारत के लिये 'शनि देवता' कहा था। वर्ष 2 अंक 3 में लार्ड लिटन के कर्तव्य का विचार करते हुए सम्पादक ने उन्हें सलाह दी थी कि शीघ्र ही पद त्याग कर दें। शीर्षक था 'लार्ड लिटन साहिब बहादुर का कर्त्तव्य'। उसकी कुछ पंक्तियाँ इस प्रकार हैं"हम इनको विरामाँ देते हैं कि इनको शीघ्र ही पद त्याग करना चाहिये, इसका अवश्य कोई गुरुतर कारण है। प्रथम तो यह है कि पहले तो सब गर्वनर जनरल यहाँ आते थे। उन्हें इंग्लैण्ड के राजनैतिक साम्प्रदायिक झगड़ों से कोई प्रयोजन नहीं रहता था।... .... साहिब ने अपने अधिकार काल में उस भाव से काम नहीं किया। इनके कुछ कामों से स्पष्ट होता है कि ये इंग्लैण्ड के लिबरल और कंजरवेटिव सम्प्रदाय के आभ्यन्तर झगड़ों में विशेष लिप्त रहे। क्योंकि इन्होंने अपने तत्काल प्रभु प्रधानमन्त्री विकसफील्ड की आज्ञा की इस प्रकार प्रतिपालन की थी कि ऐसा जान पड़ता है कि ये उसके दाहिने हाथ की कड़छी स्वरूप हैं, वे इनको उल्टे-सीधे जिस प्रकार से चलाते हैं ये उसी प्रकार चलते हैं। काबुल आदि विषयों में इनको जिस प्रकार आस्था हुई इन्होंने तुरन्त उसका प्रतिपालन किया। भला यहाँ तक भी इनके पदस्थ रहने में कुछ बाधा नहीं थी। क्योंकि प्रभु की आज्ञा शिरोधार्य करना भृत्य का धर्म है। अब जो प्रभु होयेंगे उनकी आज्ञा उसी प्रकार प्रतिपालन करेंगे इसमें क्या चिन्ता। परन्तु इन्होंने विशेष यह किया कि जिसमें कंरवेटिव का भविष्य में छल पुष्ट होगा। इस अभिप्राय से मैनचेस्टर वालों को गाँठने के लिये भारतवर्ष की बीस करोड़ प्रजा के शुभाशुभ पर ध्यान न देकर भारतवर्ष की आमदनी सूती पदार्थों की परमिट धरा दिखी, अतः उस पर क्षति पूर्ति के लिये इम्पीरियल लाइसेन्स रखना पड़ा। इसके सिवाय लिबरलों के प्रश्नों का उत्तर इन्होंने कन्जरवेटिव पक्ष अवलम्बन करके बड़े उग्र भाव से दिया कि इन चौगून तक पहुँच गये। अतएव जिस-जिस लिबरल सम्प्रदाय से ये कंजरवेटिव का पक्ष पुष्ट करने के लिये वाक्य युद्ध में प्रवृत्त हो चुके हैं, अब उसी लिबरल की विजय अवस्था में पराजित कंजरवेटिव सम्प्रदाय लिप्त होकर अकिंचित कर वेतन लोभ से प्रतिद्वन्द्वी की अधीनता स्वीकार करना इनके योग्य नहीं है।"

उपरोक्त सम्पादकीय में उस समय के गर्वनर जनरल के कार्यों का व्यंग्यात्मक शैली में मजाक उड़ाया गया है। तत्कालीन सम्पादन-कला की यह शैली कितना

गम्भीर प्रभाव डालने वाली तथा रुचिकर है, समझा जा सकता है। उस काल में भारत के गर्वनर जनरल का उपहास इसी शैली में किया जाना सम्भव था। इसके बाद 'सार सुधा नीति' की एक और सम्पादकीय टिप्पणी देखिये

"पाठक देखिये विगत पाँच बरस में राजनीति की जो इतनी तीव्र गति हुई, जिस द्वारा भारतवर्ष को दुदर्शा और क्षतिग्रस्त होना पड़ा, क्या उसका कारणकंजरवेटिव की एकमात्र स्वार्थपरता नहीं है कि जिसके अनुरोध से काबुल की यह प्रचण्ड भयंकर अग्नि प्रज्वलित हुई है ?"

सार सुधा नीति की उग्र राष्ट्रीयता का प्रमाण वर्ष 2 अंक 14 के सम्पादकीय वक्तव्य 'भारतवर्ष में प्रतिनिधि शासन प्रणाली की आवश्यकता' में है। प्रतिनिधि शासन प्रणाली की आवश्यकता पर जोर देते हुए सम्पादक ने कहा था, अब जब तक शासन प्रणाली का मूल संशोधन नहीं होगा कदापि सुशासन करने में गवर्नमेण्ट समर्थ नहीं होएगी।" इसी वक्तव्य में गर्वनर जनरल के भारतीय सदस्यों को 'साक्षी गोपाल' कहा है, जिन्हें बैठाकर सरकार अपनी इच्छानुसार शासनी व्यवस्था लिपिबद्ध कर लेती है। "जिस व्यवस्था द्वारा प्रजा का पूरा जनहित होता दिखाई देता है, साधारण समाचार-पत्र, साधारण प्रजा उसके प्रतिवाद करने में प्रवृत्त हो जाते हैं। तब गवर्नमेण्ट पर एक लम्बा-चौड़ा वक्तव्य लिखकर प्रकाशित कर देती है कि यह व्यवस्था देश मान्यों के सुमत से विविधबद्ध हुई है। इसका प्रमाण देशी मुद्रा शासनी विविध और शस्त्रहारिणी व्यवस्था है। जिस दिन प्रेस एक्ट विधिबद्ध हुआ था, उस दिन कौंसिल में महाराजा यतीन्द्र मोहन ठाकुर उपस्थित थे। परन्तु वह सिवाय साक्षी गोपाल के और क्या कर सकते थे।......यदि विचार करके देखो तो उन नाममात्रों के साक्षी गोपाल मेम्बरों से क्या कार्य सिद्ध हो सकता है। पक्षान्तर में हमारे शासनकर्ता सब इंग्लैंडीय होने के कारण हम लोगों के आध्यन्तर विषयों से सम्पूर्ण अनभिज्ञ और अपरिचित हैं, इसलिये न तो उनका अभीष्ट सिद्ध होता है और न हम लोगों का हित साधन हो सकता है। अतएव अब भारतवर्ष में प्रतिनिधि शासन प्रणाली की अत्यन्त आवश्यकता है। बिना इसके न तो ब्रिटिश गवर्नमेण्ट को सर्वांग सुन्दर यश प्राप्त हो सकता है और न कदाचित भारतवर्ष की सर्वांगीण उन्नति हो सकती है।"

तत्कालीन सार सुधा निधि का एक सम्पादकीय (वर्ष 2 अंक 4) और देखिये। शीर्षक है'राज प्रतिनिधि लार्ड लिटन साहब का वियोग दुःख'। इस लेख में सम्पादक ने लार्ड लिटन के कुकृत्यों की खुलकर चर्चा की, "इन्होंने भारतवर्ष में आकर ऐसा कोई काम नहीं किया कि जिससे भारत की प्रजा सुखी होती। क्योंकि दक्षिण का महादुर्भिक्ष इनके समय में उपस्थित हुआ था। परन्तु महामान्य ने उसके प्रारम्भ

ही में दिल्ली के महादबोर का ऐसा आडम्बर किया कि उस कारण इस दुर्भिक्ष का बन्दोबस्त ऐसा नहीं हो सका कि उससे प्रजा का जीवन बचता। उस दुर्भिक्ष का स्मरण होने से शरीर काँप उठता है, जीवात्मा सूख जाता है, रोंगटे खड़े हो जाते हैं। हाय आज पर्यन्त उस दुर्भिक्ष के सताये भारतवासी दम नहीं ले सके हैं। अद्यावधि प्रजा निरलम्ब निराश्रय हो कर कोई प्रिय पुत्र का, कोई परम बन्धु का, कोई पूजनीय माता-पिता का असहनीय वियोग दुःख सह रही है।....... उस दुर्भिक्ष का प्रतिकार यदि समय रहते होता तो भारतवासियों की ऐसी दशा क्यों होती?"

'सार सुधा निधि' ने अपने दूसरे वर्ष के सातवें अंक में बड़ी निडरता के साथ लार्ड लिटन के कार्यों का व्यंग्यात्मक तरीके से वर्णन करने तथा सम्मान पर आघात पहुंचाने के प्रयास में कोई कमी नहीं की। शीर्षक था"लार्ड लिटन के रहने का क्या अभिप्राय है?" बड़े शब्दों में सम्पादकों ने लिखा था"महात्मा लार्ड लिटन को पदत्याग करके यहाँ रहना योग्य नहीं है। इनके रहने से हम लोगों को भय होता है कि महामान्य रिपन से इनकी वहाँ की मित्रता है और ये उनसे और भी घनिष्ठता बढ़ाना चाहते हैं। क्योंकि ऐसा सुनने में आया है कि लार्ड लिटन साहब लार्ड रिपन को नाच (बाल) देंगे। आश्चर्य का विषय है कि जो इनके सामने इनके सर्वोपरि समन प्राप्त होएंगे। ये उनके सामने अपनी खुशी का प्रकाश करके उनकी दावत करेंगे। जो हो इनकी बातों से यह निश्चित होता है कि इनके रहने का यह अभिप्राय है कि प्रथम तो राजस्व विभाग में गोल-माल हुआ है उसका किसी प्रकार का समर्थन कर लें। दूसरे स्वाधीनता और उच्च्च शिक्षा के विरोधी लार्ड लिटन साहिब को विश्वास हो गया कि लार्ड के साहिब रिपन आते ही हम भारत प्रजा को फिर वही स्वाधीनता दे देंगे जिसको हमने छीना है। ऐसा जान पड़ता है कि यह भी निश्चय हो गया है कि ये आते की पुनः उच्च्च शिक्षा का द्वार खोल देंगे जिसके विरोध में हमने दिल्ली कॉलेज को उठा दिया है और लाहौर में वक्तृता भी की थी। इनके रहने से यह भी प्रतिपन्न होता है कि इनकी इच्छा अभी और काबुल में रुधिर प्लावन की है। अतएव थोड़े दिन इनके पास रहकर जहाँ तक हो सके अभिनव शासनकर्ता लार्ड रिपन का इन सब सदनुष्ठानों से विरत रखें। इनके स्वभाव से जन साधारण को ऐसा अनुमान होना आश्चर्य नहीं। अतएव भारतवासियों के पक्ष में अच्छा नहीं है, इनके पक्ष में भी अच्छा नहीं हैं।....... इससे महामान्य लार्ड लिटन साहिब बहादुर को हम सविनय से परामर्श देते हैं कि उनको यहाँ रहने योग्य नहीं है। महामान्य लार्ड रिपन के आते ही उनको राज्य भार सौंप के उसी दिन यात्रा करना इनके योग्य है। जैसा इन्होंने इस्तीफा देकर बुद्धिमानी का काम किया है वैसा शीघ्र चले जाना उचित है।"

उपरोक्त सम्पादकीय से यह समझा जाता है कि सम्पादक ब्रिटिश सरकार के गर्वनर जनरल को किस प्रकार आक्षेपित करने में कुशल हैं कि प्रेस एक्ट का उल्लंघन भी नहीं हो। लार्ड लिटन की कार्यों के प्रति अंश लेख तथा उसके लिए किये गये कार्यों की समीक्षा भी हो जाय तथा आगे क्या अपेक्षित है यह भी कह दिया जाय। सम्पादकीय अग्रलेख की कला-कुशलता इस शैली में पूरी तरह से अभिव्यक्त होती है।

इसी सन्दर्भ में हम 'सार सुधा निधि' के समकालीन 'भारत बन्धु' नामक समाचार-पत्र ने जब अँग्रेजों के प्रति चापलूसी करते हुए लिखा था"बहुत से लोग उक्त की मान से यह दोष लगाते हैं कि उन्होंने प्रेस एक्ट लागू कियाहमारे निकट इससे भारतवर्ष को कोई हानि नहीं हुईयह हमारे शील को सुधारने की सहज युक्ति निकल आईहमारे स्वदेशी समाचार-पत्रों में ऐसे-ऐसे व्यंग वचन लिखे जाते थे कि प्रदेशी महाशय हमारी विद्या और बुद्धिमानी पर आक्षेप करते थे।" तो सार सुधा निधि ने इसका उत्तर दिया था"हाय रे खुशामद! हम उक्त सम्पादक से यह पूछते हैं कि आपने जो लिखा है प्रेस एक्ट से तो हमारे निकट भारतवर्ष का कुछ नुकसान नहीं हुआ? यह क्या आपने सम्पूर्ण भारतवर्ष की ओर से कहा है या केवल अपने मतलब से लिखा है? यदि कहें प्रेस एक्ट का अनुमोदन हमने भारतवर्ष की ओर से किया है तब इसका अपराध कदाचित मार्जनीय नहीं है। क्योंकि जिस प्रेस एक्ट के विधिबद्ध होते ही हम सब साधारण भारतवासियों को अपनी भावी उन्नति के सरल रास्ते में काँटे सूझने लगे, जिसके विरोध के लिये भारतवर्ष के प्रायः सभी प्रधान और प्रसिद्ध स्थानों में प्रकाश्य साधारण सभा इकट्ठी हुई थी, जिसका प्रतिवाद करने को हम लोगों ने महामान्य वर्तमान सर्वप्रधान रक्षामन्त्री ग्लाडस्टोन साहिब को वरण किया था। जिस पक्षपात दूषित आईन के विपक्ष में एक हम भारतवासी क्या वरन इंग्लैण्ड के लोगों तक का शोणित उष्ण हो गया था। हाय, क्या यही परिताप का विषय है कि आज उसी प्रेस एक्ट की स्तुतिवाद करके 'भारत बन्धु' हम सबको राजभक्ति शून्य बताते हैं।"

सम्पादक के कर्तव्य की ओर संकेत करते हुए सार सुधा निधि के सम्पादक ने उक्त वक्तव्य में यह भी कहा था कि"जब हम अपने देश के प्रतिनिधिस्वरूप हैं तो हमको केवल अपनी इच्छा के अधीन होना उचित नहीं है।........इस गुरुत्तर कार्य में तो वही समर्थ हो सकता है जिसके मन को विवेक प्रतिक्षण सतर्क करता है। एक पर दया करके बीस करोड़ निरीह राजभक्त प्रजा पर निष्ठुर आचरण करना

यह कौन सी दया कहलाती है? एक किसी के दोष से यदि संसार की क्षति होय तो क्या उस अपराधी पर दया प्रकाश करना यथार्थ न्याय परम्परा का काम है। कदापि नहीं। यथार्थ न्याय पक्ष अवलम्बन करके जिस राजनियम द्वारा प्रजा की क्षति होय और अपने राज्य के अकलंकित यश में कलंक लगता होय तो उसके रहित करने का अनुरोध करना उचित है।"

कुछ स्वार्थ में लिप्त राष्ट्रवासियों को इंगित करते हुए 'सार सुधा नीधि' वर्ष 2 अंक 25 के सम्पादकीय वक्तव्य 'भारत के दुर्भाग्य' में सम्पादक ने कहा था, "यही तो भारतवर्ष का दुर्भाग्य है कि जिस प्रकार प्रजा अपने-अपने विभिन्न स्वार्थ में तत्पर होकर ऐसे कार्य नहीं करती कि जिसमें बहुतों का एक ही स्वार्थ हो। हे प्रिय भारतवासियों! यह न समझो कि भारत के दुर्भाग्य हमको क्या हमारा तो एक प्रकार निर्वाह होता है। यह तो हम निश्चय कहेंगे कि इस समझ से तो कदापि सुधरना नहीं है अतएव भारत के दुर्भाग्य को अपना दुर्भाग्य और भारत के सौभाग्य को अपना सौभाग्य समझो। नहीं तो भारत का दुर्भाग्य कभी दूर नहीं होगा।"

भारतीय पत्रकारिता के मार्ग-दर्शन के लिए प्रथम राजा राम मोहन राय द्वारा किया जा चुका था। सार सुधा निधि और 'हरिश्चन्द्र पत्रिका' जैसे समाचार-पत्रों ने महत्वपूर्ण भूमिका निभायी। हालाँकि 'उचित वक्ता' ने सम्भवतः ब्रिटिश शासन में प्रेस को मिली सीमा-स्वतन्त्रता प्रारम्भ में साहसपूर्वक उपभोग अपनी लेखन शैली संशकता की ऊहापोह में नहीं किया, परन्तु बाद में वह भी भारत को राष्ट्रीय जागरण की राह बताने में पीछे नहीं रहा। जब उचित बात करने के लिये 'बंगाली' पत्र के सम्पादक सुरेन्द्रनाथ बनर्जी को दो महीने की सजा दी गई तो 'उचित वक्ता' ने खुलकर उसका विरोध किया। 12 मई, 1883 ई. को 'उचित वक्ता' सम्पादक ने लिखा था"कर्तव्य के अनुरोध से, धर्म के भय से एवं अत्याचार प्रपीड़ित हो सत्यवार्ता के प्रकाश करने में बाध्य होना ही पड़ता है। इसी सत्यवार्ता को प्रकाशित करने के लिये हमारे सहयोगी सुरेन्द्र बाबू विपदापन्न हो रहे हैं।" देशी सम्पादकों को सलाह देते हुए सम्पादक ने इसी टिप्पणी में लिखा था और सुरेन्द्र बाबू की ऐसी दशा देखकर किसी को भी लेखनी शिथिल नहीं करनी चाहिए। इस समय यदि हम ढीले हो जायेंगे तो हम से फिर कभी कुछ न बनेगा। सर्वसाधारण को भी सम्पादक ने इसी सम्पादकीय में जागृत किया था।

18 नवम्बर, 1882 ई. की एक सम्पादकीय टिप्पणी का शीर्षक है, "देशीय पत्रों के सम्पादक क्या पूर्व जन्म के पापी नहीं हैं?" इस सम्पादकीय की कुछ प्रारम्भिक पंक्तियाँ दृष्टव्य हैं"भारतवर्ष में जितने समाचार-पत्र प्रकाशित होते हैं उनके

सम्पादक कौन हैं और कैसे हैं तो हम केवल यही उत्तर देंगे कि पूर्व जन्म में जिन्होंने के महापाप किये हैं। समग्र पृथ्वी का जिन्होंने अनिष्ट साधन किया है और मारे पाप के जिन्हें इस संसार भर में कहीं ठिकाना नहीं लगा उन्हीं हीन जनों ने चिर पराधीन अति मलीन मुख विहीन भारत भूमि में जन्म लेकर अत्यन्त जघन्य नीच तथा पामर का कार्य देशीय सम्पादकत्व का भार उठाया है। ये हजारों दुर्दशाएँ झेलते हैं तो श्वेतांग राजपुरुषों की निन्दा करने से बाज नहीं आते, सैकड़ों षड्यन्त्र में झोंके जाते हैं तो भी राजपुरुषों के प्रकृत रहस्य प्रकट करने में परामुख नहीं होते, सैकड़ों विपदाएँ पड़ती हैं तो भी ये इस दुष्कर्म से मुँह नहीं मोड़ते। सैकड़ों बार राजपुरुषों की तीव्र दृष्टि में पड़ते हैं तो भी इस नीच कर्म का परित्याग नहीं करना चाहते और छोड़ें भी क्यों? इनके सिर पर तो पूर्व जन्म का पाप सवार है कि जिसकी कृपा से ये देशीय पत्र के सम्पादक तथा स्वयं आप भी देशी भये। उसी पाप के प्रबल प्रताप से ये लोग इस काम से विमुख नहीं होते और न समाचार-पत्र का सम्पादकत्व ही इनका पीछा छोड़ता है।" 23 सितम्बर, 1882 के 'उचित वक्ता' के सम्पादकीय को भी देखिये"हम भारतीय सम्पादकों की जैसी हीन और मलीन दशा है, वह किसी को अविदित नहीं है। ये लोग सदा अपने देश की भलाई के लिये उद्यत रहते हैं, इसी से सदैव गवर्नमेण्ट के ससीम राजभक्तिविहिन और अधम गिने जाते हैं।"

उपरोक्त सम्पादकीय लेखों से सिद्ध होता है कि सम्पादकों के लेखों का लक्ष्य और ताकत किस स्तर पर होती है। वह जिस विषय पर भी कलम उठावें उसका निर्भीक, निष्पक्ष और जनहित में विवेचन करें, न कि किसी सम्मोहन में पहुँचकर जनोपयोगी की राह को छोड़कर अपने विचारों का एकांगी या सापेक्ष प्रदर्शन करें। वर्तमान समय बड़ा दुरूह समय है। ब्रिटिश दासता का युग जा चुका है अतः समाचार-पत्रों के सुयोग्य सम्पादकों की वैचारिक सीमाएँ वास्तव में देश और भारतीय संस्कृति की रक्षा करने के लिये क्या मार्ग-दर्शन दें, सामान्य देशवासी को क्या पाठ पढ़ायें, इस पर उन्हें गहराई से सोचने की आवश्यकता है। इस गहराई से किन मानदण्डों को अपनाना चाहिये, यह बात भारतीय पत्रकारिता ने अपने प्रारम्भिक काल में ही सुनिश्चित कर दी थी।

पत्रकारिता कर्तव्य का अवमूल्यन समाचार-पत्रों की नीति सम्बन्धी चर्चा पहले की जा चुकी है, परन्तु यह ध्यान रखना चाहिये कि समाचार-पत्र की नीति पत्रकारिता धर्म का जब तक निर्वाह करती है, तब तक ही उसे नीति कहा जा सकता है। यदि पत्र सम्पादक या स्वामी उसका उल्लंघन करते हैं तो वह समाचार-पत्र की

नीति नहीं, किन्तु किसी विशेष वैचारिक शैली का क्रीड़ा-क्षेत्र कहा जाएगा और समाचार-पत्र को समाचार-पत्र न कहा जाकर किसी विशेष वैचारिक वाद का प्रसार पत्र अथवा सूचना पत्र (पैम्फलेट) कहा जायेगा। उसमें जो समाचार भी पढ़ने को प्राप्त होंगे वह विशेष वैचारिक वाद के रंग में रंगे हुए होंगे जिन्हें विशेष वैचारिक वाद के रंग में रँगने का प्रयास किया गया है। वस्तुतः प्रत्येक मनुष्य चाहे वह किसी वैचारिकता से ग्रस्त हो लेकिन उसका अंतर्मन न तो यथार्थ को अस्वीकार कर पाता है और न विवेक की तराजू के हल्के-भारी पलड़ों के सत्य की अवहेलना कर पाता है। यह दूसरी बात है कि अन्य किसी सम्मोहन में वह इन बातों के प्रति जानबूझकर आँख बन्द कर ले। प्रायः सभी लोग समाचार-पत्रों को इसी विश्वास के साथ पढ़ते हैं और उनके समाचारों का सम्मान करते हैं क्योंकि वह यह मानते हैं कि समाचार-पत्र उन्हें वास्तविकता से परिचित करायेगा चाहे वह यथार्थ समाचार से सम्बन्धित हो या विचार से। इसी कारण के. पी. नारायणन के शब्दों में कहना उचित होगा कि"यदि प्रमुख समाचार पृष्ठ समाचार-पत्र की दुकान की खिड़की है तो सम्पादकीय पृष्ठ समाचार-पत्र की आवाज से भी बहुत-कुछ अधिक होता है। वह समाचार-पत्र के स्वामियों के संकीर्ण हितों और सम्पादक की पूर्व धारणाओं के संवर्धन का एक माध्यम मात्र नहीं होता। यदि उसे सार्थक करना है तो उसे सम्पूर्ण समाज की आवाज को बुलन्द करना चाहिये।"

आधुनिक युग में जब विज्ञान ने संसार को बहुत छोटा कर दिया है तो यह कोई विचित्र बात नहीं है कि संसार का कोई भी राष्ट्र विशेष वैचारिक पृष्ठभूमि पर समाज की नयी रचना करने का स्वप्न देखने वाले विचारकों, किन्हीं विशिष्ट स्वार्थों से ग्रसित विभिन्न सम्प्रदायों, धर्मावलम्बियों, जातियों, भाषा-भाषियों या प्रदेशवासियों से रहित हो। आधुनिक युग में भौतिक परिवेश बेशक ही किसी अलग संस्कृति की पहचान कराये कि वह भी वर्तमान परिपेक्ष्य में एक ऐसी संस्कृति में समन्वित हो चुकी है जिसे लोक संस्कृति के रूप में जाना जाता है। ऐसी दशा में न तो वैचारिकों को स्वप्न दर्शन ही फलप्रद हो सकता है और न कोई अलगाववादी या सापेक्ष हठधर्मिता का आह्वान। अतः पत्रकारिता का धर्म निरपेक्ष मानवता को समर्पित हो चुका है। इस दृष्टि से समाचार-पत्रों के सम्पादकों का पत्रकार धर्म कैसे अग्रलेख लिखने का मार्ग दिखाता है यह उन्हें स्वयं ही सोचना होगा।

अग्रलेख लेखन विधि अग्रलेख विशेष रूप से किस तरह लिखे जाने चाहिये, अब यह विचार कर लेना भी उचित होगा। समाचार-पत्र में कई पृष्ठ होते हैं लेकिन

उन पृष्ठों में विचारों का पृष्ठ सर्वाधिक महत्वपूर्ण होता है। इसी पृष्ठ पर अग्रलेख प्रस्तुत किया जाता है।

विचारों का पृष्ठ इस पृष्ठ पर सम्पादकीय या अग्रलेख के अलावा अन्य विशिष्ट या स्तम्भ लेख भी होते हैं। यह पृष्ठ समाचार-पत्र रूपी सार्वजनिक मंच पर दिखाये जाने वाले दृश्यों में विशेष रूप से दृष्टव्य दृश्य-रूपक की तरह होता है। इस पृष्ठ की सामग्री औसत पाठक के दृष्टिकोण से तैयार नहीं की जाती। सामाजिक तथा नागरिक गतिविधियों में प्रमुख भूमिका निभाने वाले प्रभावशाली पाठकों के लिये इस पृष्ठ के सामग्री चुनाव में विशेष ध्यान रखा जाता है। परन्तु सामान्य रूप से प्रबुद्ध और चैतन्य पाठकों के लिये भी यह पृष्ठ आकर्षक होता है, इस बात को भी सम्पादक जानते हैं। अतः यह जरूरी नहीं होता कि इस पृष्ठ पर वैसा कोई लेख इसलिये न छापा जाय कि वह समाचार-पत्र की नीति को समर्थन नहीं देता या उसकी नीति पर खरा नहीं उतरता। वस्तुतः बात यह है कि सम्पादकीय का दृष्टिकोण जनमत के निर्माताओं और उन व्यक्तियों के लिये विशिष्ट रूप उपयोगी हो जो नीति के विषय में महत्वपूर्ण हो सकते हैं और नीति के निर्माण और उसके क्रियान्वयन में सहायक हो सकते हैं। इसी पृष्ठ पर सम्पादक के नाम पत्र भी प्रकाशित किये जाते हैं। यह पत्र ऐसे पाठकों के होते हैं जो सम्पादकीय तथा अन्य स्तम्भ लेखों को पढ़कर अपने विचार व्यक्त करते हैं। इस प्रकार यह पृष्ठ लोक सेवा परक पत्रकारिता के एक प्रधान माध्यम के रूप में प्रस्तुत किया जाता है। यह पृष्ठ विचारों का होने के कारण तात्कालिक रुचि का प्रतिनिधित्व करता है। जनता लोकतन्त्र की निर्मात्री होती है। अतः उसके सामने सभी प्रकार के विचारों को विशद रूप में प्रकाशित करने का ध्येय इसी पृष्ठ द्वारा पूरा किया जाना चाहिये, क्योंकि विचारों के संघर्ष से ही सत्य का उद्‌भव होता है।

सम्पादक का उत्तरदायित्व होता है कि वह अग्रलेख के लिए ऐसे विषय का चयन करे जो रुचिपूर्ण होने के साथ ज्ञानवर्द्धक और समसमायिक घटनाओं पर भी प्रकाश डालें। सम्पादकीय के लिये यह भी आवश्यक है कि किसी प्रचलित समाचार का निर्वचन करें और उसकी व्याख्या संक्षिप्त और मनोरंजनपूर्ण शैली में करें।

प्रत्येक समाचार-पत्र उसी प्रकार के सम्पादकीय लेख प्रकाशित करके महत्व प्राप्त करता है, जिस श्रेणी के उसके पाठक होते हैं। सामान्य विशेषता जो सम्पादकीय के लिये आवश्यक है वह है इसका लेखन संयत भाषा में होना चाहिए तथा इसमें

किसी की व्यक्तिगत आलोचना नहीं करनी चाहिए। सम्पादकीय लेखों में सख्त विचार भी संयत भाषा में व्यक्त करने की परम्परा का निर्वाह समाचार-पत्र की गरिमा को बनाये रखता है।

सम्पादकीय लेख के लेखक को अनेक विषयों का ज्ञान भी होना आवश्यक होता है। बड़े समाचार-पत्र प्रायः विभित्र विषयों के विशेषज्ञ लेखकों से विशेष विधाओं पर सम्पादकीय लेखन कराते हैं। छोटे समाचार-पत्र ऐसा नहीं कर पाते, इसलिये उनके सम्पादकों को विभिन्न विषयों का गहराई से अध्ययन करना आवश्यक होता है। यह बात इसलिये अत्यन्त आवश्यक होती है, क्योंकि प्रत्येक विषय पर कलम चलाने के कई पहलू हो सकते हैं। यह कोई आवश्यक नहीं है कि प्रत्येक विषय ऐसा नहीं होता जो आवश्यक रूप से नीति से सम्बन्धित ही हो। अतः सम्पादक का कर्तव्य है कि वह इस प्रकार सम्पादकीय प्रस्तुत करे कि उसका लेखन विवाद का आधार न बने। नीति सम्बन्धी बातें सुस्पष्ट विषयों पर ही कही जानी चाहिये और कम से कम कही जाये।

सम्पादकीय लेख के पारस्परिक रूप से तीन खण्ड होते हैं-समस्या का कथन, उसका विश्लेषण और उस पर टिप्पणी। सूचनात्मक या निर्वचनात्मक सम्पादकीय लेख, इसी प्रतिरूप के अनुसार होता है, किन्तु आलोचनात्मक सम्पादकीय लेखों की शैली भिन्न होती है। विवादास्पद लेखन मनोरंजक होता है, परन्तु उसमें प्रभाव उत्पन्न करने वाली विश्वसनीयता आवश्यक होती है जो तर्कशास्त्रीय ढंग से सबल युक्तियों द्वारा ही उत्पन्न की जा सकती है। यह कहते हुए भी यह ध्यान रखना आवश्यक है कि लेख उत्तेजनाकारक शैली में संयत भाषा का प्रयोग करते हुए लिखा जाना चाहिये। सम्पादकीय की यह विशेषता भी होनी चाहिये कि उसकी प्रथम पंक्तियाँ ऐसी हों कि पाठक की रुचि को उभार दें। शीर्षक भी आकर्षक होना चाहिये।

अश्लीलता और नीरसता से बचते हुए शुद्ध हास्यात्मक शैली में लिखना बेहद मुश्किल होता है। इस कला की प्राप्ति अभ्यास और वृहत् दृष्टि से ही हो सकती है। सम्पादक को जहाँ तक हो सके इस शैली में आलोचनात्मक लेख लिखने का प्रयास करना चाहिए।

प्रायः औसत व्यक्ति की यह प्रवृति होती है कि वह अपनी राय समाचार-पत्र पढ़कर कायम कर लेता है। अतः समाचार-पत्र का यह दायित्व हो जाता है कि वह किसी विषय पर अत्यन्त संयत होकर अपना विचार प्रकट करे। पाठकों को ऐसे निष्कर्ष निकालने देने से दूर रखे जो जनहित को विपरीत रूप से प्रभावित कर सकता

हो। **प्रेस एण्ड पब्लिक ओपीनियन** पर काफी समय पहले मुम्बई में हुए एक परिसंवाद में एक सम्पादक ने कहा था कि पत्रकारिता का भविष्य सम्पादकों की ईमानदारी, सनिष्ठा तथा स्वाधीनता की भावना पर आधारित है। इस परिसंवाद के मुख्य वक्ता **मि. नारमन आइजाक्** सम्पादक लुई सिवले टाइम्स (लुईसविले केण्ट दी यू. एस. ए.) ने इस कथन को अस्वीकार करते हुए घोषणा की थी कि **पत्रकारिता का भविष्य प्रकाशक की सामाजिक उदेश्य की सूझ पर निर्भर करता है।**

समाचार-पत्र भी वर्तमान समय में व्यवसाय बनते जा रहे हैं, समाचार-पत्र के स्थायी पैसा कमाना चाहते हैं किन्तु यहां यह बात स्मरणीय है कि अन्य उद्योगों की तुलना में समाचार-पत्र जनसामान्य को ज्यादा प्रभावित करते है। समाचार-पत्र भी इसलिए इसके परिचालक के लिए उसके सामाजिक उदेश्य की सूझ बहुत जरूरी है। यह भावना निश्चित रूप से समाचार-पत्र की अग्रलेखीय भावना में भी स्पष्ट होनी चाहिये क्योंकि सम्पादकीय की सुगन्ध पत्र पर सर्वत्र फैली रहती है।

सम्पादकीय पृष्ठ की उपयोगिता

समाचार-पत्र में प्रकाशित होने वाला सम्पादकीय लेख पाठकों के अत्यन्त महत्वपूर्ण होता है क्योंकि इस पृष्ठ पर तत्कालिक घटना के संबंध में सम्पादक अपना वैचारिक दृष्टिकोण प्रस्तुत करता है। परन्तु केवल इसी कारण इस पृष्ट का महत्व नहीं होता। इसी पृष्ट पर कुछ अन्य लेख भी प्रकाशित किये जाते है जो समाचार-पत्र की नीति के अनुकूल नहीं भी हो सकते हैं, सम्पादक इन लेखों के गम्भीर चिन्तन पर ध्यान देता है और उन्हें प्रकाशित करता है। इस बात से यह स्पष्ट होता है कि समाचार-पत्र की नीति निष्पक्ष भी है। इसी नीति पर इसी पृष्ट पर 'सम्पादक के नाम पत्र' भी प्रकाशित किये जाते हैं, जो पाठकों द्वारा समाचार-पत्र के लेखों, समाचारों का उनकी दूसरी सामग्री के सन्दर्भ में आलोचनात्मक भी हो सकते हैं। इन पत्रों से पाठकों की प्रवृत्तियों का भी ज्ञान होता है तथा समाचार-पत्र में छपी सामग्री में पाठकों की रुचि का भी। यह पत्र सामान्य रूप से समाचार-पत्रों के प्रशंसको द्वारा नहीं लिखे जाते, बल्कि उसके गम्भीर आलोचकों द्वारा भी लिखे हुए होते है। इन्हें भी इनकी श्रेष्ठता और चिन्तन क्षेत्र में विशिष्टता के कारण ही छापा जाता है। इन्हीं कारणों से 'सम्पादक का पृष्ठ' अत्यन्त महत्व का होता है। सामान्य पाठकों की रुचि या उनका झुकाव इसी पृष्ठ के सहारे प्रकट होता है। विशेष रूप से यह पृष्ठ बौद्धिकों और विचारकों का पृष्ठ है जो पाठकों द्वारा प्रायः सबसे बाद में पढा जाता है।

सम्पादकीय : समाचार-पत्र का दर्पण

समाचार-पत्र का अग्रलेख प्रायः समाचार-पत्र की नीति का दर्पण माना जाता है अतः यदि उसकी नीति सामाजिक, राजनीतिक या धार्मिक, आदि किसी पहलू की विवेकपूर्ण आलोचना करते हुए लोक को उचित दिशा निर्देशन देने की होती है तो शीघ्र ही वह एक स्तरीय प्रतिष्ठा प्राप्त कर लेता है। उसके विवेकपूर्ण विचारों का पाठक स्वागत करते है तथा उसकी निष्पक्ष आलोचना ऐसे लोगों को सचेत कर देती है जो धर्म, समाज या राजनीति में प्रदूषण फैलाते हैं और अपने दम्भी व्यवहार से अर्थ-अनर्थ की चिन्ता किये बिना अपनी धार्मिक,सामाजिक या राजनीतिक शक्ति का दुरूप्रयोग करते है। अतः ऐसे लोगों के विरूद्व निडरता से जब किसी सम्पादक की कलम चलती है तो उन्हें अपने विरूद्व लिखे जाने का सदा भय होने लगता है। लोक में होने वाला ऐसे पत्रों का अभिनन्दन अनाचारियों की सामाजिक, धार्मिक और राजनीतिक प्रतिष्ठा पर कुठाराघात करता है। इसी कारण कहा जाता है कि अग्रलेख सम्पादक के हाथों में एक प्रबल अस्त्र होता है। एक अमेरिकी पत्रकार ने कहा है "सम्पादकीय पृष्ठ जनसेवा का महान माध्यम होता है।"

सम्पादकीय और अग्रलेख में विभेद

अक्सर सम्पादकीय और अग्रलेख का एक ही अभिप्राय लिया जाता है किन्तु इन दोनों के अर्थ में पर्याप्त अन्तर है। 'बॉम्बे क्रानिकल' तथा 'इण्डियन सोशल रिफार्मर' के सम्पादक रहे स्वामीनाथ नटराजन ने इसे अन्तर को स्पष्ट करते हुए लिखा है"पत्रकार कला सम्बन्धी पुस्तकों के अनुसार 'अग्रलेख' पत्र के मुख्य लेख को कहते हैं किन्तु इसकी और भी परिभाषाएँ हैं जिनके प्रति विभ्रम का आभास मिलता है। एक लेखक का कहना है कि प्रथम सम्पादकीय लेख को अग्रलेख कहना चाहिए, किन्तु कुछ लोग 'अग्रलेख' (Leader) को उस लेख का द्योतक मानते हैं जो पाठकों को रास्ता बताने ('लीड' करने) का, उनके नेतृत्व का काम करे। प्रथम सम्पादकीय प्रायः अग्रलेख माना जाता है तथा शेष सम्पादकीय टिप्पणियाँ।

सम्पादकीय पृष्ठ

निस्सन्देह किसी भी समाचार-पत्र का प्रथम पृष्ठ अत्यन्त महत्वपूर्ण होता है। वह पत्र का 'शो विन्डो' होता है। सामान्य पाठक इसी पृष्ठ को देखकर पत्र को

खरीदने का निश्चय करता है। लेकिन विचारों की दृष्टि से सम्पादकीय पृष्ठ सर्वाधिक महत्वपूर्ण होता है जो प्रायः गम्भीर विचार-विमर्श का यह पृष्ठ सार्थक मंच है। के. पी. नारायण के शब्दों में "यदि प्रथम समाचार पृष्ठ समाचार-पत्र की दुकान की खिड़की है तो सम्पादकीय पृष्ठ समाचार-पत्र की आवाज से भी बहुत कुछ अधिक होता है। वह समाचार-पत्र के स्वामियों के संकीर्ण हितों और सम्पादक की पूर्व धारणाओं के संवर्द्धन का एक माध्यम मात्र नहीं होता है। यदि उसे सार्थक होना हो तो उसे सम्पूर्ण समाज की आवाज का काम करना चाहिए।"

सम्पादकीय पृष्ठ किसी भी समाचार-पत्र को विशिष्ट स्वरूप प्रदान करता है। इस पृष्ठ पर कुछ समाचार-पत्र अपना निश्चित उद्देश्य वाक्य नियमित रूप से प्रकाशित करते हैं जैसे राज्स्थान पत्रिका, जयपुर में यह वाक्य सम्पादकीय स्तम्भ पर सदा प्रकाशित होता है

"हो सकता है मैं आपके विचारों से सहमत न हो पाऊँ फिर भी विचार प्रकट करने के आपके अधिकारों की रक्षा करूंगा।" वाल्तेयर

इसी भांति 'इण्डियन सोशल रिफार्मर' के प्रत्येक अंक पर पत्रकारिता का आदर्श इस प्रकार प्रकाशित होता था

"मैं सत्य की तरह ही कठोर रहूंगा और न्याय की तरह ही न झुकने वाला। मैं काम करने के लिए कृत संकल्प हूँमैं सत्य छिपाने के लिए संदिग्ध भाषा का प्रयोग न करूंगामैं किसी की गलती क्षमा न करूँगामैं एक इंच भी पीछे न हटूंगाऔर मेरा यह दृढ विश्वास है कि मेरी बात सुनी ही जाएगी।"

इसी भाँति कुछ पत्र ऐसे होते हैं जहाँ सम्पादकीय स्तम्भ पर महापुरुषों के विचार करने योग्य विचारों का प्रकाशन किया जाता है।

सम्पादकीय पृष्ठ पर समसामयिक टिप्पणियों के अलावा पाठकों की रुचि, मनोरंजन तथा ज्ञानवर्द्धन के अन्य नियमित स्तम्भ भी होते हैं जिनमें पाठकों के पत्र परिहास और व्यंग्यात्मक लेख प्रमुख होते हैं।

सम्पादकीय पृष्ठ गम्भीर विचार-विमर्श का पृष्ठ होता है, अतः इस पृष्ठ पर सामान्यतः विज्ञापनों का प्रकाशन नहीं किया जाता है। इस पृष्ठ के मेकअप की ओर भी प्रायः कम ही ध्यान दिया जाता है। गाम्भीर्य के साथ-साथ रोचकता व सरसता का भी समन्वय किया जाना चाहिए। इस दृष्टि से कुछ पत्र 'पाठकों के पत्रों' में काव्यमय पंक्तियाँ प्रकाशित करते हैं जिनमें हास्य व व्यंग्य का पुट होता है। इसी भाँति इन पत्रों पर अच्छे कार्टून अथवा रेखाचित्रों को प्रकाशित कर भी इसे जीवन्त

तथा पठनीय बनाया जा सकता है। इस पृष्ठ पर उचित चित्रों आदि का प्रकाशन करके भी इसकी साज सज्जा की ओर ध्यान दिया जा सकता है। के. पी. नारायणन के शब्दों में

"सम्पादकीय पृष्ठ एक ऐसी संस्था है जिसका समय के साथ विकास, अनुकूल और परिवर्तन होता है। भारतीय समाचार-पत्रों में सम्पादकीय पृष्ठ के आधुनिकीकरण की दिशा में अभी बहुत कुछ करना शेष है।"

निश्चय ही पत्र के इस 'विचार प्रधान' पृष्ठ को पठनीय बनाने की दिशा में अभी बहुत कुछ करना शेष है।

सम्पादकीय लेखन के सन्दर्भ में प्रमुख सम्पादकों के विचार यहाँ उद्धृत किए जा रहे हैं

"A news paper has a right to its editorial opinion but it has no right to twist the fact." —*Frark Moraes*

"Writing good editorials is chiefly telling the people what they think, not what you think." —*Atrhur Brishane*

"Any good writing is an immense struggle, that is why most people, aren't writers. It is the hardest profession in the world." —*Aubrey Menon*

"There has never been a great newspaper without a great editorial page, There will never bean outstanding newspaper without an outstanding page." —*Sevellon Brown*[४४]

"I have never been known of a good newspaper which lacked a goode editorial page. The editorial page is often described as the newspaper's conscience and this true." —*Franklin B. Smith*

सम्पादकों के आदर्श

श्री अनन्त गोपाल शेवड़े ने अपनी पुस्तक 'समाचार-पत्र' व्यवस्थापन' में सम्पादकीय नीतियों का उल्लेख किया है जो सम्पादकों के लिए अपरिहार्य है

1. समाचार-पत्र का सामाजिक दृष्टिकोण सदैव व्यापक और उदार होना चाहिए, प्रतिपक्षी की ओर भी सहानुभूति और समझदारी की भावना हो। यह याद रहे कि समग्र मानवता की यह भाषा है।
2. हर नागरिक के मन में सामजिक दायित्व तथा अपने क्षेत्र का नेतृत्व या

दिशा-दर्शन करने की प्रेरणा जागृत हो ऐसा प्रयास समाचार-पत्र का सहज कर्तव्य है।

3. अपनी निष्ठाओं और धारणाओं हेतु संघर्ष की तैयारी और साहस रखो। सर्वाजनिक हित के लिए कुछ खोट भी सहनी पड़े अथवा त्याग करना पड़े तो वह पत्रकारिता का भूषण है।

4. असत्य, शोषण, अन्याय, हिंसाचार और जुल्म-ज्यादितियों को कभी आश्रय मत दो। बल्कि इनके विरुद्ध आवाज उठाना समाचार-पत्र का कर्तव्य है। जन कल्याण के लिए कर्तव्य-पालन करने से ही समाचार-पत्र की प्रतिष्ठा बनती है, उसका चरित्र उभरता है।

5. सर्व साधारण रीति से भद्रता का विशेष ध्यान रखना चाहिऐ। ऐसा समाचार-पत्र का उतपादन करो जिसका परिवार में स्वागत हो।

6. समाचार-पत्र में जरूरी एवं महत्वपूर्ण समाचार अवश्यक हो। लोकतन्त्र में समाचारों के आधार पर ही जनमत तैयार होता है।

7. प्रमाणिकता व न्याय-निष्ठा समाचार-पत्र के भूषण हैं। यह ध्यान रखने योग्य बात है कि किसी भी प्रश्न के दो पहलू हुआ करते हैं। समाचारों के प्रस्तुतीकरण में किसी पर अन्याय न हो इसका विशेष ध्यान रखना चाहिए।

8. त्रस्त और दुःखी और पीड़ित लोगों की बात सुनने के लिए हमेशा तत्पर रहो।

9. भारत के संविधान की, कायदे-कानूनों की प्रतिष्ठा का सतत जतन करो। उसी प्रकार राज्यों व स्थानीय नगरपालिका जैसी संस्थाओं के विविध-नियमों का आदर करो। कायदे का शासन (Rule of law) प्रजातन्त्र की जरूरी शर्त है।

10. ध्यान रहे कि समचार सदैव ही यथार्थ, अचूक, अवैयक्तिक व पूर्वाग्रह से स्वंतन्त्र होने चाहिये।

11. अपने समाज अथवा राष्ट ‸ की समस्याओं की चर्चा करते समय सदैव विधायक दृष्टि अपनाओ।

12. समाचार-पत्र एक महत्वपूर्ण तथा प्रभावशाली माध्यम है। इसके संचालन में संयम और संतुलन से काम हो।

सम्पादकों की सफलता का आधार

कोयले की दुकान के बाबू के रूप में अपने जीवन की शुरुआत करने वाले राय हरबर्ट थमसन का नाम विश्व के महान सम्पादकों में अग्रणी है। वह अमेरिका और इंग्लैण्ड के 245 समाचार-पत्रों, 172 पत्रिकाओं और 19 टीवी निगमों के मालिक बन सके। वह 'संडे टाइम्स' और 'टाइम्स' सरीखे पत्रों के भी मालिक थे। अपनी सफलता के बारे में वह स्वंय कहा करता था मैं अपने मुख्य सम्पादकों को सिर्फ दो निर्देश देता हूँ "सत्य कहो और आम जनता का प्रतिनिधित्व करो। वित्तीय व्यवस्था की मेरी जिम्मेदारी है।"

सम्पादन कला के मूल तत्व व मन्त्रवत् लेखन के सन्दर्भ में सन् 1920 ई. में प्रकाशित 'श्री शरदा' पत्र की निम्नांकित पत्र भी यादगार हैं

क्या मैं पत्र-सम्पादक हो सकूँगा?

स्वर्गीय मि. डब्ल्यू. टी. स्टेड का नाम पत्र- सम्पादकों में विशेष उल्लेख है। आप सम्पादन-कला के आचार्य जाने जाते हैं। आपका प्रभाव इतना बढ़ा-चढ़ा था कि बड़े-बड़े राजा भी आपसे सलाह लिया करते थे।

एक समय, लगभग 30 वर्ष पूर्व 'टाइम्स' के वर्तमान प्रधान सम्पादक मि. विकहम स्टेड ने उनसे पूछा कि मैं सम्पादक हो सकूँगा। अथवा नहीं। इसके उत्तर में मि. डब्ल्यू. टी. स्टेड ने जो कुछ कहा वह 'आज' के शब्दों में इस प्रकार है

"सम्पादक, मैं क्या जानूँ, आप सम्पादक के योग्य हैं या नहीं? इसे जानने का एक ही उपाय है। अगर आप वास्तव में कुछ कहना चाहते हैं तो उसे लिखिए और किसी सम्पादक के पास भेज दीजिए। सम्भवतः वे लौटा देंगे। सिर्फ शब्दालंकार के लिए समय व्यर्थ मत कीजिए। जो कहना हो, बिना आडम्बर के उसे कह डालिए। जब लेख खत्म हो जाय तब कल्पना कीजिए कि आपको अपने खर्च से उसे तार द्वारा आस्ट्रेलिया भेजना है, एक-एक अनावश्यक शब्द चुनकर निकाल बाहर कीजिए और विशेषतः विशेषणों का त्याग कीजिए। इसके बाद यदि कुछ रह जाय तो किसी सम्पादक के पास भेजिए और देखिए क्या होता है? अगर असफल हो रहे हो तो बार-बार कोशिश कीजिए। जब तक आप कुछ विशेष कहना न चाहते हों तब तक असफलता मिली हुई है। इस प्रकार प्रयास करने के बाद आप जान सकेंगे कि आप सम्पादक होने योग्य हैं या नहीं।"

हमारे देश के होनहार लेखकों को भी इसका चिन्तन करना चाहिए। इससे वर्तमान सम्पादकों के कई कष्ट दूर हो जायेंगे। लेखकों को बहुत कम निराश होना पड़ेगा व हिन्दी में भी अच्छे सम्पादक पैदा होंगे।

दीर्घ उत्तरीय प्रश्न

1. सम्पादक के प्रमुख गुण को स्पष्ट करो।
2. सम्पादकीय विभाग के क्या कार्य है, उनकी व्याख्या करो।
3. अग्रलेख या सम्पादकीय पर प्रकाश डालिये।
4. सम्पादक किसे कहते हैं, यह किस प्रकार के होने चाहिए।

लघु उत्तरीय प्रश्न

1\. समाचार सम्पादक के कार्यो का संक्षिप्त वर्णन करो।

1\. सम्पादकीय पृष्ठ की उपयोगिता को संक्षेप में स्पष्ट करो।

1\. सम्पादकों के आदर्श का संक्षिप्त वर्णन करो।

1\. सम्पादकों की सफलता का क्या आधार है, संक्षेप में स्पष्ट करो।

12

उप सम्पादक

सामाचार सम्पादन में सम्पादक का योग दान महत्वपूर्ण होता है। सम्पादक के विचार प्रतिभा और कार्यकुशलता ही किसी समाचार-पत्र की सफलता और असफलता को निर्धारित करती है। मुख्य सम्पादक के पश्चात् उप सम्पादक का स्थान आता है जो सम्पादक के अधीन उसके दिशा निर्देशन में कार्य करता है।

सम्पादक पत्र की नीति का निर्धारण करता है तो उपसम्पादक निर्धारित नीति के पत्र का सम्पादन, प्रकाशन करने वाला व्यक्ति है। एक का कार्य व्यवस्था देना है तो दूसरे का कार्य उसका अनुपालन करना है। एक शास्त्र है तो दूसरा शास्त्रों का अनुयायी। सम्पादकीय स्तम्भों का जिम्मेदारी सम्पादक पर है तो समाचार-पत्र के बाकी भाग की जिम्मेदारी उपसम्पादक को सहन करनी होती है।

उपसम्पादक को विश्वकर्मा, वास्तुकार और शिल्पकार भी कहा जाता है जो समाचार-पत्र का श्रृंगार करता है। वह ऐसा माली है जो कार्यलय में पड़े सवादों के जंगल को मनोरम पुष्प उद्यान का रूप देता है। सरल शब्दों में, उपसम्पादक वह व्यक्ति है, जो समाचारों के समस्त विवरणों को प्राप्त करता है, प्रकाश समाचार का चुनाव करता है, विस्तृत करता है, सारांश लिखता है, अनुवाद करता है, सम्पादन करता और उनके शीर्षक देता हे। वह सब अथवा इनमें से कुछ कार्य कर सकता है। उपसम्पादक को स्टेनले वाकर ने 'अनसंग हीरो' कहा है व निम्नलिखित शब्दों में उन्होंने उसके दायित्व का ज्ञान कराया है

स्पष्टता पत्रकारिता - जगत् की नींव का पत्थर उपसम्पादक को कहा जाता है, जो सम्पादन, शीर्षक-संरचना, संशोधन व संवाद - संकलन के साथ सम्बद्ध व्यक्तियों के मध्य समन्वय स्थापित करता है।

आधुनिक युग में समाचार-पत्रों का महत्व दिन-प्रतिदिन बढ़ता जा रहा है। समाचार-पत्रों की एक महत्वपूर्ण कड़ी के रूप में आज उप सम्पादक ने अपना एक विशेष स्थान बना लिया है। समाचारों का उचित मूल्यांकन कर उसे परिष्कृत और सुसज्जित रूप से प्रस्तुत करना, उप सम्पादक की योग्यता एवं प्रतिभा पर ही निर्भर करता है।

सम्पादक शब्द का प्रचलन काफी बाद में शुरू हुआ। प्रारम्भ में नोट बुक के लेखक को 'ओथर' (Author) तथा 'पिरियोडिकल' (Periodical) के लेखक को 'पब्लिशर' (Publisher) कहा जाता था। समाचार-पत्रों के प्रारम्भिक दौर में एक ही व्यक्ति पत्र का सब कुछ होता थासम्पादक, प्रकाशक, रिपोर्टर आदि। जेम्स ऑगस्टस हिक्की द्वारा प्रकाशित प्रथम समाचार-पत्र 'कलकत्ता जनरल एडवरटाइजर' के सम्पादक, प्रकाशक, मुद्रक, रिपोटर्र, उप सम्पादक, समाचार सम्पादक आदि सब कुछ वे स्वयं ही थे। इस प्रकार कहा जा सकता है कि समाचार-पत्र अपने प्रारम्भिक युग में 'एक ही व्यक्ति का कार्य परिणाम' (One Man Production or One Man Show) थे। धीरे-धीरे समाचार-पत्र प्रकाशन में विकास होने लगा तथा कार्य-विभाजन की आवश्यकता महसूस होने लगी।

प्रारम्भ में प्रकाशन व्यवसाय जन सेवा का माध्यम था किन्तु धीरे-धीरे इसने व्यवसाय का रूप धारण कर लिया है सूचना और प्रोद्योगिकी के क्षेत्र में हुए क्रान्तिकारी परिवर्तनों के कारण समाचार है पत्रों के कार्यकर्त्ताओं कर्मचारियों की बढ़ोतरी और कार्य वर्गीकरण हुआ है। समाचार सेवाओं की व्यापकता के कारण भी अब यह सम्भव नहीं रह गया कि एक ही व्यक्ति सम्पूर्ण समाचार-पत्र को अपने बल पर निकाल सके। जब स्वास्थ्य, चिकित्सा, आयुर्वेद, इतिहास, समाजशास्त्र, राजनीतिक विज्ञान आदि विभिन्न क्षेत्रों में विशेषज्ञता का बोलबाला है तो फिर पत्रकारिता जगत इससे कैसे अछूता रह सकता है। अब सम्पादक अपने पत्र की नीति निर्धारण तथा मुख्य लेख या सम्पादकीय लिखने में ही व्यस्त रहने लगा तो संवाददाता समाचार संकलन तथा लेखन में लीन रहने लगा।

दूसरी ओर समाचार-पत्र कार्यालय में समाचारों का अनन्त प्रवाह शुरू हो गया। समाचार प्रेषण में भी तीव्रता आ गई। समाचारों के इस विशाल एवं विस्तृत सागर

में समाचार रूपी रत्न निकालने के लिए उप सम्पादन रूपी गोताखोर की आवश्यकता महसूस की जाने लगी। यही उप सम्पादक इन समाचारों को सजा-संवार कर समुचित रूप से प्रस्तुत करने लगा। ये उप सम्पादक मूलतः लेखक तो थे नहीं किन्तु लेखकों के लेखों पर नियन्त्रण तथा उसका पुनर्वीक्षण करने का महत्वपूर्ण दायित्व उन पर था। आधुनिक उप सम्पादक की अवधारणा इन्हीं परिस्थितियों में पनपी। समाचारों की व्यापकता, संवाददाताओं की अधिकता, पत्र-व्यवहार में वृद्धि तथा अन्य कार्यों की अधिकता ने उप सम्पदक की महत्ता तथा आवश्यकता को निर्विवाद बना दिया। पहले जहाँ उप सम्पादन का कार्य अंशकालिक लोग किया करते थे वहीं अब यही कार्य पूण्रकालिक हो गया है।

परिभाषाएँ

उप सम्पादक (Sub-editor) को पत्रकारों तथा लेखकों ने विभिन्न रूपों में परिभाषित करने का प्रयास किया है

(1) One who sub edits.

(2) ऑक्सफोर्ड डिक्शनरी में उप सम्पादक को 'Assistant Editor'.

(3) ऑक्सफोर्ड डिक्शनरी की दूसरी परिभाषा में उपसम्पादक को इस प्रकार परिभाषित किया गया है“मुख्य सम्पादक के अधीन में उसके निरीक्षणार्थ किसी पत्र या पत्रिका आदि का सम्पादक करना तथा कॉपी तैयार करना।”

(4) मैन्सफील्ड के शब्दों मेंउप सम्पादक वह व्यक्ति है जो विस्तृत एवं अवर्गीकृत सामग्री को, स्वीकृत एवं सुन्दर ढंग से, क्रमबद्ध, पठनीय तथा आकर्षक रूप, अपनी रचनात्मक योग्यता तथा सजाव के विविध तरीकों से प्रदान करता है।

(5) मैन्सफील्ड ने अन्य प्रकार से भी उप सम्पादक को परिभाषित करने का प्रयास किया है।

प्रवीण दीक्षित ने उप सम्पादक के विषय में अपने विचार इस प्रकार व्यक्त किये हैं“उप सम्पादक (Sub editor) संवाददाता और सम्पादक के बीच के एक ऐसे व्यक्तित्व का प्रतीक होता है जो एक श्रेष्ठ संवाददाता के समान यथार्थता (Accuracy) और सुयोग्य, अध्ययनशील सम्पादक के समान ‘वर्तमान मामलों’ (Current Affairs) से सम्बन्धित पूर्व घटना क्रम (Background) का जानकार होता है। उप सम्पादक की विश्लेषण बुद्धि संवाद के सम्भावित तथ्य विकास

(Development) के साथ उस संवाद के पाठक पर पड़ने वाले प्रभाव का भी पूर्वानुमान लगाने में सक्षम होती है।"

उप सम्पादक की अवधारणा को स्पष्ट करते हुए डॉ. अर्जुन तिवारी लिखते हैं'सम्पादक पत्र की नीति का निर्धारक है तो उप सम्पादक निर्धारित नीति के अनुरूप पत्र का सम्पादन, प्रकाशन करने वाला व्यक्ति है। एक का कार्य व्यवस्था देखना है तो दूसरे का कार्य उसका अनुपालन करना है। एक शास्त्र है तो दूसरा शास्त्रों का अनुयायी। सम्पादकीय स्तम्भों का उत्तरदायित्व सम्पादक पर है तो समाचार-पत्र के अवशेष भाग की जिम्मेदारी उप सम्पादक को वहन करना है।"

डॉ. सुकमाल जैन के अनुसार "उप सम्पादक को विश्वकर्मा, वास्तुकार और शिल्पकार भी कहते हैं जो समाचार-पत्र का रूप संवारता है। वह ऐसा माली है जो कार्यालय में पड़े संवादों के जंगल को मनोरम पुष्प उद्यान का रूप देता है। सरल शब्दों में, उपसम्पादक वह व्यक्ति है जो समाचारों के सभी विवरणों को प्राप्त करता है, चुनता है, छोटा करता है, सारांश लिखता है, विस्तृत करता है, अनुवाद करता है, सम्पादन करता है और उनके शीर्षक देता है। वह सब या इनमें से कुछ कार्य कर सकता है।"

कमलापति त्रिपाठी लिखते हैं "सम्पादक समाचार रूपी जलपोत का यदि कप्तान है तो उसके यन्त्र का मुख्य संचालक वह सहायक सम्पादक या उपसम्पादक है जो वास्तव में विशाल जगत उपाधि में उसके सफल सन्तरण के लिए जिम्मेदार होता है।"

प्रसिद्ध पत्रकार पी.पी. सिंह ने लिखा है"उप सम्पादक को हम अखबारी दुनिया का 'अविश्रुत वीर' कह सकते हैं। वही वह चतुर शिल्पी है जो समाचार-पत्र को रूप-रंग देता है, उसमें अपनी अलग विशेषता उत्पन्न करता है तथा उसके स्वरूप एवं विशिष्टत्व का निर्माण करता है। भद्दे ढंग से लिखी गई कापी छांटकर वही छपने योग्य बनाता है। शुष्क और नीरस तथ्यों को वह मनोरंजनक कथाओं में बदल देता है और उन्हें ऐसा जामा पहना देता है जिससे आँखें आकर्षित होकर ठहर जाती है।"

स्टेनले वाकर ने उप सम्पादक को 'अनसंग हीरो' कहा है। मैन्सफील्ड ने अच्छे उप सम्पादक को 'रचनात्मक कलाकार' कहा है।

उप सम्पादक की विशेषताएं

समाचार-पत्रों में सम्पादक के पश्चात् उप सम्पादक का कार्य अत्यन्त

उत्तरदायित्व का है यह समाचार-पत्रों के मध्य कड़ी के रूप अपनी भूमिका निर्वाह करता हैइस क्षेत्र में सफलता उप-सम्पादक की योग्यता, सूझबूझ, प्रतिभा तथा अनुभव पर ही निर्भर करती है, किन्तु फिर भी हम कुछ सामान्य तथ्यों का उल्लेख कर सकते हैं जो उप सम्पादक के कार्य में अधिक सहयोगी हो सकते हैं या यों कहें कि उसकी सफलता के प्राथमिक आधार बन सकते हैं।

सम्पादक और उप सम्पादक के अन्तर को विष्णुदत्त शुक्ल के शब्दों में मोटे तौर पर इस प्रकार व्यक्त किया जा सकता है"इन दोनों कर्मचारियों में प्रधान अन्तर यह होता है कि सम्पादक पत्र की नीति निर्धारण से सम्बन्ध रखता है और उप सम्पादक उस निर्धारित नीति के अनुसार पत्र का प्रकाशन करता है। एक व्यवस्था देता है, दूसरा पालन करता है, एक शास्त्र है दूसरा शास्त्रों का अनुयायी। सम्पादक वैसे तो पत्र के तमाम विषयों का उतरदाता होता ही है, किन्तु वास्तव में वह सम्पादकीय कॉलमों का ही उत्तरदायी हेता है। हिन्दी में तो अधिकांश में वही इन कॉलमों को लिखता ही है और उप सम्पादक समाचार-पत्र के शेष तमाम विषयाों का। संक्षेप में सम्पादक और उपसम्पादक का यही अन्तर है।"

उप सम्पादक के प्रमुख गुण इस प्रकार हैं

(1) उप सम्पादक को मानवीय व्यक्तित्व के गुणा से युक्त होना चाहिए। सहानुभूति, संवेदनशीलता, वैचारिक उदारता, कल्पनाशीलता, दूर दृष्टि, जागरूकता, कर्तव्य-निष्ठा, जिन्दादिली तथा विनोदशीलता आदि ऐसे गुण हैं जो उसे अपने कार्य के प्रति अधिक आस्थावान तथा प्रेरक बनाते हैं।

(2) उप सम्पादक में निर्णयात्मक शक्ति का होना बहुत आवश्यक है। मैन्सफील्ड ने एक स्थान पर लिखा है कि"समाचार-पत्र कार्यालय के उप सम्पादक का कमरा होता है, जहाँ दुनिया भर की कानाफूसियाँ होती है।" इस उक्ति से स्पष्ट हो जाता है कि उप सम्पादक के कक्ष में समाचारों का अनवरत प्रवाह आता रहता है। सभी समाचारों का प्रकाशन सर्वथा असम्भव है। अतः कौन से समाचार प्रकाशन योग्य हैंयह निर्णय करना उप सम्पादक पर ही निर्भर रहता है। समाचार-पत्र की तुलना हम एक हिमशैल से कर सकते हैं। पानी की सतह पर तैरते हिमशैल का अधिकांश हिस्सा पानी के भीतर तैरता रहता है। सतह के ऊपर उसका बहुत कम हिस्सा दिखाई देता है। यही स्थिति समाचार-पत्र में हम जितने समाचार देखते हैं, उसके कई गुना अधिक समाचार कार्यालय में रद्द कर दिए जाते हैं। अतः समाचारों के चयन में पूर्ण सावधानी बरतना आवश्यक है। 'समाचार की समझ' (Sense of News) का धनी होना उप सम्पादक के लिए आवश्यक है।

(3) भाषा पर उप सम्पादक का पूरा अधिकार होना चाहिए। भाषा ऐसी हो जो पढ़ते ही समझ में आ जाए। प्रसाद गुण सम्पन्न भाषा ही समाचारों के लिए उपयुक्त कही जाती है। कठिन, दुर्बोध एवं क्लिष्ट साहित्यिक शैली में लिखे गए समाचार अपना आकर्षण खो देते हैं। भाषा इस प्रकार की होनी चाहिए कि पाठक को बार-बार शब्द-कोश उठाकर देखना न पड़े। हलके समाचारों में शालीन भाषा का तथा गम्भीर समाचारों में सरल भाषा का प्रयोग उप सम्पादक से अपेक्षित है। भाषा में व्याकरण की अशुद्धियाँ न होंइस बात का भी ध्यान रखना चाहिए।

(4) उप सम्पादक को विविध एवं विषयों का ज्ञान होना चाहिए। संसार में विपुल ज्ञान राशि इधर-उधर बिखरी पड़ी है। इस अथाह ज्ञान सागर में से जितना अधिक ज्ञान प्राप्त किया जा सकेउतना ही उप सम्पादक के लिए श्रेयस्कर है। ज्ञान की व्यापकता उसे अपने कार्य में दक्षता प्रदान करती है। राष्ट्रीय-अन्तर्राष्ट्रीय घटना चक्र, साहित्य-संस्कृति की विशिष्ट परम्पराओं, समसामयिक परिस्थितियों आदि से उसे भली-भाँति परिचित होना चाहिए। 'जैक आफॅ आल एण्ड मास्टर ऑफ वन' वाली उचित उप सम्पादक पर पूरी तरह चरितार्थ होती है। विशेषज्ञता के इस युग में क्षेत्र विशेष में उसे दक्षता तो प्राप्त करनी ही होगी किन्तु अन्य विविध क्षेत्रों का परिचय भी उसे होना चाहिए।

(5) अनुवाद की योग्यता भी सफल उप सम्पादक का आवश्यक गुण है। भारतीय पत्रकारिता में अभी तक अंग्रेजी की समाचार समितियों का वर्चस्व है। अंग्रेजी की इन समाचार समितियों से प्राप्त समाचारों का हिन्दी अनुवाद करना आवश्यक हो जाता है। इसी प्रकार अंग्रेजी में जारी सरकारी, गैर-सरकारी प्रेस विज्ञाप्तियों का हिन्दी अनुवाद भी आवश्यक हो जाता है। अतः उप सम्पादक को एक कुशल अनुवादक भी होना चाहिए। अनुवाद की प्रमुख विशेषता यही है कि उसमें अनुवाद की गंध न आए। 'मक्षिका स्थाने मक्षिका' सिद्धान्त पर अनुवाद करना उचित नहीं है। इससे भाषा सौन्दर्य एवं लालित्य नष्ट होने की संभावना बनी रहती है। अतः भाषा एवं भाव के सुन्दर गठन के प्रति उप सम्पादक को सचेत करना चाहिए।

(6) शीघ्रता एवं उत्तेजना के वातावरण में भी धैर्य रखते हुए शान्ति और संयम से कार्य करने की क्षमता उप सम्पादक में होनी चाहिए।

(7) प्रेस-कानूनों का पर्याप्त ज्ञान होना उप सम्पादक के लिए आवश्यक है अन्यथा उसकी इस दृष्टि से तनिक सी लापरवाही न सिर्फ उसे वरन् उसके समाचार-पत्र संस्थान को भी संकट में डाल सकती है।

(8) तीव्र स्मरण शक्ति उप सम्पादक की अतिरिक्त योग्यता है। घटनाओं का क्रमशः प्रस्तुतीकरण स्मरण शक्ति पर ही निर्भर करता है। कई बार समाचारों में कुछ महीनों या कुछ वर्षों पुराने तथ्यों को देना आवश्यक हो जाता है। ऐसी परिस्थिति में उप सम्पादक की स्मरण शक्ति की परीक्षा होती है। किसी व्यक्ति ने कब, कहाँ क्या कहा? अमुक घटना कहाँ, किस प्रकार घटी? अमुक व्यक्ति जीवित है या नहीं आदि की तुरन्त जानकारी उसकी स्मरण शक्ति पर ही निर्भर है। बार-बार सन्दर्भ ग्रन्थ टटोलने से निश्चितता का समय नष्ट होता है।

(9) उप सम्पादक की 'टीम भावना' उसके कार्य को सरल तथा सुलभ बना देती है।

(10) उप सम्पादक को शारीरिक दृष्टि से उपयुक्त होना चाहिए ताकि कार्य की अधिकता उसे शीघ्र ही थका न दे।

(11) मैन्सफील्ड ने अपनी पुस्तक 'Sub-editing' में उप सम्पादक के छह आवश्यक गुण बताए हैं

परिशुद्धता, परिशुद्धता और पुनः परिशुद्धता

(i) समाचार तथा समाचार तत्व या मूल्य का पूर्ण बोध)

(ii) समाचार के मुख्य तत्व को खोज निकालने की प्रवृत्ति का विकास)

(iii) ऐसे शीर्षक लिखने की योग्यता होना जो पाठकों को एक नजर में ही यह ज्ञात करा दे कि क्या घटित हुआ।)

(iv) सामान्य शिक्षा का अच्छा ज्ञान)

(v) अन्तिम किन्तु कम महत्वपूर्ण नहींसुबोधगम्यता)

(12) शब्दकोष एवं सन्दर्भ ग्रन्थ बार-बार देखने की आदत डालना उप-सम्पादक के लिए आवश्यक है।

(13) के.पी. नारायणन के शब्दों में उप-सम्पादक वह अज्ञात योद्धा है जो इस दैनिक युद्ध में विजयी होता है। वह विश्वकर्मा, वास्तुकार और शिल्पकार होता है और समाचार-पत्र का रूप संवारता है। वह एक माली होता है जो समाचार-पत्र कार्यालय में आने वाले समाचारों के जंगल को एक मनोहर उद्यान का रूप दे देता है। जिस तरह दुल्हन का साज-शृंगार किया जाता है उसी प्रकार वह समाचार-पत्र के रूप को संवारता है। समाचार-पत्र इन व्यक्तियों के ऋणी होते हैं जो कि अज्ञात रूप से कार्य करते हैं। और समाचार-पत्र को प्रतिदिन आकर्षक बनाते हैं।

(14) उप-सम्पादक संवाददाता और सम्पादक के बीच के, एक ऐसे व्यक्तित्व का प्रतीक होता है जो एक श्रेष्ठ संवाददाता के समान यथार्थता और सुयोग्य

अध्ययनशील सम्पादक के समान 'वर्तमान मामलों' से सम्बन्धित पूर्व घटनाक्रम का जानकार होता है।

(15) श्री रंगास्वामी पार्थसारथी ने उप-सम्पादक के महत्व का मूल्यांकन नाट्य प्रदर्शन के समय नेपथ्य में कार्यरत कलाकार, शिल्पकार, सर्जन आदि से करते हुए लिखा है

"Like the greenroom makeup artist back stage he works in the backyard of newspaper, gathering and selecting material, putting them to shape, presenting them in an attractive way so that they will sell and in short doing the job of a craftaman, what a potter does at his wheel, the tailor at the cuting table and the surgeon with knife."

(16) श्री पार्थसारथी ने उप-सम्पादक को 'Cook, beautician, hair-dresser, painter' तथा skilled technician' की योग्यताओं से युक्त व्यक्ति बताया है।

(17) संपादन के आवश्यक तत्त्व

Background, scholarliness, Judgement, memory, aggressiveness, motivation, curiosity, imagination, discretion, cynicism and scepticism.

(18) श्री पार्थसारथी ने किसी लेखक को उद्‌धृत करते हुए उप-सम्पादक की छह विशेषताएँ बताई हैं

1. Abundant self-confidence
2. A long and growing acquaintace with the writen word
3. A suspicious Streak
4. Maturity
5. Stability
6. Breadth of interest and knowledge

(19) उप सम्पादक में "थोड़ी सी निष्ठुरता और किंचित् निःशीलताउतनी ही जितनी एक न्यायाधीश को न्याय के समय रखने की आवश्यकता होती हैअवश्य होनी चाहिए।"

(20) संक्षिप्तीकरण की कला में उप सम्पादक को दक्ष होना चाहिए। विस्तृत समाचारों में से अनावश्यक शब्दों को हटाकर उन्हें संक्षिप्त तथा सारपूर्ण बनाकर प्रस्तुत करना चाहिए। कम से कम शब्दों में अधि में अधिक सूचना देना यही उसका आदर्श होना चाहिए।

(21) कामथ आदि ने उप सम्पादक की योग्यताओं को इस प्रकार रेखांकित किया है

1. लम्बे समाचारों को आकर्षक रूप से संक्षिप्त करने की उसकी क्षमता होनी चाहिए ताकि समाचार के अन्तिम शब्द तकम पाठक की रुचि उसमें बनी रहे।
2. उसे परिशुद्धता का सदा ध्यान रखना चाहिए।
3. वह अकेले नहीं, टीम भावना से कार्य करे।
4. लम्बे समय तक कार्य कर सकने के लिए उसे शारीरिक दृष्टि से स्वस्थ्य होना चाहिए।
5. भाषा पर उसका अच्छा अधिकार होना चाहिए ताकि वह खराब ढंग से लिखी गई कॉपी का आवश्यकता पड़ने पर परिमार्जन कर सके।
6. उसे कानूनों की, विशेषकर मानहानि सम्बन्धी, अच्छी जानकारी होनी चाहिए।
7. पाठकीय संवेदनाओं और अनुभूतियों से परिचित रहते हुए उसे उसका ध्यान रखना चाहिए।
8. शाब्दिक मायाजाल का उचित सम्पादन करने की योग्यता उसमें होनी चाहिए।
9. वह व्यापक अध्ययन वाला हो।
10. सामयिक घटनाओं की उसे अच्छी जानकारी हो।
11. जनहित तथा वर्गीय हितों को पहचानने की उसकी क्षमता होनी चाहिए।
12. उसका मस्तिष्क विश्लेषणात्मक होना चाहिए।
13. किसी समाचार के विकास को देखने की ही उसकी क्षमता नहीं हो, वरन् पाठक पर पड़ने वाले प्रभाव वाले प्रभाव को भी वह परख सके।
14. समाचार-पत्र प्रकाशन की यान्त्रिक प्रक्रिया की पूर्ण जानकारी उसे होनी चाहिए।

इनके अतिरिक्त उप सम्पादक को पूर्वाग्रह से तथा पक्षपात की प्रवृत्ति से दूर रहना चाहिए।

उप सम्पादक का दायित्व अपने पाठक, पत्र तथा लेखक के प्रति रहना चाहिए। पाठक अपनी सूचनाओं के लिए अप्रत्यक्ष रूप से उप सम्पादक पर भी आश्रित रहता है। सामान्य पाठक के पास उन तथ्यों की जाँच के लिए विशिष्ट साधन भी सुलभ नहीं होते। अतः उप सम्पादक को पाठकीय विश्वास की रक्षा करना चाहिए।

समाचार-पत्र का अपने उप सम्पादकों पर अटूट विश्वास होता है। समाचार-पत्र के उस विश्वास को बनाये रखते हुए उप सम्पादक को सतत इस बात का विशेष

ध्यान रखना चाहिए कि पत्र में तथ्यों को गलत ढंग से प्रस्तुत नहीं किया जाए तथा किसी प्रकार की ऐसी आपत्तिजनक सामग्री का प्रकाशन न किया जाए जिससे न सिर्फ समाचार-पत्र पर मानहानि, न्यायालय की अवमानना आदि कानूनों के तहत कार्यवाही की जा सके वरन् उसकी प्रतिष्ठा पर भी प्रतिकूल प्रभाव पड़े। इसी भाँति उसे अपने लेखकों और संवाददाताओं के सद्‌भाव को बनाए रखने का प्रयत्न करना चाहिए। जगह-जगह फैले हुए उसके लेखक तथा संवाददाता जो सामग्री प्रेषित करते है उसका आवश्यक संपादन करके उसे प्रस्तुत किया जाना चाहिए। सीमित स्थान में भी अच्छी प्रस्तुति उप सम्पादक की कसौटी है। जहाँ भी भम्र की स्थिति हो वही उसे तुरन्तु इसका निवारण करने का प्रयास करना चाहिए। तथ्य तथा टिप्पणी के अन्तर को परखने की क्षमता उप सम्पादक में होनी चाहिए। जैसा कि अन्यत्र भी लिखा गया है तथ्य ही पवित्र होते है। समाचार कॉलमो में तथ्यों को ही प्रमुखता दी जाती है। टिप्पणी तथा विचारों की अभिव्यक्ति के लिए सम्पादकीय कॉलमों में स्थान सुरक्षित रहता है। इसी प्रकार उप सम्पादक द्वारा लिखित शीर्षक भी तथ्यात्मक होना चाहिए, उसमें विचार या टिप्पणी समाविष्ट नहीं होनी चाहिए।

उपसम्पादक के प्रमुख कार्य

समाचार-पत्र के संपादन में उपसम्पादक की मुख्य भूमिका होती है। प्रारम्भ में समाचार-पत्रों में समाचार प्रस्तुति का लक्ष्य केवल पाठकों को सूचना उपलब्ध कराना था। किन्तु आज समाचार-पत्रों ने समाज में महत्वपूर्ण स्थान बना लिया है। अब इनका ध्यान मात्र समाचार प्रेषण तक सीमित न रहकर उनके प्रस्तुतीकरण के तरीके पर भी केन्द्रित रहता है। आज समाचार के शीर्षकों में तो आकर्षण उत्पन्न करने के प्रयास करे ही जाते हैं, साथ ही समाचार के मुख्य अंशों को काले टाइप में देते हुए अनुच्छेद बनाकर प्रस्तुत किया जाता है। इस प्रकार उप सम्पादक विभिन्न स्रोतों से कार्यालय में आए समाचारों को उचित प्रकार से संयोजित करके समाचार-पत्र को तैयार करने में महत्वपूर्ण योगदान देता है।

उप सम्पादक का कार्य एक कलाकार के कार्य की भाँति कलापूर्ण तथा कठिन हेता है। कलाकार जिस प्रतिभा, योग्यता, सझ-बूझ तथा कौशल के साथ कार्य करता है, वैसी ही दक्षता एवं क्षमता उपसम्पादक को अपने कार्य में रखनी पड़ती है।

उपसम्पादक के कार्यों के संबंध में मन्सफील्ड लिखते हैं“उपसम्पादक समाचार-पत्र की मुख्य धुरी है। यह वही है जो लेख प्राप्त करता है, पढ़ता है तथा

उन्हें ठीक करता है। हर परिस्थिति में वह अपने प्रकाशन से सम्बद्ध रहता है, आवश्यकता पड़ने पर वह उसमें संशोधन करता है, मेकअप करने वालों के सहयोग से वह लेखों के स्थान आदि का निर्धारण करता है, किस प्रकार के टाइम्स में वे प्रस्तुत किए जाएंगे तथा शीर्षक एवं टाइप भी लिखता है। वह लेट न्यूज (अन्तिम समाचार) आने तक कार्यालय में रूकता है। यदि समाचार-पत्र का प्रातःकालिन संस्करण निकलने वाला हो तो वह प्रथम व अन्तिम पृष्ठ जब तक छपने के लिए प्रेस में नहीं जाता है तब तक ठहरता है। यदि सायंकालीन संस्करण है तो वह दोपहर को दो बजे तक कार्यालय में रहता है।

उपसम्पादक संवाददाताओं के निकट रहते हुए छपाई के कार्य से संबंधित व्यक्तियों का दिशा निर्देशन करता है तथा समाचार सम्पादन से जुड़े व्यक्तियों के बीच शृखला का कार्य करता है।

स्पष्ट है उप सम्पादक किसी भी समाचार-पत्र का मुख्य आधार है। समाचारों को प्रकाशन योग्य तैयार करने की प्रक्रिया में उसे इस तथ्य का ध्यान रखना चाहिए कि वह तथ्यों, स्थान एवं व्यक्तियों के नाम तथा आवश्यक सूत्रों की प्रामाणिकता की प्रति पूरी तरह विश्वस्त हो जाए।

उप सम्पादक को जनरुचि का पूरा ज्ञान होना चाहिए। समाचारों के प्रस्तुतीकरण में इस तथ्य का पूरा ध्यान रखा जाना चाहिए कि उसके पत्र के पाठक कैसे समाचार पढ़ना अधिक पसन्द करते हैं। स्थानीय समाचार-पत्र के पाठक उसमें सामान्यतः स्थानीय घटनाचक्र से परिचित होना चाहते हैं। हालांकि इस सन्दर्भ में कोई निश्चित नियम नहीं बनाया जा सकता, किन्तु धीरे-धीरे अनुभव होने पर उप सम्पादक पाठकों की रुचि को सही परिप्रेक्ष्य में समझने लगता है। दूसरी ओर इस तथ्य को हमें नहीं भूलना है कि पत्र के माध्यम से उप सम्पादक पाठकों की स्वस्थ रुचि का भी निर्माण कर सकता है। कुछ विद्वानों की यह मान्यता भी है कि पत्र की नीति यह होनी चाहिए कि वह पाठकों को वह दे जो उन्हें रूचिकर लगे ना कि वह दे जो उन्हें रुचिकर लगना चाहिए।

उप सम्पादक के कार्य को अक्सर यान्त्रिक एवं नीरस कहा जाता है। उप सम्पादक के कार्य की अपेक्षा संवाददाता के कार्यों को अधिक रचनात्मक कहा गया है। उप सम्पादक पर यह आरोप भी लगाया जाता रहा है कि वह संवाददाता की अच्छी से अच्छी 'स्टोरी' को भी नष्ट कर देता है। सम्भवतः इसी कारण उसे 'किराए का हत्यारा' तथा 'समाचार का अंग-भंग करने वाला' कहा गया है। लेकिन यह भी उचित

नहीं है। वस्तुतः एक अच्छी 'स्टोरी' प्रतिभावान उप सम्पादक के हृदय को अवश्य ही आह्लदित करती है। अनुभवी उप सम्पादक कभी भी व्यर्थ में संवाददाता की 'स्टोरी' पर कलम नहीं चलाएगा। उप सम्पादक तो वह कलाकार है जो उस 'स्टोरी' को और अधिक आकर्षक शीर्षक से तथा सुन्दर शैली से प्रस्तुत कर पाठकों को आकृष्ठ करता है। वह माली की भाँति अपने समाचार-पत्र रूपी उद्यान को समाचार रूपी मोहक पुष्पों से सजता है। वह एक रचनात्मक कलाकार है जो प्रत्येक स्टोरी को और अच्छा बनाना चाहता है। प्रायः कई समाचारों में सम्पादन की सम्भावनाएँ निहित रहती हैंचाहे विराम चिह्नों की ही आवश्यकता पड़े। समाचारों को उप सम्पादक वह रूप प्रदान करना चाहता है जिससे वह जहाँ एक ओर कम पढ़े-लिखे लोगों की समझ में भी आ जाए तो दूसरी ओर शिक्षित लोगों के लिए उपादेय हो सके। उपसंपादक द्वारा की गयी थोड़ी सी भी लाहपरवाही तथा त्रुटि समाचार-पत्र के स्तर को गिरा देती है।

उप सम्पादक समाचारों को अन्तिम रूप देता है वह उसे अधिक प्रामणिक तथा उद्देश्यपूर्ण बना देता है। कई बार संवाददातओं को यह कहते सुना गया है कि उप सम्पादक ने उनकी रक्षा कर ली है। संवाददाताओं को यह कहते सुना गया है कि उप सम्पादक ने उनकी रक्षा कर ली है। इस प्रकार कहा जा सकता है कि संवाददाता तथा उप सम्पादक दोनों के कार्यों में रचनात्मक प्रतिभा प्रदर्शित करने की पूरी सम्भावना है।

यह सही है कि उप सम्पादक को अपना अधिकांश समय संशोधन तथा दोहराव में ही देना पड़ता है। इस प्रक्रिया में वह समाचारों को नया दृष्टिकोण तथा प्रभाव देकर उन्हें जीवन्त तथा आकर्षक बना देता है। समाचार समितियों से प्राप्त समाचारों के कुशल संयोजन में उप सम्पादक की भूमिका विशेष उल्लेखनीय हो जाती है। इन समाचारों को तर्क-संगत तथा प्रकाशन योग्य बनाने का सारा दायित्व उसी पर है।

समाचार संपादन के समय सावधानिकयाँ

उपसम्पादन का कार्य अत्यन्त चुनौती पूर्ण है, कभी-कभी उपसम्पादक की थोड़ी लाहपरवाही उसके लिए मुसीबत पैदा कर सकती है। जनता के नैतिक बल को कम कर सकती है, दो गुटों में झगड़ा करा सकती है, लोगों को हिंसा के लिए उत्तेजित कर सकती है। अतः उप सम्पादक को किसी भी तथ्य की पूरी खोज-बीन करके ही समाचार में देना चाहिए। इसका सीधा सा नियम है "When in doubt, leave it out"

उप सम्पादक को समाचार का 'आमुख' (इन्ट्रो) लिखना पड़ता है। इन्ट्रो के पश्चात् समाचार को व्यवस्थित रूप देकर उस पर आकर्षक शीर्षक देना पड़ता है। शीर्षक भी ऐसा होना चाहिए जिसे पढ़ते ही समाचार की मूल भाव को पाठक ग्रहण कर सके। एक विद्वान् के शब्दों में 'Heading writing is a gift for sub-editor' अर्थात् 'शीर्षक लेखन उप सम्पादक के लिए उपहार है।'

समाचार लेखन की प्रक्रिया में अनुच्छेदों के उचित संयोजन के दृष्टिगत रखना आवश्यक है। लम्बे तथा विस्तृत अनुच्छेद नीरस, बेजान और ऊबाउ होते हैं। समाचार लिखते समय सामान्यतः उपसम्पादक का यही प्रयास रहता है कि एक अनुच्छेद में एक तथ्य का समावेश किया जाए।

उपसम्पादक को समाचारों के वाक्य विन्यास को उद्देश्य तथा अर्थपूर्ण बताते हुए महत्वपूर्ण बातों को काले रंग (ब्लेक टाइप) के टाइप में देना चाहिए। उसे इस बात का भी ध्यान रखना चाहिए कि समाचार में जो बातें पहले आ गई हैं उनकी पुनरावृत्ति न हो। पुराने तथ्यों को नए परिप्रेक्ष्य में प्रस्तुत करते हुए उसे आकर्षक तथा मोहक स्वरूप प्रदान कर उप सम्पादक अपने पाठकों को सम्भावित नीरसता व ऊब से बचा सकता है।

संसद तथा चुनावों के वक्त सम्पादकीय विभाग में समाचारों का विशेष जोर रहता है। निश्चित रूप सभी समाचार प्रकाशित नहीं किए जा सकते। इन समाचारों के अथाह सागर में से उप सम्पादक को नए विषय तथा पाठक की रुचि के अनुकूल समाचारों को खोजना पड़ता है। इसी प्रकार विशिष्ट आयोजनों तथा समारोहों के मौके पर अक्सर आमन्त्रित अतिथियों द्वारा लम्बे-लम्बे भाषण दिए जाते हैं। इन भाषणों का सम्पूर्ण प्रकाशन असम्भव ही है। इनमें से महत्वपूर्ण अंशों को ही प्रकाशनार्थ दिया जा सकता है। यदि वक्तव्य ज्यादा ही लम्बा हो जाए तो उसे उप शीषकों तथा अनुच्छेदों में विभक्त कर प्रकाशित किया जाना उपयुक्त रहता है।

दिनांक रेखा (Date Line) का समाचारों में अपना विशिष्ट महत्व है। इसलिए सही दिनांक की ओर विशेष ध्यान देना अत्यावश्यक है। कभी-कभी कुछ सरकारी तथा गैर-सरकारी दस्तावेजों पर निश्चित तिथि लिख कर उन्हें समाचार-पत्रों प्रकाशनार्थ भेज दिया जाता है। समाचार-पत्र उप सम्पादक से यही उम्मीद रहती है कि वह उसे उक्त निर्देशित तिथि से पूर्व प्रकाशित न करे।

उप सम्पादक को समय के साथ चलना पड़ता है। विभिन्न विभागों में उचित समन्वय कायम रखेने पर ही समाचार-पत्र समय पर निकल सकता है। समाचार-पत्रों

में दिए जाने वाले चित्र, उनके केप्शन तथा समाचारों में उल्लेखित तथ्यों में सामंजय रखना आवश्यक है।

उप सम्पादक को समस्त सामग्री का ध्यानपूर्वक अध्ययन कर लेना चाहिए। भाग्य पर कोई भी तथ्य नहीं छोड़ना चाहिए। समाचार लेखन में राजनीति, धर्म आदि विभिन्न क्षेत्रों से सम्बद्ध स्वयं के व्यक्तिगत विचारों की झलक नहीं दिखाई देइसका विशेष ध्यान रहे। समाचारों के लिखते समय आत्म श्लाघा तथा मित्रों के प्रचार की भावना की प्रवृत्ति से भी उप सम्पादक को बचना चाहिए। आत्मप्रचार या आत्म श्लाघा की प्रवृत्ति अन्ततः स्वयं उप सम्पादक के लिए तथा समाचार-पत्र के लिए नुकसान देय हो सकती है।

'कथित' शब्द के प्रयोग के प्रति उप सम्पादक को विशेष सचेत रहना चाहिए। जब तक किसी व्यक्ति विशेष पर कोई आरोप अदालत में साबित न कर दिया जाए तब तक हम अपराधी नहीं मान सकते। अतः ऐसे समाचार लिखते वक्त उसके नाम से पूर्व 'कथित' (Alleged) शब्द का प्रयोग करना उचित है। अनावश्यक रूप से इस शब्द का दुरुपयोग करना भी उचित नहीं कहा जा सकता। गम्भीर आरोप लगाने से पूर्व सारी परिस्थितियों तथा प्रमाणों की पुष्टि की ओर से आश्वस्त हो जाना हितकर होता है।

समाचारों के इस प्रकार व्यक्त किया जाये कि उसे पढ़कर समाज में उदार और अच्छी मनोवृत्तियों का विकास हो तथा बुरी प्रवृत्तियों का विकास हो तथा बुरी प्रवृतियों के त्याग की भावना उत्पन्न हो। समाज के बहुमुखी विकास में समाचार-पत्र की अपनी विशेष भूमिका होती है। उप सम्पादक इसके माध्यम से समाज को नया नेतृत्व दे सकता है।

उप सम्पादक के लिए आवश्यक है कि उसे अपने पत्र के स्वरूप के बारे में पूरा ज्ञान हो। पत्र का आकार, उसकी पृष्ठ संख्या, मुद्रण तकनीक आदि का पूरा ज्ञान उसे अपने कार्य सम्पादन में सहयोग देगा। एक कॉलम की लम्बाई-चौड़ाई कितनी है, उसमें कितने शब्दों की सामग्री आ सकती है आदि का भी उसे पूरा ज्ञान होना चाहिए।

'प्रेस एण्ड दि पब्लिक' में श्री जार्ज ब्लैक ने उप सम्पादक के चार हाथ तथा चार नेत्र इस प्रकार बताए हैं

चार हाथ1. चुनाव

2. खबर दबाना

3. प्रधानता देना

4. तोड़ना-मरोड़ना

चार नेत्र1. घड़ी

2. समाचार की सत्यता

3. कानून

4. पत्र की सर्वतोमुखी पूर्णता

विशेषणों के अत्यधिक तथा अनावश्यक प्रयोग से उप सम्पादक को बचन चाहिए। प्रायः यह देखा जाता है कि समाचार लिखते समय नवोदित पत्रकार सर्वश्रेष्ठ अद्वितीय, विराट्आदि शब्दों का प्रयोग धड़ल्ले से करने लगते हैं। यह प्रवृत्ति अच्छी नहीं है।

समाचार प्रकाशन योग्य हैं या नहीं इस सन्दर्भ पें डॉ. प्रवीण दीक्षित ने 'डेर्ल टेलीग्राफ' के मुख्य उपसम्पादक एल.जे.डिकर के एक सूत्र का उल्लेख किया है। या सूत्र उपसम्पादक के लिए अच्छा मार्गदर्शक हो सकता है। डिकर का यह सूत्र अंग्रेजी वर्णमाला के पाँच अक्षरों से प्रारम्भ होने वाले पाँच शब्द है वर्णमाला के पाँच अक्षरों से प्रारम्भ होने वाले पाँच शब्द है। ये पाँच अक्षर हैं I.I.M.A.I तथा इनसे बने शब्द हैं

I—Information—प्रथम अनुच्छेद में और कम से कम शब्दों में, जो कुछ घटित हुआ है, उसकी सूचना।

I—Intention—घटना के उद्देश्य को स्पष्ट किया जाए।

M—Method—घटना किस प्रकार घटित हुई?

A—Administration—घटना की पृष्ठभूमि।

I—Inter-Communication—अंतः संचार संवाद के सभी तथ्यों तथा अनुच्छेदों में पारस्पकि सम्बन्ध।

इसे उक्त पाँच शब्दों की कसौटी पर कसकर उपसम्पादक अपने समाचार को और अच्छी तरह निखार सकता है तथा उसे प्रामणिक बना सकता है।

इस प्रकार समाचार-पत्र में प्रकाशित होने वाला प्रत्येक समाचार तथा लेख या फीचर उपसंपादक की पत्रकारिता की योग्यता (Journalistic talent) को प्रदर्शित करता है। वह अपनी इसी योग्यता से समाचार-पत्र में प्रकाशित सामग्री को सारगर्भित बनाकर पाठक को प्रस्तुत करता है। इस प्रकार वह 'Salesman of News' भी है। श्री के.पी. नारायणन् ने नार्थ क्लिफ को उद्धृत करते हुए यही भाव प्रकट किए हैं"फलों की दूकान वाला क्या करता है। वह अपनी दूकान की खिड़की में अच्छे

से अच्छे सेव रखता है जिससे कि दूकान की शोभा बढ़े और वे रास्ते से गुजरने वाले को आकर्षित करें जिससे वे अन्दर आए और कुछ खरीदें।" सर्वोत्तम समाचार को समाचार-पत्र की खिड़की में अर्थात् पहले पृष्ठ पर (या मुख्य समाचार पृष्ठ पर) अत्यन्त आकर्षक रूप में प्रकाशित करना चाहिए। इसी बात को श्री रंगास्वामी पार्थसारथी यों लिखते हैं

"The sub-editor is the live wire of a newspaper, the invisible (to the outside world) presence whose impact is felt on every word,every phrase, every headline and every inch of news that newspaper carries."

लेखनः उपसम्पादक की कार्य सफलता का प्रतीक है Responsibility, Proficiency and Speed उप सम्पादक अपने समाचार-पत्र की आवश्यकताएँ जानता है तथा उसी के अन्दर वह समाचारों का प्रस्तुतीकरण करता है। वह समाचार को एक विशिष्ट रूप तथा शैली प्रदान करता है। संवाददाताओं से प्राप्त समाचारों का वह पुनर्लेखन भी करता है। इसी कारण उपसम्पादक के लिए किसी पत्रकार ने यह टिप्पणी भी की है

"The autocrat of the blue pencil who is entrusted with power. He can exalt, he can transform, he can slay."

उपर्युक्त विवेचन के निष्कर्ष रूप में हम कह सकते हैं कि समाचार-पत्रों में उपसंपादक का महत्व बढ़ता जा रहा है। उसकी इस महत्व पूर्ण स्थिति को देखते हुए उपसम्पादक को 'समाचार-पत्र का अज्ञात योद्धा' 'अविश्रुत वीर' 'चतुर शिल्पी', 'मशीन की नाड', 'संस्कारी सेन्सर', 'समाचार-सर्जन', 'अज्ञात सैनिक' आदि विशेषणों से सम्बोधित किया गया है। श्री के. पी. नारायणन के शब्दों में "सुसंपादित समाचार-पत्र एक उद्यान की तरह होता है जिसका विन्यास अच्छे ढंग से किया गया हो। वह ऐसा जंगल नहीं होता जिसमें सभी प्रकार की झाड़ियाँ पैदा होती हैं। उसमें प्रत्येक वस्तु के लिए स्थान होता है और प्रत्येक वस्तु उसके उपयुक्त स्थान में होती है।"

श्री नारायणन् की इस उक्ति को चरितार्थ करने में उपसम्पदक ही सक्षम है। वही अपने समाचार-पत्र को सुन्दर उद्यान का मोहक रूप देता है। जिस प्रकार सुन्दर उद्यान को देखकर मन प्रफुल्लित होता है उसी प्रकार सुसम्पादित समाचार-पत्र पढ़कर सहृदय पाठक भी आनन्द का अनुभव करता है। उपसंपादक की इस महत्वपूर्ण स्थिति को देखकर यह उक्ति सही प्रतीत होती है कि "भविष्य में पत्र का मेरुदण्ड श्रेष्ठ

उपसम्पादक ही होगा।" पी.पी. सिंह के शब्दों में "समाचारों की सत्यता ही उपसम्पादक का परम लक्ष्य है।"

उप सम्पादक ग्लैमर से दूर

उपसम्पादक समाचार-पत्र की रीढ़ होता है जो समाचार-पत्र को रंग रूप और विशिष्टता प्रदान करता है। उपसम्पादक के कार्यों की उपयोगिता को देखते हुए भी नारायणदत्त ने लिखा है'जनता की दृष्टि में; वह सम्पादक की तरह पत्र का नीति निर्धारण नहीं करता, पैने व वजनदार अग्रलेखों द्वारा सही नीतियों और आदर्शों के लिए निरन्तर धर्म युद्ध नहीं लड़ता। राजनीति, उद्योग, वाणिज्य, श्रम, शिक्षा और साहित्य के सत्ताधीशों से बराबरी के दर्जे पर बहस करके उनकी रीति-नीतियों को प्रभावित नहीं करतालिहाजा; सभा-समाजों में सम्मान सहित मंच पर या अग्र पंक्ति में नहीं बैठाया जाता।'

जनता की दृष्टि में, वह रिपोर्टर की तरह समाचारों को सूंघता नहीं फिरता, जादुई कानों से इसका पता नहीं लगा लेता कि कब किस कौने में कौन सा पत्ता खड़का, जान जोखिम में डालकर संगीनों के पहरे में से मुग्ध समाचार-सुन्दरी को छुड़ा नहीं लाता-लिहाजा, हीरो की तरह प्रशंसा भरी नजरों का केन्द्र नहीं बनता, न दुष्टों और दुर्नीतमंतों के दुःस्वप्नों का विषय ही।

उपर्युक्त कथन एकसीमा तक सही कहा जा सकती है। सामान्यतः उप सम्पादक को रात्रि की शिफ्ट में भी कार्य करना पड़ता है। रात्रि में कार्य करने के कारण दिन में आराम की आवश्यकता पड़ती है। जो कुछ समय उसे मिलता है वह उसे पत्र-पत्रिकाएँ पढ़ने तथा सामग्री जुटाने में देना पड़ता है। इस प्रकार उप-सम्पादक का सामाजिक तथा पारिवारिक जीवन अस्त-व्यस्त रहता है। कड़े परिश्रम की यह जिन्दगी निश्चय ही काफी चुनौतीपूर्ण है।

सम्पादक-मण्डल

संयुक्त-सम्पादक, सहायक, समाचार-सम्पादक, सहायक-समाचार सम्पादक, मुख्य उप-सम्पादक व सहायक मुख उप-सम्पादक ये सभी पद सर्वांगपूणे बड़े समचार-पत्रों के कार्यालयों में सृजित होते हैं।

सहायक-सम्पादक : पत्र के विचारों और विभिन्न प्रतिक्रियाओं के सन्दर्भ में यह सम्पादक के कार्यों में मददगार होता है। अग्रलेख तथा समीक्षा भी प्रस्तुत करता है।

संयुक्त-सम्पादक : सम्पादक को उसके कार्यों में मदद करता है।

सहायक-समाचार-सम्पादक : समाचार-सम्पादक के कार्यों में मदद करने वाला व्यक्ति होता है।

समाचार-सम्पादक : जो समाचार विभाग के कार्यों का निरीक्षण करता है, तथा समन्वय स्थापित करता है साथ ही समचारपत्र के समस्त संस्करणों में छपे समाचारों के लिए जिम्मेदार होता है, वही समाचार-सम्पादक कहा जाता है।

सहायक मुख्य उप-सम्पादक : कहीं- कहीं इसे 'प्रवर उप-सम्पादक' का पर्याय माना जाता है। मुख्य उप-सम्पादक के कार्यों में मददगार होना और उसकी अनुपस्थिति में पूरा कार्य सम्पन्न करना सहायक मुख्य उप-सम्पादक का कार्य होता है।

मुख्य उप-सम्पादक : जो समचार मेज पर किसी एक पाली का कार्य सम्भलता है, और उप-सम्पादकों के मध्य कार्य का विभाजन तथा उसका निरीक्षण करता है, वह मुख्य उपसम्पादक होता है।

दीर्घ उत्तरीय प्रश्न

1. समाचार-पत्र में उप-सम्पादक की भूमिका का वर्णन कीजिए।
2. उप-सम्पादक की विशेषताओं का वर्णन महत्वपूर्ण बिन्दुओं द्वारा विस्तार से कीजिए।
3. उप-सम्पादक के प्रमुख कार्यों का वर्णन कीजिए।
4. लेखन उप-सम्पादक की कार्य सफलता का प्रतीक है। इस वाक्य को विस्तार से पुष्टि कीजिए।

लघु उत्तरीय प्रश्न

1. उप-सम्पादक को 'ग्लैमर' से दूर क्यों रहना चाहिए।
2. सम्पादक मण्डल पर संक्षिप्त टिप्पणी लिखिए।
3. समाचार सम्पादन के समय ध्यान देने योग्य महत्वपूर्ण बातों को लिखिए।
4. सहायक सम्पादक के बारे में संक्षेप में लिखिए।
5. सम्पादक तथा उप-सम्पादक में अन्तर स्पष्ट कीजिए।

वस्तुनिष्ठ प्रश्न

1. "समाचारों की सहायता ही उपसम्पादक का परम लक्ष्य हैं।" निम्न में से यह कथन है

   (क) पी.पी. सिंह का (ख) श्री नारायवान् का

   (ग) के.पी. मिश्रा का (घ) इनमें से किसी का नहीं।

2 मैन्सफील्ड ने अच्छे उप-सम्पादक को कहा है

   (क) अनसंग हीरो (ख) सृजनात्मक कलाकार

   (ग) रचनात्मक कलाकार (घ) इनमें से कोई नहीं

3. निम्न में से कौन शब्द सम्पादन के आवश्यक तत्व नहीं है

   (क) Background (ख) Judgement

   (ग) Memory (घ) Laughing

4. 'Heading writing is a gift for sub-editior' यह कथन किसके लिए कहा गया है?

   (क) सम्पादक (ख) उपसम्पादक

   (ग) दोनों के लिए (घ) इनमें से किसी के लिए नहीं।

13

संवाददाता

संवाददाता वह व्यक्ति होता है जो समाचार-पत्रों के लिए सूचनाएं संकलित कर संप्रेषण का कार्य करता है। संवाददाता का कार्य बहुत चुनौती पूर्ण हैं। संवादाता की भूमिका समाचार संकलन करने में एक गुप्तचर और मनोविश्लेषक की होती है। समाचारों की व्याख्या और सुस्पष्ट तरीके से लिखने वाला जोश से पूर्ण व्यक्ति ही संवाददाता कहलाता है। वह समाचार प्रस्तुत करता है, जबकि सम्पादक उसको शुद्ध करता है, सजा-सँवारकर पाठकों के सामने उपस्थित करता है। गवेषणात्मक प्रतिभासम्पन्न संवाददाता को लॉर्ड नार्थक्लिफ ने सृजनात्मक और मौलिक साहित्यकार कहा है। पूरे पत्र का शिल्पी संवाददाता ही होता है।

संवाददाता समाचारपत्ररूपी शरी का आँख, कान, नाक और मुख है। घटनाओं के प्रत्यक्षदर्शी होने के नाते वह आँख है। गली, सड़क, मंच एवं सभागार की विभिन्न गतिविधियों को सुन-सुनकर उसे अपने मस्तिष्क में संजोये रहता है। इसलिये वह पत्र का कान है। घ्राणशक्ति के जोर पर संवाददाता समाचार को सूंघता रहता है। फलतः वह नाक है। सशक्त लेखनी से समाचार को एक विशिष्ट रूप देकर उसे जनता के समक्ष सुनाने का कार्य संवाददाता का है, इस वजह से वह मुख है। इस प्रकार आंख, कान नाक और मुखरूप संवाददाता पत्रकारितारूपी प्राणी का महत्वपूर्ण अवयव है।

अपनी घ्राणशक्ति और बारीक नजर के बल पर संवाददाता दो और दो को चार के स्थान पर पांच बनाने का प्रयत्न करता है। ऐ. जे. लिब्लिग ने संवाददाताओं को तीन वर्गों में विभाजित किया हैं

(क) ऐसे व्याख्यात्मक संवाददाता जो यथातथ्य प्रस्तुत करते हैं और उसे व्याख्यातियत करते हैं।

(ख) ऐसे विशेषज्ञ जो अपनी दूरदृष्टि के जोर पर अनेदेखे तथ्य को सुस्पष्ट करते हैं।

(ग) ऐसे संवाददाता जो वही लिखते हैं जो देखते हैं।

संवाददाताओं के मुख्य स्वरूप

संवाददाताओं की कई श्रेणियां हैं। कार्य के महत्व के अनुसार इन्हें लाइनर, स्ट्रिंजर फुल फलेल्ड लर्नलिस्ट व स्टाफर्स के रूप में किया गया है जिनका संक्षिप्त विवेचन प्रस्तुत है

स्ट्रिंजर (The Stringer)लाइनर से थोड़ा ज्यादा सुविधाप्राप्त संवाददाता स्ट्रिंजर है। यह भी पूर्णकालिक पत्रकार नहीं होता। कुछ लोग इसे 'रिटेनर' भी कहते हैं।

लाइनर (The Liner)छोटे कस्बे से समाचार भेजने वाला लाइनर है जो प्रकाशित संवादों की पंक्तियों के अनुसार पारिश्रमिक पाता है। ऐसे व्यक्ति का मुख्य कार्य कुछ अलग ही होता है, शौक बतौर पर ये कभी-कभी संवाद-प्रेषण कर देते हैं।

स्टाफर्स (Staffers)प्रान्त की राजधानियों में पूर्णकालिक संवाददाता के पद पर नियुक्त होते हैं, जिन्हें स्टाफर्स कहते हैं। ये पत्र के नियमित कर्मचारी होते हैं जिनका सीधा सम्पर्क पत्र के मुख्य कार्यालाय से होता है।

फुल फ्लेज्ड जर्नलिस्ट (Full-Fledged Journalist) ये महत्वपूर्ण जिला मुख्यालयों पर पूर्णकालिक पत्रकार के रूप में रखे जाते हैं जिनको उपसम्पादक की सुविधाएँ प्रदान की जाती है।

सवांददाताओं की विविध श्रेणी

संवाददाताओं को निम्नांकित चार श्रेणियों में वर्गीकृत किया गया है

(क) **मुफस्लिमन संवाददाता** पत्र-कार्यालय से दूर अवस्थित छोटे-छोटे स्थनों से संवाद भेजने वाले को मुफस्लिल संवाददाता के रूप में जाना जाता है।

(ख) **विदेश संवाददाता** दूसरे देशों से समाचार भेजने वाला विदेश संवाददाता होता है।

(ग) **कार्यालय संवाददाता** पत्र के कार्यालय में रहकर मौजूदा संवादों का संकलन-कर्ता कार्यालय संवाददाता कहा जाता है।

(घ) **विशेष संवाददाता** संवादों के संकलन के साथ ही उनका विश्लेषण व विवेचन करने वाला विशेष संवाददाता कहा जाता है। विशेष स्थिति में इसकी सेवा ली जाती है।

दूसरे वेतन आयोग ने संवाददाता की चार श्रेणियाँ बनायी हैं

(1) **मुख्य कार्यालय संवाददाता** इन्हें चीफ रिर्पोटर भी कहते हैं जो विशेष संवाददाताओं से दूसरी श्रेणी में आते हैं।

(2) **विशेष संवाददाता** समाचार-पत्र के सहायक सम्पादक, सम्पादकीय लेखक व समाचार-सम्पादक के सामने महत्वपूर्ण व्यक्ति विशेष संवाददाता होता है।

(3) **कार्यालय संवाददाता** संवाददाताओं के चौथे वर्ग में कार्यालय संवाददाता आते हैं। इन्हें संवाददाता भी कह सकते हैं।

(4) **उपमुख्य कार्यालय संवाददाता** ये संवाददाताओं के तीसरे वर्ग में शामिल होते हैं।

डॉ. श्यामसिंह 'शशि' के अनुसार संवाद-समितियों में संवाददाताओं के तीन वर्ग होते हैं

प्रथम वर्ग मुख्य कार्यालय, विशेष संवाददाता संवाददाता व विदेशी संवाददाता।

द्वितीय वर्ग वरिष्ठ संवाददाता व प्रधान संवाददाता।

तृतीय वर्ग संवाददाता व कार्यालय संवाददाता।

संवाददाता के प्रमुख कार्य

पत्रकार मोरिस फेगेस ने संवाददाताओं के वर्णन निम्नवत् वर्णन किया है। समाचारों के तीव्र ही संकलन, उनकी सुस्पष्ट व्याख्या व शुद्धता के साथ पाठकों के लिए उसे बनाने का कार्य संवाददाता का है। गुप्तचर, मनोवैज्ञानिक तथा वकील के गुणों से सम्पन्न होकर वह अपनी प्रतिभा के बल पर समाज-सेवा करता है। यह कार्य सरल नहीं है। संवाददाता गुप्तचर बनकर समाचार सूँघता है, उसे नाटकीय रूप धारण करना पड़ता है। उसमें मनोवैज्ञानिक के गुण भी होते हैं। मनुष्यों से मिलकर, उनके

पूर्ण निर्णय निकाल लेता है। वह वकील की तरह प्राप्त तथ्यों, उदाहरणों से तर्क-पूर्ण निर्णय निकाल लेता है। संवाददाता को आरम्भ में ही समझ लेना चाहिए कि उसका कच्चा माल 'समाचार' की महता को उसे सम्यक् रूप से जानना होगा। उसकी थोड़ी अनवधानतावश एक 'अफवाह' 'दंगे' का विस्फोटक रूप पकड़ सकता है, अव्यवस्था और अनिश्चिता का माहौल छा जाता है। अकुशल संवाददाताओं के हाथों पड़कर समयपार कभी डायनामाइट से भी ज्यादा घातक बन सकता है। इसी एक प्रबुद्ध सम्पादक ने कहा है कि

संवाददाता के लिए निम्नलिखित पंक्तियां सारगर्भित हैं

एक पक्ष की बातों को जानकर संवाददाता हमेशा अंधेरे में रहता है, उसे गलतियों का शिकार होना पड़ता है लेकिन पक्ष-विपक्ष दोनों की बातें सुनकर वह स्पष्ट धारणा बना लेता है।

डॉ. सॅपूर्णानन्द ने संवाददाताओं को नारद की संज्ञा देकर उनकी प्रत्युत्पन्नमति व क्षिप्रकारिता का प्रमाण प्रस्तुत किया। साथ ही, समाचारों के संकलन और विवरण की निपुणता के पीछे समाज-कल्याण की रचनात्मक भूमिका को स्पष्ट किया। कभी-कभी आदिदेव को संवाददाताओं का पूर्वज बताया जाता है। हकीकत में इनमें गणेश के समान ही तीव्रता से तथ्यबोध की क्षमता होती है जरे मुदमंगल है। संवाददाता तो वह अप्रिम हंस जो घटनाओं के मानसरोवर में गोता लगाता है और नीर-क्षीर विवेकी बनकर शब्दों के मोती से समाचारों को तैयार करता है। चुनाव और अपहरण की विशिष्टता के कारण महात्मा मंशीराम शर्मा संवाददाताओं को 'वार्ताहर' कहते थे।

रिपोर्टर तथा संवाददाता में अन्तर

आमतौर पर रिपोर्टर और संवाददाता का अर्थ एक समान ही समझा जाता है किन्तु सूक्ष्म दृष्टि से देखा जाये तो इन दोनों के कार्य और दायित्व में पर्याप्त अन्तर हैं। विष्णुदत्त शुक्ल ने अप्रेल 1937 में प्रकाशित अपनी पुस्तक 'पत्रकार-कला' में इनके मध्य सूक्ष्म अन्तर किया है। वे लिखते हैं

"रिपोर्टर समाचार-पत्रों का ऐसा साधारण कर्मचारी है, जो स्थान-स्थान पर और किसी भी अवसर पर जाकर समाचार संग्रह करता है और उन्हें पत्र के पास भेजता है, किन्तु संवाददाता हमेशा इधर-उधर नहीं जाया करते। उनकी नियुक्ति विशेष अवसरों पर और विशेष स्थानों पर ही की जाती है। जब कहीं कोई खास घटना घटी,

कोई उत्सव हुआ, सभा हुई और वारदात हुई, तब संवाददाताओं की नियुक्ति होती है। वे उस स्थल और अवसर पर जाकर तमाम बातों की छानबीन करते हैं और उसकी सूचना समाचार-पत्र के पास भेजते हैं। वे लोग भी संवाददाता कहलाते हैं जो किसी विशेष स्थान के रहने वाले होते हैं और उन्हें उस स्थान के या उसके आस-पास के समाचार भेजने का अधिकार या हुक्स दे दिया जाता जाता है। रिपोर्टर एक ही स्थान के लिए बंधे नहीं होते हैं उनके जिम्मे सब तरह के काम होते हैं"

वेतन मंडल ने इनको परिभाषित करते हुए लिखा हैरिपोर्टर वह व्यक्ति होता है जो किसी निश्चित केन्द्र पर समाचार संकलित और प्रस्तुत करता है। संवाददाता वह व्यक्ति होता है जो समाचार-पत्र के प्रकाशन केन्द्र के अतिरिक्त किसी भी केन्द्र से समाचार संकलित कर उसे तार, डाक या अन्य किसी भी माध्यम से प्रषित करता है।

विशेष संवाददाता

वेतन मंडल द्वारा दी गई परिभाषा के अनुसार विशेष संवाददाता वह व्यक्ति है जो केन्द्रीय सरकार के मुख्यालय पर अधिस्वीकृत अथवा अन्य प्रकार से अथवा किसी विदेशी केन्द्र पर अथवा एक से अधिक राज्य में अथवा अन्य किसी स्थान पर जहां उसको अधिकृत किया गया हो, संवाददाता के रूप में सभी प्रकार की संसद सम्बन्धी, राजनीति सम्बन्धी और अन्य सामान्य प्रकार की गतिविधियों के नियमित रूप से समाचार लिखे और उनका विश्लेषण करे।

समाचार-पत्र संस्थान में विशेष संवाददाता का महत्वपूर्ण स्थान होता है। छोटे समाचार-पत्रों में संवाददातओं के कार्यक्षेत्र का व्यापक विभाजन नहीं होता है, किन्तु बड़े समाचार-पत्रों में संवाद संकलन के लिए इनमें कार्यों का विस्तृत विभाजन किया-जाता है। विशेष संवाददाता के कार्य व्यापक, विस्तृत तथा ठोस होते हैं। संसदीय, राजनैतिक, आर्थिक आदि क्षेत्रों के विशेष समाचारों की अपेक्षा इनसे की जाती है। सामान्य समाचारों का संकलन तो कोई भी संवाददाता कर सकता है, किन्तु विशेष संवाददाताओं से यह अपेक्षा की जाती हैं कि वे उनकी उचित एवं सम्यक् व्याख्या भी करें।

एस. वी. कॉमथ के अनुसार "विशेष संवादताता का यह विशेष दायित्व है कि वह पाठक को तथ्यों का अर्थ भी सूचित करे। यही उसकी प्रतिभा की आवश्यकता होती है। उसे विचार (Opinion) प्रकट करना होता है, किन्तु विचार सूचनाओं के

साथ इस प्रकार अंतग्रंथित हो कि पाठक को पूरा समाचार मिल सके। विचार के कमी में तथ्य बेकार हैं तथा तथ्यों के अभाव में विचार अहंकाक हैं। विशेष संवाददाता को तथ्यों के बिना विचार देने की प्रकृत्ति से सावधान रहना चाहिए।"

निश्चय ही विशेष संवाददाता का कार्य अत्यधिक महत्वपूर्ण है। पत्रकारिता में कार्य करते हुए अनुभव से ही वह सीखकर संवाददाता इस पद तक पहुंच सकता है। उदाहरणार्थ संसदीय समाचार के संकलन करते समय यदि विशेष संवाददाता सिर्फ संसद की बहस के समाचारों में यही लिखे कि किसने क्या कहा तो यह ठीक नहीं होगा। यह कार्य तो समाचार समितियों पर छोड़ दिया जाना चाहिए। विशेष संवाददाता संसदीय बहस की पृष्ठभूमि तथा महत्व आदि के बारे में भी बताता है। अतः आवश्यक है कि उसे अपनी 'बीट' के बारे में गहरी तथा विशेष जानकारी हो।

विशेष संवाददाता विश्लेषण तथा व्याख्याकार होता है। जेम्स गोरडन बेनेटने ने उसे 'आधा कूटनीतिज्ञ तथा आधा जासूस' (Half diplomat and half detective) भी कहा है। श्री कृष्ण लाल श्री धरानी के अनुसार विशेष संवाददाता में निम्नलिखित योग्यताएँ होना चाहिए

1. गुप्त रूप से प्रकट की गयी बात को सार्वजनिक रूप से प्रकट न होने देने की योग्यता।
2. व्यापक क्षेत्र के विभिन्न तरह के लोगों से सम्पर्कसरकारी अफसरों से, विरोधी दलों के लोगों से, राजदूतावासों से, अन्य सहयोगी संवाददाताओं से, निजी सचिवों से और एक या दो महान् एवं शक्ति-सम्पन्न व्यक्तियों से।
3. गवेषणा की प्रवृत्ति जो सामाजिक शास्त्रों तथा मानव प्रवृत्तियों में ग्रहण की गयी पहले की शिक्षा पर आधारित हो। सच्ची बात जान लेने की उत्कट अभिलाषा।
4. कभी-कभी कोई ऐसा रहस्य प्रकट करने का प्रस्ताव अस्वीकार कर देने का साहस, जिसके साथ प्रतिबन्ध लगाये गये हों। ऐसी बातें सुनने से इनकार कर देने की क्षमता जिन्हें प्रकट न होने देने की बाध्यता रखी गयी हो।
5. बातचीत करने की कला जिसका मुख्य स्वरूप दूसरों को आपसी बात करने के लिए प्रोत्साहित करना किन्तु साथ ही यह न प्रकट होने देना कि आप स्वयं कुछ कहना नहीं चाहते।
6. थोड़ी सी ढिठाई (विशेषकर विदेशों में तथा युद्ध क्षेत्र में) घुड़की आदि देकर निषिद्ध क्षेत्रों में हो आने की चतुरता।
7. शारीरिक सहनशीलता और नैतिक साहस। कुछ अवसरों पर निद्रा का परित्याग कर सकने की भी क्षमता।

8. लोगों के साथ रहकर और कठिन परिस्थितियों में अपना काम चला लेने की क्षमता। सौहार्द्रपूर्ण मुस्कान, जिससे ऐसी बातें प्रायः आसानी से प्रकट कर दी जाती हैं जिनमें प्रत्येक मनुष्य की दिलचस्पी होती है।
9. कल्पना तथा सीधी-सादी, उज्जवल शैली।
10. कार्य, वर्ण एवं जीवन से नये सिरे से प्रभावित होने की योग्यता।

विदेशी संवाददाताओं के लिए श्री धरानी भी लिखते हैं कि वे अखबारी दुनिया के राजदूत सरीखे होते हैं जो युद्ध तथा शान्ति में हमेशा हिस्सा ग्रहण करते हैं भले ही इसका उन्हें भान न हो। विदेशी संवाददाताओं के लिए वे दो प्रमुख बातों का होना भी आवश्यक मानते हैं

1. विदेशी भाषाओं का ज्ञान।
2. शब्द चित्र प्रस्तुत करने की स्वाभाविक योग्यता।

विशेष संवाददाता का कार्य प्रशासनिक विभाग तथा विभिन्न मंत्रालयों के समाचारों के अलावा राजनैतिक घटना चक्र से संवधित समाचारों के एकत्र कर संप्रेषित करने का कार्य किया जाता है। राष्ट्रीय अंतर्राष्ट्रीय घटना चक्र की महत्वपूर्ण घटनाओं के ये प्रत्यक्ष द्रष्टा होते हैं। चतुर राजनीतिज्ञों, महान् खिलाड़ियों, प्रखर साहित्यकारों, लोकप्रिय अभिनेताओंकलाकारों आदि से इनके घनिष्ठ सम्बन्ध होते हैं। ये अपने सम्पर्कों के कारण इनके विचार हम तक पहुँचाते हैं राजेन्द्र के शब्दों में "वे अपनी आँखें के सामने बड़े-बड़े समाचारों को घटित होता देखते हैं, तो वे इतिहास द्रष्टा होने का गौरव प्राप्त कर लेते है।"

समाचार अथवा किसी भी घटना का विवरण मूल रूप में सभी समाचार-पत्रों को एकसा ही प्राप्त होता है। विशेष संवाददाता का चातुर्थ अथवा प्रतिभा इसी में निहित होती है कि वह उसे पाठकों के लिए किस प्रकार लिखता है। घटना से जुड़े विविध पक्षों की छानबीन कर वह उसका सम्यक् विवेचन और विश्लेषण कर मूल्याँकन करता है। इसके लिए आवश्यक है कि उसमें सूक्ष्म निरीक्षण की क्षमता हो जिससे वह तुरन्त सम्बन्धित स्थितियों को भाँप तथ्य एकत्रित और विश्लेषित कर सके।

संवाददाताओं की 'बीट' के आधार पर प्रवीण दीक्षित ने इनके पुनः कई भेद किए हैं

(1) युद्ध संवाददाता, (2) बाजार संवाददाता, (3) श्रम संवाददाता (4) विज्ञान संवाददाता, (5) औद्योगिक संवाददाता, (6) आर्थिक संवाददाता, (7) संसदीय

संवाददाता, (8) राजनीतिक संवाददाता, (9) सांस्कृतिक संवाददाता, (10) खेल संवाददाता, (11) अपराध संवाददाता, (12) विदेश संवाददाता।

संवाददाता का इतिहास

शुरू से मानव की नैसर्गिक प्रवृत्ति रही है वह अपने आसपास तथा दूसरी जगहों पर घटित होने वाली घटनाओं के विषय में जानकारी प्राप्त करे। आरम्भ से मानव एक स्थान से दूसरे स्थान तक सूचनाओं पहुंचाने का कार्य किया जाता हैं।

श्री राजेन्द्र ने आधुनिक 'संवाददाता' का आद्यगुरु 'नारद' को माना है। जिस प्रकार पौराणिक काल में नारद एक जगह की बात को तुरन्त दूसरी जगह पहुंचा देते थे, उसी प्रकार आज का संवाददाता भी संवाद को इधर से उधर पहुंचाता है, अर्थात् अपने समाचार-पत्र के माध्यम से वह समाचारों को शीघ्र ही पाठकों तक पहुंचा देता है। इस स्थिति पर राजेन्द्र लिखते हैं

"प्राचीन मनीषियों ने कदाचित् यह कभी नहीं सोचा होगा कि कलियुग में वह भी समय आयेगा जब मर्त्यलोक से देवलोक और देवलोक से मर्त्यलोक की अनवरत यात्रा करने वाले देवर्षि नारद एक से अनेक हो जायेंगे और स्थान-स्थान एवं नगर-नगर में किसी भी बात को लेकर नयी चर्चा चलाने वाले 'नारद-ही-नारद' चलते-फिरते नजर आयेंगे। इन नारदों के हाथ में वीणा के स्थान पर लेखनी होगी और ये कलियुगी नारद किसी अन्तरिक्ष यान पर सवार होकर भूलोक से चन्द्रलोक पर पहुंचने और पौराणिक 'नारद' की देवलोक जाने की कथा को सच्चा सिद्ध कर दिखायेंगे।"

संवाददाता का इतिहास काफी पुराना है। समाचार-पत्रों के विधिवत्-प्रकाशन से पूर्व भी 'संवाददाता' के प्रारम्भिक स्वरूप को खोया जा सकता है। जिज्ञासा मनुष्य की आदिम प्रवृत्ति है। मनुष्य के विकास के साथ-साथ यह वृत्ति भी बढ़ती रही। मनुष्य अपने माहौल और वातावरण के बारे में जानने को सदा उत्सुक रहता है। संभवतः जानने की यही उत्सुकता पत्रकारिता के प्रारम्भ का मूल आधार रहा होगा।

'जिज्ञासा' की यह प्रवृत्ति पहले जहां आस-पास के माहौल तक ही सीमित थी वहीं सभ्यता के विकास के साथ-साथ इसका क्षेत्र समाज, गांव, नगर, राज्य, राष्ट्र तथा अन्तर्राष्ट्रीय तक बढ़ता चला गया। आज सारा विश्व मानों एक परिवार हो गया है। एक स्थान पर घटित दर्दनाक घटनाओं से, प्राकृतिक प्रकोपों से दूर-दराज के व्यक्ति

भी सहानुभूति तथा संवेदना व्यक्त करते हैं, सहायता करने को तैयार होते हैं। इसी कारण समाचारों के क्षेत्र में भी व्यापकता और विधिवता का समावेश हुआ। प्राचीन युग में जो व्यक्ति कोई संदेश या संवाद एक स्थान से दूसरे स्थान तक किसी भी प्रकार से पहुंचाता था उसे हम हमारा संवाददाता मान सकते हैं। हैरम्ब्र मिश्र लिखते हैं

"जो कुछ संवाद या संदेश प्राचीन काल में मिलता था, वह आदमी के ही मुख से लेता था। तो संवाद या सन्देश लेने वाले समय के आदमी को संवाददाता क्यों कहा जाए। किसी के कोई नई बात सुनाने और किसी के उसे सुनने पर ही तो वह संवाददाता बनती है। मनुष्य ने जब संकेत-भाषा को त्याग कर एक बोली जाने वाली भाषा का विकास किया तो सुनने-सुनाने का सिलसिला शुरू हुआ और वे सब लोग हो गए जो जानकारी प्राप्त कर सुनाने का काम अधिक करते थे।"

हैरम्ब मिश्र ने संवाददाता की प्रचीनता के बारे में लिखते हुए मनु को भी संवाद माना है। उनकी राय में यदि सृष्टि को स्वंय में एक घटना या समाचार कहा गया तो संवाद पुरुष कहा जाएगा।" आगे वे लिखते हैं

"इधर महाभारत काल में इसी प्रकार संजय एक अद्वितीय संवाददाता के रूप में जाएगा। कैसी अद्‌भुत संवाद-प्रतिमा थी। उनमें कितना बड़ा युद्ध था वह जिसमें अक्षौहिणी सेना लगी थी। किन्तु संजय ही थे एक ऐसे पुरूष जिन्हें प्रतिदिन की घटना मालूम होती रहती थी और वह धृतराष्ट्र को सुनाए जाते थे। संजय को द्वितीय युद्ध-क्षेत्र संवाददाता माना जाएगा।"

हैरम्ब मिश्र ने महात्मा बुद्ध को भी उनकी उपदेश और संदेश शैली के आधार पर संवाददाता माना है। उन्होंने चन्द्रगुप्त के कार्यकाल में चाणक्य द्वारा स्थापित से युक्त संवादतन्त्र' का भी उल्लेख किया है।

एक संवाददाता द्वारा गुप्तचर अथवा जासूस की तरह घटनाओं से जुड़ी जानकारी की तलाश रहती है। वह अपनी सूक्ष्म दृष्टि संवादों की खोज करता हैं। इस प्रकार कहा जा सकता है कि संवाद तथा संवाददाता की अवधारणा मानवीय सभ्यता के उद्‌भव से ही किसी न किसी प्रकार से प्रचलित थी। समय के प्रवाह में यह अवधारणा होती चली गई तथा पत्रकारिता आधुनिक अर्थों में विकसित हो गई।

संवाददाताओं की योग्यताएं

समाचार-पत्रों में संवाददाता का कार्य समाचारों के संकलन संप्रेषण करना है

उसे यह कार्य सावधानी और सजगता के साथ करना पड़ता है यह कार्य उसकी कुशलता और योग्यता पर निर्भार करता है। यह कार्य उसकी कुशलता और यों संवाददाताओं द्वारा और लिखित समाचारों को उपसंपादक अन्तिम रूप देकर प्रकाशनार्थ भिजवाता फल उपसंपादक के लिए कुछ योग्यताओं का होनाा अपेक्षित है। एक अमेरिकन को उद्धत करते हुए रंगास्वामी पार्थसारथी ने संवाददाताओं की योग्यताओं की प्रकार दी है

1. संवाददाता का व्यक्तित्व आकर्षक होना चाहिए।
2. समन्वयक दृष्टि।
3. गतितेज गति से कार्य करने में सक्षम हो तथा समय के दबाव में वह टूटे नहीं। दुर्घटनाओं, विपदाओं तथा अन्य स्पॉट समाचारों को न्यूनतम समय में संकलित करने की योग्यता उसमें होनी चाहिए अन्यथा डेडलाइन के कारण समाचार छूट सकता है।
4. प्रवीणता (Ingenuity)समाचार संकलन की प्रक्रिया में विशेषकर अन्वेषणात्मक समाचार संकलन करते समय उसे मौलिकता का प्रयास करना चाहिए।
5. संवाददाता को अपने समाचार स्रोतों की जानकारी उसे होनी चाहिए।
6. नाम तथा पतों की जांच कैसे की जाए, इसकी जानकारी उसे होनी चाहिए।
7. सम्पर्क बनाने की योग्यता उसमें होनी चाहिए। उससे अपने मित्रों और परिचितों की एक सूची तैयार रखनी चाहिए जो किसी समाचार के लिए अधिकृत सूचना उपलब्ध करा सके।
8. संवाददाता पुलिस का विश्वासपात्र हो।
9. यदि वह नगर संवाददाता है तो उसे अपनी 'बीट' की पूरी जानकारी होनी चाहिए।
10. अपने वायदों का उसे सम्मान करना चाहिए।
11. उसे प्रत्यक्ष कथनों (Direct Quoter) को अपने समाचार में अवश्य लेना चाहिए, यदि वे समाचार के महत्वपूर्ण हिस्से हों।
12. परिशुद्धता (Accuracy)संवाददाताओं को अकाट्य सूचनाओं को प्राप्त करना चाहिए। अनुमान व अन्दाज पर आधारित तथा लापरवाही से जाँची गई सामग्री हानिप्रद होती है। संवाददाता का यह सिद्धान्त होना चाहिए'सबसे पहलो प्राप्त करो, किन्तु पहले सही प्राप्त करो' (Get it first but first get it right)।

13. संवाददाता समाचार को पहचाने।
14. समाचार संकलित करते समय संवाददाता को तथ्यों ही महत्ता तथा उनके स्त्रोतों की जानकारी होनी चाहिए।
15. अभिव्यक्ति की स्पष्टता (Clarity of Expression)लेखन तथा वक्तृत्व कला दोनों में ही संवाददाता की अच्छी अभिव्यक्ति होनी चाहिए। संवाददाताओं को अपने कार्य के दौरान अनेक बार कई व्यक्तियों से साक्षात्कार करना पड़ता है तथा कई बार समाचार डेस्क पर टेलीफोन से भी समाचार लिखवाना पड़ता है, जहां प्रत्येक शब्द का स्पष्ट होना आवश्यक है, अतः संवाददाता की मौखिक अभिव्यक्ति अच्छी होनी चाहिए।

श्री के. एस. श्रीवास्तव ने संवाददाता की योग्ताएँ इस प्रकार बताई हैं

(1) दूरदर्शी (Foresightedness), (2) आत्मानुशासन (Self-discipline) (3) सत्यनिष्ठा (Integrity), (4) निर्भीक और स्पष्टवादी (Fearlessness and Frankness) (5) व्यवहारशीलता (Tactfulness), (6) पहल करने की क्षमता (Initiative), (7) गतिशील (Mobility), (8) परिश्रमी (Diligence), (9) समाचार बोध (News Sense), (10) स्पष्टता (Clarity), (11) वस्तुनिष्ठता (Objectivity), (12) परिशुद्धता (Accuracy), (13) जागरूकता (Alertness), (14) गति (Speed), (15) शान्त (Calmness), (16) उत्सुकता (Curiosity), (17) सन्देह (Scepticism), (18) समय की पाबन्दी (Punctuality), (19) धैर्य (Patience), (20) कल्पना (Imagination)

डॉ. अर्जुन तिवारी ने संवाददाताओं के गुणों का वर्णन निम्न प्रकार से किया है

(क) जटिल घटनाओं, विविध समस्याओं को समझने की शक्ति।
(ख) समाचार सूँघने या 'nose for news' की क्षमता।
(ग) अनन्त जिज्ञासा वृत्ति और अटल उत्सुकता।
(घ) पैनी दृष्टि तथा विस्तृत श्रवण शक्ति।
(ङ) मुद्रलेखन, आशुलेखन एवं टंकण का ज्ञान।
(च) सत्यनिष्ठा और निर्भीकता।
(छ) मातृभाषा के अतिरिक्त एक विदेशी भाषा पर अधिकार।

प्रवीण दीक्षित द्वारा संवाददाताओं, की निम्नलिखित योग्यताओं का वर्णन किया है

1. भाषा का अधिकार
2. वर्तमान घटना क्रम का सामान्य ज्ञान
3. अध्ययनशीलता
4. व्यावसायिक नैतिकता
5. मुद्रलेख और आशुलिपि का ज्ञान
6. विश्वासपात्रता
7. कार्य के प्रति अटल उत्सुकता
8. शारीरिक और मानसिक स्वस्थता
9. अनन्त जिज्ञासा वृत्ति
10. समाचार तत्व की समझ

उक्त विवरण के आधार पर यह कहा जा सकता है कि संवाददाता का कार्य अत्यन्त दायित्वपूर्ण और महत्व का है। वह अपने कार्य में तभी सफल हो सकेगा जब भाषा पर उसका अच्छा अधिकार हो तथा उसकी अच्छी अभिव्यक्ति हो। भाषा और अभिव्यक्ति दो महत्वपूर्ण पक्ष हैं। यही वे दो महत्वपूर्ण आधार हैं जिनके आधार पर संवाददाता अपनी बात को सही परिप्रेक्ष्य में पाठक तक सार्थक ढंग से संप्रेषित कर सकेगा।

संवाददाता की समाचार पर सूक्ष्म दृष्टि, तथ्यों की महत्ता तथा उसके स्रोतों की जानकारी की बौद्धिक योग्यता का होना प्रथम गुण है इस गुण के बिना पत्रकारिता के क्षेत्र में सफलता हासिल नहीं कर सकता है। किसी घटना के महत्वपूर्ण तथ्यों की जानकारी कर वह उस आधार पर पूर्ण समाचार तैयार करता है। यदि उसे 'समाचार क्या हैं?' इसी का पता नहीं चलेगा तो वह न तो तथ्य ही एकत्र कर पाएगा और न ही समाचार बना पाएगा। समाचार बोध के साथ-साथ समाचारों के सम्भावित स्रोतों की भी उसे अच्छी जानकारी होनी चाहिए। इस दृष्टि से उसे अपने सम्पूर्ण परिवेश की उचित जानकारी भी होनी चाहिए।

संवाददाता की सफलता इस बात पर भी निर्भर करती है कि उसका सम्पर्क क्षेत्र कितना व्यापक है। आम जन से लेकर उच्च पदों तक आसीन व्यक्तियों के साथ उसके घनिष्ठ सम्बन्ध लाभदायक सिद्ध होते हैं। उसके ये सामाजिक सम्बन्ध समाचार प्राप्ति की दृष्टि से अनेक बार उपयोगी सिद्ध हो जाते हैं। यहाँ यह भी ध्यान रखना आवश्यक है कि मित्रता के आवरण में कहीं वह अपने पत्रकारिता के व्यवसाय की ईमानदारी को न छोड़ दे। पत्रकार की मित्रता का कोई दुरुपयोग न कर सकेइस दृष्टि से भी उसे सचेत रहना चाहिए।

संवाददाता का बहुत मुश्किल काम है। सामाजिक-राजनीतिक जीवन में व्याप्त भ्रष्टाचार के कारनामों का प्रकट करने पर कई बार अपराधियों से उसे धमकियाँ मिल सकती हैं। अतः उसमें रिस्क लेने की प्रवृत्ति के साथ हिम्मत तथा स्वाभिमान का भाव होना चाहिए। किसी समाचार के तथ्यों को एकत्रित करते समय हर सम्भव खतरे के परिणाम को सहने की शक्ति उसमें होनी चाहिए।

अध्ययन की प्रवृत्ति का अभाव प्रायः संवाददाताओं में देखा जाता है। व्यापक अध्ययन न सिर्फ उनकी भाषा व शैली का परिष्कार करता है, किन्तु कई बार इससे उस अपने समाचारों को पूर्ण बनाने में भी सहायता मिल सकती है। समाचार के साथ विभिन्न सन्दर्भ बनाकर वह अपने समाचार को नवीन स्वरूप भी दे सकता है।

समय की पाबन्दी का विशेष ध्यान संवाददाता को रखना पड़ता है। किसी समारोह में विलम्ब से पहुंचने पर हो सकता है कि समाचार की दृष्टि से कोई महत्वपूर्ण तथ्य छूट जाए तथा अपने संस्थान को देर से समाचार पहुंचाने पर संभव है उसका उपयोग ही न हो सके। समय बिना किसी के इन्तजार और चिन्ता के तीव्र गति से गुजरता रहता है। समय चक्र अविराम चलता रहता है। अतः समय का विशेष ध्यान रखना आवश्यक है।

समाचार लिखते समय संवाददाता को यह ध्यान रखना चाहिए कि उसमें किसी एक पक्ष विशेष के ही विचार न दिए जाएं। समाचार पक्षपातहीन हो तो सभी पक्षों के विचारों को उसमें स्थान मिलेइस बात का विशेष ध्यान रखा जाना आवश्यक है।

संवाददाता की उत्तर दायित्व

समाचारों को संकलित करने वाला व्यक्ति रिपोर्टर या संवाददाता कहलाता है। संसार के सभी भागों में उनकी नियुक्त रहती हैं। जिस देश में समाचार-एजेंसी है वहाँ के प्रमुख शहरों में तथा विदेशों की राजधानियों तथा कुछ प्रसिद्ध नगरों में ये रिपोर्टर और संवाददाता फैले रहते हैं जो अपनी एजेंसी कार्यालय को जरूरी समाचार भेजा करते हैं। उन एजेंसियों के कार्यालय इन्हीं समाचारों को अपने ग्राहक-पत्रों को दूसरी कम्पनियों को बेच देते हैं और इसके लिए अपना निश्चित तथा निर्धारित मूल्य प्राप्त करते रहते हैं। जिस तरह समाचार, एजेंसियों के रिपोर्टर और संवाददाता होते हैं उसी तरह पत्र भी अपने रिपोर्टर और संवाददाता नियुक्त करते हैं जो अपने

कार्यालय को समाचार भेजा करते हैं। पत्रकारिता के क्षेत्र में समाचार संकलन करने वालों का वर्ग कदाचित् सबसे बड़ा और प्रभावशाली वर्ग है। ये समाचार-संग्रह करनेवाले साधारण रूप से रिपोर्टर या संवाददाता कहे जाते हैं, लेकिन इनमें अनेक श्रेणियाँ होती हैं जिनके कार्य में भी थोड़ा-काफी भेद होता है।

समाचारों का संग्रह करने के लिए पत्र जहाँ से प्रकाशित होता है वहीं से उपयुक्त रिपोर्टर की नियुक्ति शुरू हो जाती है और फिर अपनी शक्ति तथा सक्षमता के अनुसार पत्र इनकी संख्या अपरिमित रूप से बढ़ा सकते हैं। उनमें यदि शक्ति हो तो वे चाहे तो संसार के किसी कोने को छोड़ भी नहीं सकते जहाँ उनके संवाददाता न हों। इतना ही नहीं अपितु उनमें यदि क्षमता हो तो सारे संसार के सामाजिक जीवन के अंग-प्रत्यंग का समाचार तथा विवरण भेजने के लिए अपने प्रतिनिधि नियुक्त कर सकते हैं। इस तरह इन संवाद संकलन करनेवालों की संख्या अपरिमित हो सकती है। जहाँ से पत्र निकलते हैं वहाँ स्थानीय रिपोर्टर होते हैं। संवाददाताओं को दो वर्गों में विभाजित किया जाता हैप्रथम वे जो घटनाओं से संबंधित समाचारों को एकत्र करते है, और दूसरे वे जो किसी विशिष्ट मसले की सूक्ष्म जानकारी एकत्र करते हैं। पत्रकारों की भाषा में एक को रिपोर्टर तथा दूसरे को संवाददाता कहते हैं। रिपोर्टर का क्षेत्र विस्तृत है। उसका काम उस नगर या स्थान के जहाँ उसकी नियुक्ति हुई है उन सम्पूर्ण समाचारों को खोज लाना है जो समाचार कहलाने योग्य हैं। कहीं चोरी हुई हो, आग लगी हो, हड़ताल हुई या बाजारों में गड़बड़ी हुई हो, हत्या हो गई हो, अदालत में कोई मामला चल रहा हो, सभा सोसाइटी, व्याख्यान, भोज, नृत्य, चायपार्टी इत्यादि किसी भी क्षेत्र के किसी भी समाचार को जिसे वह समाचार की नजर से महत्वपूर्ण समझता है और जिसका प्रकाशन उसे जरूरी लगता है वह खोज ला सकता है।

संवाददाता भी साधारणतया यही कार्य करते हैं पर कभी-कभी ऐसे संवाददाता भी होते हैं जो विशिष्ट कार्यों पर नियुक्त किए जाते हैं। दिल्ली में केन्द्रीय सरकार तथा व्यवस्थापक सभा की रिपोर्ट के लिए कांग्रेस अधिवेशन या हिन्दी साहित्य-सम्मेलन या ऐसे ही किसी खास समारोह का वर्णन जानने के लिए किसी अकाल-पीड़ित या बाढ़ क्षतिग्रस्त स्थान की अवस्था देखने के लिए, किसी महान् आन्दोलन का खास रूप से समीक्षात्मक अध्ययन करने के लिए समय-समय पर संवाददाताओं की नियुक्ति होती है जो खास संवाददाता कहे जाते हैं। रिपोर्टर और संवाददाता के काम अक्सर समान ही होते ही हैं पर खास संवाददाता और रिपोर्टर के कार्य में थोड़ा अन्तर

स्पष्ट दिखाई देता है। रिपोर्टर प्रायः सभी मनोरंजक घटनाओं तथा समाचारों का संकलन करने के लिए होते हैं और उनका क्षेत्र व्यापक होता है पर खास संवाददाता एक तरह के खासज्ञ से होते हैं जो शेष बातों की जानकारी और समीक्षा के लिए नियुक्त किए जाते हैं। यही कारण है कि रिपोर्टर या साधारण संवाददाताओं के लिए यह अच्छा नहीं समझा जाता कि वे जिन घटनाओं का विवरण भेजें उनका अपना मत भी प्रकट करें अथवा निर्णय दिया करें। माना यह जाता है कि रिपोर्टर अपनी रिपोर्ट में किसी घटना के सम्बन्ध में मत प्रकट करने का काम सम्पादकीय विभाग पर छोड़ देगा। किन्तु जहाँ रिपोर्टर को ऐसा करने का अधिकार नहीं होता वहाँ खास संवाददाता को यह अधिकार प्राप्त होता है कि वह घटनाओं के मध्य प्रवेश करे और उनका विवरण देते हुए जरूरी हो तो अपनी बुद्धि की झलक दे।

विशिष्ट संवाददाताओं की नियुक्ति करते समय उनके खास अनुभव तथा रुचि की को दृष्टिगत रखा जाता है। यदि किसी विज्ञान-सम्मेलन का विवरण लाने के लिए किसी संवाददाता की नियुक्ति की जाती है तो इस बात पर ध्यान रखना आवश्यक होता है कि नियुक्त संवाददाता उस विषय-खास से परिचित है या नहीं, तथा उसकी ओर उनकी रुचि तथा गति भी है या नहीं। ऐसे विशेष कार्यों के लिए नियुक्त किए गए लोग खास प्रतिनिधि के नाम से प्रसिद्ध होते हैं। इनके सिवा साधारण संवाददाता अथवा रिपोर्टर प्रान्त और देश के अलग-अलग क्षेत्रों में समाचार-संकलन के रूप से नियुक्त किए जाते हैं जो अनेक संवाद इकट्ठा करके अपने कार्यालय को भेजते रहते हैं। समाचार-एजेंसियों के संवाद जहाँ सीधी-सादी प्रकृत घटना के रूप में होते हैं वहाँ इन लोगों को उसकी तह में घुसकर अन्दर की बातें निकालने तथा उनका रहस्य तक उद्घाटित करने की स्वतंत्रता होती है। विदेशों में नियुक्त संवाददाता 'विदेशी संवाददाता' (फॉरेन करेस्पांडेंट) के नाम से विख्यात होते हैं। युद्ध इत्यादि के छिड़ जाने पर शक्तिशाली और सम्पन्न पत्र अपने संवाददाता भिन्न-भिन्न मोर्चों पर भी रखते हैं। उनका काम विशिष्ट रूप से खतरनाक तथा जिम्मेदारी पूर्ण होता है। ऐसे लोग सैनिक-संवाददाता कहे जाते हैं। आजकल तो राजनीतिक संवाददाता (डिप्लोमेटिक या पोलिटिकल करेस्पांडेंट) के नाम से अति कार्यकुशल, सावधान और पारदर्शी दृष्टिवाले पत्रकार नियुक्त किए जाते हैं जो अलग-अलग देशों के राष्ट्रीय विभाग में चलने वाले कूटनीतिक चक्रों की गतिविधि का पता लगाया करते हैं। इन संवाददाताओं पर अलग-अलग देशों की सरकारें तीखी निगाह रखती हैं। वहाँ के राजनीतिज्ञ उनसे भयभीत रहते हैं। मालूम नहीं ये कब

किस रहस्य का उद्घाटन कर दें और न जाने उसका क्या नतीजा हो जाए। नाजी जर्मनी और फासिस्ट इटली से तो न जाने कितने विदेशी राजनीतिक संवाददाता निकाल बाहर कर दिए गए थे और अनेक दंडों के भागी भी हुए।

मतलब यह कि अनेक श्रेणियों में विभाजित होकर तरह-तरह के समाचार संकलन करने वाले रिपोर्टरों या संवाददाताओं का वर्ग काफी बड़ा है जिस पर आधुनिक पत्रकार-कला और पत्रों का वर्तमान स्वरूप काफी कुछ निर्भर है। ये लोग चाहे समाचार एजेंसियों के लिए कार्य करते हों अथवा खास पत्रों के लिए, पत्रकारों में पहला स्थान रखते हैं। इनका पद और स्थान किसी समय भले ही छोटा समझा जाता रहा हो पर आज इनका महत्व बहुत बढ़ गया है। कहने को तो संपादक या प्रधान उप-सम्पादक इनका नियन्त्रण करते हैं और ये उन्हीं के अधीन काम करते हैं परन्तु सम्पादकों के काम और उनकी आँखें ये ही लोग होते हैं जिनका मदद लेकर ही पत्र का संचालन करना सम्भव होता है। इनके परिश्रम, सतर्कता, सूझ और समाचार-बोध पर ही पत्र की सफलता निर्भर है। बड़े-बड़े राजनीतिज्ञ और शक्तिशाली सरकारें भी इनकी उपेक्षा नहीं कर सकतीं। यदि समाचार-पत्रों का समर्थन को प्राप्त करना है अथवा किसी राजनीतिज्ञ को पत्रों की मदद चाहिए तो उसे पत्र-प्रतिनिधियों की ही शरण लेनी होती है। जनता तक पहुँचने के लिए, जनमत को जाग्रत करने अथवा अपने पक्ष में करने के लिए, अपनी नीति का स्पष्टीकरण करने के लिए सिवा समाचार-पत्रों के दूसरा उपयुक्त साधन नहीं है। रेडियो एक साधन अवश्य उपलब्ध है, पर उससे अब तक वह कार्य नहीं हो सका जो पत्र करते हैं। इस सम्बन्ध में हम किसी अगले अध्याय में विचार करेंगे पर यहाँ इतना कहना अनुचित न होगा कि पत्रों का स्थान अब तक इस दिशा में अक्षुण्ण ही है। अतः यदि समाचार-पत्रों तक सरकारों को भी पहुँचना है तो उसकी कड़ी ये संवाददाता ही होते हैं।

लोकतन्त्रात्मक देशों में तो पत्रों का समर्थन और उनकी सहायता और भी जरूरी होती है। निरंकुश और स्वच्छंद अधिनायकवादी अनुत्तरदायी सरकारें भले ही संगीनों के बल पर शासन करने की नीति अपनाकर पत्रों की अवहेलना करे या उन्हें अपने इशारे पर नचा लें लेकिन प्रतिनिधि मूलक शासन-प्रबन्ध की नीति पर निर्भर सरकारों को जनमत के इस प्रतीक की मदद तथा समर्थन प्राप्त करने के लिए प्रयासरत रहना पड़ता है। पाठक समाचार-पत्रों में पत्र प्रतिनिधियों के सम्मेलन का समाचार पढ़ते होंगे। पत्र-प्रतिनिधि बुलाये जाते हैं और उनके बीच बड़े-बड़े मन्त्री अथवा उच्च पदस्थ सरकारी अधिकारी आकर प्रश्न-खास के सम्बन्ध में अपनी नीति

स्पष्ट करते हैं तथा पत्र-प्रतिनिधियों के सभी प्रश्नों का उत्तर देते हैं। जब द्वितीय विश्वयुद्ध आरम्भ हुआ। और अमेरिका युद्ध लिप्त राष्ट्र बना तब से प्रति मंगलवार को ह्वाइट हाउस में पत्र-प्रतिनिधियों का सम्मेलन होता था और खुद राष्ट्रपति रूजवेल्ट वहाँ उनके सामने आकर उनके प्रश्नों का उत्तर देते थे। इंग्लैंड में भी प्रधानमन्त्री अथवा युद्ध-मन्त्रिमंडल का कोई सदस्य ऐसे सम्मेलन का आयोजन करता है तथा वहाँ सरकारी नीति का खुलासा किया जाता है। भारत में भी आज ऐसे सम्मेलनों की धूम रहती है। सभी विचारों और दलों के बड़े-बड़े नेता पत्र-प्रतिनिधियों के सम्मेलन में आकर अपना विचार प्रकट व्यक्त करते हैं। इन सम्मेलनों में पत्रों तथा समाचार-एजेंसियों के संवाददाता ही उपस्थित रहते हैं जिनकी जिज्ञासा को संतुष्ट करके अपनी नीति व्यक्त करके सरकारी अधिकारी या लोकनायक अपने मत का प्रसार-पत्रों द्वारा होना देखना चाहते हैं और उनके समर्थन की तुलना करते हैं। इन बातों से स्पष्ट है कि पत्रों के संवाददाताओं को स्थान देश के सामाजिक और राजनीतिक जीवन में महत्वपूर्ण हो गया है जिनकी कृपा प्राप्त करने के लिए सभी इच्छुक रहते हैं।

समाचार-पत्र की उपयोगिता राष्ट्रीय और अन्तराष्ट्रीय स्तर पर बढ़ती जा रही है समाचार-पत्र विश्व की परिस्थितयों आम जनजीवन को सूचनाओं के अध्ययन से व्यक्त करते है। समाचाार संकलन का सम्पूर्ण कार्य संवाददाता द्वारा किये जाने से संवाददाता ने समाचार-पत्र में अपना महत्वपूर्ण स्थान बना लिया है। अपनी इस सजीवता से वे दुबारा जीवन को प्रभावित करते हैं तथा जीवित नर-नारियों के हृदय तथा मस्तिष्क के सामने उन्हीं के जीवन को नियन्त्रित करके स्पन्दित कर देते हैं। पत्रों का यही धर्म तथा उपयोग है। इसमें सफलता प्राप्त करने के लिए यह जरूरी है कि पत्रों का यही धर्म और उपयोग है। इसमें सफलता प्राप्त करने के लिए यह जरूरी है कि पत्र प्रमाणिकता की सहकारियों से खुद स्पन्दित हों जिसमें जीवन का आलोक दिखाई दे सके। ऐसी अवस्था में पत्रों के ऊपर इन लोगों का प्रभाव सबसे अच्छा प्रत्यक्ष सम्पर्क और संघर्ष में प्रतिक्षण में आते हों। यह काम सबसे ज्यादा संवाददाता के ऊपर ही पड़ता है। भले ही परदे में पीछे बैठकर पत्राभिनय का सारा संचालन, नियमन और नियन्त्रण तथा आयोजन करने वाले संपादक और उप-संपादक तथा व्यवस्थापक और मिस्तरी हों लेकिन रंगमंच पर सम्मुख अभिनय करने वाला तो रिपोर्टर ही होता है। जनता की नजर उसके जीवन के सम्पर्क में पत्र के सजीव प्रतिमा के रूप में, उसके प्रतीक हैसियत में कौन उपस्थित रहता है? क्या यह पत्र का

संवाददाता ही नहीं है जो अपने चारों ओर जिज्ञाषा तथा उत्सुकता और सक्रियता तथा गतिशीलता की चमक लिए सर्वत्र पहुँचा दिखाई देता है।

संवाददाता अपने विवेक द्वारा समाज के सत्य, असत्य दुःख सुख उत्थान पतन आदि का यर्थात वर्णन करता है। प्रकृति का विनाश एवं सृष्टि की लीला को, जीवन की ग्रन्थियों और कठिनाइयों को, सामाजिक उत्थान, विकास और पतन तथा पथ-भ्रष्टता को विछोह और सान्त्वना को अभिव्यक्त करने वाला वही होता है। कहीं हँसी और कहीं रोना, कहीं राग और कहीं द्वेष, कहीं जीवन और कहीं मृत्यु, कहीं विलाप और कहीं वुभुक्षा के द्वन्द्वात्मक नैसर्गिक घर्षण से निर्मित इस धरातल का दर्शन करके और संबंधित अनुभूतियों का प्रदर्शन निर्लिप्तता के साथ करना उसी के जिम्मे होता है। प्रत्यक्ष रूप से रहस्यमयी शक्ति का प्रतिनिधित्व सामान्य जन-जीवन में करने का श्रेय उसे ही प्राप्त होता है चूँकि वही उसके अत्यन्त सन्निकट पहुँचा हुआ रहता है। परिणामतः यदि उसका महत्व हो और उसे हम प्रभावशाली कहें तो इसमें न कोई आश्चर्य की बात है और न यह अनुचित समझा जाएगा। इसी वजह से आज रिपोर्टिंग का काम दिन-प्रतिदिन न केवल उन्नत होता जा रहा है। अपितु भविष्य में उसका महत्व अग्रलेख-लेखन से भी ज्यादा हुए बगैर बाकी नहीं रहेगा।

रिपोर्टिंग का महत्व कोई नई बात भी नहीं है। समाचारों को जानने की जिज्ञासा यदि मानव जीवन में अति आरम्भ समय से ही रही है तो समाचारों का संकलन करके उनके तथा उस जिज्ञासा को सन्तुष्ट करने का काम भी किसी-न-किसी रूप में तभी से होता आया है। जिस जमाने में आजकल के से समाचार-पत्र नहीं थे उस युग में भी समाचारों का संकलन यथासम्भव होता रहा है और उनका वितरण किसी-न-किसी तरह किया जाता रहा है। समाचार-संकलन करने वालों और उन्हें ले जानेवालों पर सरकार की नाराजगी आज ही रहती है सो बात भी नहीं है। हमेशा से ऐसे लोगों पर सरकारें रोक लगाने की और उनकी गतिविधि पकड़ने की कोशिश करती रही हैं। इंग्लैंड में साप्ताहिक समाचार-पत्र सन् 1622 ईसवी से ही निकलने लगे थे पर पाठकों को यह जानकर आश्चर्य होगा कि पार्लियामेंट की सम्मेलनों का विवरण इसके एक शताब्दी तक पत्रों में प्रकाशित नहीं किया जा सकता था। चार्ल्स प्रथम के बाद क्रामवेल के युग में थोड़े-काफी विवरण पत्रों में प्रकाशित हो जाते थे पर उसक बाद जब द्वितीय चार्ल्स दुबारा सत्तारूढ़ हुए तो कानून बनाकर यह अधिकार छीन लिया गया। फिर चार्ल्स प्रथम के समय में थोड़ी अधिक ढिलाई की गई; पर सन् 1738 ईसवी में पार्लियामेंट ने दुबारा यह अधिकार छीन लिया।

पार्लियामेंट की साधारण सभा ने इस सम्बन्ध में जो प्रस्ताव स्वीकृत किया था उसमें कहा गया था कि पार्लियामेंट के अधिवेशनों की रिपोर्ट किसी समाचार-पत्र में प्रकाशित करना काफी अनुचित कार्य है तथा जो ऐसा करेगा उसके विरुद्ध ही कार्रवाई की जाएगी। बाद में चलकर सन् 1774 ईसवी में रिपोर्टों को संकलन करने का अधिकार प्राप्त हुआ। इसी समय अक्सर तीस वर्ष तक डॉक्टर जानसन प्रमुख रूप से पार्लियामेंट के विवरणों का संकलन करते रहे जिसके फलस्वरूप वर्त्तमान पार्लियामेंट की कार्रवाई का विवरण उपलब्ध है जो आज भी पार्लियामेंट के इतिहास की कला को जोड़ने में सहायक होता है। जिस तरह शताब्दियों पहले शासक वर्ग सावधानी के साथ उन्हें दबाए रहने में सचेष्ट था उसी तरह रिपोर्टर एवं रिपोर्टिंग पर आज भी सशंक नजर रखी जाती है वर्तमान समय में संवाददाताओं के अधिकार में बढ़ोतरी हुई है पत्रकारों की शंका की दृष्टि से देखते हुए भी उनकी अवहेलना नहीं की जा सकती है। उनके प्रवेश के लिए कहीं भी बाधा नहीं डाली जाती। कांग्रेस का अधिवेशन हो अथवा केन्द्रीय एवं प्रान्तीय व्यवस्थापक सभाओं का, संघ न्यायालय हो मन्त्रियों के गृह, कोई भी नृत्य अभिनय हो या एम.सी.सी. से क्रिकेट का मैच, सर्वत्र उनके लिए प्रवेश पत्रों को व्यवस्था पहले से ही किया जाता है और 'प्रेस' के बैठने के लिए सबसे अच्छा स्थान पर आयोजन किया जाता है। 'प्रेस' वाले भी नाराज न हों इसकी चिन्ता खास रूप से की जाती है क्योंकि किसी समारोह की सफलता में उनका काफी बड़ा हाथ रहता है। सुन्दर सहानुभूतिपूर्ण ओर व्यापक रिपोर्टिंग से उनका प्रचार होता है तथा वे ही प्रेस वाले यदि उपेक्षा कर दें अथवा मट्टीपलीद करने वाली रिपोर्टिंग कर दे तो सारा किया-कराया व्यर्थ हो जाता है।

आज तो इन रिपोर्टरों के प्रवेश को कोई कहीं रोकने की हिम्मत नहीं करता। काफी जरूरी होता है तभी पार्लियामेंट या व्यवस्थापक सभाओं अथवा सभा-समितियों के गुप्त अधिवेशन किए जाते हैं एवं बाद में अधिकारियों की ओर से प्रामाणिक वक्तव्य प्रकाशनार्थ दे दिया जाता है। पत्रकारों में इसी वजह से यह कहावत प्रचलित है कि मरने के बाद रिपोर्टर के लिए स्वर्ग और नरक दोनों के प्रवेश-पत्र प्राप्त होंगे। चूँकि इनमें से किसी के अधिष्ठाता को शायद यह साहस न होगा कि उनका प्रवेश अपने यहाँ बन्द कर दें। रिपोर्टरों के अधिकार और परिस्थिति इतनी महत्वपूर्ण हो गयी है कि उच्चस्तरीय प्रशासनिक अधिकारों और नेता भी उनरसे इसलिए भयभीत रहते हैं कि पता नहीं कब वह अपनी कलम के माध्यम से जनता के समक्ष उनका कैसा स्वरूपप चित्ति कर दें। चतुर राजनीतिज्ञों को जिसने पत्र-प्रतिनिधियों के प्रश्नों

की बौछार से त्रस्त तथा परेशान होते देखा होगा वह जानता होगा कि उनकी दशा कैसी दयनीय हो जाती है। वे प्रतिनिधि ऐसे-ऐसे प्रश्न कर बैठते हैं कि राजनीतिज्ञ नाराज हो जाते हैं पर बेचारे अपने क्षोभ को प्रकट नहीं कर सकते चूँकि उन्हें रिपोर्टरों के नाराज हो जाने का भय रहता है। उनके साथ कठोरता का व्यवहार करना खतरनाक हुआ करता है। श्रीमती विजयालक्ष्मी पंडित जब संयुक्त प्रान्तीय कांग्रेसी सरकार के मन्त्रिमंडल की सदस्य थीं तो स्वास्थ्य सुधार के लिए इंग्लैंड गई थीं। उन्होंने वहाँ के पत्रकारों को अपना मत व्यक्त करते हुए कहा था कि 'पत्रकार भयावने कीटाणु होते हैं और इस क्षेत्र की महिलाएँ उनसे भी काफी डरावनी होती हैं।' सम्भवतः पत्रकारों के प्रश्नों तथा उनकी उत्सुकता ने उन्हें इतना क्षुब्ध कर दिया अधिक को

पर रिपोर्टरों का महत्व सिर्फ इसलिए नहीं है कि उनकी धाक बैठी हुई है तथा वे विस्तृत अधिकारियों का उपभोग करते हैं। उनका महत्व इसलिए भी है कि उनका कार्य काफी जिम्मेदारी का होता है। उनकी रिपोर्टिंग जहाँ जनता का ज्ञान बढ़ा सकती है, मानव को मानव का स्वरूप समझने में सहायता प्रदान कर सकती है तथा भिन्न-भिन्न देशों को एक-दूसरे के नजदीक ला सकती है वहीं संसार में अशान्ति और द्वेष की विषमयी लहरें भी लहरा सकती हैं। महान् पदों का सूत्रपात हो जाना अथवा प्रचंड दावाग्नि की भाँति विद्रोहों का फूट पड़ना भी उनकी करनी का नतीजा हो सकता है। ऐसी घटनाएँ घट चुकी हैं तथा घटती रहती हैं, जब पत्र-प्रतिनिधियों द्वारा भेजे गए उनके विवरण हिंसा हो चुके हैं। इस देश में किसे साम्प्रदायिक दंगों के वक्त का अहसास न होगा। साम्प्रदायिक उर्दू पत्र में कांग्रेसी मन्त्रिमंडल के युग में तरह-तरह के समाचार इस तरह प्रकाशित होते रहे हैं और कांग्रेसी सरकार को हिन्दू सरकार बनाकर उनके द्वारा मुसलमान पर अत्याचार किए जाने के ऐसे निराधार विवरण प्रकाशित होते रहे हैं जो अनेक निरपराध और शान्त नागरिकों के प्राण छीनने के कारण हुए हैं। उन्होंने देश के राष्ट्रीय जीवन में यह जहर घोल दिया है जिसके प्रभाव से हम जलते रहेंगे। साम्प्रदायिक दंगों अधिक को भड़काने का अनुचित कार्य भी कई बार रिपोर्टर ही करते हैं।

एक पत्रकार ने रिपोर्टरों का उल्लेख करते हुए अपनी पुस्तक में ऐसी कतिपय अन्तर्राष्ट्रीय घटनाओं का वर्णन किया है जब उनके सम्बन्ध में की गई रिपोर्टिंग युद्ध की आग लगाने की सीमा तक पहुँच गई। नरसंहार का डंका बजने से बच गया पर देशों में जो परस्पर क्षोभ और घृणा की लहर फैली वह सालों तक उनके सम्बन्धों को

जहरीला बनाए रही। सन् 1933 ईसवी में मास्को में मेट्रोवीकर्स इंजीनियर्स के नाम एक बड़ा भारी मुकदमा चला था। यह मुकदमा छह अंग्रेज इंजीनियरों पर रूस की बोलशेविक सरकार ने चलाया था। ये इंजीनियर रूस में वहाँ की सरकार द्वारा स्थापित बिजली के कारखाने में काम करते थे। बोलशेविक सरकार के पास इन इंजीनियरों के घूस लेने, सरकार की रहस्यमयी बातों की सूचना दूसरे देशों को देने और ध्वंसात्मक कार्यवाही करने की शिकायत पहुँची और उसने इन पर इन्हीं अभियोग में सोवियत सरकार की 'सुप्रीम कोर्ट' में मुकदमा दायर कर दिया। परिणामतः ब्रिटिश इंजीनियर गिरफ्तार किए गए। उनका गिरफ्तार होना था कि ब्रिटिश पत्रों के क्रोध की सीमा न रही। वे सोवियत सरकार के विरुद्ध आग उगलने लगे एवं मुकदमा चलने के पूर्व ही उन्होंने यह निर्णय प्रदान कर दिया कि उनके इंजीनियर निर्दोष हैं और यह सब सोवियत सरकार की कुचाल है जिसमें वह ब्रिटिश नागरिकों को झूठ ही फँसाने की प्रयास कर रही है।

सोवियत सरकार ने बार-बार घोषणा की कि इन पर खुली अदालत में मुकदमा चलेगा जिसमें सरकार अपने अभियोग सिद्ध करेगी तथा ब्रिटेन के सम्पूर्ण पत्रों को यह अधिकार है कि वे अपने प्रतिनिधि भेजकर मुकदमे की कार्रवाई की रिपोर्टिंग अपने पत्रों के लिए कराएँ; फिर भी ब्रिटिश पत्रों का क्रोध कम न हुआ। लन्दन के 'टाइम्स' जैसे गम्भीर पत्रों ने रूस को गाली देते हुए लिखा कि उसे 'न्याय' के नाम पर मास्को की अदालतों द्वारा किए जाने वाले गढ़न्त तमाशे में कोई विश्वास नहीं हो सकता।' द्वितीय युद्धकालीन ब्रिटिश प्रधानमन्त्री श्री विंस्टन चर्चिल, जो बाद में युद्धकाल में रूस के मित्र बनते थे, उस वक्त यहाँ तक कह गए कि 'रूस की सरकार घृणित और जहरीली सरकार है जिस पर विश्वास नहीं किया जा सकता।' हो-हल्ला मचाने के पश्चात् अन्त में पत्रों ने अपने प्रतिनिधि इस मामले की रिपोर्टिंग के लिए भेजे। एक ब्रिटिश पत्रकार ने, जो उस समय मास्को में इस अदालत की कार्रवाई की रिपोर्टिंग करने के लिए भेजा गया था, ब्रिटिश रिपोर्टरों के सम्बन्ध में जो लिखा है वह उन्हीं के शब्दों में प्रस्तुत है 'मेरी समझ में इस मामले की रिपोर्टिंग जिस तरह ब्रिटिश पत्रों में की गई वह हमारे देश की पत्रकारिता के इतिहास की अत्यन्त निन्दनीय घटना के रूप में रहेगी। संवाददाता रिपोर्टिंग करते हुए अभियुक्तों के खिलाफ प्रस्तुत किए गए प्रमाणों को दबा देते थे। अदालत का अपमान करने के लिए और उसकी आलोचना करने के लिए कोई बात उठा नहीं रखी जाती थी। अक्सर प्रत्येक पत्र उन्मत्त हो गया था एवं पत्रकार विचित्र रंग में रँगकर अपनी रिपोर्ट भेजा करते थे।'

यह पत्रकार पुनः कहता है कि 'ग्रेट ब्रिटेन के सिवा समस्त यूरोप के पत्र रूसी सरकार द्वारा उपस्थित किए गए अभियोगों की सरलता देखकर ब्रिटेन के समर्थक नहीं हो सके, अन्यथा मुझे पूरा विश्वास है कि रिपोर्टरों की रिपोर्टिंग दुनिया को दुबारा भयावने युद्ध की आग में झोंक देने को सक्षम होती।' इसी कारण आज संवाददाताओं का बड़ा कर्तव्य समझा जाता है। बड़ी-बड़ी बातों के सिवा छोटी-मोटी घटनाओं का वर्णन देते हुए भी उनकी वही उतरदायित्व उपस्थित रहती है। गलत रिपोर्टिंग करके वे अनर्थ कर सकते हैं, किसी के यश एवं सुनाम को धक्का पहुँचा सकते हैं, लोकहित की हानि कर सकते हैं तथा अपने पत्र पर ऑफत बरपा सकते हैं। फलतः अपने अधिकार और उत्तरदायित्व की के कारण संवाददाता या रिपोर्टर का पद तथा कार्य विशेष रूप से महत्व रखता है। पत्र सम्बन्धी कार्य में जिसका इतना महत्वपूर्ण स्थान हो उसमें कैसी योग्यताएँ होनी चाहिए यह जान लेना जरूरी है। यह भी भली भाँति जान लेना चाहिए कि जो पत्रकारिता के इस क्षेत्र में आना चाहता है उसे कौन-कौन से कार्य करने होते हैं तथा किस तरह अपना सफलता के कारण पूरा करने की योग्यता सम्पादित की जा सकती है।

एक रिपोर्टर के अन्दर समाचार सग्रह घटना के निरीक्षण की सूक्ष्म दृष्टि, समाचार को पहचाने की विवेक प्राकृतिक रूप से विद्यमान होना चाहिए। किसी तरह की शिक्षा या विश्वविद्यालय की उपाधि किसी से इस योग्यता का सृजन नहीं कर सकती जिनमें यह चेतना होती है उन्हें साधारण या असाधारण रूप में अनायास समाचार की गन्ध मिल जाती है। जिस बात को आप सामान्य समझते हैं वह उसे महत्वपूर्ण दिखाई दे सकती है तथा जिसे आपकी नजर महत्वपूर्ण देखती है उसमें यदि समाचारत्व की गन्ध नहीं है तो उसके लिए इसका मूल्य कौड़ी बराबर न होगा। घटनाओं को देखते ही या सुनते ही वह उनके जिसका समाचार-बोध उद्बद्ध और उन्नत होगा यह समझ लेगा कि उस घटना के गर्भ में समाचार की नजर से आज कितना तथ्य है और भविष्य के लिए कितना मसाला है। समाचार-बोध के साथ रिपोर्टर में दूर तक देखने की और कल्पना करने की खास समता का होना जरूरी है। संवाद किसी रिपोर्टर को माँगने से नहीं मिलता प्रत्युत उसे प्राप्त करने की कोशिश करनी पड़ती है। जिस देश में पत्रकार की नियुक्ति हुई है वहाँ के आधुनिक इतिहास को समझना, वहाँ के उद्धत प्रश्नों और समस्याओं के मुख्य रूप को जानना, राष्ट्रीय जीवन में जो अनेक और बहुधा विरोधी धाराएँ प्रवाहित हो रही हैं उनके रहस्य को समझना, वहाँ के नेताओं को बहुत नजदीक से जानना होगा और उनके प्रति मित्रता का भाव रखने तथा स्वयं उनका विश्वास प्राप्त करने की कोशिश करनी होगी।

इस तरह व्यापक ज्ञान रखने वाले संवाददाता के लिए घटने वाली घटनाओं को समझना तथा उनका सच्चा चित्र चित्रित करना सरल होगा। राजनीतिक की विश्वस नीयता यदि संवाददाता को प्राप्त है तो उसे अपने प्रति द्वन्दी के मुकाबले सभी प्रकार के समाचार सुलभ हो सकते हैं। संवाददाता या रिपोर्टर को अपने प्रतिद्वन्द्वी दूसरे संवाददाताओं से सदा सतर्क तथा सावधान रहना चाहिए। हमेशा याद रखना चाहिए कि दूसरे से आगे निकल जाने का प्रयास करते होंगे अतः पीछे छोड़ देने में ही उसकी सफलता है। समाचार-संकलन करना एवं दूसरों की तुलना में उसे पहले अपने पत्र में प्रकाशित कर देने में सक्षम होना ही उसकी विशेषता है। जो बात दूसरे पत्रों में छप गई उन्हें बाद में आप अपने पत्र में ले ही आए तो इसका मतलब जूठन से अपने कलेवर को भरना मात्र होगा।

रिपोर्टर में संपादन की योग्यता भी होना चाहिए और अपने क्षेत्र में सफल संवाददाता भी एक तरह से सम्पादक ही होता है। समाचार प्राप्त करना उसकी समीक्षा करना, उपर्युक्त संवादों को छाँटकर पृथक् करना और तुरन्त उनको चित्रित करना तथा तुरंत प्रकाशनार्थ भेज देना उसका काम होता है। क्षण भर का विलम्ब भी अनुचित है और एक मुहूर्त भी खत्म करना अपराध है। संवाददाता के लिए आलस्य उसका सबसे बड़ा शत्रु है। इस फायदा को कल कर देंगे या आज छुट्टी मनाएँगेका भाव जिस संवाददाता में हो उसे निकम्मा तथा व्यर्थ समझ लीजिए। कोई नहीं कह सकता कि टेलीफोन की घंटी घनघना उठेगी तथा उसे तत्क्षण कमर कसकर अपने पत्र के लिए संवाद-संग्रह करने की नजर से दौड़ पड़ना होगा। रात्रि में सुख की नींद सोते समय सहसा उसकी पुकार हो सकती है तथा उसे थाली और शय्या भी छोड़कर निकल भागना पड़ सकता है। रात को ठंड पड़ रही हो अथवा मेघ भीषण जलवर्षा कर रहे हों या जेठ की दुपहरी तप रही हो संवाददाता समाचार मिलने की सूचना पाकर यदि बैठा रहता है तो अपने कर्तव्य की अवहेलना करने का अपराध करता है। परिणामतः उसमें वह उत्साह, समाचार प्राप्त करने की वह मादकता और शरीर और स्वास्थ्य में वह बल होना चाहिए जो उसे हमेशा समाचार की गन्ध पाते ही उत्तेजित कर सके।

रिपोर्टों के कार्य की कोई समय सीमा निर्धारित नहीं हैं। जाड़ा और गरमी, दिन और रात, या बरसात उसके लिए कोई मायने नहीं रखती। प्रत्येक क्षण उसकी ड्यूटी है। रात को बारह बजे कोई घटना घटी और संवाददाता यह कहकर छुट्टी नहीं पा सकता कि उसकी ड्यूटी सिर्फ दस से चार बजे शाम तक करने की है। उसे तो गिद्ध की भाँति न सिर्फ दूर तक रहने में समर्थ होना है अपितु सदा अपने शिकार की खोज

में रत रहना होता है। कोई संवाददाता किसी एक स्थान से समाचार प्राप्त करने का प्रयास मात्र करके अपना काम खत्म हुआ न समझे यह सच है कि कुछ स्थानों का चक्कर नियमित रूप से उसे लगाना चाहिए। कोतवाली, पुलिस के दफ्तर, नगर के थाने, म्युनिसिपल और डिस्ट्रिक्ट बोर्ड के अदालतों के कमरे, दफ्तर, बाजारों और मंडियों का फेरा, नगर का स्वास्थ्य विभाग, मुख्य और महत्वपूर्ण सार्वजनिक संस्थाओं के कार्यालय, नगर के मुख्य सार्वजनिक नेता या कार्यकर्ता इत्यादि दर्जनों ऐसे स्थान होते हैं जिनका चक्कर उसे प्रतिदिन लगाना ही चाहिए। इन स्थानों में समाचार मिल जाते हैं पर केवल इन पर ही भरोसा करके चुप बैठ रहना गलत होगी।

संवाददाता में अपने परिवेश के आस-पास घटित होने वाली घटनाओं की सूक्ष्म जानकारियों को पहचानने की क्षमता होनी चाहिए। जहाँ का रिपोर्टर है वहाँ के वातावरण की समीक्षा करता रहे तथा जीवन-गति की धारा किधर प्रवाहित हो रही है इसकी कल्पना करता रहे। संवाददाता देखेगा कि उसे यदि इन बातों का ज्ञान है तो रिपोर्टिंग करने के लिए ऐसी बातें झलक उठेंगी जिनके महत्व को सामान्य आदमी आज समझ भी नहीं सकता। इसलिए संवाददाता की बुद्धि सदा सतर्क हो। वह सूक्ष्मद्रष्टा हो जो बातों की तह तक पहुँच सके। इसके लिए उसकी बुद्धि तो पैनी होनी ही चाहिए साथ-साथ व्यवहार में कुशलता भी नितान्त जरूरी है। चतुर संवाददाताओं की कला देखते ही बनती है। वे सबसे अपनी मित्रता स्थापित कर लेते हैं। वे सरकारी अधिकारियों के प्रिय पात्र बन जाते हैं। वे राजनीतिक नेताओं को प्रसन्न कर लेते हैं तथा बहुधा उनके अहम् की भावना को संतुष्ट करते भी दिखाई देते हैं। परस्पर विरोधी विचार, स्वभाव एवं मत रखने वाले लोगों से संवाददाता समान रूप से मिलता है। और सबकी समान रूप से मित्रता प्राप्त करता है एवं सबको अपने व्यवहार से यह विश्वास दिला देता है कि वह उन्हीं का मित्र है। उसकी गम्भीरता समुद्र से कम नहीं होती। जो एक दूसरे के खिलाफ हैं उनकी बात सुनेगा, दोनों के हृदय के भाव, कार्यक्रम तथा नीति का ज्ञान प्राप्त करेगा पर मजाल नहीं कि एक की बात की भनक भी किसी दूसरे को मिल जाए; सबकी बातें सुनना और सुनकर इस तरह पी जाना कि किसी की बात किसी दूसरे के पास न पहुँच सके और न किसी के साथ विश्वासघात हो सके। संवाददाता अपने मतलब की बात उसमें से निकाल लेगा तथा अपना कार्य करके बाकी पचा जाएगा। अपने इसी गुण के बल पर वह सफल होता है। संकीर्ष मानसिकता वाले व्यक्ति पत्रकारिता के क्षेत्र में नहीं आना चाहिए क्योंकि इस प्रकार का व्यक्ति पत्र कारिता में सफल होने के बजाय इस व्यावसाय और पत्र के लिए हानिकारक सिद्ध होगा।

ढूँढने तथा पर्यवेक्षण से तो संवाद मिल ही जाते हैं पर कभी-कभी वे अनायास इसी तरह आ धमकते हैं जैसे मृत्यु सहसा पहुँच जाती है। बातें करते हुए, रेल में सफर करते हुए, होटल में बैठकर खाना खाते हुए, किसी दुकान में सामान खरीदते हुए, ऐसे समय जब आप उसकी कोई आशा नहीं करते आपकी गोद में समाचार आता दिखाई दे जाएगा। पर ऐसे समाचारों का प्रयोग करने के लिए संवाददाता में तरल बुद्धि समाचारत्व की गहरी अनुभूति तथा तत्क्षण बात समझ होने की योग्यता होनी चाहिए। हेमिल्टन फाइल ने अनायास प्राप्त होने वाले समाचारों का उल्लेख करते हुए एक कहानी 'दि प्रेस परेड' नामक पुस्तक लिखी है। पाठकों के मनोरंजनार्थ उसे यहाँ देना गलत न होगा। सन् 1930 ईसवी की बात है। एक विशाल ब्रिटिश वायुयान फ्रांस में गिर पड़ा। आर. 101 यह विमान नया-नया बना था जिस पर वायुयान-विभाग के ब्रिटिश मन्त्री सत्तर साथियों के साथ सवार होकर उनकी सफलता के लिए जुड़े थे। दुर्भाग्य से पहली ही उड़ान में वह फ्रांस में गिरा और उसके काफी यात्री मृत्यु को प्राप्त हुए। समाचार को ब्रिटिश यूनाइटेड प्रेस ने आश्चर्य जनक तरीके तरह से प्राप्त कर लिया। यूनाइटेड प्रेस के कार्यालय में समाचार-सम्पादक फ्रांस का समाचार प्राप्त करने के लिए टेलीफोन मिला रहा था। अचानाक उसके टेलीफोन में एक व्यक्ति की आवाज सुनाई दी। वह व्यक्ति नष्ट हुए विमान से जिन्दा बच गया था। दुर्घटना का समाचार ब्रिटिश वायुयान-विभाग के कार्यालय को वह दे रहा था। गलती से उसके टेलीफोन का सम्बन्ध यूनाइटेड प्रेस के कार्यालय से हो गया जहाँ बैठा हुआ समाचार-संपादक फ्रांस से टेलीफोन मिलाने का प्रयास कर रहा था। व्यक्ति ने यह जानकर कि वह सरकारी वायुयान-विभाग से बातें कर रहा है समस्त का सभी विवरण कह डाला। इधर समाचार-सम्पादक बराबर सुनता रहा और नोट करता जा रहा था। कहने वाले को क्या पता कि वह पत्रकार से बातें कर रहा है। समस्त सुन लेने के बाद पत्रकार ने उसे धन्यवाद देते हुए बता दिया कि वह यूनाइटेड प्रेस नामक समाचार-एजेंसी का संवाददाता है और दुर्घटना की सम्पूर्ण रिपोर्ट ब्रिटिश वायुयान-विभाग को शीघ्र भेज देगा।

यूनाइटेड प्रेस के कार्यालय ने शीघ्र सरकार को सूचना दे दी पर साथ ही अन्य सभी एजेंसियों को पीछे छोड़कर घटना का समस्त वर्णन भी अपने ग्राहकों के पास भेज दिया। पत्रकारों को जीवन में ऐसे अनेक अनुभव हुए होंगे जब अकल्पित तरीका से समाचार प्राप्त हो गया होगा। एक घटना हमें याद आ रही है कुछ सालों की बात है कि काशी के 'एयरोड्रोम' से (जहाँ वायुयान उतरते हैं)

'आज' कार्यालय में सम्पादक के नाम टेलीफोन आया। 'एयरोड्रोम' से टेलीफोन नहीं आया करते थे इस लिए यह देखकर उत्सुकता हुई। टेलिफोन उठाने पर सम्पादक से टेलीफोन करने वाले ने प्रश्न किया कि 'क्या आप कोई ऐसी व्यवस्था कर सकते हैं कि मुझे पन्द्रह-सोलह गैलन पेट्रोल मिल जाए?' असंगत प्रश्न से सम्पादक की उत्सुकता बढ़ गई। कोई व्यक्ति सम्पादक से पेट्रोल दिलाने की बात करे यह असाधारण बात थी, लेकिन पत्रकारिता की प्रवृत्ति ने इस असाधारण को ही महत्व प्रदान किया। संपादक ने पूछा'आप कौन हैं और पेट्रोल की खोज क्यों कर रहे हैं?' तब उसने उत्तर देना शुरू कर किया। वह व्यक्ति बोला, मैं टाटानगर का हूँ और टाटा के विमान का संचालक हूँ। जमशेदपुर से अपने विमान में पंडित जवाहरलाल नेहरू को लेकर लखनऊ जा रहा था। अन्धड़ के कारण रास्ता भूल गया तथा बेकार ही लम्बा चक्कर लगाना पड़ा।

इसमें मेरा पेट्रोल खत्म हो गया। परिणामतः बनारस में यहाँ उतर पड़ा हूँ मुझे पेट्रोल की टंकी अभी भर लेनी है और पंडित जी को लेकर उड़ जाना है। मैं जानता नहीं कि पेट्रोल कहाँ मिलेगा इसलिए आपको टेलीफोन किया है।'

यह कैसी सुन्दर कहानी थी। संपादक ने पेट्रोल की प्रबन्ध तो शीघ्र ही कर दिया पर मनोरंजक समाचार भी प्राप्त किया। कुछ देर बाद विमान जवाहरलाल जी को लेकर उड़ा पर अब प्रयाग की बात सुनिए। प्रयाग में यह सूचना प्रकाशित हो चुकी थी कि जवाहरलाल नेहरू जी नहीं हैं और टाटानगर गए हुए हैं तथा निश्चित तिथि को उनके आने की सम्भावना है। वह तिथि अभी नहीं आई थी। काशी से जो विमान उन्हें लेकर उड़ा वह लखनऊ जाने वाला था पर मौसम परिवर्तन हो गया। विमान चालक मार्ग फिर भूल गया, घंटों आकाश में इधर-उधर भटकता रहा। आंधी और तेज हवा चल रही थी, अन्धकार हो रहा था, इस प्रकार उसने रास्ते में ही उतरने का निश्चय किया। सौभाग्य से परन्तु अनजाने भटकता हुआ वह प्रयाग के ऊपर पहुँच गया इस प्रकार वहीं उतरना पड़ा। जवाहरलाल जी बमरौली से उतरकर आनन्द भवन पहुँच गए। किसी को प्रयाग में इस घटना की खबर न थी। 'नेशनल हेरल्ड' का प्रयाग स्थित संवाददाता दैवात् आनन्दभवन के सामने से टहलता हुआ जा रहा था। उसने जवाहरलाल जी के कमरे में रोशनी देखी। उसकी पत्रकार सुलभ उत्सुकता जाग उठी। जवाहरलाल जी के कमरे में रोशनी में क्यों? अभी उनके आने की तिथि भी तो नहीं आई! वह आगे बढ़ा। दरबान से पूछा'पंडित जी की कोई खबर है?' दरबान ने उत्तर देते हुए कहा, 'वे कमरे में ही हैं।' संवाददाता हैरान हो गया। उत्सुकता के आवेश में कमरे में घुसा। प्रश्न करने पर पंडित जी ने पूरा किस्सा सुना

दिया। अंगले दिन पत्रकार ने जवहल लाल जी के साथ घटित हुआ इस घटना को "हेराम्ड" में प्रकाशित करा दिया।

जब जीवन में पत्रकार को इस तरह दैवात् समाचार मिल जाते हैं तो इसके आनन्द की सीमा नहीं रहती। पर ऐसे समाचारों से फायदा उठाने के लिए पत्रकार में सहज उत्सुकता और संवाद सूँघकर ढूँढ निकालने की प्रवृत्ति होनी चाहिए। पेट्रोल कहाँ मिलेगा? यदि असाधारण प्रश्न से आप सचेत होने की क्षमता नहीं रखते अथवा जवाहरलाल जी के कमरे में बेवक्त रोशनी देखकर आप ठमक नहीं जाते और आपके मन में औत्सुक्य नहीं उत्पन्न होता तो आए हुए समाचार का उपयोग भी आप नहीं कर सकते! रिपोर्टर के लिए जहाँ संवाद प्राप्त करने में सफल होना जरूरी है वहीं उसे रिपोर्टिंग करने में भी सक्षम होना चाहिए। रिपोर्टिंग का प्रमुख आधार यहीं है कि संवाददाता द्वारा दिया गया विवरण वास्तविक और सत्य पर आधारित हो। इसके लिए उसमें गुण होना चाहिए, जो इतिहास-लेखक में होता है। पत्रकार सही में आधुनिक संसार तथा जीवन के इतिहास का लेखक ही होता है। इसलिए बड़ी-से-बड़ी बातों से लेकर छोटी-से-छोटी घटना का विवरण देते हुए इस बात का विचार सर्वोपरि रखना चाहिए ताकि उसकी तफसील की एक-एक बात, एक-एक अक्षर तक यथार्थ हो। रिपोर्टर चाहे वह किसी गाँव या कस्बे का हो या विदशी संवाददाता हो, यह अनिवार्य समझे कि उसकी जिम्मेदारी महान् है इसलिए उसकी लेखनी में प्रवाहित शब्दावली व्यापक समाज के जीवन की गति पर प्रभाव डाल सकती है।

इसके अलावा वह अपने पत्र का प्रतिनिधि भी होता है। उसकी लापरवाही तथा अयोग्यता उसके पत्र बदनाम कर सकती है, उस पर से जनता का विश्वास उठा दे सकती है। जनता के विश्वास से वंचित पत्र ज्यादा दिनों तक अपने जीवन की रक्षा नहीं कर सकता तथा यदि किसी तरह टिक भी गया तो उसे पूर्णतः बेकार ही समझना चाहिए। किसी पत्र का इससे बढ़कर कलंक और अपयश कुछ नहीं हो सकता कि उसमें प्रकाशित संवादों पर विश्वास नहीं किया जा सकता। अतः यह उत्तरदायित्व संवाददाता पर ही है।

एक महत्वपूर्ण बात और भी ध्यान में रखनी चाहिए। रिपोर्टर को समाचार-पत्र सम्बन्धी कानूनों का अनुभव होना बहुत जरूरी है। किसी अदालत में चलने वाले मामलों की रिपोर्टिंग करते हुए यदि वहाँ कार्रवाई के सिवा संवाददाता किसी तरह की टीका-टिप्पणी कर दे तो अदालत का अपमान करने के अपराध में उसका पत्र फँस जाएगा। कोई गवाह या अभियुक्त या वादी अथवा प्रतिवादी अदालत में जो

बयान दे उसकी रिपोर्ट आप दे सकते हैं, पर अदालत के बाहर कही गई किसी बात को प्रकाशित करना भी गुनाह हो सकता है। अदालत के अपमान का जुर्म तो लग ही सकता है, किसी पक्ष की ओर से मानहानि करने का दावा भी ठोंक दिया जा सकता है। किसी भी घटना की रिपोर्टिंग करते हुए देख लेना चाहिए कि जो लिखा जा रहा है वह मानहानिकारक तो नहीं है तथा यदि है तो जरूरत पड़ने पर प्रमाण दिया जा सकता है अथवा नहीं।

एक बार संवाददाता की भेजी हुई रिपोर्ट एक पत्र के कार्यालय में आई जिसमें कहा गया था कि 'अमुक स्थान के पुलिस सब-इंस्पेक्टर पर कुछ गुंडों ने आक्रमण किया तथा उसकी नाक काट डाली।' समाचार इतना सरल था कि उसके सम्बन्ध में सन्देह नहीं हो सकता था। अच्छे और कर्तव्यपरायण सब-इंस्पेक्टर के खिलाफ गुंडे तंग आकर ऐसी कार्रवाई कर सकते हैं। अतः पत्र में समाचार प्रकाशित हो गया। कुछ समय भी नहीं बीता था कि पत्र-संपादक को सब-इंस्पेक्टर की ओर से नोटिस मिली कि झूठा समाचार छापकर आपने अपमान किया है, क्षमा-याचना कीजिए अन्यथा कानूनी कार्रवाई की जाएगी। जाँच करने पर ज्ञात हुआ कि ऐसी ही अफवाह सुनकर वहाँ के संवाददाता महोदय ने रिपोर्ट भेज दी थी जो वास्तव में निराधार है। पत्र को अपमानित होना पड़ा और सार्वजनिक रूप से अपने स्तम्भों में क्षमा माँगनी करनी पड़ी। एक बार भी ऐसी असावधानी करने वाले रिपोर्टर का पथ सदा के लिए कुंठित हो जाता है। अतः समाचार-संकलन के लिए उसे जितना ही उत्सुक और व्यस्त रहना चाहिए उतना ही अपने विवरणों की यथार्थता और सत्यता के सम्बन्ध में सावधान, सतर्क और आश्वस्त भी होना जरूरी है। संवाददाता अपने इस गुण से न सिर्फ जिम्मेदारी को निर्वाह और अपने पत्र की सेवा करता है बल्कि अपना व्यक्तिगत फायदा भी करता है। उसकी यथार्थता का सिक्का यदि जम गया तो वह अपने पत्र के अधिकारियों का विश्वासपात्र हो जाता है; इससे उस पर ज्यादा-से-ज्यादा उत्तरदायित्व डाला जाएगा तथा उसका कार्य क्षेत्र विस्तृत हो जाएगा। दूसरी ओर वह जनता का तथा उन लोगों का विश्वासपात्र बन जाएगा जिनके सम्पर्क में आता है तथा जिनसे समाचार प्राप्त करने में मदद लेता है। विश्वसनीय होना तथा विश्वासभाजन बनना पत्रकार का एकमात्र गुण है जिस पर उसकी काफी कुछ सफलता निर्भर है।

रिपोर्टिंग की सफलता के लिए दूसरी बात विवरण को लिखकर उपस्थित करने की क्षमता है। इसे हम दुबारा कला कहेंगे तथा विस्तार से इसकी समीक्षा

करना उसी तरह मुश्किल समझते हैं जैसे सौन्दर्य की व्याख्या करना कठिन समझते हैं। फिर भी कुछ संकेत प्रदान करना तो जरूरी ही है। संवाददाता को घटना का वर्णन वास्तविकता में नजर में रखते हुए जीवन बनाने का प्रयास करना चाहिए। यह संवाददाता की लेखन क्षमता पर निर्भर करता है, वह किस प्रकार से घटना को रोचक, आकर्षक मनोरंजन और प्रेरणाप्रद तरीके से प्रस्तुत करता है। उत्पन्न कर दे। यदि आपकी शैली तथा विवरण का तरीका नीरस, शुष्क, निर्जीव है, यदि आपकी लिखी बातें बगैर कोशिश साधारण पाठक की सामान्य बुद्धि में बैठ नहीं जातीं, यदि वे उसकी कल्पनाशीलता को उत्तेजित नहीं कर देतीं जो अनुभूति लेखक को हो रही है तथा यदि वे हृदय में स्पन्दन और उत्सुकता का प्रजनन नहीं कर देतीं तो आप पत्रों के स्तम्भों में लिखने के योग्य नहीं हैं। यदि लिखने का तरीका मनहूस हो गया है तो बड़े-से-बड़ा समाचार प्राप्त करने तथा उसका विवरण प्रकाशित कर देने का कोई कीमत नहीं है। अपने पत्र के पृष्ठों को उज्ज्वल तथा स्फूर्तिदायक बनाना भी पत्रकार का काम है। कोई पत्र उजड़ी वाटिका-सा रूप ग्रहण करके अपना अस्तित्व बचा नहीं सकता। उसमें तो वह गति तथा जीवन तथा प्रेरणा होनी चाहिए जो लोगों के विचारों को उत्तेजित कर दे, उनकी कल्पना में जान डाल दे, उन्हें तत्सम्बन्धी बातों पर विचार तथा तर्क करने के लिए मजबूर कर दे तथा पत्र के दूसरे संस्करण को देखने के लिए लालायित कर दे। यही पत्रकार के जीवन की साधना जिसकी सफलता के लिए एकाग्र रहना चाहिए।

इसमें सफलता प्राप्त करने के लिए पत्रकार को अपनी कला की कृति में अपने व्यक्तित्व को अपनी अनुभूति को, अपने ही सजीव अनुभूति को भर देना होगा। भाषा पर अच्छा अधिकार हो तथा साधारण तरीके से लिखने का अभ्यास हो। मुश्किल और समझ में न आनेवाले शब्दों तथा सभी पदों को यथासम्भव उपयोग में न लाइए पर अपने भाव को प्रबल रूप से अभिव्यक्ति करने में सक्षम होइए। यह अभ्यास से सम्भव हो जाता है; पर अभ्यास के लिए लिखने वाले में कुछ आधार होना चाहिए। रिपोर्टर का मस्तिष्क भावों से भरा हो, जल्दी-बाजी तथा यथार्थता के साथ बातों को आत्मसात कर लेने की शक्ति हो तथा अपनी कला सीख लेने का दृढ़ संकल्प तथा अदम्य लालसा हो तो क्रमशः अभ्यास से ये बातें प्राप्त हो जाती हैं। संवाददाता की जिम्मेदारी है कि संवाददाताओं और पत्रकारों द्वारा लिखे गए लेखों, वर्णनात्मक विवरणों, समीक्षात्मक एवं तुलनात्मक ग्रन्थों का ज्यादा-से-ज्यादा पढ़ने की चेष्टा करे। तथा विविध विषयों की जानकारी से अवगत होने का प्रयास करे। साहित्य, इतिहास,

राजनीति, अर्थनीति, का इतना ज्ञान हो कि सिद्धपयक बातों को समझ सके यह अत्यन्त जरूरी है। संसार की आधुनिक समस्याओं, प्रश्नों तथा विचारधाराओं से परिचित हो। इस तरह वह भाव तथा भाषा दोनों का संचय करने में समर्थ होगा। फिर उसे सजीव, आकर्षक और साधारण तरीका से अभिव्यक्त करने के लिए अभ्यास की जरूरत रह जाएगी। यह धीरे-धीरे किया जा सकता है।

संवाददाता के लिए उपर्युक्त ढंग से रिपोर्ट लिखने में जहाँ और बातों को ध्यान में रखकर जरूरी है वहाँ एक बात और याद रखनी चाहिए। रिपोर्टर के लेखन का मुख्य लक्ष्य सूचना की अभिव्यक्ति होता है। पर किस घटना पर कौन सा अंश समाचार की दृष्टि से महत्वपूर्ण है यह समझे बिना उचित तरह से विवरण नहीं लिखा जा सकता। पर इसका पता कैसे चले कि अमुक घटना का अमुक अंश प्रधानता रखता है? हम इस प्रश्न का उत्तर दे सकते हैं कि यह निर्वाचन और आविष्कार संवाददाता के समाचार-बोध और उसकी सजग चेतना पर निर्भर है। उदाहरण लेकर विचार करना सरल होगा। लखनऊ में किसी राजा द्वारा छोड़ी रानी पर रात को जब वे अपनी कोठी के बरामदे में टहल रही थी किसी ने गोली चलाई। रानी घायल हुई पर प्राण बच गए। आक्रमणकारी निकल गया। यह समाचार स्वयं सनसनी पैदा कर देने के लिए पर्याप्त है लेकिन यदि जागरूक संवाददाता होगा तो संवाद के भीतर प्रवेश करने की चेष्टा करेगा। 'आक्रमणकारी ने गोली चलाई' यह बहुत महत्व की घटना है पर रानी कब से छोड़ी हुई राजा से उनकी अनबन क्यों चल रही है, राजा ने दूसरा विवाह कर लिया है या नहीं, इत्यादि बातों का पता लगाकर यदि विवरण में रख दिया जाए तो क्या वह भविष्य की ओर और घटना के रहस्य की ओर अप्रत्यक्ष संकेत नहीं कर देता? लिखते समय आक्रमण वाली घटना की प्रमुखता जरूर दी जाएगी लेकिन रानी का इतिहास कम प्रधान न रखेगा। फलतः खास दिशा की ओर जनता का ध्यान चला जाएगा और इस घटना की सनसनी न सिर्फ बढ़ जाएगी अपितु लोगों के हृदय में उसके प्रति बढ़ी उत्सुकता जाग्रत हो जाएगी।

अब संक्षेप में स्थूलरूपेण उन थोड़े से परन्तु आवश्यक गुणों की चर्चा यहाँ पर कर देना जरूरी है जिनका समावेश संवाददाता में होना चाहिए। समाचार का संकलन करने तथा उसे व्यक्त करने में सक्षम होने के लिए जिन विशेष बातों की जरूरत होती है उनका वर्णन कर चुके हैं। पर इनमें सफलता प्राप्त करने के लिए संवाददाता में कुछ सामान्य बातें जरूरी होती हैं। कहते हैं कि रिपोर्टर को त्रिनैन होना चाहिए। उसकी एक आँख अपने काम पर रहे, दूसरी घड़ी पर और तीसरी

जनता पर जिसके लिए संवाद-संकलन किया जा रहा है। संवाददाता खुद भावुक होते हुए भी भावना में नहीं डूब सकता। किसी भी घटना को चाहे वह कितनी भी भावमयी या बड़ी क्यों न हो वह सिर्फ एक ही नजर से देखता है। नजर यह होती है कि उसमें समाचारत्व कितना है, जनता को, पाठकों को किस सीमा तक उसे जानने की जिज्ञासा होगी, कहाँ तक वह उनमें उत्सुकता उत्पन्न करेगी तथा पत्र की ओर आकृष्ट करने में किस सीमा तक सफल होगी। जनता की इस रुचि और मनोभाव पर एक दृष्टि रखना इसी कारण अनिवार्य होता है। कोई यह न समझे कि संवाददाता की अभावुक होने का, निर्लिप्त बनने का परामर्श देना जड़ बना देना है। वस्तुतः निर्लिप्तता उसका उसी तरह गुण है जिस तरह डॉक्टर अथवा वकील का गुण होता है। डॉक्टर रोगी की शल्य-चिकित्सा करते हुए भावुकता के चक्कर में फँसना सहन कर सकता है? वह जानता है कि जीवित शरीर में उसे छुरा भोंकना है। वह यह भी जानता है कि इससे रोगी की मृत्यु हो सकती है पर उसका उत्तरदायित्व सिर्फ इतना होता है कि वह रोग को देखे और उसके उपयुक्त उपचार की चिन्ता और प्रयास करे।

घटनाओं की संवेदना और मार्मिकता संवाददाता को भी प्रभावित करती है। किन्तु संवाददाता और अपने विवेक और भावना पर सन्तुलन बनाये रखना होता है। उदाहरणार्थ कहीं किसी की हत्या हो गई तथा मृतक के घर वाले रो रहे हैं। वहाँ संवाददाता समाचार लाने पहुँचता है। रोने वालों के चीत्कार से भले ही उसका कलेजा पिघल जाए पर उसका काम उसे मजबूर करेगा कि इन दृश्यों पर ध्यान न देकर घटना के तथ्य की ओर देखे, समाचार की नजर से उसके महत्व को तौले। फलतः इस निर्लिप्तता का अभ्यास करना ही होगा। संवाददाता को प्रत्युत्पन्नमति और मन को स्थिर रखने में भी सफल होना चाहिए। मुश्किलों से न घबरा सकता है, न खतरों से डर सकता है। जरूरत पड़ सकती है कि भीड़ में खड़े-खड़े भाषण का रिपोर्ट ले, पानी में भीगते हुए स्थान की खास घटनाओं की जानकारी की प्रयास करे। सफल और विख्यात पत्रकारों की तो ऐसी कहानियाँ हैं जो आश्चर्य में डाल देती हैं। न्यूयार्क के 'ईवान न्यूज' नामक समाचार के संवाददाता श्री हेराल्ड लिटिलडेल अन्तर्राष्ट्रीय नौकाओं की रिपोर्ट लेने के लिए गए थे। वे एक वायुयान को उड़ते हुए यह दौड़ देख रहे थे। दुर्भाग्यवश वायुयान का इंजन बिगड़ गया और तीन सहस्त्रफुट की गहराई वाले अटलांटिक महासागर में उसने जल समाधिक ले ली। अब श्री लिटिलडेल की दशा देखिए। उन्होंने तुरन्त अपने पत्र को इस वायुयान के पतन का समाचार बेतार के तार से देना शुरू किया। उन्हें अपने लोगों

की चिन्ता नहीं हुई पर समाचार-पत्र को संवाद देने की बात सूझी। परिणामतः उन्होंने समाचार भेज दिया। इसी बीच उन्हें किसी तरह बचा लिया गया, पर बच जाने पर भी उसकी प्रसन्नता उनकी पत्रकारिता पर हावी न हो सकी। उन्होंने चट से अपना जेबी कैमरा निकाला और गिरते तथा डूबते हुए वायुयान का चित्र लेना शुरू किया। दूसरे दिन सारी घटना सचित्र उनके पत्र में छप गई। मन की स्थिरता, बुद्धि की ऐसी दृढ़ता, अकल्पित गहरी सूझ और खतरे से न घबराकर और प्राणों की चिन्ता छोड़कर भी पत्रकार प्रवृत्ति, मस्त होकर समाचार प्राप्त करने की उन्मत्तता पर कौन चकित न करेगा? इसी वजह से ये लोग अपना नाम कर जाते हैं।

विपरीत और कष्टदायक परिस्थितियों में शान्तचित, धैर्य और साहस के साथ समाचारों को संकलित और प्रस्तुत करने की योग्यता होनी चाहिए। जिनके स्नायुतन्तु इतने प्रौढ़ नहीं होते, स्वास्थ्य खराब तथा मन कमजोर होता है वे समय आने पर चारों खाने चित्त हो जाते हैं। दुर्बल हृदय किस तरह निकम्मा हो जाता है इसका एक उदाहरण है। एक संवाददाता महाशय थे जिन्हें एक बार एक स्थान पर चल रहे भयावने हिन्दू-मुस्लिम दंगों की रिपोर्ट संग्रह करने का काम सौंपा गया। उन्होंने काम तो उठा लिया पर चारों ओर आग, लूट, हत्या, आघात और विनाश तथा उन्मत्त हुई जनता की दैत्यलीला देखते-देखते वे इस तरह घबरा गए कि उनका मस्तिष्क विकृत हो गया। सही में महीनों तक वे विक्षिप्त स्थिति में पड़े रहे। ऐसी अनेक घटनाओं का अनुभव पत्रकार को जीवन में होता रहता है। धीर हृदय प्राप्त करने का प्रयास करना जरूरी है अन्यथा मनोभावों की उथल-पुथल काम करना सम्भव नहीं हो सकती है। पत्रकार निर्लिप्त बने, एक तरह का मुनि हो जाए, भावना का निरोध करने में समर्थ हो।

अधिक से अधिक लोगों से मित्रता प्राप्त कर लेना व्यवहार कुशल होना है। उत्तेजित किए जाने पर भी मन को बेकाबू न होने देना, यथासम्भव लोकप्रिय होना, क्रोध प्रलोभन को सिर उठाने का मौका न देना इत्यादि ऐसी बातें हैं जिनके बिना पत्रकार सफलतापूर्वक संवाददाता का काम नहीं कर सकता। उसे अपने व्यवहार से यह प्रकट करना चाहिए कि वह किसी का अविश्वास नहीं करता; पर मन में पक्की तरह से यह सिद्धान्त बना लेना चाहिए कि किस बात पर केवल किसी के कह देने से वह तब तक विश्वास नहीं करेगा जब तक स्वयं अपनी छानबीन से उसकी असलियत के सम्बन्ध में पूरा-पूरा पता न पा जाएगा घटनाओं को यथासम्भव संक्षेप में चित्रित करने का भी अच्छा अभ्यास होना चाहिए। पत्र में

स्थान निश्चित होता है और प्रकाशनीय बातों की कमी नहीं रहती; परिणामतः बातें पूर्ण रूप से संक्षेप में लिखने वाला संवाददाता आदर का पात्र होता है। कई बार जिलों से संवाद भेजने वाले संवाददाता एक-एक घटना का विवरण व्यापक रूप से भेजते हैं। वे तो जैसे यह समझते ही नहीं कि उनका कस्बा या जिला ही विश्व नहीं है और सिर्फ वहाँ के संवाद छापने के लिए समाचार-पत्र प्रकाशित होता है। परिणाम यह होता है कि प्रधान उप-संपादक ज्यादातर लम्बे विवरणों को 'अस्वीकृत' की फाइल के हवाले कर देता है। समाचार लिखते हुए इस बात का ध्यान रखना चाहिए कि अक्षर स्पष्ट हों, स्लिप के दाईं ओर लिखा जाए तथा लाइनों के मध्य में इतना स्थान छोड़ दिया जाए कि संपादक के लिए जरूरी संशोधन करने का स्थान मिल सके।

''शार्ट हैण्ड और टाइपराइटिंग की जानकारी होने से संवाददाता का महत्व और अधिक पढ़ जाता है। आजकल इन दोनों की कितनी जरूरत होती है इस पर लिखना व्यर्थ है। आज चित्र तो खास रूप से पत्रों के प्राण हो रहे हैं। इस कार्य को सीख लेना अपने कार्य की उपयोगिता को कई गुना बढ़ा देना है। 'शार्टहैण्ड' की जरूरत भी कम नहीं है हालाँकि उसे अनिवार्य नहीं कह सकते। रिपोर्ट में 'शार्टहैण्ड' काफी सहायक होता है पर शार्टहैण्ड जानता हो या न जानता हो संवाददाताओं की स्मृति और धारणा की शक्ति जाग्रत ही होनी चाहिए। ज्यादातर बातों का विवरण उसे अपनी स्मृति के भरोसे ही करना है। किससे कब मिलना है, कहाँ जाना है, कौन-कौन से उत्सव या समारोह कब हो रहे हैं जिनकी रिपोर्ट लेना है इत्यादि बातों की स्मृति उसे होनी चाहिए। इसलिए इन सब बातों को अपनी डायरी में भी नोट कर रखना अच्छा है। ऐसे लोगों के पते जिनसे काम में मदद मिल सकती हो, अपनी डायरी में लिख छोड़ना भी जरूरी होता है पर यह सब करते हुए भी अपनी स्मृति को करते रहने का अभ्यास करना ही चाहिए। संवाददाता का काम इसके बिना नहीं चल सकता इसलिए सब बातें न डायरी में नोट की जाती हैं और न सदा अवसर ही मिलता है।

वर्तमान में संवाददाताओं का एक और काम होता है जिसे पत्रकारिता के क्षेत्र में महत्व प्राप्त हो गया है। यह भेंट और वार्तालाप करना, जिसे पत्रकारों की भाषा में 'इंटरव्यू' कहते हैं। रिपोर्टिंग के क्षेत्र में साक्षात्कार का कार्य सबसे मुश्किल माना जाता है। इसके संबंध में श्रेष्ठ पत्रकारों का मानना है कि नैसगिक गुणों के आधार पर इसमें सफलता हासिल की जा सकती है। पर थोड़ा काफी तार्किक गुण तो सभी कामों को करने के लिए होना चाहिए लेकिन इसका यह मतलब नहीं है कि कोई

सामान्य परन्तु जागरूक व्यक्ति इसे करने की मान्यता प्राप्त नहीं कर सकता। कुछ जरूरी बातें हैं जिन्हें हृदयंगम कर तथा तदनुकूल व्यवहार करके अभ्यास कर लेने पर इस दिशा में कोई भी संवाददाता कामचलाऊ सफलता प्राप्त कर सकता है। भेंट और वार्तालाप करने की कला में प्रवीण होने के लिए नवागत रिपोर्टरों को शुरू से ही अभ्यास करना चाहिए। वस्तुतः कठिनाई इसलिए होती है और संवाददाता असफल इस कारण होता है कि वह शुरू में ही किसी महान् व्यक्ति से भेंट करने के लिए भेज दिया जाता है। उस 'महान्' के व्यक्तित्व का रौब बेचारे नौसिखिए पत्रकार पर पहले से ही छाया रहता है। बड़े के बड़प्पन की भूमिका उसकी रही-सही शक्ति चेतना को भी लुप्त कर देती है।

प्रश्न करने की हिम्मत तो दूर रही उनके सामने मुख से आवाज़ भी नहीं निकल पाती। परेशानी में पड़कर वह उन प्रश्नों के तालिका और क्रम को भूल जाता है जिससे वह भेंट करने जाता है। भेंट-मुलाकात को एक तरह की 'जिरह' समझिए। भेद केवल यह होता है कि वकील या बैरिस्टर जहाँ आपको अपने प्रश्न का उत्तर देने के लिए बाध्य कर सकता है। वहाँ पत्रकार ऐसा नहीं कर सकता। इन बातों को भूलाकर भेंट करने के लिए गया हुआ पत्रकार वास्तव में बहस करने के लिए तैयार हो जाता है। भेंट और वार्तालाप करने का क्या लक्ष्य है? जिससे आप मिलने जाते हैं उससे कुछ विशेष बातों या प्रश्नों के सम्बन्ध में उसके विचार तत्स उसका मत जानने के लिए जाते हैं। आप चेष्टा करते हैं कि उसके हृदय की गढ़ी बातों को निकाल लेने की। तभी सम्भव है जब आप उस व्यक्ति के रोब में जिससे वार्तालाप करने गए हैं, पहले ही न दबें। बड़े-से-बड़े बड़प्पन को अपने प्रभाव स्थापित न करने देना, अपने पद की मर्यादा को अक्षुण्ण बनाए रखना जरूरी है। अपने इस शक्ति को जाग्रत करने के लिए गरिमा किसी प्रभाव को हावी होने देने के लिए नव-नियुक्त रिपोर्टर को आरम्भ से ही जरूरी अभ्यास करने में शामिल होना चाहिए। अभ्यास इस तरह किया जा सकता है कि नगर की विभिन्न संस्थाओं, अधिकारियों, सार्वजनिक नेताओं, विविध विषयों के पंडितों, खासज्ञों तथा प्रोफेसरों का नाम नोट कर लें। उनमें से जिस किसी से पहले मिलना हो उसके विषय के अनुकूल कुछ प्रश्नों की रचना कर ले। पहले ही निश्चित कर लें कि बात का पर्दाफाश उसके द्वारा कराना अपना लक्ष्य है। इस तरह तैयार होकर बारी-बारी से लोगों से भेंटकर अपने वार्तालाप की रिपोर्ट तैयार करें। धीरे-धीरे आप अभ्यस्त हो जाएँगे और वक्त आने पर किसी भी महान् व्यक्ति का समाना करने में समर्थ होंगे। खेद की बात है कि इस देश के पत्र, चाहे वे अंग्रेजी के हों या

देशी भाषा के, इस ओर काफी कम ध्यान देते हैं। वे अपने रिपोर्टरों को उपर्युक्त तरह से भेंट करने के लिए न प्रेरित देते हैं तथा न इसको जरूरी ही समझते हैं। आवश्यकता इस बात की है कि इस ओर विशेष ध्यान दिया जाए और भेंट-मुलाकात की रिपोर्टों को पत्र की एक विशेषता बनाया जाए। इंग्लैंड और अमेरिका के पत्र इस मामले में काफी बढ़े हुए हैं और उनके पत्रकार भी समाचार तैयार करने के कार्य में कुशल और चतुर हैं। गुन्थर, वेबमिलर, लुइफिशर, लियान्स इत्यादि ऐसे ही जगत् प्रसिद्ध संवाददाता हैं जिन्होंने स्टालिन और हिटलर, मुसोलिनी, रजाशाह, गांधी और च्यांगकाई-शेक ऐसे लोगों से भेंट और वार्तालाप कर पत्रकारिता के क्षेत्र में कहानी की रचना कर डाली है।

नया रिपोर्टर शनैः-शनैः उपर्युक्त ढंग से अभ्यास करके न केवल अपना ज्ञान बढ़ाएगा बल्कि इतना ढीठ और निपुण हो जाएगा कि बड़े से बड़े मामले तथा बड़े से बड़े लोगों से भेंट करने में संकोच न करेगा। इस सम्बन्धों में कुछ और बातों की ओर ध्यान आकर्षित कर देना उचित है। आप जिनसे वार्तालाप करना चाहते हैं उनमें प्रायः तीन तरह के लोग होते हैं। एक तो वे जो अधिक बोलते हैं, दूसरे वे जो काफी कम बोलते हैं और तीसरे तरह के लोग वे होते हैं जो बिल्कुल चुप रहना ही पसंद करते हैं। पत्रकार को तीनों तरह के लोगों से काम लेने के लिए तत्पर होकर चेष्टा करनी पड़ती है। कार्य की कठिनता कल्पना के क्षेत्र से बाहर नहीं है। कोई असंगत और अनर्गल प्रलाप करता है फिर भी आप उसे रोक भी नहीं सकते। उसके बातों के जाल में से अपने मतलब की बातें निकाल लेना आपकी सूझ और बुद्धि पर निर्भर है। दूसरे वे हैं जो बार-बार उत्तेजित किए जाने पर भी मौन रहने में सफल होते हैं। उनसे अपनी चातुरी तथा व्यवहार सरलता से आपको काम निकालना है। इन समस्याओं के कारण ही वार्तालाप में सफल पत्रकार अपने क्षेत्रों में ज्यादा प्रशंसा तथा आदर के पात्र होते हैं। जो पत्रकार सफलता चाहता हो वह स्वयं किसी भी बात से, किसी की विचलितता अथवा किसी मौन से, कभी भी नाराज़ न हो। वह धैर्य और समझदारी के साथ बोलने वाले के प्रत्येक शब्द, उसकी भावभंगिमा, उसकी मुखमुद्रा और उसके विचारों को अत्यंत सावधानी से आत्मसात करता जाए। अच्छे संवाददाता भेंट करते समय अपने प्रश्नों को कापी में नोट करने का प्रयास नहीं करते। जिससे वह बहस कर रहे हैं ज्यादातर भड़क उठता है तथा सम्भव है तो मौन ही धारण कर ले। अतः मन से तमाम बातों को समझने और चित्त में बैठाते जाने का कोशिश करते जाइए। सम्भव हो तो उसके कुछ जोरदार वाक्यों को शब्द-प्रतिशब्द याद कर लीजिए और

रिपोर्ट लिखते हुए उनका प्रयोग किजिए। जो मौन रहने की कोशिश करते हैं उनके साथ ज्यादा सावधानी अपनाने की आवश्यक होती है। उनके रंग-रूप में देखकर यदि उनके स्वभाव का अनुमान लगा सकते हों तो उसका भी आश्रय लीजिए। फिर आवश्यकतानुसार चाटुकारिता करके, उनके अहम् की भावना अध्ययन करके, उनके प्रति सहानुभूति प्रदर्शित करके उनकी भावना को उत्तेजित कर अपना काम निकालने की चेष्टा करनी होती है। धीरे-धीरे ये बातें अभ्यास से ग्रहण की जा सकती हैं। अच्छे पत्रकारों से बड़े-बड़े बुद्धिमान और प्रत्युपन्नमति लोगों को भी घबराते देखा गया है।

यहाँ ध्यान रखने योग्य एक बात है कि पत्रकार जिससे भेंट अथवा वार्तालाप करता है उससे एक से व्यक्तिगत रूप से ही बातचीत होती है। इस प्रकार अच्छा यह है कि वार्तालाप की रिर्पोट तैयार करके जिससे भेंट की गई है उसे दिखा ली जाए तथा उसकी स्वीकृति प्राप्त करके तब प्रकाशित की जाए। भेंट करने वाले संवाददाता में लिखने की शक्ति तो होनी ही चाहिए पर उसके अलावा उसका ज्ञान विस्तृत हो, उसे व्यक्ति तथा प्रश्नों की अच्छी जानकारी हो व्यवहार कुशल हो, मिलनसार हो, विवेकी और तीक्ष्णबुद्धि हो। भेंट करने के लिए सामान्यतः प्रसिद्ध व्यक्ति चुने जाते हैं। भारत में तो किसी प्रसिद्ध राजनीतिक नेता अथवा सार्वजनिक व्यक्ति से ही भेंट-मुलाकात करने की परम्परा है लेकिन यूरोप में इसके लिए भिन्न-भिन्न प्रकार के प्रसिद्ध लोग चुने जाते हैं। राजनीतिक नेता और सरकारी विधाता के सिवा किसी बड़े विद्वान्, वैज्ञानिक, लेखक, कलाकार, अभिनेता या अभिनेत्री तथा कभी-कभी भयानक गुनाहों के प्रसिद्ध गुनहगार तक से भेंट की जाती है। बातचीत की रिपोर्ट लिखने का ढंग भी दो तरह का होता है; एक तो प्रश्नोत्तर के रूप में, दूसरे लेख के रूप में। संवाद संग्रह की अपेक्षा यह कार्य कहीं ज्यादा जरूरी होता है। इस प्रकार विदशी पत्र इसके लिए प्रसिद्ध तथा निम्न पत्रकारों या संवाददाताओं को ही नियुक्त करते हैं। किसी से वार्तालाप करके उसकी रिपोर्ट लाने के लिए वे पर्याप्त धन भी खर्च करते हैं। भारतीय पत्रों को इस दिशा में भी काफी कुछ करना है। अब तक वे इस तरह के विवरणों का महत्त्व अनुभव परिस्थितियों कर सके हैं। भारतीय पत्रकार-कला को अपना स्तर ऊँचा करने के लिए ध्यान देना आवश्यक है।

प्रत्येक संवाददाता को याद रखना चाहिए कि अपने पत्र की सजीव मूर्ति के रूप में वही सबसे ज्यादा जनता के सम्मुख और निकट रहता है। समाचार-पत्र को सम्मानजनक और विश्वनीय बनाने हेतु संवाददाता को अपने चरित्र, मूल्यों

और कर्तव्य के प्रति सचेत रहना चाहिए। वह अपने पत्र का प्रतिनिधि है जिसके गौरव, सुयश और सुनाम की रक्षा का भार उसका है। पत्र की नीति को वह सदा अपने सामने रखे, उसकी सेवा करने तथा उसकी मर्यादा तथा पद को बनाए रखने में कोई बात न उठा रखे। उस मर्यादा तथा पद की रक्षा तभी हो सकेगी जब वह अपने चरित्र को उज्ज्वल रखेगा तथा अपने पेशे को तप समझकर जरूरी हो तो जीवन भी उत्सर्ग कर देने के लिए तत्पर रहेगा। उसे अपने स्वाभिमान की रक्षा भी करनी चाहिए। सत्य की पूजा में एकान्त भाव से लगे रहने का दृढ़ संकल्प कर लेना चाहिए। दुनिया का कोई भी भय, कोई भी लोभ या शक्ति उसे पथ से विरत न करने पाए। इसी में उसके स्वाभिमान की रक्षा और उसके पत्र का गौरव है। एक बार अमेरिकी पत्रकार वेबमिलर एक सैनिक प्रदर्शन देखने तथा उसकी रिपोर्ट लेने गए। वे टहल ही रहे थे कि सामने से एक बड़ा जनरल ठाट-बाट से आते दिखाई पड़े। वेबमिलर के पास पहुँचकर उसने उनको अपमानित करने की दृष्टि से अथवा सैनिकों के सामने अपना रोब जमाने के लिए डाँटकर कहा, 'तुम नहीं जानते कि मैं जनरल हूँ सलाम करो।'

वेबमिलर आश्चर्यचकित रह गए। उन्होंने देखा कि इसने तो धौंस जमा दी पर उनकी हाजिरजवाबी ने साथ दिया। वे बोल उठे 'तुम नहीं जानते कि मैं पत्रकार हूँ। पत्रकार सलाम नहीं किया करता केवल उसका उत्तर देता है।' अब जनरल के हतप्रभ हो जाने की बारी थी। यह उत्तर सुनकर झुसला उठा, लेकिन करे क्या? हतप्रभ जनरल अपने ही सैनिकों के आगे अपनी इज्जत की रक्षा करने के लिए शीघ्र सीधे खड़ा हो गया और होशियार की मुद्रा में जिसमें सैनिक सलाम करते हैं। वेबमिलर को सलाम करते हुए जोर से कहा, 'अच्छा, अब सलाम करो।' वेबमिलर ने उसका उत्तर सलाम में ही दे दिया। पत्रकारों को हमेशा अपनी मर्यादा, अपने स्वाभिमान की रक्षा करनी चाहिए। हठधर्मी और मिथ्याभिमान से नहीं परन्तु अपने चरित्र की उज्ज्वलता और आदर्शवादिता से। संवाददाता की विवेक और व्यवहार कुशलता समाचार से कलम में प्रमुख भूमिका निभाता है। इसलिए संवाददाता को हाजिर जवाब होने के साथ-ही-साथ व्यवहार कुशल भी होना चाहिए।

दीर्घ उत्तरीय प्रश्न

1. विशेष संवाददाता से आप क्या समझते हैं? समाचार-पत्र में इसका क्या योगदान रहता है? विस्तार से लिखिए।

2. संवाददाता की ऐतिहासिक पृष्ठिभूमि पर विस्तृत चर्चा कीजिए।
3. संवाददाता की उत्तरदायित्व को विस्तार से लिखिए।
4. विशिष्ट संवाददाताओं की नियुक्ति करते समय ध्यान रखने योग्य महत्वपूर्ण बातें को विस्तारपूर्वक लिखिए।

लघु उत्तरीय प्रश्न

1. संवाददाता की योगयताओं को संक्षेप में लिखिए।
2. संवाददाताओं की विविध श्रेणी को लिखिए।
3. रिपोर्टर तथा संवाददाता में अन्तर स्पष्ट कीजिए।
4. संवाददाता के प्रमुख कार्यों का वर्णन संक्षेप में कीजिए।
5. संवाददाता के मुख्य स्वरूप को संक्षेप में स्पष्ट कीजिए।

वस्तुनिष्ठ प्रश्न

1. निम्न में से कौन 'पत्रकार-कला' के लेखक हैं
   (क) विष्णुदत्त (ख) भास्कर
   (ग) के.पी. मिश्रा (घ) इनमें से कोई नहीं।
2. निम्न में से किसने संवाददाताओं को नारद की संज्ञा दी है?
   (क) डॉ. सम्पूर्णानन्द (ख) डॉ. गणेश
   (ग) विष्णुदत्त (घ) इनमें से कोई नहीं।
3. प्रसिद्ध पुस्तक 'पत्रकार-कला' प्रकाशित हुआ था
   (क) 1937 ई. में (ख) 1940 ई. में
   (ग) 1941 ई. में (घ) इनमें से कोई नहीं।
4. नारद को आधुनिक संवाददाता का आद्यगुरु माना है
   (क) श्री राजेन्द्र ने (ख) विष्णुदत्त ने
   (ग) डॉ. गणेश (घ) इनमें से कोई नहीं।

14

खेल संवाददाता

1. पक्षपातहीन रिपोर्टर
2. ईमानदारी का निर्वाह
3. ठीक वर्णन
4. प्रलोभनों से परे
5. समाचार-सूत्रों की रक्षा
6. युवकों के साथ-साथ पेशेवर खिलाड़ियों को भी बराबर प्रोत्साहन दिया जाए।
7. आलोचना अकारण न हो

श्री प्रवीण दीक्षित ने खेल संवाददाताओं के लिए व्यावहारिक सूत्रों की चर्चा करते हुए पक्षपातहीन संवाद, क्रीड़ा जगत की भावनाओं का सम्मान, अधिकारियों, निर्णायकों आदि के निर्णयों के प्रति पूर्वाग्रह ग्रस्त न हों, टीम तथा खिलाड़ी के खेल पर पड़े प्रभाव का उल्लेख, खेल प्रतियोगिता में व्यवस्थापकों की अव्यवस्था पर ध्यानाकर्षण आदि को व्यावहारिक एवं उपयोगी बताया है।

'टाइम्स ऑफ इण्डिया' के खेल सम्पादक श्री के. एन. प्रभु ने खेल संवाददाताओं के लिए निर्देशक सिद्धान्त इस प्रकार निर्धारित किए हैं

1. कभी किसी का विश्वास मत तोड़िए तथा स्रोत प्रकट मत कीजिए।
2. प्रश्न पूछने से कभी मत घबराइये। सूचना प्राप्ति का इससे अच्छा कोई रास्ता नहीं है।

3. सम्पर्क की उपेक्षा कभी न करें! कई बार सरकारी तथा सामाजिक सम्बन्धों से महत्वपूर्ण समाचार मिल जाते हैं।
4. छपने से पूर्व अपने 'एक्सक्लूजिव' (Exclusive) की चर्चा मत कीजिए। सम्बन्धों से महत्वपूर्ण समाचार मिल जाते हैं।
5. ऐसा कुछ न लिखें जिसे बाद में वापस लेना पड़े।
6. किसी को छोटा न समझें।
7. 'ऑफ द रिकॉर्ड' कही जाने वाली बात के लिए स्पष्ट मना कर दें।
8. निर्णय करने की क्षमता अथवा संतुलन (Sense of Judgement or Proportion) न खोयें।
9. हमेशा यह मानकर चलें कि जिससे आप मिल रहे हैं उसके पास आपको देने के लिए कुछ है।
10. याद रखें सूचनाओं के श्रेष्ठ संकलनकर्ता आप स्वयं है (Best legman is you)
11. लेखक के रूप में हमेशा याद रखिए कि आप बात संक्षेप में कहें ताकि लोग आपको पढ़ें, सुरुचिपूर्ण लिखें ताकि लोग आपको याद रखें, सही (Accurate) लिखें ताकि लोग आप के द्वारा निर्देशित हों।
12. संपादक के अतिरिक्त अन्य किसी के आदेश स्वीकार मत कीजिए।

खेलों के प्रति बढ़ती लोकप्रियता के कारण आज आकाशवाणी से जहां आंखों देखा हाल प्रसारित किया जाने लगा है, वहीं दूरदर्शन पर इनका सीधा प्रसारण भी किया जाने लगा है। इस कारण श्रोता एवं दर्शक मैच के न सिर्फ परिणामों से अवगत रहता है वरन् प्रतियोगिता के उतार-चढ़ाव का भी द्रष्टा होता है। ऐसी स्थिति में समाचार-पत्रों के लिए समाचार लिखने वाले संवाददाता को चाहिए कि उसकी रिपोर्ट ऐसी हो जिसमें मैंच के रोमांच को बनाये रखने की क्षमता हो। उसकी वर्णन क्षमता इस प्रकार की हो जिससे मैच का सारा दृश्य पाठक के समक्ष साकार हो उठे। मैच के सम्पूर्ण संघर्ष को अभिव्यक्ति देने की क्षमता संवाददाता की लेखनी में होनी चाहिए। शब्दों व वाक्यों की पुनरावृत्ति से बचना चाहिए।

खेल समाचारों को प्रस्तुत करते समय तकनीकी शब्द और नीरस वाक्यों का प्रयोग करने की प्रवृत्ति से बचना चाहिए।

खेल समाचारों में तथ्यों का ध्यान रखना चाहिए। रन, गोल अथवा अन्य प्रकार के स्कोर को लिखने में पूरी सावधानी बरतनी चाहिए। विदेशी खिलाड़ियों के नामों की वर्तनी गलत न हो जाए इसका ध्यान रखा जाना आवश्यक है।

मैचों में रिकॉर्ड का विशेष महत्व होता है। राष्ट्रीय-अन्तर्राष्ट्रीय स्पर्धाओं में विशेषकर एशियाड तथा ओलम्पिक खेलों के दौरान अनेक नये रिकोर्ड बनते हैं। संवाददाता को इनसे सम्बन्धित जानकारी अपने पाठकों को देनी चाहिए। पुराने रिकोर्डों की जानकारी देना भी अच्छे समाचार का लक्षण है।

अन्य समाचारों की अपेक्षा खेल समाचारों में संवाददाता को लेखनी की अधिक स्वतन्त्रता रहती है। समाचारों को रोचक बनाने के लिए विविध प्रकार के मुहावरों या वाक्याशों का प्रयोग किया जा सकता है।

किसी भी खेल प्रतियोगिता में हार-जीत का फैसला प्रायः होती ही है। कौन विजयी हुआ या कौन पराजित या महत्वपूर्ण नहीं है। महत्वपूर्ण है मैच का वह संघर्ष और रोमांच जिसमें एक टीम ने मैच जीतने के लिए किया तो दूसरी ने पराजय टालने के लिए। खेल संवाददाता को अपनी निजी भावना से ऊपर उठकर मैच की योग्यता या भावना के अनुकूल ही समाचार लिखना चाहिए। खेल मैदान की रोचक घटनाओं पर झलकियां भी बनाई जा सकती है।

समाचार लिखते समय किसी भी खिलाड़ी टीम या राष्ट्र का उपहास करना उचित नहीं। अम्पायर के फैसले की आलोचना करना या उस पर छींटाकशी करना भी खेल भावना के अनुरूप नहीं है। इससे न सिर्फ अम्पायरों का मनोबल टूटता है वरन् खेल के दौरान दो टीमों के मध्य वैमनस्य व तनाव भी बढ़ सकता है। कई बार दर्शक भी इस कारण हिंसक व्यवहार करने लगते हैं।

खेल प्रतियोगिताओं की तिथियों की घोषणा पहले ही कर दी जाती है। अतः इन खेलों को 'कवर' करने वाले संवाददाता यदि उससे जुड़े रिकॉर्ड्स आदि की जानकारी पहले में ही तैयार कर लें तो उसे अपने कार्य में सुविधा होगी। प्रतियोगिता में जनरुचि को विकसित करने की दृष्टि से कोई रोचक समाचार बनाकर उस दिन प्रकाशित किया जा सकता है जिस दिन प्रतियोगिता शुरू होने वाली हो। इन स्पर्धाओं में यदि कोई महान् खिलाड़ी भाग ले रहा हो तो उस पर भी चित्र आदि प्रकाशित किए जा सकते हैं।

विविध खेल प्रतियोगिता

1. बॉस्केटबालनेशनल बॉस्केटबाल चैम्पियनशिप, जूनियर बॉस्केटबाल चैम्पियनशिप, अडवाणी स्मृति बॉस्केटबाल प्रतियोगिता।
2. टेनिसराष्ट्रीय लॉन टेनिस चैम्पियनशिप।

3. बेडमिन्टनइण्डियन मास्टर्स बेडमिन्टन, टूर्नामेन्ट, राष्ट्रीय बेडमिन्टन चैम्पियनशिप।
4. क्रिकेटरणजी ट्रॉफी, ईरानी ट्रॉफी, दिलीप ट्रॉफी, देवधर ट्रॉफी, कूचबिहार ट्रॉफी तथा महिलाओं की राष्ट्रीय क्रिकेट चैम्पियनशिप।
5. हॉकीरंगास्वामी कप, जूनियर राष्ट्रीय हॉकी, बम्बई गोल्ड कप, बेगटन कप, नेहरू ट्रॉफी।
6. फुटबालसंतोष ट्रॉफी, फेडरेशन कप, डॉ. बी. सी. राय ट्रॉफी, सब जूनियर राष्ट्रीय फुटबाल प्रतियोगिता, सीनियर वूमेन्स नेशनल फुटबाल, डी. सी. एम. कप. रोवर्स कप, आई. एफ. ए. कप. डूरण्ड कप, विद्वल ट्रॉफी।

इसी भांति बॉलीबाल, ब्रिज, शतरंज, टेबल आदि विभिन्न प्रतियोगिताओं में राष्ट्रीय चैम्पियनशिप की प्रतियोगिताएं आयोजित की जाती हैं। एथलेटिक्स, कुस्ती आदि की भी विविध प्रतिस्पर्धाएं समय-समय पर आयोजित की जाती हैं।

गावस्कर के दस हजार रन पूरे होने पर एक खेल समीक्षक के विचार देखिए

हर अंदाज से 'अद्‌भुत'

सी. पी. स्नो बताते हैं कि सुप्रसिद्ध गणितज्ञ जी. एच. हार्डी ने एक 'ब्रेडमैन-वर्ग' को अपने प्रेरक 'आइन्स्टी-वर्ग' से कुछ ऊंचा स्वीकार किया था। हमारी पीढ़ी के लोग इसी प्रकार एक 'गावस्कर-वर्ग' की संकल्पना कर सकते हैं, खासकर टेस्ट क्रिकेट में उसके दस हजार रन पूरे होने के बाद। गावस्कर का रिकॉर्ड हर तरह से अद्‌भुत है। कुछ एक तुलनाएं हो रही हैं बिना इस बात पर ध्यान दिए हुए कि उसके ये रन एक सलामी बल्लेबाज के बतौर बनाए हुए हैं, ऐसे तेज गेंदबाजी का मुकाबला करते हुए जो न केवल 'तेज' शब्द के पूरे अर्थ में 'तेज' थे बल्कि जिन्होंने उसे धुंधली रेखा के पार भी नहीं बख्शा जो बाउंसर और खतरनाक बाउंसर के बीच खिंची होती है। कुछ समय पहले एक अंग्रेज आलोचक ने गावस्कर को यह कहते हुए छोटा बनाने की कोशिश की थी कि उसके चौंतीस शतकों में से अधिकांश भारतीय पिचों पर बने थे। इसमें शायद यह सुझाव था कि पिच और अंपायर उसके पक्ष में थे। लेकिन एक मामूली सी नजर डालने से ही इस बेतुके विचार की असलियत समाने आ जाती है।

सचाई यह है कि गावस्कार का बड़ा स्कोर किंगस्टन से कलकत्ता और बम्बई से ब्रिस्बेन तक तमाम बड़े टेस्ट केन्द्रों में फैला हुआ है और अगर कहावत का

इस्तेमाल करें तो उसे अक्सर 'अकेले ही खेत गोड़ना' पड़ा है। क्योंकि उन शुरुआती दिनों में, यहां तक कि 1971 की अपनी उस पहली टेस्ट सीरिज में जब उसने वेस्टइंडीज की गेंदबाजी और पूरे क्रिकेट जगत पर तूफान बरपा दिया था, उसे 'ऐकला' ही चलना पड़ता था, जब तक कि मध्य क्रम में कोई टिकने वाला साथी न मिल जाए। सत्तर के दशक के अंत में चेतन चौहान और अब श्रीकांत के आने पर ही उसके कंधों से यह जुआ उतर पाया है।

क्रिकेट के दोनों दिग्गजोंगावस्कार और ब्रेडमैन की तुलना की जाती है। कई साल पहले सर लिओनार्ड हटन, जो बेकार बढ़चढ़ कर तारीफ नहीं करते, ने 'ऑब्र्जवर' में लिखा था''गावस्कर छोटा, गठा हुआ आदमी है, ब्रेडमैन से कुछ भारी, लेकिन कद में कुछ कम। क्रिकेट का सौन्दर्य ये हैं कि एक छोटा-सा आदमी चैम्पियन बन सकता हैं गावस्कर सभी महान खिलाड़ियों की तरह और मैं उसे उस श्रेणी का मानता हूं, दोनों तरफ बखूबी खेल सकता है। वह कट, पुल और हाफ वॉली को ड्राइव खूबसूरती से करता है। क्रिकेट बनने की इच्छा रखने वाले किसी स्कूली लड़के के लिए उसकी बल्लेबाजी एकदम सही आदर्श है। वह धीमे गेंदबाज के सामने अपने पैरों का इस्तेमाल चपलता से करता है और बाउंसर से निबटने के लिए बिल्ली की तरह ही मुद्रा अपना लेता है। विल्फिरेड रोड्स ने कहा होता 'ये अच्छा खिलाड़ी है'', मैं और भी ज्यादा कहूं और इसे क्रिकेट के इतिहास के श्रेष्ठतम बल्लेबाजों की श्रेणी में रखूंगा।

चाहे जैसे आंका जाए, टेस्ट क्रिकेट में दस हजार रन चकित करने वाला आंकड़ा है। कई साल पहले जब फ्रेड टूमने ने पहला टेस्ट 'डबल' हासिल किया था तो उसने कहा था कि उसका रिकॉर्ड टूट सकता है लेकिन उसे तोड़ने वाला खिलाड़ी 'बहुत ही थका हुआ, खिलाड़ी होगा। फिलहाल कोई भी ऐसा खिलाड़ी ढूढ़ना मुशिकल है जो गावस्कार के रेकर्ड को चुनौती दे सकता हो और जब कभी अगर ऐसा होगा भी, तो वह खिलाड़ी, अहमदाबाद की एक दोपहार के ऐतिहासिक क्षण में गावस्कर की तरह, न केवल काफी थका हुआ होगा, बल्कि बेइन्तिहा प्रसन्न भी होगा कि उसने 'राष्ट्र' की कुछ सेवा की। क्योंकि गावस्कर ने भारतीय क्रिकेट को घूरे से उठा कर अधिकारपूर्ण ऊँचाई तक पहुंचने में मदद की है और इस काम को करते हुए उसने खेल के अनगिनत भक्तों को असीम सुख की अनुभूति भी कराई, यह बात उस 'लेट कट ' से और भी मुकम्मल होती है जिसने उसके दस हजार रन पूरे कराए।

दो सत्र पहले मेलबोर्न के खेल प्रमियों के सामने दूसरे आदर्श-सर डोनाल्ड ब्रेडमैन ने गावस्कर के प्रति क्रिकेट का आभास स्वीकारा था। हमारी पीढ़ी इस तथ्य पर प्रसन्न और गौरवान्वित हो सकती है कि "हमने जो देखा वह 'हमने' देखा।"

हॉकी के मैच की रिपोर्टिंग का उदाहरण

बंगाल संतोष ट्रॉफी के सेमी फाइनल में

कलकत्ता 14 अप्रैल (प्रैट्र)। संतोष ट्रॉफी जीतने की सशक्त दावेदार बंगाल ने धमाके के साथ राष्ट्रीय फुटबाल चैम्पियनशिप के सेमी फाइनल में प्रवेश कर लिया। ग्रुप के क्वार्टर फाइनल लीग मैच में आज उन्होंने महाराष्ट्र को तीन गोलों से पीट दिया। मोहन बागान मैदान पर खेले गए इस मैच में बंगाल टीम हाफ टाइम के समय गोल से आगे थी।

बंगाली टीम के सभी गोल भिन्न-भिन्न शैली में बने। 17वें मिनट में स्ट्राइकर एशिर घोष द्वारा बनाया पहला गोल शानदार रहा। मीडियों प्रशान्त बनर्जी द्वारा बनाया या दूसरा गोल विवादास्पद रहा। दस मिनट की बहसबाजी के बाद रेफरी एम. एस. ऊष्टामूर्ति ने उसे कायम रहने दिया। विंग बैक कृषेन्दु बनर्जी के पेनल्टी किक की बदौलत तीसरी सफलता हासिल हुई।

तीन टीमों के ग्रुप में बंगाल चार अंकों से टाप पर रही। इसके साथ ही बंगाल ने 1984 की राष्ट्रीय फुटबाल चैम्पियनशिप के क्वार्टर फाइनल में महाराष्ट्र के हाथों हुए एक गोल की हार का हिसाब चुकता कर लिया।

महाराष्ट्र ने हरियाणा के विरुद्ध मैच में बढ़िया फार्म दिखाई थी। उन्होंने यह मैच जीता था। लेकिन आज वे शक्तिशाली बंगाल के सामने टिक नहीं पाए। अपनी कोशिशों के बावजूद वे पूरे मैच में बंगाल के गोली भास्कर गांगुली की महानता ने परख नहीं कर सके।

20 बार की चैम्पियन बंगाल अब ग्रुप 'बी' में केरल और कर्नाटक की विजेता से 17 अप्रैल को खेलेगी।

हरियाणा के साथ पहले मैच में निराशाजनक प्रदर्शन करने वाली बंगाल ने आज टीम में पांच बदलाव किए इससे उनका प्रदर्शन काफी सुधरा। विंगर सुबग सरकार कृषाणु डे की जगह आए। बाबू मणि के साथ खेल के शुरू में वे काफी आक्रमक लगे।

शिशिर घोष ने काफी अच्छा खेल दिखाया। विशेष तौर से पहले हाफ में 15वें मिनट में उन्होंने खतरनाक कोशिश की। अचानक लगाई उनकी शाट ने महाराष्ट्र

के गोली हेनरी मेंजीस को पीट दिया। लेकिन रक्षक फारुक अहमद ने गोल लाइन पर बचाव कर खतरा टाल दिया। लेकिन दो मिनट बाद शिशिर घोष ने शानदार गोल बना दिया। दायीं ओर से विजय कुमार के क्रास पर वे अन्दर बढ़े और कोणीय शाट से गोल भेद दिया।

इस झटके के बाद महाराष्ट्र ने कुछ प्रयास किये जिसे बंगाल की मजबूत रक्षा पंक्ति ने व्यर्थ सिद्ध कर दिया। महाराष्ट्र को एक झटका और लगा। उनके विंगर जसवंत सिंह को चोटिल होकर बाहर जाना पड़ा। जसवंत ने हरियाणा के खिलाफ 'हैट ट्रिक' जमाई थी।

कोण बदलने के बाद खेल इसी पद्धति से चलता रहा। तब 70वें मिनट में विवादास्पद गोल बना। बदलू खिलाड़ी देवाशीष राय के साथ प्रशान्त ने अच्छा 'वाल' पास बनाया। महाराष्ट्र के गोली को बाहर निकाला और कोणीय जमीनी शाट से गोल भेद दिया। लेकिन नैट में बड़े छेद से गेंद बाहर चली गई। तब रेफरी को लगा कि गेंद बाहर चली गई। उन्होंन गोल किक को इशारा दे दिया। बंगाली खिलाड़ियों के जोरदार विरोध के बाद कर्नाटक के रेफरी कृष्णामूर्ति ने लाइंसमैन देवी सिंह बिष्ट (दिल्ली) से परामर्श किया और गोल दे दिया। तब महाराष्ट्र के खिलाड़ियों ने 'वाक आउट' की धमकी दी। दस मिनट खेल रुकने के बाद फिर शुरू हुआ।

खेल समाप्त होने से दो मिनट पूर्व बंगाल ने खाता पूरा किया। देवाशीष राय को बाक्स में गिरा दिया। रेफरी ने पेनल्टी दी। कृषेन्दु राय ने शक्तिशाली शाट से गोल भेद दिया।

ओलम्पिक खेलों के सम्पादन समारोह की एक रिपोर्ट देखिए

अलविदा अटलांटा, सिडनी में फिर मिलेंगे

अटलांटा, 5 अगस्त (वार्ता)। अटलांटा की धरती पर सोलह दिन तक 271 स्पर्धाओं से गौरव लूटने वाले विजेताओं की मुस्कुराहटों, जबरदस्त आतिशबाजी और पश्चिमी संगीत पर थिरकते लाखों लोगों के हर्षोन्माद के बीच आधुनिक ओलम्पिक का सौ साल का सफर कल रात पूरा हो गया।

धरती की शान बढ़ाने वाले हजारों युवा एथलीट स्टेडियम में फख के साथ उतरे और ओलम्पिक की सौवीं वर्षगांठ का समापन समारोह मनाने के साथ उन्होंने चार साल बाद फिर ऑस्ट्रेलिया के सिडनी शहर में जमा होने का वायदा किया।

शताब्दी ओलम्पिक के समापन की घोषणा करते हुए अंतर्राष्ट्रीय ओलम्पिक समिति के अध्यक्ष युआन एंतोनियो समारांच ने दुनिया के युवाओं से चार साल बाद सिडनी में एकत्र होने का आह्वान किया। समारांच ने अटलांटा ओलम्पिक के आयोजकों को मुबारक बाद दी लेकिन उन्होंने इन खेलों को सर्वश्रेष्ठ नहीं कहा जैसा वह हर ग्रीष्म या शीतकालीन ओलम्पिक के सम्पादन पर कहा करते हैं। समारांच ने कहा शाबाश अटलांटा। वह भावुक स्वरों में बोले...ओलम्पिक खेलों ने सौ साल तक सपनों को पालापोसा और आज वे सब सपने अटलांटा के लिए पूरे हो गये। अब इस शहर को हमेशा ओलम्पिक नगर के नाम से पुकारा जायेगा।

अटलांटा ओलम्पिक पर पिछले सप्ताह हुए बम विस्फोटों का जो धब्बा लगा था उसकी छाया समापन समारोह में दिखाई दी। अस्सी हजार से अधिक लोगों ने इस घटना के शिकार हुए लोगों की स्मृति में दो मिनट का मौन रखा। ऐसी पहली बार हुआ जब ओलम्पिक के किसी समारोह में समारांच ने इस्राइल के उन ग्यारह एथलीटों को याद किया जो 1972 के म्यूनिख ओलम्पिक के दौरान मारे गये थे।

समारांच ने कठोर शब्दों में घोषणा की कि आतंकवाद की कोई भी कार्रवाई ओलिंपिक आंदोलन को तबाह नहीं कर पाई और न ही कर पायेगी। इस मौन का अंत अमरीकी गायक स्टीव वंडर के इमेजिनगीत से हुआ जिसमें विश्व शांति और एकता की प्रार्थना की गयी है। दर्शकों ने हाथ उठाकर स्टीव के गीत के आह्वान को स्वीकृत किया।

उद्घाटन की तरह ही समापन समारोह भी पूरी दुनिया में टेलीविजन के द्वाराकरोड़ों लोगों की गवाही में हुआ। लिटिल रिचर्ड, आर. बी. किंग वेंटन मारसलिस अल ग्रीन और अन्य के समूह स्वरों में गाये गये गीत के साथ तीन घंटे का समापन समारोह सम्पन्न हुआ। इससे पहले परम्परा के मुताबिक एथेंस ओलम्पिक से लेकर अटलांठा तक के ओलम्पिक ध्वज स्टेडियम में आये और आखिरकार अटलांटा के एयर ब्रिल कैम्पबेल से लिया हुआ ध्वज सिडनी के मेयर फ्रेंक सारतोर को सौंपा गया। पॉप स्टार ग्लोरिया एस्ट्रीन और कंट्री गायक त्रिशा इयरवुड ने गीत प्रस्तुत किया और अटलांटा के 600 नन्हें मुनों ने विश्व की युवा शक्ति को विदाई दी। उन्होंने अटलांटा खेलों का गीत ड्रीम गाया। समारोह में ओलम्पिक में हिस्सेदार देशों के ध्वज लहराते हुए उनके स्टार खिलाड़ी मैदान में आये। इसके बाद स्टेडियम में लगे, एक ऊँचे टॉवर पर 17 जुलाई से प्रज्जवलित हो रही ज्योति बढ़ा दी गयी।

शाम की शुरूआत पुरुषों की मैराथन के पदक समारोह से हुई। यह स्पर्धा कल दिन में हुई थी। रीति के अनुसार ओलम्पिक की आखिरी स्पर्धा 26 मील 385 गज की पुरुष मैराथन ही रखी जाती है। इस स्पर्धा का पदक अटलांटा के लिये नये अर्थ लेकर आया। यह स्पर्धा पहली बार अश्वेत दक्षिणी अफ्रीकी जोसिया थुगवाने ने जीती। इस तरह समापन समारोह में एक नयी दुनिया ने मंच पर कदम रखा। वह दुनिया जो शीत युद्ध से मुक्त थी जो दक्षिणी अफ्रीकी रंगभेद से परे थी और विश्व के कई तनावों से दूर थी। ऐसी विसंगतियां अटलांटा से परे रही।

अन्तर्राष्ट्रीय ओलम्पिक समिति के सभी 197 सदस्य देशों को इस ओलम्पिक में न्यौता दिया गया था और उनकी विशाल मौजूदगी में ओलम्पिक का आयोजन एक कठिन चुनौती था।

परिवहन व्यवस्था की खामियां और परिणाम उपलब्ध कराने में कम्प्यूटरों की गलतियों से संवाददाता और खिलाड़ी परेशान रहे और खेलों के भरपूर व्यवसायीकरण की भी निन्दा हुई। अटलांटा शहर मानों बड़ी कम्पनियों का बाजार बन गया था।

इसके बावजूद समारांच ने 'हॉलैण्ड ऑफ ओलम्पिक ऑर्डर' की ट्रॉफी अटलांटा खेलों के आयोजन प्रमुख बिल पायने को दी। उन्होंने कहा कि अटलांटा खेल आयोजन समिति विशेष धन्यवाद की पात्र है जिसके प्रयत्नों से ये खेल सबसे अपवाद बन गये। समारांच ने इस बात पर खुशी व्यक्त की, इस ओलम्पिक में रिकॉर्ड 79 देशों ने पदक हासिल किये। लेकिन आम ओलम्पिक प्रेमी के लिए ये खेल संख्या नहीं बल्कि चेहरों के रूप में याद रहेंगे। कार्ल लुइस के लिए अटलांटा ओलम्पिक अवकाश ग्रहण समारोह की तरह था। दूसरी ओर एमी. वान. डिकन और मिशेल स्मिथ ने ओलम्पिक में पदार्पण का जश्न मनाया। यह करिश्माई एथलीट माइकल जानसन लिलिया पोदकोपायेवा दोनोवान बेली और नाइजीरिया की फुटबाल टीम के इम्मन्यूल अमुनिके का ओलम्पिका था जिसने अफ्रीका महाद्वीप की ओर से इतिहास का सबसे बड़ा गोल किया। हो सकता है इतिहास अटलांटा ओलम्पिक को दूसरी तरह ही याद रखे। सम्भव है इसे आतंकवाद से सद्भाव की टक्कर और आखिरकार सद्भाव की विजय के ओलम्पिक में याद किया जाए। शायद इसे महिलाओं का ओलम्पिक कहा जाय क्योंकि इसमें बार्सीलोना से चालीस प्रतिशत अधिक महिलाओं ने हिस्सा लिया। इसी ओलम्पिक में पहली बार महिलाओं की फुटबाल प्रतियोगिता रखी गई और जिसका स्वर्ण अमेरिका टीम ने चीन को पराजित कर हासिल किया। ओलम्पिक इतिहासज्ञ जान मैकलून ने कहा कि आस्ट्रेलिया को अटलांटा ओलम्पिक को पीछे छोड़ने में बहुत मुश्किल होगी।

राष्ट्र्य विकास से संबंधित समाचार

प्रायः देखा जाता है भारतीय समाचार-पत्र राजनैतिक घटनाओं और गतिविधियों के समाचारों को अधिक स्थान देते हैं। यही स्थिति प्रायः सभी विकासशील देशों की है। इन देशों की पत्रकारिता राजनीतिक प्रभुत्व से ग्रस्त रही है। पश्चिमी समाचार-पत्रों में भी राजनैतिक समाचार काफी छपते हैं। लेकिन वहां के पत्रों की पृष्ठ संख्या ज्यादा होने के कारण गैर राजनैतिक समाचारों को भी काफी स्थान मिल जाता है।

द्वितीय प्रेस आयोग ने भारतीय भाषाओं के समाचार-पत्रों की विषय-वस्तु का एक सर्वेक्षण प्रस्तुत किया है। यह सर्वेक्षण बड़ौदा के ऑपरेशन रिसर्च ग्रुप ने किया था। इस अध्ययन में 503 प्रकाशनों को लिया गया था जिसमें 234 दैनिक, 181 साप्ताहिक, 22 पाक्षिक तथा 66 मासिक पत्र थे। 23 दैनिकों का प्रसार भारत के दैनिकों की कुल प्रसार संख्या का 70 प्रतिशत था। इस प्रकाशन अध्ययनों को मुख्यतः छः भागों में वर्गीकृत किया गया है।

1. मनोरंजन तथा संस्कृति
2. महिलाएं, सामाजिक तथा मानवीय अभिरुचि
3. राजनैतिक
4. आर्थिक विकास तथा सरकार
5. अशान्ति, कानून और व्यवस्था तथा अदालत
6. खेल

इस सर्वे के आधार पर प्राप्त मुख्य निष्कर्ष निम्नवत् थे

1. खेलकूद समाचारों को सर्वाधिक स्थान (9.9 प्रतिशत) अंग्रेजी दैनिकों ने दिया। हिन्दी में यह प्रतिशत 6.0 था तथा सिन्धी पत्रों में एक प्रतिशत था।
2. मनोरंजन तथा संस्कृति को सबसे ज्यादा स्थान 22.5 प्रतिशत गुजराती पत्रों ने दिया। हिन्दी व अंग्रेजी में यह प्रतिशत 18.4 तथा 6.4 था। उड़िया पत्रों में यह प्रतिशत सबसे कम 5.8 प्रतिशत था।
3. महिलाओं तथा सामाजिक और मानवीय रुचि के समाचारों का सर्वाधिक प्रतिशत सिन्धी दैनिकों में (13.4) था। हिन्दी तथा अंग्रेजी में यह प्रतिशत 5.5 तथा 4.1 था। असमिया दैनिकों में यह प्रतिशत 3.0 था जो सबसे कम था।

4. राजनैतिक समाचारों को सर्वाधिक स्थान39.3 प्रतिशत असमिया भाषा के दैनिकों ने दिया। तमिल दैनिकों ने 26.4 प्रतिशत, हिन्दी दैनिकों ने 19.5 प्रतिशत स्थान दिया। सबसे कम स्थान अंग्रेजी दैनिकों में था।
5. आर्थिक विकास तथा सरकारी मामलों को सर्वाधिक 40.5 प्रतिशत स्थान उड़िया दैनिकों ने दिया। हिन्दी तथा अंग्रेजी भाषा में यह प्रतिशत 29.0 प्रतिशत तथा 36.5 प्रतिशत था। सबसे कम 19.6 प्रतिशत स्थान असमिया दैनिकों में था।
6. अशांति, शान्ति और व्यवस्था तथा अदालत सम्बन्धी समाचारों का सर्वाधिक प्रतिशत (21.2) सिन्धी दैनिकों में था। हिन्दी दैनिकों ने 17.5 तथा अंग्रेजी दैनिकों ने 11.8 प्रतिशत स्थान ऐसे समाचारों को दिया।

विकास पत्रकारिता के प्रारम्भ का श्रेय पश्चिमी पत्रकारिता को प्रज्ञपत है। स्वतन्त्रता प्राप्ति के पश्चात् विभिन्न पंचवर्षीय योजनाओं में राष्ट्रीय विकास के साथ, समाचार-पत्रों के विकास की ओर ध्यान दिया गया।

भारतीय जन-संचार संस्थान द्वारा प्रकाशित 'ए मैनुअल फॉर न्यूज एजेन्सी रिपोर्टर' में विकास पत्रकारिता की अवधारणा को स्पष्ट करते हुए कहा गया है

विकास क्या है? गरीबी निवारण, क्षेत्र तथा धर्म के मध्य विषमता को कम करना, तकनीक सम्बन्धी अधिसंचना (Infrastructure) का निर्माण, सामन्तवाद, जनजातीय संगठन तथा अन्धविश्वासों को समाप्त कर समाज का आधुनिकीकरण करना तथा धीरे-धीरे आर्थिक आत्म-निर्भरता को प्राप्त करना।...विकास, स्वतन्त्रता तथा सर्वप्रमुखता की भाँति अविभाज्य है। हम तब तक बेहतर कृषि उत्पादन प्राप्त नहीं कर सकते जब तक कि औद्योगिक आधार तैयार नहीं कर लेते तथा अच्छी शिक्षा और स्वास्थ्य के अभाव में कुछ भी प्राप्त करना सम्भव नहीं।

विकास समाचार लेखन (Development Reporting) लोगों से सम्बन्धित होना चाहिए। यह उन्हें बताए कि वे किस प्रकार समाज से सौदाकारी शक्ति (Bargaining Power) को विकसित करे। यह उन्हें इस बात का अहसास कराए कि उनका भविष्य उन्हीं के हाथ में है। यह निर्माण की प्रक्रिया का विवरण दे।

यह उन्हें ऐसी सूचनाएं दे जिससे उन्हें अपनी उत्पादन क्षमता अथवा व्यक्तित्व को विकसित करने की प्रेरणा मिले। यह उन्हें अधिक श्रम तथा आत्म-विश्वासी बनाने के लिए प्रेरित करे।

यह कैसे किया जाए? परियोजनाओं तथा स्थानों के जीवन्त वर्णन द्वारा तथा श्रमिकों, क्षेत्रों तथा सम्पूर्ण देश के सन्दर्भ में उनका क्या अर्थ हैयह बताए।

जवाहरलाल नेहरू नयी परियोजनाओं को नये युग का मन्दिर कहा करते थे।

विकास समाचार लेखन में इस परियोजनाओं तथा प्रक्रियाओं में वास्तव में कार्यरत व्यक्तियों को वर्णित किया जाना चाहिए। इन्हें परिवर्तन तथा आधुनिकीकरण की प्रक्रियाओं, नयी खोजों तथा उत्पाद को वर्णित करना चाहिए। इन्हें विकास की अवधारणा को वर्णित करना चाहिए। रिपोर्टरों को सरकारी विज्ञाप्तियों की भाषा का सीधे ही प्रयोग नहीं करना चाहिए।

...मात्र आंकड़ों का प्रयोग विकास समाचार लेखन नहीं है। आंकड़ों में निहित तथ्य को देखना चाहिए। यदि प्रेस विज्ञप्तियों की भाषा का सीधे ही प्रयोग नहीं करना चाहिए।

विकास समाचार लेखन का महत्वपूर्ण पक्ष हैनयी तकनीक तथा तरीकों को अपनाने वाले लोगों की सफलता के समाचार जिनसे वे स्वयं तो लाभान्वित हुए ही हैं, समाज को भी सहायता मिली है।

द्वितीय प्रेस आयोग की रिपोर्ट में कहा गया है कि प्रथम पंचवर्षीय योजना के प्रारम्भ में समाचार-पत्रों में उवर्रक संयन्त्रों आदि परियोजनाओं पर लेखों का प्रकाशन होता था किन्तु जनता के जीवन में होने वाले परिवर्तनों तथा अपेक्षित परिवर्तन जो नहीं हो पा रहे हैं कि बारे में नहीं लिया जाता था। काफी समय बाद भारतीय प्रेस ने विकास से सम्बन्धित गहन रिपोर्ट (इन्हें प्रचार से पृथक् मानना चाहिए) प्रकाशित करना प्रारम्भ की।

विकास समाचारों से सम्बन्धी जून-जुलाई 1981 में किए गए एक सर्वेक्षण से यह परिणाम सामने आया कि अंग्रेजी के अतिरिक्त विशेष रूप से बंगाली, कन्नड़ तथा मलयालम भाषा के पत्रों ने विकास सम्बन्धी विषयों तथा प्रमुख सामाजिक-आर्थिक मुद्दों पर नियमित रिपोर्ट प्रकाशित की। इस रिपोर्ट में खेतिहर मजदूरों सूखा तथा बाढ़

आयोग की यह भी मान्यता थी कि अत्यधिक सामान्य प्रस्तुतीकरण के कारण सरकारी माध्यमों द्वारा विकास गतिविधियों के प्रचार के प्रयत्न विशेष सफल नहीं हो सके। केन्द्र में पत्र-सूचना कार्यालय तथा राज्यों में उनके सूचना विभाग द्वारा प्रेषित विकास समाचार प्रेस में व्यापक रूप से इसी कारण प्रकाशित नहीं हो सके क्योंकि उनमें परिवर्तन के एक पक्ष को ही चित्रित किया जाता है। वास्तविक जीवन में विकास की सीधी प्रक्रिया नहीं है परन्तु उसमें समस्याए, बाधाएं तथा समर्पित प्रयास भी आवश्यक हैं।

आयोग ने विकास सम्बन्धी समाचारों में जो कुछ अच्छा हो रहा है, के साथ जो कुछ गलत हो रहा है, को भी प्रस्तुत करने की आवश्यकता प्रतिपादित की है। विकास पत्रकारिता में यह आवश्यक है कि विभिन्न दशाओं में विभिन्न स्थानों पर ऐसे विकास कार्यक्रमों की, जो आम जीवन को प्रभावित करते हैं की सफलता तथा असफलता के कारणों का अनुसन्धान किया जाना चाहिए। उदाहरणार्थ लघु कृषक विकास एजेन्सी, मध्यम कृषक एवं खेतिहर मजदूर परियोजना, राष्ट्रीय प्रौढ़ शिक्षा कार्यक्रम आदि। हमारे ज्यादातर समाचार-पत्र प्रायः उन्हीं सरकारी हैंड आउट को प्रकाशित करते हैं जिनमें दुधारु पशु अथवा मुर्गीखानों अथवा शिक्षित किए जाने वाले लोगों से सम्बन्धित आंकड़े ही दिए गए होते हैं। समाचार-पत्र अपने पाठकों को उन प्रसार कार्यकर्त्ताओं (Extension Worker) अथवा लाभान्वित लोगों की कठिनाईयों तथा सफलताओं से अवगत नहीं कराता जो कि इन परियोजनाओं से जुड़े हुए हैं।

ग्रामीण विकास, शिक्षा सुधार, कुष्ठ रोग निवारण तथा अन्य क्षेत्रों में किए गए गौर सरकारी प्रयासों को सरकारी विकास कार्यक्रमों की क्रियान्विति से कम स्थान मिलता है। गैर-सरकारी प्रयत्नों को हमारे समाचार-पत्र तभी पहचानते हैं जब इन्हें जमनालाल बजाज फाउन्डेशन पुरस्कार अथवा मैगसेस पुरस्कार से सम्मानित किया जाता है। विकासशाली देशों में समाचार-पत्रों की भूमिका और अधिक महत्वपूर्ण हो जाती है, उन्हें सामाजिक दृष्टि से ज्यादा जागरूक और सचेत रहना पड़ता है।

स्पष्ट है हमारे यहां विकास पत्रकारिता की ओर उचित ध्यान नहीं दिया जा रहा है। भारत में तेजी से आर्थिक, औद्योगिक तथा व्यापारिक विकास की ओर बढ़ रहा है अतः विकास की इस प्रक्रिया तथा इसके लाभों को आम जन तक पहुंचाने के लिए विकास पत्रकारिता को प्रोत्साहन देना आवश्यक है। सरकार स्वयं 'योजना' आदि पत्रिकाओं के प्रकाशन के माध्यम से राष्ट्रीय विकास की कई गतिविधियों को प्रस्तुत कर रही है।

एम. वी. कॉमथ के अनुसार विकास पत्रकारिता समाज के गहरे संरचनात्मक परिवर्तनों के क्यों, कब, कहाँ, कौन, क्या तथा कैसे का उत्तर देती हुई सामाजिक-आर्थिक रिपोर्टिंग है। उनकी दृष्टि में विकास पत्रकारिता की प्रकृत्ति सनसनीखेज पूर्ण नहीं होती। श्री कॉमथ अन्यत्र लिखते हैं कि विकास समाचारों को सामाजिक-आर्थिक समस्यओं तक ही पूर्णतः सुनिश्चित करना उचित नहीं। मेडीसिन, विज्ञान, उद्योग

तथा तकनीकी आदि विविध क्षेत्रों की विकास गतिविधियों से जुड़ी कोई भी रिपोर्ट इसी श्रेणी में मानी जाएगी।

विकास पत्रकारिता का तात्पर्य यह नहीं है कि विकास से सम्बन्धित रचनात्मक या सकरात्मक (Positive) पहलुओं को ही रिपोर्ट किया जाए। भारत जैसे देश में जब किसी विकास परियोजना के लिए धन उपलब्ध कराया जाता है तो उसी के साथ भ्रष्टाचार की उतनी ही अधिक सम्भावना भी बढ़ जाती है। अतः ऐसे संवाददाता को चाहिए कि वह प्रशंसात्मक लेखन ही नहीं करे वरन् जो कुछ गलत घटित हो रहा है उसे भी व्यक्त करे। जो कुछ प्राप्त नहीं किया गया है वह भी उतना ही महत्वपूर्ण समाचार है जितना महत्वपूर्ण समाचार जो कुछ प्राप्त किया हैउससे सम्बन्धित है। श्री के. एम. श्रीवास्तव ने विकास पत्रकारिता क्षेत्र अत्यन्त व्यापक माना है।

विकास पत्रकारिता प्रचार मात्र नहीं है। उसमें गहनता विश्लेषपरकता तथा तथ्यपरकता की प्राथमिक आवश्यकता है। इस क्षेत्र के संवाददाता के लिए आवश्यक है कि उसका व्यापक अध्ययन हो ताकि विकास सम्बन्धी समस्या की समुचित पृष्ठभूमि वह प्रस्तुत कर सके। असफलताओं तथा कमियों को संकेतिक करने पर विकासात्मक रिपोर्टिंग करने वाला पत्रकार एक प्रकार से अन्वेषक तथा विश्लेषक का कार्य करता है। अतः ऐसे पत्रकार की जिम्मेदारी भी अधिक बढ़ जाती है।

शिक्षा, कृषि साक्षरता, आर्थिक परियोजनाएं, सिंचाई सुविधाएं, श्रमिक कल्याण, रोजगार, स्वास्थ्य, परिवार नियोजन, ग्रामीण एवं शहरी विकास आदि ऐसे विविध विषय हैं जिनके समुचित विकास में राष्ट्र का विकास निर्भर करता है। अतः विकासात्मक लेखन में लगे पत्रकारों के लिए यह आवश्यक है कि उन्हें उक्त क्षेत्रों की विविध योजनाओं तथा उनके स्वरूप आदि का सम्पूर्ण ज्ञान हो। यह भी ध्यान रखना चाहिए कि हम सिर्फ सरकारी प्रचार आंकड़ों को ही विश्वसनी न मान लें। अतः यह जरूरी है कि स्वयं कुछ परियोजनाओं का अध्ययन करें तथा उनके प्रभावों आदि से पाठकों को भी परिचित कराएं।

विकासात्मक लेखन के लिए कुछ आवश्यक बातों का उल्लेख श्री एम. वी. कामय ने किया है

(1) जन-सम्पर्क के व्यक्तियों से सावधान रहे। ये आपको ऐसी प्रशंसात्मक सामग्री उपलब्ध करा सकते हैं जो भ्रामक (Misleading) हो।

(2) समानान्तर परियोजनाओं पर ध्यान दें। क्या ऐसी ही कोई परियोजना अन्यत्र प्रारम्भ की गयी है तथा जिस पर आप लिख रहे हैं उससे इसकी क्या समानताएं हैं?

(3) यदि दो प्रकार के लोगों द्वारा दो विपरीत विचार प्रस्तावित किए गए हैं तो उन्हें निष्पक्ष रूप से प्रकट करें। एक ही पक्ष कभी न लें।

(4) उदारता से जहां तक सम्भव हो उद्धरण (Quote) दें। पाठक को यह जानने दें कि आप सुनी हुई बातों का सामान्यीकरण नहीं कर रहा हैं वरन् वास्तव में व्यक्तिगत रूप लोगों से बात कर रहे हैं।

(5) आंकड़े तथा सत्य को सावधानी पूर्वक प्रस्तुत करे।

(6) हैंड आउट का पुनर्लेखन न कर उन्हें अपनी आधार सामग्री समझ उस आधार पर उसकी शोधपूर्ण 'स्टोरी' तैयार करें।

(7) स्वयं की पसन्द-नापसन्द, पूर्वाग्रहों तथा प्राथमिकताओं को अपने तक ही रखें अपने पाठक को उसके आसपास घटित घटनाओं के बारे में सूचित करने वाली अपनी रिपोर्ट में उन्हें प्रवेश न दें।

(8) रचनात्मक आलोचना करें, उदारता से जहां आवश्यक हो, वहां प्रशंसा करें। याद रखें अत्यधिक श्रम करने के बाद भी आपको असत्य हाथ लग सकता है। आखिर आप रिपोर्टर हैं, भगवान नहीं।

(9) आपका समाचार-पत्र जिस समाज की सेवा कर रहा है उसके लिए वह समाचार उपयोगी हो। पठनीय विकास समाचार यदि आपके पाठकों के लिए प्रासंगिक नहीं होगा तो वह अपने उद्देश्य में असफल होगा जो कि इस प्रकार के कार्यों को करने की प्रेरणा और प्रोत्साहन देगा।

(10) विकास की पूर्व अवस्था से लेकर वर्तमान अवस्था तक के कार्यक्रम पूरे हुए हैं या नहीं, इन कार्यक्रमों पर किए गए व्यय का पूर्णतः अंकेक्षण (Audited) हुआ या नहींइसकी पृष्ठभूमि की खोजबीन की जानी चाहिए।

(11) विकास परियोजनाओं से जुड़े हुए समस्त पक्षोंसरकारी कर्मचारियों, प्लाट प्रबन्धक, श्रमिक प्रतिनिधियों तथा उनसे लाभान्वित लोगों की बातों को धैर्य तथा वस्तुनिष्ठतापूर्वक (Objectively) सुना जाना चाहिए।

(12) नामों का उल्लेख करें। विभिन्न दलों द्वारा की गयी शिकायतों और गलतियों की जहां तक सम्भव हो जांच की जाए, कि क्या ये परीक्षण के योग्य हैं।

विकास पत्रकारिता की प्रकृति सनसनीखेज नहीं होती। समाचार के साथ जो तात्कालिकता का महत्व जुड़ा होता है वह विकास समाचारों के लिए अनिवार्य शर्त नहीं है। कोई भी 'घटना' यदि विलम्ब से प्रकाशित या प्रसारित होती है तो उसमें पुरानापन आ जाता है, किन्तु विकास समाचार कुछ दिन बाद तक महत्वपूर्ण बने रहते हैं। विकास समाचार लेखन की सफलता पत्रकार की अन्वेषपरकता तथा शोध के प्रति रुझान पर निर्भर करती है।

आर्थिक एवं वाणिज्य पत्रकारिता

सम्पूर्ण विश्व में आर्थिक वाणिज्यों क्षेत्रों की काफी प्रगति हुई है। विश्व के सभी देशों पारस्परिक आर्थिक संबंन्ध स्थापित होने से सम्पूर्ण विश्व का वैश्वीकरण होता जा रहा है। विकसित एवं विकासशील राष्ट्र आर्थिक आत्म-निर्भरता की ओर बढ़ने के लिए प्रयत्नशील हैं। अतः आज राष्ट्रीय और अन्तर्राष्ट्रीय आर्थिक सन्दर्भों को समझने के लिए भी जन-मानस में उत्सुकता जागृत होने लगी है। अर्थ का हमारे दैनिक जीवन से भी गहरा सम्बन्ध होता है। ऐसी स्थिति में समाचार-पत्र भी इस ओर ध्यान देने लगे हैं।

भारतीय भाषाई पत्रों में आर्थिक वाणिज्य समाचारों को प्रमुखता से प्रकाशित करने की प्रवृत्ति हाल ही में विकसित हुई है। अब एक ओर जहां सिर्फ अर्थ और वाणिज्य जैसे विषयों से जुड़े स्वतन्त्र दैनिक पत्रों का प्रकाशन हो रहा है वहीं अन्य दैनिक पत्रों में अनेक पृष्ठ इस प्रकार के समाचारों के लिए निर्धारित किये जाने लगे हैं। भारत में आर्थिक पत्रकारिता का प्रारम्भ सन् 1886 से माना जा सकता है। इस वर्ष कलकत्ता से 'कैपिटल' (Captial) का प्रकाशन प्रारम्भ हुआ। कलकत्ता उस समय आर्थिक गतिविधियों का प्रमुख केन्द्र था तथा देश-विदेश में अनेक व्यवसायी यहां आकर विभिन्न प्रकार के आर्थिक समझौतों के आधार पर व्यापक आदि करते थे। 'कैपिटल' के प्रकाशन ने तत्कालीन आर्थिक गतिविधियों को व्यापक रूप प्रदान करने का सिलसिला प्रारम्भ किया। सन् 1910 में बम्बई से 'कामर्स' (Commerce) का प्रकाशन भी आर्थिक पत्रकारिता की विकास यात्रा का महत्वपूर्ण पत्र था।

इनके अतिरिक्त कलकत्ता से 1928 में प्रकाशित 'इण्डियन फाइनेन्स' (Indian Finance) तथा दिल्ली से 1943 में प्रकाशित 'ईस्टर्न इकॉनॉमिस्ट' अन्य प्रमुख पत्र थे।

श्री वासुदेव 'झा' ने आर्थिक पत्रकारिता की विकास यात्रा में अन्य प्रमुख पत्रों का भी उल्लेख किया है। इस दृष्टि से गुजराती का 1949 में प्रकाशित 'व्यापार' पत्र विशेष उल्लेखनीय है जो वर्तमान में सप्ताह में दो बार प्रकाशित हो रहा है। इसके अतिरिक्त उन्होंने साप्ताहिक पत्रों में बम्बई के 'टेक्सटाइल न्यूज' कलकत्ता के 'आर्थिक जगत', और 'इण्डस्ट्रियल गजट', दिल्ली से दैनिक 'व्यापार भारती' तथा कलकत्ता से 'प्रत्यक्ष कर', उद्योग भारती' और नागपुर से 'उद्यम' नामक मासिक पत्रिकाओं की चर्चा की है।

सन् 1951 में अखिल भारतीय कांग्रेस महासमिति ने नयी दिल्ली 'आर्थिक समीक्षा' पाक्षिक, 1953 में भारत सरकार के उद्योग मन्त्रालय ने 'उद्योग व्यापार पत्रिका' तथा 1955 में कानपुर से 'उद्योग विकास' मासिक का प्रकाशन किया गया। सन् 1952 में दिल्ली से मासिक 'संपदा', 1968 में 'आर्थिक चेतना', कलकत्ता से 1956 में 'आर्थिक जगत' आदि पत्र प्रकाशित हुए।

सन् 1954 में प्रकाशित प्रथम प्रेस आयोग की रिपोर्ट के अनुसार उस समय वित्तीय विषयों से सम्बन्धित कोई भी दैनिक पत्र प्रकाशित नहीं हो रहा था। द्वितीय प्रेस आयोग की रिपोर्ट के अनुसार भारतीय प्रेस के गत दो दशकों की विकास यात्रा का महत्वपूर्ण पक्ष वित्तीय विषयों से सम्बद्ध दैनिकों का प्रारम्भ होना है। सन् 1961 में 'फाइनेन्शियल एक्सप्रेस' (Financial Express) तथा 'इकॉनॉमिक टाइम्स' (Economic Times) का प्रकाशन प्रारम्भ हुआ। सन् 1975 में 'बिजनेस स्टेण्डर्स' (Business Standard) का प्रकाशन हुआ। इसी प्रकार अन्य दैनिक भी प्रकाशित होने लगे। इस क्षेत्र के अधिकांश दैनिक अंग्रेजी भाषा में है किन्तु कुछ भारतीय भाषाओं में भी प्रकाशित हो रहे हैं।

कुछ समय पूर्व तक आर्थिक और वाणिज्य संबंधी समाचारों में सामान्य वर्ग को कोई खास रुचि नहीं थी केवल व्यापारी वर्ग द्वारा ही इस तरफ ध्यान दिया जाता था परन्तु वर्तमान में परिस्थितयां गंभीर है। और लोगों का रूझान आर्थिक समाचारों की तरफ हुआ है। शेयर बाजार में तो यह रुचि इतनी ज्यादा हो गई है कि घर-घर में इन पर चर्चा सुनने को मिलने लगी है। सामान्य व्यक्ति भी शेयर में अपनी पूंजी लगाने लगे हैं। इसके अतिरिक्त सरकार की विविध बचत योजनाओं के प्रति भी जन आकर्षण में रुचि जागृत होने लगी हैं। यही कारण है कि आज का समाचार-पत्र भी आर्थिक जगत की हलचलों को प्रमुखता से प्रकाशित कर रहा है। समर्थ और साधन सम्पन्न समाचार-पत्र संस्थानों ने विशेष रूप से आर्थिक संवाददाताओं की नियुक्तियां भी की हैं।

श्री राजेन्द्र ने व्यापारिक समाचारों के दो प्रमुख भेद किये हैं

1. सूचनात्मक विभिन्न मण्डियों या क्षेत्रों से प्राप्त सूचनाओं के आधार पर दरों और भावों के उतार-चढ़ाव और उनके अनुमानित झुकावों की जानकारी तथ्यों और आंकड़ों के रूप में दी जाती है। थोड़ी-से-थोड़ी स्पेस में अधिक से अधिक समाचार जा सकें, इसलिए आंकड़े ही दिये जाते हैं और वे भी एक विशिष्ट शैली में, जिसे साहूकारों या मुनीमों की भाषा कहा जाता है। जिन्हें इन समाचारों के पढ़ने का अभ्यास होता है, वे एक ही दृष्टिपात में मण्डी की स्थिति जान लेते हैं।

2. समीक्षात्मक मण्डियों में दरों के दैनिक उतार-चढ़ाव को दृष्टिगत रखते हुए साप्ताहिक, पाक्षिक एवं अन्य किसी निश्चित अवधि में सामान्यतः अनाज, खाण्ड, कपड़ा या अन्य माल एवं सेवाओं के भावों का झुकाव किसी ओर रहा और इस 'तेजी; या 'गिरावट' या 'स्थिरता' को पैदा करने के लिए कौन-कौन से तत्व या शक्तियां काम कर रही हैं, ऐसे प्रश्नों का उत्तर जानने के लिए समाचार-पत्रों के पाठक व्यापार वार्ता के स्तम्भ में नियमित रूप से विश्लेषणात्मक लेखों, टिप्पणियों अथवा समाचार चिट्ठियों की उपेक्षा करते हैं। ये स्तम्भ भी व्यापारिक क्षेत्रों की ही 'अपनी' भाषा शैली में लिखें जाते हैं।

आर्थिक समाचार प्रायः आर्थिक एवं व्यावसायिक संगठनों, बैंक, वित्तीय तथा औद्योगिक निगमों व संगठनों, सरकारी संगठनों, श्रमिक संगठनों आदि से प्राप्त किए जा सकते हैं। अतः आर्थिक संवाददाता को इन निगमों तथा संगठनों से अपना सम्पर्क बनाए रखना चाहिए। वस्तुतः हमारा सारा आधुनिक जीवन अर्थ के चारों ओर घूम रहा है। अतः जिधर भी निगाह दौड़ायेंगे हमें अर्थ से जुड़े अनेक समाचार मिल जाएंगे। आंकड़ों के माया जाल में भी अच्छे समाचार खोजे जा सकते हैं। आवश्यकता है स्वयं सक्रिय रहते हुए निरन्तर 'खोज' की।

आर्थिक समाचारों की एक विशेष शब्दावली होती है। आर्थिक संवाददाता को उस शब्दावली का विशेष ज्ञान होना चाहिए। बाजार समाचार, मुद्रा बाजार, पूंजी बाजार, वस्तु बाजार आदि क्या होते हैंइनकी जानकारी होना बहुत आवश्यक है।

शिक्षा पत्रकारिता

वर्तमान समय में शिक्षा को उपयोगी एवं सार्थक बनाने हेतु प्राचीन शिक्षा पद्धति में समय-समय पर व्यापक परिवर्तन करके सुधार के प्रयास किये जा रहे हैं। भारत की विभिन्न योजनाओं को बनाते समय भी शिक्षा में सुधार की ओर ध्यान भी

दिया जाता रहा है। शिक्षा व्यवस्था के गुण दोषों पर विचार करना हमारा विवेच्च विषय नहीं है। हमें तो यह देखना है कि पत्रकारिता तथा शिक्षा आपस में किस प्रकार जुड़ कर विकास तथा निर्माण की दिशा में योग दे सकते हैं।

पत्रकारिता में अब विशेषज्ञता को अधिक प्राथमिकता दी जाने लगी है। रक्षा, वित्त, विदेश, विज्ञान, सांस्कृतिक आदि विभिन्न गतिविधियों के समाचारों के संकलन तथा उन पर फीचर आदि लिखने के लिए प्रायः समर्थ समाचार-पत्र पृथक् रूप से संवाददाता नियुक्त करते हैं, किन्तु शिक्षा का क्षेत्र ऐसा है जिसके लिए हिन्दू आदि कुछ समाचार-पत्रों ने ही संवाददाताओं की पृथक् रूप से नियुक्ति की है। शिक्षा का पत्रकारिता से प्रत्यक्ष सम्बन्ध है। एक स्तर पर दोनों के उद्देश्यों में भी समानता है। जहां पत्रकारिता शिक्षा और सूचना का सार्थक माध्यम है वहीं शिक्षा का भी यही उद्देश्य है। पत्रकारिता यदि सामाजिक परिवर्तन का सशक्त हथियार है तो शिक्षा की भी मानव विकास में तथा उसे 'सामाजिक प्राणी' बनाने में महती भूमिका है। शिक्षा और पत्रकारिता का यह समन्वित संश्लिष्ट रूप शैक्षिक पत्रकारिता कहा जा सकता है।

इस दृष्टि से विभिन्न शैक्षिक संस्थानों द्वारा चलायी जा रही शैक्षिक प्रवृत्तियों, शिक्षा जगत् की घटनाओं तथा शैक्षिक समस्याओं को जन-संचार माध्यमों के द्वारा जनता तक पहुंचाना शैक्षिक पत्रकारिता है। शिक्षा जगत् की विकासमान प्रवृत्तियों के प्रति 'आम जन' की भागीदारी तब ही सम्भव है जब शैक्षिक पत्रकारिता का समुचित विकास हो सके। दुःख की बात है कि हमारी पत्रकारिता में अभी इसी पक्ष पर समुचित ध्यान नहीं दिया गया है। शिक्षा जगत् से आज देश का बहुत बड़ा वर्ग जुड़ा है। देश भर में विद्यालयों, महाविद्यालयों, तकनीकी शिक्षण संस्थानों आदि से न सिर्फ हजारों शिक्षक जुड़े हुए हैं वरन् लाखों विद्यार्थियों के भविष्य का निर्माण भी वहां हो रहा है जिनके हाथों में भावी भारत की बागडोर सुरक्षित है। केन्द्र एवं राज्य सरकारों के बजट का बहुत बड़ा भाग शिक्षा पर खर्च किया जा रहा है।

शैक्षिक पत्रकारिता, पत्रकारिता का वह सकारात्मक पक्ष है जिसके समुचित विकास से समाज में वैचारिक चेतना तो विकसित होगी ही साथ ही शिक्षण संस्थानों के छात्र-अध्यापक समुदाय में भी आपसी सौहार्द तथा समझ का वातावरण भी उत्पन्न हो सकेगा। शिक्षा संस्थानों में अन्तर्सम्बन्ध कायम करने का यह सशक्त माध्यम बन सकता हैं उच्च शिक्षा को प्रत्यक्ष रूप से समाज तथा आम जन तक इसके द्वारा पहुंचाया जा सकता है।

आज विविध स्तरों पर होने वाले सेमिनार तथा कार्यशालाओं की केवल सूचना ही पत्रों के माध्यम मिल पाती है। अधिक हुआ तो उद्‌घाटन तथा समापन समारोह के अध्यक्ष और मुख्य अतिथि के भाषणों का उल्लेख मात्र कर समाचार-पत्र अपने कर्त्तव्यों की इतिश्री समझ लेते हैं। इन संगोष्ठियों में विविध महत्वपूर्ण विषयों पर जो पत्र वाचन किया जाता है, विचार विमर्श किया जाता है तथा निष्कर्ष प्रस्तुत किए जाते हैं। वे साधारण पाठकों तक तथा अन्य इच्छुक व्यक्तियों तक नहीं पहुंच पाते। इसी भांति अन्य शैक्षिक गतिविधियों की गम्भीर रिपोर्टिंग का भी प्रायः समाचार-पत्रों में कमी दिखाई देता है। शैक्षिक गतिविधियों पर फीचर लेखन की बहुत बड़ी कमी भारतीय समाचार-पत्रों में खासकर हिन्दी पत्रों में तो देखी ही जा सकती है।

देश भर के विश्वविद्यालय आज शोधकार्य में संलग्न हैं। विभिन्न विभागों के प्रतिभावान छात्र और शिक्षक प्रतिदिन खोज करके तकनीकी-सामाजिक विकास की दिशा में महत्वपूर्ण कार्य कर रहे हैं। यह शोधकार्य प्रायः पुस्तकालयों की अलमारी में ही बन्द हो के सड़ता है। अतः समाचार-पत्र इस दिशा में भी कुछ कार्य कर सकते हैं। शैक्षिक संवाददाता महत्वपूर्ण शोध प्रबन्धों में से जन हित के निष्कर्षों को समाचार अथवा रिपोर्ट के रूप में पेश कर सकते हैं।

राष्ट्रीय स्तर पर शैक्षिक पत्रकारिता के लिए अनेक प्रयास किये जा रहे है। देश के अनेक विद्यालयों में पत्रकारिता के प्रशिक्षण की तो व्यवस्था की गयी है, किन्तु शैक्षिक पत्रकारिता के क्षेत्र कोई खास प्रयास नहीं किये गये अतः इस क्षेत्र में वांछित उन्नति नहीं हो पायी है। देश भर में कार्यरत विभिन्न समाचार समितियों की भांति विषयों से सम्बन्धित एक 'फीचर सेवा' भी प्रारम्भ की जा सकती। इनके द्वारा समाचार-पत्रों को समय-समय पर अपेक्षित सामग्री उपलब्ध हो सकती है।

शैक्षिक समाचार लेखन एक विशेष योग्यता की अपेक्षा रखता है। शिक्षा के केन्द्र होने के कारण यहां समस्त ज्ञान-विज्ञान की गूंज सुनाई देती है। अतः शैक्षिक समाचारों में गम्भीरता तथा वैचारिकता को भी समाविष्ट किया जाना चाहिए। शिक्षा जगत् के घपलों तथा भ्रष्टाचार को भी उजागर करने का दायित्व शैक्षिक संवाददाता पर है। आजकल प्रायः घपले तो उजागर हो जाते हैं किन्तु उपलब्धियों उसकी तुलना में नहीं उभर पातीं। अतः शैक्षिक जगत् में छात्रों व अध्यापकों की उपलब्धियों को भी महत्वपूर्ण स्थान दिया जाना चाहिए।

देश की शिक्षा व्यवस्था, शिक्ष्ज्ञा नीति आदि जैसे गम्भीर विषयों पर भी विचारोत्तजनक चर्चा समाचार-पत्रों में कॉलमों के माध्यमों से होती रही है। इस दृष्टि से आयोजित विचार-विमर्श के समाचार भी जनरुचि की दृष्टि से उपयोगी होते हैं।

राजस्थान के चार प्रमुख दैनिकों में शैक्षिक समाचारों की स्थिति का एक अध्ययन लेखक ने कुछ वर्षों पूर्व किया था। इस सर्वेक्षण के लिए जयपुर से प्रकाशित दैनिक राष्ट्रदूत, नवज्योति, राजस्थान पत्रिका तथा नवभारत टाइम्स को लिया गया था। इन चारों समाचार-पत्रों का प्रसार सम्पूर्ण राज्य में था। भारत के समाचार-पत्रों के पंजीयन के 28वें प्रतिवेदन (1984) के अनुसार नवज्योति के समस्त संस्करणों की प्रसार संख्या 1, 29, 368, राजस्थान पत्रिका की 1, 42, 122 तथा राष्ट्रदूत की 44,334 है। नवभारत टाइम्स का उस समय जयपुर से प्रकाशन प्रारम्भ नहीं हुआ था। उक्त अध्ययन के लिए सभी समाचार-पत्रों के नवम्बर 86 माह के जयपुर संस्करण ही लिए गए।

आंकड़ों का विवेचन इन चारों समाचार-पत्रों में माह नवम्बर 86 में सर्वाधिक पृष्ठ राजस्थान पत्रिका ने प्रकाशित किए। राजस्थान पत्रिका ने 358, नवभारत टाइम्स ने 302, दैनिक नवज्योति ने 256, तथा राष्ट्रदूत ने 214 पृष्ठ प्रकाशित किए। इन प्रकाशित पृष्ठों में यदि कुल प्रकाशित समाचारों का प्रतिशत निकाला जाए तो ज्ञात होता है कि नवभारत टाइम्स में 77.09, नवज्योति में 62. 54, राष्ट्रदूत में 60.06 तथा राजस्थान पत्रिका में 51.22, प्रतिशत समाचार प्रकाशित किए गए। विज्ञापन की दृष्टि से देखा जाए तो उक्त माह में इन पत्रों में 22.91 (नवभारत टाइम्स), 37.46 (नवज्योति), 39.94 (राष्ट्रदूत) तथा 48.78 (राजस्थान पत्रिका) प्रतिशत विज्ञापन प्रकाशित किए गए हैं।

इस अवधि के दौरान सर्वाधिक 1,53,510.04 कॉलम सेमी राजस्थान पत्रिका में प्रकाशित किए गए तथा अन्य पत्रों की स्थिति इस प्रकार रही1,32,396.8 कॉलम सेमी (नमाटा), 1,11,206.4 कॉलम सेमी. नवभारत टाइम्स में 1,.2,059.4 कॉलम सेमी, नवज्योति में 69,5394 कॉलम सेमी तथा राष्ट्रदूत ने 55,702,3 कॉलम सेमी क्षेत्र में समाचारों का प्रकाशन किया गया। शैक्षिक पत्रकारिता की दृष्टि से यदि इन पत्रों का अध्ययन किया जाए तो अत्यन्त् निराशाजनक स्थिति का भान होता है। सम्पूर्ण समाचार-पत्रों में से यदि शैक्षिक समाचारों का प्रतिशत निकाला जाए तो सबसे अधिक नवभारत टाइम्स का निकलता है तथा सबसे कम राजस्थान पत्रिका

का। नवभारत टाइम्स में यह प्रतिशत 3.70 है तो राजस्थान पत्रिका में मात्र .94 प्रतिशत। दैनिक नवज्योति में 96 प्रतिशत शैक्षिक समाचारों का प्रकाशन हुआ है तो राष्ट्रदूत में 2,03 प्रतिशत।

यदि कुल प्रकाशित समाचारों में से शैक्षिक समाचारों के प्रकाशन की स्थिति का अध्ययन करें तो भी नवभारत टाइम्स प्रथम स्थान पर रहता है। नवभारत टाइम्स में इस दृष्टि से 4.80 प्रतिशत स्थान शैक्षिक समाचारों को दिया गया है। राष्ट्रदूत में 3.37 प्रतिशत, राजस्थान पत्रिका में 1.84 प्रतिशत तथा दैनिक नवज्योति में 1.54 प्रतिशत ही शैक्षिक पत्रकारिता को समर्पित किया गया। संख्या की दृष्टि से देखा जाए तो भी नवभारत टाइम्स ने अन्य पत्रों से बाजी मारी है। नवभारत टाइम्स ने उक्त माह में शैक्षिक विषयों से जुड़े 151 समाचार, 17 लोकमत, 30 लेख तथा 2 सम्पादकीय प्रकाशित किए दुसरा स्थान राजस्थान पत्रिका का रहा। राजस्थान पत्रिका ने 143 समाचार, 10 लोकमत, 1 लेख तथा 1 सम्पादकीय का प्रकाशन किया गया। राष्ट्रदूत ने जहां 120 समाचार, 2 लोकमत, 1 लेख तथा 1 सम्पादकीय प्रकाशित किया, वहीं नवज्योति में 112 समाचार तथा 9 लोकमत प्रकाशित किए।

शैक्षिक समाचारों के विषय इस बात को ध्यान रखना चाहिए उपरोक्त समयावधि में प्रकाशित समाचार का रूप किस प्रकार का रहा है। साधारण तौर पर शैक्षिक समाचारों के दो अथवा तीन रूप ही देखने को मिलते हैं

शैक्षिक समाचारों का पहला पक्ष थाविद्यालयों से लेकर विश्वविद्यालय स्तर की छात्र गतिविधियां। इन गतिविधियों के समाचार पर्याप्त संख्या में प्रकाशित होते रहे किन्तु अत्यन्त संक्षेप में। मात्र एक दो ही ऐसे आयोजन थे जिन पर समीक्षात्मक लेख भी लिखे गए। इन गतिविधियों में वाद-विवाद प्रतियोगिता तथा अन्य साहित्यिक सांस्कृतिक प्रस्तुतियां, राष्ट्रीय सेवा योजना तथा एन. सी. सी. के आयोजन, छात्रों के अन्तर्राज्यीय भ्रमण कार्यक्रम, छात्रों के वैशिष्ट्य, जिसमें परीक्षाओं में सर्वोच्च अंकों से लेकर पी. एच. डी. आदि की उपाधियों की प्राप्ति भी सम्मिलित है आदि के समाचार प्रमुख हैं। शैक्षिक समाचारों की दृष्टि से परीक्षा फलों के प्रकाशन को भी इसी श्रेणी में रखा गयेा है। विश्वविद्यालय की प्रायः सभी परीक्षाओं के परिणामों को चारों समाचार-पत्रों ने प्रकाशित किया।

विश्वविद्यालयों तथा अन्य शिक्षण संस्थाओं में होने वाली संगोष्ठियों के भी समाचार चारों समाचार-पत्रों पढ़ने को मिलते रहे। यहां यह तथ्य उल्लेखनीय है कि

इन गोष्ठियों में यदि किसी राजनेता को आमन्त्रित किया गया तो उसका कवरेज मात्र शिक्षाविदों की गोष्ठियों से अधिक प्रमुखता से था। शिक्षा संस्थाओं के किसी भी आयोजन के साथ आदि राजनेता जुड़े हैं तो वह समाचार दो कॉलम के शीर्षक के साथ अधिक विस्तार से छपा है। अन्यथा अधिकांश पत्रों में शैक्षिक समाचार एक कॉलम शीर्षक से संक्षेप में ही छपे हैं। इनके अलावा विश्वविद्यालय शिक्षक, छात्र तथा कर्मचारियों की मांगों के समर्थन में होने वाले आन्दोलनों को भी समाचार प्रकाशित होते रहे। विश्वविद्यालय की सिंडिकेट की कार्यवाही के समाचार भी पत्रों में मुख्य चर्चा के प्रमुख बने। शिक्षा के क्षेत्र में नये सुधार जिनमें पाठ्यक्रमों में सुधार, परिवर्तन, नये विद्यालय तथा शिक्षा जगत् की समस्याओं पर भी कभी-कभी समाचार प्रकाशित किए गए।

समाचार-पत्रों में सम्पादक के नाम प्रकाशित पत्रों के स्तम्भों में प्रशिक्षित अध्यापकों की कमी, विश्वविद्यालय की असावधानी, हड़तालों से छात्रों की हानि, शिक्षा की समस्या, परीक्षा के प्रश्न पत्रों में गड़बड़, नई शिक्षा नीति, परीक्षा पद्धति, महिला शिक्षा, पाठ्य पुस्तकों की त्रुटियां आदि विषय प्रमुख थे।

शिक्षा विषयक नियमित स्तम्भ सिर्फ नवभारत टाइम्स में ही प्रति शनिवार (परिवार) शीर्षक में प्रकाशित किया जाता रहा। इन स्तम्भ में प्रकाशित लेखों के माध्यम से अनेक सामयिक शैक्षिक विषयों पर विचारोत्तेजक चर्चाएं प्रारम्भ की गयीं। ऐसे किसी नियमित स्तम्भ का प्रकाशन अन्य तीनों पत्रों में नहीं किया गया।

राजस्थान के इन पत्रों में से किसी भी पत्र ने शैक्षिक संवाददाता की नियुक्ति नहीं की है। लेकिन इन पत्रों ने 'विश्वविद्यालय संवाददाता' की अवश्य नियुक्ति की है जो यदा-कदा परिसर की गतिविधियों के समाचार एकत्रित करते रहे हैं, लेकिन विश्वविद्यालय के अतिरिक्त भी इन पर अनेक जिम्मेदारी डाल दिये जाते हैं।

शैक्षिक प्रश्नों अथवा समाचारों को मुख्य पृष्ठ पर कितना स्थान दिया गया यह भी अध्ययन का एक हिस्सा था। नवम्बर माह की इस अवधि में चारों पत्रों ने सिर्फ राज्य कर्मचारियों की हड़ताल के विषय में शिक्षकों की हड़ताल के आह्वान को मुख पृष्ठ पर स्थान दिया। सिर्फ एक पत्र ने दो-दो तीन-तीन पंक्तियों में एक बार किसी शिक्षक को मिले पुरस्कार आदि के समाचार मुख्य पृष्ठ पर प्रकाशित किए। इसके अलावा करीबन सभी शैक्षिक समाचारों का प्रकाशन पत्र के स्थानीय समाचारों के लिए निर्धारित पृष्ठ पर ही हुआ। कुछ महत्वपूर्ण समाचार अंतिम पृष्ठ पर भी यदा-कदा प्रकाशित हुए।

उक्त सर्वेक्षण के निष्कर्षों के आधार पर कहा जा सकता है कि राजस्थान की दैनिक पत्रकारिता में शैक्षिक पत्रकारिता की स्थिति अत्यन्त निराशाजनक है। कोई भी समाचार-पत्र चार प्रतिशत से अधिक स्थान शिक्षा को नहीं दे रहा है। अतः इस ओर ध्यान दिया जाना आवश्यक है तथा कम से कम दस से पन्द्रह प्रतिशत तक का स्थान शैक्षिक समाचारों को दिया जाना चाहिए। शिक्षा में देश का बहुत बड़ा वर्ग जुड़ा हुआ है। उनकी आशा-आकांक्षा शैक्षिक पत्रकारिता के समुचित विकास से ही प्रकट हो सकेगी।

व्याख्यात्मक शैक्षिक पत्रकारिता का कमी शैक्षिक पत्रकारिता की दूसरी प्रमुख समस्या है। इस कमी को पूरा करने के लिए आवश्यक है इस क्षेत्र में भी उचित प्रशिक्षण की व्यवस्था की जाय। एन. सी. ई. आर. टी. ने यह संकल्प लिया है कि शैक्षिक पत्रकारिता का समस्थ पाठ्यक्रम तैयार कर इसे एक विधा के रूप में विकसित किया जाए। गत वर्षों में इस दिशा में अनेक सेमिनार भी आयोजित किए गए हैं। उम्मीद की जानी चाहिए इसके अच्छे परिणाम हमारे समाने आयेंगे। सुरक्षा के बाद शिक्षा ही एक ऐसा क्षेत्र है जिसमें सर्वाधिक व्यक्ति जुड़े हुए हैं अतः इसके उत्थान व विकास के लिए उचित ध्यान देना जरूरी है।

समीक्षा

उपरोक्त सर्वेक्षण के आधार पर यही निष्कर्ष सामने आता है कि सबसे अधिक समाचार प्रसार वाले राज्यों के समाचार-पत्रों में भी शैक्षिक समाचारों का अभाव पाया गया। इसका कारण यह है कि सर्वाधिक प्रसार होने के कारण पत्र पर विज्ञापनों का दबाव। विज्ञापनों के दबाव के बाद समाचारों का दबाव भी स्वाभाविक रूप से ही होता है। अतः उपलब्ध स्थान में विविध प्रकार के समाचारों को समायोजित करना आवश्यक हो जाता है। यदि हम शैक्षिक समाचारों की संख्या की दृष्टि से प्रथम दो पत्रों के आंकड़ें देखें तो पता चलता है कि उनमें विशेष अन्तर नहीं है। 'नवभारत टाइम्स' में जहां 151 समाचार, 17 लोकमत तथा 2 संपादकीय उक्त अवधि में प्रकाशित हुए तो 'राजस्थान पत्रिका' में 143 समाचार 10 लोकमत तथा 1 सम्पादकीय शैक्षिक समाचार विषयक थे।

संख्यात्मक दृष्टि से अंतर कम होते हुए भी यह प्रतिशत इतना कम जाने का कारण यही है कि समाचारों का दबाव अधिक रहने के कारण समाचारों को संक्षेप में प्रकाशित करने की प्रवृत्ति। दूसरी ओर 'राष्ट्रदूत' में जहां 120 समाचार, 2 लोकमत

तथा 1 संपादकीय शैक्षिक विषयों पर होने के बावजूद प्रतिशत की दृष्टि से उसका स्थान दूसरा है। 'नवज्योति' मात्र 112 समाचार तथा 9 लोकमत प्रकाशित करने के बावजूद प्रतिशत की दृष्टि से तीसरे स्थान पर है। इसका कारण है कि इन पत्रों में शैक्षिक समाचार अधिक विस्तार से प्रकाशित किए गए।

'नवभारत टाइम्स' शैक्षिक विषयों पर 30 लेखों के प्रकाशन के कारण प्रथम रहा। इसक प्रमुख कारण है फीचर पृष्ठ का प्रकाशन। जिस अवधि में यह सर्वेक्षण किया गया उस अवधि में सिर्फ 'नवभारत टाइम्स' की फीचर पृष्ठ प्रकाशित कर रहा था। अब 'राजस्थान पत्रिका' ने भी इस पृष्ठ का प्रकाशन शुरू किया है।

साक्षात्कार

साक्षात्कार अथवा भेंट वार्ता पत्रकारिता के वह महत्वपूर्ण विधि है जिसके द्वारा संवाददाता विभिन्न क्षेत्रों से जुड़ी शखसियतों से प्रत्यक्ष भेद करके उनके विचारों को जनता के समक्ष प्रस्तुत करता है। साक्षात्कार न सिर्फ किसी महत्वपूर्ण व्यक्ति के व्यक्तित्व से ही पाठक को परिचित कराता है वरन् उसकी उपलब्धियों को भी मूल्यांकित करता है। प्रायः सभी पत्र-पत्रिकाओं में हम साक्षात्कार पढ़ते रहते हैं। परिचर्चाओं का मुख्य आधार भी साक्षात्कार है। किसी एक ही विषय पर विविध क्षेत्रों के विशेषज्ञों के विचार परिचर्चा में आयोजित किए जाते हैं। परिचर्चा आज अधिकांश पत्र-पत्रिकाओं में पर्याप्त लोकप्रियता प्राप्त कर चुकी है। इसमें संकलित विविध विचार अत्यन्त रोचक तथा विचारपूर्ण होते हैं।

कई बार साक्षात्कार रोचक तथा महत्वपूर्ण समाचार के स्रोत भी होते हैं। प्रायः देखा जाता है कि जब कोई पत्रिका किसी विशेष व्यक्ति का साक्षात्कार प्रकाशित करती है तो वह उसे समाचार रूप में संवाद समितियों को प्रेषित कर देती है और यह समाचार व्यापक रूप से प्रकाशित होता है। इससे पत्र-पत्रिका की बिक्री भी प्रभावित होती है तथा साक्षात्कार देने वाले के विचार भी काफी व्यापक पैमाने पर प्रचारित हो जाते हैं। प्रायः महत्वपूर्ण सामयिक विषयों से जुड़े महत्वपूर्ण व्यक्तियों के साक्षात्कार लेकर विविध पत्र-पत्रिकाएं इस प्रतिस्पर्धात्मक युग में उनका प्रकाशन कर बहस को आगे बढ़ाती है। कमलापति त्रिपाठी के ऐसे साक्षात्कार काफी चर्चित रहे तथा इसका काँग्रेस पार्टी पर भी काफी प्रभाव पड़ा।

त्रिपाठी जी के समान ही जब फिल्म स्टार अमिताभ बच्चन के स्विस बैंकों में जमा धन की चर्चा लोक सभा में हुई तो कलकत्ता के साप्ताहिक 'संडे' ने श्री

बच्चन का एक विस्तृते् साक्षात्कार प्रकाशित किया जो कई पत्रों में समाचार रूप में भी प्रकाशित हुआ।

स्पष्ट है पत्रकारिता जगत् में साक्षात्कार विधा समाचार प्राप्ति का महत्वपूर्ण माध्यम बन गयी है।

साक्षात्कार हेतु प्रश्नावली

पत्रकारिता के क्षेत्र में साक्षात्कार का कार्य सबसे कठिन माना जाता है। साक्षात्कार की सफलता के लिए कुछ नैसर्गिक गुणों का होना अनिवार्य है। किन्तु साक्षात्कार पर जाने से पहले साक्षात्कारकत को पहले से ही तैयारी कर लेनी चाहिए। कर्ता साक्षात्कासर कर्ता जिस पर बातचीत करना चाहता है उसे उस विषय के बारे में अच्छी जानकारी होनी चाहिए। यदि उसे विषय की जानकारी नहीं होगी तो वह उस बातचीत को सहज रूप से व्यक्त नहीं कर सकेगा। अतः आवश्यक है कि विषय के बारे में सर्वप्रथम जानकारी प्राप्त की जाए।

विषय की जानकारी के बाद संवाददाता को साक्षात्कारदाता के बारे में भी जानकारी प्राप्त करनी चाहिए। उस व्यक्ति की उम्र, रुचियां, आदत आदि के बारे में जानकारी संवाददाता के लिए साक्षात्कार का मानस तैयार करने की दृष्टि से उपयोगी होती है। इसके अतिरिक्त उस व्यक्ति की पुस्तकों, कृतियों आदि के बारे में भी संवाददाता की जानकारी पूर्ण होनी चाहिए। जैसे किसी साहित्यकार के साक्षात्कार के दौरान यदि संवाददाता को उसके लेखन तथा सूचना कर्म के बारे में कुछ नहीं पता होगा तो साक्षात्कार के नीरस और औपचारिक हो जाने का खतरा है। यदि उसके लेखन आदि के बारे में अच्छी जानकारी होगी तो उससे जुड़े प्रश्नों को पूछने में भी संवाददाता फिल्मी कैरियर आदि के बारे में परिचय प्राप्त कर लिया जाय तो साक्षात्कार में नयी बातें उभर कर आ सकती हैं।

साक्षात्कार कर्त्ता के लिए यह आवश्यक है कि उसकी लेखन क्षमता काफी तेज हो। यदि उसे 'शार्ट हैण्ड' का ज्ञान हो तो कार्य में काफी सुविधा हो जाता है। आजकल टेप-रिकॉर्डर की सुविधा भी उपलब्ध है। टेप-रिकॉर्डर का प्रयोग साक्षात्कारदाता की जानकारी में उसकी स्वीकृति पर ही करना चाहिए। टेप रिकॉर्डर के प्रयोग से हानि तथा लाभ दोनों ही हैं। सारी बातचीत टेप कर लेने से यह लाभ है कि साक्षात्कार दाता बाद में किसी बात का खंडन आसनी से नहीं कर सकता। यान्त्रिक गड़बड़ी के कारण कई बार साक्षात्कार टेप नहीं हो पाता। अतः इन दृष्टि

से सावधान रहना आवश्यक है। लेखक का एक बार का अनुभव इस सम्बन्ध में अत्यन्त रोचक है। प्रसिद्ध साहित्यकार श्री विष्णु प्रभाकर के एक साक्षात्कार को लेखक ने टेप कर लिया। बातचीत खत्म होने के बाद जब टेप चलाया गया तो पता चला कि बातचीत टेप होने के बजाय वार्ता के दौरान आकाशवाणी के कार्यक्रम टेप हो गये। अतः यह आवश्यक है कि टेप-रिकॉर्डर साथ-साथ संवाददाता स्वयं भी नोट्स लेता रहे। दूसरा एक लाभ यह भी होगा कि अपनी 'स्टोरी' बनाते समय टेप नहीं सुनना पड़ेगा।

साक्षात्कार के लिए जाने से पूर्व संवाददाता को प्रश्नावली तैयार कर लेनी चाहिए। प्रश्नावली तैयार कर लेने का लाभ यह होगा कि संवाददाता को यह ध्यान रहेगा कि उसे किन मुद्दों पर बातचीत करनी है। यदि साक्षात्कार दाता विषय से हटने लगे तो संवाददाता को चतुरता से उसे पुनः विषय की ओर मोड़ देना चाहिए। पूरक प्रश्न पूछकर अपनी उत्सुकता को शांत अवश्य करना चाहिए। साक्षात्कार के दौरान झिझकरना नहीं चाहिए। बातचीत के दौरान व्यवहार शालीन रहना चाहिए तथा साक्षात्कार दाता के विश्वास को बनाये रखना चाहिए। 'ऑफ द रिकॉर्ड' अंश का प्रकाशन उचित नहीं है।

साक्षात्कारकर्ता को साक्षात्कार लेने से पहले संबंधित व्यक्ति को वार्तालाप के विषय से अवगत करा देना चाहिए। वह निश्चित समय भी कर लेना चाहिए। संवाददाता को अपना परिचय पूर्व में ही दे देना चाहिए। साक्षात्कर दाता को यह बता देना उचित रहता है कि वह किस समाचार-पत्र या संवाद समिति से सम्बद्ध है।

साक्षात्कार की सफलता संवाददाता के वाक् चातुर्य और प्रतिभा पर निर्भर करती है। असंगत तथा निरर्थक प्रश्न पूछकर समय नष्ट मत कीजिए। साक्षात्कार के उद्देश्य को अपने मस्तिष्क में स्पष्ट रखें तथा खुले मन से साक्षात्कार के लिये जायें।

प्रायः संवाददाता के समाने प्रश्न उभरता है कि साक्षात्कार की लिखित प्रति साक्षात्कार दाता को दिखाई जाये अथवा नहीं। यदि साक्षात्कार तकनीकी अथवा कानूनी विषयों से सम्बद्ध हैं तो उसे दिखाने में कोई नुकसान नहीं। प्रायः नवोदित पत्रकार साक्षात्कार को लिखकर पुनः दिखा देते हैं। यह स्वयं आप पर निर्भर है कि आप कितने आत्मविश्वासी हैं। यदि आपको यह विश्वास है कि आपने साक्षात्कार दाता की भावनाओं को उसी परिप्रेक्ष्य में ग्रहण किया है जैसी साक्षात्कार दाता की भावना थी तो उसे न भी दिखायें तो कोई हानि नहीं।

प्रेस कांफ्रेन्स

साक्षात्कार तथा प्रेस कान्फ्रेन्स में मामूली सा अन्तर है। साक्षात्कार का आयोजन संवाददाता के व्यक्तिगत प्रयासों के कारण संभव हो पाता है। संवाददाता जब किसी विषय विशेष पर कोई जानकारी प्राप्त करना चाहता है तो वह अपने प्रयत्नों के आधार पर उस विषय के विशेषज्ञ से साक्षात्कार का समय निश्चित करता है। इसके विपरीत प्रेस कान्फ्रेन्स का आयोजन व्यक्ति संस्था या विभाग द्वारा निश्चित समय पर आयोजित किया जाता है जिसमें भाग लेने के लिए संवाददाता को विधिवत् निमंत्रण-पत्र भेजा जाता है। साक्षात्कार में जहां संवाददाता प्रायः अकेला ही साक्षात्कारदाता से प्रश्न करता है वहीं प्रेस कान्फ्रेन्स में विभिन्न संवाद माध्यमों में प्रतिनिधि उपस्थिति रहते हैं। साक्षात्कार की सफलता संवाददाता के व्यक्तिगत वाक्चातुर्य पर ही पूर्णतः आधारित करती है। साक्षात्कार के लिए संवाददाता को व्यापक व विशद् तैयारी करनी पड़ती है। जबकि प्रेस कान्फ्रेन्स के लिए यह इतना अधिक आवश्यक तथा अपेक्षित नहीं होता है।

प्रेस कान्फ्रेस में जाने से पूर्व संवाददाता को इस बात की सम्पूर्ण जानकारी होनी चाहिए कि इसका आयोजन कहां, कौन कर रहा है तथा इसे कौन व्यक्ति सम्बोधित करेगा। उसे इस बात का भी अनुमान लगा लेना चाहिए वहां किस प्रकार के प्रश्न पूछे जाने की संभावना है। इसी आधार पर उसे अपनी आवश्यक तैयारी कर ठीक समय पर उचित स्थान ग्रहण कर लेना चाहिए। यदि संवाददाता संभावित प्रश्नों की एक सूची तैयार कर ले तो उसे अपने कार्य में काफी सुविधा रहेगी।

प्रेस कान्फ्रेस समाचार प्राप्ति का प्रमुख साधन है। अक्सर ऐसे आयोजन होते रहते हैं। अतः संवाददाता को इनमें आवश्यक तैयारी कर सम्मिलित होना चाहिए। प्रेस कान्फ्रेन्स के दौरान पूरी सजगता से बैठना चाहिए। अन्य साथी संवाददाताओं के प्रश्नों को ध्यान से सुनना चाहिए। उनके द्वारा पूछे गए महत्वपूर्ण प्रश्न अच्छे समाचार बन सकते हैं। यदि वक्ता अपने वक्तव्य में कोई असंगत बात कहे तो सवाददाताओं का यह कर्तव्य हो जाता है कि वह उससे सत्य बात कहलवाये।

संवाददाता को लम्बे प्रश्न करने की प्रवृत्ति से बचना चाहिए। प्रश्न संक्षिप्त, सहज तथा आसान होने चाहिए। लम्बे प्रश्नों के कारण वक्ता को भी उतार देने में कठिनाई होती है तथा समय भी नष्ट होता है। वक्ता को अपनी बात कहने

दें। बात पूरी होने पर ही यदि कोई संशय हो तो पुनः प्रश्न करें। वक्ता के जो दावे हैं उनकी सत्यता की भी जॉच करें। यह तभी संभव होगा जब आपकी सम्बन्धित विषय की तैयारी अच्छी होगी।

प्रेस कान्फ्रेन्स में अनेक संवाददाता एकत्रित होते हैं। सभी को प्रश्न पूछने का अधिकार होता है। अतः संवाददाता बार-बार स्वयं ही प्रश्न पूछने का प्रयत्न न करे। प्रेस कान्फ्रेन्स में पूछे गये प्रश्नों पर सभी का अधिकार होता है, अतः जो प्रश्न सबसे महत्वपूर्ण हो उसी प्रश्न की लीड समाचार में बनाई जानी चाहिए। समाचार लिखते वक्त संवाददाता अथवा पत्र या संस्थान का हवाला नहीं दिया जाता। समाचार में कभी यह न लिखे कि 'अमुक पत्र के संवाददाता के प्रश्न के उत्तर में बताया'।

दीर्घ उत्तरीय प्रश्न

1. ओलम्पिक खेलों के सम्पादन समारोह की एक रिपोर्ट विस्तार से लिखिए।
2. गवास्कर के दस हजार रन पूरे हो जाने पर एक खेल समीक्षक के विचार को लिखिए।
3. आर्थिक एवं वाणिज्य पत्रकारिता के बारे में विस्तार से लिखिए।
4. शिक्षा पत्रकारिता पर विस्तृत चर्चा कीजिए।

लघु उत्तरीय प्रश्न

1. समाचार-पत्र में साक्षात्कार का क्या महत्व है? संक्षेप में लिखिए।
2. प्रेस कांफ्रेस पर संक्षिप्त टिप्पणी लिखिए।
3. हॉकी के मैच की रिपोर्टिंग संक्षेप में प्रस्तुत कीजिए।
4. व्यापारिक समाचार के दो प्रमुख भाग कौन-कौन से हैं? प्रत्येक का वर्णन संक्षेप में कीजिए।

वस्तुनिष्ठ प्रश्न

1. निम्न में से कौन 'टाइम्स ऑफ इण्डिया' के खेल सम्पादक है
   (क) श्री के.एन.प्रभु (ख) श्री राजेन्द्र तिवारी
   (ग) श्री विरुणदत्त (घ) इनमें से कोई नहीं।

2. रणजी ट्राफी सम्बन्धित हैं

(क) क्रिकेट (ख) टेनिस

(ग) हॉकी (घ) फुटबॉल

3. संतोश ट्रॉफी किस खेल से सम्बन्धित है

(क) फुटबाल (ख) हॉकी

(ग) टेनिस (घ) इनमें से कोई नहीं।

4. रोवर्स कप सम्बन्धित है

(क) फुटबॉल (ख) बेडमिन्टन

(ग) बॉस्केटबाल (घ) इनमें से कोई नहीं।

5. 1972 में ओलम्पिक खेल का आयोजन किया गया था

(क) म्यूनिख (ख) तेहरान

(ग) सिडनी (घ) इनमे से कोई नहीं।

15

समाचार-सम्पादन

समाचार-पत्र में सम्पादन का बड़ा महत्वपूर्ण स्थान है। इसके अभाव में समाचार-पत्र का कोई अस्तित्व नहीं रह जाता। यह समाचार-पत्र का मुख्य आधार माना जाता है। यह समाचार को रोचक आकर्षक तथा लोकप्रियता बनाने में बहुमूल्य भूमिका का निर्वाह करता है, परन्तु यह काम बहुत मुश्किल है। क्योंकि इस काम को करते समय शब्द, भाषा लिंग आदि पर विशेष रूप से ध्यान देना पड़ता है। इसकी थोड़ी भूल से समाचार-पत्र बदनाम हो जाता है। अतः सम्पादन कार्य करते समय अग्रलिखित तीन बातों पर विशेष रूप से ध्यान देना चाहिए।

1. स्थान
2. समय एवं
3. आवश्यकता।

समाचार यदि विशेष महत्व का है और स्थान तथा समय की कमी न हो तो उसे विस्तारपूर्वक तथा मोटे अक्षरों में दिया जाता है। यदि समाचार विशिष्ट है लेकिन स्थान और समय में अन्तर हो तो उसे संक्षिप्त करके दिया जाता है। विस्तारपूर्वक लिखने के मोह में समाचार को पुराना कर देना अथवा उसके अस्तित्व को खत्म कर देना ठीक गलत है।

समाचारों का वर्गीकरण करने के बाद समाचार-पत्र के प्रमुख उप-संपादक को हर एक समाचार के विषय अथवा समाचार के छः प्रकारों यथाक्या, कब, क्यों, कहाँ,

कैसे और कितने का निर्णय शीघ्र लेना चाहिए। इस फैसला के पश्चात् समाचारों को संपादन के लिए सहयोगियों के पास भेज दिया जाता है। काम का बँटवारा करने से पहले एक बार सभी समाचारों पर सरसरी नज़र से देख लेना महत्वपूर्ण होता है। इसी बीच महत्वपूर्ण अंशों पर चिह्न लगा दिए जाते हैं, जिससे संपादन करने वाले सहायकों को संक्षेप तथा महत्वपूर्ण अंशों का समावेश करने में मदद मिलती है तथा समय की भी बचत हो जाती है। समाचारों को संपादन के लिए विभाजन करने से पहले शीर्षक की तरह और समाचार के वांछित या उचित स्वरूप के विषय में मूल प्रति पर ही लिखित चिह्न होना चाहिए।

समाचारों का संपादन और चयन करते समय कई समाचार स्वयं इकाई और स्वतंत्र रूप में होते हैं। कई समाचार ऐसे होते हैं जिनका दूसरे समाचारों के साथ घनिष्ठ संबंध होता है। इस तरह के समाचारों को अधिकतर एक ही स्थान पर प्रस्तुति के साथ दे दिया जाता है। ऐसे समाचारों में विरोधपूर्ण की स्थिति पैदा हो सकती है। उनका मुख्य कहानी से क्रम टूट जाने की संभावना होती है तथा वे पाठकों की समझ से भी परे हो जाते हैं। यह संभव है कि सबसे अंत में आने वाला समाचार पहले दिए गए समाचार के महत्व को खत्म कर दे अथवा उन्हें गैर जरूरी ही बना दें।

बहुत से समाचार संवाददाता और समितियाँ अपने-अपने तरीके से समाचारों को भेजते हैं। समाचार संपादन करने वाले व्यक्ति पर उसकी व्याकरण, भाषा, भाव और मुख्यांश का संपादन करके उसे आकर्षक और तरीके से पाठकों के सामने प्रस्तुत करने का जिम्मेवारी होता है। समाचार दिखाई दे और इसके साथ-ही-साथ वह वाक्य आकर्षक भी होना चाहिए। हरएक मनुष्य की यह इच्छा होती है कि वह विशिष्ट जानकारी को जल्दी समझ सके, इसके लिए वह काफी बेचैन और व्याकुल रहता है जब पाठक समाचार प्राप्त करने के लिए आतुर और उत्सुक रहता है तो पहले तुष्टिकर वाक्य से उसको ज्यादा संतोष मिलता है। एक साँस में सभी जानकारी प्राप्त करने की भूख को शांत करके वह आगे के विवरण और विश्लेषण की ओर विकसित होता है। इस तरह के वाक्यों को पत्रकारिता की भाषा में 'इण्ट्रो' कहा जाता है।

सम्पादन का महत्वपूर्ण उद्देश्य

डॉ. रामचन्द्र तिवारी के शब्दों में 'सहज-सुलभ साधनों द्वारा समाज और जीवन

के सभी पहलुओं को प्रकाशमान करने वाले विचारों एवं सूचना सामग्री को सुरुचिपूर्वक संकलित, सम्पादित एवं मुद्रित कर जन-साधारण को उपलब्ध कराना ही पत्रकारिता का मुख्य उद्देश्य है।"

सम्पादक सचमुच पांडुलिपि में अथवा लिखित सामग्री में सम्यक् रूप से संशोधन, परिमार्जन और सुधार करना है जिससे उक्त सामग्री प्रकाशन योग्य बन सके तथा अपनी सहज प्रस्तुति में पाठकों को सुरुचिपूर्ण प्रतीत हो सके। सम्पादन की ए.बी.सी. को इस प्रकार व्यक्त किया जा सकता है

A = Accuracy (परिशुद्धता)

B = Briefness (संक्षिप्तता)

C = Correctness (यथातथ्यता)

श्री प्रवीण दीक्षित के शब्दों में समाचार-सम्पादन का उद्देश्य हैसमाचार को पाठकों की दृष्टि से सार्थक (Meaningful) बनाना।

समाचार सम्पादन की सर्वाधिक महत्वपूर्ण बात है न्यूनतम शब्दों में कथ्य अथवा तथ्य की प्रस्तुति। समाचार-पत्रों में प्रायः स्थान की समस्या रहती है। समाचारों की अधिकता तथा उपलब्ध स्थान की सीमितता के कारण उप-सम्पादक के लिए यह आवश्यक हो जाता है कि वह समाचार का गठन इस प्रकार करे जिसमें शब्दों का अनावश्यक विस्तार न हो तथा शब्दों की मितव्ययता बरतते हुए समाचार अपनी बात सही परिप्रेक्ष्य में पूर्ण रूप से सम्प्रेषित कर सकने में सक्षम होऐसा प्रयास आवश्यक है।

सम्पादक को सम्पादकीय कार्य करते समय समाचारों में स्पष्टता के साथ-साथ शब्दों की मितव्यतता पर विशेष ध्यान देना चाहिए। विभिन्न स्रोतों से प्राप्त समाचार जटिल तथा क्लिष्ट हो सकता है। उप सम्पादक की प्रतिभा इसी में निहित है कि वह उस जटिल संरचना से युक्त समाचार को सहज, सरल और सुबोध ढंग से स्पष्ट कर दे।

समाचारों में शब्दों की मितव्ययता और स्पष्टता के साथ-साथ सार्थक अभिव्यक्ति भी होनी चाहिए। उप-सम्पादक के कार्य की रचनात्मकता इसी में निहित है कि वह प्रभावी ढंग से समाचार में निहित विचार को प्रकट कर दे। इस दृष्टि से भाषागत लालित्य का भी विशेष ध्यान रखा जाना आवश्यक है। भाषा की प्राञ्जलता समाचार को सही सन्दर्भों में समझने में सहायक होती है। भाषा की विच्छृंखला न सिर्फ समाचार को दुर्बोध तथा बोझिल बना देती है। वरन् समाचार के कथ्य में भी भ्रांति

उत्पन्न कर सकती है। उक्त आधार पर समाचार का परीक्षण करने के बाद उप सम्पादन की दृष्टि से जो महत्वपूर्ण बात आती है वह है समाचारों के महत्व का निर्धारण। इसका तात्पर्य है किस समाचार को प्रथम लीड दी जाए तथा किसे द्वितीय लीड? समाचार-पत्र के पृष्ठों पर विविध समाचारों का संयोजन किस प्रकार किया जाए? उनकी प्रस्तुति किस प्रकार आकर्षक बनाई जाए? समाचार को कितना स्थान दिया जाए?

उक्त सभी प्रश्न अत्यन्त महत्वपूर्ण हैं। इनका उत्तर उप सम्पादक को स्वयं ही खोजना पड़ेगा। उप सम्पादक स्वयं अपनी निर्णयात्मक क्षमता के आधार पर समाचारों की महत्ता के क्रम का निर्धारण करता है। वह इतना शक्ति सम्पन्न होता है कि किसी भी समाचार के प्रस्तुतीकरण के आधार पर उसके महत्व या प्रभाव में कमी अथवा वृद्धि कर दे।

प्रेस कापी का सम्पादन

समाचार के चयन और महत्ता के निर्धारण के साथ ही प्राप्त समाचार की मूल कापी, जिसे पत्रकारिता की भाषा में 'प्रेस कापी' कहते हैं, का सम्पादन करना पड़ता है। यह कापी देवनागरी लिपी में हिन्दी भाषा की तथा रोमन लिपि में हिन्दी अथवा अंग्रेजी भाषा में हो सकती है। उप सम्पादक को इस प्रकार की प्रेस कापियॉ को प्रकाशन योग्य बनाने के लिए उनका सम्पादन करना पड़ता है। उप सम्पादक के लिए यह आवश्यक है कि वह उस समाचार को अर्थवान्, स्पष्ट तथा भाषा की दृष्टि से शुद्ध बनाने के लिए उसे पढ़े तथा जरूरी हो तो पुनः लिखे। सम्पादन का आदर्श संक्षिप्तीकरण है। समाचार में से अनावश्यक तथ्यों तथा शब्दों को निकालकर छोटे-छोटे वाक्यों तथा सरल, सुबोध और सहज शैली में उसे प्रस्तुत करना चाहिए।

समाचार को अनुच्छेदों में लिखना चाहिए। आदर्श स्थिति यही है कि एक अनुच्छेद में जहाँ तक सम्भव हो एक ही विचार लिखना चाहिए। अनुच्छेदों के उचित संयोजन से न सिर्फ पृष्ठ सज्जा में सुविधा रहती है वरन् पाठक को भी समाचार समझने और पढ़ने में आसानी रहती है।

समाचार-पत्र में समाचार विवध स्रोतों से आते रहते हैंजैसे समाचार समितियाँ, संवाददाता, विज्ञाप्तियाँ आदि। यदि एक ही समाचार विविध स्रोतों से प्राप्त होता है तो एक प्रतिभा-सम्पन्न उप-सम्पादक इन स्रोतों से प्राप्त सामग्री का

उपयोग कर उन्हें एक ही समाचार में भली भाँति प्रस्तुत कर देता है। यदि किसी तथ्य पर मत वैभिन्य है तो उसे भी समाचार में दिया जाना चाहिए।

सम्पादक सम्पादन करते समय स्थान की बचत पर विशेष ध्यान देता है क्योंकि इस क्षेत्र में स्थान का महत्व अधिक है। सीमित स्थान में विविध प्रकार के अधिकतम समाचार आकर्षक सज्जा के साथ दिए जाने चाहिए।

संक्षिप्त रूपों (Abbreviations) के प्रयोगों से यथा सम्भव बचना चाहिए। उन्हीं शब्दों के सक्षिप्त रूपों के प्रयोग अपेक्षित हैं जो अत्यधिक प्रचलित हैं तथा जिनमें किसी प्रकार की भ्रान्ति उत्पन्न होने का खतरा न हो। जैसे भाजपा, यूनेस्कों, सार्क इत्यादि संक्षिप्त रूपों को समाचार में पहले पूरा लिख देना चाहिए तथा यदि उनका पुनः उल्लेख किया जाना हो तो उसे संक्षिप्त में दिया जा सकता है।

वर्तनी की दृष्टि से विशेष सावधानी बरतनी चाहिए। विदेशी नामों और स्थानों में तो वर्तनी की शुद्धता की जाँच की अधिक आवश्यकता है।

समाचार को उसके उचित परिप्रेक्ष्य में समझने के लिए यदि आवश्यक हो तो महत्वपूर्ण तथ्य को पृष्ठभूमि में दिया जाना चाहिए।

इस प्रकार हम निष्कर्ष के रूप में कह सकते हैं कि समाचार को रोचक, पठनीय और आकर्षित बनाने में सम्पादक की भूमिका महत्वपूर्ण होती है।

प्रवीण दीक्षित ने ब्रूस वेस्टले को उद्धृत करते हुए लिखा है'सम्पादक समाचार को काटने-छांटने में चिकित्सक के काम में आने वाली एक छोटी 'छुरी' को काम में लाए, न कि एक कसाई के काम में आने वाले बड़े छुरे का प्रयोग करे। ब्रूस वेस्टले के इस कथन का तात्पर्य यह है कि सम्पादक को समाचार का सम्पादन करते समय एक चिकित्सक की भाँति सह्रदय होना चाहिए न कि एक कसाई की भाँति निर्मम। एक अच्छे समाचार का प्रारम्भ जितना अच्छा होना चाहिए उतना ही अच्छा उसका अन्त भी और यह तभी सम्भव है, जब कर्त्तव्यनिष्ठ सम्पादक अपने जन माध्यम और उसके पाठकों तथा श्रोताओं के प्रति भी अपने को उत्तरदायी समझे।"

माइकल हाइड्स (Michel Hides) ने समाचार को सुरुचिपूर्ण ढंग से सम्पादित करने के अग्रलिखित आधार बताए हैं

1. Interpreting
2. Checking
3. Re-writing
4. Condensing
5. Introducing

एक अन्य लेखक ने सम्पादन के तत्व इस प्रकार बताए हैं

Arranging, introducing, Compareing, Framing, Translating. Selecting or Adapting for Publication.

लीड

लीड का समाचार-पत्र में महत्वपूर्ण स्थान है। यह समाचार-पत्र के बाईं ओर उपस्थित रहता है। इसके तहत प्रमुख समाचारों का संकलन कर समाचार-पत्र के माध्यम से देशवाससियों का ध्यान केन्द्रित किया जाता है। मनोवैज्ञानिकों की यह मान्यता है कि पाठक समाचार-पत्र खोलते ही सबसे पहले बाईं ओर ऊपर की तरफ देखता है अतः एक दिन के सर्वाधिक महत्वपूर्ण समाचार पर ध्यान आकृष्ट करने के लिए पत्र के ऊपर बाईं ओर दिए जाने की परम्परा है। मुख्य समाचार से कम महत्वपूर्ण समाचार पर ध्यान आकृष्ट करने के लिए उसे पत्र के ऊपर बाईं ओर दिए जाने की परम्परा है। मुख्य समाचार से कम महत्वपूर्ण समाचार को द्वितीय लीड के रूप में प्रायः पृष्ठ के दाहिनी ओर दिया जाता है। श्री प्रेमनाथ चतुर्वेदी ने 'लीड की समस्या' पर लिखा है

"किसी अति विशिष्ट समाचार के न होने की स्थिति में विभिन्न पत्रों की लीड कभी मिलती नहीं। कोई किसी समाचार को उभारता है तो कोई किसी को। यह पत्र की नीति, सम्पादक के दृष्टिकोण और मुख्य उप-सम्पादक की मनोवृत्ति का भी प्रतिबिम्ब होती है।

अग्रलिखित चार महत्वपूर्ण तथ्यों को ध्यान में रखकर ही 'लीड का चयन करना चाहिए।

1. राजनीतिक महत्व
2. परिवर्तन की पराकाष्ठ।
3. भीषणता
4. अति व्यापक प्रभाव

ये चारों तथ्य देश और विदेश के समाचारों में मिल सकते हैं। यदि दोनों में टकराव हो तो देश, पड़ोसी देश और दूर देश के क्रम से उनका महत्व आंकना चाहिए।"

कुछ प्रमुख समाचार-पत्रों की लीड के शीर्षक यहाँ दिए जा रहे हैं

1. **नवभारत टाइम्स, दिल्लीप्रथम लीड** हरियाणा के डबवाली कस्बे में भीषण अग्निकांड : 400 मरे

द्वितीय लीड बेअंत हत्याकांड के दो प्रमुख अभियुक्त गिरफ्तार

2. दैनिक नवज्योति, जयपुरप्रथम लीड हरियाणा के स्कूल समारोह में आग से 315 मरे

3. दैनिक हिन्दुस्तान, नई दिल्लीप्रथम लीड हरियाणा के स्कूल समारोह में भीषण आग से 305 मरे।

4. राष्ट्रदूत, जयपुर-प्रथम लीड स्कूल के वार्षिक समारोह में आग से 315 मरे।

द्वितीय लीड पुरूलिया में गिराए गए हथियार एक छोटा-मोटा युद्ध लड़ने के लिए पर्याप्त।

5. राजस्थान पत्रिका, जयपुरप्रथम लीड स्कूल-समारोह में भीषण आग, 312 मरे।

द्वितीय लीड चालक दल ने स्वीकार किया कि हथियार उसी ने गिराए थे।

जनसत्ता, दिल्लीप्रथम लीड स्कूल के समारोह के दौरान आग से 312 मरे।

द्वितीय लीड विदेश विमान के चालक ने हथियार गिराने की बात मानी।

दैनिक जागरण दिल्लीप्रथम लीड हरियाणा के सिरसा जिले में भीषण आग से चार सौ मरे।

द्वितीय लीड मुम्बई में उतारे गए विमान ने ही हथियार गिराए थे।

राष्ट्रीय सहारा, दिल्लीप्रथम लीड सिरसा में स्कूली समारोह के दौरान आग लगी, 305 मरे।

द्वितीय लीड राव भजन की हत्या की साजिश का भंडाफोड़।

उक्त विवरण से स्पष्ट होता है कि लीड का चुनाव उप सम्पादक अपने-अपने ढंग से समाचारों को महत्ता देते हुए करता है।

इन्ट्रो

'इंट्रों' आंग्ल शब्द 'इंट्रोडक्सन' का संक्षिप्त रूप है। जिस तरह समाचार-पत्र को लोक प्रिय बनाने में लीड का महत्वपूर्ण योगदान रहता है। उसी तरह 'इंट्रों का भी समाचार-पत्र के लोकप्रिय बनाने में महत्वपूर्ण योगदान रहता है। इण्ट्रो सम्पूर्ण समाचारों का सारांश और जान होता है। इसे पढ़ना होता है। इसे पढ़ते ही पाठक समाचार के तथ्य को जानकर पूर्ण रहस्यों और उसके आगे के बात को पढ़ने हेतु

जिज्ञासु हो जाता है। इण्ट्रो में समाचार के अन्तिम निष्कर्ष को देने को विलोम स्तूपी प्रक्रिया कहते हैं। पाठक की उत्सुकता को शांत करने के लिए नतीजा के बारे में पहले ही बता दिया जाता है। इसके बाद अन्य रहस्यों को उजागर किया जाता है।

समाचार की आत्मा समाचार के बीच में न होकर उसके प्रारम्भ में और प्रथम ही वाक्य में होता है। समाचार के शीर्षक और उसके शुरुआती अंश को पढ़ने तथा देखने से सम्पूर्ण समाचार की घटनाचक्र स्थिति और निष्कर्ष का पता चल जाता है।

इण्ट्रो का निर्माण करना भी एक विशेष कला है इस काम के लिए अभ्यास की बहुत जरूरत होती है। आजकल अनेक समाचार-पत्रों के संवाददाता समाचार के शुरुआती अंश को इण्ट्रो के रूप में ही लिखते हैं। यह कोई जरूरी नहीं है कि हर एक संवाददाता द्वारा लिखा गया इण्ट्रो संपादक को पसंद आ जाए अथवा वह उसे स्वीकार हो। इसलिए यह जरूरी है कि समस्त समाचार को पढ़ने के बाद उसका सारगर्भित विचार, महत्व तथा इण्ट्रो के तहत शामिल कभी-कभी अन्तिम वाक्य का भी रूप ग्रहण कर सकता है। समाचार-पत्रों के कार्यालयों में यह संघर्ष हमेशा चलता रहता है कि कभी संवाददाता द्वारा निर्मित इण्ट्रो संपादन करने वाले व्यक्ति को पसंद नहीं होता तथा कभी संपादक द्वारा इण्ट्रो संवाददाता को अच्छा नहीं लगता। इसका मुख्य कारण यह है कि संवाददाता अपनी किसी निश्चित विचार के अनुसार समाचार के मुख्य अंश को चुनकर उसको विशिष्टता प्रदान कर उसकी आँखों से निकल जाता है। जब वही समाचार संपादन करने वाले व्यक्ति के पास पहुँचता है तो उसकी उपयोगिता पर विचार होता है न कि एक निश्चित धारणा पर। इस तरह संपादक पूरे समाचार पर समक्ष दौड़ का जिस अंश को आकर्षक और महत्पूर्ण समझता है, उन सभी रूपों को संगठित करके प्रमुख भाग को विशिष्टता प्रदान करने वाली जिम्मेवारी जब उसके ऊपर पर आ जाती है तो यह ध्यान नहीं दिया जाता कि किस संवाददाता ने किस तरह इण्ट्रो किया है। ऐसी परिस्थिति में किसी की नापसंद तथा पसंद का हो जाता है। ऐसी स्थिति में प्रत्यक्ष सवाल यह होता है कि पाठकों को किस तरह आकृष्ट किया जाए और उनकी संतुष्टि के लिए किस तरह प्रभावशाली तरीके से महत्वपूर्ण तथा सार अंश उनके सामने प्रस्तुत किए जाएँ। इण्ट्रो की सहायता से किसी भी समाचार को महत्वपूर्ण व आकर्षक बनाया जाता है। अगर इण्ट्रो आकर्षक तथा प्रभावशाली न बने तो सम्पूर्ण समाचार का महत्व खत्म हो जाता है और वह अस्तित्वहीन होता है।

समाचारों का सम्पादन करते समय सम्पादककर्ता को विशेष रूप से अग्रलिखित दो बातों पर विशेष ध्यान देना चाहिए

1. समझने में आसानी समाचार को समझने के लिए पाठकों को मुश्किल हो और मुख्य अंश को समझने में उसे काफी कम समय लगे। पाठकों को पसंद और उनके हित का ज्यादा ध्यान दिया जाना चाहिए जो समाचार संपादन का उपयोगी अंग है।

2. समाचार का गठन समाचार का संकल इस तरह से होना चाहिए कि उसका रूप जितना संक्षिप्त हो सके जरूरत के अनुसार कर देना चाहिए। इन चीजों का पाठ को और समाचार-पत्र के गठन पर ज्यादा प्रभाव पड़ता है। इन्हीं बातों के द्वारा समाचार का इण्ट्रो भी अच्छा किया जा सकता है।

इण्ट्रो के प्रकार इण्ट्रो के प्रकार करना एक कठिन काम है, चूँकि जितने प्रकार के समाचार होते हैं उतने ही प्रकार के इण्ट्रो भी होते हैं। इसके साथ-ही-साथ समाचार नजरिये सहयोगी संपादक लेखक और नजरिये भी इण्ट्रो की भिन्नता पर निर्भर रहते हैं। सामान्यतया इण्ट्रो के दो मुख्य रूप माने जाते हैं

1. तथ्यात्मक इण्ट्रो इसमें घटना चक्र को ही बिना किसी संकोच के महत्व दिया जाता है। किसी-किसी तथ्यात्मक इण्ट्रो को भावना का पुट देकर ज्यादा रोचक तथा आकर्षक और महत्वपूर्ण बनाया जा सकता है।

2. भावनात्मक इण्ट्रो इसके तहत घटना चक्र, विचार एवं प्रमुख समाचारों का निरीक्षण करके निष्कर्ष निकालने अथवा उसके लिए प्रेरणा देने का प्रयास किया जाता है।

हर एक समाचार का इण्ट्रो उसी से संबंधित होता है। यदि समाचार एक कॉलम वाला हो तो उसके इण्ट्रो का स्वरूप छोटा होना चाहिए और यदि समाचार दो कॉलम वाला हो तो उसका इण्ट्रो कुछ बड़ा होना चाहिए, लेकिन जरूरत से ज्यादा लम्बा तथा बड़ा इण्ट्रो समाप्त समाचार की छवि को खराब कर देता है, जिसकी प्रतिक्रिया पाठकों को दुविधा में डाल देती है। इण्ट्रो को हमेशा छोटा, सारगर्भित और प्रभावोत्पादक अंशों से सम्बन्धित होना चाहिए।

भाषण समाचारों का सम्पादन

वर्तमान समय में समाचार-पत्रों में दिन-प्रतिदिन भाषणों के समाचार बहुतायत से देखे जा सकते हैं। मुख पृष्ठ ही प्रायः राष्ट्रपति, प्रधानमंत्री, मुख्यमंत्री अथवा

मंत्रियों और विशिष्ट व्यक्तियों के वक्तव्यों तथा भाषणों से भरे रहते हैं। भाषण समाचार सम्पादन में ऐसे वक्तव्यों की समाचार महत्ता का मूल्यांकन करना आवश्यक है। इन्हें सिर्फ इसी कारण प्रकाशित करना उचित नहीं है कि उसे किसी विशिष्ट व्यक्ति ने कहा है। इनमें लम्बे और विस्तृत वक्तव्यों में से उपयोगी जानकारी को ही समाचार के रूप में दिया जाना चाहिए। वक्तव्य का मूल अंश यदि महत्वपूर्ण है तो उसे प्रत्यक्ष कथन के रूप में दिया जाना चाहिए। भाषणों को किस प्रकार पठनीय बनाया जा सकता है। समाचार-पत्र में उक्त समाचार के लिए उपलब्ध सीमित स्थान को भी ध्यान में रखना आवश्यक है और समाचार इस प्रकार प्रस्तुत किया जाए जिससे भाषण का मूल कथ्य स्पष्ट हो सके। वक्ता के भाषण के भावार्थ की भी रक्षा होनी चाहिए।

भाषण की ही भांति सरकारी विभागों आदि के द्वारा हैंड आउट भी जारी किए जाते हैं। उप-सम्पादक को इनमें से समाचार तत्व खोजना पड़ता है। यदि उनमें समाचारत्व का अभाव है तो वे भाषण अथवा हैंड आउट उसके लिए निरर्थक है। ऐसे भाषण तथा सहज सरल शब्दावली का प्रयोग करना चाहिए। भाषण का प्रभाव उसके समाचार तत्त्व, उसके सन्देश तथा संप्रेषणीयता पर ही निर्भर करता है। भाषण को रंगास्वामी पार्थसारथी ने इस प्रकार परिभाषित किया है

"The longest wordiest way of imparting information."

भाषण समाचारों के सम्पादन में समाचार की दृष्टि से उसकी महत्ता का मूल्यांकन करते हुए संक्षेप में उसकी प्रस्तुति की जानी चाहिए। इस प्रस्तुति में यह ध्यान रखा जाना चाहिए कि कहीं समाचार बोझिल और दुर्बोध न हो जाए।

स्थानीय समाचारों का सम्पादन

समाचार-पत्रों को रोचक, आकर्षक तथा लोकप्रिय बनाने में स्थानीय समाचारों का काफी योगदान रहता है। इसके अभाव में कोई भी समाचार-पत्र अधिक प्रभावशाली नहीं हो सकता। अतः उसमें स्थानीयता का सम्मावेश होना आवश्यक है। स्थानीय समस्याओं से जुड़कर वह अपने पाठकों का विश्वास अर्जित कर सकता है।

समाचार-पत्र के प्रकाशन स्थल के समाचार स्थानी समाचारों की श्रेणी में आते हैं। यदि समाचार-पत्र का प्रसार क्षेत्रों में हैं, जहाँ से उसका प्रकाशन नहीं हो रहा है तो प्रायः इस बात का ध्यान रखा जाता है कि पत्र के उस क्षेत्र के संस्करण में वहाँ

के स्थानीय समाचारों को दिया जाए। स्थानीय समाचारों के इस महत्व को महसूस करते हुए सत्यदेव विद्यालंकार ने लिखा है कि "मेरा अनुभव है कि जिन पत्रों ने पत्रकारिता के इस महत्वपूर्ण अंग की उपेक्षा की, वे पनप नहीं सके। जिन संचालकों ने बिना टांगों के अपने पत्रों को चलाने का प्रयत्न किया, वे उसमें सफल नहीं हो सके।"

विद्यालंकार जी के उक्त शब्दों में स्थानीय समाचारों की महत्ता स्पष्ट है। श्री प्रेमनाथ चतुर्वेदी ने स्थानीय समाचारों के चुनाव और सम्पादन के लिए समाचार संकलनकर्ता तथा सम्पादक को अग्रलिखित बातों का विशेष ध्यान रखने के लिए कहा है

1. विभिन्न संस्थानों के स्तर और उनकी सेवाओं के बारे में जानकारी।
2. संवाददाता किसी प्रवाह में बह तो नहीं गया?
3. व्यक्तिगत कटाक्ष की गंध अवांछनीय।
4. पक्षपात से दूर रहना। 'सब अपने, न कोई पराया' सिद्धान्त का पालन करना।
5. नगर की दलबंदी पर निगाह रखना।
6. नगर के विभिन्न क्षेत्रों की स्थिति के बारे में जानकारी प्राप्त करना।
7. समाचारों में विविधता।
8. नामों के देने में संयम।
9. अपने कार्यालय से सम्बन्ध रखने वाले व्यक्तियों के नाम यथासम्भव न प्रकाशित करने के नियम का पालन।
10. अधिक से अधिक समाचार देने का प्रयास।
11. नगर का हित।
12. जनता की भावना।
13. नगर के समस्त वर्गों की यथा संभव तृष्टि।
14. सामुदायिक शिकायतों के प्रकाशन की ओर जागरूकता।
15. समाचार पर हुई प्रतिक्रिया पर निगाह।
16. समाचार की अतिशयोक्ति हीनता और प्रामाणिकता।
17. बासीपन की गंध से बचाव।
18. अद्यतन समाचारों की चित्रों से यथासम्भव शीघ्र पुष्टि।

19. समस्त उचित समाचारों के लिए द्वार खुला रहे, परन्तु अनुचित और निम्न स्तरीय समाचारों की पूर्ण उपेक्षा की जाय।
20. नगर के नेताओं के स्तर और उनकी लोकप्रियता का ज्ञान अधिक से अधिक समाचार देने का प्रयास।

अपराध समाचारों का सम्पादन

अपराध समाचारों का सम्पादन करते समय सम्पादक को विशेष सावधानी बरतनी पड़ती है। सम्पादक की थोड़ी-सी भूल समाचार-पत्र को अदालतों के मुकदमों में फंसा सकती है। कोई भी व्यक्ति तब तक अपराधी नहीं माना जाता जब तक अदालत उसे दोषी करार नहीं दे देती। ऐसी स्थिति में अदालत से दोषी सिद्ध न होने तक उस व्यक्ति को अपराधी के रूप में चित्रित नहीं किया जाना चाहिए। अन्यथा अदालत से दोषमुक्त होने पर वह मानहानि का मुकदमा दायर कर सकता है।

अपराध समाचारों में दोषी व्यक्ति की पहचान का सूत्र देना आवश्यक है। उदाहरणाथ 'पुलिस के अनुसार' अथवा 'उसकी जेब से प्राप्त कार्ड के अनुसार' इत्यादि। ऐसे समाचारों में व्यक्ति के नाम के पूर्व 'कथित' शब्द का प्रयोग करना उचित रहता है। न्यायालय की अवमानना के प्रश्न का भी उप-सम्पादक को ध्यान रखना चाहिए।

उप-सम्पादक को अपराध समाचार की भाषा का ज्ञान होना परम जरूरी है। उसे इस बात का ज्ञान होना चाहिए कि डकैती और चोरी में क्या अन्तर है? ऐसा न हो कि वह चोरी को डकैती लिख दे तथा डकैती को चोरी। ऐसी स्थिति अत्यन्त हास्यपद होती है। डाकू ताकत के बल पर आतंकित करते हुए चोरी करता है। जबकि चोर चुपचाप बिना आतंक या डर फैलाए चोरी करता है। इसी प्रकार डकैती में कम से कम पाँच या उससे अधिक व्यक्ति होते हैं जो हिंसा का सहारा लेते हैं। चोरी किसी दूसरे व्यक्ति, की वस्तु बिना आज्ञा के गायब कर देना है। उल्लेखनीय है कि कभी धन को नहीं लूटा जाताधन की चोरी होती है, लेकिन बैंक लूटे जाते हैं। अतः विविध प्रकार के अपराध समाचारों को लिखते समय उनकी तकनीकी भाषा का बोध होना आवश्यक है।

डाक समाचारों का सम्पादन

समाचार-पत्रों को प्राप्त समाचारों के विभिन्न स्रोतों में डाक समाचार भी

महत्वपूर्ण स्रोत हैं। राज्य अथवा देश के दूर-दराज के क्षेत्रों में अनेक पत्र अपने स्ट्रींगर तथा अंशकालिक सम्वाददाताओं की नियुक्ति करते हैं जो सामान्यतः डाक द्वारा समाचार प्रेषित करते हैं। विकास समाचार अथवा कम महत्वपूर्ण समाचार प्रायः सम्वाददाता डाक से प्रेषित करते हैं किन्तु यदि कभी कोई महत्वपूर्ण समाचार प्रायः सम्वाददाता डाक से प्रेषित करते हैं तो उसे प्रमुख स्थान देकर प्रकाशित किया जाना चाहिए। श्री प्रेमनाथ चतुर्वेदी के शब्दों में 'दूर और देर' का प्रश्न डाक के समाचारों में नहीं उठता। अधिक डाक-समाचारों से पत्र जनता का बनता है।"

दूर दराज क्षेत्रों में फैले इन सम्वाददाताओं का शैक्षिक स्तर भिन्न-भिनन होता है। अतः समाचारों की लेखन शैली में भी पर्याप्त वैविध्य होता है, इसलिए उप-सम्पादक के लिए यह आवश्यक है कि वह इन समाचारों का उचित सम्पादन करे। ऐसे समाचारों के सम्पादन में ध्यान रखने वाली बातों को श्री प्रेमनाथ चतुर्वेदी ने इस प्रकार व्यक्त किया है

1. घटना का बासीपन
2. सीमित स्थान
3. भाषा की एकरूपता
4. घटना का महत्व
5. घटना का स्थानीय महत्व
6. घटना का स्थानी रंग
7. व्यक्तिगत जान-अपमान की गंध

कार्टूनों का सम्पादन

समाचार-पत्र-पत्रिकाओं को रोचक आकर्षक तथा लोकप्रियता बनाने में कार्टूनों की भूमिका महत्वपूर्ण होती है। इसके तहत समाचार-पत्रों में समसामयिक घटनाओं (Curent Affairs) पर विशेष रूप से टिप्पणी की जाती है। समाचार-पत्रों में इसका प्रयोग सामाजिक राजनीतिक जीवन में शुद्धता लाने के लिए किया जाता है। कुछ कार्टून जहाँ विशुद्ध हास्य और गुदगुदाने वाले होते हैं, वही अन्य पाठक के हृदय को झकझोर देते हैं। उसमें निहित व्यंग्य-बोध पाठक के अन्तः को झकझोर देता है तथा वह अपने परिवेश और परिस्थिति के प्रति सजग हो जाता है। भारत के प्रसिद्ध कार्टूनिस्ट आर.के. लक्ष्मण को मैग्सेस पुरस्कार से सम्मानित किया जाना कार्टून कला के महत्व को इंगित करता है।

समाचार-सम्पादन के सामान्य सिद्धान्तों का ध्यान कार्टूनों के सम्पादन में भी रखा जाना आवश्यक है। यथा-कार्टून विशुद्ध हास्य और व्यंग्य की दृष्टि से प्रकाशित किए जाए, न कि किसी के चरित्र हनन के उद्देश्य से। कार्टून के द्वारा किसी धर्म, जाति या समुदाय पर निन्दाजनक टिप्पणी न की जाए, कार्टून में तथ्यात्मक गलतियाँ न हों, किसी व्यक्ति आदि का मखौल उड़ाने की चेष्टा न की जाए आदि।

इस सन्दर्भ में एक उदाहरण उल्लेखनीय है। तमिलनाडु की एक व्यंग्य पत्रिका 'आनन्द विकटन' के 29 मार्च, 1987 के अंक में मुख पृष्ठ पर एक कार्टून प्रकाशित किया गया जिसमें एक श्रोता पूछता हैमंच पर बैठे दोनों में से मन्त्री कौन है और विधायक कौन? दूसरा श्रोताजो पॉकेटमार की तरह दिख रहा है वह विधायक है और जो ठग जैसा लगता है वह मंत्री है। इस कार्टून की देश व्यापी प्रतिक्रिया हुई। अप्रैल, 87 में तमिलनाडु विधान सभा के अध्यक्ष ने इस तमिल पत्रिका के सम्पादक एस. बाल सुब्रह्मण्य को मन्त्रियों और विधायकों के बारे में छपे अपमानजनक कार्टून के लिए क्षमा-याचना प्रकाशित न करने पर तीन माह के कठोर कारवास की सजा सुनाई।

सम्पादक की गिरफ्तारी की देश भर में व्यापक आलोचना की गई तथा इसे प्रेस स्वातन्त्रय पर खुला प्रहार बताया गया। इस घटना पर केन्द्रिय गृहराज्य मन्त्री स्वयं सम्पादक की ओर से क्षमा याचना करने तक को तैयार हो गए। अन्ततः भारी विरोध के कारण विधान सभा ने सम्पादक को रिहा कर दिया। सम्पादक ने इस कार्टून को सामान्य राजनीतिक मजाक बताया था। इससे यह स्पष्ट है कि कार्टूनों का प्रभाव काफी व्यापक और गहरा होता है। अतः इससे जुड़े सामाजिक, राजनीतिक दायित्वों का ध्यान कार्टूनिस्ट व सम्पादक दोनों को रखना चाहिए।

कार्टून प्रकाशन से पूर्व सम्पादक को यह ध्यान रखना चाहिए वह जीवन्त और प्रभावी हो। अर्थात् कार्टून क्या व्यक्त करना चाहता हैयह स्पष्ट तथा प्रभावी ढंग से प्रस्तुत किया गया हो। कार्टून में चित्रित वातावरण भी प्रासंगिक, सजीव तथा विषय-वस्तु के अनुरूप होइसका भी ध्यान रखा जाना आवश्यक है। रेखांकन इस प्रकार हो जिसकी पाठक उसका भावबोध आसानी से समझ सके। कार्टून उपलब्ध स्थान (Space) में सुरुचिपूर्ण ढंग से प्रकाशित हो सकेइसका भी ध्यान रखा जाना चाहिए। रेखाएँ तथा उसमें चित्रित वातावरण पत्र के पृष्ठ पर अच्छी तरह उभर सकेयह विशेष तकनीकी पक्ष भी ध्यान में रखना चाहिए।

पाठक की दृष्टि से उच्चकोटि का समाचार-पत्र

अगर देखा जाय तो पाठकों की विश्वसनीयता तथा लोकप्रियता पर ही किसी भी समाचार-पत्र की सफलता संभव है। समाचार-पत्र को प्रभावशाली बनाने के लिए पाठकीय विश्वास अर्जित करना परम जरूरी है। पूर्ण रूप से सुसम्पादित तथा सम्पूर्ण हो। इसके लिए सम्पादक को इस बात के लिए सचेत रहना चाहिए कि उसके पत्र में सभी महत्वपूर्ण समाचारों का न सिर्फ प्रकाशन हो वरन् उस पर अपेक्षित सामयिक टिप्पणी तथा दिशा निर्देशन भी हो जो पाठक की जानकारी को व्यापक तथा गहरा बनाए। इस दृष्टि से उसे स्थानीय घटनाओं से लेकर अन्तर्राष्ट्रीय स्तर तक घटनाओं को उचित प्राथमिकता देनी चाहिए। इन घटनाओं पर की गई सम्पादकीय टिप्पणियाँ पाठक को अपना मत बनाने में भी उपयोगी मदद होती है।

समाचार-पत्रों में घटनाओं का कवरेज अपने सामयिक परिवेश की झलक प्रस्तुत करता है। अतः पत्र प्रकारान्तर से जन आस्था और जन चेतना का प्रतीक बन जाता है। अतः पत्र का सम्पादन जीवन्त, कल्पनाशील तथा मौलिक हो, जिसमें पाठकीय उत्सुकता को कायम रखने की भी क्षमता हो। नीरस बेजान, परम्परागत समाधार-पत्र पाठक को आकृष्ट नहीं कर सकता।

पत्र के कर्मचारियों में व्यावसायिक दक्षता होनी चाहिए, जिनकी क्षमताओं का उपयोग सम्पादक को उचित प्रकार से करने में समर्थ होना चाहिए। उप-सम्पादक तथा संवाददाताओं सहित अन्य सहयोगियों की लेखनी सशक्त होनी चाहिए। श्रेष्ठ लेखन के साथ उनका प्रस्तुतीकरण भी उत्तम होना चाहिए। पत्र के टाइपों की संरचना, समाचारों का डिस्प्ले तथा चित्र चयन इस प्रकार से हो कि वह घटना को सुन्दरतम ढंग से प्रस्तुत कर सकें। मुद्रण भी अच्छा होना चाहिए।

प्रबन्ध वर्गीकरण

अग्रलिखित दो महत्वपूर्ण बातें समाचार प्रबन्ध कार्य में महत्वपूर्ण रोल अदा करती हैं

1. शीर्षक तथा आकार के प्रति सलाह आकार एवं शीर्षकों के संदर्भ में मुख्य उप-संपादक को अपने सहयोगियों की उत्सुकता और सलाह को सम्मानित करना चाहिए। ऐसे काम में उसे निरंकुश नहीं होना चाहिए, चूँकि गलत की भावना अति नुकसानदेह है। अपने फैसले की तुलना में दूसरे द्वारा दिया गया सलाह ज्यादा

महत्वपूर्ण तथा उपयुक्त हो सकता है। ऐसे विषयों के बारे में निर्णय लेने में एकता की भावना बहुत उपयोगी होती है।

2. सहयोगी उप-संपादकों की रुचि सहयोगी उप-संपादकों के वर्ग में उनके पसंद वाले व्यक्ति होते हैं उनकी पसंद के अनुसार मेल खाने वाले समाचार को सहायक उप-संपादक बड़े मनोयोग से संपादित करता है। एक विषय से संबंधित समाचारों को मुख्य रूप से एक ही व्यक्ति को दिया जाना चाहिए, इससे कार्य में तेजी आती है। ऐसा करने से विभिन्न त्रुटियों से बचा जा सकता है और दुहराव की स्थिति उत्पन्न नहीं होती है।

समाचारों का वर्गीकरण करते समय उप-सम्पादक कभी-कभी जरूरत से ज्यादा बुद्धि का परिचय दे बैठता है, जिसका नतीजा यह होता है कि समाचार किसी की पसंद का नहीं बनता। ऐसी स्थिति में प्रमुख उप-संपादक को ही उसका खुद संपादन कर देना चाहिए। यदि किसी कारण से यह संभव न हो सके तो उसे ऐसे संपादित कर देना ठीक होता है कि वह सहायकों को अच्छा लगे। यही बात संदेहास्पद तथा मुश्किल समाचारों पर भी लागू होती है। तथ्यों और भाषा से संबंधित मुश्किलों को शब्दकोश एवं संदर्भ पुस्तिका के सहयोग से सुलझा कर यदि सहयोगी को मुश्किल-से-मुश्किल समाचार भी सौंपा जाए तो वह उसका संपादन कार्य सुंदर और आसान ढंग से करता है।

संपादित नकल पर अवलोकन

संपादकीय कार्य को पूर्ण रूप देने में अवलोकन की भूमिका बहुमूल्य होती है। अवलोकन के पश्चात् ही समाचार-पत्रों को अंतिम रूप दिया जाता है। अतः समाचार को प्रेस में जाने से पूर्व अवलोकन करना परम जरूरी है। समाचार प्रेस में चले जाने के बाद ऐसा करना एक कठिन प्रक्रिया है जिसमें सबसे पहले समय की बरबादी होती है। छोटी-सी भी लापरवाही अथवा असावधानी के कारण काफी बड़ी त्रुटि हो जाने का संदेह बना रहता है। ऐसा नहीं है कि प्रेस में चले जाने के बाद समाचारों का संशोधन नहीं हो सकता है। त्रुटियों का सुधार तो मुद्रण शुरू होने तक भी किया जाता है, लेकिन हर एक त्रुटियों को सुधारने की प्रवृत्ति समाचार-पत्र के लिए हानिकारक साबित होती है और उसके समय पर मुद्रित न हो पाने का संदेह बना रहता है। इसीलिए प्रत्येक कार्य को निर्धारित समय-सीमा और पहले ही निर्धारित प्रणाली तथा नीति द्वारा पूरा किया जाता है।

संपादित प्रति का अवलोकन करने के बाद उसे प्रेस में कंपोजिंग के लिए भेजा जाता है। समाचारों को प्रेस में भेजते समय यह सोचना बहुत जरूरी है कि समाचार के आकार और महत्व की नजरिये से किस समाचार को किस क्रम से भेजा जाए। मान लीजिए कि यदि किसी महत्वपूर्ण पृष्ठ के लिए पाँच दो कॉलमें वाले तथा 25 अथवा 30 छोटे-बड़े एक कॉलम वाले समाचारों की जरूरत हो तो दो कॉलम तथा एक कॉलम वाले समाचारों का मेल बैठाना बहुत जरूरी है। यदि सभी दो कॉलम अथवा कॉलम वाले समाचारों को इकट्ठा करके कंपोजिंग करवा दिया गया तो पृष्ठ को तैयार करते समय उसमें कठिनाई पैदा हो जाती है, जिसका समाचार-पत्र की सजावट पर विपरीत प्रभाव पड़ता है तथा पृष्ठ देखने में अटपटा-सा मालूम होता है। जब तक दो कॉलम वाले समाचार निर्मित नहीं हो जाते तब एक कॉलम वाले समाचारों का यथार्थ उपयोग करना कठिन होता है। इसलिए समाचारों का संपादन करने तथा उनका प्रेस में भेजने की व्यवस्था में भी क्रमबद्धता का ध्यान रखना बहुत जरूरी होता है। समय छोटे स्थानों की पूर्ति करने में सहयोगी होते हैं। समाचारों का स्वरूप सुव्यवस्थित होना काफी जरूरी है। लम्बे-लम्बे समाचार पाठकों की जरूरी पसंद और पृष्ठ स्वरूप दोनों के लिए ही अनुपयुक्त होते हैं।

दीर्घ उत्तरीय प्रश्न

1. समाचार-पत्र में सम्पादन का क्या महत्व है? विस्तार से स्पष्ट कीजिए।
2. समाचार-पत्र में 'लीड' शब्द का प्रयोग क्यों किया जाता है? विस्तार से लिखिए।
3. 'इन्ट्रो' शब्द पर विस्तृत चर्चा कीजिए।
4. समाचार-पत्र को लोकप्रिय बनाने में स्थानीय समाचारों का क्या योगदान रहता है? विस्तार से लिखिए।

लघु उत्तरीय प्रश्न

1. अपराध समाचार के सम्पादन पर संक्षिप्त टिप्पणी लिखिए।
2. समाचार-पत्र को रोचक, आकर्षक तथा लोकप्रियता बनाने में कार्टूनों की भूमिका का वर्णन संक्षेप में कीजिए।
3. समाचार-सम्पादन में प्रबन्ध वर्गीकरण का क्या योगदान रहता है? संक्षेप में लिखिए।

4. प्रेस कॉपी का सम्पादन किस प्रकार किया जाता है? संक्षेप में लिखिए।

वस्तुनिष्ठ प्रश्न

1. समाचार-पत्र में 'लीड' का स्थान होता है
   (क) समाचार-पत्र के बाईं ओर (ख) समाचार-पत्र के दांई ओर
   (ग) बाईं और दांई के बीच में (घ) इनमें से कोई नहीं।
2. निम्न में से कौन समाचारों का सारांश और जान होता है?
   (क) इंट्रों (ख) लीड
   (ग) कार्टून (घ) इनमें से कोई नहीं।
3. समाचार-पत्रों में कार्टूनों का सम्पादन किया जाता है
   (क) समसामयिक घटनाओं को दर्शाने के लिए
   (ख) हास्य और गुदगुदाने वाली बातों के लिए
   (ग) (क) और (ख) दोनों के लिए
   (घ) इनमें से कोई नहीं।
4. निम्न में से भारत के प्रसिद्ध कार्टनिस्ट है
   (क) आर.के. लक्ष्मण (ख) डॉ. विष्णु दत्त
   (ग) डॉ. के.पी. मिश्रा (घ) इनमेंसे कोई नहीं।

16

समाचार-पत्र की डिजाइन तथा पृष्ठ सज्जा

समाचार-पत्र प्रकाशित होने के प्रारम्भिक काल में कागज और मुद्रण आज के जैसे नहीं थे, परन्तु समाचार-पत्रों की साज-सज्जा का आकर्षक बनाने के लिए भरपूर कोशिश की जाती है। भारतीय पत्रकारों के नेपोलियन माने जाने वाले विख्यात पत्रकार सदानन्द समाचार-पत्र के अच्छे मुद्रण पर बहुत ध्यान देते थे। आज तो समाचार-पत्र की सज्जा और प्रस्तुतीकरण में क्रांतिकारी परिवर्तन हुए हैं। समाचार-पत्र का विन्यास उतना सरल भी नहीं रहा, जितना पहले था। आज तो समाचार-पत्र के प्रस्तुतीकरण में पत्रकारिता, मुद्रण रूप, मुद्रण विज्ञान और विज्ञापन कला का पूरा-पूरा संयोजन ध्यान में रखा जाता है और उसका उपयोग किया जाता है। यहाँ तक कि विज्ञापन भी समाचार-पत्र में चाहे जहाँ नहीं छापे जाते। यह सभी प्रधान कारक आलेख-कला के अन्तर्गत आते हैं।

वर्तमान समय में अच्छा मुद्रणी कारण अधिकांश उप-संपादक के सही कार्य पर निर्भर रहता है। यदि उप-संपादक का कार्य कल्पनाशील और कौशलपूर्ण न हो तो मुद्रण की कारीगरी व्यर्थ होगी। उदाहरणार्थ यदि किसी तृतीय श्रेणी के महत्वहीन समाचार को चार कॉलम की प्रमुख पंक्ति दे दी जाय या किसी अवर्गीकृत समाचार

को चार इन्च लम्बा बॉक्स दे दिया जाय, तो जगहँसाई होगी। वास्तविक रूप में सज्जा का अर्थ ही यह है कि उपयुक्त सामग्री को समाचार-पत्र में उपयुक्त स्थान प्राप्त हो। इससे समाचार-पत्र का आकर्षक बढ़ेगा और पाठकों की रुचि भी समाचार-पत्र के प्रति बढ़ेगी। कहा जाता है कि स्वादिष्ट भोजन भी अच्छा और साफ तश्तरियों में परोसा जाने पर ही अच्छा लगता है। जैसे समाचार की मद का उप-संपादन किया जा चुका है और उसे तथ्य में जमाना है, तो यह देखना होगा कि उसे किस मद में जमाया जाय। मद के मुख्यतः दो भाग हैंएक है शीर्षक का और दूसरा है समाचार का। मद के महत्व और उसकी लम्बाईं के अनुसार समाचार के एक या दो उपशीर्षक भी हो सकते हैं। समाचार की मुख्य पंक्तियाँ ऐसी होनी चाहिए कि उनसे उसका महत्व प्रकट हो। उसका यह महत्व तब प्रकट होता है, जब टाइपों का सोच-समझ कर उपयोग किया जाय।

जब शीर्षक का मुद्रयोजन होता है, मुद्रयोजक मुद्राक्षरों (टाइप) का विन्यास करता है। समाचारों को रुचिपूर्ण बनाने व उसे बरकरार रखने हेतु सामग्री का मुद्रयोजन पैराग्राफ शीर्षकों के साथ किया जाता है। सूत्रपात का मुद्रयोजन बहुधा बड़े मुद्राक्षरों में दो या तीन कॉलमों में किया जाता है। फिर कुछ समाचारों का एक भाग बड़े या तिरछे (जो अलग चमकें) मुद्राक्षरों में भी किया जाता है।

तत्पश्चात् पृष्ठ पूर्ण हो जाने पर उसका पहला प्रूफ निकाला जाता है। प्रूफ वाचन के बाद दूसरा प्रूफ भी निकाला जाता है और कभी-कभी तीसरा प्रूफ भी निकाला जाता है। इन सभी प्रयत्नों के बावजूद प्रायः गलतियाँ चली जाती हैं, जिन्हें अँग्रेजी में 'प्रिण्टर्स डेविल' नाम दिया गया है।

प्रूफ पढ़ने के बाद सामग्री मेकअप मैन के पास भेज दी जाती है, जो पहले से ही उप-सम्पादक से डमी तैयार करा लेता है। वह सभी मदों को पृष्ठ पर निर्दिष्ट प्रतिरूप (डमी) के अनुसार जमा देता है। बची हुई गलती को सुधारने के लिए पेज प्रूफ निकाला जाता है। छोटे समाचार-पत्रों में यह पृष्ठ सिलिण्डर मशीन पर निकाले जाते थे, अब यह चलन ऑफसेट मशीनों के प्रचलन के कारण बन्द हो गया है। प्रायः सभी समाचार-पत्र ऑफसेट मशीनों का उपयोग करने लगे हैं। ऑफसेट मशीनों में प्लेट का प्रयोग होता है जिसे स्टीरियो कहते हैं। मुद्रयोजन भी अब ढले हुए मुद्राक्षरों से नहीं होता, अब यह विधि कम्प्यूटर मुद्रयोजन ने ले ली है। मुद्रण यन्त्र (छपाई की मशीनें) में भी इतनी उन्नत हो गई हैं कि वह छापती भी हैं और अखबारों को साथ-साथ मोड़ती भी हैं। अतः समाचार-पत्र सीधा छपकर वितरण करने की स्थिति में आ जाता है।

रंगीन छपाई बहुत आसान हो गई है, मशीनों के माध्यमों से अनेक प्रकार के रंगों का एक बार में छापा जा सकता है। इस तरह की छपाई ने विज्ञापनों को समाचार-पत्रों में और भी आकर्षक बना दिया है। इस तरह की छपाई ने विज्ञापनों और अब विज्ञापन भी अखबारी साज-सज्जा के मानदण्ड हो गये हैं।

साज सज्जा का आशय

साज-सज्जा के लिए सामान्यतः तीन शब्दों का प्रयोग किया जाता है

(1) डिजाइन

(2) मेकअप

(3) ले आउट

डिजाइन का अर्थ है सरंचना। इसे स्पष्ट करते हुए ब्रुस वेस्टले ने लिखा है

"रेखांकन से तात्पर्य है पृष्ठ के पूर्ण स्वरूप के निर्धारण की समस्या पृष्ठ के आकार से लेकर शेष रहे स्थान के लिए सामग्री चयन तक।"

मेकअप का अर्थ है पृष्ठ सज्जा व निर्माण। पृष्ठ पर सज्जित किए जाने वाले समाचारों के शीर्षक के टाइप की विभिन्नता तथा आकार-प्रकार, छायाचित्र, विज्ञापन आदि का संतुलित संयोजन ही मेकअप है। वेस्टले के ही शब्दों में

"मेकअप मुख्यतः शीर्षक पंक्ति तथा कला (सज्जा) का समायोजन है।"

श्री थॉमस एफ, बर्न हार्ट के अनुसार

"समाचार-पत्र का मेकअप स्थान के विभाजन तथा प्रयोग से होता हैसमाचार-पत्र के पृष्ठ में टाइप, सज्जा सामग्री तथा अक्सर विज्ञापन का समायोजन। इस प्रकार समाचार-पत्र पृष्ठ का मेकअप कला चित्रों के रेखांकन से तुलनीय है।"

ले आउट का अर्थ है प्रारूप। पृष्ठ का निर्माण करने से पहले उसका 'ले आउट' या 'डमी' तैयार कर लिया जाता है। डमी निर्माण करते समय एक कागज पर निश्चित अनुपात के कॉलम बनाकर पत्र के पृष्ठ के अनुरूप तैयार कर ली जाती है। पत्र का नाम, समाचार, चित्र, नक्शे, विज्ञापन आदि किस स्थान पर देने हैं, शीर्षकों को टाइप करने व प्रस्तुत करने का पूर्ण उल्लेख उस डमी पर होता है। मुद्रण विभाग को दिए जाने वाले निर्देशों का भी संकेत इस डमी पर किया हुआ होता है।

ऑफसेट मुद्रण पद्धति ने पृष्ठ सज्जा कार्य को इतना रोचक और संभावना वाला क्षेत्र बना दिया है कि अधिकतर समाचार भी 'डमी' के आधार पर साज सज्जा

के बजाय सज्जा कर्म किए जाते समय स्वयं मौजूद रहना अधिक पसन्द करते है। हालांकि 'डमी' बनाकर कार्य करना भी एक तरह से सुविधाजनक होता है, क्योंकि उसमें सज्जा कर्म के समय स्वयं उपस्थित रहने की आवश्यकता नहीं होती है, क्योंकि उसमें सज्जा कर्म के समय स्वयं मौजूद रहना अधिक पसंद करते है। हालांकि 'डमी' बनाकर कार्य करना भी एक तरह से सुविधाजनक होता है, क्योंक उसमें सज्जा कर्म के समय स्वयं उपस्थित रहने की आवश्यकता नहीं होती लेकिन इसके विपरीत यह भी तथ्य है कि स्वयं के निर्देशों से स्थल पर खड़े रहकर सज्जा कर्म से वे त्रुटियाँ होने की समावन्य न्यून हो जाती है, जो अधिकांश डमी के आधार पर सज्जा करते समय होती है। इसके अतिरिक्त ऐन सज्जा के वक्त नए प्रयोग करने की सम्भावना भी बढ़ जाती है।

सज्जाकार की योग्यताएँ

सज्जाकार की निम्न योग्यताएं हैं

1. सज्जा काय करने वाले को सदैव 'कम समय में अच्छा काम' के सिद्धान्त पर कार्य करना चाहिए। दैनिक पत्रों में समय का अपना विशिष्ट महत्व होता है, तभी इसे 'सुई की नोक पर सज्जा कार्य' कहा है। घड़ी की सुइयों की गति का ध्यान रखते हुए उसे कार्य करना होता है ताकि निश्चित समय पर पत्र पाठकों के पास पहुँच सके। यह उल्लेखनीय है
   आधुनिक मुद्रण तकनीक ने साज सज्जा कर्म को और त्वरित बना दिया है।
2. सज्जाकार की कल्पनाशीलता पृष्ठ सज्जा को नवीनता एवं विविधता के साथ प्रस्तुत करती है।
3. पर्याप्त प्रशिक्षण, तुरन्त निर्णय की क्षमता तथा कड़ा परिश्रम सज्जा-कार्य में सयफलता की आवश्यक शर्तें हैं।
4. सम्पादकीय कार्य प्रणाली तथा छापाई व कम्पोजिंग का पूरा ज्ञान सज्जाकार के लिए अनिवार्य है।
5. सज्जा करते समय यह ध्यान रखा जाता है कि सज्जा जो आज हो वैसी ही कल नहीं हो।
6. सज्जा आकर्षक हो अनावश्यक नहींइस बात के प्रति सज्जाकार को विशेष ध्यान रखते हुए कार्य करना होता है।
7. सज्जा का मुख्य सिद्धान्त हैसमाचार-पत्र में स्थान की बचत तथा सम्पादकीय और प्रेस विभाग की समय में बचत।

8. मुद्रण आदि क्षेत्रों में नित नये परिवर्तनों का ज्ञान उसे होना आवश्यक है।

आपसी समन्वय तथा पत्र सज्जा

पत्र सज्जा व डिजाइन कार्य हेतु यह आवश्यक है कि इसमें जुड़े विभिन्न पक्षों जैसे उपसम्पादक, सम्वाददाता, फोटोग्राफर आदि में आपसी समन्वय स्थापित हो। हालांकि साज सज्जा कर्म में सम्बन्धित पृष्ठ के लिए जिम्मेदार उप-सम्पादक का निर्णय ही सर्वोपरि होता है और वह सभी प्रकार की सज्जा हेतु आजाद होता है। यह उसका दायित्व और मर्जी होती है कि वह किसी समाचार, छायाचित्र आदि का किस प्रकार पदस्थापन करता है। लेकिन इसके बावजूद कई बार विशिष्ट स्थितियों में आपसी समन्वयन भी आवश्यक हो जाता है।

उदाहरणार्थः जब किसी खास स्थानीय खबर के संकलन के लिए गए हुए संवाददाता और फोटोग्राफर में उपयुक्त समाग्री ऐन वक्त पर मिलने की संभावना होने पर आपसी विचार विमर्श कर फोटोग्राफ और समाचार के स्थापन के लिए उचित जगह छोड़कर शेष सज्जा का कार्य पूरा कर लिया जाता है। इससे समय की कमी की चिन्ता किये बगैर महत्वपूर्ण समाचार उचित समय पर लिया जा सकता है। ऐसी स्थिति में कई बार सज्जा कर्म के लिए जिम्मेदार व्यक्ति अपनी रुचि या योजनानुसार सम्बन्धित पक्षों को समाचार लिखने या छायाचित्र तैयार करने के लिए भी कह सकता है। इस प्रक्रिया से सम्बन्धित समाचार को उसके महत्वानुसार स्थान उपलब्ध करा पाने में आसानी होती है।

डिजाइनिंग के तत्त्व

1. कागज (Paper) मुद्रण कार्य के अन्तर्गत कई तरह के कागजों का उपयोग होता है। समाचार-पत्र छापने के लिए प्रयुक्त कागज 'अखबारी कागज' (Newsprint) कहलाता है तथा दूसरे कार्यों के लिए प्रयुक्त कागज 'ह्वाइट प्रिन्ट' कहलाता है। पुस्तकों आदि में प्रयुक्त होने वाले कागज अनेक तरह के होते हैं। कागज के स्तर के अनुरूप ही डिजाइन तैयार करने पड़ते हैं तथा कागज का आकार को ध्यान में रखते हुए ही समाचारों की संख्या आदि का निर्धारण किया जाना चाहिए।

2. टाइप (Type)टाइपों के विविधता सज्जा का विस्तृत क्षेत्र प्रस्तुत करती है। टाइपों का चुनाव इस प्रकार करें कि उसकी पठनीयता में वृद्धि हो सके। शीर्षकों

तथा उप-शीर्षकों के लिए टाइप का प्रयोग विशेष दक्षता के साथ किया जाना चाहिए। समाचार-पत्र को विशेष गरिमा तथा व्यक्तित्व प्रदान करने के लिए अलग-अलग टाइप का उपयोग होता है। टाइप जहाँ पाठक का मार्ग-दर्शन करता है, वहीं वह विज्ञापन को भव्यता प्रदान कर वस्तुओं की बिक्री बढ़ाता है। कम्पोजिंग कार्य में कम्प्यूटर के प्रयोग से अब पहले की तरह शब्दों के प्वाइंट सम्बन्धी परेशानी नहीं रह गई है।

परम्परागत मशीनी मुद्रण कार्य के युग में विभिन्न प्वाइंट के हैडिंग का प्रयोग कर पाना संबंधित प्रेस की आर्थिक क्षमता पर निर्भर करता था कि वह कितने प्रकार के टाइप फेस संग्रह कर सकता है। इसके विपरीत आज कम्प्यूटर के प्रयोग से यह समस्या शून्य हो गई है। आज कम्प्यूटर प्रयोग से अनगिनत आकार-प्रकार के इच्छित प्वाइंटों का उपयोग कर पाना संभव हो गया है। इस सुविधा ने मुद्रण जगत में काफी संभावनाएँ पैदा की है।

कम्प्यूटर पर निकाले गए कुछ विभिन्नता वाले प्वाइंट अक्षर वाक्य नीचे दिया जा रहे हैं।

समाचार-पत्र 10 प्वाइंट

समाचार-पत्र 12 प्वाइंट

समाचार-पत्र 14 प्वाइंट

समाचार-पत्र 16 प्वाइंट

समाचार-पत्र 20 प्वाइंट

समाचार-पत्र 24 प्वाइंट

समाचार-पत्र 36 प्वाइंट

परम्परागत मुद्रण में हिन्दी पत्रों में समाचार 12 व 14 प्वाइंट में ही प्रायः छपते है। 16 से 72 प्वाइंट तक के टाइपों का प्रयोग शीर्षकों में होता है। कुछ समाचार-पत्रों में कामसेट के प्रयोग से दो-दो प्वाइंट के अन्तर से 6 प्वाइंट से 80 प्वाइंट तक के टाइपों की सुविधा है। इन टाइपों के प्रयोग से न सिर्फ पत्र की साज-सज्जा में ही पैनापन तथा स्पष्टता उभरी है वरन् एक ही पृष्ठ पर अधिक सामग्री देना भी सम्भव है क्योंकि इस पद्धति में निश्चित स्थान में पहले की अपेक्षा अधिक अक्षरों का समायोजन किया जा सकता है। परम्परागत टाइप पद्धति में एक-एक कॉलम में 72 प्वाइंट के तीन अक्षर, 48 प्वाइंट के 4 अक्षर, 36 प्वाइंट के 6 अक्षर, 24 प्वाइंट के

9 अक्षर, 20 प्वाइंट के 10 अक्षर, 16 प्वाइंट के 11 अक्षर, 14 प्वाइंट के 12 अक्षर, 12 प्वाइंट के 17 अक्षर तथा 10 प्वाइंट के 18 अक्षर आ जाते हैं। तीन मात्राओं को एक अक्षर के बराबर माना जाता है। 72 प्वाइंट को सिक्स लाइन, 48 प्वाइंट को फोर लाइन, 36 प्वाइंट को थ्री लाइन, 24 प्वाइंट को टू लाईन, 20 प्वाइंट को निक तथा 16 प्वाइंट को ग्रेट भी कहा जाता है।

आधुनिक ऑफसेट मुद्रण तकनीक के द्वारा इस क्षेत्र में क्रान्तिकारी बदलाव हुई है। अब हर प्वाइंट में कम्पोजिंग किया जाना सम्भव हो गया है। अब तो यहाँ तक सम्भव है कि मनचाही जगह में मनचाहे आकार-प्रकार के शब्दों को फैलाकर या खींचकर प्रयोग किया जा सके। कम्प्यूटर ने निश्चय ही प्वाइंट साइज में अपिरिमत वैभिन्यता पैदा की है।

3. सुसज्जित (Illustration) चित्र, ग्राफ तथा कार्टून के लिए चित्रात्मकता आवश्यक है। महत्वपूर्ण कार्टून, नक्शे आदि के लिए निश्चित स्थान तय कर लेना सामान्यतः ठीक रहता है। कुछ पत्रों के कार्टून आदि इतने लोकप्रिय होते हैं कि पाठक पत्र खोलते ही उन्हें देखना पसन्द करते हैं। अतः निश्चित स्थान पर इन्हें देने से पाठकों को सुविधा रहती है। अन्य प्रमुख स्तम्भों का भी स्थान निश्चित कर लेना उचित रहता है। ये स्तम्भ, कार्टून व चित्र आदि भी पत्र के मेकअप में महत्वपूर्ण स्थान रखते हैं।

4. स्याही (Ink) सज्जा कार्य में स्याही का प्रयोग भी महत्वपूर्ण है। रंगीन पत्रिकाओं में तो स्याही का प्रयोग विशेष आकर्षण पैदा करता है किन्तु दैनिक समाचार-पत्र सामान्यतः काली स्याही का ही प्रयोग करते हैं। वर्तमान समय में कुछ प्रमुख पत्र जैसे टाइम्स ऑफ इंडिया, इण्डियन एक्सप्रेस, हिन्दुस्तान टाइम्स, राजस्थान पत्रिका, हिन्दुस्तान, राष्ट्रीय सहारा, जागरण, पंजाब केसरी आदि अपने रविवारीय अंकों में चार से पाँच रंगों का प्रयोग कर रहे हैं।

5. मुद्रण (Printing) यदि समाचार-पत्र दुल्हन है, तो मुद्रण उसका परिधान पत्रों के मुद्रण की विभिन्न तकनीकें वर्तमान युग में प्रचलित हैं। इनमें प्रमुख हैंलेटस प्रेस, ऑफ सेट तथा फोटो ग्रोव्योर प्रणाली।

श्री के.पी. नारायणन के शब्दों में"मुद्रण, चाहे उसका रूप कैसा भी हो, विचारों की अभिव्यक्ति है। मुद्रण ध्वनि का सम्प्रेण नहीं करता (जैसा कि रेड़ियो करता है) किन्तु ध्वनि के प्रतीकों को पुनः प्रस्तुत करता है। वह किसी फुटबाल मैच का दृश्य प्रस्तुत नहीं कर सकता (जैसा कि टेलीविजन करता है) किन्तु वह चित्रों और शाब्दिक वर्णन द्वारा उस मैच को साकार रूप में प्रस्तुत कर देता है।"

साज-सज्जा के प्रकार

समाचार-पत्र के विभिन्न पृष्ठों की सज्जा के लिए कोई निश्चित सैद्धान्तिक नियम नहीं बनाए जा सकते। कुछ सामान्य तथ्यों का यहाँ उल्लेख किया जा रहा है अनुभव की बराबर आवश्यकता है। यहाँ हम समाचार-पत्र के आठ पृष्ठों को आदर्श रूप में मानकर चलेंगे। सामान्यतः हिन्दी दैनिक आठ से बारह पृष्ठों के ही प्रकाशित होते हैं। प्रत्येक पृष्ठ कॉलमों में विभाजित होता है। इन पृष्ठों का सामान्य वर्गीकरण इस प्रकार किया जा सकता है

1. समाचार-पत्र का नाम

समाचार-पत्र की सज्जा करने से पहले ध्यान जाता है, पत्र के नाम पर। सज्जा का सामान्य नियम भी यही है कि पहले पृष्ठ के ऊपरी भाग को जमाया जाए फिर क्रमशः नीचे की ओर बढ़ा जाए। इस क्रम में हमें पत्र के नाम पर पहले ध्यान देना होगा। अंग्रेजी में इसे लोगोंस (Logos) कहते हैं। भारत में सामान्यतः पत्र का नाम सबसे ऊपर दिया जाता है। प्रमुख समाचार उसके पश्चात् दिया जाता है। प्रथम पृष्ठ पर पत्र का नाम विशिष्ट-शैलियों में दिया जा सकता है। यह शैली इतनी प्रचलित हो जाती है कि उस डिजाइन को दूर से ही देखकर हम पत्र को पहचान लेते हैं। सामान्यतः नाम के डिजाइन में कोई परिवर्तन नहीं किया जाता। नाम पट्टिका का स्वरूप तय करके उसका स्थाई ब्लाक या निगोटिव/पोजिटिव बना लिया जाता है जिसका प्रयोग प्रतिदिन किया जाता है। समाचार-पत्रों की नाम पट्टिका प्रायः गहरे काले रंग की होती है। अक्षरों की बनावट में भी विशेष सौन्दर्य लाया जा सकता है।

नाम पट्टिका के दोनों ओर के रिक्त स्थान पर पैनल विज्ञापन देने की नीति का अनुसरण प्रायः भारतीय समाचार-पत्रों में किया जाता है। कुछ पत्रों में इस स्थान को खाली छोड़ देने की भी परम्परा है। जब कभी विज्ञापनों की कमी रहती है, तो महत्वपूर्ण समाचार भी इन स्थानों पर छाप दिए जाते हैं। कुछ पत्र इन स्थानों में समाचार-पत्र के अन्दर के पृष्ठों में क्या छपा हैइसकी भी जानकारी देते हैं।

समाचार-पत्र की यह नाम पट्टिका “नए पाठकों के लिए परिचयात्मक फीचर तथा पुराने पाठकों के लिए मान्यता प्राप्त फीचर” का कार्य करती है। यह एक प्रकार से समाचार-पत्र के चरित्र को अभिव्यक्त करती है, जो सम्पादक की सौन्दर्य चेतना

पर निर्भर है। इसी नाम पट्टिका के भाग में पत्र की पंजीयन संख्या, प्रकाशन, स्थल, दिनांक, पृष्ठ संख्या, मूल्य, वर्ष, अंक संख्या आदि का भी उल्लेख किया जाता है। कुछ समाचार-पत्र इसी के साथ अपने पिछले अंक की प्रसार संख्या का अंकन भी करते हैं। कुछ पत्रों में नाम पट्टिका के ऊपर उसका मोनोग्राम भी प्रकाशित किया जाता है।

2. प्रथम पृष्ठ

प्रथम पृष्ठ का मेकअप उसकी नाम पट्टिका के स्वरूप का निर्धारण करने के पश्चात् किया जाता है। प्रथम पृष्ठ के मेकअप को समाचार-पत्र का प्रदर्शन वातायन या शो विन्डो (Show Window) भी कहा जाता है। इस पृष्ठ के मेकअप को देखकर ही पाठक में पत्र विशेष के प्रति आकर्षण या विकर्षण पैदा होता है। पत्र की सम्पूर्ण छवि की एक झलक इस पृष्ठ को देखने पर मिल जाती है। समाचार-पत्र को खरीदने से पूर्व पाठक इस पृष्ठ को देखता है फिर खरीदने का फैसला करता है।

प्रथम पृष्ठ पर यदि कोई अति महत्वपूर्ण सामाचार प्रकाशित करना है, तो 72 से 100 प्वाइंट का मोटा शीर्षक दिया जा सकता है। यह शीर्षक तीन से आठ कॉलम तक की लम्बाईं का हो सकता है। इसे बैनर शीर्षक कहा जाता है। आठ कॉलम तक फैले हुए शीर्षक अत्यधिक महत्वपूर्ण समचारों के बनाए जाते हैं। सामान्यतः तीन या चार कॉलम तक की लम्बाईं के शीषर्क 48 से 60 प्वाइंट के टाइप में दिए जाने की परम्परा है। कई बार यह प्रश्न उठता है कि महत्वपूर्ण समाचार पृष्ठ के किस भाग में दिए जाएँबाएँ से दाएँ, ऊपर या नीचे। मनुष्य की सामान्य प्रकृति यही है कि वह वर्षों से दाएँ पढ़ता है। अतः परम्परागत नियमानुसार पृष्ठ के ऊपरी हिस्से के बाईं ओर महत्वपूर्ण समाचार दाएँ हिस्से में दिए जा सकते हैं। इसे द्वितीय लीड समाचार कहते हैं। कुछ सम्पादक पृष्ठ के दाएँ भाग को महत्वपूर्ण मानकर उसी ओर महत्वपूर्ण समाचार देना उचित समझते हैं। इस सन्दर्भ में हालांकि किसी निश्चित नियम का निर्धारण नहीं किया जा सकता है किन्तु मात्र सुविधा के लिए ही उपर्युक्त पद्धति का अनुसरण किया जा सकता है। यदि हम मध्यवर्ती पृष्ठों पर नजर डालते हैं, तो हमारी निगाह सम संख्या वाले पृष्ठों (अर्थात् दूसरे, चौथे, छठे आदि) पर पहले बाईं ओर तथा विषम संख्या (तीसरे, पाँचवें, सांतवें) वाले पृष्ठों पर दांई ओर केन्द्रित होती है।

इग्लैण्ड के समाचार-पत्रों में बाएं हिस्से को ज्यादा महत्व देते हैं। और समाचारों के महत्व को समझते हुए उसे संयोजित किया जाता है। अमेरिकी समाचार-पत्रों में मुख पृष्ठ का दायाँ भाग अधिक महत्वपूर्ण माना जाता है। इसके पीछे एक कारण यह भी है कि यदि समाचार अधिक लम्बा हो, तो वह अगले पृष्ठ के प्रथम कॉलम पर जारी रह सकता है। दूसरा महत्वपूर्ण समाचार-पत्र के बाएँ भाग में ऊपर की ओर दिया जाता है।

एक और नियम यह है कि पत्र में शीर्षक घटते हुए क्रम में हों। इसका तात्पर्य यह है कि बड़े-बड़े शीर्षक ऊपर की ओर तथा नीचे क्रमशः छोटे शीर्षक। क्योंकि पाठक पहले बड़े-बड़े शीर्षक पढ़ेगा तथा ऊपर से नीचे की ओर समाचारों को क्रम से पढ़ता जाएगा। इस मत के अनुसार समाचारों का क्रम अति महत्वपूर्ण से कम महत्वपूर्ण होना चाहिए।

परम्परागत सिद्धान्तों के आधार पर की जाने वाली साज-सज्जा का विरोध करने वाले अनेक सज्जाकार आधुनिक तकनीकों और विचारों के आधार पर मेकअप करने के पक्षधर है। बंधी बंधाई लीक पर चलना इन्हें स्वीकार नहीं है। इस मत के समर्थकों की मान्यता है कि यदि स्वभाववश हम कोई निश्चित वस्तु निश्चित स्थान पर रखते हैं या इसलिए रखते हैं कि लोग इसे यहाँ देखना पसन्द करेंगे तो हमें चाहिए कि हम एक क्षण रूके स्वयं से पूछे कि क्या यह हमारे परम्पराओं पर विश्वास के कारण तो नहीं है या हम इसे अन्यत्र रखकर अधिक रुचिकर नहीं बना सकते हैं?

आधुनिक सज्जा उपयोगिता, सन्तुलन, संगति आदि के नियमों में जकड़ी हुई नहीं हो सकती है। उसका उद्देश्य तो मात्र पाठक के हृदीय पर पत्र का समग्र प्रभाव उत्पन्न करना है। सादगी पूर्ण किन्तु नवीनता और प्रयोगात्मकता की मिश्रित दृष्टि से युक्त प्रभावपूर्ण शैली आधुनिक सज्जा की प्रमुख विशेषता है लेकिन यह आधुनिक दृष्टि भी परम्परागत शैलियों को अपने में समेटे हुए है, उससे सर्वथा कटी हुई नहीं हो सकती है।

एक उदाहरण दीखिए। सामान्य परम्परा के अनुसार बैनर शीर्षक देने के पश्चात् महत्वपूर्ण उप-शीर्षक देकर समाचार लिखा जाता है। 'जनसत्ता' के 25 जुलाई, 1985 के एक अंक में पंजाब समझौते के समाचार देते समय समझौते के खास मुद्दों की जानकारी देते हुए तत्पश्चात बैनर शीर्षक लगाकर समाचार इस प्रकार दिया गया

जनसत्ता

1. चंडीगढ़ पंजाब को 2. बदले में पंजाब के हिन्दी इलाके हरियाणा को 3. रावी ब्यास पानी के बटवारे का फैसला पंचाट को 4. कानपुर और बोकारी के नवंबर दंगों की भी जाँच 5. आनंपुर साहिब प्रस्ताव सरकारिया आयोग को 6. आखिल भारतीय गुरुद्वारा कानून बनेगा 7. सेना से भागने वालों का पुनर्वास

समझौते
के
खास मुद्दे
चार साल बाद पंजाब में पौ फटी

अतः इससे यह स्पष्ट होता है कि पृष्ठों के साज-सज्जा का कोई नियम नहीं है और ना ही ऐसी नियमावली बनाना सम्भव है। वस्तुतः पृष्ठ सज्जा सज्जाकार अथवा मेकअप सम्पादक की सौन्दर्य चेतना तथा कल्पनाशीलता एवं भावप्रवणता पर निर्भर करती है।

3. मुख पृष्ठ और टाइप

मुख्य पृष्ठों पर टाइप को संयोजित करने के कई प्रकार है। विज्ञापनों की संख्या कम होने के कारण टाइपों को विभिन्न रूपों में सजाकर पृष्ठ को भव्यता एवं आकर्षण प्रदान किया जा सकता है। पहली मुख्य चीज हैसन्तुलन, टाइपों को इस प्रकार जमाया जाए कि उसमें एक अनोखा संतुलन दिखाई दे। मानव-चेहरे पर जिस प्रकार दो आँखें, दो कान, एक नाक, एक मुँह अपने परम्परागत वैशिष्ट्य को कायम रखते हुए सुशोभित होते है उसी प्रकार पृष्ठ पर टाइपों का विशिष्ट संयोजन भी पाठकों को मोहित करेगा। चेहेरे का संतुलन बिगड़ते ही उसमें जो कुरूपता एवं भद्दापन दिखाई देने लगता है, उसी प्रकार पृष्ठ पर टाइपों का असन्तुलन भी भद्दा एवं असुन्दर दिखाई देगा।

सम संतुलन

तराजू को सन्तुलित रखने के लिए हम उसके दोनों हिस्सों में बराबर वजन डालते हैं। ठीक उसी प्रकार पृष्ठ का संतुलन कायम रखने के लिए उसका मेकआप इस प्रकार किया जाना चाहिए ताकि पृष्ठ के दाएँ व बाएँ भाग में निश्चित सन्तुलन कायम रखा जा सके। पृष्ठ के सन्तुलन से तात्पर्य यहाँ टाइप एवं ब्लाक के संतुलन

से है। पृष्ठ के मध्य में यदि हम एक विभाजन रेखा खींच कर देखें तो हमें जैसा मेकअप पृष्ठ के बाईं ओर दिखाई देता है (अर्थात् जैसी सामग्री बाईं और दी गई है) वैसा ही मैकअप दांई ओर भी दिखाई देंतो वह पृष्ठ संतुलित कहा जा सकता है।

औपचारिक संतुलन

इसका सामान्य सिद्धान्त यही है“शीर्षक के समानान्तर शीर्षक, चित्र के समानान्तर चित्र, वाक्य के समानान्तर बॉक्स व सज्जा सामग्री के समानान्तर सज्जा।” इस प्रकार पृष्ठ की आकृति ज्यामिति के आधार पर निर्मित हो जाती है। यह संतुलन ‘औपचारिक संतुलन’ कहलाता है। इस सिद्धान्त को अल्बर्ट ए. सुटान ने भी प्रतिपादित किया है।

हमारे देश के समाचार-पत्रों में इस सन्तुलन सिद्धान्त के विपरीत साज-सज्जा दिखाई पड़ती है। अमेरिकी समाचार-पत्र ‘न्यूयार्क टाइम्स’ तथा रूटलैण्ड हैराल्ड’ में हर प्रकार के मेकअप को देखा जा सकता है लेकिन इस प्रणाली का सबसे प्रमुख दोष इसकी एकरसता है। प्रतिदिन एक प्रकार के पृष्ठ देखन से पाठकों के अन्दर इसके प्रति अरुचि उत्पन्न होना स्वाभाविक ही है। दूसरी समस्या यह है कि पृष्ठ के बाएँ भाग में कोई दो कॉलम का समाचार दिया गया है। अब इस संतुलन को कायम रखने के लिए आवश्यक है कि दाएँ भाग में भी ऐसा ही, इतने ही महत्व का दो कॉलम का समाचार दिया जाए। यह कोई जरूरी नहीं है कि ऐसा समाचार उपलब्ध हो ही जाए। ऐसी स्थिति में व्यर्थ ही समाचारों के साथ खींचतानी करनी पड़ेगी जिससे समाचार के सौन्दर्य पर भी प्रतिकूल प्रभाव पड़ सकता है। हमें यह ध्यान रखना होगा कि साज-सज्जा के लिए समाचार नहीं है। समाचारों के सौन्दय एवं आकर्षण में अभिवृद्धि करने के लिए प्रस्तुतिकरण में सहजता लानी होगी।

असम सन्तुलन की पद्धति में सन्तुलन की संकीर्ण सीमाओं से निकल सम्पादक को कुछ ज्यादा आजादी होती रहती है। डॉ. श्याम सुन्दर शर्मा ने सम और असम सन्तुलन की तुलना करते हुए लिखा है

“सम और असम सन्तुलन के लिए तराजू और चम्मच की तुलना सहारा होगी। सन्तुलन तराजू के समान होता है जिसमें केन्द्र से एक सी दूरी पर लटके होते हैं और दोनों में बराबर-बराबर वजन रखने से सन्तुलन प्राप्त होता है किन्तु यदि तराजू के स्थान पर चम्मच को सन्तुलित करना हो, तो उसे बीचों-बीच लटका कर सन्तुलित नहीं किया जा सकता क्योंकि इसके सिरे पर वजन अधिक हुए है।

इसलिए जिस केन्द्र पर चम्मच सन्तुलित होता है। वह चम्मच की लम्बाईं से कुछ हटकर होता है। इस प्रकार अधिक वजन वाली वस्तु सन्तुलन केन्द्र अधिक निकट होती है और कम वजन वाली वस्तु उससे दूर अवस्थित होती है। असम सन्तुलन में पृष्ठ को बीच से दो भाग करके नहीं देखा जाता वरन् पृष्ठ के वे निकट भारी वजन वाली समाग्री का सन्तुलन केन्द्र से दूर अवस्थिति कम वयवस्था वाली वस्तु से किया जाता है।"

यह शैली अधिक स्वभाविक तथा स्वतः स्फूर्त है, जो अधिक मित्रतापूर्ण औपचारिक रूढ़िवादिता से दूर होती है तथा अधिक रूचिकर एवं पाठकों के आकर्षक का केन्द्र होने के साथ ही साथ समाचारों के बेहतर सजावट की सम्भावना प्राप्त करती है क्योंकि शीर्ष पंक्ति की अनियमित पद्धति पर प्रस्तुतीकरण की अनुमति समाचारों को व्यक्तिगत महत्ता के आधार पर प्रस्तुत करने की छूट उसमें सम्मिति है।

फोकस या प्रभाव

इस सिद्धान्त के अन्तर्गत पृष्ठ के ऊपरी दाएँ हिस्से के समाचार पर प्रकाश डाला जाता है। इसका मूल आधार यही है कि सभी पृष्ठ रुचि पूर्ण हो तथा ऊपरी दायां भाग ऐसा हिस्सा है जहाँ से पाठक की आँख आसानी से पृष्ठ के समाचारों पर जाती है। दो या तीन कॉलम के शीर्षक द्वारा यह कार्य आसानी से जा सकता है। इसके प्रमुख कारण हैं

इस शैली के द्वारा पाठकों की रुचि को मुख्य समाचार की ओर आकृष्ट किया जाता है। शैली सजावट की अधिकता के बिना भी समाचारों के प्रभाव प्रस्तुतीकरण में योग देती है। इस शैली में आकर्षक तथा महत्वपूर्ण घटना को उचित स्थान इस पद्धति द्वारा दिया जा सकता है।

इसके अलावा पृष्ठ को सजाने के लिए कई विधि और भी हैं। का स्वाद होता है जिसमें कोई निश्चित पद्धति नहीं अपना जाती। बहुकॉलमी, एक कॉलमी शीर्षकों द्वारा इस प्रकार का मेकअप किया जाता है तथा सम्पादक को भी इसमें पूरी स्वतन्त्रता रहती है।

मिश्रित मेकअप का चरम सर्कस मेकअप का है जो बहुत कम देखा जाता है। देखने में यह रूप रोमांचक होता है। सामान्यतः ऐसे पृष्ठ वर्ग पहेली जैसा दिखाई देता है। इमर्सन ने कहा है कि आप जोर से चिल्ला कर जो कुछ कहते हैं वह मैं नहीं सुना सकता। बस यही स्थिति सर्कस मेकअप के साथ है। इस प्रकार का

मेकअप आकर्षक नहीं लगता। इसके अन्तर्गत किसी भी प्रकार का विरोधा भाषा नहीं दिखाई देता है कि सारी सज्जा का अर्थ कोई सज्जा नहीं हैं (All display is no display)। इससे पाठक में किसी प्रकार का आकर्षण या रुचि उत्पन्न नहीं होती तथा टाइपों के संतुलन की पद्धति का यह उल्लंधन करती है।

प्रथम पृष्ठ पर दिए जाने वाले विज्ञापनों के बारे में भी पूरी सावधानी रखनी चाहिए। सामान्यतः पत्रों की यही नीति होती है कि वे यथा सम्भव मुख पृष्ठ पर विज्ञापन नहीं देते अथवा एक चौथाई पृष्ठ से बड़ा विज्ञापन प्रकाशित नहीं करते। इस पृष्ठ को पूर्ण रूप से समाचारों के लिए ही सुरक्षित रखा जाए, तो वह एक आदर्श स्थिति होगी।

4. मध्यवर्ती पृष्ठों का मेकअप

मुख पृष्ठ और अन्य पृष्ठों के मेकअप में मूलतः कोई अन्तर नहीं है। मुख पृष्ठ को हमेशा ही महत्वपूर्ण समाचारों हेतु सुरक्षित रखा जाता है। किन्तु अन्य पृष्ठों के सन्दर्भ में निश्चित वर्गीकरण कर लेना श्रेयस्कर है। सभी पृष्ठों के मेकअप पर पूरा ध्यान देना आवश्यक है। यदि पाठक के मन में यह धारणा बैठ गई कि पत्र विशेष का अमुक पृष्ठ स्तर हीन है, तो यह पत्र के लिए उसकी असफलता तो होगी ही साथ ही उसके प्रचार-प्रसार पर भी प्रतिकूल प्रभाव पड़ेगा।

उल्लेखनीय है कि समाचार-पत्र का प्रथम पृष्ठ सबसे बाद में छपता है। अतः उसके मेकअप के लिए पृष्ठों की अपेक्षा कम समय होता है। अतः मध्यवर्ती पृष्ठों का मेकअप तनाव रहित होकर करना चाहिए। पाठकों की यह प्रवृत्ति रहती है कि वह प्रथम पृष्ठ पढ़ने के उपरान्त अन्तिम पृष्ठ पर ध्यान केन्द्रित करता है। अतः अन्तिम पृष्ठ का मेकअप भी अच्छा होना चाहिए। कुछ समाचार-पत्र जहाँ अन्तिम पृष्ठ खेल समाचारों के लिए निश्चित कर लेते हैं, तो कुछ प्रथम पृष्ठ के शोषांश अन्तिम पृष्ठ पर देते हैं। ताकि पाठकों को शोषांश खोजने के लिए अधिक श्रम न करना पड़े। पत्र खोलते ही पाठकों की दृष्टि तीसरे, पाँचवे पृष्ठ पर चित्र कथाएँ (Comic Strip) देने की परम्परा है।

प्रथम पृष्ठ पर विज्ञापन कम होते है, इसलिए बीच के पृष्ठों पर इन्हें अधिक मात्रा में दिया जाता है। पृष्ठ के ऊपर के प्रमुख भाग जहाँ समाचारों के लिए सुरक्षित रखे जाते हैं, वही नीचे के तथा किनारों के कम महत्वपूर्ण स्थान विज्ञापनों के लिए सुरक्षित रहते हैं। अतः इन पृष्ठों का मेकअप करते समय यह बात ध्यान रखनी

चाहिए कि जहाँ समाचारों का प्रभावी प्रस्तुतीकरण हो वही विज्ञापनों को भी इस प्रसंग समायोजित किया जाए कि वे पाठक की निगाह में आ जाए। कहीं समाचारों और विज्ञापनों के असन्तुलित मेकअप के कारण समाचार-पत्र के ये पृष्ठ उपेक्षित या अनर्थ न लगने लगे, यह ध्यान रखा जाता है। मध्यवर्ती पृष्ठों के मेकअप के अनेक तरीके प्रचलित हैं

1. स्तूप मेकअप यह बहुत ही प्रचलित माध्यम है। पद्धति में विज्ञापन साधारण अर्द्ध पिरामिड या त्रिकोणात्मक रूप से प्रस्तुत किए जाते हैं। सबसे ऊपर (Peak) एक विज्ञापन देकर फिर क्रमशः नीचे की ओर दाएँ या बाएँ विज्ञापन दिए जाते हैं। इस प्रकार की संरचना के कई फायदे है। सबसे प्रमुख लाभ तो यही है कि इसमें सुव्यवस्थित स्वरूप प्रकट होता है। इसके अतिरिक्त इस व्यवस्था में पत्र के ऊपरी मुख्य हिस्से समाचारों के लिए सुरक्षित रह जाते हैं तथा विज्ञापनों के अतिरिक्त शेष रहे स्थान पर समाचारों तथा विज्ञापनों को पृथक् करती हुई पाठक की दृष्टि को दोनों ओर आकृष्ट करती है। इस पद्धति का एक नुकसान यह है कि विज्ञापन पिरामिड का विशाल रूप समाचार-प्रकाशन पर प्रतिकूल डाल सकता है।

2. कूपसम सज्जा इस प्रकार की सज्जा का मेकअप इस प्रकार होने चाहिए कि पृष्ठ के दोनों तरफ विज्ञापन ऐसे समायोजित करें कि वहां कुएं जैसी आकृत बन जाय। इस पद्धति में पृष्ठ की सौन्दर्य वृद्धि के साथ-साथ समाचार पर भी एक विशेष प्रकार का बल दिया जा सकता है। पृष्ठ का ऊपरी भाग समाचारों के लिए शेष रह जाता है जहाँ किसी भी रूप में उसे प्रस्तुत करने की स्वतन्त्रता सम्पादक के पास रहती है।

3. द्वीप मेकअप समुद्र में स्थित द्वीप के समान यदि विज्ञापनों को प्रस्तुत किया जाए तो मेकअप का वह स्वरूप द्वीप मेकअप कहलाता है। इस पद्धति के समर्थकों का मानना है कि यदि पृष्ठ पर विज्ञापन इधर-उधर बिखरे पड़े हैं, तो पाठक उन्हें पूरी तरह पढ़ेगा। अतः इससे विज्ञापन-क्षमता में बढ़ोतरी की उम्मीद रहती है। इस पद्धति का दोष यह है कि इससे जहाँ पृष्ठ की एकता पर प्रहार होता है वहीं समाचार तथा विज्ञापन का उचित विभाजन न होने से उसके सौन्दर्य तथा आकर्षण में भी कमी आने की सम्भावना रहती है।

4. हैल्टर-शेल्टर मेकअप इसके अन्तर्गत पृष्ठ के पूरे भाग पर विज्ञापन ही जाता है। इस पद्धति में अनेक कमियाँ हैं। समाचारों और विज्ञापनों के उचित

विभाजन का तो प्रश्न ही नहीं उठता तथा साथ ही पृष्ठ का आकर्षण भी समाप्त सा हो जाता है। समाचारों के प्रस्तुतीकरण के अवसर नगण्य ही रहते हैं।

5. दो पृष्ठीय सज्जा इसके अन्तर्गत आमने-सामने के पृष्ठ इस प्रकार संयोजित हो कि इनमें दिए गए विज्ञापन मिलकर एक स्तूप का निर्माण करें। एक पृष्ठ पर बाईं ओर से तथा दूसरे पृष्ठ पर दांई ओर से विज्ञापन दिए जाए जिससे वे एक स्तूप की आकृति ग्रहण कर लें। इससे दो पृष्ठीय कूपसम सज्जा (Two page well Makeup) की संरचना की संरचना हो सकेगी। यह पद्धति भी काफी लोकप्रिय एवं रुचिकर हो सकती है। छोटे समाचार-पत्रों के लिए यह पद्धति सुविधाजनक हो सकती है। इसमें समाचारों और विज्ञापनों का जहाँ उचित विभाजन किया जाता है वहीं समाचारों के लिए काफी खुला स्थान मिल जाता है।

कुल मिलाकर साज-सज्जा का कार्य परिश्रम और कल्पना-शक्ति की अपेक्षा करता है। भवन निर्माण के लिए जिस प्रकार चूना, पत्थर तथा ईटों की आवश्यकता होती है उसी प्रकार पृष्ठ के निर्माण के लिए शीर्षक, टाइप, विज्ञापन आदि आधारभूत सामग्री की आवश्यकता पड़ती है।

वर्गीकरण

हिन्दी के समाचार-पत्र सामान्यतः आठ पृष्ठों के होते हैं। पिछले कुछ सालों से विज्ञापन के दबाव की वजह से कुछ हिन्दी पत्रों ने पृष्ठों की बढ़ोतरी की हैं। तथा वे प्रतिदिन औसतन बारह से सोलह पृष्ठ तक प्रकाशित करने लगे हैं। प्रायः सभी प्रमुख दैनिक पत्र अपने रविवारीय संस्करण में पृथक् रूप से प्रकाशित करते हैं। विभिन्न पृष्ठों पर दी जाने वाली विषय सामग्री के विश्लेषण से ज्ञात होता है कि प्रथम पृष्ठ महत्वपूर्ण समाचारों के लिए सुरक्षित रहता ही है। ये समाचार अन्तर्राष्ट्रीय, राष्ट्रीय तथा विभिन्न क्षेत्रों से लेकर विभिन्न रुचियों के हो सकते हैं। सम्पादक पाठकों की सुविधा हेतु अन्य पृष्ठों पर दिए जाने वाले समाचारों के स्वरूप को निर्धारित करते हैं। इसी तरह स्थानीय समाचार, देश के समाचार, जिलों अथवा प्रान्त की चिट्ठियों, व्यापार-वाणिज्य समाचार खेल-समाचार, फिल्म-समाचार, सांस्कृतिक समाचार, अदालती समाचार, कार्टून, हास्य-व्यंग्य स्तम्भ, साम्पादकीय, विचारोत्तेजनक लेख, पाठकों के पत्र आदि विभिन्न विषयों के लिए भी पृष्ठ निर्धारित कर लिए जाते हैं। इसका लाभ पाठकों को भी होता है। क्रीड़ा-जगत् में रुचि रखने वाले पाठक समाचार-पत्र आते ही खेल समाचार का पृष्ठ देखेगा तो नौकरी की तलाश में भटकता

बेरोजगार युवक विज्ञापन का पृष्ठ देखेगा। फिल्मों के शौकीन जहाँ फिल्म समाचारों में अपनी उत्सुकता प्रकट करेंगे वहीं बुद्धिजीवी व्यक्ति सम्पादकीय पृष्ठ की तरफ आकर्षित होगा। विभिन्न विषयों के पृष्ठ निर्धारित करने से पाठक को अनावश्यक परेशानी नहीं होती है। इसका दूसरा लाभ यह भी होता है कि परिवार में समाचार-पत्र आते ही सभी सदस्य अपनी-अपनी रुचि के पृष्ठ देख सकेंगे तथा पृष्ठों का आसानी से बंटवारा हो जाएगा।

समाचार-पत्रों में विज्ञापन को अन्य पृष्ठों पर देने के साथ दूसरे पृष्ठ को सामान्य रूप से वर्गीकृत विज्ञापनों (Classified Advertisement) के लिए ही सुरक्षित रखा जाता है। इनमें निविदा सूचनाएँ आवश्यकता है, वैवाहिक, क्रय-विक्रय, खोया-पाया आदि से सम्बन्धित विभिन्न प्रकार के विज्ञापन दिए जाते हैं।

सम्पादकीय पृष्ठ

हिन्दी के समाचार-पत्रों के चौथे पृष्ठ सामान्यतः सम्पादकीय छपता अंग्रेजी के समाचार-पत्रों में सातवां या नवां पृष्ठ प्रायः संपादकीय पृष्ठ होता है। सम्पादकीय पृष्ठ का समाचार-पत्र में विशिष्ट स्थान होता है। यह पत्र की नीतियों का प्रतीक होता है तथा जन-चेतना को प्रेरित तथा उद्धेलित करने की कोशिश करता है। सामयिक विषयों पर सम्पादकीय टिप्पणियों के अतिरिक्त आर्थिक, सामाजिक, राजनीतिक आदि क्षेत्रों की समसामयिक घटनाओं का विश्लेषण करने वाले विचारोत्तेजक लेख भी इसी पृष्ठ पर रहते हैं। 'पाठकों के पत्र' तथा व्यंग्य एवं हास-परिहास के स्तम्भ भी इसी पृष्ठ पर दिए जाते हैं।

हिन्दी समाचार-पत्रों के सम्पादकीय पृष्ठ का मेकअप काफी एकरस दिखाई देता है। सामान्य पृष्ठकों की भांति ही इस पृष्ठ का भी मेकअप होता है। किन्तु सम्पादक को उपलब्ध स्थान तथा सामग्री के आधार पर आनन्दायक तथा प्रभावी मेकअप करने का प्रयास करना चाहिए। इस हेतु पृष्ठ के मुख्य स्तम्भों के विशेष प्रकार के ब्लाक भी बनाए जा सकते हैं। सम्पादक के नाम पत्र-स्तम्भ में रुचिकर पत्रों पर कार्टून आदि बनाकर भी उन्हें सम्मिलित किया जा सकता है।

सम्पादकीय हेतु जगह का निर्धारण सम्पादकीय लेखक पर निर्भर करता है। सामान्यतया सम्पाकीय पृष्ठ के बाएँ भाग की ओर दो कॉलम में दो अथवा तीन सम्पादकीय होते हैं। इसे सन्तुलित करने के लिए दांई ओर महत्वपूर्ण विषयों के

फीचर या स्तम्भ भी दो कॉलम के दिए जाते हैं। इनके मध्य में किसी भी सामयिक विषय पर लेखादि होते हैं।

सम्पादकीय के लिए पृष्ठ तय करने का कोई नियम नहीं है परन्तु स्थान निश्चित रहता है। सम्पादकीय किसी भी पृष्ठ पर दिया जा सकता है किन्तु चार पृष्ठ के समाचार-पत्र में तीसरे तथा आठ पृष्ठ के समाचार-पत्र में चौथे पृष्ठ पर इसका स्थान प्रायः नियत रहता है। अधिकांश राष्ट्रीय समाचार-पत्रों में बाएँ भाग के पृष्ठ पर सम्पादकीय पृष्ठ होता है। जबकि 'हिन्दुस्तान टाइम्स' का संपादकीय दाएँ भाग के पृष्ठ की ओर होता है। महत्वपूर्ण घटनाओं पर सम्पादकीय मुख पृष्ठ पर भी दिए जाने की परम्परा है जिस पर अधिक प्रभाव डालने के लिए सम्पादक अपना नाम भी प्रकाशित करता है। 1977 में जनता पार्टी की ऐतिहासिक विजय, 1980 में काँग्रेस की विजय, पंजाब में आपरेशन ब्लू स्टार, श्रीमती इन्दिरा गाँधी की हत्या, सुनील गावस्कर के दस हजार रन, राजीव गाँधी की हत्या आदि अनेक महत्वपूर्ण घटनाओं पर अनेक पत्रों ने मुख पृष्ठ पर सम्पादकीय प्रकाशित किए।

कई बार ऐसा हुआ है कि सम्पादकीय का स्थान खाली छोड़ दिया जाता है। ऐसा प्रायः दो कारणों से होता है। इनमें एक कारण है यह जब सरकार के किसी कदम का प्रतीकात्मक विरोध करना हो। देश में जब आपातकाल की घोषणा की गई और समाचार पात्रों पर सेन्सरशिप लागू कर दी गई तो देश के कुछ प्रमुख पत्रों ने सम्पादकीय का स्थान खाली छोड़ दिया। इसका तात्पर्य यही था कि पत्र सरकार के इन कदमों का विरोध करता है।

कभी-कभार महत्वपूर्ण व्यक्ति के मौत होने पर भी समाचार-पत्र सम्पादकीय नहीं लिखते। यह उस पत्र की दिवंगत आत्मा के प्रति मौन श्रद्धांजलि होती है। सम्पादक उस असामायिक निधन से इतना भाव-विह्वल हो जाता है कि वह कुछ भी लिखने में स्वयं को असमर्थ पाता है। श्रीमती गाँधी की हत्या पर कुछ पत्रों ने काले हाशिए में जगह खाली छोड़ कर दिवंगत आत्मा के प्रति अपनी श्रद्धांजलि अर्पित की थी।

इसी प्रकार अयोध्या में पुलिस बर्बरता के कारण मारे गए कार सेवकों पर श्रद्धांजलि स्वरूप मुख्य पृष्ठ पर सम्पादकीय का स्थान खाली छोड़ दिया गया।

सम्पादकीय पृष्ठ को सजीव बनाने के लिए सम्पादकीय लेखक को सामग्री चयन तथा मेकअप की ओर भी विशेष ध्यान देना चाहिए। इस पृष्ठ पर कार्टून तथा चित्र आदि प्रकाशित कर इसे अधिक रोचक बनाया जा सकता है। सम्पादकीय पृष्ठ

पर विज्ञापन देने की परम्परा नहीं है। ऐसा माना जाता है कि यदि इस पृष्ठ पर विज्ञापन होते हैं, तो इससे पृष्ठ की गरिमा कम होती है।

व्यापार-वाणिज्य व खेल समाचारों हेतु अलग से पृष्ठ निर्धारित रहते हैं। इन पृष्ठों को भी पाठनीय एवं आकर्षक बनाने की दिशा में विशेष कार्य करने की आवश्यता है। इसी भाँति अन्य विषयों को भी पत्र में उचित स्थान देना चाहिए।

शेषांश

अधिकांश बार ऐसा होता है कि कुछ समाचार काफी लम्बा हो जाता है तथा वह पूरा एक पृष्ठ या स्थान पर नहीं दिया जा सकता। वैसे प्रयास तो यही होना चाहिए कि शोषांश देने का अवसर ही नहीं आए। यदि समाचार की अधिक लम्बाई से सज्जा में व्यवधान आए अथवा किसी अन्य महत्वपूर्ण समाचार का समायोजन उस पृष्ठ पर करने में कठिनाई अनुभव हो तो शेषांश दिया जाता है।

शेषांश कहाँ दिया जाना चाहिए? यह एक महत्वपूर्ण प्रश्न है। वैसे तो सम्पादक इस बात के लिए पूर्ण रूप से आजाद है कि वह इच्छानुसार कहीं भी शेषांश दें किन्तु यह व्यवस्था इस प्रकार की होनी चाहिए कि उसे खोजने में परेशानी न हो। प्रथम पृष्ठ का शोषांश विषम संख्या वाले पृष्ठ पर जैसे पहले का तीसरे, पाँचवे, सांतवे अथवा अन्तिम पृष्ठ पर देना अच्छा रहता है। हर पत्र की अपनी एक परम्परा होती है तथा उसी परम्परा का पालन करने से पाठक उसका अभ्यस्त हो जाएगा और उसे किसी भी प्रकार की परेशानी नहीं होगी। किसी भी समाचार का शेषांश उस पृष्ठ के पूर्व पृष्ठ पर नहीं दिया जाना चाहिए। उदाहरणार्थ तीसरे पृष्ठ का शेषांश दूसरे पृष्ठ पर। पाठक की गति सदैव आगे बढ़ने की रहती है। इस गति पर अचानक रोक लगाना सही नहीं है। वह पीछे की ओर देखने की अपेक्षा समाचार का शेषांश ही छोड़ सकता है। इसी प्रकार एक ही पृष्ठ पर यदि शेषांश दिया जाए तो उसे अगले कॉलम में देना चाहिए। ऐसा न हो कि सातवें कॉलम का शेष भाग तीसरे कॉलम पर दिया जाए।

शेषांश देते समय शेषांश के पृष्ठ एवं कॉलम का सही उल्लेख करना आवश्यक है। इसी प्रकार शेषांश के नीचे भी मूल समाचार के संकेत शब्द को सही रूप से अंकित करना चाहिए ताकि पाठक को आसानी से शेषांश मिल जाए तथा समाचार की क्रमबद्धता भी भंग न हो। शेषांश का उचित शीर्षक भी उसे मूल समाचार से जोड़

देता है तथा सज्जा की दृष्टि से भी उपयोगी होता है। इस बात का भी ध्यान रखा जाए कि एक ही कॉलम लम्बा शेषांश न देकर उसे दो कॉलम का कर देना चाहिए।

चित्रों का चयन और सम्पादन

समाचार-पत्रों की सज्जा के अन्तर्गत चित्रों का अपना ही योगदान होता है। "चित्र मस्तिष्क पर सीधा प्रभाव डालता है। भाषा और राष्ट्रीयता उसकी गति में बाधक नहीं हो सकते। चित्र के द्वारा अपनी बात दूसरों को समझाने की मानवीय वृत्ति बहुत पुरानी है। मोहनजोदड़ो की मुहरों पर हमें अनेक घटनाओं के चित्रांकन मिलते हैं। वही आदिम चित्र पत्रकारिता थी।" चित्रों का पृष्ठ पर अपना ही आकर्षण होता है। इससे समाचार की विश्वसनीयता एवं प्रामाणिकता में वृद्धि हो जाती है वहीं प्रेषणीयता भी बढ़ जाती है। हजारों शब्दों में जो भाव व्यक्त नहीं किए जा सकते वे चित्रों द्वारा आसानी से व्यक्त हो जाते हैं। इसके विपरीत चित्र चयन में अपेक्षित सावधानियों का ध्यन रखना चाहिए नहीं तो पृष्ठ का स्वरूप भी भद्दा हो जाता है। अगर चित्र के बिना पहला पृष्ठ नंगा लगता है, तो गलत चित्र या गलत ढंग से प्रकाशित चित्र पत्र की साज-सज्जा पर धब्बा बन सकता है।" चित्रों का चयन करते समय निम्नलिखित बातों का ध्यान रखना चाहिए

1. समाचार की दृष्टि से चित्र के महत्व का मूल्यांकन करना चाहिए। चित्र देते समय उसकी सामयिकता तथा प्रभावोत्पादकता का ध्यान विल्कुल न रखें, परन्तु वीभत्स एवं कुन्सित भावनाओं को प्रोत्साहित करने वाले, कानून व सुरक्षा सीमाओं का उल्लंघन करने वाले तथा बेजान आकर्षणहीन चित्रों का प्रकाशन नहीं करना चाहिए।
2. चित्र में पृष्ठभूमि जितनी कम हो उतना ही अच्छा है। इससे आकृति विशेष पर ही अधिक ध्यान रहेगा।
3. चित्र भावपूर्ण होना चाहिए। वही चित्र श्रेष्ठ माना जाता है जिस पर शीर्षक देने की आवश्यकता न पड़े तथा जो स्वयं ही सारी बात को स्पष्ट कर दें।
4. समाचार एवं चित्र के विवरण की सत्यता को परख कर ही चित्र दें
5. व्यक्ति विशेष के जीवन पर प्रतिकूल प्रभाव डालने वाले चित्रों का प्रकाशन नहीं करना चाहिए। 'अपमान और अपयश' के दोषी बन सकने वाले चित्रों के प्रयोग से बचें।
6. चित्र का परिचय देते हुए कम से कम शब्दों का प्रयोग करना चाहिए।

7. चित्र इस प्रकार के होने चाहिए कि उनमें कुछ भाव या घटना या विचार व्यक्त किया गया हो, मात्र स्थान भरने की दृष्टि से चित्रों का चयन करना सही नहीं है।
8. सादा या साधारण चित्रों की अपेक्षा क्रियात्मक गतिशील चित्र अधिक प्रभावकारी माने जाते हैं।
9. ऐसे चित्र साधारणतया नहीं दिए जाने चाहिए जिनसे यह प्रतीत हो कि मानो लोग चित्र खिंचाने के लिए ही बैठे हैं। उनके नेत्र कैमरे की ओर नहीं होने चाहिए। चित्रों में स्वाभाविकता और कलात्मकता होनी चाहिए।
10. समाचार के अनुसार ही चित्र का चयन हो चित्र के अनावश्यक भागों को काटकर अलग कर देना चाहिए तथा उसमें आवश्यक भाग को ही ध्यान में रखकर उसे विस्तार देते हुए बड़ा ब्लॉक बनाते समय यह ध्यान रखा जाए कि वह इतना बड़ा न हो जाए कि चित्र का स्वरूप ही विकृत हो जाए, साथ ही यह भी ध्यान रखना चाहिए कि छोटा ब्लॉक बनाते समय वह इतना छोटा न हो जाए कि उसका महत्वपूर्ण भाग ही अस्पस्ट हो जाए।
11. मानवीय भावों अथवा पशु-पक्षियों या अन्या ऐसे ही विषयों के रोचक एवं कलात्मक चित्र भी पत्रों में प्रायः प्रकाशित किए जाते हैं। यह आवश्यक नहीं है कि उसके पीछे कोई समाचार भी निहित हो।
12. चित्र चयन में अखबारी कागज, ब्लॉक बनाने की कला एवं प्रक्रिया तथा मुद्रण का ज्ञान होना आवश्यक है। अन्य पत्र-पत्रिकाओं की अपेक्षा समाचार-पत्र में चित्र-सज्जा अवसर एवं उपयोग के तरीके सीमित होते हैं।

वस्तुतः शब्दों द्वारा व्यक्त न किये जाने वाले कथा को चित्रों के द्वारा व्यक्त किया जा सकता है। चित्र जीवन की कथा को अभिव्यक्त कर सकने में सक्षम होता है। जीवन के विविध रूपोंहास्य, करुणा, दुःख, शोक आदि की मार्मिक और सजीव अभिव्यक्ति चित्र शब्दों की अपेक्षा अधिक प्रभावी ढंग से व्यक्त कर सकता है। मानवीय संवेदनाओं और भावनाओं को छूने वाला चित्र अधिक उपयोगी और प्रभावी होता है। समाचार-पत्रों में प्रकाशित चित्रों में संप्रेषणीयता का गुण होना आवश्यक है। चित्रों का समाचारों के साथ सार्थक सन्तुलन होना चाहिए।

जीवन्त तथा उपयुक्त चित्र समाचार-पत्र के पृष्ठों में आकर्षण उत्पन्न करने के प्रमुख आधार है। जिन लोगों के चित्र प्रकाशित किए जा रहे हों ऐसे चित्र उन व्यक्तियों की भावनाओं को व्यक्त करने वाले हों। चित्र में समाचार तत्व (News

Valus) निहित होती है अतः सामयिकता का विशेष ध्यान समाचारों की भाँति ही चित्रों में भी रखा जाना चाहिए। चित्रों के साथ उचित कैप्शन भी लगाया जाता है। कैप्शन शीर्षक लेखन की भाँति एक विशेष कला है। कैप्शन में सामायिकता का बोध कराने के लिए उसे वर्तमान काल में लिखना उपयुक्त रहता है। कैप्शन में 'बाएँ से दाएँ' लिखने के स्थान पर 'बाएँ से' लिखना चाहिए। इसी भाँति 'इस चित्र के अनुसार' अथवा 'चित्र में यह प्रदर्शित किया गया है' आदि कैप्शन में लिखना अनुप्रयुक्त है।

हमारे देश के समाचार-पत्रों में प्रभावशाली चित्रों का प्रयोग काफी कम होता है। अतः इस तरफ खास ध्यान देने की आवश्यकता है। हमारे यहाँ के पत्रों में प्रकाशित चित्र प्रायः प्रमुख व्यक्तियों के विदेश गमन अथवा देश में आगमन से लेकर सामान्य घटना प्रधान चित्र होते हैं। इनमें नीरसता और गतिहीनता ही होती है। क्षण के महत्व को पकड़ पाने तथा मानवीय सौन्दर्य चेतना को संतुष्ट करने वाले चित्रों का अभाव-सा ही हमें दिखाई देता है। मानवीय अभिरुचि के पत्रों की कमी भारतीय समाचार-पत्र जगत में देखी जा सकती है। समाचार-पत्र की न सिर्फ पृष्ठ-सज्जा की दृष्टि से वरन् उसमें मानवीय संवदनाओं का अनुभूतिपरक पक्ष जोड़ने की दृष्टि से चित्र चयन में विशेष ध्यान देने की आवश्यकता है।

सामान्य समाचार-पत्र पृष्ठ और पृष्ठ सज्जा सम्बन्धी कुछ तकनीकी तथ्य

पृष्ठ

1. आमतौर पर एक समाचार-पत्र का पृष्ठ 8 कॉलमों (स्तम्भों) में विभक्त होता है।
2. कुछ समाचार-पत्र 6 कॉलम में भी प्रकाशित किए जाते हैं।
3. एक कॉलम की लम्बाई 55 सेमी. होती है।
4. आठ कॉलम/पृष्ठ वाले कॉलम की चौड़ाई साढ़े चार सेमी. होती है।
5. छः कॉलम/पृष्ठ वाले कॉलम की चौड़ाई 6 सेमी. होती है।
6. दो कॉलम के बीच की खाली जगह आठ मिमी. होती है।
7. आठ कॉलम/पृष्ठ व्यवस्था में प्रति पृष्ठ उपलब्ध प्रकाशन स्थान 440 वर्ग कॉलम सेमी. होता है।

8. छः कॉलम/पृष्ठ व्यवस्था में प्रति पृष्ठ उपलब्ध प्रकाशन स्थान 330 वर्ग कॉलम सेमी. होता है।
9. आठ या छः कॉलमों की पूरी चौड़ाई 38 सेमी. होती है।

पृष्ठ-सज्जा

1. पृष्ठ-सज्जा में यह स्मरण रहे कि कभी भी दो बहु कॉलम खबरें सटकर न लगे।
2. कभी भी दो सिगल कॉलम खबरे सटकर नहीं लगी होनी चाहिए।
3. दो बहु कॉलमीय खबरों के बीच एक सिंगल कॉलम खबर अवश्य होनी चाहिए।
4. पृष्ठ सज्जा में सहायक कुछ कॉलम सूत्र

   2 कॉ + एक कॉ + 2 कॉ + एक कॉ +2 कॉ

   3 कॉ + एक कॉ + 3 कॉ + एक कॉ

   एक कॉ + 3 कॉ + एक कॉ +3 कॉ

   चार कॉ + एक कॉ + 2 कॉ + एक कॉ

   चार कॉ + एक कॉ + 3 कॉ

   3 कॉ + एक कॉ + 4 कॉ

   2 कॉ + एक कॉ + चार कॉ + एक कॉ

   5 कॉ + एक कॉ + 2 कॉ

   2 कॉलम + एक कॉ + 5 कॉ

   एक कॉ + 6 कॉ + एक कॉ
5. पहली लीड खबर की हैडिंग का आकार सबसे बड़ा हों।
6. दूसरी लीड खबर की हैंडिग का आकार पहली लीड से हो।
7. पृष्ठ के सबसे नीचे फैलाकर लगाई गई अथवा अंतिम खबर की हैडिंग पहली व दूसरी लीड का औसत होना चाहिए।
8. समाचार के साथ चित्र का संयोजन केन्द्रीकृत हों।
9. दो फोटो नजदीक न हों।
10. एक से अधिक फोटो का प्रतिस्थापन इस प्रकार किया जाए कि पृष्ठ बोझिल न लगे।
11. बहुकॉलम खबर के ठीक नीचे उतने ही कॉलम में खबर देने से बचना चाहिए।

पृष्ठ सज्जा के प्रकार

1. माड्यूलर
2. अनियमित

12. सिंगल कॉलम का संयोजन हैडिंग के आकार के हिसाब से ऊपर से नीचे की ओर गिरते हुए क्रम में तथा नीचे से ऊपर की ओर भी गिरते हुए क्रम में किया जाना चाहिए।
13. बाएँ हाथ के पृष्ठों अर्थात् सम संख्या (2, 4, 6, 8...) वाले पृष्ठों पर विज्ञापन का प्रतिस्थापन बाएँ हाथ की ओर प्रारम्भ होता है।
14. दाएँ हाथ के पृष्ठों अर्थात् विषम संख्या (1, 3, 5, 7, 9...) वाले पृष्ठों पर विज्ञापन का प्रतिस्थापन दाएँ हाथ की तरफ से प्रारम्भ होता।
15. विज्ञापन नीचे से ऊपर की ओर क्रमशः घटते हुए आकार में प्रतिस्थापित किए जाते हैं।

दीर्घ उत्तरीय प्रश्न

1. समाचार पत्र में साज-सज्जा का क्या अर्थ है विभिन्न परिभाषाओं के आधार पर स्पष्ट कीजिए।
2. समाचार पत्र में साज-सज्जाकारों की विभिन्न योग्यताओं की विवेचना कीजिए।
3. समाचार पत्र में साज-सज्जा के विभिन्न वर्गीकरणों की विवेचना कीजिए।
4. समाचार पत्र के पृष्ठ सज्जा के सैद्धान्तिक पक्षों की विवेचना कीजिए।
5. समाचार पत्रों में चित्रों का चयन हेतु सम्पादन की भूमिका को स्पष्ट कीजिए।
6. सामान्य समाचार पत्र पृष्ठ एवं पृष्ठ सज्जा संबंधी विभिन्न तकनीकी तथ्यों को स्पष्ट कीजिए।

लघु उत्तरीय प्रश्न

1. समाचार पत्रों में डिजाइनिंग प्रमुख तत्वों की संक्षिप्त विवेचना कीजिए।
2. समाचार पत्र में प्रथम पृष्ठ के साज-सज्जा के स्वरूप को संक्षेप में स्पष्ट कीजिए।
3. समाचार पत्र के मध्यवर्ती पृष्ठों को मेकअप करने के ढंगों को संक्षेप में स्पष्ट कीजिए।

4. हिन्दी समाचार पत्रों के कितने पृष्ठ निर्धारित किये गये हैं उनका विवरण संक्षेप में दीजिए।
5. समाचार पत्रों में चित्रों का चयन करते समय किन-किन तथ्यों को ध्यान में रखना चाहिए उनकी विवेचना संक्षेप में दीजिए।

वस्तुनिष्ठ प्रश्न

1. निम्न में से कौन-सा शब्द समाचार पत्र डिजाइनिग के तत्व है
   (क) कागज (ख) टाइप
   (ग) इनमें से दोनों (घ) इनमें से कोई नहीं।
2. हिन्दी के समाचार पत्र सामान्यतः निम्न में से कितने पृष्ठों के होते है
   (क) आठ (ख) दस
   (ग) बारह (घ) चौदह
3. दो कॉलम के मध्य की रिक्त स्थान निम्न में से कितने मि.मी. की होती है
   (क) आठ (ख) नौ
   (ग) दस (घ) इनमें से कोई नही

17

शीर्षक

शीर्षक रचना

समाचार-पत्र के या कोई अन्य पुस्तक, उसके लिए शीर्षक का बहुत महत्व होता है। सभी प्रकार के समाचार व लेख का यह कुशल, सचेत एवं पारंगत समाचार तैयार करने वाला व्यक्ति ऐसे शीर्षक का निर्माण करता है, जो मोहक होने के साथ-साथ विश्वसनीय और उत्प्रेरक भी होता है। वास्तव में शीर्षक समाचार तथा किसी लेख इत्यादि का सार (उपसंहार) होता है।

अगर शीर्षक आकर्षक है, तो पाठक समाचार पढ़ने के लिए मजबूर हो जाता है। कई बार तो शीर्षक को पढ़ते ही समाचार को पूरा पढ़े बिना नहीं रहा जा सकता। समाचार-पत्रों में शीर्षक बनाने की विभिन्न पद्धतियाँ होती हैं जिनका विवरण आगे दिया जा रहा है। इन पद्धतियों में सबसे प्रमुख विलोम सोपानी, क्रॉस लाइन, ड्राप लाइन, पूर्णपाती आदि हैं।

1. **कपाली शीर्षक** मुख्य शीर्षक के ऊपर छोटे टाइप में दिए जाने वाले शीर्षक को पताका या स्टीमर शीर्षक कहा जाता है। इस शीर्षक के नीचे एक लाइन भी होती है।
2. **फ्लेश लेफ्ट** इसकी भी पंक्ति बाईं ओर से शुरू होती है। लेकिन दूसरी पंक्ति का क्रम निश्चित नहीं होता है।

3. **कटि शीर्षक** डमरू या युवती की कमर की तरह के शीर्षक को कटि शीर्षक कहा जाता है। इसमें पहली और तीसरी पंक्तियाँ पूरी होती हैं। दूसरी पंक्ति दोनों तरफ से छोटी होती है। आज के समय में इस तरह के शीर्षकों का प्रचलन कम है।

4. **हेडिंग इंडेंशन** इसके अन्तर्गत पहली पंक्ति पूरे कॉलम में होती है, दूसरी तथा तीसरी पंक्तियों को बाईं ओर से बराबर स्थान को छोड़कर लिखा जाता है।

5. **पूर्णपाती** इसका प्रयोग समाचार-पत्रों में अधिक किया जाता है। शीर्षक के अक्षरों की संख्या एक कॉलम की चौड़ाई से अधिक नहीं होती है।

6. **पताका शीर्षक** पूरी चौड़ाई में सबसे मोटे मुद्राक्षर में दिए जाने वाले शीर्षक को पताका अथवा स्टीमर शीर्षक के नाम से जाना जाता है।

7. **क्रॉस लाइन** समाचार-पत्र के एक कॉलम या बीच भाग में लिखे गये किसी पंक्ति के छोटे शीर्षक को क्रॉस लाइन कहा जाता है।

8. **ड्राप लाइन** इसमें दो या कभी-कभी तीन पंक्तियाँ भी होती हैं। बाईं ओर से दाईं ओर बढ़ाकर एक के बाद एक शब्द लिखे जाते हैं, जो देखने में सीढ़ीनुमा दिखते हैं। इसे स्टेपहर्ड भी कहते हैं।

9. **विलोम सोपानी** इस प्रकार के शीर्षक की पंक्तियाँ बाईं ओर से प्रारम्भ होकर क्रमशः नीचे की ओर छोटी होती चली जाती हैं।

10. **स्क्वायर इंडेंशन** पूरे कॉलम में फैले तीन अथवा चार पंक्तियों वाले शीर्षक को स्क्वायर इंडेंशन कहा जाता है।

11. **विलोम स्तूप** इस प्रकार के शीर्षक में पहली पंक्ति पूरे कॉलम की चौड़ाई में तथा दूसरी एवं तीसरी पंक्ति के दोनों ओर स्थान छोड़ा जाता है।

8. **कपाली शीर्षक** मुख्य शीर्षक के ऊपर छोटे टाइप में दिए जाने वाले शीर्षक को पताका या स्टीमर शीर्षक कहा जाता है। इस शीर्षक के नीचे एक लाइन भी होती है।

9. **फ्लेश लेफ्ट** इसकी भी पंक्ति बाईं ओर से शुरू होती है। लेकिन दूसरी पंक्ति का क्रम निश्चित नहीं होता है।

10. **कटि शीर्षक** डमरू या युवती की कमर की तरह के शीर्षक को कटि शीर्षक कहा जाता है। इसमें पहली और तीसरी पंक्तियाँ पूरी होती हैं। दूसरी पंक्ति दोनों तरफ से छोटी होती है। आज के समय में इस तरह के शीर्षकों का प्रचलन कम है।

शीर्षक के मूलभूत सिद्धांत

शीर्षक के विभिन्न मूलभूत सिद्धान्तों को निम्नलिखित प्रकार से स्पष्ट किया जा सकता है

1. बराबर मोटाई और आकार-प्रकार में दिए गए शीर्षक में अगल-बगल अथवा आसपास के कॉलम में शीर्षक देना उचित नहीं है। समान रूप के शीर्षकों के बीच में भिन्न रूप-रंग का शीर्षक देना अच्छा लगता है।
2. 48 प्वाइंट का दो पंक्ति का शीर्षक 72 प्वाइंट के 8 कॉलम शीर्षक से ज्यादा होता है।
3. बराबर आकार-प्रकार के शीर्षकों का सदैव संतुलन होना चाहिए।
4. बॉक्स के नीचे हल्के मुद्राक्षर का शीर्षक कभी भी अच्छा नहीं लगता।
5. पृष्ठ पर छोटे-बड़े चित्रों का प्रयोग समाचारों को अधिक स्पष्ट कर देता है।
6. पृष्ठ के ऊपरी भाग में दिया गया समान आकार का चित्र नीचे दिए गए चित्र से उत्तम दिखाई देता है।
7. पृष्ठ का आकार छोटे शीर्षकों का प्रयोग कम-से-कम करने से अच्छा दिखाई देता है।
8. काला पाइका का दो कॉलम बॉक्स दो कॉलम समाचार से कुछ हल्का लगता है।
9. कुछ पत्रों का यह सिद्धान्त है कि किसी कॉलम में सबसे लम्बे शीर्षक ऊपर ही हो। उसके नीचे जितने भी शीर्षक हों वे क्रमशः होते जाएँ। इस सिद्धान्त का पालन करने का परिणाम यह होता है कि पृष्ठ का ऊपरी भाग जहाँ काफी बड़ा होता है वहाँ पृष्ठ की कटि के नीचे उसका निर्माण हल्के से हल्का होकर एकदम नीचे अति दुबला हो जाता है। ऊपर हल्के मुद्राक्षर वाले शीर्षक का समाचार देकर उसके एकदम नीचे मोटे मुद्राक्षरों का शीर्षक देना सही नहीं लगता है, लेकिन एक-दो समाचार हल्के मुद्राक्षर में देकर नीचे मोटे मुद्राक्षर का शीर्षक दे देने से पृष्ठ की सुन्दरता में वृद्धि की जा सकती है।
10. काला पाइका में बना एक कॉलम बॉक्स दो कॉलम समाचार से कुछ हल्का लगता है।
11. दृष्टि विज्ञान के नियमानुसार पृष्ठ का ऊपरी बायाँ भाग अधिक महत्वपूर्ण होता है। पूर्वाभ्यास और संस्कारों के कारण आँख पहले बाईं तरफ ही पड़ती है और वह भी ऊपर की तरफ। इसलिए बाईं तरफ ही अधिक महत्व के समाचार को जगह देना आवश्यक माना जाता है।

12. साधारण पाइका में बना दो कॉलम बॉक्स एक कॉलम चित्र के समान होना चाहिए।
13. पहले अथवा दूसरे कॉलम में दिया गया चित्र छठें अथवा सातवें कॉलम के ऊपर दिए गए दो कॉलम चित्र को संतुलित करता है। इसी तरह पहले अथवा दूसरे कॉलम में दिया गया मोटे मुद्राक्षर का समाचार नीचे की तरफ अन्तिम दो कॉलम समाचार का संतुलन बनाने में सहायक सिद्ध होता है।
14. समाचार के पश्चात् डैश देने की कोई आवश्यकता नहीं है। अनेक शीर्षक समाचार के अलग व्यक्तित्व को स्पष्ट करने के लिए बनाये जाते हैं। डैश देना पाठक पर एक तरह को रोक लगाना है। समाचार पढ़ते समय जहाँ रुकना चाहेगा वहाँ खुद रुक जाएगा।
15. अधूरे समाचार के नीचे की ओर रोक हल्के रूल से की जाए।
16. पृष्ठ के निर्माण और शीर्षकों की शैली के प्रति पाठक का मोह हो जाता है, उसे अचानक नहीं बदलना चाहिए। इससे पाठक के मन पर गलत प्रभाव पड़ने की संभावना रहती है। प्रतिकूल प्रभाव का तात्पर्य यह है कि पाठक अपने रोज के पत्र को भूल-सा न जाए। यदि शीर्षक-शैली और मुद्राक्षर में खास परिवर्तन करना श्रेयस्कर हो तो उसकी पूर्व-सूचना पाठक को जरूर देना चाहिए।
17. समाचारों के शेषांश को आगे के कॉलम या पृष्ठ पर ले जाने के लिए नये पैरा का प्रयोग नहीं करना चाहिए। पैरा की समाप्ति पाठक के मन में समाचार की समाप्ति का आभास कराती है। ऐसी दशा में पाठक की जिज्ञासा समाचार के प्रति कम हो जाती है। यदि समाचार को अधूरे वाक्य से तोड़ा गया हो तो पाठक उसे पूरा पढ़ने का प्रयास करेगा। यह मनोवैज्ञानिक सच्चाई है।
18. विविधता ही जीवन का आनंद है। इसी को ध्यान में रखकर सभी पृष्ठों की सजावट तथा स्वरूप रोज एक जैसी नहीं होनी चाहिए। समाचार-पत्र के प्रतयेक पृष्ठ को सुन्दर बनाने के लिए विविधता से परिपूर्ण मेकअप हमेशा प्रभावशाली सिद्ध होता है।
19. हमेशा कोशिश यही करना चाहिए कि समाचार के टुकड़े न हों सामग्री हमेशा और अधिक जरूरी होने की स्थिति में ही समाचार को विभाजित करना चाहिए। ऐसा अंदाज है कि 60 प्रतिशत से ज्यादा पाठक किसी दूसरे पृष्ठ पर डाले गए समाचार की खोज में भटक जाते हैं। यदि समाचारों के शेष भाग को किसी अन्य पृष्ठ पर देना जरूरी हो तो एक ही ऐसा पृष्ठ निश्चित करना चाहिए जिस पर सम्पूर्ण समाचारों के शेषांश पाठकों को एक साथ मिल जाएँ।

पाठक के लिए एक-एक पृष्ठ पलटने के बजाय सम्पूर्ण समाचार-पत्र पलटना आसान होता है। इस तरह यदि कोई बाधा न हो तो पहले पृष्ठ के शेषांश को अन्तिम पृष्ठ पर ही छापना हितकर समझा जाता है।

20. बॉक्स के ऊपर रोक रूल डालना उचित नहीं होता है।
21. लम्बा समाचार होने की दशा में यदि उसे अगले कॉलम में डालना पड़े तो वह मूल अंग के नजदीक होना चाहिए। आँख को शेष अंग की खोज में कष्ट न उठाना पड़े। समाचार के बीच में कोई अवरोध उत्पन्न करने वाली सामग्री न हो।
22. पृष्ठ के निचले भाग के निर्माण पर खास ध्यान देना जरूरी होता है। उसे महत्वहीन न समझा जाए।

समाचार के इण्ट्रो तथा उसकी सजावट के पृष्ठ की रूप-सज्जा पर अधिक प्रभाव पड़ता है। इण्ट्रो का आकार समाचार की उपयोगिता तथा पृष्ठ पर दिए जाने वाले कार्टून, चित्र और विज्ञापन की प्रकृति पर भी बहुत कुछ निर्भर होता है। सामान्य तौर पर समाचार के इण्ट्रो को एक कॉलम से लेकर तीन कॉलम तक चौड़ा देना काफी है। आठ कॉलम के पृष्ठ पर इससे अधिक इण्ट्रो का कोई महत्व नहीं रह जाता है। उसके साथ दूसरे समाचार किसी तरह का महत्व नहीं रखते हैं। इसके साथ ही पृष्ठ की रूप सज्जा के नजरिये से इण्ट्रो के मुद्राक्षर तथा पृष्ठ पर प्रयुक्त साधारण मुद्राक्षर में भेद होना चाहिए। यदि इण्ट्रो के मुद्राक्षर समाचार के मुद्राक्षर से कुछ दीर्घ तथा ज्यादा चमकता हुआ हो, तो इण्ट्रो का सुन्दर होना स्वभाविक है। विभिन्न समाचार-पत्रों में अपनी-अपनी परंपरा और टाइप सुविधा के आधार पर ही इण्ट्रो के मुद्राक्षर का अन्तर दिखाई देता है। एक कॉलम वाले इण्ट्रो में आमतौर पर सामान्य मुद्राक्षर का ही प्रयोग किया जाता है। कभी-कभी समाचार की उपयोगिता के लिए सफेद 'पाइका' मुद्राक्षर के काले अथवा इलेक्ट्रिक मुद्राक्षर का प्रयोग किया जाता है। दो कॉलम अथवा उससे ज्यादा चौड़ा इण्ट्रो बनाने में सामान्य अथवा अलग-अलग तरह के मुद्राक्षर के प्रयोग का प्रचलन है। इण्ट्रो का मुद्राक्षर यदि सामान्य है, तब तो कोई दिक्कत नहीं होती, लेकिन उनमें अन्तर लाने के लिए बनावट पर ध्यान देना अतिआवश्यक है। इसके साथ ही मुद्राक्षर का निर्णय तब ठीक ढंग से किया जा सकता है, जब हम पहले ही यह तय कर लें कि इण्ट्रो का स्वरूप क्या होना चाहिए और उसमें कितने अनुच्छेद होने चाहिए। तीन से ज्यादा अनुच्छेदों वाला इण्ट्रो कभी भी आकर्षक नहीं लगता। इण्ट्रो के ज्यादा अनुच्छेद पृष्ठ पर बोझ समान स्पष्ट होते हैं और उनसे उनका रूप भी

बोझिल हो सकता है। व्यावहारिक सिद्धांत के अनुसार पृष्ठ के निचले भाग में दिए जाने वाले इण्ट्रो का स्वरूप छोटा हो। कभी भी उनकी मोटाई तीन-चार पंक्तियों की एक अनुच्छेद और चौड़ाई दो कॉलम से अधिक नहीं होनी चाहिए।

शीर्षक का महत्व

समाचार-पत्रों में उप-सम्पादक के लिए शीर्षक लिखना अधिक चुनौतिपूर्ण व अनिवार्य कार्य होता है। शीर्षक वस्तुतः समाचार-पत्र की मूल विशेषता की ओर संकेत करता है। इससे पाठक शीघ्र ही महत्वपूर्ण समाचारों की जानकारी भी प्राप्त कर लेता है। समाचार-पत्र में शीर्षकों की प्रस्तुति एक रचनात्मक एवं कलात्मक कार्य है। प्रभावी शीर्षक न सिर्फ समाचारों को आकर्षक स्वरूप प्रदान करते हैं वरन् उसके व्यावसायिक पक्ष को भी मजबूत बनाते है। ब्रूस वेस्टली ने शीर्षकों का समाचार-पत्र का 'प्रदर्शन वातायन' माना है, जो पाठक के लिए मुख्य सूचना स्रोत है।

शीर्षक समाचार का सार है। उप-सम्पादक सभी समाचारों को ध्यानपूर्वक पढ़ने के पश्चात् ही उसका शीर्षक बनाता है। वह शीर्षक उस समाचार के मूल समाचारत्व को संकेतित करता है। यह मूल समाचारत्व प्रायः समाचार के इंट्रो में आ जाता है। श्री प्रेमनाथ चतुर्वेदी ने शीर्षक के निम्नलिखित उद्देश्य बताए हैं

1. समाचार की कहानी को विज्ञापित करना अथवा उसे प्रकाश में लाना।
2. समाचार का सार प्रकट करना।
3. समाचार-पत्र को देखने में सुन्दर और आकर्षक बनाना।

प्रवीण दीक्षित ने शीर्षक के उद्देश्य इस प्रकार बताएँ हैं

1. पाठकों को उनकी आवश्यकता और रुचि के समाचारों को पत्र में देखने के लिए उन्हें क्रमबद्ध करना।
2. समय के आभाव से प्रभावित पाठकों को केवल शीर्षक द्वारा ही संक्षिप्त रूप में समाचार-तत्व का बोध कराना।
3. समाचार की विशेषता से पाठक को अवगत कराना।
4. समाचार की ओर पाठक के ध्यान को आकर्षित करना।
5. पृष्ठ की साज-सज्जा को विभिन्न प्रकार के टाइपों से बने शीर्षकों द्वारा प्रभाव पूर्ण बनाना।
6. पाठकों की नजर में समाचार-पत्र की गोचरता के द्वारा उसके 'व्यक्तित्व' को सम्मानजनक बनाना।

7. ग्राहकों को समाचार-पत्र की प्रतियाँ खरीदने हेतु प्रेरित करना।

पी. पी. सिंह ने शीर्षक के उपयोग बताते हुए एक स्थान पर लिखा है

"अखबार के लिए शीर्षक पंक्तियाँ शीशा लगी उन खिड़कियों का काम देती हैं जिनके भीतर सजाकर रखा हुआ बिक्री का माल देखकर दर्शक का मन ललचा जाता है और वह उसे खरीदने को उत्सुक हो उठता है। वे बिक्री के माल अर्थात् अखबार के लेख, प्रासंगिक वृतान्त आदि का विज्ञापन करती हैं।"

एक लेखक के शब्दों में शीर्षक समाचार कहता है किन्तु इससे भी महत्वपूर्ण है वह समाचार की विक्री करें। शीर्षक सृजनात्मक प्रतिभा का परिचायक है। वर्तमान समय में पूरा समाचार पढ़ने के लिए पाठक के पास समय नहीं है। वह संक्षेप में और शीघ्रता में सारी बातें जानना चाहता है। उसकी इस जिज्ञासा को शीर्षक तुरन्त शान्त करता है। समाचार-पत्र का प्रत्येक समाचार, लेख, फीचर आदि शीर्षक-विहीन नहीं होता है। शीर्षक न सिर्फ दो समाचारों को पृथक् करता है वरन् पाठक को अपनी ओर आकृष्ट भी करता है। प्रेमनाथ चतुर्वेदी के शब्दों में शीर्षक की प्रेरणा है

"इस समाचार को पढ़ो, बहुत महत्वपूर्ण है, इसे छोड़ क्यों जाते हो, तनिक इधर भी रूको, यह समाचार भी कम आनन्ददायक नहीं।"

प्रभावी शीर्षक कैसा हो?

शुद्धता और निष्पक्षता सही शीर्षक के गुण हैं। शीर्षक में गलती रहना समाचार-पत्र की प्रतिष्ठा के प्रतिकूल होता है। समाचार-पत्र को बेचने के उद्देश्य से गलत और सनसनीपूर्ण शीर्षक देना ठीक नहीं है। समाचार और शीर्षक के अन्तर्गत आपसी सांमजस्य होना चाहिए। अच्छे शीर्षक के माध्यम से पाठक को यह ज्ञात होता है। समाचार क्या कहना चाहता है। शीर्षक समाचार को ही व्यक्त करने वाला होना चाहिए, किसी विचार को नहीं। समाचारों की गम्भीरता को कायम रखने की क्षमता शीर्षक में होनी चाहिए। गम्भीर समाचार का मजाकपूर्ण शीर्षक लगाना उचित नहीं। शीर्षक में अनावश्यक शाब्दिक भ्रमजाल नहीं होना चाहिए वरन् एक-एक शब्द सोच-समझकर अर्थपूर्ण ढंग से लिखा जाना चाहिए। वेस्टले के शब्दों में अच्छे शीर्षक की विशेषताएँ इस प्रकार व्यक्त की जा सकती हैं

1. जहाँ तक सम्भव हो सके वहाँ तक समाचार के उपयुक्त सारांश युक्त शीर्षक।
2. समाचार के प्रमुख तथ्यों पर आधारित शीर्षक।
3. उचित और जीवन्त शब्दों से युक्त शीर्षक।
4. एकदम स्पष्ट तथा अर्थपूर्ण शीर्षक।

यह भी स्मरण रहे कि आपराधिक समाचारों के शीर्षक के शीर्षक में धर्म, जाति आदि का उल्लेख बिल्कुल न हो। इसी प्रकार राजनीतिक समाचार लेखन के समय शीर्षक इस प्रकार नहीं देना चाहिए जिससे ऐसा प्रतीत हो कि पत्र किसी दल विशेष का समर्थन या विरोध कर रहा है। उल्लेखनीय है कि सम्वाददाता सिर्फ व्यक्ति विशेष के समाचारों को रिपोर्ट करता है, उसमें अपने विचार आरोपित नहीं करता।

शीर्षक में प्रायः वर्तमानकाल का प्रयोग किया जाता है। इस धारणा का समर्थन करते हुए के. एम. श्रीवास्तव ने लिखा है कि घटित घटना का विवरण वर्तमान काल में देने से पाठक स्वयं को क्रिया (Action) के मध्य गतिशील पाता है तथा वह स्वयं की उसके साथ भागीदारी महसूस करता है। घटित घटना को पाठक समाचार-पत्रों के माध्यम से शीघ्र ही जान लेता है। अतः वर्तमान काल का प्रयोग उचित प्रतीत होता है। पाठक को यह जानकारी होती है कि प्रातः कालीन समाचार-पत्र बीते हुए कल के समाचार वर्तमानकाल में दे रहा है। वर्तमान काल का प्रयोग करने से घटना की सामयिकता बनी रहती है। अतः शीर्षकों में इसका प्रयोग किया जाता है।

शीर्षक को हमेशा सकारात्मक रूप में लिखना चाहिए। लम्बे शब्दों और वाक्यों के स्थान पर छोटे तथा सरल शब्दों व वाक्यों का प्रयोग किया जाना चाहिए। इसी प्रकार शीर्षक को स्पष्ट तथा सहज बनाए रखने के लिए उसमें एक ही विचार को व्यक्त करना चाहिए। एक से अधिक विचारों की स्थिति में सर्वाधिक महत्वपूर्ण विचार के आधार पर शीर्षक बनाना चाहिए।

शीर्षक लेखन में समाचार-पत्र में उपलब्ध कॉलम के स्थान का भी ध्यान रखा जाना चाहिए। इस दृष्टि से उपसम्पादक को टाइपों की गणना की जानकारी आवश्यक है।

हिन्दी में टाइपों गिनती करने के लिए सभी अन्दर को एक इकाई माना जाता हैजैसे क, ख, ग, आदि एक इकाई हैं। इसी भाँति एक अक्षर के आगे या पीछे लगने वाली मात्रा को आधी इकाई माना जाता है। उदाहरणार्थ 'समाचार' शब्द में स, म, च, तथा र की एक-एक इकाई होगी तथा म और च की आ की मात्राएँ आधी-आधी इकाई के रूप में सम्मिलित रूप से एक इकाई होगी। इस प्रकार 'समाचार' शब्द में कुल पाँच इकाइयाँ होंगी। इसी भाँति आधा अक्षर एक इकाई माना जाता है। उदाहरणार्थ 'सज्जा' स्थान में कितने अक्षरों का शीर्षक लगाना हैइसकी आसानी से गणना कर सकता है। उप-सम्पादक के लिए वह क्षण काफी कष्टप्रद हो सकता है, जब अधिक परिश्रम से तैयार किये गये शीर्षक को कम जगह के कारण बदलना पड़े।

शीर्षक का ताजगी और उसका शब्द चयन समाचार को नया रूप देता है। श्री इन्द्र विद्यावाचस्पति के शब्दों में "सम्पादकीय विचारों को प्रकट करने का एक उपाय शीर्षक है। शीर्षक का प्रारम्भ तो केवल आलेख का विषय सूचित करने के लिए ही हुआ था, परन्तु धीरे-धीरे वह पाठकों का ध्यान आकृष्ट करने, रुचि बढ़ाने और सम्मति द्वारा परोक्ष रूप से लोकमत को प्रभावित करने के काम में आने लगा है। अब तो शीर्षक बनाना स्वयं एक अलग हुनर बन गया है।" वस्तुतः शीर्षक लगाना कष्टसाध्य कार्य है। अनेक बार यह देखा गया है कि हम समाचार, निबन्ध, फीचर आदि तो लिख लेते हैं किन्तु उचित शीर्षक देते समय काफी परेशानी महसूस होती है। इस कष्टप्रद कार्य के कारण ही श्री सी. वाई. चिन्तामणि शीर्षक लगाना सिरदर्द समझते थे

"Heading is a Headahe"

एम. वी. कॉमथ के अनुसार अच्छे शीर्षक के निम्नलिखित विशेषतायें होने चाहिए

It must fit.

It must tell a story.

It must conform to the paper's standard.

It must not be just a label.

It must be safe.

It must not comit the paper to an opinion. In other words, it must not editorialize.

शीर्षक लिखना समाचार-पत्र की साज-सज्जा का एक महत्वपूर्ण अंग है। शीर्षक आलेखन कला उत्कृष्ट विक्रय कला (Satesmanship) की भाँति है, जो इस प्रतिस्पर्धा के युग में पत्र के विक्रय को काफी हद तक प्रभावित करती है। सही शीर्षक तथा मनोहारी सज्जा से नीरस समाचार पृष्ठ भी चमक जाते हैंयह भी महत्वपूर्ण बात है कि समाचार-पत्र की टाइपोग्राफी के वाहक (Vehicles of Journalism) है, स्वयं में पत्रकारिता नहीं है। अच्छी पत्रकारिता पहले आती है, अगर उसका प्रदर्शन उचित तरीके से नहीं किया गया। तो वह नष्ट हो जाएगी।

शीर्षक लेखन उपसम्पादक के लिए महत्वपूर्ण उपलब्धि है। इस कार्य के लिए गम्भीर चिन्तन तथा निर्णयात्मक शक्ति की अपेक्षा है। उपलब्ध स्थान में समायोजित करने के लिए शीर्षक को कम से कम शब्दों में लिखना चाहिए। उपलब्ध स्थान में

टाइपों की निश्चित संख्या आ सकती है। टाइप रबड़ की भाँति या प्लास्टिक की भाँति फैलाया नहीं जा सकता। अतः शीर्षक के लिए शब्द चयन में पर्याप्त सावधानी बरतना आवश्यक है। यहाँ यह भी ध्यान रखा जाना चाहिए कि शीर्षक मात्र समाचार-पत्र को रुचिकर नहीं बना सकताउसे रुचिकर समाचारों की रोचकता ही बनाती है। शीर्षक पाठक को समाचार पढ़ने के लिए प्रेरित अवश्य कर सकता है। शीर्षकों की अपनी एक विशेष भाषा होती है जिससे उप सम्पादक को पूरी तरह परिचित होना चाहिए।

अधिकांश शीर्षक को इन्ट्रो के आधार पर बनाया जाता है। यदि समाचार का मूल तथ्य मध्य में हो, तो उसे इन्ट्रो में या उसके निकट ले आना चाहिए इन्ट्रो के शब्दों को ज्यों का त्यों शीर्षक में नहीं लेना चाहिए। शीर्षक अपने-आप में स्पष्ट होना चाहिए। शीर्षक अगर स्पष्ट नहीं है, तो समाचार का आकर्षण कम हो जाता है और वरन् यह उप-सम्पादक की असफलता का भी प्रतीक है। इसी भाँति शीर्षक ऐसा होना चाहिए जिसका अर्थ स्पष्ट ध्वनित हो। शीर्षक यदि एक से अधिक अर्थ ध्वनित करने वाला होगा, तो यह उसकी कमजोरी होगी।

शीर्षक के अन्तर्गत आकर्षक व छोटे शब्द का उपयोग होना ।चाहिए। शीर्षक यदि किसी विचार को प्रकट करता है, तो वहाँ यह स्पष्ट कर देना चाहिए कि यह विचार किसने प्रकट किया है। शीर्षक देते समय मानहानि कारक अभिव्यक्तियों से बचना चाहिए। अपराध समाचारों के शीर्षक देते समय विशेष सावधानी बरतना आवश्यक है। समाचार में यदि कोई मानहानिकारक बात नहीं हैं किन्तु शीर्षक मानहानि कारक है, तो मामला अदालत तक जा सकता है। उपसम्पादक को ध्यान रखना चाहिए कि प्रत्येक व्यक्ति तब तक निरपराधी है, जब तक उसे अदालत दोषी नहीं मान लेती। अतः अपराध समाचारों के शीर्षक देते समय तथा नामोल्लेख करते समय इस बात का विशेष ध्यान रखा जाए कि संदिग्ध व्यक्ति को अपराधी नहीं मान लिया जाए।

विराम चिह्न का प्रयोग करते समय उप-सम्पादक को सावधान रहना चाहिए। शीर्षक में कभी पूर्ण विराम नहीं लगाया जाता। अन्य विराम चिह्नो का प्रयोग आवश्यकतानुसार ही करना चाहिए। विराम चिह्नों की अधिकता शीर्षक को बोझिल बना देती है। जहाँ तक सम्भव हो सीधे शीर्षक दें जिनमें विराम चिह्नों की आवश्यकता न पड़े।

शीर्षक के अन्तर्गत शब्द की पुनशावृत्ति नहीं करना चाहिए। एक ही शब्द का पुनः प्रयोग भाषागत दृष्टि से अच्छा प्रतीत नहीं होता। शीर्षक को अजीव व आकर्षक बनाने का प्रयास किया जाना चाहिए।

स्ट्रेप लाइन मुख्य शीर्षक लिखने के बाद लिखें। पाठक की निगाह पहले मुख्य डेक पर पड़ती है। शीर्षक लिखने के बाद विशेष बात को संकेतित करने के लिए स्ट्रेप लाइन लिखी जाती है। मुख्य शीर्षक स्ट्रेप लाइन पर निर्भर नहीं होना चाहिए। रंगास्वाम पार्थसारथी ने शीर्षक लिखते समय निम्नलिखित तथ्यों को ध्यान में रखने की आवश्यकता बताई है

1. सदा याद रखें कि पाठक आपके समाचार-पत्र का एक-चौथाई अंश भी नहीं पढ़ता है तथा यह आप पर निर्भर करता है कि शीर्षकों द्वारा उसे समाचार-पत्रों की विषय वस्तु के बारे में बताएँ।
2. शीर्षक संक्षिप्त और तथ्यात्मक हो।
3. समाचार की विशिष्टता
4. समाचार की गतिशीलता
5. शीर्षक लेखन की श्रेष्ठ पद्धति यही है कि वह समाचार के आमुख पर आधारित हो।

श्री प्रेमनाथ चतुर्वेदी ने शीर्षक के निम्नलिखित नियम बताये

1. संक्षिप्त प्रयोगों का न्यूनतम व्यवहार किया जाए।
2. जहाँ तक सम्भव हो, शब्द तोड़े न जाए।
3. यदि एक समाचार के दो या अधिक शीर्षक हों, तो उनमें विरोधाभास न हो।
4. कॉलम के भराव की दृष्टि से अक्षर संख्या का ध्यान रखा जाए।
5. शीर्षक सरल, सजीव तथा सुन्दर होने के साथ ज्ञानवर्धक और सार्थक हो।
6. शीर्षक में इतनी उत्कण्ठा उत्पन्न करने की क्षमता हो कि पाठक समाचार पढ़ने को लालायित हो उठे।
7. शीर्षक सम्मति भले ही प्रकट करे। पर पक्षपात की गंध उसमें न आए।
8. समाचार शीर्षक देते समय यह ध्यान रखा जाए कि जो बात उसमें कही गई है, वह शीर्षक में अवश्य हो। यह न हो कि शीर्षक कुछ और समाचार कुछ।
9. शीर्षक में समाचार की भावना प्रतिबिम्बित हो, क्योंकि शीर्षक ही समाचार की आत्मा है।
10. अकर्मक क्रिया का यथा सम्भव कम-से-कम प्रयोग किया जाए।
11. वाक्य का व्याकरण की दृष्टि से पूरा होना आवश्यक नहीं पर बात का संकेत पूर्ण हो।

12. शब्दों और विचारों को दुहराया न जाए।

वेस्टली ने शीर्षक लेखन की सफलता के चार प्रमुख आधार बताए हैं

1. वाक्य संरचना का पैना ज्ञान।
2. अस्पष्टता को परखने की शक्ति।
3. समाचार का परिशुद्ध बोध।
4. विस्तृत तथा गहरा शब्द सामर्थ्य।

शीर्षक की ऐतिहासिक पृष्ठभूमि

पत्रकारिता के विकसित होने के शुरुआती दौर में शीर्षक जैसी किसी परम्परा की कमी थी। इस परम्परा का धीरे-धीरे आवश्यकतानुसार विकास हुआ। मनुष्य की सौन्दर्य चेतना के विकास में समाचारों को स्पष्ट रूप से प्रस्तुत करने, गृह युद्धों में समाचारों को सनसनीखेज बनाने तथा पत्रों की आपसी प्रतिस्पार्धा आदि कुछ ऐसे प्रमुख कारण रहे हैं जिनसे शीर्षक लेखन की अवधारणा का विकास हुआ।

अमेरिका में सर्वप्रथम प्रकाशित समाचार-पत्र में कोई शीर्षक नहीं था। उसमें समाचारों को क्रमिक रूप में ही प्रकाशित कर दिया जाता था। उस समय पाठकों में भी किसी विशेष समाचार के प्रति कोई उत्सुकता आदि भी नहीं रहती थी। पर आज स्थिति में काफी बदलाव आ गया है। समाचार-पत्रों के मेकअप में शीर्षक पर उचित ध्यान दिया जाता है। डॉ. रामचन्द्र तिवारी ने शीर्षकों की अवधारणा की ऐतिहासिक चर्चा करते हुए लिखा है

"समाचार-पत्रों में शीर्षक लेखन की कला का विकास धीरे-धीरे है। 1702 में प्रकाशित समाचार-पत्र 'डेली कौरांट' के प्रथम पृष्ठ पर बड़े-बड़े शीर्षक थे ही नहीं। दैनिक पत्रों के प्रकाशन से पूर्व जो पर्चे (लीफ लैट) निकलते थे, उनमें बड़े-बड़े टाइप में सनसनीदार शीर्षक रहते थे। 1613 में ऐसे ही एक पर्चे का शीर्षक आज के बैनर की भाँति था। राबर्ट ई. गार्स्ट और थ्योडोर बर्न्सटीन के मतानुसार 'बोस्टन गजट' में 1781 में आधुनिक ढंग का प्रथम शीर्षक एक अतिरिक्त पर्चे पर दिया गया था। लन्दन के 'टाइम्स' ने 1789 में कई पंक्तियों के शीर्षक प्रथम बार दिए थे। फरवरी 1823 के 'संडे टाइम्स' के प्रथम संस्करण में अधुनिक ढंग से शीर्षक दिए गए थे। समाचार-पत्रों में पहले एक कॉलम शीर्षक रहते थे। दो कॉलम या इससे अधिक लम्बे शीर्षक देने का काम बाद में प्रारम्भ हुआ। वस्तुतः शीर्षक लेखन को एक कला का रूप प्रदान करके शीर्षकों को समाचार-पत्र के पृष्ठ की सज्जा का अंग बनाने के काम में अमेरिकी पत्रकारिता का महत्वपूर्ण योगदान है। अमेरिकी गृहयुद्ध के समाचारों की

सनसनी और तार के माध्यम से समाचार प्रेवण व्यवस्था को विकसित होने के कारण अमेरिकी पत्रों ने शीर्षकों को आकर्षण एवं सुघड़ता प्रदान की।"

विभिन्न प्रकार के शीर्षक

शीर्षक के विभिन्न प्रकारों को समझने से पहले 'डेक' को समझ लेना आवश्यक है। प्रायः डेक को पंक्ति से भ्रमित कर लिया जाता है। डेक एक पूर्ण और स्पष्ट शीर्षक होता है, जो एक या एक से अधिक पंक्तियों (Lines) का हो सकता है। एक ही टाइप में तीन-चार पंक्तियों तक का एक डेक हो सकता है, किन्तु इन पंक्तियों में आपसी तारतम्यता होनी चाहिए। यदि दो-दो पंक्तियों में दो प्रकार के शीर्षक दिए गए हैं, तो यह दो डेक (Double Deck) होंगे। उदाहरणार्थ एक डेक शीर्षक इस प्रकार हो सकता है

केन्द्र राज्य सम्बन्ध को नया
रूप देने की विपक्ष की मांग
डबल डेक
चार राज्य छह घंटे
अंधेरे में डूबे रहे
पश्चिमी ग्रिड में गड़बड़ी का खास असर

इस समय प्रायः एक डेक में ही शीर्षक देने की परम्परा है। दो या तीन कॉलम के समाचारों में प्रायः एक डेक शीर्षक पद्धति का ही अनुसरण किया जाता है। प्राचीन समय में बहुडेक (Multideck) पद्धति अपनाई जाती थी। मुख्य समाचारों के शीर्षकों को विभिनन डेकों के अन्तर्गत बांट दिया जाता था। इसका उद्देश्य महत्वपूर्ण तथ्यों को अनेक डेकों के माध्यम से व्यक्त करना होता था। आजकल ऐसा नहीं किया जाता है। क्योंकि ऐसा करने से न सिर्फ स्थान का ही अपव्यय होता है वरन् इसमें समय और श्रम भी अधिक खर्च होता है। अधिक डेकों के मध्य सज्जा की दृष्टि से फैंसी रूल आदि का प्रयोग भी करना पड़ता है। इनकी विशेष उपयोगिता इसलिए भी नहीं है क्योंकि पाठक प्रायः मुख्य शीर्षक ही पढ़ता है।

एक डेक शीर्षक समाचार का मूल तथ्य प्रकट कर उसमें पाठक की उत्सुकता जाग्रत कर देता है। पाठक भी शीर्षक में समाचार का संकेत मात्र ही चाहता हैपूरा विवरण नहीं। एक कॉलम समाचार में प्रायः दो या तीन पंक्तियों का शीर्षक प्रायः पर्याप्त होता है। ऐसी स्थिति में बहुडेक (Multi-deck) की आवश्यकता प्रायः नहीं पड़ती है।

डेक और स्ट्रैप लाइन (Strapline) के अन्तर को भी समझना आवश्यक है। कभी-कभी शीर्षक के ऊपर छोटे टाइप में एक पंक्ति दी जाती है। यह डेक नहीं है। इसे 'आईब्रो' (Eyebrow) अथवा 'किकर' (Kicker) भी कहते हैं। यहाँ यह स्मरण इनकी आपस में प्रतिस्पर्धा नहीं होनी चाहिए। डॉ. रामचन्द्र तिवारी लिखते हैं

"आँख के ऊपर विद्यमान भौंह की भाँति कभी-कभी इस प्रकार का शीर्षक पूरे डेक की अपेक्षा अधिक उपयोगी रहता है। यहाँ यह भी ध्यान में रहे कि जैसे आँख भौंह से बड़ी होती है, वैसे ही स्ट्रैप लाइन मूल शीर्षक से बड़ी न हो बल्कि उसकी आकार-लघुता ही उत्तम होती है। दूसरे, इस स्ट्रैप लाइन शीर्षक और मूल शीर्षक के बीच में स्पेन न हो और वह किसी प्रकार मुख्य शीर्षक की प्रतिद्वंद्वी न हो। सरलता की दृष्टि से हम उसे सहयोगी शीर्षक कह सकते हैं।"

उदाहरण

<u>सांप्रदायिक एकता की अद्‌भुत मिसाल</u>

एक ही बुनियाद पर खड़े है मस्जिद-मन्दिर

स्ट्रैप लाइन बाईं ओर सटाकर भी दी जा सकती है

<u>दिल्ली में 5 सौ से अधिक मौंते</u>

हिंसक वारदातों
में नौ सौ मरे

1. बैनर

बैनर को पताका शीर्षक भी कहा जाता है। बैनर शीर्षक प्रायः ऊपर की ओर आठ कॉलमों की लम्बाई में दिया जाता है। अत्यन्त महत्वपूर्ण समाचार हेतु इस शीर्षक का प्रयोग होता है। श्रीमती इन्दिरा गाँधी की हत्या पर सभी समाचार-पत्रों ने बैनर शीर्षक दिए थे। ये बैनर शीर्षक प्रमुख समाचार-पत्रों के दिए गए चित्रों में स्पष्ट दिखाई दे रहे हैं

जनसत्ता

इंदिरा गाँधी की हत्या

नवभारत टाइम्स

एक बार फिर अंधेरा

इन चार प्रमुख समाचार-पत्रों के प्रदर्शित चित्र किसी महत्वपूर्ण ऐतिहासिक घटना के अवसर पर पृष्ठ के विविध मेकअप को भी प्रदर्शित कर रहे हैं। इन चित्रों में नवभारत टाइम्स के अलावा तीनों पत्रों ने लगभग एक जैसा तथ्यात्मक शीर्षक दिया है जबकि नवभारत टाइम्स के द्वारा शीर्षक को भावनात्मक बनाने की कोशिश की गई है। सामान्य प्रचलित परम्परा के अनुसार महत्वपूर्ण व्यक्ति के निधन के समाचार को काले बोर्डर में दिया जाता है। इस परम्परा का निर्वाह हिन्दुस्तान तथा राजस्थान पत्रिका ने पूर्णतः किया है, जबकि जनसत्ता ने सिर्फ बैनर शीर्षक पर प्रतीकात्मक काला बोर्डर दिया है और नवभारत टाइम्स ने इस परम्परा का पालन नहीं किया है।

चित्रों का चयन भी उल्लेखनीय है। नवभारत टाइम्स तथा हिन्दुस्तान में जहाँ श्रीमती गाँधी की चिन्तन मुद्रा का चित्र प्रकाशित किया गया है जो तत्कालीन

पत्रिका
इन्दिरा गाँधी की हत्या

हिन्दुस्तान
प्रधानमंत्री श्रीमती इंदिरा गाँधी की हत्या

परिस्थितियों के माध्यम से सही जान पड़ता वहीं जनसत्ता ने उनका हंसता मुस्कराता हुआ चित्र प्रकाशित किया है। राजस्थान पत्रिका ने श्रीमती इन्दिरा गाँधी के पार्थिव शरीर का चित्र प्रकाशित किया है। उल्लेखनीय है कि दिल्ली से प्रकाशित तीनों पत्रों ने श्रीमती गाँधी के पुराने चित्र प्रकाशित किए जबकि एक प्रान्तीय समाचार-पत्र ने श्रीमती गाँधी के पार्थिव शरीर का चित्र ही प्रकाशित किया। श्री राजीव गाँधी के शपथ ग्रहण के चित्र राजस्थान पत्रिका तथा जनसत्ता ने ही प्रकाशित किए। बैनर शीर्षक के कुछ अन्य उदाहरण विभिन्न समाचार-पत्रों के आधार पर यहाँ दिए जा रहे हैं

जनसत्ता
महाराष्ट्र में भूकम्प से पन्द्रह हजार मरे

नवभारत टाइम्स

महाराष्ट्र में भूकम्प, बारह हजार से ज्यादा की मौत

जहां से समाचार-पत्र को मोड़ा जाता है, वहां से चित्र न मुड़ने पाये यह मेकअप की एक अच्छी विशेषता मानी जाती है। इस सिद्धान्त का पालन राजस्थान पत्रिका तथा हिन्दुस्तान ने किया है। यही नियम मुख पृष्ठ सम्पादकीय पर भी लागू होता है। चारों समाचार-पत्रों के मुख पृष्ठ सम्पादकीय बीच में से मुड़ रहे हैं। इसका प्रमुख कारण है कि आज की पत्रकारिता में इतनी प्रतिस्पर्धा तथा शीघ्रता बढ़ गई है कि मेकअप को प्रचलित सिद्धान्तों के अनुसार सदैव बनाए रखना कठिन हो जाता है। इसलिए अब समाचार-पत्र प्रचलित सिद्धान्तों को अस्वीकार कर नए सिद्धान्त अथवा परम्पराओं का अनुसरण करने लगे हैं।

THE TIMES OF INDIA

प्रायः माना जाता है कि बैनर इस प्रकार दिया जाए जिसमें समाचार का मूल कथ्य आठों कॉलम में पूर्ण रूप से आ जाय। जैसा कि नवभारत टाइम्स के अतिरिक्त अन्य तीनों पत्रों में दिया गया है। नवभारत टाइम्स ने इसके विपरीत एक कम शब्दों का छोटा भावनापूर्ण बैनर शीर्षक लगाया है।

मुख पृष्ठ सम्पादकीय प्रायः महत्वपूर्ण घटनाओं पर लिखा जाता है जिसके साथ सामान्यतः सम्पादक अपना नाम भी देता है। जनसत्ता, हिन्दुस्तान व राजस्थान पत्रिका के सम्पादकीय के साथ जहाँ सम्पादक का नाम भी दिया गया है वहीं उनका प्रस्तुतीकरण भी दो या अधिक कॉलम में प्रमुखता के साथ किया गया है। नवभारत टाइम्स में सम्पादकीय है।

दैनिक नवज्योति

महाराष्ट्र में प्रलयंकारी भूकम्प

का प्रस्तुतीकरण प्रभावशाली नहीं हो सका। एक कॉलम के इस सम्पादकीय के साथ जहाँ सम्पादक का नाम दिया गया है वहीं उस पर 'सम्पाकीय' भी लिखा गया है यह बताने के लिए कि यह समाचार नहीं बल्कि सम्पादकीय है।

2. क्रास लाइन

इसको पूर्णपाती शीर्षक भी कहा जाता है। इस प्रकार के शीर्षक में एक ही

पंक्ति में शीर्षक दिया जाता है। इसका प्रयोग सामान्य समाचारों हेतु होता है। ये शीर्षक प्रायः एक कॉलम में लिखे जाते हैं

प्रायः सोपानी शीर्षक का प्रयोग एक कॉलम के शीर्षक के अनतर्गत किया जाता है। जैसे शीर्षक दो या तीन पंक्तियों में बनाए जाते हैं। इसमें पहली पंक्ति बांई ओर सटाकर लिखी जाती है तथा दूसरी पंक्ति में बांई ओर कुछ स्थान छोड़कर लिखी जाती है। यदि तीसरी पंक्ति भी लिखी जाए तो उसमें भी यही प्रक्रिया अपनाई जाती है। इसमें प्रत्येक पंक्ति लगभग बराबर होती है। इस तरह की शीर्षक संरचना कुछ कठिन है क्योंकि यदि अक्षरों की गणना सही नहीं हुई तो वह शीर्षक भद्दा लगेगा। यह शीर्षक कम प्रचलित है, उदाहरणार्थ

गावस्कर ने
नया विश्व
रिकॉर्ड बनाया

3. विलोम स्तूपी

इस तरह की शीर्षक संरचना सामान्यतः एक कॉलम में दी जाती है किन्तु कभी-कभी दो या तीन कॉलम में भी इसका प्रभावी उपयोग संभव है। विलोम स्तूपी शीर्षक सामान्यतः तीन पंक्तियों में लिखा जाता है। इस पद्धति में सबसे ऊपर की पंक्ति पूरे कॉलम तक फैली रहती है तथा शेष दोनों पंक्तियाँ क्रमशः छोटी होती जाती है

आनंदमार्गियों के
मुख्यालय पर
पुलिस छापा

4. कटि शीर्षक

इस प्रकार के शीर्षक का प्रयोग-तीन पंक्तियों के लिए किया जाता है। इस प्रकार के शीर्षक में पहली व तीसरी पंक्ति कॉलम तक फैली रहती है तथा दूसरी पंक्ति मध्य में छोटी होती है।

विपक्ष जरूरी कार्य

निपटाने में
सहयोग को तैयार

5. फ्लश लेफ्ट

यह शीर्षक बाईं तरफ से लिखा जाता है। पहली पंक्ति बाईं तरफ से प्रारम्भ होती है तथा दूसरी व तीसरी पंक्ति दाहिनी तरफ कम-ज्यादा हो सकती है।

शेख
चिर
निद्रा
में लीन

अथवा

उड़ीसा में बाढ़
से एक हजार
के मरने
की आशंका

6. हेंगिंग इण्डेंशन

इस प्रकार के शीर्षक का प्रचलन-हिन्दी समाचार-पत्रों में कम है। इस प्रकार की शीर्षक सरंचना में पहली पंक्ति पूरे कॉलम तक फैली रहती है तथा अन्य पंक्तियाँ बाईं से कुछ खाली स्थानी देकर पाई ओर सटाई जाती हैं

समाचार-पत्र उद्योगों की
हड़ताल सफल

अथवा

भाषाई संवाद समितियों
की सेवा रद्द
करने की निन्दा

7. आयताकार शीर्षक

यह शीर्षक भी हिन्दी समाचार-पत्रों में कम लोकप्रिय हैं। इस प्रकार की संरचना में शीर्षक की सारी पंक्तियाँ बराबर होती हैं तथा कॉलम को पूरी तरह भरने वाली होती है। उदाहरणार्थ

अखबारों में नई तकनीक
तथा पुराने श्रम सम्बन्ध
एक साथ नहीं चल सकते

8. गगन रेखा

जो समाचार अत्यन्त महत्वपूर्ण होते हैं उसमें इस शीर्षक का प्रयोग होता बैनर शीर्षक के अवसर अनेक बार आते हैं किन्तु गगन रेखा का अवसर वर्षों में कभी-कभी ही मिलता है। यह शीर्षक समाचार-पत्र के नाम के ऊपर दिया जाता है। इसका तात्पर्य यह हुआ कि घटित घटना इतनी महत्वपूर्ण है कि उसके सामने समाचार-पत्र का नाम आदि सब कुछ महत्वहीन हो गया है। बैनर पत्र के नाम के नीचे दिया जाता है जबकि गगन रेखा नाम के ऊपर। पं. जवाहर लाल नेहरू के निधन पर कुछ पत्रों ने इस शीर्षक का उपयोग किया था।

9. उद्धरण शीर्षक

भाषण समाचारों के अन्तर्गत इस शीर्षक का प्रयोग अधिक मात्रा में किया जाता है। राष्ट्रीय नेताओं तथा अन्य प्रमुख व्यक्तियों के वक्तव्यों को उद्धरण चिह्नों के प्रयोग से प्रस्तुत किया जाता है। ऐसे व्यक्तियों के भाषण के मूल कथ्य के आधार पर शीर्षक बनाकर उसे एक डेक में दिया जाता है तथा उसके बाद डेश का प्रयोग कर वक्ता के नाम का उल्लेख किया जाता है

पाक को अमरीकी
हथियारों का फैसला
चिंताजनक : राव

10. प्रश्नात्मक शीर्षक

समाचार की सत्यता की पुष्टि न होने पर अथवा उसे सनसनीखेज बनाने के लिए कभी-कभी शीर्षक को प्रश्नवाचक चिह्न लगाकर प्रस्तुत किया जाता है

अलफारन ने विदेशी बंधक उग्रवादियों को सौंपे?

प्रश्नवाचक चिह्नों का प्रयोग कभी-कभी ही करना चाहिए। इनके अत्यधिक प्रयोग से पत्र की प्रतिष्ठा को धक्का पहुँचता है।

11. शेषांश शीर्षक (Jump Heading)

समाचार-पत्रों को प्रायः लम्बे और विस्तृत समाचारों का कुछ भाग दूसरे पृष्ठों पर देना पड़ता है। शोषांश अन्य पृष्ठों पर देते समय मूल शीर्षक से मिलते-जुलते शीषक के साथ कॉलम तथा पृष्ठ संख्या का उल्लेख करते हुए देना चाहिए। उदाहरणार्थ मुख्य पृष्ठ पर इस शीर्षक से एक समाचार प्रकाशित हुआ

राजस्थान विश्वविद्यालय
में गतिरोध समाप्त
इस समाचार का शेषांश अंतिम पृष्ठ पर इस शीर्षक से दिया जा सकता है
राजस्थान विश्वविद्यालय...
पृष्ठ 1 का शेष

दीर्घ उत्तरीय प्रश्न

1. समाचार पत्र में शीर्षक रचना एवं शीर्षक के मूलभूत सिद्धांतों को स्पष्ट कीजिए।
2. समाचार पत्रों में शीर्षक के महत्व पर प्रकाश डालिए।
3. समाचार पत्र व पत्रकारिता में शीर्षक की ऐतिहासिक अवधारणाओं को स्पष्ट कीजिए।
4. समाचार पत्रों में शीर्षक के विभिन्न स्वरूपों को सह-उदाहरण स्पष्ट कीजिए।

लघु उत्तरीय प्रश्न

1. श्री प्रेमनाथ चतुर्वेदी व प्रवीण दीक्षित के द्वारा बताए गये अखबार पत्र व पत्रकारिता के प्रमुख उद्देश्यों की विवेचना कीजिए।
2. समाचार पत्रों में श्रेष्ठ शीर्षक की विशेषताओं का वर्णन कीजिए।
3. समाचार-पत्रों में मुख्य शीर्षक की रचना के प्रमुख तथ्यों की विवेचना संक्षेप में कीजिए।

वस्तुनिष्ठ प्रश्न

1. निम्न में से कौन सी शीर्षक रचना की पद्धति है

(क) विलोम

(ख) क्रॉस लाइन

(ग) ड्राप लाईन

(घ) उपरोक्त सभी

2. निम्न में से कौन-सा तथ्य समाचार शीर्षक का महत्व है

(क) समाचार का सार प्रकट करना

(ख) समाचार को प्रकाश में लाना

(ग) समाचार पत्र को सुन्दर बनाना

(घ) उपरोक्त सभी।

18

रिपोर्टिंग

समाचार-पत्रों की तरह आकाशवाणी के समाचार संकलन का कार्य, लेखन व प्रसारण होती है। परन्तु तकनीकी अन्तर के कारण दोनों का दो रूप है। आकाशवाणी के द्वारा लोगों को समसामयिक घटनाओं की सूचना दी जाती है, लेकिन समाचार-पत्रों के द्वारा पाठक को लिखित रूप में सूचना मिलती है। अतः हम कह सकते हैं कि आकाशवाणी तथा समाचार-पत्र दोनों एक ही सिक्के के दो पहलू हैं, क्योंकि दोनों का काम महत्वपूर्ण सूचनाओं को संकलन कर जनता तक पहुंचाना होता है। सिर्फ पहुंचाने का माध्यम अलग-अलग है।

रेडियो या आकाशवाणी में समाचार प्रसारण के लिए एक निश्चित समय-सीमा होती है। इसी अवधि में सभी परिदृश्यों को समेटना होता है। अतः रेडियो-रिपोर्टर के पास फील्ड रिपोर्टिंग हेतु बहुत लम्बा-चौड़ा अवकाश नहीं होता। वह तो केवल सार रूप में ही श्रोताओं से प्रत्यक्ष हो पाता है। फील्ड रिपोर्टिंग के कतिपय प्रमुख पक्ष अग्रलिखित हैं

(1) 'सार-सार को गहि रहे, थोथा देई उड़ाय'। की उक्ति के अनुसार रेडियों, फील्ड-संवाददाता को भी 'सार युक्त' तथ्य ही ग्रहण करने होते हैं।

(2) घटना व समाचार तक त्वरितता से पहुंचना व घटना के पहलुओं का आकलन आवश्यक है।

(3) खेलों, सांस्कृतिक समारोहों, विशिष्ट आयोजनों, भाषणों आदि में यदि घटना के क्रम के अनुरूप मूल ध्वनियों को प्रयोग किया जाए तो समाचार में चार चांद लग जाते हैं।

(4) साक्षात्कार, वार्ताओं, भाषणों आदि के लिए तकनीकी तौर पर समृद्धता व उपकरणों के प्रयोग का आवश्यक ज्ञान फील्ड रिपोर्टर हो होना आवश्यक है।

(5) समाचार को संकलित करना भी एक कला है और फील्ड रिपोर्टर को समाचार हेतु पैनी निगाह रखनी चाहिए, क्योंकि संवाददाता को समाचार तक स्वयं पहुंचना होता है।

(6) फील्ड रिपोर्टिंग में यथा समय प्रयोग होने वाले वक्तव्यों, विचारों, साक्षात्कार, भेंट-वार्ता आदि को टेप-रिकॉर्टर के माध्यम से टेप कर लेना चाहिए ताकि समाचारों के क्रम में उनका प्रभावी उपयोग हो सके।

(7) फील्ड रिपोर्टिंग आंखोंदेखा, कानों सुना सच है जिसे श्रोता रेडियो के माध्यम से सुनता व महसूस करता है।

(8) क्योंकि रेडियो की सीमा शब्दों व आवाज तक है, अतः संवाददाता को शब्दों के घटना का चित्र प्रस्तुत करना होता है, वह भी संक्षिप्तता व सटीकता के साथ।

(9) फील्ड रिपोर्टिंग हेतु संवाददाता में निरीक्षण, तार्किकता, ग्राह्यता व समझ जैसे आयामों का होना आवश्यक है।

रेडियो पत्रकारिता करना सहज काम नहीं है। रेडियो पत्रकारिता करते समय संवाददाता को पत्रकारिता सम्बन्धी कला एवं तकनीकी का पूर्ण ज्ञान होना परम जरूरी है। क्योंकि रेडियो का माध्यम समाचार-पत्र से भिन्न स्वरूप में होता है। आकाशवाणी का सम्पूर्ण ध्वनि पर आधारित है। रेडियो के लिए श्रोता का अशिक्षित या शिक्षित होना कोई मायने नहीं रखता। इस माध्यम से प्राप्त ज्ञान श्रुति-ज्ञान है। इसीलिए इस माध्यम की प्रस्तुति में एक खास किस्म की भाषा-शैली की आवश्यकता होती है। यह भाषा, सरल, स्पष्ट और समझ की दृष्टि से परिपूर्ण होनी चाहिए। रेडियो सुनते समय यदि श्रोता शब्दों की डोर से बंधा नहीं रहता है तो वह बोले जा रहे शब्द के मर्म तक नहीं पहुंचेगा और संवाद अधूरा रह जाएगा। पठनीय माध्यमों में शब्दार्थ व समझ के लिए पर्याप्त अवकाश होता है वहां व्यक्ति किसी से अर्थ पूछ सकता है व स्वयं शब्द-कोश आदि ही सहायता ले सकता है पर आकाशवाणी जैसे माध्यम के लिए प्रस्तुति अत्यन्त ही महत्वपूर्ण है।

फील्ड रिपोर्टिंग में उन मुद्दों व तथ्यों को संकलित करना महत्वपूर्ण है जिनमें जन-मानस से जुड़ने की प्रबल संभावनाएं हैं। प्रायः अपने पर्यावरण व दैनिक जीवन से जुड़ी घटनाएं व्यक्ति को प्रभावित व उत्प्रेरित करती हैं। यदि वह उन घटनाओं के विषय में सुनता है। तो उसका जुड़ाव व जिज्ञासा अपने आप ही बढ़ जाती है।

अन्वेषण पत्रकारिता एवं मौखिक प्रविधि

अन्वेषण पत्रकारिता

अन्वेषण पत्रकारिता का स्वरूप सामान्य पत्रकारिता से बहुत भिन्न होता है। सत्यनिष्ठ साहसी व जागरूक व्यक्ति ही अन्वेषक पत्रकारिता का काम कर सकता है। इसके तहत संवाददाताओं द्वारा बुरी प्रवृत्तियों के रूप में उन घटनाओं का पर्दाफाश किया जाता है जो जनता से आमतौर पर छिपी रहती है और संवाददाता उन्हें उजागर करते हुए एक जासूस की भांति होते हैं। ये घटनाएं व तथ्य किसी भी क्षेत्र से सम्बन्धित हो सकते हैं। समाज व व्यक्ति की निष्ठा और उसकी मान-मर्यादा से जुड़ी कोई घटना भी खोजी पत्रकारिता की परिधि में आती है। खोजी पत्रकारिता समाज में उत्पन्न बुराई को रोकने के लिए ईमानदारी, सत्यनिष्ठ और पूर्वाग्रह-रहित होकर जनता की सेवार्थ कार्यरत होती है। यह समाज की संप्रभुता व उसके अस्तित्व को बचाए रखने की एक सार्थक पहल है।

रेडियो के अन्वेषक संवाददाता हेतु जरूरी है कि वह सरकारी तकनीकीयों का पूर्ण ज्ञान रखे। दायित्व इस मायने में बढ़ जाता है कि उसके पास इस माध्यम में प्रस्तुति के लिए केवल वाणी का सहारा होता है। वह अपने तथ्य व कथ्य के लिए प्रामाणिक तौर पर अन्य माध्यमों की तरह चित्रों, आलेखों, साक्ष्यों आदि के प्रमाण दिखा नहीं सकता। वह तो अपनी बात को तार्किक व तथ्यात्मक पहलुओं का विवरण देकर ही प्रमाणित कर सकता है।

आकाशवाणी के खोजी पत्रकार के लिए आवश्यक है कि वह सरकारी प्रविधियों का ज्ञाता हो। उसे शहर, राज्य वे देश की कुप्रबन्धात्मक स्थितियों का ज्ञान होना चाहिए। भ्रष्टाचार कहां पनप सकता है? उसके प्रभावित स्रोत और व्यक्ति कौन हो सकते हैं, यह ज्ञान भी अति आवश्यक है। पुलिस थानों, अदालतों, कानूनी कार्यों, सूचनाओं आदि की ठोस जानकारी भी उन्हें होना आवश्यक है।

उपर्युक्त समस्त कार्यों हेतु खोजी पत्रकार को स्वयं कुछ गुणों से युक्त होना आवश्यक है। उसके आलेख में सच्चाई व तथ्यात्मकता है तो श्रोताा उस पर विश्वास करेंगे। वह इन वास्तविक व ठोस तथ्यों को तभी प्रस्तुत कर सकता है जबकि उसमें दृढ़ता निष्ठा और नैतिकता का समन्वय हो। इन सभी कार्यों व गुणों के निर्वहन के लिए अन्वेषक संवाददाता में अग्रलिखित महत्वपूर्ण बातों का समावेश होना परम जरूरी है

(1) एकाग्रचित्तता किसी भी कार्य को ठोस व तार्किक स्तर तक पहुंचाने के लिए एकाग्रचित्तता आवश्यक है। अतः खोजी पत्रकार को लिए गए कार्य को समाप्त करके ही दम लेना चाहिए।

(2) निष्ठावान निष्ठा व्यक्ति को आगे बढ़ाने का परम गुण है। उसे इस तथ्य को सर्वोपरि कार्य व मानवीयता के प्रति निष्ठा रखनी चाहिए।

(3) खुले विचार का व्यक्तित्व खोजी पत्रकार को हर अच्छे विचार का स्वागत करना चाहिए। उसे किसी भी विचारधारा और खोजी सिद्धन्तों को कठोरता से दूर रहना चाहिए। अच्छी सलाह को स्वीकार कर उसे कार्यरूप में परिणिता करने की शक्ति उसे होनी चाहिए। साथ ही वह अपने कार्य-क्षेत्र में विचारों के आदान-प्रदान हेतु समर्थ व जिज्ञासु होना चाहिए। साथ ही उसे किसी भी क्रान्तिकारी विचार पर स्वतन्त्रता से सोचना और अपने ढंग से लिखना आना चाहिए।

(4) विश्वास प्राप्त करना खोजी संवाददाता के गुणों में विश्वास शामिल हैं क्योंकि उसका कोई नियत कार्य क्षेत्र नहीं है, उसे **अनेकानेक** लोगों से मिलना-जुलना होता है ऐसे में वह इस योग्य होना चाहिए कि वह लोगों का विश्वास प्राप्त कर सके। तथ्यों को उपलब्ध कराने वाले व्यक्ति की गोपनीयता और विश्वास को हासिल करना भी आवश्यक है। उसे स्वयं को भी चाहिए कि वह बड़ी हस्तियों की कठपुतली न बने। साथ ही वह नैतिक साहस व सहज सौहार्दपूर्ण मुस्कान से युक्त होना चाहिए।

(5) अनुशासन कोई भी संवाददाता चाहे अकेला कार्य करे या सहयोगियों के साथ उसे आमसंयम और अनुशासन के गुणों से समृद्ध होना चाहिए। इससे हर कार्य को सुचारु व क्रमबद्ध करने में सहायता मिलती है।

(6) मानसिक योग्यता खोजी पत्रकारिता में कदम-कदम पर कठिनायों का सामना करना पड़ता है। अतः खोजी पत्रकार की मानसिक योग्यता ऐसी हो कि वह प्रतिद्वंद्वी और खतरों के समय अधिक तेजी व योग्यता से कार्य कर सके। उसकी दृढ़ता व मानसिक योग्यता ही उसे सफलता की ओर ले जा सकती है।

(7) धैर्य खोजी पत्रकारिता के लिए यह एक बड़ा हथियार है। धैर्य व्यक्ति को सही व सटीक कार्य के लिए मौका प्रदान करता है।

रेडियो के लिए अन्वेषक पत्रकारिता का महत्व अत्यन्त विशिष्ट स्वरूप में हैं और इस मुद्दे से जुड़े व्यक्ति के लिए यह आवश्यक है कि महत्व अपने समाचार-स्रोतों के संकलन में कानूनी पेचीदगियों में न फंसे, अतः उसे निम्नलिखित सिद्धान्तों व कानूनों से भली-भांति परिचित होना चाहिए

(1) कॉपीराइट एक्ट (2) वैयक्तिक एकांत व निजी वातावरण (3) प्रेस कानून (8) सरकारी गोपनीयता (5) शिष्टाचार व मर्यादा के नीतिगत तथ्य (6) अपमानजनक लेख व मानहानि (7) न्यायालय की अवमानना (8) संसदीय विशेषाधिकार।

मौखिक प्रविधि

'मौखिक, रेडियो की एक व्यवहारित तरीका है यह सरल व विश्वसनीय माध्यम है। समाज व जनजीवन से जुड़े किसी भी पक्ष को इस तकनीक से समृद्ध किया जा सकता है। आकाशवाणी के कार्यक्रमों में, साक्षात्कार के स्वरूप में 'भेंटवार्ता' व 'परिचर्चा' जैसे क्रम भी देखने को मिलते हैं। वर्तमान से समाचारों के लिए प्रमुख पत्र व समकालीन स्थितियों को इन तकनीकों से समृद्ध किया जाता है।

साक्षात्कार तकनीक में महत्वपूर्ण यह है कि आप प्रभावी व्यक्तित्व व सहज प्रस्तुति से अपनी बात को कहें ताकि जिस व्यक्ति से आप कुछ पूछ रहे हैं वह आपसे जुड़कर आपकी बातचीत की प्रक्रिया में सम्मिलित हो सके। इस प्रयोजन हेतु यह आवश्यक है कि साक्षात्कारकर्ता का व्यक्तित्व कुछ विशिष्ट हो। उसके ज्ञान-व्यवहार व कार्य की कतिपय विशिष्टताएं अग्रलिखित हैं

(1) विश्वासी व सहयोगी, (2) एकाग्रचित्त व निष्ठावान (3) उत्तम चरित्र, साहसी व नैतिक (4) सौम्य व्यक्तित्व, (5) प्रखर वक्ता, (6) अनुशासन एवं आत्मसंयम, (7) धैर्यशील व खुले विचारों का व्यक्तित्व।

साक्षात्कार लेने वाले व्यक्ति को स्वयं भी विषय की सटीक समझ होनी चाहिए। साथ ही साक्षात्कार के रूप में जिस व्यक्ति का चयन करना है वह भी सुलझा और विषय विशेषज्ञ होना चाहिए। संगीतज्ञ से यदि विज्ञान-वार्ता की जाएगी तो निश्चय ही स्थिति विपरीत हो जाएगी। प्रश्नकर्ता प्रश्नों की बनावट इस प्रकार करे कि सामने वालो विषय की गहराई को समझ कर प्रत्युत्तर दे सके। केवल हां या ना में दिए गए प्रश्न-उत्तरों से बचना चाहिए। बात से बात निकलेगी और दूर तक जाएगी के अनुरूप साक्षात्कार लेने वाले को प्रश्न पूछते समय ऐसा

तारतम्य बैठाना चाहिए कि एक प्रश्न के उत्तर से ही अलग प्रश्न निकल सके। यांत्रिक और औपचारिक प्रश्नों से साक्षात्कार का उद्देश्य ही समाप्त हो जाता है। प्रश्नकर्ता को लम्बे प्रश्नों से व अपनी राय देने से बचना चाहिए। जिससे प्रश्न पूछे जा रहे हों वह सम्माननीय है और ऐसे में उसकी गरिमा के प्रतिकूल टिप्पणी या प्रश्नों से बचना चाहिए। अत्यधिक विवादास्पद, वर्ग वैमनस्य वाले, जाति-धर्म के आधार पर ठेस पहुंचाने वाले व अंसगत प्रश्नों से बचना चाहिए। प्रश्नों का विन्यास ऐसा हो कि व्यक्ति अपनी बात कहने में बढ़-चढ़ कर हिस्सा ले और सहज महसूस करे। बातचीत में विवाद और बहस के पक्षों से बचना चाहिए। प्रश्न पूछने से यह भी महसूस न हो कि उस पर विश्वास नहीं किया जा रहा है। और प्रश्न किसी साजिश का हिस्सा है ऐसे में वार्ता सहीं व सफल आकार नहीं ले पाती है। हल्का हास्य व हल्के-फुल्के प्रसंग वार्ता के रोचक व मनोरंजक बनाते हैं। साथ ही यह ध्यान रखना चाहिए कि लम्बी व कर्कश हंसी विपरीत प्रभाव भी डाल सकती है।

अनौपचारिक बातचीत एवं चर्चा द्वारा मौखिक को सरल व रोचक बनाया जा सकता है। मौखिक के कतिपय महत्वपूर्ण बिन्दु अग्रलिखित हैं

(1) धैर्य एवं विवेक, (2) सहज सटीक प्रश्न, (3) खुले व स्वतन्त्र विचार, (4) बहुआयामी व्यक्तित्व व ज्ञान (5) प्रभावी व्यक्तित्व व वक्तृत्व, (6) सहज वातावरण, (7) जिज्ञासा एवं पहल, (8) परस्पर विश्वास व मित्रता, (9) विनम्रता व शालीनता।

साक्षात्कार, आकाशवाणी पर एक श्रव्य माध्यम होने के नाते अत्यन्त प्रभावी विधा है। शब्दों की पैठ अत्यन्त व्यापक होती है। अतः आकाशवाणी जैसे माध्यम इसका बेहतर इस्तेमाल कर पाते हैं।

सीधे साक्षात्कार के बजाए दूसरे स्परूप में इसका एक और प्रभावी तरीका है 'परिचर्चा'।

आंखों देखा हाल

रेडियो की एक प्रचलित विधा है 'आंखों देखा हाल यह पूर्ण विश्वसनीय माध्यम है। इसके तहत विभिन्न तरह के आयोजनों कार्यक्रमों व खेलों आदि को आंखों देखा हाल के दिखाया जाता है। इसमें व्यक्ति घटनास्थल से दूर बैठे हुए भी ऐसा महसूस करता है जैसे कि वह घटना का स्वयं प्रत्यक्षदर्शी रहा हो। शब्दों से रचे संसार को सुनकर श्रोता ऐसा महसूस करता है कि शब्द उसकी आंख बन गए हों।

आकाशवाणी के प्रारम्भ में श्रोताओं को कितना सुखद और रोमांचकारी लगा होगा। जब ब्रिटिश सत्ता से देश की आजादी की घटना का विवरण व नेहरूजी का भाषण लोगों ने आंखों देखा हाल के रूप में सुना होगा तब एक और अविस्मरणीय घटना जिसका आंखों देखा हाल सुनकर जनसामान्य की आंखें डबडबा आई होंगी। वह अवसर था भारत के नेता महात्मा गांधी का शव-यात्रा का आंखों देखा हाल।

आंखों देखा हाल किसी घटना या कार्यक्रम का सटीक व वास्तविक चित्रण श्रोताओं तक पहुंचाने के उद्देश्य से प्रसारित किया जाता है। जनरुचि के महत्वपूर्ण कार्यक्रमों जैसे खेल प्रतियोगिताओं, स्वतन्त्रता व गणतन्त्र दिवस जैसे राष्ट्रीय आयोजनों, किसी महान् नेता के देहांत या अन्तिम संस्कार व देश के किसी प्रतिष्ठित धार्मिक, सामाजिक, सांस्कृतिक व खेल आयोजन आदि का आंखों देखा हाल है।

किसी घटना का विवरण देना एक चुनौती भरा कार्य है। ज्ञान-कल्पना व प्रस्तुति की त्रिवेणी के माध्यम से आंखों देखा हाल सटीक बन पड़ता है। इसके लिए उद्घोषक में ज्ञान का भंडार होना आवश्यक है। वह शब्दों के माध्यम से घटना के चित्र को ऊंकेरने में समर्थ होना चाहिए। खेल के आयोजनों में खेल की गतिविधि, तकनीक व प्रक्रिया का पूरा इस्तेमाल बिना जानकारी के सम्भव नहीं है। देश में क्रिकेट व हॉकी का आंखों देखा हाल अत्यन्त लोकप्रिय है। भले ही टेलीविजन जैसे दृश्य-श्रव्य माध्यम में दोनों की तत्त्वों की पूर्ति होती हो पर सड़क पर चलते, कोई काम करते या यात्रा करते समय क्रिकेट का आंखों देखा हाल सुनने वालों का आनन्द ही कुछ और होता है। त्वरितता, सरलता व कभी भी, कहीं भी के अनुरूप व्यक्ति इस आनन्द को मनमाने तरीके से भोग सकता है। आंखों देखा हाल के लिए ज्ञान व कल्पना का संगम आवश्यक है, किन्तु वह सम्भव नहीं है कि उत्तम अभिव्यक्ति, मधुर स्वर व कल्पनाशील मस्तिष्क वाला व्यक्ति जो कि प्रभावशाली उद्घोषक भी है, वह समाज विषयों में निष्णात ठहरे ऐसे में उद्घोषणा का दायित्व संभालने से पूर्व उसे विषय से सम्बन्धित ज्ञात प्राप्त कर लेना चाहिए। केवल कल्पना व अभिव्यक्ति क्षमता से उद्घोषणा सतही स्वरूप ले लेती हैं। उसमें आत्मा तत्व विकास पूर्ण रूप से नहीं होता है। साथ ही कार्यक्रम भी नीरस और बोझिल हो जाता है।

तथ्यों की प्रस्तुति के साथ समसामयिक उदाहरण, महापुरुषों की उक्तियां, लोकोक्तियां, कविता के अंश, श्लोक, शायरी आदि प्रस्तुत करने से समा बंध जाता

है और श्रोताओं का जुड़ाव भी। स्वतन्त्रता-दिवस समारोह के आंखों देखा हाल सुनाते समय जब शहीदों को सलामी दी जाती है तब उद्घोषक द्वारा कही गई कविता की चन्द पंक्तियां श्रोताओं की रगों में देशभक्ति का जज्बा दौड़ा देती हैं

"शहीदों की चिताओं पर
लगेंगे हर बरस मेले
वतन पे मरने वालों का
यही आखिरी निशां होगा।"

आंखों देखा हाल के लिए सहजता व स्वाभाविकता भी बन पड़ती है, जबकि बिना कागज देखे बोला जाए। किन्तु तकनीकी ब्योरों, आंकड़ों व तथ्यों को सुविधा हेतु रखा जा सकता है। क्रिकेट की कमेन्ट्री में उद्घोषक बल्लेबाज की गेंदों, विकेटों व रनों का विवरण, उपलब्धियां, चौके-छक्के व शतकों का ब्योरा आदि समकालीन सन्दर्भों के अनुरूप रखते हैं और परिस्थिति के अनुसार उसे प्रयुक्त करते हैं तभी आंखों देखा हाल, आंखों देखा लगता है।

आंखों देखा हाल के विवरण को रोचक व विश्वसनीय बनाने के लिए ध्वनि-संयोजन भी सहायक रहता है। घटना व कार्यक्रम का विवरण देते समय वहां के वातावरण को उंकेरने वाली ध्वनि प्रस्तुत की जाए तो वह ध्वनि-संयोजन वर्णन को स्वाभाविक व विश्वसनीय बनाता है। साथ ही उससे श्रोताओं पर भी अपेक्षित प्रभाव पड़ता है। कार रेस में गति का विवरण देते समये यदि उद्घोषक चुप रहे और कार की गति को दिखाती इंजन की बढ़ती आवाज माइक्रोफोन से श्रोताओं तक पहुंचे तो श्रोता गति का सहज ही अनुमान लगा लेंगे।

स्वर में उतार-चढ़ाव भी विवरण को द्विगुणित कर रोमांच पनपाता है। क्रिकेट के खेल में बल्ले से बाऊंड्री तक जाती गेंद के साथ उद्घोषक का स्वर भी बढ़ता जाता है तो श्रोता चौके या छक्के की स्थिति का आकलन का आंखों देखा हाल में खो जाते हैं। ऐसे में प्रस्तुति देते समय प्रचलित अंग्रेजी शब्दों व तकनीकी ब्योरों का प्रयोग करने से भाव समझाने व समझने में आसानी रहती है। शब्दों की सहायता लेकर घटना का वास्तविक हाल श्रोताओं की कल्पना में उतारना ही उद्घोषक का लक्ष्य होता है। जिस प्रकार दर्पण में हम अपना चेहरा देख पाते हैं और छायाचित्र खींचकर विवरण को कागज पर उतार पाते हैं उसी तरह आंखों देखा हाल दृश्य को शब्दों के माध्यम से मन पर अंकित कर देता है।

दूरदर्शन सूचना

दूरदर्शन सूचना के विभिन्न विभागों के अध्ययन के लिए अग्रलिखित बिन्दु विशेष रूप से उल्लेखनीय हैं

(i) समाचार अवधारणा

कैमरा आपकी आंखों से देखता है और आपके मस्तिष्क की सोची हुई बात को अंकित करता जाता है। न्यूज को विजुअलाइज करते समय एक प्रखर मस्तिष्क के साथ तकनीकी व वैचारिक समृद्धता आवश्यक है।

दूरदर्शन समाचार तीन तरह से प्रभाव डालते हैं

(1) कान पर

(2) मन पर

(3) आंख पर।

अतः 'न्यूज' के विषय में अवधारणा करते समय तीनों पक्षों पर दृष्टि डाला जाना परम आवश्यक है। तकनीकी दृष्टि से यह कार्य भले ही जटिल हो पर विभिन्न कोणों से तालमेल बैठाने पर इसके बेहतर परिणाम सामने आते हैं। समाचार-संकलन से प्रस्तुति तक बहुधा ऐसा होता है कि समाचार नई करवट ले लेता है। ऐसे में न्यूज की परिकल्पना का सटीक होना आवश्यक है। बाढ़-भूकम्प, रेल-विमान दुर्घटना, आतंकवादी कार्यवाहियों आदि में इस प्रक्रिया की जरूरत बहुत प्रखरता से महसूस होती है। यदि समाचार दिया गया है कि भीषण दुर्घटना में 10 मरे और प्रसारण तक यह संख्या 100 तक पहुंचती है तो संयोजन व प्रस्तुति की यह एक भूल होगी। वैसे भी यह सर्वमान्य नियम है कि 'देखी हुई स्थिति' दर्शकों को लम्बे समय तक प्रभावित करती है। अतः न्यूज-विजुअलाइज करते समय इस तथ्य को दृष्टिगत रखें।

गत दिनों में कच्छ (गुजरात) में आए विनाशकारी प्राकृतिक आपदा (भूकम्प) में मलबे में दबे एक मासूम के शव के समाचार की प्रस्तुति ने दर्शकों के मध्य न्यूज परिकल्पना के तथ्य को स्पष्ट किया और लोगों ने तन-मन-धन से भूकम्प प्रभावित लोगों को सहयोग दिया। आपदा के समय समाचार परिकल्पना व प्रस्तुति लोगों को सहयोग दिया। आपदा के समय समाचार परिकल्पना व प्रस्तुति ही वह माध्यम होता है जिससे लोगा एकजुट हो संघर्ष के लिए उठ खड़े होते हैं। न्यूज-विजुअलाइजेशन हेतु प्रमुख बिन्दु इस तरह हैं

(1) प्रेरक, सकारात्मक, सांस्कृतिक, ऊर्जावान मूल्यवर्द्धक समाचारों में न्यूज-विजुअलाइजेशन को प्राथमिकता मिले।

(2) परिकल्पना व प्रस्तुति में आए बदलाव को ध्यान रखा जाए।
(3) समाचार साधारण से लेकर अति-विशिष्ट तक के लिए होता हैं और उसके प्रभाव व्यापक होते हैं अतः यह दृष्टिकोण हमेशा ध्यान में रखना चाहिए।
(4) दृश्य को इस प्रखरता से कैमरे में कैद किया जाए कि वह जनमानस को सकारात्मक रूप में उद्वेलित करे।
(5) तार्किकता व दृश्यता का सम्बन्ध सटीक हो।

(i) खेल रिपोर्टिंग

जनसंख्या की दृष्टि से भारत एक विशाल देश है। परन्तु आर्थिक दृष्टिकोण से कई देशों से पीछे है। इसका मुख्य कारण है शिक्षा में खेलों को नजरअंदाज करना। वर्तमान समय में केवल क्रिकेट खेल से सम्बन्धित कुछ सूचना देखने को मिलता है। समूचा देश जैसे उसमें निमग्न हो जाता है। खेल रिपोर्टिंग में तकनीकी सम्पन्नता की खास आवश्यकता होती है। प्रमुख खेल आयोजनों के समय उनके जीवन्त सीधे प्रसारण की व्यवस्था की जाती है।

वैसे टेलीविजन के लिए खेलों का कवरेज आसान नहीं है। खेलों में गति अधिक होती है। इससे उनकी कवरेज में अच्छे निर्माता, कैमरामैन, साउंड रिकार्डिस्ट, एडिटर्स आदि की टीम का योगदान रहता है। खेलों के कवरेज के प्रमुख बिन्दु हैं

(1) आंखों देखा हाल सुनाने वाले कमेंटेटर खेल-रिपोर्टिंग में महत्वपूर्ण योग देते हैं। उन्हें खेल के हर पल बदलते पहलू की जानकारी होनी चाहिए।
(2) खेलों की कवरेज के साथ सही आंकड़े व जानकारी अच्छी रिपोर्टिंग को प्रभावित करते हैं।
(3) वर्तमान तकनीकी क्षमताओं से स्लो-मोशन, एक्शन रिपीट व महत्वपूर्ण दृश्यों के पुनरावलोकन से खेल रिपोर्टिंग की प्रायकिता व जुड़ाव बढ़ जाता है।
(4) कैमरे को ऐसी जगह रखा जाए जिनसे 'गति व एक्शन' लोगों तक बेहतरीन तरीके से पहुंच सकें।
(5) खेलों के रोमांच को बढ़ाती दर्शकों की आवाज की रिकार्डिंग समुचित हो।
(6) तकनीकी सुदृढ़ता हो ताकि खेल के बेहतरीन क्षण कवर हो सकें। कार रेसा में कारों की गति, क्रिकेट में छक्का और हॉकी में गोल में घुसती दनदनाती गेंद के साथ कैमरा प्रभावी होता है तो दर्शक, दृश्य से बंध जाता है।

(ii) आर्थिक रिपोर्टिंग

'उद्योग की बढ़ावा में आर्थिक सूचना की भूमिका अहम् रही है। इनके बदौलत

ही आज एक देश-दूसरे देश से आर्थिक मामले में अपना सहयोगी सम्बन्ध स्थापित किया है। भूमण्डलीकरण (Globlization) इन्हीं की देन है।

देश के बाजारों में कौन-से उत्पाद उपलब्ध हैं और आम जनता के सम्मुख बाजार क्या प्रस्तुत कर रहे हैं? सेंसेक्स कितने अंक चढ़ा या उतरा? विश्व बाजार में रुपए की साख कितनी बनी-बिगड़ी? पेट्रोल-गैस-बिजली की कीमतें, उपभोक्ता सामान की स्थिति, उत्पादनों का परिदृश्य व दाल-चावल-चीनी की समस्याएं आर्थिक पत्रकारिता का हिस्सा है।

किसानों को उपज का सही मूल्य, बाढ़-सूखे से खेती को नुकसान, बिजली पानी के मूल्य आदि आर्थिक समाचारों का अंग है।

क्योंकि पूरा समाज आर्थिक परिकल्पना से ही जुड़ा है अतः दूरदर्शन पर आज आर्थिक सूचना मुख्य आधार रखती है। समाज का पूरा जीवन क्रम पैसे-रुपये के इर्द-गिर्द ही घूमता है, अतः इकॉनामिक रिपोर्टिंग में अर्थव्यवस्था के सुलझे पहलुओं का समावेश आवश्यक है। आम जनता में जाग्रति लाने वाले, सही निवेश वाले व अल्प बचत जैसी प्रवृत्तियों के सकारात्मक विकास युक्त आर्थिक समाचार समाज को सही राह दिखा सकते हैं।

(iii) अन्वेषण सम्पादन एक मौखिक प्रविधि

वर्तमान समय में इलेक्ट्रॉनिक उपकरणों में अन्वेषण सम्पादन का एक सफल विभाग यह है कि वह टेलीविजन के लिए सम्पूर्ण कार्यवाहियों के लिए कैमरे का प्रयोग करता है। कैमरा वह पहलू है जो हर क्षण दर्शकों के सामने 'आंखों-देखी' प्रस्तुत करता है। यह तय बात है कि आंखों देखे सच को झुठलाया नहीं जा सकता है। खोजी पत्रकारिता हेतु सक्षम संवाददाता व कैमरा मिलकर क्रान्ति कर सकते हैं। हाल ही में रक्षा-मंत्रालय में की गई सौदेबाजी व पाकिस्तान टी.वी. पर भारत विरोधी दुष्प्रचार के सच का खुलासा खोजी पत्रकारिता के सबल पक्षों का उदाहरण है। खोजी पत्रकारिता में निम्नलिखित तथ्य प्रभावी भूमिका निभाते हैं

(1) संस्था व विभाग की रीति-नीति के अनुरूप छोटे व बड़े अधिकारियों से मिलकर तथ्यों की पुष्टि करें।

(2) स्रोत एवं सम्पर्कों को निरन्तर बनाए रखें। व्यक्तियों से निजी सम्पर्क व सामाजिक मेल-मिलाप से खोजी पत्रकार विश्वसनीय सिद्ध होती है और मौके-बेमौके उसे काम की सूचनाएं मिलती हैं।

(3) अपने सम्पर्क सूत्र से आत्मीयता रखें। यदि आप उससे कुछ छिपाएंगे तो वह आपसे बहुत कुछ छिपाएगा।

(4) चुगली, दोषारोषण व छिदली बातों से बचें।

(5) राजनीतिक दलों व विशिष्टजनों से सम्पर्क रखना अच्छा है, किन्तु साथ ही सच्चे पत्रकार का कर्तव्य निर्वहन भी आवश्यक है।

(6) मनोविज्ञान व समाज विज्ञान के सूत्र इस्तेमाल करिए। इससे आप सही वर्ग में घुलमिल सकेंगे व अच्छे सूत्र तलाश लेंगे।

(7) सरकारी रीति-नीति, उद्योग समाचार, पाठकों के पत्र, संस्थानों के मुखपत्र व छोटी-बड़ी अनेदखी घटनाओं पर दृष्टि रखिए। आपकों कामा की ठोस सामग्री मिल सकती है।

(8) प्रेस एक्ट, विधायिका, कार्यपालिका की वर्जनाओं को दृष्टिगत रखिए।

(9) धैर्य-संयम-विवेक अपनाए।

(10) घटना के अग्रलिखित तत्त्वों को तलाशिए :

(i) क्या

(ii) कहां

(iii) कब

(iv) किस पर

(v) क्यों

(vi) कैसे

(11) किसी भी स्रोत की अनदेखी न करें। बहुधा नाउम्मीद वाले स्रोतों से महत्वपूर्ण लीड मिलती है।

(12) कानून की परिधि की पालना आवश्यक है वरना यह आपको परेशानी में डाल सकती है।

(13) योजना, विवरणों, तथ्यों को साथ लेकर चलें।

(14) कठिन परिस्थितियां हेतु जोश व तकनीकी समृद्धता रखें।

(15) मानसिक प्रक्रिया पूरी रखें। संकेत, स्रोत, अध्ययन, कार्य-पद्धति, दृष्टिकोण निरीक्षण आदि तत्व बेहद उपयोगी होते हैं।

(16) अच्छे विश्वसनीय सूत्र जुटाएं। जन-सम्पर्क अधिकारी, जैसे लोग इसमें सहायक हो सकते हैं।

अन्वेषण मौखिक के सूत्र

अन्वेषक सम्पादन में बिन्दु इस प्रकार हैमौखिक एक प्रमुख विद्या है। रही बात टेलीविजन की तो 'कैमरे' के उपयोग से साक्षात्कार की यह परिपाटी अत्यन्त प्रभावी होती है इसे व्यापक व ग्राह्य बनाने के लिए निम्नलिखित बिन्दु दृष्टव्य हैं

(1) पीड़ित व प्रभावित पक्षों के साथ अधिकारियों व कार्यपालिका के नुमाइंदों से भी संभावनाएं तलाशें।

(2) घटना से जुड़े सभी छोटे-बड़े स्रोत तलाशें। इससे सच्चाई सामने आएगी। उदाहरणराजस्थान में अकाल की विभीषिका का आकलन खोजी पत्रकारों ने प्रखरता से दिखाया है। राहत कार्य, पीड़ित पक्ष व स्थितियों की कलई कैमरा खोलता है। पीड़ित अपने उद्‌गारों में बताते हैं कि सच क्या है अधिकारी सरकारी जुबान बोलते हैं पर खोजी पत्रकार का कैमरा 'सत्य' तक जाकर आमजन को वास्तविकता दिखाता है।

पिछले दिनों की राजधानी एक्सप्रेस की दुर्घटना का सच कैमरे ने बयान किया। अधिकारी राहत व बचाव की बात करते रहे, जबकि कैमरा घटना स्थलपर अफरातफरी, कारुणिकता, दर्द आदि दर्शाता रहा। प्रभावित व्यक्तियों से बातचीत द्वारा ही सच्चाई समाने आई।

(3) लक्ष्य तय करें।

(4) साक्षात्कार का प्रारम्भ सहज रखें। भेंट देने वाले व्यक्ति को यह न लगे कि उसे फांसा जा रहा है।

(5) सत्य उगलवाने के लिए मनोवैज्ञानिक प्रक्रियाओं का इस्तेमाल करें।

(6) 'सत्यमेव जयते' (सत्य जीतता है।) अतः प्रत्येक स्थिति में 'सत्य' का अनुसरण करें।

दीर्घ उत्तरीय प्रश्न

1. अन्वेषण पत्रकारिता पर विस्तृत चर्चा कीजिए।
2. रेडियो पत्रकारिता में मौखिक प्रविधि का क्या महत्व है? विस्तार से लिखिए।
3. 'आँखों देखा हाल' से आप क्या समझते हैं? रेडियो को लोकप्रियता बनाने में इस कार्यक्रम का क्या योगदान रहा है? विस्तार से लिखिए।
4. दूरदर्शन सूचना के प्रमुख विभाग कौन-कौन से हैं? प्रत्येक का वर्णन कीजिए।

लघु उत्तरीय प्रश्न

1. खेल रिपोर्टिंग पर संक्षिप्त टिप्पणी लिखिए।
2. आर्थिक रिपोर्टिंग के बारे में संक्षेप में लिखिए।
3. समाचार अवधारणा को संक्षेप में स्पष्ट कीजिए।
4. फील्ड रिपोर्टिंग के प्रमुख पक्षों को लिखिए।
5. रेडियो पत्रकारिता पर संक्षिप्त प्रकाश डालिए।

वस्तुनिष्ठ प्रश्न

1. खोजी पत्रकार काम करते हैं
   (क) आकाशवाणी के तहत (ख) समाचार-पत्र के तहत
   (ग) दूरदर्शन के तहत (घ) इनमें से कोई नहीं।
2. अन्वेषण पत्रकारिता के अन्तर्गत काम करने वाला संवाददाता
   (क) बुरी घटनाओं का पर्दाफाश करता है।
   (ख) बुरी घटनाओं को छिपाकर रखता है।
   (ग) बुरी घटनाओं का पर्दाफाश करने के लिए रिश्वत लेता है।
   (घ) इनमें से कोई नहीं।
3. निम्न में से कौन सा गुण खोजी पत्रकार के लिए उपयुक्त नहीं हैं?
   (क) अनुशासन (ख) धैर्य
   (ग) निष्ठावान (घ) चंचलता

19

आकाशवाणी समाचार सम्पादन

आकाशवाणी के लिए पत्रकारिता पक्ष के सभी सदस्यों का प्रमुख कार्य निम्नलिखित हैं

(1) आलेखों, समीक्षाओं व फीचर आदि के माध्यम से रचनात्मकता व क्रियात्मक का संचार।

(2) समाचारों के चयन, संशोधन, शीर्षक लेखन, प्रासंगिकता का आकलन करने

(3) सम्पूर्ण रूप में परिष्कृत रूप से समाचार को पाठकों के श्रवण हेतु भेजे से पूर्वक समस्त सकारात्मक प्रयास।

(4) सम्पादन हेतु सारी जिम्मेदारियों का निर्वहन।

(5) साज-सज्जा, ले-आऊट, गेट-अप, त्रुटिरहित मुद्रण व सम्पूर्णता हेतु उत्तरदायी

(6) सम्पादकीय लेखों के माध्यम से समकालीन महत्व के मुद्दों पर विचारोत्तेजक राय व जनमानस का निर्माण।

छः ककार (क्या, कब, कहां, कौन, क्यों और कैसे) : समाचार-श्रोता को जब तक किसी समाचार के बारे में उक्त छः ककारों का उत्तर न मिले तो वह सन्तुष्ट नहीं होता है। समाचार को संक्षेप में देने में अधिक कुशलता की आवश्यकता होती है। वैसे लम्बे समाचारों से श्रोता ऊब जाते हैं

समाचार विवरणः समाचारों का वर्गीकरण करते समय संवाददाता को अग्रलिखित दो महत्वपूर्ण बातों का ध्यान रखना परम जरूरी है

(i) सहयोगी उप-सम्पादकों की रुचि को दृष्टि में रखना तथा

(ii) समाचार के शीर्षक और आकार-प्रकार के बारे में सहयोगी की सलाह का आदर करना।

आकाशवाणी समाचार प्रसारण का स्वरूप

अगर देखा जाए तो आकाशवाणी समाचार प्रसारण अपने स्वरूप में राजनीति, शिक्षा, कृषि, समाज, खेल, विज्ञान, तकनीक आदि विभागों को समेटे रहता है। इसके साथ ही समाचारों में मुख्य घटना से शुरूआत करके उसे सामान्य घटना तक लाया जाता है। देश-विदेश की घटनाओं के साथ ही समाचार बुलेटिन प्रसारित किए जाने वाले स्थान तक की प्रादेशिक घटनाओं को सम्मिलित किया जाता है। लोकहित के मुद्दों पर चर्चा की जाती है। मौसम का हाल बताया जाता है व संस्कृतिकला के पक्षों का समन्वय भी होता है। सैद्धान्तिक स्तर पर समाचार की विविध प्रस्तुतियों के लिए निम्नलिखित शर्तें हो सकती हैं

(i) अभिव्यक्ति में संशय व उलझन न हो।
(ii) लोकप्रचलित मुहावरों का प्रयोग हो।
(iii) तकनीकी शब्दों का रूढ़ प्रयोग न हो।
(iv) समाचार वाचन नाटकीय उतार-चढ़ाव के रूप में न होकर सहज हो।
(v) भाषा सरल हो।
(vi) समाज में सभी प्रकार के व्यक्तियों के समझने योग्य हो।
(vii) वाक्य छोटे-छोटे हों।

इन सभी के अतिरिक्त समाचार बुलेटिन में यह तय किया जाना प्राथमिकता है कि किस समाचार हेतु कब उपयुक्त समय है? बुलेटिन की सीमित अवधि में किस समाचार को रखा जाए और किसे छोड़ा जाए यह महत्वपूर्ण है। इस संदर्भ में बुलेटिन संयोजनकर्ता की प्रत्युपन्नमति महत्वपूर्ण है। देश-काल, परिस्थिति, समय, प्रायिकता आदि को दृष्टिगत रखते हुए समाचार चयनित किया जाना चाहिए। समाचार बुलेटिन का एक प्रारूप इस प्रकार निर्मित किया जा सकता है

राजेन्द्र जयन्ती

आज भारत के प्रथम राष्ट्रपति देशरत्न डॉ. राजेन्द्र प्रसाद की नब्बेवीं जयंती मनायी गयी।

पटना में प्रदेश कांग्रेस मुख्यालय सदाकत आश्रम में आयोजित एक समारोह में प्रदेश कांग्रेस के उपाध्यक्ष श्री मुंगेरी लाल ने राष्ट्रीय ध्वज फहराया और राजेन्द्र बाबू को अपनी श्रद्धांजलि अर्पित करते हुए कहा कि वे महात्मा गांधी के पक्के अनुयायी थे। उन्होंने कहा कि वे त्याग और तपस्या तथा विद्या और सरलता की मूर्ति तथा उनके व्यक्तित्व में भारतीय आध्यात्मिकता तथा व्यावहारिकता का अद्‌भुत मिश्रण था। समारोह में मुख्यमंत्री श्री अब्दुल गफूर, श्री नरसिंह बैठा तथा अन्य मंत्री भी उपस्थित लोगों ने राजेन्द्र बाबू के तैल-चित्र पर पुष्पांजलि अर्पित की।

पटना में ही बिहार विद्यापीठ में तत्वाधान में आयोजित एक समारोह में सूत्रयज्ञ और सर्वधर्म प्रार्थना संपन्न हुई। अध्यक्षता वयोवृद्ध नेता श्री दीपनारायण सिंह ने की। नई दिल्ली में बिहार एसोसिएशन के तत्वावधान में आयोजित समारोह में राष्ट्रपति श्री गिरि ने देशरत्न डॉ. राजेन्द्र प्रसाद को सेवा और त्याग का प्रतीक बताया।

बिहार राज्य स्वतंत्रता सेनानी सभा की ओर से श्री देवशरण सिंह की अध्यक्षता में राजेन्द्र जयंती मनाने का भी आयोजन हुआ, जिसमें उसके संस्मरण सुनाए गए। पटना के बांसघाअ पर आयोजित समारोह में विभिन्न संस्थाओं की ओर से राजेन्द्र बाबू की स्मृति में फूल-मालाएँ चढ़ाई गयीं। पर्यटक सूचना केन्द्र में अवकाश प्राप्ता मुख्य न्यायाधीश श्री भुवनेश्वर प्रसाद सिंह ने स्वतंत्रता सेनानी संघ द्वारा आयोजित जयंती समारोह का उद्‌घाटन किया।

पटना में सर्वेंट्स ऑफ वर्कर्स सोसायटी के तत्वावधान में भी एक समारोह हुआ, जिसकी अध्यक्षता विधान परिषद् सदस्य श्री जगदीश नारायण चौबे ने की। राजेन्द्र जयंती से संबंधित समारोह के समाचार अभी आ रहे हैं।

आकाशवाणी समाचार विभाग एवं समाचार स्टूडियो

रेडियो आकाशवाणी का एक मुख्य आकर्षण है और आकाशवाणी को अपने समाचार की त्वरित प्रस्तुति एवं व्यापक पक्षों के कारण जाना जाता है। रेडियो का समाचार कक्ष एक महत्वपूर्ण कक्ष है। समाचार-पत्रों के कार्यालय की तरह आकाशवाणी के समाचार कक्ष में भी दुनियाभर के समाचार विविध माध्यमों जैसे फैक्स (Fax), टेलीप्रिंटर (Teleprinter), फोन (Phone) आदि के माध्यम से निरंतर प्राप्त होते रहते हैं। इन्हें विभिन्न संपादक संयोजित करते हैं साथ ही आकाशवाणी के निर्धारित संवाददाताओं द्वारा भी समाचार मिलते रहते हैं। इसके साथ ही विविध समाचार

समितियों (New Agencies) द्वारा भी समाचारों की निरंतर उपलब्धता सुनिश्चित होती रहती है। समाचार कक्ष का एक एकांश दूरदर्शन व चैनल के माध्यम से चौबीस घंटे उपलब्ध होने वाले समाचारों पर भी नजर रखता है और अपनी आवश्यकता के अनुरूप उन्हें संयोजित करता रहता है। चूंकि आकाशवाणी का समाचार श्रव्य माध्यम है, अतः समाचारों की प्रस्तुति एवं संकलन में श्रव्य पक्ष को प्राथमिकता दी जाती है।

इसके साथ ही आकाशवाणी की फील्ड रिपोर्टिंग भी अत्यंत महत्वपूर्ण पक्ष रखती है।

फील्ड सूचना

यद्यपि आकाशवाणी के समाचार संकलन का कार्य, लेखन व प्रसारण कमोबेश समाचार-पत्रों की तरह ही होती है। किन्तु तकनीकी अन्तर के कारण रेडियो की फील्ड रिपोर्टिंग नए रूप में श्रोता-दर्शकों व पाठकों को कुरेदती है। संवाददाता दोनों ही माध्यमों के लिए एक ही मानक से समाचार संकलन एवं प्रेषण का कार्य करते हैं और वह है 'समचार मूल्य' (New Value).

रेडियो में समाचार प्रसारण के लिए एक निश्चित समय-सीमा होती है। इसी अवधि में सभी परिदृश्यों को समेटना होता है। अतः रेडियो-रिपोर्टर के पास फील्ड रिपोर्टिंग हेतु बहुत लम्बा-चौड़ा अवकाश नहीं होता। वह तो केवल सार रूप में ही श्रोताओं से प्रत्यक्ष हो पाता है। फील्ड रिपोर्टिंग के कुछ महत्पूर्ण पक्ष इस प्रकार हैं

(1) घटना व समाचार तक त्वरितता से पहुंचना व घटना के पहलुओं का आकलन आवश्यक है।

(2) खेलों, सांस्कृति समारोहों, विशिष्ट आयोजनों, भाषणों आदि में यदि घटना के क्रम के अनुरूप मूल ध्वनियों का प्रयोग किया जाए तो समाचार में चार चांद लग जाते हैं।

(3) साक्षात्कार, वार्ताओं, भाषणों आदि के लिए तकनीकी तौर पर समृद्धता व उपकरणों के प्रयोग का आवश्यक ज्ञान फील्ड रिपोर्टर को होना आवश्यक है।

(4) समाचार को संकलित करना भी एक कला है और फील्ड रिपोर्टर को समाचार हेतु पैनी निगाह रखनी चाहिए, क्योंकि संवाददाता को समाचार तक स्वयं पहुंचना होता है।

(5) फील्ड रिपोर्टिंग में यथा समय प्रयोग होने वाले वक्तव्यों, विचारों, साक्षात्मकार, भेंट-वार्ता आदि को टेप-रिकॉर्डर के माध्यम से टेप कर लेना चाहिए ताकि समाचारों के क्रम में उनका प्रभावी उपयोग हो सके।

(6) फील्ड रिपोर्टिंग आंखों देखा, कानों सुना मंच है जिसे श्रोता रेडियो के माध्यम से सुनता व महसूस करता है।

(7) क्योंकि रेडियो की सीमा शब्दों व आवाज तक है, अतः संवाददाता को शब्दों के घटना का चित्र प्रस्तुत करना होता है, वह भी संक्षिप्तता व सटीकता के साथ।

(8) फील्ड रिपोर्टिंग हेतु संवाददाताा में निरीक्षण, तार्किकता, ग्राह्यता व समझ जैसे आयामों का होना आवश्यक है।

(9) 'सार-सार को गहि रहे, थोथा देई उड़ाय'। की उक्ति के अनुसार रेडियो फील्ड-संवाददाता को भी 'सारयुक्त' तथ्य ही ग्रहण करने होते हैं।

आकाशवाणी सम्पादन एक विशेष प्रकार की कला एवं तकनीक है। रेडियो का माध्यम समाचार-पत्र से भिन्न स्वरूप में होता है। आकाशवाणी का सम्पूर्ण स्वरूप ध्वनि पर आधारित है। रेडियो के लिए श्रोता का अशिक्षित या शिक्षित होना कोई मायने नहीं रखता। इस माध्यम से प्राप्त ज्ञान श्रुति-ज्ञान है। इसीलिए इस माध्यम की प्रस्तुति में एक खास किस्म की भाषा-शैली की आवश्यकता होती है। यह भाषा सरल, स्पष्ट और समझ की दृष्टि से परिपूर्ण होनी चाहिए। रेडियो सुनते समय यदि श्रोता शब्दों की डोर से बंधा नहीं रहता है तो वह बोले जा रहे शब्द के मर्म तक नहीं पहुंचेगा और संवाद अधूरा रह जाएगा। पठनीयस माध्यमों में शब्दार्थ व समझ के लिए पर्याप्त अवकाश होता है। वहां व्यक्ति किसी से अर्थ पूछ सकता है व स्वयं शब्द-कोश आदि की सहायता ले सकता है पर आकाशवाणी जैसे माध्यम के लिए प्रस्तुति अत्यंत ही महत्वपूर्ण है।

फील्ड रिपोर्टिंग में उन मुद्दों व तथ्यों को संकलित करना महत्वपूर्ण है, जिनमें जन-मानस से जुड़ने की प्रबल संभावनाएं हैं। प्रायः अपने पर्यावरण व दैनिक जीवन से जुड़ी घटनाएं व्यक्ति को प्रभावित व उत्प्रेरित करती हैं। यदि वह उन घटनाओं के विषय में सुनता है तो उसका जुड़ाव व जिज्ञासा अपने आप ही बढ़ जाती है।

रेडियो का न्यूज स्टूडियो ध्वनिरोधी तकनीक से निर्मित होता है इसके दो भाग हाते हैं। एक भाग में समाचार वाचक समाचारों को पढ़ता है और दूसरे हिस्से में प्रसारण, नियंत्रण, ध्वनि अंकन और संपादन के विविध उपकरण होते हैं। समचार

कार्यक्रम प्रभारी समाचार वाचक के उच्चारण के साथ सजीव प्रसारण, संवाददाताओं की आवाज में वक्तव्य, चर्चा-परिचर्चा या पूर्व में रिकॉर्ड की गई ध्वनियों, विज्ञापन अंतराल आदि को संयोजित करता है।

न्यूज स्टूडियो में अग्रलिखित विषयों हेतु समस्त सुविधाएं होती हैं

रिकॉर्डिंग

संपादन

सजीव प्रसारण

लाइब्रेरी

साउण्ड सिस्टम

आकाशवाणी सामग्रियों से परिचय : रिकॉर्डर्स एवं माइक्रोफोन्स

आकाशवाणी में रिकॉर्डिंग के क्षेत्र में उपकरणों एवं उनकी क्रियाविधि का परिचय आवश्यक है। आवाज एक संवेदनशील मुद्दा है और रेडियो (Radio) का सारा कार्य व्यापार आवाज पर ही निर्भर करता है। रेडियो के उपकरणों में महत्वपूर्ण हैं

माइक्रोफोन

टेप

रिकॉर्डर

ग्राफिक इकलाइजर्स

स्पीकर्स

एम्पलीफायर

डिजिटल रिकॉर्डर

आकाशवाणी के किसी भी केन्द्र में जहां कार्यक्रमों की रिकॉर्डिंग एवं प्रसारण की व्यवस्था है वहां दो प्रभाग प्रमुख होते हैं

(i) रिकॉर्डिंग

(ii) संपादन।

रिकॉर्डिंग खंड को स्टूडियो (Studio) कहा जाता है। आकाशवाणी का स्टूडियो साउण्ड-प्रूफ (Sound Proof) होता है। ध्वनि के किसी भी घटक में यहाँ क्षति नहीं होती है और न तो बाहरी आवाजें अंदर आती हैं न अंदर की आवाजें बाहर जाती हैं। इस प्रयोजन हेतु दीवारों पर एस्बेस्टॉस की शीट लगाकर आवाजरोधी प्रक्रिया की जाती

है साथ ही संरचना एवं साज-सज्जा की दृष्टि से ऐसी प्रक्रिया संपादित की जाती है जिससे 'आवाज' (Sound) की गुणवत्ता बढ़े।

स्टूडियो में दो खंड होते हैं। एक खंड में रिकॉर्डिंग एवं संपादन (Recording & Editing) उपकरण होते हैं और दूसरे खंड में जिसकी आवाज रिकॉर्ड की जाती है उनके लिए व्यवस्था होती है। दोनों खंड़ों के बीच शीशे की दीवार होती है। जिसकी आवाज रिकॉर्ड की जानी है वह नियत स्थल पर माइक्रोफोन के पीछे खड़ा होता या बैठता है। केवल आवाज की दशा में वह माइक्रोफोन के पीछे खड़ा होता या बैठता है। केवल आवाज की दशा में वह माइक्रोफोन पर शब्दों का उच्चारण करता है और गीत-संगीत आदि के कार्यक्रम में संगीत के साथ शब्दों का संयोजन किया जाता है।

प्रत्येक व्यक्ति की आवाज के पैमाने भिन्न-भिन्न होते हैं। अतः माइक्रोफोन पर आवाज को स्पीकर्स के माध्यम से सुनकर आवाज में गुणवत्ता को तकनीकी तौर पर संयोजित एवं नियंत्रित किया जाता है। कार्यक्रम के अनुरूप माइक भी अलग-अलग प्रकार के होते हैं। छोटे से लेकर बड़े माइक में ध्वनि के अनुरूप तकनीकी उपबंध होते हैं। सामान्य रूप में जीवन में आमतौर पर देखे जाने वाले स्टैण्ड माइक होते हैं। पर कमीज के कॉलर या पहने जाने वाले वस्त्र पर मुँह के पास लगने वाले छोटे से 'कॉलर-माइक' भी खूब चलन में हो रहे हैं। ये इतने संवेदी (Sensitive) होते हैं कि ध्वनि के एक छोटे-से-छोटे नोट्स (Notes) को भी पकड़ने में सक्षम होते हैं।

तार (Wire) इत्यादि युक्तियों से रहित रिमोट माइक (Remote Mice) भी वर्तमान में प्रचलन में है। इन्हें सीधे ही हाथ में पकड़कर बोला या गाया जा सकता है। इसके साथ ही आधुनिक डिजिटल माइक भी चलन में हैं। इनके द्वारा प्रदत्त आवाज की गुणवत्ता उच्च स्तरीय होती हैं।

आवाज का रिकॉर्ड करने के लिए घरेलू कैसेट (Cassete) की भाँति मैगनेटिक टैप (Magnatic Tape) का इस्तेमाल किया जाता है। किन्तु आकाशवाणी पर इस्तेमाल की गई टेप बड़ी होती है और रिकॉर्डिंग यूनिट पर यह दो बड़ी घिर्रियों में घूमती रहती है। रिकार्डिंग के पश्चात् इस पर कार्यक्रम प्रस्तुतकर्ता व्यक्ति आदि जानकारियाँ अंकित कर एक पर्ची (Tag) चिपका दिया जाता है ताकि प्रयोग में लेते समय इन विवरणों को आवश्यकता के अनुरूप प्रयोग किया जा सके।

ग्राफिक इकेलाइजर्स एक यांत्रिक प्रविधि है। ध्वनि की विभिन्न घटकों की आवृति जो आवाज के भिन्न-भिन्न पक्षों की प्रयुक्त हेतु आवश्यक होती है को इससे

संयोजित किया जा सकता है। आवाज की फ्रीक्वेन्सी (आवृत्ति) वाले घटक को इसमें कम या ज्यादा कर गुणवत्ता में परिवर्तन लाया जा सकता है।

स्पीकर (Speaker) वह उपकरण है जिससे ध्वनि-मुद्रित आवाज को पुनः शब्दों में सुना जा सकता है। स्पीकर्स की गुणवत्ता भी आवाज की गुणवत्ता का पर्याय है। साधारण मोनो (Mono) स्पीकर्स से लेकर स्टीरियो (Stereo) स्पीकर्स तक की एक लंबी श्रृंखला है और इसके आगे सराउण्ड साऊण्ड (Surround Sound) व डिजिटल डॉल्बी (Digital Dollby) जैसी स्पीकर युक्तियाँ भी हैं। इनके माध्यम से सुना जाए तो हवाई-जहाज की उड़ान ऐसी आवाज प्रस्तुत करेगी कि इससे सुनने वाले को यह महसूस होगा कि वह उड़ते हवाई जहाज के पास ही खड़ा है। संगीत व शब्दों की खास गहराई इनसे महसूस की जा सकती है।

वर्तमान समय में डिजिटल उपकरणों का काफी बोलबाला है। ये उपकरण अत्यंत उच्च गुणवत्ता से संबंधित हैं। डिजिटल रिकॉर्डर में टेप जैसी चीज नहीं होती है। आवाज सीधे ही आडियो सी. डी. (Audio C.D.) या हार्ड डिस्क (Hard Disc) में संग्रहीत की जा सकती है।

डिजिटल उपकरणों को कंप्यूटर से संयोजित, कर श्रेष्ठ परिणाम प्राप्त किए जा सकते हैं। एफ. एम. रेडियो जैसे पक्षों में डिजिटल उपकरणों का प्रयोग बहुतायत से होता है। डी. टी. एच. (Direct to Home) प्रसारण सेवा में रेडियो के डिजिटल-चैनलों का समावेश किया गया है। डिजिटल उपकरणों की प्रयुक्ति के कारण इन्होंने आवाज के आयामों को विस्तृत रूप दिया है।

समाचार आधारित ढांचा एवं समसामयिक घटना कार्यक्रम

इसके तहत समसामयिक घटना को समाचार का प्रमुख आधार मानकर कार्यक्रम की श्रेणी में शामिल किया जाता है। इन कार्यक्रमों में मुख्य मुद्दा समाचार एवं विविध पहलुओं की पड़ताल होता है। हाल ही में यह प्रथा पनपी है कि जब समकालीन परिप्रेक्ष्य में कोई बड़ी घटना है तो उसे आधार बनाकर कार्यक्रम निर्मित किए जाते हैं। इन दिनों में लंदन में हुए आतंकवादी हमले प्रमुख समाचार मुद्दा रहे यही कारण रहा कि समाचारों के आधार पर प्रारूप निर्मित कर इन कार्यक्रमों को प्रस्तुत किया गया।

ऐसे कार्यक्रमों में महत्वपूर्ण पक्ष यह होता है कि समाचार की तरह उससें अन्वेषण, बातचीत, विमर्श एवं पड़ताल के कई पक्ष शामिल होते हैं पर प्रधानता एक

समाचार विशेष की होती है। कई बार ऐसा भी होता है कि समाचार के परिप्रेक्ष्यों जैसे 'आतंकवाद' को एक पक्ष लेकर उस पर भी कार्यक्रम संपादित किए जा सकते हैं। इन कार्यक्रमों के प्रारूप इस प्रकार हो सकते हैं

(i) वार्ता

(ii) साक्षात्कार

(iii) समूह-चर्चा

(iv) विश्लेषण

(v) वृत्तचित्र

(vi) फीचर।

करेंट अफेयर्स (Current Affairs) कार्यक्रम में वे मुद्दे सम्मिलित रहते हैं जो वर्तमान में चर्चा में हैं। राजनीति, खेल, शिक्षा, पर्यावरण, साहित्य, कला-संस्कृति आदि का कोई भी पक्ष जब किसी विशेष कारण से चर्चा का मुद्दा बनता है तो वह करेंट अफेयर्स कार्यक्रम की श्रेणी में सम्मिलित हो जाता है। इन कार्यक्रमों में टॉक-शो (Talk Show) से लेकर पैनल डिबेर (Pannel Debate) तक का कोई भी प्रारूप (Format) इस्तेमाल किया जा सकता है। इसी के चलते ये कार्यक्रम अपने समकालीन पक्षों के आधार पर चर्चा में रहते हैं। हाल ही का आतंकवादी परिप्रेक्ष्य हो या पर्यावरण के पक्ष, राजनीति की बात हो या विदेश नीति की चर्चा, प्रत्येक स्तर पर इन कार्यक्रमों में ताजा मुद्दों को विश्लेषित किया जाता है। चूंकि इन कार्यक्रमों की घटनाओं व परिप्रेक्ष्यों से जुड़ाव तात्कालिक पक्षों का होता है अतः ये कार्यक्रम बुद्धिजीवी वर्ग से लेकर आम जनता तक तभी की विशिष्ट पसंद होते हैं। एक ओर इन कार्यक्रमों से समस्याओं के समाधान विकसित होते हैं वहीं समस्याओं के पहलुओं, कारकों, निवारणों आदि के उपाय भी इन्हीं माध्यमों से सामने आते हैं।

समाचार वाचन की कला

समाचार-वाचन दूरदर्शन का सर्वाधिक महत्वपूर्ण पक्ष होता है। समाचार-वाचन ही वह पद्धति है जिसके चलते समाचार को व्यापकता एवं प्रस्तुति की सार्थकता दी जा सकती है।

यों तो सहज की प्रतीत होता है कि समाचार की कॉपी टेबल पर रखी और समाचार पढ़ने शुरू कर दिए पर समाचार-वाचन के लिए प्रखर वाणी, अभ्यास, दक्षता एवं क्षमता की आवश्यकता होती है। समाचार वाचन की उच्च प्रस्तुति के लिए यह

तथ्य आवश्यक है कि व्यक्ति के अक्षरों के उच्चारण में स्पष्टता और माधुर्य पक्ष हो। शब्दों के पठन में पदच्छेद का ज्ञान, सुस्वरता व शब्दों की लय व तद्नुरूप प्रस्तुति ही वाचक का स्तर बढ़ाती है।

"ध्वनि का सौंदर्य सुंदर स्वरों पर आधारित होता है। ये स्वर रत्न व्यजंनों के साँचे में ढले होते हैं। जो वाणी को ओज, रस एवं रंग प्रदान करते हैं।"

टामसिन

प्रत्येक सटीक समाचार-वाचक को चाहिए कि वह अपने समाचार-वाचन के प्रभावी पक्षों के लिए अग्रलिखित बिन्दुओं का पालन करना परम जरूरी है

(1) वाचन की गति श्रोता की श्रवण स्थिति के साथ सामंजस्य प्रस्तुत करती हो।
(2) समाचार बुलेटिन की तय-सीमा और प्रस्तुति के अनुपात में वाचन-गति बनाएँ।
(3) नवीन शब्द प्रयुक्ति, को अपना कर समाचार वाचक प्रभावी वाचन कर सकता है।
(4) आत्मविश्वास की प्रबलता को बनाए रखें।
(5) संकोच रहित एवं स्पष्ट प्रस्तुति दे।
(6) वर्णों, शब्दों, वाक्यों, स्वर-व्यजंनों आदि को उनकी भाषा एवं उच्चारण पद्धति के अनुरूप आवाजा दे।
(7) प्रस्तुति में शब्दों की अर्थवत्ता एवं भावना क्या है? उसी क्रम में शब्दों के उच्चारण में उतार-चढ़ाव को महत्व दिया जाय।

टेलीविजन और आकाशवाणी के लिए संहिता एवं नीतिशास्त्र

आकाशवाणी एवं टेलीविजन को दिशा-निर्देश देने के लिए संहिता एवं नीतिशास्त्र का सहारा लिया जाता है। ये वे नियम एवं प्रक्रियाएँ हैं, जिनसे इन दोनों माध्यमों को निर्धारित नियमों के अंतर्गत अपने कार्य-व्यवहार को करने की सीमाएँ निर्धारित की गई हैं। यों भी इन माध्यमों द्वारा अपने कार्यक्रमों में नैतिक मूल्यों, राष्ट्रीय चरित्र एवं लोकहित की अवधारणा को निरंतर दृष्टिगत रखा जाना चाहिए। कार्यक्रम निर्माताओं एवं संबंधित व्यक्तियों को चाहिए कि वे स्वार्थ, दबाव, अनुचित व्यक्तिगत उत्साह में अपनी व्यावसायिक नैतिकता एवं पवित्रता भंग नहीं करें। साथ ही मनुष्य जीवन के क्रम में मार्गदर्शन देने वाली आचार संहिता को भी समझना चाहिए।

टेलीविजन एवं रेडियो के क्रम में कोड ऑफ एथिक्स (Code of Ethics) के मूलक्रम को यहाँ उद्धृत किया जा रहा है।

आकाशवाणी कार्यक्रमों एवं प्रसारण के लिए राष्ट्रीय स्तर की राजनीतिक पार्टियों में मिलकर सन् 1967 ई. में एक संहिता तैयार की थी जो इस प्रकार हैं

(1) ऐसे कार्यक्रमों का प्रसारण न हो जो कानून व्यवस्था के प्रतिकूल हों।

(2) कार्यक्रमों में न्यायालय की अवमानना के पक्ष न हों।

(3) राष्ट्रपति एवं राज्यपाल की निंदा न की जाय।

(4) किसी भी राजनीतिक की निंदा न की जाय।

(5) केंद्र या सरकार की आलोचना कार्यक्रमों के अंतर्गत न हो।

(6) संविधान के अनादार की स्थितियों को प्रश्रय न दिया जाए।

(7) मित्र राष्ट्रों की आलोचन न करें।

(8) धर्म या संप्रदाय पर आक्षेप न हों।

(9) अश्लील या मानहानि वाले वक्तव्य एवं कार्यक्रम न हों।

(10) उत्तेजक, हिंसा भड़काने वाले कार्यक्रमों व प्रसारणों से बचा जाए।

सूचना एवं प्रसारण मंत्रालय के क्रम में दूरदर्शन महानिदेशालय ने टी. वी. कार्यक्रमों हेतु निम्नलिखित संहिता निर्मित की

(i) कार्यक्रमों के माध्यम से पर्यावरण संतुलन के प्रयास किए जाएं।

(ii) गरीब एवं निर्बल वर्गों हेतु सामाजिक कल्याण के उपायों को बल मिले।

(iii) खेल-कूद में रुचि को बढ़ावा मिले।

(iv) भारतीय कलाओं व सांस्कृतिक गरिमा को जागरूकता के पक्ष मिलें।

(v) कार्यक्रम सामाजिक परिवर्तन में प्रेरक भूमिका निभाएं।

(vi) कार्यक्रमों के माध्यम से राष्ट्रीय एकता को प्रोत्साहन मिले।

(vii) जन-सामान्य में वैज्ञानिक चेतना का विकास हो।

(viii) परिवार कल्याण और जनसंख्या नियंत्रण के संदेशों का प्रसारण हो।

(ix) कृषि-उत्पादन को प्रोत्साहन मिले साथ ही पशु-पालन को बढ़ावा देकर श्वेत-क्रांति के क्षेत्र में प्रेरणा मिले।

मीडिया की विविध समितियों, कार्यक्रम निर्माता संघों आदि ने भी अपनी-अपनी आचार संहिताएँ तैयार की हैं जो दूरदर्शन-आकाशवाणी कार्यक्रमों को गरिमा एवं

उपयोगिता प्रदान करती हैं। ऐसे ही एक प्रमुख संस्थान 'सोसायटी ऑफ प्रोफेशन जर्नलिस्टस' (Society of Profession Journalists) ने एक अचार संहिता निर्मित की है इसके प्रमुख पक्ष इस प्रकार हैं

(i) **व्यक्तिगत कार्यवाही हो :** लोगों के सूचना के अधिकार को संयोजित करते हुए पत्रकार किसी भी किस्म के पक्ष से बचें।

(ii) **दायित्वपूर्ण बनें :** पत्रकार अपने पाठकों, श्रोताओं, दर्शकों एवं एक दूसरे के प्रति उत्तरदायी हैं।

(iii) सत्य अन्वेषित करें और उसी को रिपोर्ट करें। (Seek truth & report it)

(iv) नुकसान न्यूनतम हो (Minimize harm) स्रोत, विषयों, साथियों को सम्मान देते हुए न्यूज-कवरेज हो।

विज्ञापन एवं जन-सम्पर्क के लिए संहिताएं

विज्ञापन एवं जन-सम्पर्क से जहां एक और बड़े वर्ग का जुड़ाव होता है वहीं दूसरी ओर इनके सम्पर्क से व्यापक एवं दूरगामी प्रभाव पड़ते हैं। अगर इन माध्यमों का सही एवं सटीक प्रयोग नहीं किया गया तो ये माध्यम दृश्य, मौखिक व मानसिक प्रदूषण पैदा कर सकते हैं। इसी प्रयोजन को लेकर इनके लिए कई संहिताएं हैं। प्रमुख रूप से समाज एवं व्यक्ति हित को दृष्टिगत रखते हुए प्रमुख पक्ष इस प्रकार है

(1) संचार माध्यमों को निष्पक्षता के साथ सामाजिक चिन्तन व स्पष्टता को मुखरित करना चाहिए।

(2) जानबूझ कर मिथ्या तथ्य का प्रकाशन, वास्तविकता को तोड़-मरोड़कर प्रस्तुति आदि चीजों से बचना चाहिए।

(3) पत्रकारिता को व्यावसायिक आचरण को व्यक्तिगत स्वार्थ से प्रभावित ने होने दे।

(4) कानूनी रीति-नीति, संविधान व नीति-निर्देशक तत्वों की पालन हो।

(5) नैतिक मूल्य, राष्ट्रीय चरित्र, लोकहित की गरिमा को बनाए रखा जाए।

(6) आमजन की विचारधारा व जीवन-मूल्यों की प्रस्तुति हो।

(7) राष्ट्रीय चेतना, संस्कृति व साम्प्रदायिकता सद्भाव का संवाहक ये माध्यम बनें।

(8) मानवीय व सामाजिक प्रतिबद्धता का पालन किया जाय।

(9) सामाजिक सम्प्रभुता को गति मिले।

(10) जाति, धर्म, वर्ग के आधार पर वैमनस्य उत्पन्न न हो।

(11) भ्रामक एवं सामाजिक मर्यादाओं के विपरीत प्रस्तुतियों से बचा जाय।

(12) भारतीय संस्कृतिक व परम्पराओं का पालन हो।

(13) अश्लीलता प्रतिबन्धित हो।

(14) मूल मानवीय व सामाजिक अधिकारों के प्रति प्रतिबद्धता।

(15) लोकहित में माध्यम व संस्था को दायित्व वहन के लिए तत्पर रहना चाहिए।

दीर्घ उत्तरीय प्रश्न

1. समाचार आधारित ढांचा एवं समसामयिक घटना कार्यक्रम के बारे में विस्तार से लिखिए।
2. टेलीविजन और आकाशवाणी के लिए संहिता एवं नीतिशास्त्र का सहारा क्यों लिया जाता है? विस्तार लिखिए।
3. समाचार वाचन की कला से आप क्या समझते हैं? दूरदर्शन का यह सर्वाधिक महत्वपूर्ण पक्ष क्यों माना जाता है? विस्तार से लिखिए।

लघु उत्तरीय प्रश्न

1. आकाशवाणी समाचार विभाग एवं समाचार पर संक्षिप्त टिप्पणी लिखिए।
2. आकाशवाणी प्रसारण में रिकॉर्डर्स एवं माइक्रोफोन्स का सहारा क्यों लिया जाता है? संक्षेप में लिखिए।
3. फील्ड रिपोर्टिंग के प्रमुख पक्षों को लिखिए।
4. डिजिटल उपकरणों के बारे में संक्षेप में लिखिए।

वस्तुनिष्ठ प्रश्न

1. निम्न में से कौन 'देशरत्न' की उपाधि से सम्मानित हैं

   (क) डॉ. राजेन्द्र प्रसाद (ख) श्रीमती इन्दिरा गांधी

(ग) डॉ. लोहिया (घ) इनमें से कोई नहीं।

2. "ध्वनि का सौंदर्य सुन्दर स्वरों पर आधारित होता है। ये स्वर रत्न व्यंजनों के सांचे में ढले होते हैं। जो वाणी को ओज, रस एवं रंग प्रदान करते हैं।" निम्न में से यह कथन किसका है?

(क) टामसिन (ख) दाँते

(ग) टॉल्सटाय (घ) इनमें से कोई नहीं।

3. निम्न में से कौन स्वतंत्र भारत के प्रथम राष्ट्रपति थे

(क) डॉ. राजेन्द्र प्रसाद (ख) डॉ. सर्वपल्ली राधाकृष्णन्

(ग) ज्ञानी जेलसिंह (घ) इनमें से कोई नहीं।

20

दूरदर्शन समाचार सम्पादन

समाचार-रिपोर्टिंग

दूरदर्शन में समाचार रिपोर्टिंग का बड़ा ही महत्व है। यह एक महत्वपूर्ण कला है। इसमें घटना का स्वरूप भिन्न-भिन्न न होकर एक ही प्रकार का होता है। यह एक ऐसी विषय-वस्तु है, जिसमें समाचार संकलनकर्ता किसी भी घटना को अपनी प्रतिभा के बल पर अधिक प्रभावशाली बनाता है। अनुभव, व्यक्तिगत योग्यता एवं परिपेक्ष्य के अलावा न्यूज रिपोर्टिंग में निम्नलिखित तत्त्वों की प्राथमिकता आवश्यक है :

(i) समाचार परिपूर्ण किंतु संक्षिप्त हो।
(ii) प्रस्तुत घटना के प्रामाणिक पक्षों को संयोजित किया जाए।
(iii) दृश्य एवं श्रव्य पक्षों का तालमेल।
(iv) प्रस्तुति में तारतम्य हो।
(v) दृश्यात्मकता के पक्ष व्यापक हो।

दूरदर्शन रिपोर्टिंग

दूरदर्शन समाचार-रिपोर्टिंग के विभिन्न पहलुओं के अध्ययन के लिए अग्रलिखित बिन्दु अत्यन्त उपयोगी है

1. समाचार अवधारणा

कैमरा आपकी आँखों से देखता है और आपके मस्तिष्क की सोची हुई बात को अंकित करता जाता है। न्यूज को विजुअलाइज करते समय एक प्रखर मस्तिष्क के साथ तकनीकी व वैचारिक समृद्धता आवश्यक है।

दूरदर्शन समाचार तीन तरह से प्रभाव डालते हैं :

(1) कान पर,

(2) मन पर,

(3) आँख पर।

अतः 'समाचार' के विषय में अवधारणा करते समय तीनों पक्षों पर नजर डालना परम आवश्यक है। तकनीकी दृष्टि से यह कार्य भले ही जटिल हो पर विभिन्न कोणों से तालमेल बैठाने पर इसके बेहतर परिणाम सामने आते हैं। समाचार-संकलन से प्रस्तुति तक बहुधा ऐसा होता है और लोगों ने तन-मन-धन से भूकम्प प्रभावित लोगों को सहयोग दिया। आपदा के समय समाचार परिकल्पना व प्रस्तुति की वह माध्यम होता है जिससे लोग एकजुट हो संघर्ष के लिए उठ खड़े होते हैं। न्यूज-विजुअलाइजेशनप हेतु प्रमुख बिन्दु निम्नलिखित हैं :

(1) परिकल्पना व प्रस्तुति में आए बदलाव को ध्यान रखा जाए।

(2) समाचार साधारण से लेकर अति-विशिष्ट तक के लिए होता है और उसके प्रभाव व्यापक होते हैं। अतः यह दृष्टिकोण हमेशा ध्यान में रखना चाहिए।

(3) प्रेरक, सकारात्मक, सांस्कृतिक, ऊर्जावान मूल्यवर्द्धक समाचारों में न्यूज-विजुअलाइजेशन को प्राथमिकता मिले।

(4) तार्किकता व दृश्यता का सम्बन्ध सटीक हो।

(5) दृश्य को इस प्रखरता से कैमरे में कैद किया जाए कि वह जनमानस को सकारात्मक रूप में उद्वेलित करे।

2. अन्वेषण सम्पादन एवं मौखिक प्रविधि

इलेक्ट्रॉनिक उपकरणों में अन्वेषण सम्पादक का अहम पहलू यह है कि वह टेलीविजन के लिए समस्त कार्यवाहियों के लिए 'कैमरे' का इस्तेमाल करता है। कैमरा वह पहलू है जो हर क्षण दर्शकों के सामने 'आँखों-देखी' प्रस्तुत करता है। यह तय बात है कि आँखों देखा सच को झुठलाया नहीं जा सकता है। खोजी पत्रकारिता हेतु सक्षम संवाददाता व कैमरा मिलकर क्रान्ति कर सकते हैं। हाल ही में

रक्षा-मन्त्रालय में की गई सौदेबाजी व पाकिस्तान टी.वी. पर भारत विरोधी दुष्प्रचार के सच का खुलासा खोजी पत्रकारिता के सबल पक्षों का उदाहरण है। अन्वेषण सम्पादन में अग्रलिखित बिन्दु बहुमूल्य भूमिका निभाते हैं :

(1) अच्छे विश्वसनीय सूत्र जटाएँ। जन-सम्पर्क अधिकारी, जैसे लोग इसमें सहायक हो सकते हैं।

(2) संस्था व विभाग की रीति-नीति के अनुरूप छोटे तथा बड़े अधिकारियों से मिलकर तथ्यों की पुष्टि करें।

(3) स्रोत एवं सम्पर्कों को निरन्तर बनाए रखें। व्यक्तियों से निजी सम्पर्क व सामाजिक मेल-मिलाप से खोजी पत्रकार विश्वसनीय सिद्ध होता है और मौके-बेमौके उसे काम की सूचनाएँ मिलती है।

(4) किसी भी स्रोत की अनदेखी न करें। बहुधा नाउम्मीद वाले स्रोतों से महत्वपूर्ण लीड मिलती है।

(5) कानून की परिधि की पालना आवश्यक है वरना आपको परेशानी में डाल सकती है।

(6) योजना, विवरणों, तथ्यों को साथ लेकर चलें।

(7) कठिन परिस्थितियों हेतु जोश व तकनीकी समृद्धता रखें।

(8) मानसिक प्रक्रिया पूरी रखें। संकेत, स्रोत, अध्ययन, कार्य-पद्धति, दृष्टिकोण निरीक्षण आदि तत्व बेहद उपयोगी होते हैं।

न्यूज निष्पत्ति

'न्यूज' निष्पत्ति का सबसे महत्वपूर्ण पक्ष होता है। इसमें वाचनकर्ता को समाचार वाचन करते समय विशेष सावधानी बरतनी होती है। यह महत्वपूर्ण है कि इसमें वाचक की वाणी में स्पष्टता और उतार-चढ़ाव होना चाहिए। भाव के अनुरूप प्रस्तुति दी जानी आवश्यक है। चूँकि दूरदूर्शन में वाचक की प्रस्तुति के साथ-साथ दृश्य भी चलते रहते हैं अतः वाचक को सावधानी से दोनों में तारतम्य बैठाना होता है। समाचार-वचन के क्रम में दृश्य दिखाए जाते समय वाचक को अवकाश मिल जाता है। इसके साथ ही किसी संवाददाता की विशिष्ट रिपोर्ट में आवाज भी दूसरे एंकर (Anchor) की होती है। इसमें विशेष घटना, व्यक्ति या तथ्य के विषय में संवाददाता या अन्य द्वारा अपने स्वर में जानकारी दी जाती है। आजकल सीधे-प्रसारण (Live Telecast) की पद्धति भी व्यापक हो चली है इसमें

दूसरा संवाददाता घटना स्थल से अपने स्वर में समूचे क्रम को स्पष्ट करता है। दूरदर्शन के साथ समाचार-वाचक का सीधा संबंध बनाए रखने के लिए समाचार पढ़ते समय लेपटॉप (Leptop), टेलीप्रॉम्पटर जैसे उपकरणों को संयाोजित किया जाता है। इससे यह सुविधा रहती है कि बजाए कागज के समाचार वाचक टेलीप्रॉम्पटर या लेपटॉप के स्क्रीन पर नजर आ रहे वाक्यों को सहजता से पढ़ते हुए अपनी प्रस्तुति दे सकता है। कैमरे की स्थिति इस प्रकार रखी जाती है कि देखने में दर्शकों को ऐसा न लगे कि समाचार-वाचक की आँखों का उससे सीधा संबंध नहीं है।

बुलेटिन प्रसारित होने से पूर्व तक के समाचार 'पूल' में रखे जाते हैं और प्रसारण हेतु उपयुक्त समाचारों को सम्पादक द्वारा उसमें से चयनित किया जाता है। समाचार लेखन के साथ ही वाचक द्वारा उसे संभव होने पर पूर्व में बोलकर देख लिया जाता है ताकि कहीं भटकाव या उच्चारण दोष की संभावना न रहे। यदि वाचन की दृष्टि से कहीं कमी होती है, तो वचन के अनुरूप सुधारा जाता है। चयनित समाचारों में से प्रायिकता के अनुरूप समाचार चुने जाते हैं और इस प्रक्रिया में समाचारों को क्रम से चयनित कर लिया जाता है।

सबसे पहले प्रमुख समाचार को पहले लिया जाता है, उसके पश्चात न्यूज विषय के अनुरूप क्लिपिंग (Clipping) प्रस्तुत की जाती है। (क्लिपिंग समाचार के महत्वपूर्ण पक्ष का दृश्य हिस्सा होती है।)

मुख्य समाचारों के पश्चात् सम्पूर्ण समाचारों का विवरण दिया जाता है। अंतिम रूप में खेल-मनोरंजन व मौसम से जुड़े समाचार होते हैं। वर्तमान में समाचारों का मध्य प्रदेश (अवकाश) दिए जाने लगे हैं।

पैकेजिंग : निष्पत्ति-स्वरूप

वर्तमान समय में टेलीविजन चैनलों में प्रतियोगिता देखने को मिलती है। अतः इरा प्रतिगोगिता दौड़ में पैकेजिंग अत्यंत महत्वपूर्ण हो गया है। इसके अन्तर्गत अग्रलिखित विषय वस्तु को शामिल किया जाता हैं

(i) समाचार के साथ-साथ टी.वी. स्क्रीन के नीचे गतिमान पट्टी पर हिन्दी अंग्रेजी के वाक्यों के समाचार, लोगो, सेन्सेक्स, मौसम आदि की प्रस्तुति की निरंतरता।

(ii) प्रमुख समाचारों के साथ सिगनेचर टयून (Signature Tune). संगीत आदि का संयोजन।

(iii) फ्लैश चित्र प्रस्तुति (Flash Photo Display)
(iv) दृश्य-श्रव्य प्रस्तुति को युक्तिपूर्ण स्वरूप में लाना।
(v) प्रस्तुति का आकर्षक स्वरूप।
(vi) सेट, डिजाइन एवं रंग संयोजन।
(vii) दृश्य-ध्वनि के विशेष प्रभाव।
(viii) कार्यक्रम में अवकाश और विज्ञापन संयोजन।
(ix) समाचार प्रस्तुति के साथ दर्शकों हेतु प्रभावी तत्व जैसे ग्राफिक्स, लाइव-डिस्पले, साक्षात्कार, एक्सक्लूजिव स्टोरी (Exclusive Story) आदि।

मूलतः 'पैकेजिंग' दर्शकों के सामने प्रस्तुत किया गया अंतिम कार्यक्रम है। जैसा कि विदित ही है अच्छे कार्य के साथ उसका अच्छा एवं सार्थक प्रदर्शन भी आवश्यक है। पैकेजिंग भी अच्छा एवं सार्थक प्रदर्शन हैं। जिस प्रकार माला में सुंदर फूलों को संयोजित कर एक आकर्षक स्वरूप प्रदान किया जाता है, उसी प्रकार पैकेजिंग कार्यक्रम की वह प्रस्तुति है जिससे दर्शक पर अपेक्षित प्रभाव पड़े।

पहले समाचार के नाम के पट न्यूज-रीडर के सामने क्रमवार कागज रखे रहते थे और वह एक सादा मेज पर उन्हें रखकर समाचारों को मात्र पढ़ दिया करता था पर आज जैसे ही समाचार बुलेटिन की सिगनेचर ट्यून के रूप में संगीत रचना सुनाई देती है और चैनल का लोगो (प्रतीक चिन्ह) कलापूर्ण स्वरूप में प्रस्तुत होता है। इसके बाद खुलता है माया-दर्पण, भव्य सैट, शानदार न्यू टेबल, बैक ग्राउण्ड में चित्रों का संयोजन, रंग व्यवस्था, प्रकाश की प्रभावी व्यवस्था और न्यूज रीडर के मुस्कुराते चेहरे। फिर सिलसिला शुरू होता है, समाचार पढ़ने का। समाचार के साथ ढेरों दृश्य, ग्राफिक, आँकड़े, सजीव प्रसारण और फ्लैश चित्र, कंप्यूटर एनीमेशन आदि के सम्मिलित प्रभाव से समाचारों के साथ-साथ प्रस्तुति की भव्यता के दर्शन भी होते हैं। समाचारों के मध्य अवकाश, मुख्य समाचार-प्रस्तुत, विज्ञापन प्रदर्शन, प्रमुख समाचार को तरजीह आदि अनेक पक्ष हैं, जो पैकेजिंग में सम्मिलित किए जाते हैं। इनसे ही समाचार-बुलेटिन आकर्षक व प्रभाव बन पड़ता है।

न्यूज निष्पत्ति प्रक्रिया : प्रोडक्शन-पूर्व एवं प्रोडक्शन-पश्चात्

समाचार प्रस्तुति अपने आप में श्रमसाध्य स्थिति है। देखने में भले ही एक मिनट का समाचार छोटी-सी प्रस्तुति देता हो पर उसके पीछे पूर्व एवं पश्चात् प्रोडक्शन के कई घंटे लगते हैं।

दूरदर्शन का समाचार संपादक जब समाचार प्रस्तुति हेतु अपने लाखों दर्शकों के दृष्टिकोण से कोई प्रारंभिक रूपरेखा तय करता है, तो उसे इस प्रयोजन हेतु बहुत सी तैयारियों से गुजरना होता है। समाचार की प्रारंभिक प्रक्रिया में शामिल हैं :

(i) साउण्ड-रिकॉर्डिस्ट द्वारा ध्वन्याँकन।

(ii) ऑडियो-वीडियो फुटेज में से संपादक द्वारा दृश्य-श्रव्य की सटीक प्रस्तुति को छाँटना।

(iii) समाचार-वाचन हेतु स्क्रिप्ट लिखना/लिखवाना।

(iv) समाचार हेतु प्रारंभिक में शामिल हैं:

(v) संवाददाता को 'बीट' के अनुरूप समाचार संकलन हेतु योजना।

(vi) कैमरामैन (Cameramen) द्वारा दृश्यों का कवरेज।

एक बार जब प्रोडक्शन पूर्व की प्रारंभिक तैयारियाँ हो जाती हैं, तो पोस्ट प्रोडक्शन हेतु निम्नलिखित व्यवस्थाएँ की जाती हैं :

(i) सेट की समस्त व्यवस्थाएँ।

(ii) सीधे प्रसारण हेतु संवाददाता, घटना-स्थल पर ओ.बी. वैन, प्रकाश, कैमरा, ध्वनि व संपर्क हेतु समस्त व्यवस्थाएँ।

(iii) बुलेटिन के समय के अनुरूप समस्त व्यवस्थाओं का सुचारु संचालन।

(iv) समस्त विभागों, व्यक्तियों, तकनीकी व्यक्तियों आदि के मध्य समन्वय।

(v) टेलीप्रॉम्पटर और संकेत पट्टों के माध्यम से स्क्रिप्ट की व्यवस्था ताकि न्यूज रीडर उसे सटीक स्वरूप में पढ़ सके।

(vi) उपयुक्त समाचार वाचक का चयन।

(vii) समाचार वाचन हेतु टेबल, ध्वनि प्रकाश-स्टूडियो की समस्त तैयारियाँ।

(viii) दृश्यांकन एवं सजीव प्रसारण हेतु ऑन लाइन कैमरामैन एवं संपादक का संयोजन।

उपर्युक्त समस्त व्यवस्थाओं के संयोजन से एक समाचार बुलेटिन अपनी प्रस्तुति को प्राप्त होता है। वर्तमान समाचार बुलेटिनों में दृश्यात्मक अंश के साथ शाब्दिक प्रस्तुत भी संवाददाताओं द्वारा ही दी जाती है। दूरदर्शन इस सिद्धांत पर कार्य करता है कि जहाँ कुछ घटित हुआ है वह आप हमारे साथ देखें-सुने और उसी के अनुरूप "आँखों देखी-कानों सुनी" बात समाचार बुलेटिन के माध्यम से प्रस्तुति लेती है।

दिल्ली दूरदर्शन, आज तक, जी टी.वी. एवं स्टार टी.वी. समाचारों का प्रारूप एवं तथ्यपरक विश्लेषण

वर्तमान युग सूचना प्रौद्योगिकी का युग है। और आज श्रोता समाचार के घटित होने के साथ ही उसके सम्पूर्ण विवरण एवं प्रस्तुति के पक्षों की ओर उन्मुख होता है। यही कारण है कि दृश्य-श्रव्य प्रस्तुति के रूप में समाचार चैनलों में गलाकाट प्रतिस्पर्द्धा है और इसी के चलते प्रारूप एवं प्रस्तुति के आयामों में नित गए परिवर्तन परिलक्षित हो रहे हैं।

वर्तमान समय में विभिन्न चैनलों में बड़े पैमाने पर प्रतियोगिता देखने को मिलते हैं। इसका प्रमुख कारण मूल समाचार, घटना का विवरण, तार्किक-विश्लेषण, फोटों कवरेज आदि हैं। आइए जानें कि इन सभी के बीच क्या समान है और क्या असमान। श्रोता किससे प्रभावित होता है, किससे नहीं, समाचार बुलेटिनों के प्रारूप क्या हैं? प्रस्तुतिकरण कैसा है, तथ्यपरक अवयव कैसे हैं, और क्या खास है, जो उस चैनल को पहचान देता है।

डी.डी. न्यूज

वर्तमान समय में दूरदर्शन चैनलों में डी.डी. न्यूज बहुत ख्याति प्राप्त कर लिए हैं। इस चैनल के प्रति आज प्रत्येक श्रोता के मन में आस्थापरक भाव उत्पन्न होता है। सरकार का प्रतिनिधि चैनल होने के नाते इसकी 'विश्वसनीयता' (Reliability) असंदिग्ध है। वर्तमान में यह पूरे 24 घंटे चलने वाला समाचार चैनल हैं। सरकार की व्यापक, मशीनरी, स्रोतों, आंकड़ों, सुविधाओं, संवाददाताओं व दूरदराज पहुँच का लाभ इसे मिलता है। सामयिक राजनीतिक, विधिक मुद्दों के विशेष पहलुओं में जहाँ अन्य चैनल लाख कोशिश के बाद भी नहीं पहुँच पाते हैं, वहाँ प्रतिनिधि (सरकारी) होने के नाते इसे वे लाभ स्वतः ही मिल जाते हैं। देश के प्रधानमंत्री, राष्ट्रपति के देश के नाम संबोधन, स्वतंत्रता दिवस व 26 जनवरी के विशिष्ट प्रसारण, विषम परिस्थितियों के सर्वाधिक विश्वसनीय वक्तव्यों के कारण इसकी विशिष्ट साख है।

डी.डी. न्यूज में मुख्य रूप से राजनीति, संस्कृति, खेल, विकास, शिक्षा मौसम आदि के मुद्दों की प्रस्तुति की जाती है। प्रस्तुति में मानवीय मूल्यों, शालीनता, वक्तव्य की विश्वसनीयता की रक्षा की जाती है। समाचार वाचक देश के जाने-माने चेहरे हैं। प्रस्तुति व उच्चारण प्रखर है। भरपूर संसाधनों, तकनीकी युक्तियों, लाइव

शो (Live Show) के माध्यम से प्रस्तुति आकर्षक बन पड़ती है। अपने घोष वाक्य 'सम्पूर्ण सत्य, सर्वत्र' के अनुरूप प्रसारणों में इनके आधार दिखाई देता है। चर्चित घटनाक्रमों में विषय-विशेषज्ञों से बातचीत और तार्किक विश्लेषणे के साथ पैनल चर्चाएँ भी आयोजित की जाती है, शेयर जगत के उतार-चढ़ाव, आर्थिक विश्लेषण, राजनीतिक परिस्थितियों पर बहस, मौसम का पूर्वानुमान, खेल जगत की गतिविधियाँ और समकालीन मुद्दों को प्राथमिकता दी जाती है। न्यूज टेबल (News Table) पर लेपटॉप (Leptop) के माध्यम से समाचार द्वारा बातचीत एवं घटना के चित्र दिखाए जाते हैं। डी.डी. न्यूज का यादगार प्रसारणों का एक लंबा इतिहास है।

अपने प्रमुख बुलेटिनों के अलावा राज्यों से समाचार, मेट्रो न्यूज और न्यूज आधारित छोटे-छोटे प्रमुखताएँ हैं। पर इतना अवश्य है कि डी.डी. न्यूज को अपने प्रचुर संसाधनों तकनीक एवं माध्यम को आंकलित करते हुए अधिक विजुअल्स (Visuals) एवं दृश्य प्रसारण बढ़ाने चाहिए। क्योंकि समाचार प्रस्तुति में न्यूज रीडर द्वारा समाचारों को पढ़ा जाना और कैमरे का काफी देर तक केवल न्यूज रीडर तक ही केंन्द्रित रहना समाचार के पीछे की व्यावहारिक कमियों एवं अनुपयुक्त कबरेज (Insufficient Coverage) को दर्शाता है।

आज तक

दूरदर्शन के विभिन्न चैनलों में भारी प्रतिस्पर्द्धा के बावजूद 'आज तक' समाचार चैनल जितना प्रसिद्धि प्राप्त की है, काफी सराहनीय है। इसका प्रमुख कारण यह है कि यह एक निजी चैनल है। इस चैनल में तकनीक के आयामों में विविधता एवं नवीनता है। नवीन किस्म के सैट, प्रस्तुति का अलग अंदाज, वैज्ञानिक उपादानों का प्रयोग, वीडियो कॉन्फ्रेंसिंग, लाइव कवरेज आदि इसकी विशिष्टताएँ है। आज तक की समाचार-प्रस्तुति की अपनी शैली है और हिन्दी की प्रयुक्ति का स्तर भी प्रभावी है। समाचारों में वैविध्य है, विजुअल्स उपयुक्त है। समाचार कलाओं पर काफी श्रम किया जाता है। देश के साथ-साथ ही विदेश की घटनाओं का कवरेज भी इसकी प्रमुख विशेषता है। 'सबसे तेज' की अपनी अवधारणा के अनुरूप ही यह समाचार चैनल राजनीतिज्ञों से तिखी बहस और बेबाक टिप्पणियों के लिए जाना जाता है।

आज तक में सभी पक्षों जैसेखेल, फिल्म, संस्कृति, कला, राजनीति, मौसम व समकालीन मुद्दों की प्रस्तुति रहती है। समाचार प्रस्तुतिकरण में इन्होंने न्यूज-टेबल पर बैठे रहकर समाचार पढ़ने की प्रथा को तोड़ा है। इनके संवाददाताओं के माध्यम

से सेट पर खड़े रहकर समाचार प्रस्तुति का पक्ष अलग हटकर है। बातचीत में बड़े लिकिड क्रिस्टल डिस्पले मोनीटर (Liquid Crystal Display Monitor) का प्रयोग प्रभावी लगता है। दूर-दराज के क्षेत्रों से संवाददाताओं द्वारा लाइव-न्यूज (Breaking News) के रूप में प्रस्तुत की जाने वाली खबरें भी प्रभावी होती हैं। हाँ इतना अवश्य है कि कई बार समाचार बुलेटिनों के प्रसारण में पूर्व-प्रसारण ही की सामग्री हूबहू प्रस्तुत होती है और समाचारों को अनावश्यक विस्तार दिया जाता है। क्राइम (Crime) सेगमेंट (Segment) की खबरों में भी कई बार पात्रों की स्थिति को दूसरे स्वरूप में ड्रामेटाइज (Dramatize) कर प्रस्तुत करते हुए स्थितियाँ अपरिचक व बचकानी लगती हैं। पत्रकारिता को मिशन के रूप में लेने वाले लोगों की बजाए मार्केटिंग का आधार इनमें प्रभावी दिखाई देता है।

जी टी. वी. न्यूज

जी टी.वी. न्यूज चैनल अपने व्यापक एवं त्वरित कवरेज के लिए जाना जाता है। चमचमाते सेटों, आधुनिक वैज्ञानिक उपादानों से लैस, प्रस्तुति का स्मार्ट अंदाज और धारा प्रवाह प्रस्तुति भी आकर्षक है। खेल, व्यापार, राजनीति, आर्थिक, सामाजिक, नैतिक आदि पक्षों को लेकर लगातार रिपोर्टिंग प्रभावी बन पड़ती है। समकालीन मुद्दों की पड़ताल के लंबे कार्यक्रम भी इनकी विशेषता है। समूह चर्चा, प्रतिनिधि वक्तव्य, घटनाओं के ब्योरे, विश्लेषण आदि में प्रभाविता होती है। विशेष रूप से जटिल मुद्दों पर राजनीतिक बहसें देखते ही बनती है। हाल ही में अयोध्या में आतंकवादी हमले के मुद्दे पर राजनीतिक नुमाइंदों की बहस का प्रस्तुतीकरण व्यापक व प्रभावी था।

जी टी.वी. ने अपने सेटेलाइट चैनल और ओ.बी. बैन (O.B. Van) की मदद से दूर-दराज के क्षेत्रों की व्यापक रिपोर्टिंग के पक्षों को प्रस्तुत किया है। लाइव शो में तकनीकी पक्ष की प्रचुरता और घटना का सटीक आकलन दिखाई देता है। तीखी बहस और घटना की जड़-खोद तहकीकात के लिए जी टी. वी. जाना जाता है। कृषि-मौसम व आर्थिक पक्षों पर भी समाचारों के साथ प्रस्तुत फीचर (Feature) व्यापक आयामों को सामने लाते हैं। हाँ, गुणात्मक स्थितियों के साथ-साथ महत्वपूर्ण समाचार के बीच ब्रेक (Break) के बाद मिलने और मई की भरी दोपहर में वाचक को सूट में समाचार पढ़ते देख 'कॉर्पोरिट' और व्यावहारिक जगत की असंगतता को दर्शक पचा नहीं पाता है। सहज जुड़ाव के लिए 'सरलता' का पक्ष भी प्रभावी एवं आवश्यक है।

स्टार टी.वी. न्यूज

अन्य समाचार चैनलों की तरह स्टार टी.वी. की समाचार प्रस्तुति का स्वरूप भी भव्य और त्वरित है। परी लोक सा सजा न्यूज टेबल एवं संबंधित सेट न्यूज पढ़ने वालों के जगमगाते चेहरे और प्रस्तुतीकरण की भव्यता बरबस ही स्टार टी.वी. को नवीन पक्ष प्रदान करती है।

इस चैनल में सबसे बड़ी खासियत यह है कि इसके संवाददाताओं और खासकर महिला समाचार-वाचकों की 'हिन्दी' इतनी प्रभावी है कि उसके सम्मुख अन्य चैनल नहीं ठहरते। हाल ही के लंदन बम-विस्फोटों में लंदन से सजीव प्रसारण के अंतर्गत समाचार-वाचकों के प्रभावी हिन्दी उच्चारण में बरबस दर्शकों का ध्यान खींचा। तकनीक की जटिलता के साथ-साथ उसके सार्थक एवं जादुई प्रयोगों की प्रस्तुति 'स्टार टी.वी. न्यूज' से सीखी जा सकती है।

यह तथ्यात्मक है कि इस सबके लिए कैमरे के पीछे कड़ी मेहनत की जाती होगी। ढेर से विजुअल्स, आँकड़े, संदर्भ और विश्लेषण से प्रत्येक समाचार कक्षा का दायरा तो बढ़ता है दर्शक की जिज्ञासा का शमन भी होता है। कृषि, शिक्षा, खेल, राजनीति, सामाजिक, आर्थिक पक्षों का व्यापक सर्वेक्षण एवं प्रस्तुतिकरण स्टार टी.वी.ञ के सकारात्मक पक्ष हैं। भव्यता के साथ तात्विकता का संयोजन भी प्रभावी होता है। बड़े नामों की बजाए नए चेहरों को भी पूरी तैयारी एवं संभावना के साथ समाचार प्रस्तुति देते, देख दर्शक के रूप में 'संतोष' की विषयवस्तु उपस्थित होती है।

इस चैनल में कभी-कभी असंगति पक्ष देखने को मिलता है। परन्तु इस असंगति पक्षों में कुछ सकारात्मक पक्षों को देखते हुए दर्शक सहज महसूस करता है। स्टार टील.वी. की कारगिल युद्ध एवं सुनामी-त्रासदी की जीवंत तस्वीरों व कवरेज के लोग आज भी कायल हैं।

दीर्घ उत्तरीय प्रश्न

1. दूरदर्शन समाचार सम्पादन के विभिन्न पहुलओं के अध्ययन की विवेचना कीजिए।
2. अन्वेषण सम्पादन एवं मौखिक प्रविधि के विभिन्न बिन्दुओं को स्पष्ट कीजिए।

3. दूरदर्शन का समाचार सम्पादक समाचार प्रस्तुती की प्रारंभिक प्रक्रिया को स्पष्ट कीजिए।
4. वर्तमान युग के प्रमुख दूदरर्शन चैनलों की भूमिका अथवा अवधारणा को स्पष्ट कीजिए।

लघु उत्तरीय प्रश्न

1. दूरदर्शन में समाचार रिपोर्टिंग के महत्व को संक्षेप में स्पष्ट कीजिए।
2. दिल्ली दूरदर्शन से प्रसारित होने वाला डी.डी. न्यूज चैनल के विशेषताओं को संक्षेप में स्पष्ट कीजिए।
3. निम्न पर संक्षिप्त टिप्पणी लिखिए
   (क) दूरदर्शन चैनल आज तक
   (ख) दूरदर्शन चैनल जी.टी.वी. न्यूज
   (ग) स्टार टी.वी. न्यूज।

21

फोटोग्राफी एवं फोटोग्राफर

फोटोग्राफी

वर्तमान वैज्ञानिक युग में जितना सचित्र समाचार पाठक को अपनी ओर आकृष्ट करता उतना शाब्दिक समाचार नहीं। अतः फोटोग्राफर अपने कैमरे में जिन क्षणों को कैद करता है वह चिरस्थायी हो जाते हैं। उनका इस्तेमाल विभिन्न प्रकार से किया जा सकता है। कई बार सामान्य रूप से खींचा गया चित्र ऐतिहासिक हो जाता है।

हालांकि देखा जाए तो फोटो के विषय कई हो सकते हैं, यथाराजनीति, खेल, विरासत, प्रकृति, मनुष्य, जीव-जन्तु आदि। फोटो में महत्व इस बात का है कि हम उस समय में क्या खींच रहे हैं, जबकि घटना घटित हो रही है। सही व सूझबूझ के साथ किया गया एक क्लिक सेल्यूलाइड पर जीवन के एक पक्ष को स्थायी रूप से अंकित कर देता है।

फोटोग्राफी का महत्व दिन-प्रतिदिन बढ़ता जा रहा है। मीडिया क्षेत्र में तो यह एक नई क्रान्ति ला दी है। वर्तमान समय में फोटोग्राफी के व्यवहारित प्रकार निम्नलिखित हैं :

(1) पारदर्शिया

पारदर्शियों साथ ही निगेटिव से छपाई की जाती है। इनकी विशेषता यह होती

है कि इनके खींचे गए चित्रों की प्रस्तुति नयनाभिराम होती है। खेल, प्रकृति, वन्य जीव व पोर्ट्रेट को इनसे खूबसूरती से ऊंकेरा जा सकता है।

(2) डिजिटल फोटोग्राफी

ऐसे फोटोग्राफी वर्तमान की नवीनतम तकनीक है। इसमें कैमरे में कोई भी रील डालने की आवश्यकता नहीं होती है। कैमरे में लगा मेमोरी कार्ड (Memori Card) स्वतः ही छवियों (Photos) को संग्रहीत रखता है। इन फोटो को सीधे ही कैमरे से कम्प्यूटर स्क्रीन पर देखा जा सकता है। और आवश्यकता के अनुरूप कांट-छांट कर प्रिन्टर से मनचाहे प्रिन्ट लिए जा सकते हैं। वर्तमान में छपाई में कम्प्यूटरों के बढ़ते प्रयोगों के साथ सीधे ही इन छवियों को मुद्रित किए जाने वाले पृष्ठ पर अंकित किया जा सकता है।

(3) श्वेत-श्याम फोटो

श्वेत-श्याम छायाचित्र हालांकि बीते जमाने की बात हो चुके है किन्तु अवसर विशेष व बुद्धिमत्ता से छपाई में प्रयोग किए जाने पर ये अपना खास प्रभाव छोड़ते हैं। इन चित्रों की छपाई के लिए ब्लॉक बनाकर या स्केनर से स्केन करके छापा जा सकता है।

(4) रंगीन फोटो

रंगीन छायाचित्र पाठक को सृजन व स्वप्न की मनोरंजक दुनिया में ले जाते हैं। इन चित्रों में छापे गए चित्र की सभी डिटेल्स (Details) उभर कर आती हैं। जिससे चित्र प्रभावी बनाता है। प्रायः छायाकार अपने एस. एल. आर. कैमरे से 35 m. m. फिल्म पर इन्हें उतारते हैं। रंगीन फोटो आजकल सर्वत्र प्रयोग में लाई जाती हैं। फ्यूजीकलर, कोडक, कोनिका आदि इस प्रकार की फिल्मों का निर्माण बहुतायत से करते हैं।

सम्पादन से सम्बन्धित फोटोग्राफर दो तरह के होते हैं

(1) फ्रीलांसर फोटोग्राफर

ऐसे फोटोग्राफर किसी संस्थान या अखबार से नहीं जुड़े होते हैं, और ये अपनी मर्जी के अनुसार कार्य करते हैं। जिस किसी भी पत्र-पत्रिका को इनकी सेवाओं की जरूरत पड़ती है ये वहां अपनी सामग्री उपलब्ध करा देते हैं।

(2) कार्यालयी फोटोग्राफर

ऐसे फोटोग्राफर किसी संस्थान से जुड़े होते हैं और संस्थान या पत्र-पत्रिका की आवश्यकता के अनुरूप फोटो उपलब्ध कराते हैं।

इसके अलावा कुछ फीचर एजेन्सी व फोटो शॉप भी होती हैं जो मांग पर उस कार्य के सन्दर्भ में अपने फोटो उपलब्ध करा देती हैं।

समाचार-पत्रों एवं पत्रिकाओं के लिए फोटोग्राफी

वर्तमान समय में समाचार-पत्र व मैगजीनों में नयनाभिवम छाया चित्रों की झलक काफी देखने को मिलते हैं। दोनों में ही चित्रों का दायरा बहुत व्यापक होता है। चित्रों के लिए कोई निर्धारित विषय नहीं होता है। समय व परिस्थिति के अनुरूप आलेख व समाचार की प्रकृति के अनुसार सुसंगत चित्र उसकी विषय वस्तु को तो स्पष्ट करते ही हैं साथ ही पृष्ठ व प्रस्तुति को रोचक भी बनाते हैं।

बाल-बच्चे, परिवार, प्रकृति, उद्योग, खेल, सांस्कृतिक-साहित्यिक गतिविधियां, राजनीतिक परिप्रेक्ष्य, समाचार आदि चित्रों के विषय हैं। मूलतः सभी पत्र-पत्रिकाओं में उन्हीं चित्रों का प्रयोग होता है, जो उसकी 'न्यूज वैल्यू' को बढ़ाते हैं। ये श्वेत-श्याम व रंगीन दोनों ही प्रकार के होते हैं। श्वेत-श्याम चित्र तो अब बीते युग की विषय-वस्तु हो चले हैं। आज का युग रंगीन चित्रों को प्राथमिकता देता है।

रंगीन चित्रों को दो प्रकार से प्राप्त किया जा सकता है, एक तो सीधे रंगीन फिल्म द्वारा प्रिन्ट प्राप्त करके दूसरे पारदर्शियों द्वारा। पारदर्शी की प्राथमिक प्रक्रिया तो कलर फिल्म की तरह ही होती है। पर उसे प्रोसेस करवाने के बाद वह निगेटिव ही पॉजीटिव चित्र के रूप में छपाई हेतु प्रयुक्त होता है। पारदर्शियों द्वारा छपे चित्र अधिक गहरा प्रभाव उत्पन्न करते हैं। यही कारण है कि क्वालिटी-प्रिंटिंग हेतु इन्हीं पारदर्शियों का प्रयोग किया जाता है।

समाचार-पत्रों व पत्रिकाओं हेतु प्रयुक्त किए जाने वाले चित्रों में जनमानस पर प्रभाव डालने की क्षमता होनी चाहिए। यूं भी एक आम पाठक दैनिक जीवन में हजारों दृश्यों से रूबरू होता है। उसे समाचार-पत्र या पत्रिका देखकर यह नहीं लगना चाहिए कि वह कोई साधारण दृश्य ही है बल्कि दृश्य में इतनी पकड़ होनी चाहिए कि पाठक बरबस ही उसकी ओर आकृष्ट हो।

दूरदर्शन एवं कम्प्यूटर (संगणक) छायाचित्र

वर्तमान युग की देन कम्प्यूटर भी सूचना व प्रौद्योगिकी का भंडार है। कम्प्यूटर से तस्वीरें प्राप्त किए जा सकते हैं। इसके लिए डिजिटल कैमरे की आवश्यकता होती है। उससे खींचे चित्रों के लिए न तो फिल्म का इस्तेमाल होता है न ही प्रोसेसिंग का। पीछे कैमरे से चित्र खींचकर उन्हें कम्प्यूटर में स्थानान्तरित कर लिया जाता है और आवश्यकता के अनुसार स्क्रेनर या कम्प्यूटर की मदद से मुद्रित कर लिया जाता है। कम्प्यूटर से चित्र ऑन लाइन सम्पादित भी किए जा सकते हैं।

टेलीविजन व कम्प्यूटर से चित्र प्राप्ति भी वर्तमान वैज्ञानिक विकास की ही देन है। बहुत सी घटनाओं व विषयों के समाचार दूरदर्शन पर देखे-सुने जाते हैं। ऐसी बहुत सी परिस्थितियां होती है, जब दूरदर्शन पर दिखाए जा रहे दृश्यों तक पहुंचना सम्भव नहीं होता। ऐसे में फोटोग्राफर अपने सन्दर्भ हेतु टेलीविजन स्क्रीन को ही दृश्य मानकर उसे अपने कैमरे में उतार लेता है। देश-विदेश की खबरों व महत्वपूर्ण घटनाओं के क्रम में दूरदर्शन से प्राप्त चित्रों का इस्तेमाल समाचार-पत्र व पत्रिकाओं में देखा जा सकता है।

रंगीन छायाचित्र

मनुष्य आंख खोलते ही अपने इर्द-गिर्द की रंगीन दुनिया को देखता है। अतः वह रंगीन फोटोग्राफी को पसन्द करता है। वैसे भी रंगीन दृश्य दैनिक जीवन के ज्यादाा निकट होते हैं। दृश्यों में रंगों के अभाव से उनका आकर्षण भी फीका हो जाता है। रंगीन फोटोग्राफी में दृश्य उसी स्वरूप में प्राप्त होते हैं जिसमें हम उन्हें देख रहे होते हैं।

वर्तमान में फ्यूजी कोडेक, कोनिका आदि कलर फिल्में उपलब्ध हैं। इस प्रकार की फिल्मों में कलर निगेटिव बनता है। इस निगेटिव से कलर पेपर पर रंगीन चित्र प्राप्त किए जाते हैं।

ट्रांसपेरेंसीज (Transperancies) हेतु कलर रिवर्सल फिल्म इस्तेमाल की जाती है। इस पर पारदर्शक कलर पॉजीटिव बनता है जो 'स्लाइड' के रूप में प्राप्त होता है। इससे सीधे ही छपाई में प्रयुक्त किया जा सकता है। या प्रोजेक्टर से देखा जा सकता है।

दिन-दोपहर-रात की बदलती परिस्थितियों के अनुसार कलर फिल्मों की प्रकृति भी होती है। कुछ फिल्में धूप के इस्तेमाल के लिए होती हैं, तो कुछ बादलों

वाले समय, कुछ फिल्में नाइट फोटोग्राफी के लिए प्रयुक्त होती हैं, तो कुछ इन्डोर शूटिंग हेतु। कुछ फिल्मों का इस्तेमाल फ्लैश के साथ किया जाता है। प्रत्येक कलर फिल्म प्रकाश के विशिष्ट कलर व तापमान के लिए संतुलित होती है। दृश्यों की प्रकृति व परिस्थिति के अनुसार उन्हें चुनना चाहिए।

नैसर्गिक रंग में फोटो के लिए आवश्यक है कि एक्सपोजर बिल्कुल ठीक हो। सटीक एक्सपोजर हेतु एक्सपोजर मीटर का प्रयोग होता है। इसी के साथ दृश्यों की प्रकृति व गति को समयोजित करने के लिए शटर स्पीट को घटाना या बढ़ाना चाहिए। तेज गति या प्रकाश वाले दृश्यों में यह गति अधिक व धीमे दृश्यों व प्रकाश में गति कम होनी चाहिए।

पोर्ट्रेट व स्टील फोटो

किसी वस्तु का पोर्ट्रेट (रूपचित्र) अगर उसका प्रतिबिम्ब मात्र होता है, तो वह कोई खास प्रभाव नहीं छोड़ता है। जबकि एक अच्छा पोर्ट्रेट वह होता है, जो देखने में सुन्दर लगे और साथ ही जीवन्त भी हो। स्टील (स्थिर चित्रों) के लिए भी यही प्रवृत्ति सामने आती है। अच्छे स्टील्स उतार लेना ही पर्याप्त नहीं होता। जब तक उनमें 'आत्मा तत्व का स्पर्श नहीं होगा तब तक वह एक अच्छा चित्र नहीं बन पाता है।

'पोर्ट्रेट' खींचते समय यह तत्व और प्रभावी हो जाते हैं क्योंकि 'पोर्ट्रेट' में आप आवश्यक रूप में 'जीवन्त' व्यक्तित्व का इस्तेमाल कर रहे हैं। यदि उसमें उपर्युक्त प्रभाव नहीं होंगे तो पोर्ट्रेट का कोई खास अर्थ नहीं रह जाता है। अच्छे पोर्ट्रेट हेतु निम्नलिखित सुझाव अपनाएं :

अच्छे पोर्ट्रेट के लिए कुछ महत्वपूर्ण सुझाव

अच्छे पोर्ट्रेट के लिए कुछ महत्वपूर्ण सुझाव इस प्रकार हैं

(1) 'पोर्ट्रेट' में बनावटी पोजिंग को ध्यान न दें। अच्छा पोर्ट्रेट सहज स्वाभाविक स्थिति में बेहतर प्रतीत होता है।

(2) 'पोर्ट्रेट' में 'आंखें' प्रभावी भूमिका निभाती हैं, आंखों को सही फोकस कीजिए। यदि व्यक्ति चश्मा पहने है, तो इस बात पर ध्यान दें कि प्रकाश की चमक उसके चश्मे में न दिखे।

(3) लाइटिंग प्रभावों के संयोजन से 'पोर्ट्रेट' में निखार लाया जा सकता है।

(4) आऊटडोर पोर्ट्रेट में अवांछनीय छाया-प्रभावों को हटाएं।

(5) पोर्ट्रेट में व्यक्ति का चेहरा प्रमुख होता है, उस पर ध्यान केन्द्रित करें।
(6) पोर्ट्रेट में बैकग्राऊंड महत्व रखता है। अच्छी बैकगाऊंड 'पोर्ट्रेट' के सकारात्मक पक्ष को बढ़ाता है।
(7) हर एक व्यक्ति का चेहरा एक विशेष कोण से प्रभावी लगाता है। अनुभव व व्यावहारिकता से चेहरें के उस कोण को तलाशें। अच्छा फोटो-पत्रकार वही है, जो फोटो खिंचवाने वाले के व्यक्तित्व को ज्यादा बेहतर निखार दे सके।

अच्छे स्टील्स हेतु प्रमुख सुझाव

अच्छे स्टील्स हेत कुछ प्रमुख सुझाव इस प्रकार हैं
(1) दृश्य-प्रभाव बढ़ाने के लिए आवश्यकतानुसार फिल्टर प्रयोग करें।
(2) गतिमान विषयों के लिए अधिक ए. एस. ए. की फिल्म प्रयोग करें।
(3) फ्लैश व लाइट्स का सही संयोजन दृश्यों की 'अपील' को बढ़ाता है।
(4) संयोजन (Composition) पर ध्यान दें। बेहतर संयोजन 'स्टिल्स' को एक नवीन आयाम देता है।
(5) विषय के अनुरूप लेंस व कैमरे को सही रूप में चुने।
(6) फिल्म, शटर-स्पीड, अपरचर का बेहतर प्रयोग स्टील्स को प्रभावी बनाता है।

वन्य-जीवन छायाचित्र

वन्य-जीवन अपने आप में अनूठा व वैविध्यपूर्ण आयाम है। वन्य जीवन में पक्षु-पक्षी व उनके विभिन्न पहलू समाहित होते हैं। प्रायः प्रत्येक पत्र-पत्रिका की प्राथमिकता सूची में 'वन्य-जीवन' का समावेश होता है।

'वन्य जीवन' को कैमरे में उतारना भी एक कला है। आम जन-जीवन की तरह 'वन्य जीवन' को कैमरे में नहीं खींचा जा सकता है। उसके लिए विशेष सतर्कता एवं धैर्य की आवश्यकता होती है। साथ ही जरूरत पड़ती है तकनीकी समृद्धता की। विशेष प्रकार की संवेदी फिल्मों, फिल्टरों, टेली व जूम लेंसों, ट्राइपोड आदि से युक्त होने पर 'वन्य जीवन' को कैमरे में उतार सकते हैं। पशु-पक्षियों के चित्रों हेतु उपयुक्त स्थल का चयन, कैमरे की स्थिति व प्रभावों का पूर्वानुमान जरूरी है। यदि पशु-पक्षियों को जरा भी आपकी उपस्थिति का आभास हुआ तो वे तुरन्त अपना स्थान छोड़ देंगे। ऐसे में सतर्कता के साथ विशेष जूम लेंस प्रयुक्त करने की जरूरत होती है ताकि आप दूर से उनकी क्रीड़ाओं, भोजन, गातिविधियों आदि को संकलित कर पाएं।

वर्तमान में पारिस्थितिक प्रभावों व पर्यावरण के मद्देनजर 'वन्य जीवन' फोटो-पत्रकारित का विशेष महत्व है। इससे न केवल जन-चेतना जागृत होती है बल्कि हम अपने लिए भी एक बेहतर व स्वस्थ दुनिया व पर्यावरण कायम कर सकने में समर्थ होते हैं।

पर्यावरण छायाचित्र

पर्यावरण के विभिन्न पहलुओं यथाधरती, पहाड़, नदी, आसमान, समुद्र, फूलों, फसलों आदि के सन्दर्भ में खींचे गए चित्र पर्यावरण फोटो कहलाते हैं। यह वही पर्यावरण है जिसमें हम सांस लेते हैं, जीते हैं और दैनिक जीवन के क्रियाकलापों में संलग्न होते हैं। आवश्यकता इस बात की है हम इसका और इसके पक्षों का सटीकता के साथ फोटो पत्रकारिता में इस्तेमाल करें। पर्यावरण हमारे दैनिक जीवन व संसार का एक महत्वपूर्ण हिस्सा है इससे बचकर जीना असम्भव है। यही वजह है कि पत्रकारिता में पर्यावरण को प्राथमिकता दी जाने लगी है। पर्यावरण को बचाने के उपाय, उसका संरक्षण व सकारात्मक पक्षों में अभिवृद्धि के उपायों की जानकारीपरक छायाचित्रों के माध्यम से 'पर्यावरण' को महत्वपूर्ण पक्ष दिया जा सकता है।

क्रीड़ा छायाचित्र

क्रीड़ा मानव के जीवन का बहुमूल्य हिस्सा है। यह व्यक्ति को स्वस्थ रखने में अहम भूमिका का निर्वाह करता है। यह व्यक्ति को अनुशासित बनाने में भी महत्वपूर्ण रोल अदा करता है। यह व्यक्ति को शिक्षा देता है कि विकट परिस्थिति से कैसे बचा जा सकता है। यही कारण है कि प्रत्येक पत्र-पत्रिका में कुछ नियमित पृष्ठ खेलों के लिए समर्पित होते है। यूं भी भारतीय जनमानस में प्रमुखतः क्रिकेट, हॉकी, टेनिस, तैराकी, एथेलेटिक्स जैसे खेल रचे-बसे हैं। हर पाठक अपने पंसदीदा पत्र-पत्रिका में इनसे सम्बन्धित समाचार पाने को उत्सुक रहता है किन्तु खेलों की रिपोर्टिंग में उसकी प्रभाविता में अभिवृद्धि 'चित्रों' के माध्यम से ही हो पाती है। खेल वैसे भी 'दृश्यात्मकता' की मांग करते हैं और प्रिन्ट मीडिया में अभिनव चित्र इन मांगों की पूर्ति करते हैं।

क्रीड़ा का छायाचित्र में भी प्रविधि समृद्धता की आवश्यकता होती है प्रायः हर खेल के चित्र दूरी से लिए जाते हैं और साथ ही इनमें गति भी भरपूर होती है। अतः

खेल-फोटोग्राफी में बेहतरीन जूम लेंसों व तेज गति की फिल्मों की आवश्यकता पड़ती है। फोटोग्राफर की खेल के प्रति समझ का भी इसमें समावेश होता है। खेल की समझ उसके मार्मिक दृश्यों को कैद करने में सहायक होती हैं। खेलों की फोटोग्राफी वर्तमान में इनके प्रति लोगों की दीवानगी व राष्ट्रीय, अन्तर्राष्ट्रीय आयोजनों के कारण और अधिक व्यापक व लोकप्रिय होती जा रही है।

विज्ञापन छायाचित्र

वर्तमान समय में विज्ञापन छायाचित्र अत्यन्त महंगा सिद्ध होता है। यह इनडोर व आऊटडोर दोनों प्रकार की होती है। विज्ञापन फोटोग्राफी में प्रोडक्ट व मॉडल्स को ग्लैमरस स्वरूप में प्रस्तुत किया जाता है। अतः इनके लिए तकनीकी संसाधनों व महंगी लाइट्स व फिल्टर्स की आवश्यकता होती है। साथ ही महंगे कैमरा व उपकरणों का प्रयोग होता है। विज्ञापन फोटोग्राफी में फोटोग्राफर भी अनुभवी एवं निपुण होना चाहिए। इनडोर फोटोग्राफी के लिए इसमें स्टूडियों, स्टूडियो उपकरण व लाइट्स आदि की पूरी व्यवस्था होनी चाहिए। आऊटडोर फोटोग्राफी हेतु भी उपर्युक्त सभी संसाधनों की जरूरत महसूस होती है।

युद्ध के समय छायाचित्र

वर्तमान युग विज्ञान का युग है। इस वैज्ञानिक युग में मानव विकास के साथ-साथ कई विनाशकारी परिदृश्यों को भी देखा है। युद्ध की विभीषिका के दृश्यों को छायाचित्र जब अपने कैमरे से उतारते हैं, तो मानवता बरबस ही आहत हो उठती है। युद्धरत सैनिकों, प्राण गंवा चुके सैनिक, भग्न इमारतें, तोप-टैंक एवं बम विस्फोट को देखकर पाठकों का दिल युद्ध की विभीषिका से दहल उठता है। हाल ही में अमेरिका पर आतंकवादी हमले के बाद अमेरिका द्वारा तालिबान पर की गई कार्यवाही व युद्ध के दृश्य इस फोटोग्राफी के कई पहलू उजागर करते हैं।

राजनीतिक छायाचित्र

विश्व के सभी देशों की अपनी-अपनी कानून व्यवस्थाएं एवं सरकारें हैं, वे उनसे जुड़े राजनीतिक परिप्रेक्ष्य हैं। इन परिप्रेक्ष्यों के सन्दर्भ में जन सभाएं, भाषण, चुनावी-दंगल, सत्तारूढ़ पार्टी के कार्यकलाप, वक्तव्य, संसद व प्रमुख राजनीतिक हस्तियों के फोटोग्राफ से समाचार-पत्र-पत्रिकाएं अटे रहते हैं। हर समाचार-पत्र-पत्रिका

के लिए राजनीतिक हलचल की जानकारी देना आवश्यक है और उसके सन्दर्भ में फोटो भी प्रकाशित होते हैं। इन फोटोग्राफ में स्थितियों, भावनाओं, मुद्राओं व प्रभावों की प्रस्तुति की अंकन महत्वपूर्ण व व्यापक होता है।

सामाजिक छायाचित्र

वस्तुतः समाज ही फोटो पत्रकार के लिए सबसे महत्वपूर्ण मुद्‌दा होता है। जितना विस्तृत यह समाज है उतनी ही विस्तृत इसके पहलू हैं। यही कारण है कि सामाजिक फोटोग्राफी की सभी पत्र-पत्रिकाओं को आवश्यकता होती है। इस प्रकार के फोटो हेतु फोटोग्राफर को हर पल चौकन्ना रहना होता है। कोई भी अच्छा फोटो कहीं भी कभी भी मिल सकता है। ऐसे में आवश्यक है कि फोटोग्राफर तकनीकी व मानसिक तौर पर तैयार रहे। ये फोटो सर्वाधिक आई-कैचिंग (Eye Catching) होते हैं। एक प्रखर फोटो लोगों को भावनात्मक तौर पर मथ देता है। अतः इस प्रकार का इस्तेमाल प्रखरता व व्यापकता के साथ किया जाना चाहिए।

छायाचित्र प्रविधि

फोटोग्राफी के लिए पहला आवश्यक उपकरण है 'कैमरा'। कैमरे के एक सिरे पर लेंस होता है और दूसरे सिरे पर प्रकाश-ग्रहणशील फिल्म को लगाने का साधन होता है। फोटो पत्रकार के लिए प्रायः ऐसे कैमरे की आवश्यकता होती है, जो उसके सामने आने वाली विभिन्न परिस्थितियों व जरूरतों के अनुरूप कार्य कर सके। फोटो-पत्रकारिता के अधिकांश कार्यों के लिए 'एस. एल. आर.' सिंगल लेंस रिफ्लेक्स (Single Lens Reflex) कैमरे काफी पसन्द किए जाते हैं। ऐसे कैमरों में एक ही लेंस से व्यूफाइंडर में प्रतिबिम्ब दिखाई देता है और शटर दबाने पर उसी से फिल्म पर प्रतिबिम्ब बनता है। इस कैमरे में फोटो-कम्जोजिशन, डेप्थ ऑफ फील्ड भी संयोजित किया जा सकता है। अच्छे कैमरे की उत्तमता उसके लेंस की शक्ति से निश्चित की जाती है। किसी भी कैमरे का सबसे महत्वपूर्ण हिस्सा लेंस ही है। लेंस ही फिल्म पर प्रतिबिम्ब को उकेरता है।

लेंस में प्रकाश की किरणों को एक बिन्दु पर एकागत करने का गुण होता है। प्रकाश किरणें लेंस से पार होकर दूसरी ओर एक बिन्दु पर आकर मिलती हैं। लेंस के इसी गुण से प्रतिबिम्ब बनता है। ऐंगेल आफ व्यू के अनुसार वाइड, नार्मल व नैरो लेंस इस प्रकार होते हैं :

संकीर्ण एंगल लेंस

हमारी आंखें किसी विषय का जितना हिस्सा देख सकती हैं उससे कम का प्रतिबिम्ब इस लेंस द्वारा बनता है। इन लेंसों की मुख्य विशेषता यह होती है कि जब विषय दूर होता है और फोटोग्राफर अपना कैमरा लेकर उसके निकट पहुंच कर फोटो नहीं खींच सकता है तो इन लेंसों का प्रयोग किया जाता है।

फोटो पत्रकारिता हेतु कैमरे व लेंस के अलावा फिल्मों पर भी ध्यान देना आवश्यक होता है। फिल्में 100 ए. एस. ए. से शुरू होकर आगे तक उपलब्ध होती हैं। जितनी ज्यादा ए. एस. ए. (A. S. A.) नम्बर की फिल्म होगी वह उतने ही कम प्रकाश के प्रति संवेदी होगी। दैनिक जीवन और खिली धूप की रोशनी के लिए 100 ASA की फिल्म काफी होती है। किन्तु तेज गतिमान विषयों व कम प्रकाश के लिए 400 ASA की फिल्म सटीक होती है व इसके परिणाम बेहतर मिलते हैं।

फोटो-खींचने के बाद बारी आती है फिल्म डेवलपिंग और प्रिंटिंग की। आजकल एक से एक खुबियों वाली डिजिडल आटोमैटिक प्रिंटिंग मशीनें बाजार में है। जिनसे फोटोग्राफी का कार्य आसान हो गया है। बस फिल्म खींची और उसे वाइन्य करके किसी भी लैब में दे दिया। कुछ ही समय में आप उसके बेहतर प्रिन्ट प्राप्त कर सकते हैं। इस प्रकार तकनीकी सुदक्षता से जहां दृश्यों व प्रभावों का बेहतर प्रयोग किया जा सकता है वहीं पत्रकारिता हेतु छायाचित्रों के रूप में ऐसी प्रस्तुति दी जा सकती है जो पाठकों व दर्शकों के लिए अविस्मरणीय सिद्ध हो सके।

विस्तृत एंगल लेंस

इस श्रेणी में लेंसों का ऐंगल ऑफ व्यू अधिक होता है। किसी विषय को व्यक्ति की आंखें जितना देखती हैं उससे ज्यादा बड़ा प्रतिबिम्ब इन लेंसों के द्वारा बनता है। इस प्रकार के लेंसों की फोकल लैंग्थ बहुत कम होती है। इनकी सबसे बड़ी विशेषता यह होती हे कि विषय व कैमरे की दूरी कम होने के बावजूद भी ये अधिक हिस्से को कवर कर सकते हैं। जब ऐसी जगह फोटो खींचना हो जहां कैमरे व विषय के बीच दूरी बहुत कम हो, तो वाइड ऐंगल लेंस के प्रयोग से पूरे विषय का फोटो सरलता से खींचा जा सकता है। ये लेंस खास तौर से गतिमान विषयों ग्रुप्स व एक्शन फोटोग्राफी के लिए अत्यन्त उपयोगी हैं।

सामान्य लेंस

एक लेंस से जो नॉर्मल प्रतिबिम्ब बनता है उस लेंस की फोकल लैंथ किस भी विशिष्ट कैमरा बॉडी के साइज के विकर्ण नाप के बराबर होती है। सामान्यतः 40 एम. एम. तथा 55 एम. एम. के लेंस नार्मल कहलाते हैं।

दीर्घ उत्तरीय प्रश्न

1. फोटोग्राफी से आप क्या समझते है वर्तमान समय में इसके व्यवहारित स्वरूपों की विवेचना कीजिए।
2. श्रेष्ठ रूपचित्र व स्थिर चित्र खींचते समय महत्व पूर्ण निर्देशों को स्पष्ट कीजिए।
3. समाचार पत्रों तथा पत्रिकाओं हेतु फोटोग्राफी की विशेषताओं की व्यवस्था कीजिए।

लघु उत्तरीय प्रश्न

1. फोटो ग्राफी के अर्थ को स्पष्ट कीजिए।
2. फ्रीलांसर फोटोग्राफर और कार्यकयी फोटोग्राफर में भेद स्पष्ट कीजिए।
3. रंगीन छायाचित्र की विशेषता को स्पष्ट कीजिए।
4. युद्ध के समय छायचित्र की भूमिका को संक्षेप में स्पष्ट कीजिए।

वस्तुनिष्ठ प्रश्न

1. सम्पादन से संबंधित फोटोग्राफर के निम्न में से कितने प्रकार के होते है
   (क) दो (ख) तीन
   (ग) चार (घ) पांच
2. रूपचित्र खींचते समय यह तत्व निम्न में क्या होते है
   (क) और प्रभावी होते है (ख) और वर्द्धनशील होते है
   (ग) इनमें से दोनों (घ) इनमें से कोई नहीं।

22

पुस्तक-समीक्षा

सामान्यतः प्रत्येक पत्र-पत्रिका का अपना एक स्थायी स्तम्भ होता है जो विविध विषयों पर केन्द्रित होता है। उन्हीं में से एक लोकप्रिय स्तम्भ 'पुस्तक-समीक्षा' है। इस स्तम्भ में विविध विषयों पर प्रकाशित नई किताबों की समीक्षा की जाती है। समीक्षा अर्थात पुस्तक की गुणवता का मूल्यांकन।

समीक्षा का अर्थ

'समीक्षा' शब्द की निष्पति 'सम' उपसर्ग के साथ 'ईक्ष दर्शने' धातु से भाव वाचक 'आ' प्रत्यय से हुई है जिसका अर्थ 'सम्पक् दर्शन' है। समीक्षा के अन्य प्रचलित शब्द आलोचना, समालोचना, क्रिटिसिज्म, रिव्यू आदि हैं। आलोचना शब्द संस्कृत की 'लुच्' धातु से बना है। 'लुच्' के अनेक अर्थ हैं(1) देखना (नेत्रों से), (2) इन्द्रिय मात्र से या मन से ग्रहण करना या समझना, (3) प्रकाशित करना। अर्थात् जिससे देखा जाए, जिससे कुछ स्पष्ट हो या प्रकाशित हो, उसे लोचन कहते है। लोचन के पूर्व 'आङू' उपसर्ग लगता है जिसमें 'ङु' का लोप हो जाने से 'आलोचना' शब्द बनता है। 'आ' का अर्थ है चारों ओर से। अतः समालोचना का अर्थ है किसी विषय की पूर्ण जानकारी प्राप्त करना, उस पर विचार-विमर्श करना, उसको स्पष्ट करना तथा गुण-दोषों का विवेचन कर अपना मत प्रकट करना। आलोचना में 'सम्'

उपसर्ग से ‘समालोचन’ शब्द बनता है। जिसका तात्पर्य है सम्यक् रूप से आलोचना करना। अंग्रेजी के ‘क्रिटिसिज्म’ शब्द की मूल धातु ‘क्राइट्स’ है जिसका अर्थ है अलग करना, निर्णय करना या मूल्यांकन करना। वस्तुतः यही समीक्षा का मूल आधार है।

समीक्षा में एक विशिष्ट भाव निहित है। सयमीक्षक अपनी सूक्ष्म विश्लेषण शक्ति से कृति के आन्तरिक सौन्दर्य का उद्घाटन करता है। वह कृति की विशेषताओं तथा उपलब्धियों की चर्चा करते हुए साहित्य एवं समाज पर उसके द्वारा पड़ने वाले प्रभावों का विश्लेषण करता है तथा कृतिकार के मानस जगत की भावनाओं को सहृदयों तक पहुँचाते हुए कृति विशेष का मूल्यांकन करता है।

समीक्षा के स्वरूप को व्याख्यायित करने का प्रयास भारतीय और विदेशी विद्वानों ने किया है। यहाँ कुछ प्रमुख मतों को उद्धृत किया जा रहा है

डॉ. श्याम सुन्दर दास के मतानुसार“साहित्य क्षेत्र में ग्रन्थ को पढ़कर उसके गुण और दोषों का विवेचन करना और उसके सम्बन्ध में अपना मत प्रकट करना आलोचना कहलाता है। यदि हम साहित्य को जीवन की व्याख्या मानें तो आलोचना को उसकी व्याख्या की व्याख्या मानना पड़ेगा।”

पं. रामचन्द्र शुक्ल के शब्दों में“स्थाई समीक्षा वही होती है जिसमें कवि की विचारधारा में डूबकर उसकी विशेषाओं का दिग्दर्शन तथा उसकी अन्तर्वृत्तियों की छानबीन की जाती है।”

आचार्य महावीर प्रसाद द्विवेदी के विचारानुसार “किसी वस्तु या विषय के सभी अंशों पर अच्छी तरह विचार करने को” समीक्षा मानते हैं।

कॉलरिज के शब्दों में“समीक्षा का चरम उद्देश्य अन्य के द्वारा लिए गए निर्णय के लिए नियम बनाने की अपेक्षा लेखन के सिद्धान्त निर्धारण करना अधिक है।”

‘एनसाइक्लोपीडिया ऑफ ब्रिटेनिका’ में समीक्षा का स्वरूप इस प्रकार स्पष्ट किया गया है“समीक्षा साहित्य अथवा ललित कला के किसी सौन्दर्यात्मक पक्ष की विशेषताओं तथा मूल्यों के निर्धारण की कला है। यह निर्णय की उत्पत्ति तथा अभिव्यक्ति में निहित है।”

रिचर्डस्न की मान्यता है“आलोचक की स्थापना एक प्रकार से निर्णायक की स्थापना है।”

कर्लाइल समीक्षा को वैयक्तिक मानते हुए लिखते हैं“किसी पुस्तक के साथ स्वयं के मानसिक उद्वेलन को दोहराने के अतिरिक्त साहित्यिक आलोचना कुछ नहीं है और ना ही कुछ होनी चाहिए।”

मैथ्यू आर्नल्ड ने समीक्षा में जिज्ञासा के महत्व को स्वीकार करते हुए कहा है"आलोचना, वास्तविक आलोचना आवश्यक रूप से वह सहज प्रवृत्ति है (जिज्ञासा एवं मानस के स्वतन्त्र चिन्तन का तटस्थ प्रेम है) जो हमें इस संसार में श्रेष्ठ सोची गई तथा जानी गई ज्ञान-सम्पदा को जानने के लिए प्रोत्साहित करें।"

हडसन का मानना है"यदि सृजनात्मक साहित्य काल की विविध प्रवृत्तियों के अन्तर्गत जीवन की व्याख्या के रूप में माना जराए तो आलोचनात्मक साहित्य को उस व्याख्या तथा कला प्रवृत्तियों जिनके द्वारा यह प्रदत्त है, के रूप में परिभाषित करना चाहिए।"

अतः समीक्षा के माध्यम से ही हम रचनाकार के उद्देश्यों, कृति के गुण दोषों तथा रचना की मन पर पड़ी प्रतिक्रिया को व्यक्त करते हैं। विभिन्न कोणों से कृति का सम्यक् विवेचन कर साहित्य को वैज्ञानिक आधार पर नई जीवन शक्ति से अभिमंडित करना ही समीक्षा का अर्थ है। जॉन ई. ड्रेवरी (John E. Drewry) ने समीक्षा (Reviewing) तथा आलोचना (Criticizing) के अन्तर को स्पष्ट करते हुए लिखा है कि "यदि हम किसी पुस्तक को पढ़कर उसकी विषय-वस्तु का सारांश लिखते हैं, उसकी पृष्ठभूमि व्यक्त करते तो इसका तात्पर्य यह है कि हमने उसकी समीक्षा लिखी है। पाठक को हम यथासम्भव पुस्तक क्या है, इस बारे में सूचित करते हैं। इस तरह हम रिपोटिंग का कार्य करते हैं। रिपोर्टर की भाँति हम समाचार से स्वयं को पृथक् रखते हैं। दूसरी पुस्तक अच्छी है या बुरी, इस वक्तव्य पर अपने तर्क प्रस्तुत करते हैं तो इसका तात्पर्य यह है कि हम आलोचना लिख रहे हैं।"

समीक्षा के महत्वपूर्ण उद्देश्य

समीक्षा के द्वारा ही किसी विषयवस्तु को सुदृढ़ ढंग से पेश किया जा सकता है। उदाहरण के लिए लेखक या कवि अपनी रचना के माध्यम से प्रत्यक्ष करता है, सृजन के द्वारा स्वयं आनन्द की अनुभूति करता है एवं दूसरों को भी कराता है, ठीक उसी प्रकार समीक्षक के द्वारा सहृदय के नाते उस कृति का रस बोध करते हुए दूसरों को उसकी उपादेयता से परिचित कराता है। समालोचना वस्तुतः किसी ग्रन्थ की व्याख्या, उसका विवेचन, विश्लेषण तथा मूल्य एवं मत निर्धारण है। समीक्षा के उद्देश्य का विवेचन करते हुए मिश्र बन्धुओं ने लिखा है"प्रत्येक पाठक की रुचि भिन्न हुआ करती है परन्तु वह अपनी रुचि के अनुरूप सब ग्रन्थ खोजने में सदैव समर्थ

नहीं होता। समालोचना से हर ग्रन्थ का असली रूप साधारण पाठक के सम्मुख बिना उनके पढ़े ही उपस्थित हो जाता है। इस प्रकार समालोचना से उचित एवं उपयोगी के चुनाव में भी लोगों को बड़ी सहायता मिलती है।"

इमर्सन के शब्दों में "समालोचना का उद्देश्य साहित्य के असत्, अशिव, असुन्दर का बहिष्कार कर उसमें सत्यं, शिवं, सुन्दरम् की स्थापना कराना है।"

'पुस्तक समीक्षा' स्तम्भ भी इसी दृष्टि को ध्यान में रखकर प्रस्तुत किया जाता है। साहित्य संसार में आज दिन-प्रतिदिन अनेक पुस्तकें प्रकाशित हो रही है। पाठकों के पास न इतना धन है और न इतना समय है कि वे उन्हें खरीद सके। मनुष्य अपनी ज्ञान-पिपासा के कारण साहित्यिक कृतियों का भी अध्ययन करनना चाहता है। उसकी विकसित होने लगी। भारत दुर्दशा, संयोगिता स्वयंवर, प्रेम जोगिनी, नील देवी, मुद्रा राक्षस आदि अनेक ऐसी कृतियाँ हैं जिन पर इस युग की पत्रिकाओं में विस्तृत चर्चा हुई।

'आनन्द कादम्बनी' में 'संयोगिता-स्वयंवर नाटक' की समीक्षा का स्वरूप देखिए

"यद्यपि इस पुस्तक की समालोचना करने से पूर्व इसके समालोचक की समालोचना करने की आवश्यकता जान पड़ी है। क्योंकि जब हम इस नाटक की समालोचना अपने बहुतेरे सहयोगी और मित्रों को करते दिखते हैं तो अपनी ओर से जहाँ तक खुशामद और चापलूसी का कोई दरजा पाते है, शेष छोड़ते नहीं दिखाते।. ..नाट्य रचना के बहुतेरे दोष 'हिन्दी प्रदीप' ने अपनी 'सच्ची समालोचना' में दिखलाए है। अतएव उसमें हम विस्तार नहीं देते, हम केवल यहाँ अलग-अलग उन दोषों को दिखाना चाहते हैं जो प्रधान और विशेष है। तो जानना चाहिए कि यदि यह संयोगिता स्वयंवर पर नाटक लिखा गया तो इसमें कोई दृश्य स्वयंवर का रखना मानो इस नाटक का नाश कर डालना है, क्योंकि यही इसमें वर्णनीय विषय है...नाटक के प्रबन्ध का कुछ कहना ही नहीं। एक गंवार भी जानता होगा कि स्थान परिवर्तन होने के कारण गर्भाङ्क की आवश्यकता होती है अर्थात् स्थान के बदलने में परदा बदला जाता है और इसी पर्दे के बदलने को दूसरा गर्भांक मानते हैं सो आपने एक ही गर्भांक में तीन स्थान बदल डाले।"

इस प्रकार भारतेन्दु युग में पुस्तक समीक्षा-साहित्य की आरम्भिक प्रवृत्तियों का निरन्तर विकास होता दिखता है लेकिन थोड़े काल में इसका स्पष्ट रूप दृष्टिगत नहीं हो पाया। वस्तुतः साहित्य का विकास वर्षों में नहीं युगों में आंका जाता है। भारतेन्दुकाल पुस्तक-समीक्षा की लम्बी परम्परा में मात्र प्रस्थानकाल कहा जा सकता

है। इसमें कृति समीक्षा का विकास तो हुआ, लेकिन उसको स्पष्ट अवस्थाओं में नहीं बांटा जा सकता। हाँ, उसमें क्रमिक विकास को भी अस्वीकार नहीं किया जा सकता। पुस्तक विज्ञापन (सतही समीक्षा) से लेकर कला कृति के पूर्ण आकलन वाली समीक्षा पद्धति तक के दर्शन इसमें होते हैं। इसमें पुस्तकों के विज्ञापन और परिचय के साथ ही उसके गुण-दोषों की चर्चा अनिवार्य रूप से होती रही है। पुस्तक की उत्कृष्टता के साथ समीक्षक भी गम्भीर होता दिखता है। धीरे-धीरे विज्ञापनों ने निष्पक्ष आलोचना का रूप धारण कर लिया। प्रेमधन और बालकृष्ण भट्ट ने अपनी पत्रिकाओं में पुस्तकों की जो आलोचना की थी उनका दृष्टिकोण विज्ञापन का नहीं अपितु विशुद्ध साहित्य समीक्षा का ही था।

द्विवेदी युग या विकासकाल

अगर देखा जाए तो भारतेन्दु युग के अपेक्षा द्विवेदी युग में समीक्षा पद्धति अधिक श्री महावीर प्रसाद द्विवेदी की दृष्टि, समीक्षा करते समय, भाषा एवं व्याकरण सम्बन्धी त्रुटियों पर विशेष रूप से रहती थी। हिन्दी भाषा का व्याकरण सुगठित तथा शुद्ध बनाने में द्विवेदीजी का विशेष योगदान रहा है। मिश्र बन्धुओं की कृति 'हिन्दी नवरत्न' की समीक्षा करते समय आपने उनकी भाषा सम्बन्धी गलतियों की ओर संकेत किए हैं। दूसरनी ओर राष्ट्रीय तथा सुधारवादी एवं नैतिक स्वर प्रधान रचनाओं की प्रशंसा करते वे अधाते नहीं थे। मैथिलीकरण गुप्त की 'भारत-भारती' पर उनकी टिप्पणी देखिए

"यह काव्य वर्तमान हिन्दी साहित्य में युगान्तर उत्पन्न करने वाला है। वर्तमान और भावी कवियों के लिए यह आदर्श का काम देगायह सोते हुओं को जगाने वाला है, भूले हुओं को ठीक तरह राह पर लाने वाला है, निरुद्योगियों को उद्योगशील बनाने वाला है, आत्मविस्मृतों को पूर्व स्मृति दिलाने वाला है, निरुत्साहियों को उत्साहित करने वाला है, उदासीनों के हृदयों में उत्तेजना उत्पन्न करने वाला है। यह स्वदेश पर प्रेम उत्पन्न कर सकता है।"

जयपुर से अगस्त, 1902 में प्रकाशित होने वाले 'समालोचक' पत्र ने अपनी समीक्षा दृष्टि को इस प्रकार स्पष्ट किया

"समालोचक को दिखलाना होगा कि पुस्तक का प्रबन्ध कैसे पढ़ा जाता है और उसे कैसे पढ़ना उचित है। उसको पुस्तक से बिखरे हुए सौन्दर्य परमाणु बटोर कर पूर्ण रीति से पाठकों के सामने रखना होगा। ग्रन्थ के अन्तर प्रदेश में घुसकर ग्रन्थकार

और पुस्तक का साफल्य विचार करना होगा और अस्वास्थ्यकर कुत्सित अंश को तोड़-फोड़कर साहित्य देह से निकालना और सांक्रमिक प्रभाव से जातीय जीवन और साहित्य की रक्षा करनी होगी।”

उपर्युक्त उद्धरणों के आलोक में तत्कालीन समीक्षा का स्वरूप जा सकता है। सन् 1903 में प्रारम्भ हुई सरस्वती पत्रिका का ‘पुस्तक-समीक्षा’ स्तम्भ विशेष उल्लेखनीय है। ‘सरस्वती’ के सम्पादक श्री महावीर प्रसाद द्विवेदी ने स्वयं इस स्तम्भ हेतु समीक्षाएँ लिखी तथा समीक्षा साहित्य की श्रीवृद्धि का महत्वपूर्ण दायित्व निभाया।

सन् 19900 में पं. माधव प्रसाद मिश्र के सम्पादन में बनारस से ‘सुदर्शन’ पत्र का प्रकाशन भी समीक्षा क्षेत्र में नए-परिवर्तन का द्योतक है। सन् 1902-3 में देवकीनन्द खत्री के उपन्यास ‘चन्द्राकानत सन्तति’ पर ‘सुदर्शन’ तथा ‘श्री वेंकटेश्वर’ के मध्य काफी रोचक चर्चा प्रकाशित हुई। ‘नागरी प्रचारिणी पत्रिका’, ‘भारत मित्र’, ‘इन्दु’ तथा ‘छत्तीसगढ़ मित्र’ आदि पत्रिकाओं का भी समीक्षा लोक में सराहनीय योगदान रहा है।

सन् 1902 में ‘छत्तीसगढ़ मित्र’ में श्रीनिवासदास के उपन्यास ‘परीक्षा गुरु’ तथा नाटक ‘रणधीर प्रेम मोहिनी’ की सन् 1903 में ‘समालोचक’ में, किशोरीलाल गोस्वामी के उपन्यास ‘तारा’ तथा देवकीनन्दन खत्री के उपन्यास ‘काजर की कोठरी’ की सन् 1911 में ‘सरस्वती’ में पं. बालकृष्ण भट्ट के उपन्यास ‘नूतन ब्रह्मचारी’ की समीक्षाएँ प्रकाशित हुई। इन समीक्षाओं में समीक्षा के क्रमिक विकास को देखा जा सकता है।

इसके उपरान्त ‘सुधा’ (1927), ‘विशाल महत्व’ (1928), ‘हंस’ (1930), ‘जागरण’ (1932), ‘साहित्य सन्देश’, ‘रूपाभ’ (1938) आदि पत्र-पत्रिकओं ने समीक्षा को नवीन जीवन दृष्टि और साज-सज्जा के साथ प्रस्तुत किया।

बीसवीं शती के प्रारम्भ में राजस्थान में भी अनेक पत्र-पत्रिकाओं का प्रकाशन हुआ जिन्होंने समालोचना के विकास में अपना विशिष्ट योगदान दिया। इनमें प्रमुख हैं‘सौरभ, (1920), ‘नवीन राजस्थान’ (1922), तरुण राजस्थान (1923), अहिंसा, (1923), राजस्थान सारस्वत (1923) आदि। समाज, धर्म, दर्शन, सभ्यता, संस्कृति, इस ज्ञान क्षुधा का शमन ‘पुस्तक समीक्षा’ स्तम्भ के द्वारा एक सीमा तक हो जाता है। यदि किसी को समीक्षा पढ़कर कोई पुस्तक विशेष प्रभावित करें और उपयोगी लगे तो वह बाद में उसे सम्पूर्ण रूप से पढ़ भी सकता है। इस प्रकार यह स्तम्भ जहाँ पाठक के धन और समय की बचत करता है, वही

वह व्यर्थ के श्रम से भी उसे बचाता है। समीक्षा एक ऐसा सशक्त माध्यम है जिसके द्वारा कृति विशेष को विभिन्न भाव भूमियों और सम्वेदनाओं के धरातल की कसौटी पर कसकर उसमें निहित विचार, उद्देश्य एवं सन्देश को, समाज पर पड़ने वाले उसके प्रभाव को, उसके शिल्पगत सौन्दर्य को पाठक तक सम्प्रेषित किया जाता है। रचनाकार की मानसिकता एवं उसके उद्देश्य तथा तात्पर्य को पाठक वर्ग तक सही किन्तु प्रभावकारी रूप से संप्रेषित करने का दायित्व समीक्षक का ही है और इस कारण समीक्षा का यह स्तम्भ आज भी पत्रकारिता में प्रमुख स्थान रखता है। समीक्षा की विविध शैलियों को विकसित एवं लोकप्रिय बनाने में भी इस स्तम्भ की अपनी महत्वपूर्ण भूमिका रही है। ड्रावरी ने पुस्तक समीक्षा को न्यायिक अथवा प्रभाववादी विचार माना है।

पुस्तक समीक्षा में समाचार, सम्पादकीय तथा विशेष फीचर लेख के गुण होते हैं। यह समाचार इसलिए हैं क्योंकि इसमें पुस्तक की विषय-वस्तु को उसी भाँति चित्रित किया जाता है। विश्लेषणात्मकता तथा व्याख्यात्मकता की दृष्टि से यह सम्पादकीय के समान है। इसमें लेखक के विचार तथा उसका आलोचनात्मक मूल्यांकन प्रकट होता है। इसी तरह पुस्तक समीक्षा विशेष फीचर लेख के समान भी है। ड्रेवरी के शब्दों में

"समीक्षा फीचर लेख के समान है तथा अनेक उदाहरणों में विशेष फीचर की भाँति। फीचर में आम पाठकों के मनोरंजन तथा सूचना के उद्देश्य से तथ्यों का मनोरंजक ढंग से प्रस्तुतीकरण के रूप में व्याख्यायित किया गया। यह परिभाषा पुस्तक समीक्षा के लिए भी लागू होती है तथा समीक्षा का मूलभूत तत्व इंगित करता है।"

पुस्तक समीक्षा अपने इन विशिष्ट उद्देश्यों और गुणों के कारण सिर्फ सूचनात्मक महत्व की ही नहीं है वरन् इसका विशिष्ट शैक्षिक मूल्य भी है। विविध विषयों के ज्ञान से लेकर नई प्रवृत्तियों, विवादों, विचारधाराओं तथा शोध-अनुसन्धान आदि का भी ज्ञान इस स्तम्भ से होता है। यह स्तम्भ निम्न प्रकार के लोगों के लिए उपयोगी हैं

1. उन लोगों के लिए जिनके पास पुस्तकें पढ़ने का समय नहीं है किन्तु साहित्य जगत के सामाचारों की जानकारी के लिए जो समीक्षाओं पर निर्भर रहते हैं।
2. उन लोगों के लिए जो समीक्षाओं को सम्पादकीय अथवा राजीतिक लेख की भाँति ही पढ़ते रहते हैं। वे अपने पत्र की प्रत्येक रुचिकर वस्तु से आकर्षित होते हैं।

3. जो अपनी पुस्तकों की पसद के लिए समीक्षाओं का उपयोग करते हैं।
4. पुस्तक पढ़ लेने के बाद जो उस पर अन्य लोगों की प्रतिक्रिया जानना चाहते हैं।

पुस्तक समीक्षा की ऐतिहासिक पृष्ठभूमि

प्रारम्भिक काल या भारतेन्दु युग

भारतेन्दु युग में गद्य का काफी विकास हुआ। भारतेन्दु के समय में साहित्य की अनेक विधाएँ पनपीं और विकसित हुई। हिन्दी पत्रकारिता ने भी इस युग में अपेक्षित प्रगति की तथा भावी पत्रकारिता के विकास के लिए उर्वर भूमि तैयार की। डॉ. रामदरश मिश्र के शब्दों में

"भारतेन्दु काल में हिन्दी को खड़ी बोली के गद्य की शक्ति प्राप्त हो जाने से तर्क, खण्डन-मण्डन और शास्त्रीय चिन्तन के लिए अनुकूल माध्यम प्राप्त हो गया। गद्य में हम अपने विचारों को चाहे जिस रूप में कह सकते हैं। पद्य में यह सुविधा नहीं होती। खड़ी बोली के अविर्भाव के नाते ही भारतेन्दु काल में अनेक पत्र-पत्रिकाएँ निकलने लगी। इन पत्रिकाओं में वैचारिक और भावात्मक दोनों प्रकार की साहित्यिक कृतियाँ छपने लगी। कविता के लिए ब्रजभाषा और गद्य के लिए खड़ी बोली स्वीकृत की गई। अतएव समीक्षा के विकास के लिए मार्ग प्रशस्त हुआ।"

पुस्तक समीक्षा का विधिवत आविर्भाव हम हर युग में देखते हैं। इससे पूर्व यत्र तत्र ही ऐसी समीक्षाएँ उपलब्ध होती हैं जिनसे उनमें पुस्तक समीक्षा के प्रारम्भ होने का आभास मिलता है। भारतेन्दु युग में पुस्तक समीक्षा का एक पृथक् स्तम्भ रहता था। इस युग में प्रकाशित पुस्तक समीक्षाओं में समीक्षकों की विकसित होती आलोचना दृष्टि को भी देखा जा सकता है। पुस्तकों के विज्ञापन भी तत्कालीन पत्र-पत्रिकाओं में बहुतायत से प्रकाशित होने लगे। डॉ. सन्तोष संधी ने मुद्रण कला, पुस्तक व्यवसाय, विज्ञापन तथा समाचार-पत्रों के प्रकाशन से पुस्तक समीक्षा का जन्म माना है। निश्चय ही युगीन पत्र-पत्रिकाओं में पुस्तक समीक्षा का आरम्भिक स्वरूप देखा जा सकता है। 'हिन्दी समालोचनाः उद्‌भव और विकास' में डॉ. भगवत स्वरूप मिश्र लिखते हैं

"फिर भी भारतेन्दु काल में पुस्तक समीक्षा को इतना प्रौढ़, परिपक्व रूप नहीं मिल पाया। उसमें इतनी शैलियों का विकास भी नहीं हुआ। लेकिन इतना निश्चित

है कि पुस्तक-समीक्षा के बीज भारतेन्दु काल में बोए गए। उसका भावी विकास का पूर्वामास भी इसी काल में मिलता है। अस्तु, इस काल का ऐतिहासिक महत्व है। हाँ, यह स्वीकार्य है कि इस काल की समीक्षा सामान्य परिचय के स्तर की है।"

भारतेन्दु-युगीन पत्रिका 'आनन्द कादम्बनी' ने पुस्तक समीक्षा खण्ड में जो सिद्धान्त वाक्य प्रकाशित किया, वह था"समालोचना अर्थात्-गुण गाना, दोष, दिखना और सीख सिखाना।" इस प्रकार तत्कालीन पत्र-पत्रिकाओं ने सामान्य पाठकों की रुचि के परिष्कार तथा परिवर्धन हेतु साहित्य के मूल्यांकन का प्रयास किया। बालकृष्ण भट्ट, राधाचरण गोस्वामी, अम्बिकादत्त व्यास, बालमुकुन्द गुप्त, बद्रीनारायण चौधरी प्रेमधन आदि प्रौढ़ समीक्षकों की प्रतिमा का स्पर्श पाकर भारतेन्दु युगीन पुस्तक समीक्षा की परम्परा शिक्षा, कला और साहित्य के प्रति एक नई जीवन्त चेतना दृष्टि विकसित करने में इनकी विशेष भूमिका रही है।

द्विवेदीयुगीन समीक्ष पर विहंगम दृष्टिपात करे से विदित होता है कि इस युग की समीक्षा में आपसी द्वेष, वाद-विवाद तथा व्यक्तिगत आक्षेप की प्रवृत्ति विकसित होने लगी थी। युगीन साहित्यकारों की इस प्रतिस्पर्द्धा में एक-दूसरे से स्वयं को श्रेष्ठ सिद्ध करने की चेष्टा थी। समीक्षा के स्तर में एक ओर जहाँ पूर्व युग से अपेक्षाकृत सुधार हुआ वहीं दूसरी ओर तटस्थता तथा विवेक दृष्टि का ह्रास भी यत्र-तत्र प्रतीत होता है। स्वयं महावीर प्रसाद द्विवेदी भी कहीं इस दोष के सहगामी बने।

नागरी प्रचारिणी, हिन्दुस्तान अकेडमी और हिन्दी साहित्य सम्मेलन ने भी पुस्तक-समीक्षा के विकास के क्षेत्र में सराहनीय कार्य किया। दुर्लभ प्राचीन ग्रन्थों पर समीक्षात्मक टिप्पणियाँ करते हुए उनके प्रति रुचि जाग्रत करने का प्रयास भी किया गया। समीक्षा की सैद्धान्तिक तथा व्याख्यात्मक पद्धति की दिशा में भी इस युग में पर्याप्त कार्य हुआ। द्विवेद्वी युगीन साहित्यिक आदर्शो सुधार भावना, आदर्शवाद, संस्कृति प्रेम आदि का प्रभाव समीक्षा साहित्य पर भी पड़ा। डॉ. सन्तोष संधी के अनुसार

"इस युग के चाह किसी भी साहित्यकार की रचनाकार प्रतिभा के अध्ययन किया जाए तो हमें उसमें जीवन के प्रति एक सन्देश अथवा शिक्षा-भाव अवश्य मिलेगा। यही कारण है कि समीक्षा के इस संवर्द्धन काल में हमें रचनात्मक साहित्य के अनुरूप ही समीक्षात्मक साहित्य मिलता है। जो रचनाएँ शिक्षाप्रद, समाज सुधारक एवं उपदेश जनक होती थींउन्हें समीक्षकों द्वारा विशेष प्रोत्साहन मिला है जैसे'प्रेम पूर्णिमा' की कहानियाँ शिक्षाप्रद है। मनोरंजन, सरस और उपदेश जनक रचना है।

पुस्तक पढ़ने और संग्रह करने लायक हैं। (सरस्वत, अप्रेल, 1920), सुदर्शन जी की पुष्पलता में सभी कहानियाँ पढ़ने योग्य हैं। इनसे मनोरंजन के साथ-साथ शिक्षा भी मिलती है। (सरस्वती, जून 1921), श्री प्रेमचन्द के 'प्रेम प्रसून' गल्प संग्रह के लिए सभी गल्पें स्वाभाविक, सरस, रोचक और उपदेश से भरी हुई है। (माधुरी, सितम्बर, 1924), श्री चण्डीप्रसार हृदयेश की 'वनमाला' के लिए भी समीक्षक ने कुछ इसी प्रकार के भाव प्रकट किए हैंइन कहानियों में रस है, साहित्य है प्रायः सभी कहानियाँ समाज के किसी न किसी दूषण को लक्ष्य करके लिखी गई हैं। (माधुरी, जुलाई, 1927)"

द्विवेदी युगीन पुस्तक-समीक्षा के इतिहास में पं. महावीर प्रसाद द्विवेदी, बाबू श्यामसुन्दर दास, पं. पद्मसिंह शर्मा, रामचन्द्र शुक्ल, कृष्ण बिहारी मिश्र, गुलाब राय आदि समीक्षकों का अपना विशिष्ट स्थान है जिन्होंने सरस्वती, माधुरी चांद, विशाल भारत, समालोचक, भारत मित्र, साहित्य सन्देश आदि पत्र-पत्रिकाओं के माध्यम से पुस्तक-समीक्षा के भावी विकास की मजबूत आधार-भूमि तैयार की।

आधुनिक काल

इस युग में पुस्तक-समीक्षा गुण-दोष तथा प्रशास्ति-निन्दा की समान्य प्रवृत्ति से ऊपर उठकर साहित्यिक शैली में लिखी जाने लगी। इस साहित्यिकता की प्रवृत्ति के कारण अनेक 'वादों' का भी जन्म हुआ। रामचन्द्र शुक्ल ने इस काल की समीक्षा को प्रौढ़ता प्रदान की नवीन दृष्टि से युक्त होकर पुस्तक समीक्षा की विकासशील परम्परा में इस युग का भी अपना विशेष योगदान रहा है। डॉ. सन्तोष संधी ने इस काल की पुस्तक-समीक्षा का विशद् विवेचन प्रस्तुत करते हुए लिखा है

"आलोच्य युग की पुस्तक-समीक्षा में न्यायिक गम्भीरता, प्रखर बौद्धिकता, सूक्ष्म विवेचना, विलक्षण विद्वता, कूट तार्किकत आदि का अभिनिवेष हैआलोच्य युग की समीक्षा पूर्णतः वैज्ञानिक और विश्लेषणात्मक प्रतीत होती है।"

वर्तमान युग में पुस्तक-समीक्षा का व्यापक रूप से विकास हुआ। वैचारिक चेतना के विकास के साथ-साथ सम सामयिक साहित्य भी विभिन्न विचारधाराओं से प्रभावित होता है। इन्हीं विचारधाराओं के कारण समीक्षा की भी अनेकानेक पद्धतियाँ प्रचलित होती चली गई। यह सही है कि समीक्षा में अब पक्षपात की पद्धति को भी प्रोत्साहन मिला है तथा पुस्तकों की समीक्षा मित्रों और परिचितों से करा के उसके प्रकाशन की जोड़-तोड़ की जाती है। डॉ. विजयेन्द्र स्नातक के शब्दों में "इस

प्रकार की निरंकुश समीक्षा पद्धति ने पुस्तकों के मूल्यांकन में तो अराजकता उत्पन्न की है।" यही कारण है कि आधुनिक पुस्तक-समीक्षा पर व्यावसायिकता के आरोप भी लगाए गए है।

समय-समय पर आयोजित होने वाले परिसंवादों तथा गोष्ठियों के माध्यम से भी युगीन पुस्तक-समीक्षा को बल मिला है। इनमें स्वयं लेखक भी उपस्थित रहकर अपनी सृजन प्रक्रिया को स्पष्ट कर पुस्तक को समझने-समझाने में सहयोग देता है। विगत कुछ दशकों का मूल्यांकन करते हुए डॉ. सन्तोष संधी ने पुस्तक समीक्षा की सामान्य पद्धतियों की चर्चा की है

1. विवादी पुस्तक समीक्षा
2. आत्म-समीक्षा
3. सर्जनात्मक समीक्षा
4. विषय-वस्तुवादी समीक्षा
5. भाषावादी समीक्षा आदि
6. निन्दावादी पुस्तक समीक्षा
7. स्तुतिपरक पुस्तक समीक्षा
8. सन्तुलित पुस्तक समीक्षा।

इस युग में साहित्य की अनेक विधाओं जैसेनिबन्ध, कहानी, उपन्यास, नाटक, कविता, संस्मरण, आत्मकथा आदि का बहुमुखी विकास हुआ है। इन सभी पर हम पत्र-पत्रिकाओं के माध्यम से समीक्षाएँ पढ़ते रहते हैं। समीक्षाओं की इस प्रवृत्ति ने अभिव्यक्ति का ऐसा साहित्यिक मंच प्रदान किया है जहाँ आलोचना, आलोचना की प्रत्यालोचना तथा प्रत्यालोचना की प्रत्यालोचना से साहित्यिक स्तर की भी रक्षा होती है तथा विचार विनिमय में सुविधा रहती है।

समीक्षक से आशाएँ

अगर समीक्षक समाज का प्रहरी है तो पत्रकार समाज का प्रहरी। किसी रचना की समीक्षा करना आसान कार्य नहीं है। समीक्षक को अपने परिवेश के प्रति पूर्ण जागरूक रहते हुए अंतर्चक्षुओं के माध्यम से कृति की अन्तरात्मा में प्रवेश करना होता है। श्री गुलाब राय ने आलोचक को दायित्व बोध कराते हुए कहा है

"जिस प्रकार शासन के आलोचक शासन को शिथिलता से बचाए रखते हैं, उसी प्रकार साहित्य के आलोचक साहित्य में शिथिलता और कुत्सितता नहीं आने देते और उसकी गतिविधि निर्धारित करने में सहायक होते हैं

जीवन की लहर लहर में, हंस खेल-खेल रे नाविक।

जीवन के अन्तःस्थल में, नित बूड़-बूड़ रे भाविक॥

प्रसिद्ध अंग्रेजी कवि अलेक्जेण्डर पोप ने कवि और समीक्षा की भावनाओं का साम्य इस प्रकार व्यक्त किया है

"A perfect Judge will read each work of with the same spirit that its author write."

उपर्युक्त विवेचन का तात्पर्य यही है कि समीक्षा का कार्य दायित्वपूर्ण है। विशेष प्रतिभा-सम्पन्न तथा सूक्ष्म निरीक्षण दृष्टि ही कृति की व्याख्या विश्लेषण के साथ न्याय कर सकती है।

संक्षेप में यहाँ समालोचक के गुणों या उससे जो महत्वपूर्ण आशाएं की जाती है। वे निम्नलिखित हैं

1. समालोचक का वैचारिक चिन्तन तथा शिल्प बोध स्पष्ट तथा प्रगतिशील होना चाहिए। उसके सिद्धान्त दुरूह तथा शास्त्रीय पद्धति के संकीर्ण घेरे में आबद्ध नहीं होने चाहिए तथा समीक्षा मानव मूल्यों के व्यावहारिक धरातल की कसौटी पर आधारित होनी चाहिए।
2. आलोचक पंडित होने के साथ-साथ रसज्ञ भी होता है। अभिनव गुप्त और विश्वनाथ ने आलोचक को सहृदय कहा है। पाश्चात्य समीक्षक रिचर्डसन ने समीक्षक में रंसग्राही पाठक की जीवन-संवेदना में अन्तःप्रवेश करने की शक्ति तथा मूल्यांकन की निर्णायक मेधा अपेक्षित मानी है। समालोचक को भावक की संज्ञा दी गई है। राजशेखर ने लिखा है"उसमें कवि के स्वामी, मित्र, शिष्य, आचार्य आदि होने की क्षमता होनी चाहिए।"
3. पुस्तक समीक्षक को निर्भीक होना आवश्यक है। उसे लेखक की सामाजिक मर्यादा से प्रभावित न होकर निष्पक्ष समीक्षा करनी होती है अर्थात् उसे वैयक्तिकता के ऊपर उठना होता है। अनेक बार कृतिकार का व्यक्तित्व समीक्षक को दबोच लेता है। पर पुस्तक समीक्षक प्रशस्तिवाचकों के जयघोष से नहीं, बल्कि अपने साहित्य विवेक के आधार पर कृति का मूल्यांकन करता है।...समीक्षक का यह दायित्व है कि वह उपेक्षित परन्तु सबल साहित्य का उचित रूप से मूल्यांकन करे।
4. पाश्चात्य विद्वानों ने अलोचक में निम्नलिखित गुण आवश्यक माने हैं

1. सुनिश्चितता 2. स्वातन्त्रय 3. सूझ 4. श्रेष्ठ विचार 5. उत्साह 6. हार्दिक अनुभूति 7. गम्भीरता 8. ज्ञान 9. अथक परिश्रम।

5. मुल्कराज आनन्द के शब्दों में पुस्तक की आन्तरिक विषयवस्तु का लोगों को ज्ञान कराने का दायित्व हमारे युवा बुद्धिजीवियों पर है ताकि पाठक क्या और कैसे पढ़ना चाहता है की सलाह से लाभान्वित हो सके।
6. समीक्षक को पुस्तक के सम्पूर्ण सन्दर्भों को ध्यान में रखकर उसकी समीक्षा करनी चाहिए। किसी एक भाग की संदर्भों से हटकर आलोचना करना उचित नहीं।
7. समालोचक में कविवत भावुकता, चिन्तन की कोमलता, भावों की प्रवणत और रस-ग्रहिता होनी चाहिए अन्यथा वह उन मनोदशाओं के धूमिल विश्व में पहुँच ही नहीं सकता, जिसमें कविता की सृष्टि की जाती है। (दिनकर)
8. समालोचक के लिए आवश्यक है कि वह विविध शास्त्रों एवं विषयों का ज्ञाता हो, धर्म, दर्शन, विज्ञान, इतिहास, कला मनोविज्ञान, काव्य शास्त्र, सामाजशास्त्र, सौन्दर्य शास्त्र आदि का विशेष ज्ञान उसकी समीक्षा को अधिक तार्किक, वास्तविक तथा तथ्यपूर्ण बना सकने में सहयोगी होगा। 'रसं जानाति पंडितः' के अनुसार समालोचक को विद्वान् तो होना चाहिए। वह केवल शुष्क चिन्तक ही नहीं होता वरन् सौन्दर्यग्राही चेतना-सम्पन्न पाठक भी होता है।
9. समालोचक की नरिपेक्ष दृष्टि एवं पूर्वाग्रहों का त्याग ही उसकी समीक्षा की महत्वपूर्ण आवश्यकता है। कालिदास ने आलोचक के लिए 'सत' शब्द का प्रयोग किया है। महाकवि तुलसीदास ने नीर-क्षीर विवेकी बुद्धि वाले 'हंस' उपमान में उसे उपमित किया है। इलियट ने भी समालोचक को व्यक्तिगत रुचि-अरुचि या पूर्वाग्रह से ऊपर उठने की बात कही है। "The critic...should endeavour to discipline his personal prejudices and cranks."
10. समालोचक साहित्य की ज्ञात-आज्ञात सामग्री से सहृदय को परिचित कराते हुए लेखक के विचारों एवं भावों का संप्रेषण करता है तथा लेखक एवं पाठक के मध्य सेतु का कार्य करता है।
11. समालोचक का शैलीगत लालित्य उसकी सरसता, भावात्मकता, गंभीरता, प्रौढ़ता, सूक्ष्मता तथा आवश्यकता होने पर व्यंग्यात्मकता, उसकी समीक्षा को अधिक प्रभावोत्पादक बनाते है।

समीक्षा के प्रकार

समीक्षा को हम दो प्रमुख भागों में बांट सकते हैंपहला सैद्धान्तिक तथा दूसरा

व्यावहारिक। सैद्धान्तिक सिद्धान्तों पर आधारित होती है जिनमें भारतीय काव्य शास्य के प्रमुख सिद्धान्त यथा अलंकार सिद्धान्त, वक्रोक्ति सिद्धान्त, रीति सिद्धान्त, औचित्य सिद्धान्त, ध्वनि सिद्धान्त आदि प्रमुख है। व्यावहारिक समीक्षा में समीक्ष्य रचना के विषय-स्वरूप, जीवन दृष्टि, उद्देश्य, मौलिकता, देशकाल, रचनाकार की जीवनी, काव्य का कला पक्ष एवं भावपक्ष आदि विविध पक्षों की विवेचना की जाती है। इसमें समालोचना की ऐतिहासिक, जीवन चरित्र मूलक, मनोवैज्ञानिक, समाजशास्त्रीय, प्रभावाभिव्यंजक आदि समीक्षा पद्धति आती है।

श्री पी. एन. परांजपे ने पुस्तक समीक्षा को तीन वर्गों में विभाजित किया है

1. समीक्षा का आकार तथा उद्देश्य
2. पुस्तक की प्रकृति
3. पत्रिका की प्रकृति

आकार तथा उद्देश्य के आधार पर वे पुनः इसके तीन भाग करते हैं

(क) पुस्तक की सुचना क

(ख) संक्षिप्त समीक्षा

(ग) आलोचनात्मक समीक्षा

पुस्तक की सूचना का तात्पर्य है कि पत्र-पत्रिका विशेष में पुस्तक का औपचारिक सामान्य परिचय प्रकाशित होता है। इस प्रकार की सूचना व्यस्त पाठकों को संक्षिप्त जानकारी के साथ यह बताती है कि नई पुस्तक का प्रकाशन हुआ है। इसमें पुस्तक व लेखक का नाम, प्रकाशक, पृष्ठ संख्या, मूल्य, प्रकाशन वर्ष आदि की जानकारी दी जाती है। इस प्रकार की पद्धति में पुस्तक की सामान्य विषय-वस्तु जो उसके आवरण पृष्ठ पर दी जाती है के आधार पर भी दी जा सकती है। समीक्षा का अत्यधिक दबाव होने के कारण प्रायः समाचार-पत्र समाचार-पत्र पत्रिकाएँ, 'पुस्तकें मिली' जैसे शीर्षकों के अन्तर्गत नव प्रकाशित पुस्तकों की सूचना प्रकाशित करते हैं।

इस प्रकार की समीक्षा पद्धति जिसमें समीक्षक पुस्तक की सामन्य विषय-वस्तु का परिचय पाठकों को देता है, मूलतः एक रिपोर्टर की भांति कार्य करता है। वह पुस्तक संसार की एक घटना ही एक प्राकर से रिपोर्ट कर रहा है। इसे 'Reportorial Review' भी कहते है।

संक्षिप्त समीक्षा उक्त प्रकार की समीक्षा से अधिक विस्तृत होती है। पुस्तक की की तथ्यात्मक जानकारी के अतिरिक्त इस प्रकार की पद्धति में समीक्षक के उक्त पुस्तक के सन्दर्भ में विचारों को भी समाविष्ट किया जाता है। इस प्रकार की समीक्षा

में पुस्तक के बारे में तथ्यात्मक जानकारी के अतिरिक्त उसका वस्तुनिष्ठ सारांश भी प्रस्तुत किया जाता है। इस प्रकार की समीक्षा में पुस्तक के बारे में तथ्यात्मक जानकारी के अतिरिक्त उसका वस्तुनिष्ठा सारांश भी प्रस्तुत किया जाता है। समीक्षक पुस्तक की विषय वस्तु के बारे में मूल रूप से स्पष्ट जानकारी अपने पाठकों को उपलब्ध करा देता है।

आलोचनात्मक समीक्षा उक्त दोना प्रकार की समीक्षा पद्धतियों से विस्तृत होती है। इस प्रकार की समीक्षा वही समीक्षक कर सकता है जिसे विषय का गहन एवं व्यापक ज्ञान हो। समीक्षक इस प्रकार की समीक्षा के माध्यम से न सिर्फ पाठक को सूचित करता है वरन् एक स्तर पर उसे शिक्षित करता है, रुचि का परिष्कार करता है। व्यापक सन्दर्भों के आधार पर पुस्तक की विषयवस्तु तथा लेखक के परिप्रेक्ष्य में आलोचना करता है।

आलोचना का तात्पर्य निन्दा अथवा प्रशंसा मात्र नहीं है। यह मूल्यांकन उचित तार्किक आधार पर किया जाना चाहिए। आलोचना किसी कार्य के मूल्यांकन और विश्लेषण की एक ऐसी प्रक्रिया है जिसके आधार पर उक्त कार्य की महत्व का निर्धारण किया जा सकता है।

उपरोक्त वर्गीकरण के अलावा संक्षेप में समीक्षा की कुछ अन्य मुख्य प्रणालियां निम्नलिखित हैं

1. मनोविश्लेष्णात्मक समीक्षा मनोविज्ञान के आधार पर आलोचकों ने कृतिकार और उसके चरित्रों का विश्लेषण करने का प्रयास किया है। इस आधार पर उन्होंने उन तथ्यों तथ्यों की खोज की है जिनसे प्रेरित होकर लेखक ऐसे साहित्य का सृजन करने में सक्षम होता है। इस पद्धति के आलोचक फ्रायड की विचारधारा से विशेष प्रभावित है।

2. प्रभाववादी समीक्षा इस पद्धति में आलोचक समीक्ष्य कृति के अपने मानस पर पड़े प्रभाव को अभिव्यक्ति देने लगता है। कृति के बाह्म एवं आन्तरिक स्वरूप पर उसका विशेष ध्यान केन्द्रित नहीं होता।

3. समाजशास्त्रीय समीक्षा मार्क्सवाद से हमारा जीवन काफी प्रभावित हुआ है। साहित्य का मूल्यांकन भी जब मार्क्सवादी धाराओं के परिप्रेक्ष्य में होने लगा तो इस समीक्षा पद्धति का विकास हुआ।

4. सौन्दर्यान्वेषी समीक्षा किसी रचना के सौन्दर्य से प्रभावित होकर सौन्दर्य शास्त्र के नियमानुसार उनका मूल्यांकन इस पद्धति के अन्तर्गत किया जाता है।

5. व्याख्यात्मक समीक्षा सभी प्रकार की समालोचना पद्धतियों के विकास का मूल व्याख्या ही रही है। व्याख्या द्वारा ही आलोचक सामान्य सिद्धान्त निर्धरित करते हैं और व्याख्या द्वारा ही निर्धारित सिद्धान्तों की कसौटी पर किसी कृति को मूल्यांकित करते हैं। इस प्रकार की समीक्षा में आलोचक न्यायाधीश की भांति कार्य न कर एक अन्वेषक की भांति कार्य करता है तथा कलाकार द्वारा कृति विशेष में व्यक्त तथ्यों को स्पष्ट करता चलता है।

6. ऐतिहासिक समीक्षा साहित्यकार के समाज-निरपेक्ष तथा एकान्तिक व्यक्तित्व की कल्पना नहीं की जा सकती क्योंकि उसकी मनोभावनाओं के निर्माण में देश की तत्कालीन सामाजिक, राजनीतिक, आर्थिक और सांस्कृतिक परिस्थितियों तथा वातावरण का संयोग रहता है। अंग्रेजी इतिहास लेखक टेन ने यह माना है कि जाती, परिस्थिति और विशिष्ट युग की चेतना से प्रेरित होकर साहित्यकार अपने सृजन संसार में प्रवेश करता है। विभिन्न समयों में लेखकों के रचना विधान में वैविध्य का कारण विभिन्न युग चेतनाएँ ही हैं। टेन की यह ऐतिहासिक समीक्षा पद्धति की मूलभित्ति है।

7. आत्मचरित-मूलक समीक्षा डॉ. जॉनसन ने आलोच्य कतियों के जीवन का समय उनकी कृतियों के साथ जोड़ा। सेन्ट ब्यूव ने कहा कि जिस प्रकार फल पेड़ का मूलक विस्तार है, उसी प्रकार कृति भी उसके रचयिता की मानसिकता का मूर्त स्वरूप है। अतः यह समीक्षा पद्धति इस तथ्य को स्वीकार करती है कि जब तक लेखक की जीवनी का अध्ययन नहीं किया जाता तब कृति की समीक्षा में न्याय नहीं हो सकता। आत्मचरित मूलक समीक्षा लेखक के उस जीवन-क्रम को समझाने में सहायक होती है जिससे कृति विशेष की रचना सम्भव हो सकी है।

डॉ. सन्तोष संधी ने कुछ अन्य समीक्षा प्रकारों का भी वर्णन किया है। उनके अनुसार

1. विवादी पुस्तक-समीक्षा द्विवेदी युग में इस प्रकार की समीक्षा पद्धति काफी प्रचलित रही। उस समय के समीक्षकों के साहित्यिक विवाद काफी चर्चित रहे हैं। उस समय के समीक्षकों के साहित्यिक विवाद काफी चर्चित रहे हैं। उस युग में सम्पादक ही प्रायः समीक्षक भी हुआ करते थे। अतः उनके पत्रों के माध्यम से इस प्रकार की पद्धति काफी पनपी। उन समीक्षक-सम्पादकों के मन के उद्‌गार उनके पत्रों में अभिव्यक्ति पाते रहे। आलोचना प्रत्यालोचन के यह दौर प्रायः अपने प्रतिद्वन्द्वी लेखक को नीचा दिखाने की प्रतिस्पर्द्धा में भी परिवर्तित हो जाया करता था।

2. सैद्धान्तिक पुस्तक-समीक्षा साहित्य के विभिन्न रूपों के आधार पर साहित्यिक सिद्धान्तों की स्थापना इस समीक्षा पद्धति द्वारा की जाती है। जब लोक-रुचि सूत्र-बद्ध हो जाती है और कुछ प्रवर्त्तक लेखकों की अमर रचनाओं का विश्लेषण कर उनके नमूनों के आधार पर सिद्धान्त और नियम आधारित किए जाते हैं, तब सैद्धान्तिक समीक्षा का जन्म होता है। इसका विषय हैसाहित्य के स्वरूप का विश्लेषण। साहित्य क्या है? इसका लक्ष्य क्या है? यह पद्धति इसका स्वरूप निर्धारित करती है।

3. प्रभाववादी पुस्तक समीक्षा किसी भी पठित पुस्तक का समीक्षक के मन पर पड़े प्रभाव का वर्णन प्रभाववादी पुस्तक समीक्षा है।

4. सर्जनात्मक पुस्तक समीक्षा सृजनात्मक प्रतिभा के धनी लेखक शास्त्री आलोचना को आधार बना कर उसकी प्रतिक्रिया में इस प्रकार की समीक्षा करें कि वह कृति की जूठन या अनुवर्ती कृतित्व न होकर मूल रचना जैसी सजीव स्वाभावि प्रतीत हो। डॉ. देवीशंकर अवस्थी द्वारा संगृहीत कृति 'विवेक के रंग' में इस प्रकार की पुस्तक समीक्षाएँ एकत्रित है।

5. पुनर्मूल्याँकनयुक्त पुस्तक समीक्षा सामान्यतः पुस्तक समीक्षा सद्यः प्रकाशित कृतियों की होती हैं, पर कभी-कभी किसी कृति को बार-बार युग सापेक्ष की कसौटी पर चढ़ाया जाता है जिसे पुनर्मूल्यांकनयुक्त समीक्षा कह सकते हैं। 'शेखर एक जीवनी', 'कामायनी' आदि कृतियों के ऐसे पुनर्मूल्यांकन हुए हैं और होते जा रहे हैं।

6. आत्म समीक्षा कृतिकार स्वयं समीक्षक बनकर भूमिका रूप में अथवा पृथक् निबन्ध रूप में अपनी सफाई देता हुआ उपलब्धियों का संकेत करता है।

7. प्रचारात्मक पुस्तक समीक्षा इस प्रकार की समीक्षा पद्धति में सम्पादक पुस्तकों पर संक्षिप्त टिप्पपणियाँ लिखकर प्रकाशित कर दिया करते हैं। पुस्तक के संक्षिप्त परिचय के साथ उसमें पुस्तक का मूल्य, प्रकाशन स्थान का पता आदि भी दे दिया जाता है। कृति की कलात्मक और भावात्मक विशेषताओं का संक्षेप में उल्लेख करते हुए पुस्तक के गुण-दोषों की चर्चा भी प्रायः इसमें की जाती है। इन टिप्पणियों का मुख्य उद्देश्य पुस्तकों का प्रचार-प्रसार करना होता है। लोक मंगल की भावना इन समीक्षाओं का प्रधान आधार रहता है।

8. परिचयात्मक पुस्तक-समीक्षा इसमें प्रचारवादी उद्देश्य के साथ-साथ समीक्ष्य कृति की विषय-वस्तु का सारा संक्षेप अर्थात् उसका सामान्य परिचय देकर

पाठक को मूल कृति का इतना पूर्वामास दे दिया जाता है कि वह बिना पुस्तक पढ़े उसकी सामग्री का प्रारम्भिक परिचय प्राप्त कर ले। विश्लेषण तथा मूल्यांकन का इसमें अभाव होता है।

9. निर्णयात्मक पुस्तक-समीक्षा साहित्यिक दृष्टि से पुस्तक का मूल्यांकन करने की इस पद्धति में समीक्षक न्यायाधीश की भाँति अपना निर्णय देता है।

10. तुलनात्मक पुस्तक-समीक्षा इस प्रकार की समीक्षा पद्धति में पुरातन और सामयिक सामाजिक, राजनीतिक तथा साहित्यिक परिस्थितियों का अध्ययन करते हुए समीक्ष्य कृति एवं कृतिकार की उससे तुलना करते हुए उसका साहित्य में स्थान निर्धारित किया जाता है।

तुलनात्मक समीक्ष में प्रायः एक ही विषय की अथवा एक ही काल के लेखकों की या एक ही लेखक की अनेक कृतियों को लिया जाता है। क्योंकि तुलना समान वस्तुओं की ही हो सकता है।

पुस्तक-समीक्षा की प्रक्रिया

'समीक्षा स्तम्भ' पृष्ठ की सज्जा भी विभिन्न रूपों में देखने को मिलती है। कुछ पत्रिकाओं में समीक्ष्य पुस्तक का विवरणजैसे पुस्तक का नाम, सम्पादक या लेखक का नाम, प्रकाशक, मूल्य, पृष्ठ संख्या आदि पृष्ठ के नीचे दिया जाता है तो कहीं यह सामग्री के मध्य में भी दो समानान्तर रेखाएँ खींच कर प्रस्तुत किया जा सकता है। कहीं-कहीं समीक्ष्य पुस्तक का छोटा-सा ब्लाक भी प्रकाशित किया जाता है। समीक्षा करते समय समीक्ष्य पुस्तक की मूल संवेना का व्यंजक शीर्षक भी कभी-कभी दे दिया जाता है।

पुस्तक-समीक्षा स्तम्भ विभिन्न पत्र-पत्रिकाओं में विविध शीर्षकों के अन्तर्गत प्रकाशित किया जाता है। जैसे'कादम्बनी' में 'नई कृतियाँ', 'मधुमती' में 'पुस्तक समीक्षा', 'मानस, भारती' में 'समीक्षा', 'समाज सेवा' में 'नया साहित्य नया प्रकाशन', 'रीडर्स डाइजेस्ट' गें 'बुक सेलशन', 'लिंक' में 'बुक्स', 'जिनवाणी' में 'साहित्य समीक्षा', 'साक्षात्कार' में 'समीक्षा', 'जीवन साहित्य' में 'कसौटी पर', 'नवभारत टाइम्स' में 'किताबें', 'दैनिक हिन्दुस्तान' में 'नए प्रकाश', 'समीक्षा' में 'पखवारे की पुस्तक', 'इतवारी पत्रिका' में 'किताब' आदि। इसके अतिरिक्त पुरानी पत्र-पत्रिकाओं में यह स्तम्भ पुस्तक परिचय, पुस्तक परीक्षा, साहित्य सूचना, साहित्य संसार, साहित्यावलोकन, नव पल्लव, हमारी अलमारी आदि नाम से प्रकाशित होता रहा है।

अधिकांश पत्र-पत्रिकाओं में समीक्षा का यह सामान्य नियम है कि समीक्ष्य पुस्तक की दो प्रतियां पत्र के कार्यालय में प्रेषित की जाए। साधारणः पुस्तक की एक प्रति कार्यालय के पुस्तकालय हेतु रखी जाती है तथा दूसरी समीक्षक के पास भेजी जाती है। कुछ प्रतिष्ठित पत्रों की नीति मित्र प्रकार की हैं। ये पत्र समीक्षा हेतु पुस्तकें आमन्त्रित नहीं करते वरन् समय-समय पर स्वयं श्रेष्ठ पुस्तकों का चयन करके उनकी समीक्षा करवाने का प्रबन्ध करते हैं। समीक्षा का स्वरूप का स्वरूप भी भिन्न-भिन्न पत्रिकाओं में भिन्न-भिन्न होता है। कहीं-कहीं समीक्षा काफी संक्षिप्त दी जाती है (दैनिक पत्रों में विशेष रूप से) तो कहीं विरतापूर्वक आलोचनात्मक परीक्षण किया जाता है। इस क्षेत्र में आकाशवाणी की भूमिका भी उल्लेखनीय है। नई कृतियों की समीक्षा का प्रसारण करने की व्यव्रूवस्था आकाशवाणी के अनेक केन्द्रों पर है।

वर्तमान युग में पत्र-पत्रिकाओं के प्रकाशन की बाढ़-सी आ गई है। लगभग सभी प्रमुख दैनिक समाचार-पत्र, साप्ताहिक, पाक्षिक, मासिक, त्रैमासिक आदि पत्रिकाएँ समीक्षा के नए परिवर्तित तेवर प्रस्तुत कर रही है। राजस्थान की विशिष्ट समीक्षात्मक पत्रिकाओं में मधुमती, लहर, शोध पत्रिका, वरदा, मरु भारती, राजस्थान भारती आदि का अपना विशिष्ट स्थान रहा है वहीं राष्ट्रीय पत्र-पत्रिकाओं में दैनिक हिन्दुस्तान, हिन्दुस्तान टाइम्, नवभारत टाइम्स, जनसत्ता, टाइम्स ऑफ इण्डिया, इण्डियन एक्सप्रेस आदि के रविव संस्करण तथा धर्मयुग, इतवारी पत्रिका, इण्डिया टूडे, नवनीत, साक्षात्कार, आजकल, कादम्बिनी, प्रकार आदि पत्रिकाएँ समीक्षा साहित्य को विकसित, प्रोत्साहित एवं प्रेरित करती हुई। महत्वपूर्ण दायित्व निभाते हुए सत साहित्य निर्माण के मार्ग को प्रशस्त कर रही हैं।

पुस्तक समीक्षा लिखने की सामान्य प्रक्रिया इस प्रकार निर्धारित की जा सकती है

1. पुस्तक के मूल कथ्य के आधार पर समीक्षा के उद्देश्य से किसी निश्चित दृष्टिकोण, सिद्धान्त की स्थापना करने हेतु मंथन करना।
2. नोट्स को (नं. 3 में उल्लेखित) उपयुक्त रूपरेखा प्रदान करने के लिए व्यवस्थित करना, जो कि नं. 5 में प्राप्त दृष्टिकोण या सिद्धान्त को समाहित किए हुए हो और उसके अनुकूल हो।
3. समीक्षा लेखन।
4. पाण्डुलिपि का सम्पादन और पुनर्वालोकन।
5. अन्तिम प्रारूप तैयार करना।

6. समीक्षा का प्रकाशन/प्रसारण।
7. पुस्तक का चयन।
8. पुस्तक का अध्ययन।
9. पुस्तक के बारे में नोट्स तैयार करना (वैचारिक अथवा लिखित रूप में)।
10. समीक्षा का उपयोग जिस माध्यम में होना है उसका विश्लेषण (समाचार-पत्र, पत्रिका, व्यापारिक जर्नल, रेडियो कार्यक्रम आदि)।

किसी रचना विशेष की समीक्षा किस प्रकार करनी चाहिए, इस विषय में कोई निश्चित नियम नहीं बनाए जा सकते। समीक्षा का स्वरूप समीक्षक की प्रतिभा व शैली पर निर्भर करता है। श्री गुलाबराय ने अपनी पुस्तक 'साहित्य और समीक्षा' में इस सन्दर्भ में कुछ चर्चा की है, जिसे यहाँ उद्धृत करना उपयुक्त होगा।

श्री गुलाबराय की दृष्टि में समीक्ष्य कृति का अर्थबोध युगीन परिस्थितियों और कवि के उद्देश्यों के ध्यान में रखकर कते हुए हमें यह समझना होगा कि "कवि क्या कहना चाहता है? कवि या लेखक का लक्ष्य जानकर हमको यह देखना चाहिए कि वह उस लक्ष्य को कहाँ तक पूरा कर सका है? क्या कवि या लेखक ने कोई नया सामाजिक प्रयोग किया है? आपका उसके लक्ष्य से मतैक्य है अथवा मत विरोध? दोनों के कारणों पर पूरी तौर-से विचार कर लेना वांछनीय है।"

उसके उपरान्त कृति में निहित सौन्दर्य का उद्घाटन करते हुए कवि की भाषा और शैली की भी विवेचना होनी चाहिए। श्री गुलाबराय के शब्दों में..."हमें यह देखना चाहिए कि उसकी भाषा का प्रवाह स्वाभाविक है अथवा उसमें प्रयत्न और प्रयास के लक्षण दिखाई पड़ते हैं? उसके शब्द चयन उपयुक्त हैं अथवा अनुपयुक्त? उसमें कोई परिवर्तन तो नहीं हो सकता? उन शब्दों में लाक्षणिकता और व्यंजकता किस मात्रा में है? कवि का अर्थ स्वयं प्रकाशित हो जाता है या उसको मशाल लेकर खोजना पड़ता है? भाषा की दुरुहता, अभिव्यंजना शक्ति, गुण-दोष आदि विवेचन अपेक्षित है।"

डॉ. भगवत् स्वरूप मिश्र ने अपने विचार इस सन्दर्भ में इस प्रकार व्यक्त किए हैं"उसे (समीक्षक) इस बात का पूरा ध्यान रखना है कि वह साहित्य का मूल्यांकन कर रहा है, दर्शन या विज्ञान का नहीं। इसके लिए यह भी आवश्यक है कि समीक्षक भाव और अभिव्यंजना के विशुद्ध दृष्टिकोण से भी विचार करे वह सौन्दर्य एवं राग तत्व का मूल्यांकन भी करे जिसके कारण कोई रचना साहित्य है। जीवन सम्बन्धी धारणा तथा सांस्कृतिक आधार तथा सांस्कृतिक आधार की प्रौढ़ता के साथ ही समीक्षक को इसका विश्लेषण भी करना है कि इन आधारों के उपयोग

एवं अभिव्यंजना में कलाकृति को कितनी सफलता प्राप्त हुई है? साहित्यकार पाठक के हृदय को द्रवित करके व्यक्तिगत रूप में उसका कितना परिष्कार कर सका है? व्यक्ति और समाज को जीवन के विशाल एवं उदार दृष्टिकोण को अपनाने के लिए कितना प्रेरित कर सका है? यह प्रेरणा सौन्दर्यजनित संवेदना और भावात्मकता के माध्यम से ही आई है न, कहीं केवल बौद्धिक तो नहीं हो गई है।...कला और कलाकार के व्यक्तित्व के सम्बन्ध में देश काल का विवेचन भी अपेक्षित है।"

इस प्रकार हम संक्षेप में कह सकते हैं कि समीक्षा का क्षेत्र अत्यन्त विस्तृत है। यह सामाजिक जीवन में बहुमूल्य दायित्व का वहन करता है। यह किसी भी विषय-वस्तु को तार्किक ढंग से पत्र-पत्रिकाओं में प्रस्तुत करता है। समीक्षक को निश्चित नियमों के बन्धन में नहीं बांधा जा सकता है। नियमों का निर्माण समीक्षा के स्वतन्त्र विकास में बाधक होगा।

दीर्घ उत्तरीय प्रश्न

1. समीक्षा के अर्थ को परिभाषित करते हुए उसके उद्देश्यों पर प्रकाश डालिए?
2. भारतेन्दु युग की अपेक्षा द्विवेदी युग में समीक्षा पद्धति अधिक विकसित हुई। उपरोक्त कथन के आधार भारतेन्दु व द्विवेदी युग की समीक्षा पद्धति का तुलनात्मक वर्णन कीजिए?
3. पुस्तक समीक्षा के क्रमिक इतिहास का उल्लेख कीजिए?
4. एक समीक्षक से समाज क्या अपेक्षाएं रखता है? वर्णन कीजिए?
5. पुस्तक समीक्षा लिखने की सामान्य प्रक्रिया किस प्रकार निर्धारित की जाती है? उल्लेख करे?

लघु उत्तरीय प्रश्न

1. पुस्तक समीक्षा के संबंध में भगवत स्वरूप मिश्र के विचारों पर प्रकाश डालिए?
2. पुस्तक सूचना से क्या तात्पर्य है?
3. विवादी पुस्तक समीक्षा से क्या आशय है?
4. सैद्धान्तिक पुस्तक समीक्षा और सर्जनात्मक पुस्तक समीक्षा में क्या अन्तर है?
5. कांलरिज द्वारा पुस्तक समीक्षा को किस प्रकार परिभाषित किया गया है?

वस्तुनिष्ठ प्रश्न

1. "किसी वस्तु या विषय के सभी अंशों पर अच्छी तरह विचार करने को समीक्षा कहते है" उपरोक्त परिभाषा किस विचारक ने दी है
   (क) कालरिज
   (ख) पंडित रामचन्द्र शुक्ल
   (ग) आचार्य महावीर प्रसाद द्विवेदी
   (घ) कोई नहीं
2. सरस्वती पत्रिका का प्रारम्भ कब हुआ?
   (क) 1903 ई. (ख) 1900 ई.
   (ग) 1902 ई. (घ) उपरोक्त में से कोई नहीं
3. पुस्तक समीक्षा के क्षेत्र में सराहनीय योगदान दिया
   (क) नागरी प्रचारणी (ख) हिन्दी अकादमी
   (ग) उपरोक्त दोनों (घ) उपरोक्त में से कोई नहीं
4. समीक्षा को हम कितने भागों में विभाजित कर सकते हैं?
   (क) दो (ख) तीन
   (ग) पाँच (घ) उपरोक्त में से कोई नहीं

23

भाषा दक्षता एवं अनुवाद

अनुवाद की समस्याएं

पत्र-पत्रिकाओं में खबरों को तार्किक ढंग से प्रस्तुत करने के लिए अनुवाद की आवश्यकता पड़ती है। इन खबरों के लिए अनेक बार भाषाओं की प्रकृति, संरचना और सामाजिक सन्दर्भों में भिन्नता होने के कारण जिस भाषा में अनुवाद किया जा रहा है उसमें समानार्थी अभिव्यक्ति की तलाश में कठिनाइयां आती हैं। इसमें कहीं अर्थ-विस्तार हो जाता है तो कहीं अर्थ-संकोच। समाचारों में तथ्य और जानकारी की प्रधानता होती है। इसलिए इनके अनुवाद में नाटक या कहानी की तरह शैली सुरक्षित रखी जा सके ऐसा नहीं होता। अच्छे अनुवाद के लिए घटना-प्रवाह की जानकारी के साथ मूल व लक्ष्य भाषा की असमानताओं का ज्ञान भी आवश्यक है। समाचार माध्यमों से अपेक्षा की जाती है कि उनके समाचार ग्राह्य हों।

किसी भी भाषा के व्याकरण की तरह समाचार की एक प्रक्रिया और व्याकरण होता है। अनुवाद में यह समस्या आती है कि किस प्रकार मूल आत्मा की रक्षा करते हुए अनुवाद को व्यवहार में लाया जाए। प्रायः इस तत्व की अनुपस्थिति के कारण अप्राणयुक्त और फीके अनुवाद से हमारा सामना होता है।

अनुवाद की प्रक्रिया प्रायः निम्नलिखित स्वरूप में चलती है

स्रोत सामग्री अनुवाद
आकलन/
विश्लेषण पुनः रचना
अंतरण

लक्ष्य भाषा के प्रतीक शब्दों, वाक्यांशों, मुहावरों आदि का चयन में कितनी ही सटीकता अपनायी जाए किन्तु निकटतम अनुवाद ही सम्भव हो पाता है। सम्पूर्ण आत्मायुक्त अभिव्यक्ति के लिए बहुत सी सीमाएं हैं।

स्तरीय अनुवाद शिल्प की तरह है। मूल को मन में आत्मसात करके अनुवादक पाठ-सामग्री को इंगित भाषा में ढालता है। दो व्यक्ति यदि एक ही टेक्स्ट (Text) का अनुवाद करें तो उनके अनुवाद में भिन्नता होगी।

अनुवादक का उत्तरदायित्व

किसी विषय-वस्तु का अनुवाद करते समय अनुवादक को भारी अत्यन्त सावधानी रखनी पड़ती है। क्योंकि अनुवादक की थोड़ी सी भूल तिल का ताड़ बना सकती है। अतः अनुवादक को अनुवाद करते समय अपने विवेक का अधिक सहारा लेना चाहिए क्योंकि अपने विवेक के आधार पर ही वह अनुवाद की पद्धति, तकनीक, प्रणाली का निर्धारण कर सकेगा। उसे अनुवाद करते समय टार्गेट आडियेंस (Target Audience) का भी ध्यान रखना होगा।

विज्ञान एंव विधि के अनुवाद में व सतर्क होकर शब्दशः अनुवाद की ओर प्रवृत्त होगा। यदि सामान्य रिपोर्ट एवं भाषण है तो सहज रूप के अनुवाद भी सार्थक सिद्ध होगा। समाचार, घटनाओं के अनुवाद में संक्षेपण भी चल सकता है। साहित्यिक कृति के अनुवाद में उसकी मूल भावना व आत्मा को बनाए रखना आवश्यक होता है। विषय एवं प्रस्तुति किसके लिए की जाए उस परिस्थिति को दृष्टिगत रखते हुए सारानुवाद करे। साथ ही यह उसका उत्तरदायित्व बनता है कि विषय की प्रकृति के अनुरूप शब्दावली व शैली का प्रयोग करे। उदाहरणार्थ बिज्ञान व तकनीकी विषय वैज्ञानिक व तकनीकी शब्दों की मांग करते है। साहित्यिक विषयों के लिए अनुवाद भी साहित्यिक परिप्रेक्ष्यों की मांग रखते हैं।

सटीक कार्यवाही के लिए अनुवादक शब्दकोश, विश्वकोश, सन्दर्भ कोश आदि के प्रयोग के साथ विवेकपूर्ण कार्यवाही कर अनुवादक के उत्तरदायित्व का वहन कर सकता है।

साहित्यिक अनुवाद

साहित्यिक शब्दों में साधारण शब्दों की अपेक्षा अधिक अर्थवत्ता होती है। यह अर्थ बेहतर वाक्य-विन्यास, छन्दों के कौशल, ऐतिहासिक ज्ञान व व्यक्तिगत अनुभव से पनपता है। कोई भी लेखक विशिष्ट भावनाओं व लाक्षणिकता को लेकर लिखता है। साथ ही उसके लेखन मे उस युग की धड़कन भी विद्यमान रहती है।

एक भाषा के शब्दों को दूसरी भाषा में लिख देने मात्र से ही अनुवाद नहीं हो जाता है। साहित्यिक अनुवाद एक कठिन प्रक्रिया है। भाषा का भाव, सहजता, गति, लक्ष्य यदि अनुवाद में अक्षुण्ण रहे तो ही साहित्यिक अनुवाद की सार्थकता है, अन्यथा अनुवाद प्राण-रहित ही रहेगा।

सृजनकर्ता साहित्य में अभिधा से अधिक व्यंजना की भूमिका होती है। जहां शब्द के अधिक भाव महत्वपूर्ण होता है। यदि अनुवादक की अनुभूति सूक्ष्म है व उसकी अभिव्यक्ति समर्थ है तो वह साहित्यिक अनुवाद में सफल हो सकता है। अनुवाद में वहीं सजीवता, वही भाव व्यंजना होना अनुवाद ही पहली प्राथमिकता है। विश्व के महान साहित्य की यह विशेषता रही है कि भले ही उसकी भाषा सांकेतिक रही हो पर उसमें सरसता का भाव व्याप्त रहता है

साहित्यिक अनुवाद में सीमित के द्वारा असीम को प्रतिबिम्बित करने की क्षमता जिस अनुवाद में रहती है वही जीवन अनुवाद का पर्याय बन जाती है। संक्षेप में निम्नलिखित बिन्दुओं का आधार साहित्यिक अनुवाद की कसौटी होता है :

(1) विवेक-भावना व युक्ति का ध्यान रखा जाना चाहिए।

(2) साहित्यिक कृतियों का परिवेश, भावना व व्यंजना कालजयी व समाज-साक्षेप होती है। अतः उस पक्ष का विशेष ध्यान रखा जाए।

(3) विषय की प्रकृति व स्वभाव के अनुसार न्याय किया जाए।

(4) मूल भावना का वर्णन अनुवाद में यथावत् रहे।

(5) अनुवादक के मूल व लक्ष्य दोनों भाषाओं में पारंगत होना चाहिए।

सरकारी अनुवाद

सरकार की रीति-नीति, प्रशासन के कार्य, विभिन्न स्तरों पर प्रशासन व जनता का आपसी व्यवहार, दैनिक जीवन व समाज की विभिन्न सरकारी प्रक्रियाओं के लिए 'अनुवाद' की आवश्यकता महसूस की जाती है।

भारत की स्वतन्त्रता के बाद देश की राजभाषा 'हिन्दी' घोषित की गई। सरकारी क्षेत्रों में अनुवाद की दृष्टि से इसे दो भागों में बांटा जा सकता है : (i) प्रशासनिक कार्यों में अनुवाद (ii) विधि सम्बन्धी कार्यों में अनुवाद।

प्रशासनिक अनुवाद करते समय अनुवादक को अग्रलिखित बिन्दुओं का ध्यान रखना परम जरूरी है

(1) पत्र व्यवहार, शब्दावली व प्रयुक्तियों में जहां अंग्रेजी मुहावरों व तरीकों का प्रयोग हो वहां हिन्दी अनुवाद में समाज प्रकृति व सन्दर्भ उपयुक्त रूप में अपना लेने चाहिए।

(2) अंग्रेजी शब्दों के पर्याय हिन्दी में करते हुए दोनों भाषाओं में अन्य शब्द व्युत्पत्ति का ध्यान रखा जाना चाहिए।

(3) अनुवाद की भाषा विशेष रूप से सरल हो ताकि जनसामान्य उन प्रक्रियाओं का उपयोग करते समय परेशानी में न पड़े।

(4) ध्यान रखा जाना चाहिए कि अंग्रेजी व हिन्दी के वाक्य-विन्यास की प्रकृति में अन्तर है। अतः अनुवाद में भाषा की प्रकृति को बनाए रखें।

संचार-माध्यमों हेतु अनुवाद

संचार माध्यम देश की धड़कन हैं। समाज के व्यक्तियों के बीच आपसी व्यवहार और कार्यकलापों में इनका इस्तेमाल किया जाता है। इन माध्यमों हेतु अनुवाद के मुख्य बिन्दु हैं

(1) संचार माध्यम समाज में क्रान्तिकारी भूमिका निभाते हैं। अतः अनुवाद में धर्म-जाति-वर्ग पर आधारित नकारात्मकताएं न हों।

(2) संचार माध्यमों के अनुवाद में दृष्टिकोण प्रगतिगामी व वैज्ञानिक परिप्रेक्ष्यों से युक्त हो।

(3) अनुवाद में माध्यम की स्थिति, उसका व्यवहार व प्रयोग ध्यान रखे।

(4) संचार माध्यम छोटे से तबके से लेकर उच्च-वर्ग तक का व्यक्ति इस्तेमाल करता है अतः अनुवाद का दायरा व्यापक हो।

(5) दूरदर्शन-आकाशवाणी जैसे माध्यमों में भाषा-विचार का प्रस्तुति सहज सरल हो ताकि 'टार्गेट ऑडियेंस' उससे लाभान्वित हो।

भाषा निपुणता

सम्पादक भाषा में निपुणता हासिल कर ही समाचार-पत्र व पत्रिकाओं का

सम्पादन प्रभावशाली ढंग से कर सकता है। अतः सम्पादक को भाषा की सही-सही जानकारी होना परम जरूरी है। भाषा दक्षता से तात्पर्य यह है कि संचार माध्यमों की प्रस्तुति के अनुरूप किन परिस्थितियों में कैसी अभिव्यक्ति देनी है यह तय करके 'लक्ष्य' पाठकों की विचारधारा व सम्मति के अनुसार भाषा का स्वरूप प्रस्तुत करना।

समाचार-पत्र स्वयं भी भाषा का निर्माण करते हैं। नवीन घटनाओं के समाचारों में नित्य नए शब्दों का निर्माण आवश्यक हो जाता है। गूढ़ विषयों के समाचार भी सरल व बोधगम्य भाषा में देना, उसके लिए मार्ग निर्धारण करना, हिन्दी की मौलिकता का संरक्षण, वर्तनी की एकरूपता, शुद्ध व सटीक प्रयोग आदि भी भाषा-दक्षता के स्रोत हैं। सबसे महत्वपूर्ण इसमें यह है कि भाषा को संपूर्णता के साथ माध्यम की आवश्यकता का निर्वाह करते हुए प्रस्तुत किया जाए। उपर्युक्त सभी अर्थों व लक्ष्यों को प्राप्त कर पाना ही 'भाषा दक्षता' है।

सम्पादन एवं समाचार-पत्रों की भाषा

अगर देखा जाए तो समाचार-पत्र अपनी भाषा का निर्माण स्वयं करते हैं। समाचार, घटना व प्रस्तुति के सन्दर्भों को लेकर वे अपनी सहज प्रक्रिया को क्रियान्विति देते हैं।

समाचार की अभिव्यक्ति का माध्यम भाषा है। समाचार की अभिव्यक्ति किसी भी रूप में हो उसे अभिव्यक्ति करने का सबसे समर्थ और एकमात्र माध्यम भाषा है। अतः समाचारों की भाषा के प्रमुख रूप से दो अंग होते हैं : (i) वाक्य (ii) शब्द। शब्दों का वह समूह जिसका कोई अर्थ निकलता है 'वाक्य' कहलाता है। यूं तो बात को पूर्णता और सार्थक रूप देने के लिए कर्म, कारण, विशेषण, क्रियाविशेषण आदि का प्रयोग आवश्यक होता है। वाक्य यथासम्भव छोटे और परिपूर्णता लिए होने चाहिए। इससे भाषा में सहजता आती है।

प्रत्येक शब्द का एक निर्धारित अर्थ होता है। कुछ शब्दों के एक से अधिक अर्थ भी होते हैं। प्रायः हर शब्द का एक मूल अर्थ होता है। जो प्रायः प्रचलित होता है और दूसरा अपेक्षाकृत अप्रचलित होता है। समाचार-पत्र में शब्दों के प्रयोग में उनके सामान्य अर्थ ही लिए जाने चाहिए। अधिक उक्ति-समत्कार व अलंकार से समाचार की प्रकृति में भ्रम पैदा होता है और समाचार-पत्र के लिए यह स्थिति उपयुक्त नहीं है।

समाचार में विवरण किए जा रहे विषय की प्रकृति के अनुसार ही भाषा का इस्तेमाल उसे रुचिप्रद बनाता है। समाचार-पत्र में खेलकूद, वाणिज्य, व्यवसाय, शेयर-बाजार आदि के लिए अलग पृष्ठ निर्धारित होते हैं। इन पृष्ठों पर छपने वाली सामग्री में विशिष्ट प्रकार की शब्दावली का प्रयोग होता है। इसलिए समाज में उनके प्रचलित स्वरूप का इस्तेमाल करने से उनकी छाप अलग ही पड़ती है।

विषय के अनुसार भी समाचार की भाषा में अन्तर रहता है। स्थान व प्रकृति के अनुसार भी समाचार विशिष्टता लिए होते हैं। कम शब्दों में अधिकाधिक भाव-सम्प्रेषण के लिए स्थानीय शब्दों का प्रयोग किया जाता है। समाचार-पत्र भाषा-विकास के साधन भी हैं। समाचार-पत्रों की शब्दावली में शब्द प्रयोग होकर एक व्यापक अर्थ प्राप्त कर लेता है। समाचार-पत्र के लिए कोई भी शब्द अग्राह्य नहीं है। यदि शब्द के प्रयोग से बात अधिक स्पष्ट व ग्राह्य हो जाती हो तो उसे प्रयोग करना हितकर है।

आकाशवाणी की भाषा

आकाशवाणी आम आदमी का माध्यम है। उसके कार्यक्रमों में सार्थकता तभी आ सकती है जबकि उसके प्रयोग में लाई जा रही भाषा सरल हो। सामाजिक, राजनीतिक, आर्थिक जीवन की गतिविधियों से आकाशवाणी का जुड़ाव अत्यन्त व्यापक रहा है। वैसे भी आकाशवाणी भारत के राष्ट्रीय जीवन का अभिन्न अंग बन चुकी है। सूचना, शिक्षा, मनोरंजन की त्रिवेणी को यह व्यापक स्वरूप में आगे बढ़ा रही है।

रेडिया 'स्पोकन मीडियम' (Spoken Medium) है। सारा का सारा सम्प्रेषण इसमें शब्दों की सहायता से किया जाता है। इस माध्यम की खूबी यह है कि यह सहज में उपलब्ध है और साधारण आर्थिक स्थिति वाले परिवारों में भी यह आसानी से मिल जाता है।

'स्पोकन मीडियम' होने के कारण इसका सारा खेल उच्चारित शब्दों पर ही निर्भर होता है। उच्चारित होने वाले शब्द केवल एक बार ही सुने जाते हैं यदि उसका कोई अंश समझ में नहीं आया तो वह अधूरा ही रहता है उसे समाचार-पत्र की तरह पिछले सन्दर्भों से या डिक्शनरी, सन्दर्भ कोश आदि के माध्यम से नहीं समझा जा सकता है। इसीलिए 'रेडियो' भाषा की पहली व बुनियादी आवश्यकता है 'सरलता।' यह एक निरन्तर चलने वाली प्रक्रिया है। निरन्तर बढ़ती शिक्षा, वैज्ञानिक संसाधन

व सामाजिक विकास से लोगों की समझ व व्याप्ति का दायरा भी बढ़ रहा है। उसी के अनुरूप आकाशवाणी कार्यक्रमों की भाषा रखने का यत्न किया जाता है। साथ ही शब्दों के उच्चारण में स्पष्टता, सहजता, मधुरता का ध्यान रखा जाता है। शब्द चयन में यह ध्यान रखा जाता है कि उसकी सम्प्रेषणीयता में कोई भ्रम या नकारात्मकता न निकले। दुरूह शब्दों के प्रयोग से बचा जाता है। भाषा के प्रचलित रूप का इस्तेमाल करने से उसकी अर्थ-व्यंजना में बाधा नहीं पहुंचती।

आकाशवाणी प्रसारण में वाक्यों की संरचना का भी महत्वपूर्ण योगदान है। वाक्य छोटे व सरल हों। उनका अर्थ सहज ही निकले। उच्चारण को ध्यान में रखकर लिखे गए वाक्य, उच्चारण-दोष के कारण श्रोताओं को भ्रम की स्थिति में डालते हैं। कठिन शब्दों का उच्चारण करते हुए वाचक को कठिनाई होती है व कई बार उसे अटकना भी पड़ता है। ऐसे में न केवल कार्यक्रम में व्यवधान होता है बल्कि तारतम्यता भी भंग होती है। अतः ऐसे शब्दों के प्रयोग से यथासम्भव बचा जाना चाहिए।

टेलीविजन की भाषा

टेलीविजन भी संचार माध्यम के अन्तर्गत आता है। यह संचार माध्यम का विकसित रूप है। वर्तमान समय में इसकी लोकप्रियता काफी बढ़ गई है। क्योंकि यह किसी विषय-वस्तु को चित्र के रूप में प्रस्तुत करता है। दूरदर्शन कार्यक्रमों में भाषा से जुड़ा महत्वपूर्ण पहलू यह है कि वहां भाषा के साथ चित्र भी प्रदर्शित होते हैं। इससे दर्शकों को कार्यक्रम की प्रभाविता अधिक लगती है।

किन्तु इस दृश्य माध्यम में भाषा और भी अधिक सरल व सुबोध बनाने की आवश्यकता है। वाक्य बहुत छोटे हों, चूंकि दर्शक चित्र के साथ भाषा सुनता है। ऐसे में उसका आधा ध्यान चित्र व आधा ध्वनि पर होता है। यदि भाषा दुरूह होगी तो वह सही अर्थ-प्रवाह ग्रहण करने से चूक जाएगा। वर्तमान में दूरदर्शन ने अपने दर्शक-वर्ग को दृष्टिगत रखते हुए हिन्दी-अंग्रेजी की खिचड़ी भाषा को ज्यादा प्राथमिकता दे दी है।

आकाशवाणी पर लागू अन्य भाषा-सम्बन्धी प्रावधान दूरदर्शन पर भी लागू होते हैं। पर मूलतः दूरदर्शन सजीव दृश्य दिखा रहा है अतः सहूलियत यह है कि उसका विवरण पक्ष एकदम छोटा होता है। ताजमहल पर कार्यक्रम में दूरदर्शन का कैमरा पूरे

ताजमहल की खूबसूरती को दर्शकों तक पहुंचाता रहेगा और सिर्फ एक छोटे से वाक्य 'शिल्प की अद्‌भुत रचना है ताजमहल' कहने से पूरा शाब्दिक विवरण प्राप्त हो जाएगा।

विज्ञापन की भाषा

वर्तमान युग विज्ञापन का युग है ऐसा लगता है कि जैसे हम विज्ञापन की दुनिया में जी रहे हैं। चैतन्य रूप में हम जिस ओर भी दृष्टि डालते हैं एक विज्ञापन हमारे समक्ष मुंह बाएं खड़ा होता है। विज्ञापन जैसी छोटी सी चीज इतनी प्रभावी होती है कि हम अनायास ही उसकी 'कथ्य-शक्ति' में खो जाते हैं।

विज्ञापन की भाषा में चार तत्त्वों का प्रमुखता से प्रयोग होता हैः

1. निश्चय
2. आज्ञा
3. प्रश्न
4. विस्मय।

निश्चय अर्थ वृत्ति के विज्ञापन विज्ञापित सामग्री की विशेषताओं की जानकारी देते हैं : 'हॉर्लिक्स परिवार का महान पुष्टिदाता है।'

आज्ञा अर्थ वृत्ति के वाक्यों में विज्ञापित सामग्री को प्राप्त करने के लिए प्रेरित किया जाता है : टी वी एस मोटर साइकिल में : 'रगड़ों मगर स्टाइल से' ।,

प्रश्न वृत्ति में वाक्य ध्यान खींचते हैं तथा संदेश को बलपूर्वक प्रेषित करते हैं जैसेः

'आप नए लाइफबॉय से नहाए हो क्या?'

'विस्मय' अर्थ वृत्ति वाले वाक्य श्रोता को अपना उद्‌बोधन विस्मय स्वरूप में देते हैं और उसका ध्यान बरबस ही आकृष्ट करते हैं :

'सफेदी चौंकाए, दाम बजट में समाए।'

इनके अतिरिक्त विज्ञापनों में भाषा, वाक्य, व्याकरण, विशेषण, क्रियाविशेषण, शब्दवर्ग, मिश्रिय वाक्य विन्यास आदि के द्वारा भी विज्ञापनों की भाषा के रचनात्मक प्रभाव उत्पन्न किए जाते हैं। अलंकारों, अनुप्रास, मुहावरों, कहावतों आदि के रोचक प्रयोग द्वारा भी विज्ञापनों की भाषा को ऐसा बनाया जाता है कि वह अनायास ही लोगों का ध्यान अपनी ओर आकृष्ट करे।

मानक हिन्दी शब्दकोष

दैनिक जीवन में भाषा का प्रयोग किसी न किसी रूप में किया ही जाता रहा है। भारतीय संघ की राजभाषा स्वीकृत हो जाने के बाद यह आवश्यक था कि हिन्दी का एक सर्वमान्य ऐसा प्रारूप निर्धारित किया जाए जो सभी प्रयोगकर्ताओं के लिए सहज व सुगम हो। साथ ही उसमें लिखने-पढ़ने की एकरूपता भी बनी रहे। इसी दृष्टिकोण को दृष्टिगत रखते हुए केन्द्रीय हिन्दी निदेशालय ने जो कि 'मानव संसाधन विकास मंत्रालय' के अधीन एक इकाई है, ने 'मानक हिन्दी वर्तनी' की एक पुस्तिका जारी की है जो हिन्दी के मानकीकरण की दिशा में महत्वपूर्ण कदम है। इसके प्रमुख प्रावधान इस प्रकार हैं :

मानक हिन्दी वर्णमाला तथा अंक

भारतीय संघ तथा कुछ राज्यों की राजभाषा स्वीकृत हो जाने के फलस्वरूप हिन्दी का मानक रूप निर्धारित करना बहुत आवश्यक था, ताकि वर्णमाला में सर्वत्र एकरूपता रहे और टाइपराइटर आदि आधुनिक यन्त्रों के उपयोग में लिपि की अनेकरूपता बाधक न हो।

इन सभी बातों का ध्यान में रखकर केन्द्रीय हिन्दी निदेशालय ने शीर्षस्थ विद्वानों आदि के साथ वर्षों के विचार-विमर्श में पश्चात् हिन्दी वर्णमाला तथा अंकों का जो मानक स्वरूप निर्धारित किया, वह इस प्रकार है :

मानक हिन्दी वर्णमाला

स्वर	:	अ	आ	इ	ई	उ
	ऊ	ऋ	ए	ऐ	ओ	औ
मात्राएं	:	ा	ि	ी	ु	ू
		े	ै	ो	ौ	
	ृ					
अनुसार	:	ं	(अं)			
विसर्ग	:	:	(अः)			
अनुनासिकता चिह्न		ँ				
व्यंजन	:	क	ख	ग	घ	ङ
	च	छ	ज	झ	ञ	
	ट	ठ	ड	ढ	ण	ड़

ढ़

	त	थ	द	ध	न
	प	फ	ब	भ	म
	य	र	ल	व		ळ
	श	ष	स	ह	
संयुक्त व्यंजन :	क्ष	त्र	ज्ञ	श्र	
हल चिह्न :	्	(ड्)			
गृहीत स्वन :	ऑ	(ॅ),	ख़,	, ज	फ
देवनागरी अंक :	१	२	३	४	५
	६	७	८	९	०
भारतीय अंकों का					
अन्तर्राष्ट्रीय स्वरूप :	1	2	3	4	5
	6	7	8	9	0

संस्कृत के लिए प्रयुक्त देवनागरी वर्णमाला में तो ऋ, लृ तथा लॄ भी सम्मिलित हैं किन्तु हिन्दी में इन वर्णों का प्रयोग न होने के कारण इन्हें हिन्दी की मानक वर्णमाला में स्थान नहीं दिया गया है।

संविधान के अनुच्छेद 343 (1) के अनुसार संघ के राजकीय प्रयोजनों के लिए प्रयुक्त होने वाले अंकों का रूप भारतीय अंकों का अन्र्राष्ट्रीय रूप होगा, परन्तु राष्ट्रपति संघ के किसी भी राजकीय प्रयोजन के लिए भारतीय अंकों के अन्तर्राष्ट्रीय रूप के साथ-साथ देवनागरी रूप का प्रयोग भी प्राधिकृत कर सकते हैं।

परिवर्धित देवनागरी वर्णमाला

केन्द्रीय हिन्दी निदेशालय ने उपर्युक्त मानक हिन्दी वर्णमाला के साथ ही परिवर्धित देवनागरी वर्णमाला भी विकसित की है, ताकि उसके माध्यम से सभी भारतीय भाषाओं का लिप्यंतरण देवनगारी में हो सके।

हिन्दी वर्तनी का मानकीरण

व्याकरण और लिपि दो प्रमुख तत्व ऐसे हैं जो किसी भी भाषा के सीखने-सिखाने में सहायक और बाधक दोनों सिद्ध होते हैं। लिपि का एक पक्ष है, सामान्य और विशिष्ट स्वर के पृथक् प्रतीक-वर्णों की समृद्धि, उनका परस्पर स्पष्ट आकार-भेद, लिखावट में सरलता तथा स्थान-लाघव एवं प्रयत्न-लाघव।

लिपि का दूसरा पक्ष है, वर्तनी। एक ही स्वर को प्रकट करने के लिए विविध वर्णों का प्रयोग वर्तनी को जटिल बना देता है और यह लिपि का एक सामान्य दोष माना जाता है। यद्यपि देवनगरी लिपि में यह दोष न्यूनतम है, फिर भी उसकी कुछ अपनी विषिष्ट कठिनाइयां भी हैं।

भारत सरकार के शिक्षा मंत्रालय ने उपर्युक्त सभी समस्याओं को हिन्दी वर्तनी में एकरूपता लाने के लिए सन् 1961 ई. में एक विशेषज्ञ समिति नियुक्त की थी। समिति ने अप्रैल, 1962 में अपनी अन्तिम सिफारिशें प्रस्तुत कीं, जिन्हें सरकार ने स्वीकृत किया। इन्हें 1967 में हिन्दी वर्तनी का मानकीकरण शीर्षक पुस्तिका में व्याख्या तथा उदाहरण सहित प्रकाशित किया गया था।

वर्तनी सम्बन्धी अद्यतन नियम निम्नलिखित हैं

(1) संयुक्त वर्ण

(क) खड़ी पाई वाले व्यंजन

खड़ी पाई वाले व्यंजनों का संयुक्त रूप खड़ी पाई को हटाकर ही बनाया जाना चाहिए जैसे

ख्याति, लग्न, विघ्न व्यास

कच्चा, छज्जा श्लोक

नगण्य राष्ट्रीय

कुत्ता, पथ्य, ध्वनि, न्यास स्वीकृत

प्यास, डिब्बा, सभ्य, रम्य यक्ष्मा

शैय्या त्र्यंबक

उल्लेख

(ख) अन्य व्यंजन

(अ) 'क' और 'फ' के संयुक्ताक्षर :

संयुक्त, पक्का, दफ्तर आदि की तरह बनाए जाएं, न कि संयुक्त, पक्का, दफ्तर की तरह।

(ब) ङ, छ, ट, ठ, ड, ढ, द और ह के संयुक्ताक्षर हल् चिह्न लगाकर ही बनाए जाएं,

जैसे : वाङ्मय, लट्टू, बुड्ढ़ा, विद्या, चिह्न, ब्रह्मा आदि।

(वाङ्मय, लट्टू बुड्ढा, विद्या, चिह्न, ब्रह्मा नहीं)

(स) संयुक्त 'र' के प्रचलित तीनों रूप यथावत् रहेंगे, यथा :

प्रकार, धर्म, राष्ट्र।

(द) श्र का प्रचलित रूप ही मान्य होगा। इसे 'श' के रूप में नहीं लिखा जाएगा।

त् + र के संयुक्त रूप के लिए त्र और त दोनों रूपों में से किसी एक के प्रयोग की छूट होगी। किन्तु 'क्र' को 'क्र' के रूप में नहीं लिखा जाएगा।

(य) हल चिह्न युक्त वर्ण से बनने वाले संयुक्ताक्षर के द्वितीय व्यंजन के साथ 'इ' की मात्रा का प्रयोग संबंधित व्यंजन के तत्काल पूर्व ही किया जाएगा, न कि पूरे युग्म से पूर्व, यथा : कुट्टिम द्विवितीय, बुद्धिमान, चिह्नित आदि।

(कुट्टिम, द्विवतीय, बुद्धिमान, चिह्नित नहीं)।

(र) संस्कृत में संयुक्ताक्षर पुरानी शैली से भी लिखे जा सकेंगे, उदाहरणार्थः संयुक्त चिह्न, विद्या, चञ्चल, विद्वान, वृद्ध, अङ्क, द्वितीय, बुद्धि आदि।

(2) विभाक्ति चिह्न

(क) हिन्दी के विभक्ति-चिह्न सभी प्रकार के संज्ञा शब्दों मे प्रतिपादित से पृथक् लिखे जाएं, जैसेराम ने, राम को, राम से आदि तथा स्त्री ने, स्त्री को, स्त्री से आदि। सर्वनाम शब्दों में ये चिह्न प्रातिपदिक के साथ मिलाकर लिखे जाएं, यथाउनका, उनको, उनके, उनपर आदि।

(ख) सर्वनामों के साथ यदि दो विभक्ति-चिह्न हों तो उनमें से पहला मिलाकर और दूसरा पृथक् लिखा जाए, यथाउसके लिए, इसमें से।

(ग) सर्वनाम और विभक्ति के बीच 'ही' 'तक' आदि का निपात हो तो विभक्ति को पृथक् लिखा जाए, यथाआप ही के लिए, मुझ तक को।

(3) क्रियापद

संयुक्त क्रियाओं में सभी अंगभूत क्रियाएं अलग-अलग लिखी जाएं, यथालिखा सकता है, गा सकता है, बजाया करता है, खाया करता है, जा सकता है, कर सकता है, किया करता था, लिखा करता था, मजाक करेगा, टहलता रहेगा, बढ़ने चले जा रहे हैं आदि।

(4) हाइफ़न

हाइफ़न का विधान स्पष्टता के लिए किया गया है :

(क) द्वंद्व समाज में पदों के बीच हाइफन रखा जाए, जैसे :

उठना-बैठना, खाना-पीना, पठन-पाठन, सीता-राम, बार-बार राम-लक्ष्मण, शिव-पार्वती-संवाद, देख-रेख, चाल-चलन, हँसी-मजाक, लेन-देन, पढ़ना-लिखना, खाना-पीना, खेलना-कूदना आदि।

(ख) सा, जैसा आदि से पूर्व हाइफ़न रखा जाए, जैसे :

तुम-सा, मोहन-जैसा, चाकू-से तीखे।

(ग) तत्पुरुष समाज में हाइफन का प्रयोग केवल वहीं किया जाए, जहां उसके बिना भ्रम होने की संभावना हो, अन्यथा नहीं, जैसे भू-भाग। सामान्यतः तत्पुरुष समासों में हाइफ़न लगाने की आवश्यकता नहीं है, यथारामराज्य, राजकुमार, गजानन्द, ग्रामवासी, आत्महत्या आदि।

इसी तरह यदि 'अ-नख' (बिना नख का) समस्त पदा में हाइफ़न न लगाया जाए तो उसे 'अनख' पढ़े जाने से 'क्रोध' का अर्थ भी निकल सकता है। अ-नति (नम्रता का अभाव) : अनति (थोड़ा), अ-परस (जिसे किसी ने न छुआ हो) : अपरस (एक चर्म रोग), भू-तत्व (पृथ्वी-तत्त्व) : भूतत्व (भूत होने का भाव)। आदि समस्त पदों की भी यही स्थिति है। ये सभी युग्म वर्तनी और अर्थ दोनों दृष्टियों से भिन्न-भिन्न शब्द हैं।

(घ) कठिन संधियों से बचने के लिए भी हाइफ़न का प्रयोग किया जा सकता है,

जैसे : द्‌वि-अक्षर, द्‌वि-अर्थक आदि।

(5) अव्यय

'तक', 'साथ' आदि अव्यय सदा पृथक् लिखे जाएं, जैसे : आपके साथ, यहां तक। इस नियम को कुछ और उदाहरण देकर स्पष्ट करना आवश्यक है। हिन्दी में आह, ओह, अहा, ऐ, ही, तो, सो, भी, न, जब, तब, कब, यहां, वहां, कहां, सदा, क्या श्री, जी, तक, भर, मात्र, साथ, कि, किन्तु, मगर, लेकिन, चाहे, या, अथवा, तथा यथा, और आदि अनेक प्रकार के भावों का बोध कराने वाले अव्यय हैं। कुछ अवयवों के आगे विभक्ति चिह्न भी आते हैं, जैसे : अब से, तब से, यहां से, वहां से, सदा से आदि। नियम के अनुसार अव्यय सदा पृथक् लिखे जाने चाहिए। जैसे : आप ही के लिए, मुझ तक का आपके साथ, गज भर कपड़ा, देश भर, रात भर, दिन भर, वह इतना भर कर दे, मुझे जाने तो दो, काम भी नहीं बना, पचास रुपये मात्र आदि। सम्मानार्थक 'श्री' और 'जी' अव्यय भी पृथक् लिखे जाएं, यथाश्री श्रीराम, कन्हैयालाल जी, महात्मा जी आदि।

समस्त पदों में प्रति, मात्र, यथा आदि अव्यय पृथक् नहीं लिखे जाएंगे, जैसे : प्रतिदिन, प्रतिशत, मानवमात्र, निमित्तमात्र, यथासमय, यथोचित आदि। यह सर्वविदित नियम है कि समास होने पर समस्त पद एक माना जाता है। अतः उसे व्यस्त रूप में न लिखकर एक साथ लिखना ही संगत है।

(6) श्रुतिमूलक 'य', 'व'

(क) जहां श्रुतिमूलक य, व का प्रयोग विकल्प से होता है, वहां न किया जाए, अर्थात् किए-किये, नई-नयी, हुआ-हुवा आदि में से पहले (स्वरात्मक) रूपों का ही प्रयोग किया जाए। यह नियम क्रिया, विशेषण, अव्यय आदि सभी रूपों और स्थितियों में लागू माना जाए, यथादिखाए गए, मोहन के लिए, पुस्तक लिए हुए, पुरानी दिल्ली आदि।

(ख) जहां 'य' श्रुतिमूलक व्याकरणिक परिवर्तन न होकर शब्द का ही मूल तत्त्वा हो वहां वैकल्पिक श्रुतिमूलक स्वरात्मक परिवर्तन की आवश्यकता नहीं है। जैसेः स्थायी, अव्ययीभाव, दायित्व आदि। यहां स्थाई, अव्यईभाव, दाइत्व नहीं लिखा जाएगा।

(7) अनुस्वार तथा अनुनासिकता-चिह्न (चंद्रबिन्दु)

अनुस्वरा (ं) और अनुनासिकता चिह्न (ँ) दोनों प्रचलित रहेंगे।

(क) संयुक्त व्यंजन के रूप में जहां पंचमाक्षर के बाद सवर्गीय शेष चार वर्णों में से कोई वर्ण हो तो एकरूपता और मुद्रण/लेखन की सुविधा के लिए अनुस्वार का ही प्रयोग करना चाहिए, जैसे : गंगा, चंचल, ठंडा, संध्या, संपादक आदि में पंचमाक्षर के बाद उसी वर्ग का वर्ण आगे आता है, अतः पंचमाक्षर के स्थान पर अनुस्वार का प्रयोग होगा (गङ्गा, चञ्चल, ठण्डा, सन्धता, सम्पादक का नहीं)। यदि पंचमाक्षर के बाद किसी अन्य वर्ग का कोई वर्ण आए अथवा वहीं पंचमाक्षर दुबारा आए तो पंचमाक्षर अनुस्वार के रूप में परिवर्तित नहीं होगा, जैसे : वाङ्मय, अन्य, अन्न, सम्मेलन, सम्मति, चिन्मय, उन्मुख आदि। अतः वामय, अंय, अंन संमेलन, संमति, चिंमय, उंमुख आदि रूप ग्राह्म नहीं हैं।

(ख) चंद्रबिन्दु के बिना प्रायः अर्थ में भ्रम की गुंजाइश रहती है, जैसे : हंसः: हँस, अंगना : अँगना आदि में। अतएव ऐसे भ्रम को दूर करे के लिए चन्द्रबिन्दु का प्रयोग अवश्य किया जाना चाहिए। किन्तु जहां (विशेषकर शिरोरेखा के ऊपर जुड़ने वाली मात्रा के साथ) चंद्रबिन्दु के प्रयोग से छपाई आदि में बहुत कठिनाई हो और चंद्रबिन्दु के स्थान पर बिन्दु (अनुस्वार चिह्न) का

प्रयोग किसी प्रकार का भ्रम उत्पन्न न करें, वहां चंद्रबिन्दु के स्थान पर बिन्दु के प्रयोग की छूट दी जा सकती है, जैसे : नहीं, में, मैं। कविता आदि के प्रसंग में छंद की दृष्टि से चंद्रबिंदु का यथास्थान अवश्य प्रयोग किया जाए। इसी प्रकार छोटे बच्चों की प्रवेशिकाओं में जहां चंद्रबिदुं का उच्चारण सिखाना अभीष्ट हो, वहां उसका यथास्थान सर्वत्र प्रयोग किया जाए, जैसे : कहाँ, हँसना, आँगन, सँवारना, मैं, में, नहीं आदि।

(8) विदेशी ध्वनियां

(क) अरबी-फारसी या अंग्रेजी मूलक वे शब्द जो हिन्दी के अंग बन चुके हैं और जिनकी विदेशी ध्वनियों का हिंदी ध्वनियों में रूपांतर हो चुका है, हिंदी रूप में ही स्वीकार किए जा सकते हैं, जैसे : कलम, किला, दाग आदि (कलम, क़िला, दाग़ नहीं)। पर जहां उनका शुद्ध विदेशी रूप में प्रयोग अभीष्ट हो अथवा उच्चारणगत भेद बताना आवश्यक हो वहां उनके हिंदी में प्रचलित रूपों में यथास्थान नुक्ते लगाए जाएँ, यथाखाना, राज : राज, फन : फ़न। सारांश रूप में यह कहा जा सकता है कि अरबी-फारसी एवं अंग्रेजी की मुख्यतः पांच ध्वनियां (क, ग, ख़, ज और फ़) हिंदी में आई हैं जिनमें से दो (क और ग) तो हिंदी उच्चारण (क, ग) में परिवर्तित हो गई है, एक (ख) लगभग हिंदी 'ख' में खपने की प्रक्रिया में है और शेष दो (ज, फ़) धीरे-धीरे अपना अस्तित्व खोने/बनाए रखने के लिए संघर्षरत है।

(ख) अंग्रेजी के जिन शब्दों में अर्धविवृत 'ओ' ध्वनि का प्रयोग होता है, उनके शुद्ध रूप का हिंदी में प्रयोग अभीष्ट होने पर 'आ' की मात्रा (ा) के ऊपर अर्धचन्द्र का प्रयोग किया जाए। (ऑ, ॉ)। जहां तक अंग्रेजी और अन्य विदेशी भाषाओं से नए शब्द ग्रहण करने और उनके देवनागरी लिप्यंतरण का सम्बन्ध है, अगस्त-सितम्ब, 1962 में वैज्ञानिक तथा तकनीकी शब्दावली आयोग द्वारा वैज्ञानिक शब्दावली पर आयोजति भाषाविदों की संगोष्ठी में अन्तर्राष्ट्रीय शब्दावली के देवानागरी लिप्यंरण के सम्बन्ध में की गई सिफारिश उल्लेखनीय है। उसमें यह कहा गया है कि अंग्रेजी शब्दों का देवनागरी वर्णों में अनेक नए संकेत-चिह्न लगाने पड़े। अंग्रेजी शब्दों का देवनागरी लिप्यंतरण मानक अंग्रेजी उच्चारण के अधिक-से-अधिक निकट होना चाहिए। उसमें भारतीय शिक्षित समाज में प्रचलित उच्चारण सम्बन्धी थोड़े बहुत परिवर्तन किए जा सकते हैं। अन्य भाषाओं के शब्दों के सम्बन्ध में भी यही नियम लागू होना चाहिए।

(ग) हिंदी में कुछ शब्द ऐसे हैं, जिनके दो-दो रूप बराबर चल रहे हैं। विद्वत्समाज में दोनों रूपों की एक-सी मान्यता है। फिलहाल इनकी एकरूपता आवश्यक नहीं समझी घई है। कुछ उदाहरण हैं : गरदन/गर्दन, गरमी/गर्मी, बरफ/बर्फ, बिलकुल/बिल्कुल, सरदी/सर्दी, कुरसी/कुर्सी, भरती/भर्ती, फुरसत/फुर्सत, बरदाश्त/बर्दाश्त, वापिस/वापस, आखीर/आखिर, बरतन/बर्तन, दोबारा/दुबारा, दूकान/दूकान, बीमार/बिमारी आदि।

(9) हल् चिह्न

संस्कृतमूलक तत्सम शब्दों की वर्तनी में सामान्यतः संस्कृत रूप ही रखा जाए, परन्तु जिन शब्दों के प्रयोग में हिन्दी में हल् चिह्न लुप्त हो चुका है, उनमें से उसको फिर से लगाने का यत्न न किया जाए, यथा'महान', 'विद्वान' आदि के 'न' में।

(10) स्वन-परिवर्तन

संस्कृतमूलक तत्सम शब्दों की वर्तनी को ज्यों-का-त्यों ग्रहरण किया जाए। अतः 'बह्मा' को 'ब्रम्हा' 'चिह्न' को 'चिन्ह', 'उऋण' को 'उरिण' में बदलना उचित नहीं होगा। इसी प्रकार ग्रहीत्, दृष्टव्य, प्रदर्शिनी, अत्याधिक, अनाधिकार आदि अशुद्ध प्रयोग ग्राह्य नहीं हैं। इनके स्थान पर क्रमशः गृहीतः द्रष्टव्य, प्रदर्शनी, अत्यधि, अनधिकार ही लिखना चाहिए। जिन तत्सम शब्दों में तीन व्यंजनों के संयोग की स्थिति में एक द्वित्वमूलक व्यंजन लुप्त हो गया है उसे न लिखने की छूट है यथाअर्द्ध/अर्ध, उज्ज्वल/उज्जवल, तत्त्व/तत्व आदि।

(11) विसर्ग

संस्कृत के जिन शब्दों में विसर्ग का प्रयोग होता है, वे यदि तत्सम रूप में प्रयुक्त हों तो विसर्ग का प्रयोग अवश्य किया जाए, यथानिःस्वार्थ में। यदि उस शब्द के तद्भव रूप में विसर्ग का लोप हो चुका हो तो उस रूप में विसर्ग के बिना भी काम चल जाएगा। जैसे 'दुख-सुख के साथी'।

(12) 'ऐ' 'ओ' का प्रयोग

हिंदी में ऐ (ै) और (ौ) का प्रयोग दो प्रकार की ध्वनियों को व्यक्त करने के लिए होता है। पहले प्रकार की ध्वनियां 'है', 'और' आदि में हैं तथा दूसरे प्रकार की 'गवैया', 'कौवा' आदि में। इन दोनों ही प्रकार की ध्वनियों को व्यक्त करने के लिए इन्हीं चिह्नों (ऐ,ै ; औ, ौ) का प्रयोग किया जाए। 'गवय्या', 'कव्वा' आदि संशोधन की आवश्यकता नहीं है।

(13) पूर्वकालिक प्रत्यय

पूर्वकालिक प्रत्यय 'कर' क्रिया से मिलाकर लिखा जाए, यथामिलाकर, खा-पीकर, रो-रोकर चिल्ला-चिल्लाकर आदि।

(14) अन्य नियम

(क) शिरोरेखा का प्रयोग प्रचलितउ रहेगा।

(ख) फुलस्टॉप को छोड़कर शेष विराम आदि चिह्न वही ग्रहण कर लिए जाएँ, जो अंग्रेजी में प्रचलित हैं, यथाः

(- , ; ? ! : =)

विसर्ग के चिह्न को ही कोलन का चिह्न मान लिया जाए).

(ग) पूर्ण विराम के लिए खड़ी पाई (1) का प्रयोग किया जाए।

(15) मानक वर्तनी के प्रयोग का उदाहरण

हिंदी एक विकासशील भाषा है। संघ की राजभाषा घोषित हो जाने के आद यह धीरे-धीरे अखिल भारतीय रूप ग्रहण कर रही है। अन्य क्षेत्रीय भाषाओं के सम्पर्क में आकर, उनसे बहुत कुछ ग्रहण करके और अहिंदी भाषियों द्वारा प्रयुक्त होते-होते उसका यथासमय एक सर्वसम्मत अखिल भारतीय रूप विकसित होगा : ऐसी आशा है।

यद्यपि यह सही है कि एक विस्तृत भू-खंड में और बहुभाषी समाज के बीच व्यवहृत किसी भी विकासशील भाषा के उच्चारण गठन में अनेकरूपता मिलना स्वाभाविक है। उसे व्याकरण के कठोर नियमों में जकड़ा नहीं जा सकता, उसके प्रयोगकर्ता को, किसी ऐसे शब्द को जिसके दो या अधिक समानांतर रूप प्रचलित हो चुके हों, एक विशेष रूप में प्रयुक्त करने के लिए बाध्य नहीं किया जा सकता, ऐसे शब्दरूपों के बारे में किसी विशेषज्ञ समिति द्वारा निर्णय दे देने के बाद भी उनकी ग्राह्यता-अग्राह्यता के विषय में मतभेद बना ही रहता है, फिर भी प्रथमतः कम से कम लेखन, टंकण और मुद्रण के क्षेत्र में हिंदी भाषा में एकरूपता और मानकीकरण की तत्काल आवश्यकता है ही। क्या ऐसा करना आज के यंत्राधीन जीवन की अनिवार्यता नहीं है?

भाषाविषयक कठोर नियम बना देने से उसकी स्वीकार्यता तो संदेहास्पद हो ही जाती है, साथ ही भाषा के स्वाभाविक विकास में भी अवरोध आने का थोड़ा-सा डर रहता हे। फलतः भाषा गतिशील, जीवंत और समयानुरूप नहीं रह पाती। हिंदी

वर्णमाला के मानकीकरण में और हिंदी वर्तनी की एकरूपता विषयक नियम निर्धारित करते समय इन सब तथ्यों को ध्यान में रखा गया है और इसलिए, जहां तक बन पड़ा है काफी हद तक उदारतापूर्ण नीति अपनाई गई है?

परिवर्धित देवनागरी

केन्द्रीय हिंदी निदेशालय का एक प्रमुख उद्देश्य देवनागरी को भारतीय भाषाओं के लिप्यंतरण का सशक्म माध्यम बनाना भी रहा है। इसके लिए यह आवश्यक था कि देवनागरी में अन्य भाषाओं की ध्वनियों के सूचक प्रतीक विकसित किए जाएं। अतः निदेशालय ने विशेषज्ञों के साथ विचार-विमर्श के बाद सन् 1966 में **परिवर्धित देवगागरी** नामक एक पुस्तिका प्रकाशित की, जिसमें दखिण भारत की भाषाओं तथा कश्मीरी के विशिष्ट स्वरों और व्यंजनों के अतिरिक्त सिंधी और उर्दू की विशिष्ट ध्वनियों के लिप्यंतरण के लिए देवनागरी में अपेक्षित परिवर्धन किया गया। सिंधी को छोड़कर शेष सभी भारतीय भाषाओं में संविधान के एका अंश का लिप्यंतरण इस परिवर्धित देवनागरी में किया गया था।

परिवर्धित देवनागरी की न्यूनताओं पर बाद में भी विचार चलता रहा और इनके निराकरण के लिए प्रयास किया गया और विद्वानों से इस प्रसंग में सम्मितियां भी मांगी गईं। प्राप्त सम्पतियों और सुझावों के अनुसरण में एक तुलनात्मक सारणी बनाई गई जिसमें संविधान की अष्टम अनुसूची की सभी भाषाओं को समाविष्ट किया गया। वह सारणी निदेशालय की विभिन्न बहुभाषी कोश-योजनाओं में काफी सहायक सिद्ध हुई। कालांतर में इस सारणी में भी संशोधन-परिवर्धन करने की आवश्यकता जान पड़ी। अतः 5-6 फरवरी, 11980 को निदेशालय में भाषा-विशेषज्ञों की एक बैठक हुई, जिसमें परिवर्धित देवनागरी में निम्नलिखित सुधार किया गया :

(1) हटाए गए लिपिचिह्न

(क) कश्मीर . इ, उ, ज, झ

(ख) संस्कृत ॡ, ॡ

(2) जोड़े गए लिपिचिह्न

(क) कश्मीरी ॲ, ऑ

(ख) हलूचिह्न

(३) परिवर्तित लिपिचिह्न

	पूर्ण रूप	परि. रूप
(क) कश्मीरी ह्रस्व आ	ॲ	ओ
(ख) दक्षिण भारतीय भाषाओं में ह्रस्व	ऍ	ऐ
(ग) सिंधी अंतःस्फोटी	द	ड
(घ) मलयालम	व़	ळ

(ड) उर्दू-फारसी अथवा अरबी (अ) को व्यंजन मानते हुए इनके साथ अन्य मात्राएं इस प्रकार जुड़ेंगी : अि, अी, अु आदि।

इस प्रकार परिवर्तित देवनागरी वर्णमाला सारणी को जो रूप स्वीकृत हुआ है, वह निम्नलिखित हैं :

परिवर्धित देवनागरी वर्णमाला

देवनागरी वर्णमाला

	स्वर	:	अ	आ	इ	ई	उ
ऊ	ऋ	ॠ	ए	ऐ	ओ	औ	
	मात्रा	:	ा	ि	ी	ु	ू
	े	ै	ो	ौ			
ृ							
	अनुस्वार	:	ं	(अं)			
	विसर्ग	:	:	(अः)			

अनुनासिकता चिह्न

व्यंजन	:	क	ख	ग	घ	ङ
	च	छ	ज	झ	ञ	
	ट	ठ	ड	ढ	ण	ढ़
ढ़						
	त	थ	द	ध	न	
	प	फ	ब	भ	म	
	य	र	ल	व	ळ	
	श	ष	स	ह		
संयुक्त व्यंजन		:	क्ष	त्र	ज्ञ	श्र

महत्वपूर्ण

विशेषक चिह्न

स्वर :(1) ह्रस्व ए और ओ ऎ ऒ
मात्राएं ॆ ॊ
(2) कश्मीरी के विशिष्ट स्वर उ ऊ अ ओ ॲ ऑ
मात्राएं ॖ ॗ ॏ ॅ ॉ

व्यंजन : (1) कश्मीरी चवर्ग च़ छ़
(2) सिंधी अंतःस्फोटी व्यंजन ग ज ड ब
(3) तमिल और मलायलम ळ
(4) बंगला-असमिया य
(5) दक्षिण भारतीय भाषाओं के 'र' का कठोस उच्चारण ऱ
(6) तमिल 60ा ऩ
(7) मलयालम ഩ का वर्त्स्य उच्चारण ऩ
(8) फारसी-अरबी और अंग्रेजी से गृहीत स्वन क़ ख़ ग़ ज़ फ़
(9) उर्दू ऐन (ع) अ
स्थिति के अनुसार अ (अव्वल), अि (अिबादत)
अी (अीद), अु (अुम्र)
अै (अैब), अौ (अौरत) आदि।

दीर्घ उत्तरीय प्रश्न

1. अनुवाद प्रक्रिया में उत्पन्न होने वाली समस्याओं का उल्लेख करते हुए इसके विविध रूपों पर प्रकाश डालिए?
2. हिन्दी वर्तनी का मानकीकरण क्या है? इसका सविस्तार वर्णन कीजिए?
3. संचार के विविध माध्यमों में प्रयुक्त की जाने वाली भाषा विशेषताओं पर प्रकाश डालिए?
4. मानक हिन्दी शब्द कोश के स्वरूप पर प्रकाश डालिए?

लघु उत्तरीय प्रश्न

1. अव्यय क्या होते हैं? वर्णन कीजिए?
2. अनुस्वार और अनुनासिकता का अन्तर स्पष्ट कीजिए।

3. परिवर्धित देवनागरी लिपि में सरकार द्वारा किये सुधारों का उल्लेख कीजिए?
4. भाषा निपुणता पर प्रकाश डालिए?

वस्तुनिष्ठ प्रश्न

1. हिन्दी वर्तनी के एकरूपता लाने हेतु शिक्षा मंत्रालय द्वारा विशेषज्ञ समिति नियुक्त की गई
   (क) अप्रैल 1962 (ख) अप्रैल 1967
   (ग) सन् 1961 (घ) उपरोक्त में से कोई नहीं
2. परिवर्धित देवनागरी सुधार समिति गठित की गयी
   (क) सन् 1980 (ख) फरवरी 1980
   (ग) फरवरी 1966 (घ) सन् 1961
3. केन्द्रीय हिन्दी निदेशालय द्वारा भारतीय भाषाओं के लिप्यतरण का माध्यम बनाया गया
   (क) देवनागरी (ख) हिन्दी
   (ग) उर्दू (घ) उपरोक्त में से कोई नहीं
4. निम्न में क्या विज्ञापन भाषा का तत्व नहीं है
   (क) निश्चय (ख) आज्ञा
   (ग) उत्तर (घ) विस्मय

24

ऑन लाइन समाचार सम्पादन

संचार और प्रौद्योगिकी के क्षेत्र में हुए क्रान्तिकारी परिवर्तनों के परिणामस्वरूप पत्रकारिता के क्षेत्र में भी व्यापक परिवर्तन आये हैं। पत्रकारिता में अत्याधुनिक तकनीक के प्रयोग से इसका क्षेत्र विस्तृत होता जा रहा है। आज कोई भी व्यक्ति साइबर कैफे में बैठकर न केवल अखबार प्राप्त कर सकता है बल्कि समाचार-पत्रों के कार्यालयों में एक कार्यालय से दूसरे कार्यालय तक ऑनलाइन पत्रकारिता की प्रविधि भी संचालित कर सकता है। संपादन, समाचार चयन, फोटो- संयोजन से लेकर लेखन, पठन-पाठन तक की समस्त गतिविधियां इस प्रविधि द्वारा संचालित की जा सकती हैं। पत्रकारिता के इलेक्ट्रॉनिक (Electronic) स्वरूप के चलते आज यह प्रविधि अत्यंत महत्वपूर्ण हो चली है।

ऑन लाइन समाचार-पत्र संस्करण

कम्प्यूटर का आविष्कार और प्रयोग का विश्व हर क्षेत्र में चाहे वह आर्थिक, व्यापारिक, शैक्षिक कोई भी हो व्यापक परिवर्तन आये हैं। पत्रकारिता के क्षेत्र में लगभग सभी समाचार-पत्र जिनकी प्रसार संख्या बड़ी है वे अपने पृष्ठों को सीधे कम्प्यूटर स्क्रीन पर कम्पोज करते हैं। फोटो विज्ञापन, सामग्री फीचर, शीर्षक, ले-आउट आदि सभी कार्य कम्प्यूटर स्क्रीन पर ही सम्पादित होते हैं। विज्ञापन भी उपग्रह के जरिए समाचार एजेन्सी या विज्ञापन एजेन्सी से सीधे समाचार-पत्र के

कार्यालय में आकर उपस्थित होते हैं। स्केनर, प्रिन्टर व डिजिटल कैमरे के संयुक्त प्रयोगों से सम्पूर्ण समाचार-पत्र का कायाकल्प किया जा सकता है। कम्प्यूटर की यह क्षमता व उसका कम खर्च अखबारों के कई संस्करण निकालने का रास्ता खोल देगा। इससे ग्राहक संख्या पर भी असर होगा।

ऑन लाइन संस्करण में सम्पादक समाचार पृष्ठ के प्रत्येक हिस्से की डमी को कम्प्यूटर स्क्रीन पर देख-परख सकता है। उसे कहीं भी कागज पर प्रूफ व पेज बनाने की आवश्यकता नहीं है। मनचाहा आकार, रंग-संयोजन, कॉलम आदि की-बोर्ड व माउस की क्लिक से निपटाए जा सकते हैं। साथ ही एक अखबार के भिन्न-भिन्न संस्करणों की सामग्री को इंटरनेट, उपग्रह, कॉम्पेक्ट डिस्क आदि की सहायता से एक स्थान से दूसरे स्थान पर आसानी से भेजा जा सकता है। सुविधा की बात यह भी है कि फोटो-फीचर, परिशिष्ट आदि तैयार पृष्ठों के साथ आसानी से समायोजित किए जा सकते हैं।

कम्प्यूटर की सहायता से ही छपाई के लिए तैयार पृष्ठ की डमी अन्तिम के लिए निगेटिव आदि तैयार करने के क्रम में प्रस्तुत की जा सकती है। मुख्य बात यह है कि इसने पुराने ढर वाले टाइपों, पृष्ठ तैयार करने के खांचों, रूपों इत्यादि को बीते युग का बना दिया है। ऑन लाइन एडिटिंग में आज सम्पादक व संवाददाता के पास कागज-कलम हो सकता है। इससे समय व श्रम का बेकार होना तो रुका ही है साथ ही गुणवत्ता और प्रस्तुति के मापदंड भी बदले हैं।

साइबर अखबार

सूचना और प्रौद्यागिकी के क्षेत्र में हुए आविष्कारों ने समाचार-पत्रों की पद्धति और प्रस्तुति को भी प्रभावित किया है। इंटरनेट के माध्यम से घर बैठे राष्ट्रीय और अन्तर्राष्ट्रीय समाचार-पत्रों को क्षणभर में प्राप्त किया जा सकता है। समाचार पृष्ठ की हुबहू प्रतिकृति, चाही गई सूचनाएँ व सम्बन्धित सारी जानकारिकारियाँ अपने पर्सनल कम्प्यूटर या किसी भी साइबर कैफे पर प्राप्त किया जा सकता है।

इस प्रकार प्रस्तुत की गई सामग्री व समाचार-पत्र ही 'साइबर न्यूज पेपर' है। हर बड़े अखबार व संस्थान की अपनी वेबसाइट है। पाठक उस वेबसाइट से सम्बन्धित समाचार-पत्र तक पहुँच सकता है। इंटरनेट पर उस संस्थान के वेबसाइट के पते को अंकित कर इच्छित सामग्री से रू-बरू हुआ जा सकता है। इस तकनीक का सर्वाधिक लाभ यह है कि विश्व में कहीं भी कभी भी सम्बन्धित सूचना-सामग्री

को प्राप्त कर पाना सम्भव है। समाचार-पत्र के प्रसारण स्थल या क्षेत्र में रहना या होना अब आवश्यक नहीं है। आवश्यकता इस बात की है कि उस संस्था के पते (वेबसाइट) की जानकारी होनी चाहिए। एक क्लिक के इशारे पर मनचाही सूचना हाजिर है। इस 'साइबर-न्यूज पेपर' का लाभ यह है कि इससे वर्गीकृत विज्ञापन की सामग्री तक सम्पर्क हो सकता है, समाचार विवरण प्राप्त हो सकता है, फोटो देखे जा सकते हैं साथ ही आवश्यकता के अनुसार किसी भी सामग्री को प्रिन्टर की सहायता से मुद्रित रूप में कहाँ भी प्राप्त किया जा सकता है। अब समाचार-पत्र के लिए सुबह की प्रतीक्षा आवश्यक नहीं। उसे 'साइबर-न्यूज पेपर' के रूप में आप अपने मनचाहे समय पर प्राप्त कर सकते हैं।

पत्रकारिता एवं ले-आउट की प्रविधियाँ

वेब जर्नलिज्म के चलते पत्रकारिता के विभिन्न तकनीकी बदलाव स्पष्ट दिखाई देते हैं। सूचना तकनीक के अधिकाधिक प्रयोगों एवं इंटरनेट (Intemet) के प्रयोग के चलते सम्पूर्ण दुनिया के पक्ष एवं दृष्टिकोण बदल रहे हैं। विश्व के परिवर्तित होते दृष्टिकोण को मध्यनजर रखते हुए लेखन को सफल व प्रभावी बनाने हेतु निम्नलिखित बिन्दुओं को शामिल किया जाना चाहिए

(i) आत्मीयता,

(ii) खबरों की विश्वसनीयता व सत्यता,

(iii) वैचारिक व प्रस्तुतिगत स्पष्टता,

(iv) सुरुचि व संस्कारपूर्ण,

(v) संक्षिप्त एवं प्रभावी

(vi) सामयिकता,

(vii) घटना एवं तत्संबंधी स्थल के विवरण व परिप्रेक्ष्य,

(viii) मानवीय रुचि के पक्षों का समावेश।

समाचार लेखन में निम्नलिखित सूत्र प्रभावी होते हैं

(a) प्रक्रिया (Method),

(b) प्रबंधन (Administration),

(c) पारस्परिक संचार (Intercommunication)

(d) सूचना (Imformation),

(e) उद्देश्य (Intention),

'अर्नेस्ट हेमिंग्वे' के निर्देशानुसार समाचार लेखन का सूत्र है

Use short sentences

Use short paragraphs

Be positive

सम्पादक (Editing) के परिप्रेक्ष्यों हेतु निम्नलिखित तथ्य विचारणीय हैं। प्रस्तुत सामग्री के क्रम में उसके स्वरूप को देखते हुए विषय एवं प्रकृति के अनुरूप संपादकों की श्रेणियाँ विविध हैं जो निम्नलिखित क्षेत्रों में तथ्यों को प्रस्तुति के योग्य बनाती हैं। ये क्षेत्र हैं:

सांस्कृतिक,	साहित्यिक,
धार्मिक,	फिल्में,
विवरणात्मक,	सन्दर्भ,
शैक्षिक,	विकास,
राजनैतिक,	विज्ञान,
अपराध,	आर्थिक,

सम्पादक प्रस्तुति के पक्षों, उपलब्ध समय और कार्यक्रम के प्रकृति के अनुरूप 'सार-सार को गहि रहे, थोथा देइ उड़ाय' के अनुसार श्रेष्ठ एवं उचित सामग्री को प्रस्तुत करता है। सम्पादक समाचार-पत्र का महत्वपूर्ण पहलू है जो पाठकों की आकांक्षानुरूप समाचारों के विभिन्न पहलूओं को महत्वपूर्ण और रुचिवर्द्धन तरीके से प्रस्तुत करता है।

ले-आउट (Lay-out) प्रस्तुति का वह पक्ष है जो साफ-सुथरे, निखरे स्वरूप में हमारे सामने प्रस्तुत होता है। वर्तमान युग में समाचारों एवं प्रस्तुति को केवल दर्शकों के सम्मुख प्रस्तुत कर देना भर ही महत्वपूर्ण नहीं है बल्कि समाचारों व कार्यक्रमों के अच्छे संकलन को उचित साज-सज्जा व फॉरमेट में प्रस्तुत करना भी आवश्यक है। यांत्रिकी की निरंतर विकासपूर्ण स्थितियों, प्रतिस्पर्धी युग और विज्ञापनों के चलते आज 'ले-आउट' पर बहुत गहरी दृष्टि डाली जाने लगी है। यही कारण है कि प्रस्तुति के समय निम्नलिखित तत्वों पर दृष्टि रखना उपयुक्त होता है :

(i) संतुलन,

(ii) फोकस,

(iii) विरोधाभास,

(iv) संगति,

(v) गति।

निहित है कि प्रभावी प्रस्तुति हेतु संतुलन आवश्यक है। यह संतुलन दोनों ही तरीकों से हो सकता है (i) वास्तविक या (ii) काल्पनिक।

यदि प्रस्तुति के एक दृश्य पृष्ठ में एक ओर तो ढेर सी रंग-बिरंगी सामग्री हो और दूसरी ओर दो-चार लकीरों मात्र की प्रस्तुति ही हो तो वह प्रस्तुति देखने में प्रभावी नहीं होगी।

सम संतुलन के विषय में अलबर्ट ए. सुटान का कथन है किः

"Formal balance is obtained when masses of equal weight are located at equal distances from the optical centre, with the design so arranged that a straight vertical line moved dividing into eyual units which would be superimposed if one half were folded over the other."

असम संतुलन की स्थिति में एक उदाहरण को विषय के स्पष्टीकरण हेतु प्रयुक्त किया जा सकता है माना कि हमें 'चम्मच' को संतुलित करना है तो हमें चम्मच के बीचोंबीच केन्द्र की स्थिति प्राप्त नहीं हो सकती है जबकि चम्मच के मुँह वाले सिरे के निकट केन्द्र की स्थिति मिल सकती है। अधिक वजन वाली वस्तु संतुलन केन्द्र के अधिक निकट होती है। कम वजन वाली वस्तु उससे दूर स्थिर होती है। असम संतुलन की स्थिति में संपादक को अधिक स्वतंत्रता मिलती है।

संतुलन के पश्चात् बारी होती है फोकस (Focus) की। यह वह बिन्दु होता है जो सर्वाधिक ध्यान आकृष्ट करता है। किसी भी पृष्ठ के केन्द्र और ऑप्टिकल (Optical) केन्द्र की स्थिति इस प्रकार होती है :

ऑप्टिकल केन्द्र की स्थिति से यह इंगित होता है कि स्वाभाविक रूप से दर्शक की आँख किस बिन्दु के किस क्षेत्र पर सबसे पहले पड़ती है। विरोधाभास की स्थिति भी दर्शक का ध्यान खींचने की एक विशिष्ट स्थिति है। इसे कंट्रास्ट (Contrast) के रूप में भी जाना जाता है। प्रस्तुति के विपरीत पक्षों जैसे बड़े अक्षरों के साथ छोटे अक्षर, गहरे रंग के साथ हल्के रंग या ऐसी ही किसी विपरीत स्थिति के चलते दर्शक का ध्यान, खींचा जा सकता है।

'संगति' में नाम के अनुरूप स्थितियों की संगतता पर बल दिया जाता है। एक संगीतपूर्ण पृष्ठ में प्रत्येक वस्तु अपने स्थान पर संगत ढंग से रखी दिखाई देती हैं और उसके सभी पक्षों में सामंजस्य भी दृष्टिगोचर होता है।

'गति' के क्रम में भी यह ध्यान रखा जाता है कि एक निश्चित स्थान पर दर्शक की आँख टिककर किस स्वरूप में गतिमान होती है। इस स्वाभाविक स्थिति के अनुरूप ही 'ले-आउट को संयोजित किया जा सकता है।

चित्र

समाचार वेबसाइट को सर्फ एवं ब्राउस करना

समस्त विश्व से संबंधित समाचार इंटरनेट पर सुलभ है। इसे कम्प्यूटर (Computer) की सहायता से सरलता से प्राप्त किया जा सकता है। सर्फ एवं ब्राउस करने के लिए आपके कम्प्यूटर में निम्नलिखित उपकरणों का होना आवश्यक है :

(i) टेलीफोन कनेक्शन (Telephone Connection)

(ii) मोडम (Modem), बाहरी या आंतरिक (External or Internal).

(iii) इंटरनेट रेडी की-बोर्ड (Internet Ready Key-Board).

(iv) विंडोज (Windows) आधारित पर्सनल कम्प्यूटर (Personal Computer).

(v) 386 या अधिक क्षमता के प्रोसेसर से युक्त।

(vi) कम से कम 16 एम.बी. रेम. (16 M.B. RAM.) हो।

समाचार साइटों को सर्फ (Surf) करने के लिए यह जानना जरूरी है कि आखिर सर्फ क्या है? इंटरनेट कनेक्शन, पर्याप्त सुविधा एवं क्षमता युक्त कंप्यूटर व वेब ब्राउसर की सहायता से युक्त कंप्यूटर द्वारा वेब (Web) पर घूमने को सार्फिंग (Surfing) की संज्ञा दी जाती है।

प्रत्येक बड़ी समाचार साइट (News-Site) को वर्ल्ड वाइड वेब (www) के माध्यम से जाना जाता है। वेबसाइट वे कंप्यूटर उत्पादन हैं जिन पर सूचनाएँ संग्रहीत होती हैं। इन बेव साइट्स में पाठ्य (Text), तस्वीर (Photo) एवं आवाज (Voice) भी होती है। विश्व के इंटरनेट (Internet) पर बना रखी है। इन्हीं पर सर्फिंग के माध्यम से जाया जा सकता है।

वेबसाइट पर सुलभ किसी भी प्रकार की सूचना के प्रथम पृष्ठ को उस संस्था का 'होम पेज' (Home Page) कहा जाता है। इसे यूनिवर्सल रिसोर्स लोकेटर के नाम से भी जाना जाता है। जैसे ही 'सर्फिंग' के माध्यम से होम पेज प्राप्त होता है तो उस पेज के वांछित हिस्से को क्लिक करने पर संबंधित जानकारी तक पहुँचा जा सकता है।

होम पेज पर उपलब्ध विभिन्न सामग्री के वेब पेज में प्रयुक्त तकनीक हायपर-मीडिया तकनीक कहलाती है और एक वेब पेज में शब्दों एवं ग्राफिक्स (Graphics) का हायपरलिंक होता है। इन्हीं हायपरलिंक शब्दों एवं ग्राफिक्स पर माउस (Mouse) को क्लिक (Click) करने से उस विषय से संबंधित पेज कंप्यूटर स्क्रीन (Computer Screen) पर उपलब्ध हो जाता है। इस तरह समाचार वेबसाइट की सूचना प्राप्त करने वाला उपयोगकर्ता होम पेज से अन्य अनेक पेजों तक पहुँच सकता है। होम पेज से अन्य पेज व उससे दूसरे अन्य पेजों तक घूमने की प्रक्रिया ही सर्फिंग है।

ब्राउसिंग में ब्राउसर (Browser) की मदद से कार्य किया जाता है। मुख्य रूप ब्राउसर एक प्रकार का सॉफ्टबेयर (Software) है जो कंप्यूटर प्रयोक्ता को किसी भी वेबसाइट (Website) से जोड़ता है। साथ ही उस साइट में उपलब्ध सूचना (Information) को देखने, सुनने, पढ़ने व स्टोर (Store) करने से संबंधित सुविधा एवं कार्यवाही करते हैं। कंप्यूटर व उसकी प्रविधि के अनुसार भिन्न-भिन्न किस्म के ऑपरेटिंग सिस्टम (Operating System) विन्डोज व यूनिक्स (Windows & Unix) पर उपलब्ध प्रमुख वेब ब्राउसर निम्नलिखित हैं :

Windows (विंडोज) के तहत

(i) इंटरनेट एकसप्लोरर (Internet Explorer),

(ii) नेटस्कोप नेवीगेटर (Netscape Navigatter),

Unix (यूनिक्स) ऑपरेटिंग सिस्टम के अंतर्गत

(i) लाइनक्स (Lynux): वेब-ब्राउसर वांछित वेब-साइट के लिए संबंधित सर्वर (Server) कंप्यूटर को संदेश देता है। सर्वर द्वारा इससे संबंधित वेबसाइट को प्राप्तकर्ता कंप्यूटर पर भेजा जाता है। वेब ब्राउसर (Web Browser) को यह सूचना अलग-अलग पैकेट (Packet) के रूप में मिलती है। इस समग्र सूचना को ब्राउसर व्यवस्थित करके कंप्यूटर स्क्रीन पर दिखाता है। यह समस्त प्रक्रिया ब्राउसिंग (Browsing) कहलाती है।

अधिकांश कंप्यूटर विंडोज आधारित होते हैं। इसी के ब्राउसर नेटस्केप नेवीगेटर के माध्यम से न्यूज वेबसाइट पर पहुँचने की प्रक्रिया (Browsing) (ब्राउजिंग) इस प्रकार होगी :

(A) प्रोग्रेस बार (Progress Bar) में ऑइकन (Icon) के माध्यम से बेच-साइट प्राप्ति की स्थिति इंगित होगी।

(B) कुछ समय बाद वाँछित वेबसाइट (Website) का होम पेज मिल जाएगा।

(C) ब्राउसर के एड्रेस बार (Address Bar) में वेबसाइट का पता लिखकर गो (Go) पर क्लिक करें।

कंप्यूटर : परिचय एवं क्रमिक विकास

विज्ञान के महत्वपूर्ण आविष्कारां की अत्यधिक आधुनिक देन हैकम्प्यूटर दृश्य-श्रव्य साधन के रूप में कम्प्यूटर का प्रयोग हर क्षेत्र में हो रहा है। कंप्यूटर के माध्यम से आज विविध प्रयोगों को सुगमता, स्पष्टता एवं क्रियात्मकता के विविध आयाम मिले हैं। कंप्यूटर ने जहाँ दृश्य संयोजन, शब्द लेखन, ले-आऊट, संपादन, का समायोजन हुआ है। आखिर कंप्यूटर (Computer) में ऐसा क्या है जो वह दृश्य-श्रव्य माध्यमों की पहली पसंद बनता जा रहा है? उससे पूर्व यही भी जानना आवश्यक है कि आखिर कंप्यूटर है क्या और इसके व्यापक उपयोग के क्या आधार है। शुरुआत कंप्यूटर के परिचय और इतिहास से करते हैं।

दैनिक कामकाज से लेकर जीवन की प्रत्येक आवश्यकता के अनुरूप यह अपनी पैठ बनाने में कायम हो रहा है। कंप्यूटर एक तेज व सौ प्रतिशत सटीक परिणाम देने वाली इलेक्ट्रॉनिक मशीन यह निर्धारित प्रोग्राम के अनुसार डाटा को ग्रहण करके परिणाम को आऊटपुट इकाई में भेज देती है। कंप्यूटर को प्रोग्राम के रूप में निर्देश प्रदान करने पर वह इन्हें ग्रहण करके गणनाएँ कर इच्छित परिणाम प्रदान करता है। 'कंप्यूटर' शब्द की उत्पत्ति अंग्रेजी में 'कम्यूट' शब्द से हुई है जिसका तात्पर्य है गणना करना। 'कंप्यूटर' शब्द की उत्पत्ति अंग्रेजी में 'कम्यूट' शब्द से हुई है जिसका तात्पर्य है गणना करना। प्रारम्भ में कंप्यूटर का उपयोग मूल रूप से गणनात्मक कार्यों के लिए ही हुआ परन्तु आज उसका कार्यक्षेत्र काफी विस्तृत व व्यापक हो चुका है। जीवन के छोटे से छोटे क्षेत्र तक हर ओर यह सरल से लेकर अत्यन्त जटिल तक हर गणना करने में समर्थ है।

कंप्यूटर प्रोग्राम (निर्देशों) को इनपुट उपकरणों द्वारा ग्रहण किया जाता है, फिर इन निर्देशों को 'सैंट्रल प्रोसेसिंग यूनिट' (CPU) द्वारा प्रोसेस किया जाता है। प्राप्त परिणाम आउटपुट उपकरणों द्वारा प्रदर्शित किया जाना है।

कंप्यूटर के पूर्व भी यान्त्रिक माध्यमों से गणना के अनेक प्रयत्न किए गए थे। 19वे शताब्दी के शुरू में चार्ल्स वैबेज नामक वैज्ञानिक ने इस दिशा में खोज व प्रयास किन्तु गणितीय एवं सांख्यिकी सूचना में पूरी प्रक्रिय मनुष्यी द्वारा ही संचालित की जात थी। अत्यन्त सावधानी के बावजूद इसमें मानवीय कमियाँ रह ही जाती थी। इससे प्रेरित होकर उन्होंने 1822 में 'डिफरेंस इंजिन' (Difference Engine) बनाया। यह लम्बे अरंभ तक प्रयोग में आता रहा।

1833 में उन्होंने 'एनालिटिकल इंजिन' पर कार्य शुरू किया और यही मशीन आगे चलकर कंप्यूटर संरचना का आधार बनी। इस मशीन के निम्नलिखित गुण थे

(i) संख्या को संग्रह करने के लिए इसमें मेमोरीर का प्रावधान था।

(ii) इसमें एक अंकगणितीय इकाई थी जिससे गणनाएँ होती थी।

(iii) इसमें इनपुट उपकरण होते थे जिनकी सहायता से निर्देश व डाटा को पढ़ा जा सकता था।

(iv) इसमें आउटपुट उपकरण होते थे जिसकी सहायता से परिणाम को प्रिन्ट किए जाता था।

महिला वैज्ञानिक **आगस्टा एडा** (Augusta Ada) ने वेबेज के सैद्धान्तिक काम पर क्रियाशील एनालिटिकल मशीन बनाकर विश्व में प्रथम 'प्रोगोमर' होने का श्रेय पाया।

डॉ. जान.एच मुचली ने 1946 में ENIAC नामक इलेक्ट्रानिक मशीन का निर्माण किया। इनमें गणनाएँ इलेक्ट्रॉनिक तरंगों के द्वारा होती थी। यह बहुत तीव्रता वाला कंप्यूटर था साथ ही यह बाइनेरी अंको का संग्रह भी कर सकता था।

एनिएक कंप्यूटर पर कार्य करने में यह बाधा थी कि इसमें प्रत्येक नई गणना हेतु तारों का संयोजन करना पड़ता था। इस समस्या का समाधान गणितज्ञ जॉन वान न्यूकान ने नई मशीन को विकसित करके किया। यह मशीन न केवल प्रोग्राम संग्राहीत कर सकती थी बल्कि नए कार्य हेतु नया प्रोग्राम भी संग्रहीत किया जा सकता था। इस प्रकार न्यूकान ने 'संग्रहीत प्रोग्राम के सिद्धान्त' (Stored Program Concept) को जन्म दिया।

उपर्युक्त सिद्धान्तों का आधार लेकर 1949 में न्यूमान ने एडजेक कंप्यूटर का निर्माण किया, उसके बाद मुचली के साथ 1956 में एडवेक कंप्यूटर का निर्माण किया गया था।

कंप्यूटर तकनीक एवं मास-मीडिया

आधुनिक युग को यदि कम्प्यूटर का युग कहा जाये तो कोई अतिश्योक्ति नहीं होगी। कम्प्यूटर के विकास ने प्रत्येक क्षेत्र में क्रान्ति ला दी। आज अखबारों के छापने से लेकर, फोन, इंटरनेट, फैक्स, वीडियो-क्रान्फ्रेंस तक में कंप्यूटर का इस्तेमाल धड़ल्ले से हो रहा है।

मास-मीडिया के क्षेत्र का कोई भी पहलू कंप्यूटर तकनीक से अछूता नहीं है। पत्रकारिता के क्षेत्र का हर पहलू भी इसी से जुड़ा है। दुनिया भर में सूचना क्रान्ति के आगमन के साथ ही दुनिया में तकनीकी तौर पर भी क्रान्ति आई और दुनिया आज एक क्लिक (कंप्यूटर के माउस द्वारा) के इशारे पर सिमट आई है। चाहे वार्तालाप करना हो, चाहे सूचनाओं का आदान-प्रदान, चाहे विज्ञापन चाहिए या चित्र, कोई संशोधन-परिवर्धन चाहिए या सज्जा, उपग्रह से देशों की दूरियाँ लांघनी हो या मुख्य कार्यालय को अन्य कार्यालय से जोड़ना हो। हर कहीं कंप्यूटर के पहलू व तकनीक लागू हो सकती है।

वीडियो कॉन्फ्रेसिंग ने आज दुनिया को निकट ला दिया है। एक जगह पर स्थित कोई समूह या व्यक्ति दूसरी जगह पर स्थित व्यक्ति या समूह से इस माध्यम से ऐसे बात कर सकता है जैसे कि वह घर बैठे आमने-सामने बातें कर रहे हैं। इसमें दूर शिक्षा हेतु क्लास-रूम की तरह पढ़ाई, जन-समस्याओं हेतु समाधान, वार्ताएँ, आदि के प्रयोग सफलता-पूर्वक किए जा सकते हैं।

इंटरनेट ने तो सम्पूर्ण दुनिया को घर में ही बदल दिया है। जहाँ जब जिस विषय पर जानकारी चाहिए हो, बातचीत करनी हो, खरीदना-बेचना हो, किसी भी कार्य को इंटरनेट से चुटकियों में निपटाया जा सकता है।

पत्रकारिता के क्षेत्र में कंप्यूटर पूरे कम्पोजिंग रूप का पर्याय है। समाचार लिखने से लेकर पेज मेकिंग व सम्बन्धित चित्र लगाने तक के सभी कार्य कंप्यूटर पर सम्पन्न हो सकते हैं। कंप्यूटर की यह क्षमता और कार्य कम खर्च के कई संस्करण निकालने का मार्ग प्रशस्त। इससे समाचार-पत्रों की ग्राहक संख्या में अभिनव वृद्धि होगी, हर क्षेत्र की स्थानीय खबरें विज्ञापन व मूल्य प्रभावी सिद्ध होंगे। सभी अखबार अपने ग्राहकों का विवरण कंप्यूटरीकृत सूचियाँ लेबलिंग और मेलरूप का स्वचालनीकरण स्थानीय विज्ञापनों सहित क्षेत्रीय संस्करणों को प्रभावी रूप से पहुँचना सम्भव कर देगी। वर्तमान में कंप्यूटर द्वारा सस्ते उपग्रह पृष्ठ फेसिमिल रिसीवर विज्ञापन व्यवसाय में क्रान्ति ला देंगे। विज्ञापनदाता उपग्रह से विज्ञापन समाचार-पत्रों को

प्रेषित करेंगे। विज्ञापन प्रसारण के साथ ही उपभोक्ताओं को उनकी पसन्द का उत्पाद उपलब्ध हो जाएगा। उपग्रह प्रसारण सेवा का लाभ उठाकर पाठक की रुचि के अनुसार उनके लिए विशेष परिशिष्ट तैयार किए जा सकेंगे। छपाई में क्रान्तिकारी परिवर्तन आएगे। रंगों, चित्रों व पृष्ठ सज्जा का अनोखा सम्मिश्रण इसमें देखने को मिलेगा।

वर्तमान फोटोग्राफी भी बीते दशक की बात हो जाएगा; डिजिटल कैमरों व कंप्यूटर की कारीगरी से अनेकानेक नए प्रभाव तथा ग्राफिक्स तैयार हो सकेंगे। फोटो को इंटरनेट के माध्यम से कही भी भेजा जा सकेगा। फोटो में रसायनों का इस्तेमाल नहीं होगा ओर विशेष उपकरणों का उपयोग फोटोग्राफी की गुणवत्ता को नवीन आयाम देगा। टेलीफोन संचार व्यवस्था का एक अंग है। इंटरनेट टेलीफोनी के उपयोगी से कंप्यूटर ने संदेश को एक स्थान से दूसरे स्थान तक पहुँचाने में क्रान्तिकारी रूप दिया है। समाचार संकलन व प्रस्तुति के लिए यह प्रणाली कारगर सिद्ध होगी। साथ ही दूरदर्शन, रेडियो, फिल्मों आदि के लिए कंप्यूटर का आगमन एक वरदान सिद्ध होगा। प्रस्तुति व प्रभाव के अनेकम आयाम इससे सामने आएगे। कार्यक्रम निर्माण, परिकल्पना, प्रभाव को कंप्यूटर पर पहले ही आकलित किया जा सकेगा। फिल्म व धारावाहिक निर्माण में विशेष प्रभावों (Special Effect) को डाला जा सकेगा। चित्रों के संयोजन व ध्वनि व दृश्य के प्रभावों में मनचाहा संयोजन किया जा सकेगा।

कुल मिलाकर कंप्यूटर तकनीक मास-मीडिया के लिए एक वरदान से कम सिद्ध नहीं होगी।

कम्प्यूटर हार्डवेयर

कंप्यूटर एक उच्च स्तर की मशीन है जो प्रोग्राम के दिशा निर्देशों के अनुरूप करती है। कंप्यूटर में बहुत से उपकरण एक-दूसरे से संलग्र होते हैं और बेहतर पाने के लिए वे मिलकर कार्य करते हैं। कंप्यूट के 'भौतिक उपकरण' उसके 'हार्ड कहलाते हैं। एक सामान्य डिजिटल कंप्यूटर के 'हार्डवेयर' उपकरण मुख्य रूप से तीन के होते हैं :

हाईवेयर उपकरण

1. इलैक्ट्रॉनिक 2. चुम्बकीय 3. यांत्रिक

इनपुट व आउटपुट उपकरण भी कंप्यूटर के मुख्य हाईवेयर हैं :

(1) आऊटपुट उपकरण : मॉनीटर, प्रिन्टर, स्पीकर 3क

(2) संकलन उपकरण : फ्लॉपी डिस्क, ड्राइव, सीडी मेगनेटिक टेप, जिप ड्राइव आदि।

(3) पावर सप्लाई : सी.वी.टी., यू.पी.एस. आदि।

(4) इनपुट उपकरण : माऊस, की-बोर्ड, लाइटपैन 3

(5) सिस्टम के भीतरी उपकरण : मदर-माइक्रोप्रोसेसर, हार्ड-डिस्क, वीडियोकार्ड, प्रिन्टर कार्ड आदि।

प्रमुख हार्डवेयर

(1) मॉडेम
(2) सी वी टी
(3) यू पी एस
(4) प्रिन्टर
(5) हार्ड-डिस्क
(6) सी पी यू चिप
(7) लन एडप्टर कार्ड
(8) डी वी डी रोम
(9) सी डी आर/ डब्ल्यू ड्राइव
(10) सी डी राइटर
(11) स्टोरेज डिवाइस
(12) मदर बोर्ड
(13) साउण्ड कार्ड
(14) पी सी एम सी आई एक कार्ड
(15) डिस्पले कार्ड
(16) स्पीकर
(17) स्विचेज
(18) राउटर
(19) हब
(20) कलर फ्लैटबेड स्केनर
(21) रेम
(22) माऊस
(23) की-बोर्ड

(24) मॉनीटर

(25) सीडी रोम ड्राइव ,

(26) ग्राफिक एक्सीलरेटर।

कम्प्यूटर सॉफ्टवेयर

वर्तमान समय में कम्प्यूटर निजी जरूरतों से लेकर निश्चित कार्यों हेतु कम्प्यूटरों का प्रयोग किया जाता है। कंप्यूटर से कार्य लेने के लिए उसे निर्देश देने होते हैं। ये निर्देश किसी कंप्यूटर भाषा में ही दिए जाते हैं। इन निर्देशों के समूह को एक प्रोग्राम कहा जाता है। प्रोग्राम किसी प्रक्रिया विशेष के लिए बनाया जाता है। यह आवश्यक नहीं है कि जिस व्यक्ति को कंप्यूटर से कार्य लेना हो उसे कंप्यूटर की भाषा आती ही हो ताकि वह कंप्यूटर को अपने कार्य के लिए निर्देशित कर सके। ऐसे ही कार्यों को ध्यान में रखकर कुछ प्रोग्राम बनाए जाते हैं जिससे कंप्यूटर परिचालन आसान कार्य हो जाता है। पूर्व में ही तैयार इन्हीं प्रोग्राम्स को 'सॉफ्टवेयर' कहा जाता है।

'सॉफ्टवेयर' कुछ प्रोग्रामों का समूह होता है जो किसी कार्य-विशेष की समस्त प्रक्रियाओं को सम्पन्न कर देता है। इस प्रकार सॉफ्टवेयर के माध्यम से गणनाएँ, ग्राफ, चित्र बनाना, आलेख व रिपोर्ट बनाना, दैनिक जीवन के सामान्य कामकाज, खाते सारणियाँ, सूचनाएँ, आरेख आदि सम्पन्न किए जा सकते हैं।

सूचना और प्रौद्योगिक के क्षेत्र में होने वाले नवीन अनुसंधान की बदौलत नवीन प्रकार के सोफ्टवेयर के आविष्कार हो रहे जिनके प्रयोग से पत्रकारिता और मीडिया के क्षेत्र में महत्वपूर्ण बदलाव दिखायी दे रहे हैं।

प्रमुख सॉफ्टवेयर

ये निम्नांकित हैः

(1) आरकेल 91 वर्कग्रुप,

(2) एडोब पब्लिशिंग कलेक्शन,

(3) मेक्रोमीडिया वेब डिजायन स्टूडियो,

(4) कोरल 10 अपग्रेड,

(5) विजुअल C++ प्रोफेशनल,

(6) एम एस विजुअल स्टूडियो प्रोफेशन,

(7) विण्डोज एम ई,

(8) एन ए वी कॉरपोरेट एडीशन,

(9) विण्डोज 2000,

(10) टेली 6.3,

(11) फोटोशॉप 6,9

(12) पेजमेकर 7,7

(13) एम ऐस ऑफिस एक्स पी,

(14) कोरल ड्रॉ,

(15) एम एस डॉस,

(16) विण्डोज,

(17) नॉवेल नेटवेयर,

(18) स्टेलर,

(19) नॉरटोन एण्टीवायस,

कंप्यूटर की-बोर्ड कार्य पद्धति

की-बोर्ड कम्प्यूटर का वह भाग है जिसके द्वारा कम्प्यूटर को निर्देशत किया जाता है कम्प्यूटर की को निम्नप्रकार से वर्गीकृत किया जा सकता है

1. स्पेशल कीज,
2. करसर कीज,
3. फैक्शन कीज,
4. न्यूमेरिक कीज,
5. एल्फाबेटिकल कीज,

(1) न्यूमेरिक कीज

यह कुंजियाँ अंकों को प्रविष्ट करने में काम में आती है। की-बोर्ड पर 0 से अंक तक के बटन होते हैं। इनके अलावा कुछ अन्य अंक जैसे @,#,$.% आदि होते हैं। ये अंकों के ऊपरी सतह पर होते हैं जिन्हें शिफ्ट (Shift) बटन का इस्तेम कर प्रिन्ट किया जा सकता है। उदाहरण के लिए जैसे % का चिह्न अंकित करना है शिफ्ट बटन को दबाकर 5 अंक वाले बटन के दबाने से यह अंकित हो जाएगा।

(2) एल्फाबेटिकल कीज

न्यूमेरिज कीज के पश्चात् 3 पंक्तियों में (A-Z) तक के एल्फाबेट्स की पंक्तियों हो हैं। ये 26 बटन होते हैं। शिफ्ट दो दबाने से छोटे-बड़े अक्षर अंकित किए जा सकते है।

(३) स्पेशल कीज

मुख्यतः उपर्युक्त क्रम में विशेष प्रभाव वाले बटन होते हैं। किन्तु वर्तमान में कंप्यूटर की क्षमता व कार्य के अनुरूप मल्टीमीडिया की-बोर्ड आने लगे है। उनमें डिस्पेल, वॉइस, सी डी ऑन ऑफ, अप-डाउन, कंट्रास्ट, रिपीट आदि अनकानेक विशिष्ट बटन होते हैं।

केप्स लॉक (Caps Lock): केपीटल व स्माल लैटर्स को इस बटन की सहायता से अंकित किया जा सकता है।

शिफ्ट की (Shift Key): यह की-बोर्ड के दोनों तरफ होती है। इसकी सहायता से विशिष्ट अंकन जैसे @,#,$,%, &, *, () आदि स्क्रीन पर प्रिन्ट हो जाते है।

स्पेस बार की (Space Bar Key): यह की बोर्ड का सबसे लम्बा बटन होता है। यह की-बोर्ड पर सबसे अन्त में होता है। दो करेक्टर के बीच में स्थान डालने के लिए इनका प्रयोग किया जाता है।

बैक स्पेस की (Basck Space Key): यह बटन करेक्टर को हटाने के काम आता है। यदि कुछ गलत अक्षर टाइप हो गया है तो बैक स्पेस की सहायता से उसे मिचाया/हटाया जा सकता है।

एन्टर या रिटर्न की (Enter or Return Key): इस बटन का प्रयोग दो प्रकार से किया जाता है। पहले तो टाइप करते वक्त यदि हमें दूसरी पंक्ति में जाना हो तो इसे दबा कर दूसरी पंक्ति में करसर को ले जाया जा सकता है। दूसरी कंप्यूटर को यदि कोई कमांड दिया गया है तो इस बटन के द्वारा कंप्यूटर रिसपांस (Computer Response) प्राप्त किया जा सकता है।

इंसर्ट की (Insert Key): इस बटन का लक्ष्य दो करेक्टर के बीच में नया करेक्टर डालना है। इस बटन को दबाकर मनचाहे अंकन किए जा सकते हैं।

(4) करसर कीज

पूर्व, पश्चिम, उत्तर, दक्षिण दिशाओं के चारों प्रकारों की तरह कर्सर बटन के तीर भी चारों दिशाओं में इंगित किए होते हैं। इन तीरों की स्थिति के अनुरूप बटन दबाने पर कर्सर आगे गति करता है।

(5) फंक्शन कीज

F1 F2 F3 F4 F5 F6 F7 F8 F9 F10 F11 F12

यह बटन F1 से F2 तक अंकित होते हैं। की-बोर्ड की सबसे ऊपरी लाइन मं ये स्थित होते हैं। बेसिक लेंग्वेज (Basic Language) के लिए बटन पृथक्-पृथक् निर्धारित क्रियांए उत्पन्न करते हैं।

इसके अलावा मल्टीमीटिया की-बोर्ड के बटन उन पर लिखी कार्यवाही को अंकित करते है। जैसे C D On बटन को दबाने पर सी डी शुरू हो जाएगी। कंट्रास्ट बटन दबाने पर उसे कम या ज्यादा किया जा सकेगा। वॉल्यूम बटन से ध्वनि को कम या ज्यादा किया जा सकेगा।

कम्प्यूटर अनुप्रयोग का कानून

कम्प्यूटर अनुप्रयोगों में कानूनी रूप में कई त्रुटियां विद्यमान है जिससे कम्प्यूटर का प्रयोग करते समय नकारात्मक रुकावटे उत्पन्न होती है। बाधाएं व नकारात्मकताएं हैं। प्राथमिक तौर पर आजकल ग्रे-मार्केट मे विभिन्न हिस्सों से संयोजित (Assembled) कम्प्यूटर बहुयायत से मिलते है।, जिनसे उनके अनुप्रयोगों में खामियां उभरती हैं। इनके सॉफ्टवेयर प्रोग्राम भी पाइरेटेड होते हैं। इससे प्राथमिक तौर पर कम्प्यूटर पाइरेसी का कानूनी प्रपंच सामने आता है फिर शुरू होता है, नकली सीडी, वी सी डी व फिल्मों का कारोबार क्योंकि इन सभी की प्रक्रिया इतनी आसान है कि छोटा प्रयोगकर्त्ता व कम शिक्षित व्यक्ति भी इन कार्यों को आसानी से कर लेता है। नतीजन हर गली -मुहले में इस कारोबार की जड़ें पनपने लगी हैं।

कम्प्यूटर अनुप्रयोगों सके सॉफ्टवेयर भी बड़ी मात्र में नकली होते हैं। साथ ही इंटरनेट जैसे माध्यम में सामग्री को चुराकर तोड़-मरोड़कर प्रस्तुत करने की या नकल की घटनाएं भी सामने आती हैं। कम्प्यूटर के अनुपयोग में नकली सी.डी. फिल्में अवैध सूचना सामग्री से जुड़े मसले गम्भीर रूप से सामने आ रहे हैं। साथ ही अश्लीलता, मादक द्रव्य व कूट भाषा में अनैतिक व अप्रिय तथ्यों का संप्रेषण व प्रयोग भी कम्प्यूटर के कानूनी की बड़ी चुनौतियां हैं।

कॉपीराइट मुद्दा

वर्तमान में कम्प्यूटर का प्रयोग छोटे कार्य से लेकर बड़े कार्य तक में हो रहा संसार के प्रत्येक भाग में इन्टरनेट का प्रसार बढ़ रहा है कम्प्यूटर और इन्टरनेट के प्रयोग से जहां जानकारी की सुलभता आसानी से होती है वही पर्याप्त सामग्री उपलब्धता के कारण असली और नकली सामग्री में अन्तर करना मुश्किल हो जाती है।

इन कॉपीराइट प्रावधानों के लिए विभिन्न पोर्टल एवं वेबसाइट अपने सर्वाधिकार सुरक्षित रखती हैं, साथ ही अभिनव सामग्री के लिए कई सुरक्षा प्रविधियां अपनायी जाती हैं। चोरी रोकने के लिए तकनीक व कार्यक्रमों में समय-समय पर उपयोगी परिवर्तन किए जाते हैं। पर महत्वपूर्ण यह है कि इन माध्यमों के बढ़ावे के साथ सुनिश्चित किया जाए कि सामग्री का कॉपीराइट सुरक्षित रहे। साथ ही जन-जागरण भी विकसित किया जाए। सॉफ्टवेयर का नवीनता का स्वरूप और प्रस्तुति के अभिनव प्रयोगों से कॉपीराइट के नकारात्मक पक्ष को रोका जा सकता है।

इंटरनेट : से अभिप्राय

इंटरनेट (Internet) एक एसी प्रक्रिया है जो घर के कंप्यूटर से विश्व में कंप्यूटर तक अपना कमाल दिखा करता है। एक 'मोडेम' टेलीफोन लाइन, इंटरनेट कनेक्शन की मदद से आपका कम्प्यूटर 'इंटरनेट' सुविधा का दाता बन जाता है। आप इस प्रकार इससे सूचनाएं प्रदान भी कर सकते हैं और ले भी सकते हैं। इंटरनेट के लिए न तो कोई 'कंट्रोल केन्द्र' होता है न ही कोई 'पर्यवेक्षक'। इस तन्त्र की समस्त गतिविधियां स्व-संचालित होती हैं।

अपने उद्‌भव काल में किसी ने यह नहीं सोचा था कि यह माध्यम एक 'क्लिक' के इशारे पर पूरे विश्व में सूचना तन्त्र को सक्रिया कर सकेगा। इसकी शुरुआत 1960 के अन्तिम दशकों की देन है। तब यूनाइटेड स्टेट सरकार ने एक ऐसे यन्त्र की स्थापना के विषय में सोचा जिसमें सभी संचार लाइनों को 'न्यूक्लिअर युद्ध' की दशा में सुचारु रखा जा सकें। वे एक केन्द्रीय कंट्रोल नहीं चाहते थे क्योंकि ऐसी दशा में इससे जुड़ा सम्पूर्ण तन्त्र बेकार एवं अप्रभावी हो सकता था। उनकी 'एडवांस' रिसर्च प्रोजेक्ट एजेन्सी' (ए.आर. पी. ए.) ने विकेन्द्रीकृत-व्यवस्था का एक नमूना तैयार किया। जो 1960। में तैयार हुआ और इसने विश्वविद्यालयों को 'अर्पानेट' (ARPANET) के नाम से जोड़ा। धीरे-धीरे यह तन्त्र सक्रिय हुआ और सम्पूर्ण विश्व को इसने 'इंटरनेट' नाम से जोड़ दिया। इंटरनेट जिसे संक्षिप्त में 'नेट' कहा जाता है का सबसे महत्वपूर्ण पहलू है 'वर्ल्ड वाइड वेब' (W W W. or World Wide Web)। इसके अलावा इसकी अन्य सेवाओं में प्रमुख हैः

(i) Electronic Mail [इलेक्ट्रानिक मेल या ई-मेल (E-Mail)],

(ii) चेटिंग या चेट (Chat).

इंटरनेट उपयोगिता के कारण

हमारे दैनिक जीवन में इन्टर नेट की बढ़ती उपयोगी के पीछे कौन से कारण है, यदि उन पर विचार करे तो निम्न कारक दृष्टिगत होते हैं

(i) ई-मेल (E-Mail),

(ii) संचार (Communication),

(iii) चेटिंग (Chatting),

(iv) न्यजग्रुप्स (Newsgroups),

(v) डाऊनलोड (Download).

(vi) सर्च (Search),

उपर्युक्त तरीकों से जहां एक ओर संचार के रूप में जानकारी ली जा दी जा सकती है वहीं संदेश ई-मेज की जरिए प्राप्त किये जा सकते हैं। साथ ही पलभर में संदेश को विश्व के किसी भी कोने में भेजा जा सकता है। 'न्यूज ग्रुप' में नियत स्थान पर सूचना प्राप्त की जा सकती है साथ ही अपनी बात भी कही जा सकती है। सामान्य लोग अपने विचारों का आदान-प्रदान भी इससे कर सकते हैं। मात्र एक फोन काज की तरह कम्प्यूटर की स्क्रीन पर आप लिखित स्वरूप में बात कर सकते हैं। चाहें तो आप वेब कैमरे से अपनी तस्वीर भी बातचीत में प्रेषित कर सकते हैं। दुनियाभर की मनोरंजक व ज्ञानवर्धक सामग्री, छायाचित्रों, सारणियों, आंकड़ों आदि को चाहे जहां से अपनी इच्छा की वेबसाइट से चुनकर संकलित व मुद्रित किया जा सकता है। चैट के माध्यम से बातचीत व सूचना को संप्रेषित किया जा सकता है। 'सर्च' में दुनिया भर की तमाम वेबसाइटों से उपयोगी सामग्री को अपनी आवश्यकता एवं संदर्भ के लिए 'डाउनलोड' किया जा सकता है। इन्हें इच्छा के अनुसार फ्लॉपी या डिस्क पर संग्रहीत किया जा सकता है। यदि आप चाहें तो जानकारी को अपनी आवश्यकता के अनुरूप प्रिन्टर की सहायता से मुद्रित भी कर सकते हैं।

इंटरनेट की उपयोगिता

इंटरनेट की उपयोगिता को जानने हेतु इसके सकारात्मक एवं नकारात्मक दोनों पक्षों की विवेचना जरूरी हैं

सकारात्मक पक्ष ये सकारात्मक पक्ष निम्नांकित हैं

(1) दुनिया के प्रत्येक क्षेत्र पर घर बैठे एक माऊस के क्लिक से नजर व जानकारी।

(2) ग्लोबल वर्ल्ड की अवधारणा का विकास व नौकरी, कैरियर आदि क्षेत्रों का त्वरित सम्पर्क व जुड़ाव।

(3) टेलीफोन व चैटिंग के माध्यम से सामाजिक सम्पर्क में बढ़ोत्तरी व व्यक्तित्व विकास के नवीन पहलुओं का योगदान।

(4) ज्ञान-विज्ञान व सूचनाओं का प्रसार-प्रचार।

(5) सम्पूर्ण विश्व का एक छोटे दायरे में आना।

(6) कहीं भी, कभी भी, किसी भी वांछित सूचना, प्रकार व क्षेत्र-विशेष की जानकारी।

(7) उद्योग, व्यापार, बैंकों, समाचार-पत्रों, संस्थानों आदि के दूर-दराज के कार्यालयों व व्यक्तियों का आपस में निकट संपर्क।

नकारात्मक पक्ष इसके नकारात्मक पक्ष निम्नांकित हैं

(1) राजनीतिक, सामाजिक क्षेत्रों में नकारात्मकताएं पनपना।

(2) किशोर एवं युवा पीढ़ी में अश्लीलता व भ्रम की स्थितियों का प्रवेश।

(3) देश की सुरक्षा के प्रति खतरा।

(4) धोखाधड़ी, गुमराह व अनैतिक स्थितियों पर रोक के स्टीक उपाय नहीं।

(5) बड़े संस्थानों व खुफिया तंत्रों में सेंधमारी व सिस्टम हेल्ड का देने जैसे वायरस के हगले रो अकल्पित गुकरान।

(6) मशीनी निर्भरता को बढ़ावा।

(7) सरकारी, व्यापारी, घरेलू कम्प्यूटरों में इलेक्ट्रॉनिक घुसपैठ।

(8) सामान्य लोगों मे मानवीयता के आधार का क्षरण व खाओ-पीओ, मौज करो की प्रवृत्ति को बढ़ावा।

ई-मेल

ई-मेल सूचनाओं और पत्रों आदि के आदान-प्रदान की अति आधुनिक तकनीक है

ई गेल (Electronic Mail) रागाजिक एवं गिजी क्षेत्र दोनों ही में बहुत महत्व रखता है। संचार के अन्य साधनों जैसे डाक-फोन व फैक्स जैसे माध्यमों से यह कही सस्ता, सरल व शीघ्रगामी उपाय है। इसके द्वारा से संदेशों को कहीं भी बेरोकटोक भेजा जा सकता है।

ई-मेल की सुविधा इंटरनेट के द्वारा से मिलती है। साथ ही आप संदेशों का आदान-प्रदान भी कर सकते हैं। बधाई कार्ड, संदेश, सूचाएं आदि का आदान-प्रदान

ई-मेल के माध्यम से किया जा सकता है। वर्तमान वैज्ञानिक परिवेश एवं बदलते संदर्भों में ई-मेल पारस्परिक कागजी संचार से अधिक सुविधाजनक व लचीला है।

वर्डवाल कॉम वेबसाइट के माध्यम आप 42 भाषाओं में ई-मेल कर सकते हैं। ई-मेल के लिए आपके कम्प्यूटर पर ई-मेल प्रोग्राम एवं इंटरनेट कनेक्शन का होना आवश्यक है। आप अपने नाम से ऐसी वेब-साइट पर जो ई-मेल सुविधा सुलभ कराती है पर अपना खाता खोल सकते हैं। इस प्रयोजन हेतु सेवा-प्रदाता कम्पनी की शर्तें मानना आवश्यक होता है। ई-मेल के लिए डाक के पते की तरह आपका एक निजी कोड़ होता है। उदाहरण के लिए आप सुनील हैं और पत्रिका आनलाईन की वेबसाइट पर खा खोल रहे हैं ते आपका पता (खाता संख्या) इस प्रकार होगी : Sunil @ Patrika online. com r (सुनील एट टी रेट पत्रिका ऑन लाइन डॉट कॉम)।

इस पते को आम अपने परिचितों से लेकर जिनसे आप सम्पर्क स्थापित करना चाहते हैं को देकर उनसे संचार का रिश्ता जोड़ सकते हैं। ई-मेल प्रोग्राम को शुरू के लिए अलग-अलग कार्यों के निर्देशों के अनुरूप सेंड (Sand), रिसीव (Rececive), कम्पोज (Compose) इन-बॉक्स (In-box), आलट-बॉक्स (Out-box) आदि कमांड होती हैं। अपना संदेश भेजने के लिए आप Compose बटन दबाएं इससे कम्प्यूटर स्क्रीन पर एक विंडो खुलेगी जिसमें भेजने वाले का नाम, जिसे संदेश भेजा जाना है उसकी खाता संख्या, विषय व संदेश लिखने के बाद आप Send कमांड से अपना संदेश भेज सकते हैं। कुछ ही समय में आपका संदेश नियत स्थान पर पहुंच जाता है। इस प्रक्रिया में गोपनीयता के लिए पासवर्ड की सुविधा होती है। इस पासवर्ड के द्वारा अधिकृत व्यक्ति ही इसे पढ़ सकता है अन्य कोई नहीं।

वेब साइट्स

'बेब साइड किसी भी संस्था विषय से जुड़ी जानकारियों का सग्रह होता है। इसमें सूचना का मल्ओीमीडिया समावेश होता है जिसमें ध्वनि, चित्र, फिल्म, आलेख आदि सभी आवश्यक सामग्री संकलित होती है।

टिम बर्नर्स ली (Tim Berners Lee) जो कि यूरोपियन प्रेक्टिकल फिजिक्स लेबोरेटरी, जिनेवा, स्विट्जरलैंड के वैज्ञानिक थे ने वेबसाइट का आधारभूत ढांचा 1989 मं प्रतिपादित किया।

वेबसाइट को दूसरे स्वरूप में वर्ल्ड वाइड वेब WWW भी कहा जाता है। वर्तमान में साहित्य, समाज, उद्योग, खोज, राजनीति, सूचना आदि क्षेत्रों में वेबसाइट्स क्रान्तिकारी पहल की है व ज्ञान-विज्ञान के अभिनव क्षेत्रों का प्रतिपादन किया है।

जिस किसी भी मुद्दे पर जानकारी चाही गई होती है उससे सम्बन्धित वेबसाइट के माध्यम से इंटरनेट पर सम्पूर्ण जानकारी मिल जाती है। WWW आज कम्प्यूटर पर नवीन दुनिया के साक्षात्कार कराता है।

वीडियो कान्फ्रेंसिंग व टेलीफोनी

वर्तमान दौर में जब सूचना प्रौद्योगिकी ने अपने कदम बहुत आगे बढ़ा लिए हैं तब दूयिां अपने आप में काफी कम हो गई हैं। सम्पूर्ण विश्व सिमटता जा रहा है। ऐसे में अब संवाद हेतु दो लोगों का प्रत्यक्ष रूप से आमने-सामने उपस्थित होना आवयश्यक नहीं है।

इंटरनेट ने यह करिश्मा सम्भव कर दिखाया है। टेलीफोनी द्वारा इंटरनेट पर कम्प्यूटर के कम्प्यूटर के बीच अब प्रत्यक्ष स्थितियों की तरह संवाद सम्भव है। इसके लिए आवश्यक उपकरण निम्नांकित हैं :

(i) वेब कैमरा (Web Camera),

(ii) वेब माइक्रोफोन (Web Microphone),

(iii) कम्प्यूटर (Computer),

(iv) इंटरनेट (Internet).

दी कम्प्यूटर धारक व्यक्ति या समूहों के बीच वेब कैमरा चित्रों को परस्पर आदान-प्रदान करता है और माइक्रोफोन से ध्वनि। इन्टरनेट दोनों के बीच सेतु का कार्य करता है और इस प्रकार तकनीक का यह करिश्मा कम्प्यूटर स्क्रीन पर दोनों पक्षों को आमने-सामने होने का आभास कराता है।

समाखर, शिक्षा, कॉरपोरेट जगत, संस्थानों, अस्पताओं आदि के लिए निडिगों कॉन्फ्रेंसिंग की यह क्रिया अत्यन्त महत्वपूर्ण है। इससे जहां एक शिक्षक एक साथ अनेक जगहों पर पढ़ा सकता है वहीं कॉरपोरेट जगत का मुखिया अपने कर्मियों को निर्देश दे सकता है, मीटिंग ले सकता है। एक सर्जन इससे दूर बैठे-बैठे निर्देशों के द्वारा ऑपरेशन कर सकता है। प्रशासन के लिए भी एक तकनीक आपदा-प्रबन्धन आदि में अत्यन्त कारगर हो सकती है।

सर्च इंजिन

इंटरनेट पर लाखों वेब साइट्स और वेब पेजेज हैं। अतः सूचनाओं का विशाल भंडार वहां मौजूद है। इस अकूत खजाने में से हम अपने काम की सामग्री को किस प्रकार प्राप्त करें यह एक समस्या है और इस समस्या से छुटकारा 'सर्च इंजिन' दिलाते हैं। वस्तुतः वेब-पेजेज व वेब साइट्स में अत्यन्त बिखराव होता है। वह संगठित नहीं होती ऐसे में हमें भिन्न-भिन्न आवश्यकताओं के लिए भिन्न-भिन्न सर्च इंजिन की आवश्यकता होती है।

सर्च इंजिन एक प्रकार का वेब पेज होता है। इसमें दिए गए सर्च बॉक्स (Search Box) में हम अपना इच्छित 'विषय' (Topic) अंकित कर देते हैं।,

तत्पश्चात् सर्च इंजिन वेब पेजेज में से अपने डाटा स्त्रोत को प्रयुक्त कर 'टॉपिक' की चाही गई सामग्री को प्रस्तुत कर देता है।

किसी एक विशेष 'सर्च इंजिन' को प्राप्त करने के लिए 'ब्राउजर' के एड्रेस बॉक्स में किसी भी सर्च इंजिन का यू आर एल (URL) एण्टर करें। आपको इससे होम पेज मिलेगा। वहां से वांछित सामग्री प्राप्त की जा सकती है। कुछ सर्च इंजिन व इनके यू आर एल इस प्रकार हैं:

सर्च इंजिन (Search Engine)	यू आर एल (URL)
याहू (Yahoo)	WWW.yahoo.com
एक्साइट (Excite)	WWW.excite.com
अल्टाविस्टा (Altavista)	WWW. altavista.com

देश-विदेश के प्रमुख न्यूज-पोर्टल

देश-विदेश के वृहद न्यूज पोर्टल की सूची यहां संकलित की जा रही है। इसके माध्यम से देश-विदेश की न्यूज पल भर में इंटरनेट के माध्यम से घर बैठे प्राप्त की जा सकती है:

- ABCNews. com : htt\\abenews. go. com\
- Al-Bawaba : htt\\www.albawaba.com\
- AllAfric.com : http\\allafrica. com\
- BBC News : http\\ News. bbc. co. uk\
- CBC News : http:\\www.cbc. ca\news\

- CBC News, Online : http:\\chc. ca\news\
- Central Europe Online : http:\\ www. einnews. com\centraleurope
- The Christian Science Monitor : http:\\ www. csmonitor. com\
- CNN. Com : http:\\ www. cnn. com\
- CNN\SI : http:\\sportsillustrated . Cnn. Com\
- College Times : http:\\ www.nytimes. com\college\
- Dary1 Cagle's Professional Cortoonists Index: http:\\www.cagle. com\
- The Economist : http:\\www. economist. com\
- Foreign Media Reaction : http:\\usinfo. state. gov\products\ medreac. htm
- Inside China Today : http:\\www. einnews.com\china
- Internet 3rd World News : http\\www.3rd worldnews. com\index2.htm\
- Islamic Republic News Agency : http:\\www.irna.ir\
- MSNBC : http:\\www.msnbc.com\news\
- The Nando Times : http:\\www.npr.net\
- National Public Radio : http:\\www.nytimes.com\
- The New York Times : http:\\www.nytimes. com\
- New Index : http:\\www.newsindex. com
- News 24 : http:\\www.news 24.com\news24 HomeLite\
- News Room : http:\\www.newsroom.co.nz\
- News Trove.com : http :\\News Trove. com\
- NOVA : the wave that shook the world : http:\\www.pbs.org\wgbh\nove\tsunami.\
- The Positive Press : http:\\ www.positvepress. com\
- Radio Canada International : http:\\www.rcinet.ca\
- Radio Free Europe\Radio Liberty : http:\\www.rcinet. ca\
- Real, Com-Guide : http:\\realguide. real. com\
- Reuter Foundation AlertNet : http:\\www.alertnet.org\
- RFE\RL Newsline : http:\\ www.referl. org\newsline\
- RockerNews : http:\\ www.rocketnews.com\
- Russia Today : http:\\www. einnews. com\russia
- The September Project : http:\\ www. theseptemberproject. org\

- Slovakia Daily Surveyor : http:\\ www.slovensko. com\
- The Tsunami Disaster in Asia, 2004 : an Annotated Directory of Resourses : http:\\bulldog 2. redlands. edu\dept\Asian Studies Dept\tsunami. htm\
- USA Today : http:\\www.usatoday.com\
- Vila Web : http:\\vilaweb. com\
- Voice of America News : http:\\www.voice. com\
- The Washington Post : http:\\www. washingtonpost.com\
- The Washington Times : http:\\www. washtimes. com\
- The Wire-News from the Associated Press : http:\\customwireap.org dynamic\fromts\HOME
- Yahoo! Events-News and Politics : http:\\broadcast. com\News and Politics\
- Yohoo! News : http:\\ dailynews. yahoo.com\
- Zipple: The Jewish SuperSite : http:\\www.zipple. com

इंटरनेट पर उपलब्ध वृहद् समाचार पत्र एवं मैगजीन

इंटरनेट पर उपलब्ध वृहद् समाचार-पत्रों एवं मैगजीन की सूची निम्नलिखित क्रम में हैं:

Africa:

- Africa News Online
- Channel Africa
- CCN Africa
- Independent Online News Service
- The Post (Zambia)

Americans:

- ABC News (U.S.)
- The Black World Today (U.S.)
- Caribbean Week
- Chicago Sun-Times
- Christian Science Monitor
- CCN
- CCN Americans
- Jamaica Gleaner

. Los Angeles Times
. Miami Herald
. Nando Times (U.S.)
. New York Times - free registration required
. Time Magazine - daily and weekly editions
. Voice of Amrican News Wire (U.S.)
. Washington post
. U.S. Dailies (from the Newspaper Association of America)

Asia:

. All-India Radio
. Asahi Shimbun (Japan)
. Asiaweek
. China News Digest
. CCN Asia\Pacific
. CCN Middle East
. The Hindu (India)
. Jerusalem Post
. South China Morning Post
. The Star (Malaysia)
. Yomiuri (Japan)

Europe:

. BBC World News
. Central Europe Online
. CNN Europe
. Irish Times
. Le Mode (France)
. Der Spiegel (Germany)
. St. Petersburg Press (Russia)
. Telegraph (U.K)-Free registration required
. The Times of London (U.K)
. Die Welt (Germany)

Ocesnia:

. The Australian
. CNN Asia\Pacific.

प्रिन्ट एवं इलेक्ट्रॉनिक माध्यमों की समाज में प्रतिस्पर्धात्मक भूमिका

समाज में जैसे-जैसे प्रगति के सोपान जुड़े वैसे-वैसे ही विविधि माध्यमों यथा प्रिंट, चैनल, इंटरनेट आदि ने अपने-अपने तरीके से समाज की धारा को दिशा देनी शुरू की। आजादी के प्रसंगों को देखें तो वह प्रिंट-माध्यमों की ही देन थी कि उन्होंने आजादी की भावना को पूरे देश में गति दी। मुद्रण-माध्यमों का इतिहास गवाह है कि यदि देश की सकारात्मक स्वरूप में गति देनी है। तो इन माध्यमों की भूमिका की अनदेखी नहीं की जा सकती है। समाचारों, शैक्षिक, कृषि, विज्ञान मनोरंजन आदि कार्यक्रमों से समाज के किसी न किसी वर्ग को आवश्यक रूप से लाभ होता है। मुद्रण माध्यमों से चली यह लंबी शृंखला इंटरनेट तक पहुँच गई है। आज देश के तमाम कारोबारों का जरिया यही माध्यम है। बैंक में पैसे जमा करवाने, खाते की जाँच करने से लेकर प्रवेश, नौकरी, जैसे मुद्दे तक घर बैठे इंटरनेट के माध्यम से हल होते हैं। इंटरनेट का चमत्कार ही है कि आज दूर-दराज के ग्रामीण क्षेत्रों में भी देश की नवीनतम प्रौद्योगिकी (Technology) को प्रयुक्त किया जा सकता है।

आज हम कहीं भी बैठे सूचनाओं, आवश्यक कागजातों गणनाओं, कार्यक्रमों आदि को एक छोटे से लैपटॉप पर घर बैठे संचालित कर सकते हैं। ई-गवर्गेंस जैसे कार्यक्रमों से ग्रामीण क्षेत्रों में सरकारी कार्यक्रमों, सूचनाओं गतिविधियों को इंटरनेट (Internet) के माध्म से आसानी से हल किया जा सकता है। किसी भी संस्था, संस्थान के कार्यकलापों, प्रवेश प्रक्रिया, नौकरी के आवेदन, निविदा के जवाब, व्यक्तिगत बाचचीत आदि के पहलू भी आसानी से इस माध्यम से हल हो सकते हैं।

आज देश में सैकड़ों चैनल उपलब्ध हैं। इन चैनलों में विशुद्ध मनोरंजन से लेकर ज्ञान-विज्ञान, पर्यावरण, उद्योग, प्रौद्योगिकी, शिक्षा, समाचार आदि के पहलुओं पर ढेरों सामग्री देखी-समझी जा सकती है। जीवन का शायद की कोई पहलू ऐसा हो जिस पर इन चैनलों के कार्यक्रम न होते हों। यही वह कारण है जिसके चलते समाज के प्रत्येक व्यक्ति को अपनी पसंद चुनने का अवसर उपलब्ध हो पाता है। इन कार्यक्रमों से मनोरंजन के साथ-साथ सूचना, ज्ञान, समझ, प्रक्रिया आदि पक्षों से परिचय भी होता है। चैनलों की दुनिया का तकनीकी पक्ष यह है कि इन्हें विश्व भर में एक छोटी सी डिस्क के माध्यम से कहीं भी देखा-सुनास जा सकता है।

मुद्रण-माध्यम तो आज पूरे जगत् पर छाए हुए ही हैं। सूचना-प्रसार, शिक्षा, मनोरंजन आदि के पक्ष इन्हीं के माध्यम से पूरे होते हैं। देश की आबादी का एक बड़ा हिस्सा अपने दिन की शुरूआत अखबार से ही करता है। अखबार से ही उसे जहाँ समाज की हलचल का पता चलता है वहीं वह यह भी जान पाता है कि कहाँ क्या हो रहा है? नौकरी, व्यापार, शिक्षा, निविदा जैसे समाजोपयोगी पक्षों का समावेश भी इसमें होता है।

विकास (Development) एवं शिक्षा (Education) के पक्षों को देखें तो हमें जानकारी मिलती है कि उपर्युक्त माध्यमों को इन प्रयोजनों हेतु आसानी से प्रयुक्त किया जा सकता है। विकास के तमाम पक्षों का भान हमें इन माध्यमों से ही मिलता है। पल्स पोलियो अभियान, पर्यावरण चेतना, शिक्षा की अलख, जैसे पक्षों में हमने देखा है कि देश के दूर-दराज के क्षेत्रों तक जानकारी पहुँची है और लोग जागरूक हुए हैं। कृषि, सिंचाई, गरीबी उन्मूलन की विविध योजनाओं को इन माध्यमों के द्वारा की गति मिली और समाज ने विकास की राह पकड़ी।

शिक्षा के क्षेत्र में तो ये साधन मानो वरदान ही हैं। आज 'ज्ञान दर्शन', डिस्कवरी नेशनल ज्योग्राफिक जैसे चैनल तो शिक्षा के आधारस्तंभ बन चुके हैं। विविध क्षेत्रीय जानकारी का खजाना इनके विविध कार्यक्रम हैं। इनके माध्यम से ज्ञान व विकास के पक्षों के दरवाजे खुलते हैं। अखबारों ने तो शिक्षा के क्षेत्र में क्रांतिकारी पक्षों का सूत्रपात किया है। अखबार पढ़ने से ही शुरू हुई परिपाटी ने शिक्षा की एक बेहतर राह शुरू की है।

प्रिंट एवं इलेक्ट्रॉनिक माध्यमों की व्यापक प्रतिस्पर्धा ने एक ऐसी परिपाटी को विकसित किया है। जिससे मनोरंजन के साथ-साथ शिक्षा एवं विकास के पक्ष भी सुरक्षित हुए हैं। प्रतिस्पर्धा तो बढ़ी। पर नवीन कार्यक्रमों, पक्षों के चलते प्रगति के पक्षों का सूत्रपात सभी स्तरों पर मिलता है। इससे न केवल विकास का मार्ग प्रशस्त होता है बल्कि नवीन उपलब्धियों की ओर भी समाज अग्रसर होता है।

दीर्घ उत्तरीय प्रश्न

1. पत्रकारिता और ले-आउट की प्रविधिओं की विस्तृत व्याख्या कीजिये।
2. समाचार वेबसाइट को किस प्रकार सर्व और ब्राउस किया जाता है, इसकी विस्तृत विवेचना कीजिये।
3. कम्प्यूटर का परिचय देते हुए उसके विकास पर प्रकाश डालिए।

4. कम्प्यूटर के की-बोर्ड की कार्य प्रणाली पर प्रकाश डालिये।

लघु उत्तरीय प्रश्न

1. इंटरनेट से क्या अभिप्राय है संक्षिप्त वर्णन करो।
2. इंटरनेट की उपयोगिता को संक्षेप में स्पष्ट करो।
3. वेब साइट्स से क्या समझते हो।
4. कम्प्यूटर के प्रमुख हार्डवेयर क्या है।

वस्तुनिष्ठ प्रश्न

1. निम्न में से किस वैज्ञानिक के द्वारा 'डिफरेन्स इंजिन का निर्माण किया गया।'
   (क) डॉ. जान.एच. मूचली (ख) चार्ल्स वैवेज
   (ग) आगस्टा एडा (घ) उपरोक्त में कोई नहीं
2. निम्न में से किस वैज्ञानिक को विश्व का प्रथम प्रोग्रामर होने का श्रेय प्राप्त है।
   (क) चार्ल्स वैबेज (ख) आगस्टा एडा
   (ग) जॉन वान न्यूकान (घ) उपरोक्त में कोई नहीं
3. एनिएक नामक इलेक्ट्रॉनिक मशीन का निर्माण निम्न में से किस सन् में हुआ।
   (क) 1945 (ख) 1950
   (ग) 1946 (घ) 1948
4. एनिएक नामक इलेक्ट्रॉनिक मशीन का निर्माण निम्न में से किस वैज्ञानिक द्वारा किया गया।
   (क) चार्ल्स वैबेज (ख) डॉ. जान. एच
   (ग) यूमान (घ) उपरोक्त में कोई नहीं।

○ ○ ○